Western
Images of China

西方的中国形象

（上）

王寅生 编订

团结出版社

图书在版编目（CIP）数据

西方的中国形象 / 王寅生编订. -- 北京 ：团结出版
社,2014.1（2021.5 重印）
ISBN 978-7-5126-2781-9

Ⅰ．①西… Ⅱ．①周… Ⅲ．①国家—形象—研究—中
国 Ⅳ．①D6

中国版本图书馆 CIP 数据核字(2014)第 019340 号

出　　版：团结出版社
　　　　　（北京市东城区东皇城根南街 84 号　邮编：100006）
电　　话：(010) 65228880　65244790　（出版社）
　　　　　(010) 65238766　85113874　65133603（发行部）
　　　　　(010) 65133603（邮购）
网　　址：http://www.tjpress.com
E-mail：zb65244790@vip.163.com
　　　　　tjcbsfxb@163.com（发行部邮购）
经　　销：全国新华书店
印　　装：三河市东方印刷有限公司

开　本：170mm×240mm　　　16 开
印　张：48.75
字　数：743 千字
版　次：2015 年 1 月　　第 1 版
印　次：2021 年 5 月　　第 2 次印刷

书　号：978-7-5126-2781-9
定　价：118.00 元（上下册）

再版前言

有价值的图书是需要不断修订再版的。一家出版社图书的再版率，直接决定该出版社的品质与效益。当然，再版时的修订工作也很重要，除经典著作外，时代的演化、问题的变异、材料的丰富、思想的进步，要求对再版的出版物进行必要的修订。我社修订出版《西方的中国形象》与《中国的西方形象》，既源自其独特的内容价值，也考虑到了时间和学术等要素的变化。

17年前我向周宁教授约稿，他在当时自己研究的基础上，为我社编选两本书：即《西方的中国形象》和《中国的西方形象》。一年以后，周宁教授交稿了，两种书的体例与文献跟我构想的差不多。我们开始编稿，在即将付印时，遇到了问题。"中国形象"的说法在当时并不普及，读者很可能不知道什么是"中国形象"。从读者的理解和市场角度考虑，我们觉得有必要改改书名，我打了两次越洋电话，周宁教授当时在英国访学，最后商定的书名是《2000年中国看西方》、《2000年西方看中国》（周宁编著，团结出版社，1998年12月版）。

那已是1998年底，千禧年成为坊间的一个话题。2000似乎有两重意义：既指即将到来的第二个千禧年，又指过去两千年历史。实际上该书准确的意义是指过去的两千年历史。书出了，市场反应还不错，后来又加印，算是当时两种有价值的读物。周宁教授继续他的中国形象研究，在理论深度和材料掌握上固然有所加强，但基本格局没有变。我社也继续关注中外文化交流的选题，先后出版了《风起东西洋》、《帝国的残影》等。

十几年过去了，蓦然回首，却发现当年陌生的术语"中国形象"，如今已出现在大街小巷，寻常百姓的口头。中国崛起、民族复兴，使"中国形象"成为一个显著的问题。我们知道，"中国形象"与"西方形象"，并不是当下的产物，而是长期历史积淀的结果。你想知道今天西方怎么看我们，可能要追溯到晚清晚明，甚至马可·波罗时代。想了解中国的西方形象，可能也不能忽略中国历史上的两个"西方"，一个是象征大智慧大光明的佛教的"西方"，一个是象征现代化与文明进步的"西方"。

我找到周宁教授，跟他谈我的想法。他一口答应，但也谈到难处：再版如果不做大的修订，显然已经落后了；如果按他的研究进度修改成现今状态，又与他近几年的出版物重合。他提出由他的博士生王寅生负责修订，在原有格局上，补充他个人和学界相关的最新研究成果，使该书能够适应当今的文化需求。书稿完成了，有所精简也有所增加，王寅生的修订量不小，修订的意义是实现了。

周宁原作，王寅生修订，修订后面目一新，这是师生两代人的成果；同一套书，原版与修订版，相隔15年，面对的读者群几乎也是两代人；在编写修订过程中，编辑与作者通力合作，共同筹划一本书。这是很有意义的经历，我们出版人的乐趣，也自在其中了。

梁光玉

2014 年 11 月 29 日于北京

修订前言

将近 20 年前那段闲散的日子，让我有机会接触到中西交通史的资料，一时有天光乍明的兴奋。适逢光玉兄调任团结出版社，向我约稿，我便建议编一套"西方的中国形象"与"中国的西方形象"的读本，读本由文选、导论、题记或引语构成，试图以第一手资料，展示中国与西方相互认识与想象、理解与误解的过程。读本编好之后，我便去了英国。1998 年冬，光玉给我打过几个越洋电话，只为商量书名。有人提出异议，"西方的中国形象"或"中国的西方形象"，让读者不知所云。我想想似乎也有道理，毕竟那时候"形象"还没有像今天用得那么"流行"。后来书名被改为《2000 年西方看中国》、《2000 年中国看西方》，书出在 1998 年年底，马上就是千禧年了，这是一层意思，另一层意思是在过往 2000 年历史上中国与西方如何相互认知与想象。我记不清这个讨巧的点子是谁出的，光玉还是我，反正我俩当时都认可了。以后我常戏称这两套书为"东张西望 2000 年"，有得意也有无奈。

十多年过去了，团结出版社对这套书仍不能忘怀，2013 年底跟我提出修订再版，我又找出这套书，思考如何修订。旧稿简陋，观点不系统，资料选择也不够准确，必须做大的修改。为了能够融入最新研究成果，我请我在读的博士生王寅生负责修订。他在我的研究基础上结合自己的研究心得，认真完成了这套书的修订工作，包括重新编选文章、修订导论，使整本书焕然一新。

《西方的中国形象》几乎是一本新书，这让我感到欣喜。对我来说，出版一本书已经不是简单的学术成果，而是朋友友情的纪念，学生成长的见证。

再次感谢光玉兄的信任，感谢寅生的努力，书将出版，我们一同静候读者的批评。

周　宁

2014 年 5 月 12 日

目　录

前　言

　　如果从《马可·波罗游记》（约 1298）问世算起，西方的中国形象已经有七个多世纪的历史。我们在知识社会学与观念史的意义上，研究该形象的历史，至少有三个层次上的问题值得注意：一、西方的中国形象是如何生成的。在理论上，它必须分析西方的中国形象作为一种有关"文化他者"的话语，是如何结构、生产与分配的；在历史中，它必须确立一个中国形象的起点，让西方文化中中国形象的话语建构过程，在制度与意义上都可以追溯到那个原点。二、中国形象的话语传统是如何延续的。它考察西方关于中国形象叙事的思维方式、意象传统、话语体制的内在一致性与延续性，揭示西方的中国形象在历史中所表现出的某种稳定的、共同的特征，趋向于类型或原型并形成一种文化程式的过程；三、中国形象是如何在西方文化体系中运作的。它不仅在西方现代性观念体系中诠释中国形象的意义，而且分析西方的中国形象作为一种权力话语，在西方文化中规训化、体制化，构成殖民主义、帝国主义、全球主义意识形态的必要成分，参与构筑西方现代性及其文化霸权。西方的中国形象史研究，是一个全新的领域，笔者在上述三个层次上，尝试提出并规划该研究中的基本前提、主要问题与学科领域。

一

　　首先是西方的中国形象的历史起点。西方的中国形象出现于 1250 年前后。

《柏朗嘉宾蒙古行记》与《鲁布鲁克东行记》中有关"契丹"的介绍，将最初的中国形象带入中世纪晚期的西方文化视野，[1] 开启了马可·波罗前后两个世纪的"契丹传奇"。蒙元世纪是人类历史上一个重要的时刻，成吉思汗家族横扫旧大陆带来的"世界和平"，瞬间推进了欧亚大陆的文明一体化进程。从 1250 年柏朗嘉宾出使蒙古，到 1347 年马黎诺里从刺桐登船返回欧洲，一个世纪间到中国的欧洲人，历史记载中有名有姓的，就不下 100 人。从 1247 年柏朗嘉宾写作《柏朗嘉宾蒙古行记》，到 1447 年博嘉·布拉希奥里尼完成他的《万国通览》，整整 200 年间，西方不同类型的文本中——其中包括游记、史志、书简、通商指南、小说诗歌——都出现有关契丹、蛮子的记述。[2] 旅行改变世界与历史，赫德逊在《欧洲与中国》一书中指出，蒙元世纪欧洲发现旧世界的最大意义是发现中国，"……抓住了拉丁欧洲的想象并改变了它的思想观点的，更多的是去中国的旅行，而不是去亚洲的任何其他部分。当时大多数欧洲旅行家既前往中国，也到过波斯和印度，但是他们把最高级的描绘留给了中国。"[3]

　　1250 年是西方世界经济体系与世界知识体系的起点，也是西方的中国形象的起点。在中世纪晚期的东方游记中，影响最大的要数《马可·波罗游记》与《曼德维尔游记》。[4] 这两部书是地理大发现之前欧洲人拥有的东方知识百科全书。这两部游记，以及同时代其他一些游记或历史著作，用几乎程式化的套语称赞大汗统治下的"契丹与蛮子"地大物博、城市繁荣、商贸发达、交通便利、君权强盛、政治安定……创造了西方集体记忆中的"大汗的大陆"。

[1]　参见《柏朗嘉宾蒙古行记·鲁布鲁克东行记》，耿升、何高济译，北京：中华书局，1985 年版。

[2]　这些文本现存的主要有：《柏朗嘉宾蒙古行记》（1247 年）、《鲁布鲁克东行记》（1255 年）、《马可·波罗游记》（约 1299 年）、孟德·高维奴等教士书简（1305-1326 年）、《鄂多立克东游录》（1330 年）、《大可汗国记》（约 1330 年）、《通商指南》（约 1340 年）、《马黎诺里游记》（1354 年）、《曼德维尔游记》（约 1350 年）、《十日谈》（1348—1353 年）、《坎特伯雷故事集》（1375-1400 年）、《克拉维约东使记》（1405 年）、《万国通览》（1431-1447 年）、《奉使波斯记》（1436-1480 年）。这些文本的作者有教士、商人、文学家；文体有历史、游记、书信、语录体的记述（后者如《万国通览》），还有纯文学作品。文本的语言既有高雅的拉丁语，也有通俗的罗曼语或法－意混合语。至于文本的内容，既有纪实、也有虚构，而且经常是纪实与虚构混为一体。

[3]　[英]赫德逊著：《欧洲与中国》，王遵仲等译，北京：中华书局，1995 年版，第 135 页。

[4]　《马可·波罗游记》主要流传在南欧、意大利半岛与伊比利亚半岛，《曼德维尔游记》则在英国、法国与德国流传更广。我们今天见到的《曼德维尔游记》的抄本，比《马可波罗游记》还多。据说现存的《马可波罗游记》的抄本有 119 种，而《曼德维尔游记》的抄本则有 300 种之多。

所谓"大汗的大陆"是关于东方世俗乐园、关于财富与君权的传奇。它不仅具有清晰的形象，还有确定的类型化的意义与价值。无论在经济上还是政治上，大汗治下的中国相对于中世纪贫困混乱的欧洲来说，都算得上是人间天堂。这是一个方面，另一个方面，中世纪晚期的欧洲文化也需要一个世俗化的异域形象，因为这是他们超越自身基督教文化困境的一种启示。象征着世俗财富与君权的契丹形象，可以激发中世纪晚期西方文化中的世俗欲望，使其变成资本主义文明发生的动力。

研究西方的中国形象，有两种知识立场：一是现代的、经验的知识立场，二是后现代的、批判的知识立场。这两种立场的差别不仅表现在研究对象、方法上，还表现在理论前提上。现代的、经验的知识立场，假设西方的中国形象是中国现实的反映，有理解与曲解，有真理或错误；后现代的、批判的知识立场，假设西方的中国观是西方文化的表述[1]，自身构成或创造着意义，无所谓客观的知识，也无所谓真实或虚构。在后现代的、批判的理论前提下研究西方的中国形象，就不必困扰于西方的中国观是否"真实"或"失实"，而是去追索西方的中国想象，作为一种知识与想象体系，在西方文化语境中的生成、传播、延续的过程与方式。

从"大汗的大陆"开始，中国形象进入西方现代文化，先后出现了三种话语类型，"大汗的大陆"、"大中华帝国"、"孔夫子的中国"。这三种话语类型，决定着1250-1750年间西方不同类型的文本对中国的表述策略。中国形象是西方社会文化的一种集体想象物，重要的不是表现在个别文本中中国形象的特征，而是整体性、一般性的中国形象如何生成并主宰特定时代有关中国的想象与书写的问题。我们研究三种中国形象类型，重要的也不是描述这些类型的特征，而是揭示某种潜在的一致性秩序或形象代码，它是中国形象建构与交换的意义原则。

"大汗的大陆"式的中国形象，表现的是一种游戏性的关于财富与权力

---

[1] 霍尔研究文化的意义时使用"表述"（representation），他认为"表述"是同一文化内部成员生产与交换意义的基本方式，它将观念与语言联系起来，既可以指向现实世界，也可以指向想象世界。参见 Presentation: *Cultural Representations and Signifying Practices*, edited by Stuart Hall, London: The Open University, 1997, Chapter I, "The Works of Representation".

的想象，渗透着萌芽中的世俗资本主义精神，其中包括一种对王权统一、商业财富、感性奢侈的生活风格的向往。门多萨神父的《大中华帝国志》塑造了一个完美的、优越的中华帝国形象，隐喻着一种帝国秩序的理想，其中对统一和平、组织制度与社会公正、历史与文明的关注，远大于对财富与威权的热情。从"大中华帝国"式的中国形象类型中，我们感受到地理大发现与文艺复兴时代西方对国家－教会－统性社会秩序的向往。宗教改革、文艺复兴、资本主义市场经济、绝对主义王权政治，动摇了中世纪教会一统型社会结构，近代社会分化与危机造成的恐慌与焦虑，有意识或无意识地表现在对大中华帝国的羡慕与颂扬中。"孔夫子的中国"式的中国形象同样在表述一个伟大的中国，但伟大中国之伟大，已经不在器物，也不仅在制度，更重要的是思想观念。孔夫子的道德哲学在中国创立了一种开明仁慈的君主政体、一个知书达理的民族、一种吟诗作画尚美多礼的文化。哲学家则根据中国古代经典中的思想原则，批判欧洲现实的暴政恶俗。伏尔泰说，欧洲王公贵族及商人们发现东方，追求的只是财富，而哲学家在东方，发现了一个全新的精神世界。

中国形象在现代西方文化中生长，经历了三个阶段：第一个阶段是马可·波罗时代，有关中国形象的描述在西方变成传奇；第二个阶段是传教士阶段，有关中国的传奇在西方变成历史；第三个阶段是哲学家的启蒙时代，历史又重新传奇化，中国以"孔教乌托邦"的形象出现在启蒙哲学家的社会理想中。启蒙哲学家对乌托邦的现实性与历史性的信念，来自于两个基本观念：一是性善论，二是道德理想通过政治权威达成社会公正与幸福。这两个基本观念，恰好又体现在"孔教乌托邦"的观念与制度原则中。只有哲人政治，才是最完美、最开明的政治。这是"孔夫子的中国"形象类型的意义，同时也是一些启蒙主义者尊崇的新型的政治伦理社会的理想尺度。中国形象不断被西方启蒙文化利用，变成一种社会文化运动的象征，从宗教上的自然神论到无神论、宽容主义，从政治上的开明君主专制、哲人治国到东方专制主义，中国形象已经经历了宗教之争、哲学与宗教之争、哲学与政治之争，直到"重农学派"，相关争论又进入经济领域。孔夫子的中国形象是西方启蒙运动的一面旗帜。

二

我们在一般社会想象意义上讨论西方的中国形象。关注的问题是七个多世纪西方的中国形象的生成演变的意义过程，不仅涉及不同时代流行的特定的中国形象如何表述如何构成意义，而且，更重要的是，发现西方的中国形象在不同社会文化语境下发生演变、断裂或延续、继承的方式，揭示西方中国形象叙事中那种普遍性的、稳定的、延续性的特征，那种趋向于套话或原型的文化程式。马可·波罗以来七个世纪，西方的中国形象史上最重大的转变，发生在1750年前后。这种转变，套用艾田蒲《中国之欧洲》下卷的标题，就是"从爱慕中国到仇视中国"（De la sinophilie a la sinaphobie）。

1750年前后是个分界点。此前西方的中国形象出现了三种话语类型，有不同的意义，也表现出共同的特征与发展趋势，那就是在不同层面上，从物质到制度到观念，不断美化中国，使中国成为西方现代性社会期望中的理想楷模。西方五个世纪不断美化的中国形象在16-17世纪间的"中国潮"[1]中达到高峰。在欧洲社会面前，中国形象为他们展示了"梦寐以求的幸福生活的前景"。[2]西方的"中国热情"或"中国崇拜"，表现在社会物质文化生活的各个方面，从高深玄妙的哲学、严肃沉重的政治到轻松愉快的艺术与娱乐。孔夫子的道德哲学、中华帝国的悠久历史、汉语的普世意义，中国的瓷器、丝织品、茶叶、漆器，中国工艺的装饰风格、园林艺术、诗与戏剧，一时都进入西方人的生活，成为他们谈论的话题、模仿的对象与创造的灵感。"中国潮"是那个时代西方人追逐的异国情调的一种表现。没有比中国更遥远的地方，也就没有比中国更神秘更有吸引力的地方，包括他们的思想观念、人与物产、生活方式。

西方的中国形象这种持续美化的趋势，大约在1750年前后达到顶峰并开始衰落与转型。1750年前后伏尔泰写作《风俗史》，称赞中国历史悠久、政教清明的时候，孟德斯鸠的《论法的精神》正风靡欧洲。在《论法的精神》中，

---

[1] 17-18世纪间，西方社会文化生活中普遍出现一种泛中国崇拜的思潮，人称"中国潮"（Chinoiserie）。它既指一般意义上西方人对中国事物的热情，又特指艺术生活中对所谓的"中国风格"的追慕与模仿。

[2] Adolf Reichwein, *China and Europe, Intellectual and Artistic Contacts in the Eighteenth Contury*, Kegan Paul, Trench, Trubner & Co., Ltd. 1925, P25-26.

开明君主与哲学家们统治的中华帝国，被证明是棍棒统治的专制帝国。如果说1750年前后西方的中国形象出现转折，明暗优劣并存。矛盾的态度可以出现在一位作者身上，如狄德罗既表示称赞中国智慧高贵、又贬斥中国人邪恶堕落；也可以出现在同时代的不同作者身上，如伏尔泰与孟德斯鸠，各自对中国形象褒贬不一；还可以出现在同一时期欧洲不同的国家，如英国更倾向于丑化中国，而法国则倾向于美化中国。那么，到1750年之后，西方的中国形象，却明显被丑化了。虽然其中也有些不愿随波逐流的人与意见，但绝大多数西方人，从英国、法国、德国到俄罗斯、美国，从传教士、哲学家到一般商人、水手、士兵，对中国的印象都很恶劣。让研究者吃惊的是，不出一个世纪，"西方关于中国文化的各个方面的印象都发生了激进的彻底的改变"[1]。

我们根据形象的意义特征，可以将西方的中国形象史分为两段：1250-1750和1750之后。西方丑化的中国形象类型从1750年前后开始，而且逐渐加强，一直到21世纪初，这一趋势或主流，都没有彻底的改变。西方文化在500年美化的中国形象之后，已经有250年的丑化历史，这个长长的下落线，或许仍将继续延伸。

观念史的转折，并不是一朝一夕完成的。我们找到一些标志性的文本或标志性的事件，确定某个标志性的年代，不过是为了表述与研究的方便。只有确立一个诠释框架或模式，才能从纷纭的素材中叙述出"历史"。将1750年前后作为西方的中国形象的分界点，并非新见。[2]真正值得研究的问题，

---

[1] Gregory Blue, *China and Western Social Thought in the Modern Period*, in T. Brook and G. Blue (eds), *China and Historical Capitalism Genealogies of Sinological Knowledge*, Cambridge University Press, 1999, p70.

[2] 1750年前后作为西方的中国形象的分界点，研究者或多或少都注意到了，可以参见（法）艾田蒲：《欧洲之中国》，许钧、钱林森译，郑州：河南人民出版社，1994年版，下卷，第22章："仰慕中国者与排斥中国者"；还可见伊萨克斯《美国的中国形象》一书中对中国形象史的分期，将18世纪的"崇敬时期"与19世纪的"蔑视时期"对立起来。见《美国的中国形象》，（美）哈罗德·伊萨克斯：《美国的中国形象》，于殿利、陆日宇译，北京：时事出版社，1999年版，第86页；斯蒂汶·莫舍尔的《被误解的中国：美国的幻觉与中国的现实》，继承了伊萨克斯的分期，见 Steven W. Mosher, *China Misperceived: American Illusions and Chinese Reality*, A New Republic Book, 1990, 第1－34页："Prologue"与"Introduction"；科林·麦克拉斯的《西方的中国形象》指出18世纪西方肯定性的中国形象向19世纪否定性的中国形象转化，关键性的事件是1750年前后的安森的《环球旅行记》出版与耶稣会解散。见 Colin Mackerras, *Western Images of China*, Revised Edition, Oxford University Press, 1999, P39.

不是某种显而易见的历史分期，而是这种分期在观念史中究竟意味着什么。

如果1750年前后是一个根本性转折点或分界点，那么，对于西方的中国形象史，它究竟意味着什么？首先，这个转折点或分界点出现，并不是偶然的。我们在严肃或轻狂的中国形象史与严酷并沉重的西方向东方的扩张史之间，发现某种隐秘的"同构点"。那就是，1750年也是西方扩张史上的一个根本性的转折点或分界点。西方的东方扩张史，从1250年前后开始，经过蒙古世纪大旅行与伊比利亚扩张两次浪潮，到1650年已经建立起"伙伴贸易"与"适应传教"关系。经过1650-1750年的停歇与调整，1750年前后，西方扩张在贸易、军事、政治方面均表现出明显的优势，英国在印度建立起有效的殖民统治，建立了打开中国的基地。欧亚贸易已从重商主义自由合作贸易进入帝国主义殖民劫掠贸易时代。东方大帝国先后衰落，首先是萨菲王朝，其次是莫卧儿、最后是到大清。两次鸦片战争到八国联军入侵，西方现代扩张史诗终于有了一个凯旋的结局。

1750年前后，西方的中国形象史的分界点与西方的东方扩张史的分界点在同时出现，并不是偶合。在西方的中国形象叙事与西方的东方扩张事业之间，具有某种内在的、紧密的联系。这种联系说明，一、任何东方叙事，不管是最不食人间烟火的学术还是最荒诞不经的白日梦，都不难找到其现实语境。二、西方的中国形象，不管如何纯粹或如何不着边际，实际上都在西方殖民扩张事业中发挥着某种意识形态作用，显示出中国形象中暗隐的"文化霸权所具有的令人生畏的结构"[1]。西方的中国形象叙事与东方扩张进程在1750年前后出现隐秘的历史"同构点"，是东方主义话语中知识与权力协调合谋的最好例证。艾田蒲说得很直露："……对中国的排斥就是这样起作用的，这是欧洲殖民主义的序曲。谁有胆量去把一个曾给予世界这么多东西的文明古国变成殖民地呢？那么，首先只有对它进行诋毁。然后由大炮来摧毁它。"[2]

---

[1] （美）爱德华 W. 赛义德：《东方学》，王宇根译，北京：三联书店，1999年版，第33页。赛义德认为，他的东方主义文化批判有三重意义，除了揭示东方学的学术谱系、质疑其学科假设外，更重要的是"理解西方文化话语力量……显示文化霸权所具有的令人生畏的结构，以及特别是对前殖民地民族而言，将这一结构运用在他们或其他民族身上的危险和诱惑。"

[2] （法）艾田蒲：《中国之欧洲》，许钧、钱林森译，郑州：河南人民出版社，1994年版，第387-388页。

西方的中国形象史，1750 年几乎是个众所周知的分界点。问题不是这个分解点呈现在那里，而是这个分界点为什么呈现在那里，是什么经济政治力量、社会思潮或文化语境，决定了西方的中国形象的转型，对中国形象的话语结构说明了什么，西方的中国形象本身的内在一致性与偏离、转型的意义何在？西方的中国形象，真正的意义不是认识或再现中国的现实，而是构筑一种西方文化必要的、关于中国的形象，其中包含着对地理现实的中国的某种认识，也包含着对中西关系的焦虑与期望，当然更多的是对西方文化自我认同的隐喻性表达，它将概念、思想、神话或幻象融合在一起，构成西方文化自身投射的"他者"空间。西方的中国形象转型，最终不是因为中国的变化，而是西方文化本身的变化；不是西方的认识能力问题，而是西方的表述差异问题。研究西方的中国形象，关键不是研究中国，而是研究西方、研究西方文化生产与分配中国形象的机制。

西方的中国形象研究，试图从不同类型的文本中、从历史中不断变化的、往往是非连续性的形象类型中，寻找某种文化策略与逻辑。启蒙运动中国形象逐渐转变，造成这种观念变化的，不是中国的现实，而是西方的文化精神与中西贸易与政治军事关系方面的变故。西方扩张中西方与中国的权力关系的变化是一方面的原因，另外，西方现代性观念的变化，也是中国形象转型的重要原因。西方的中国形象，是西方文化投射的一种关于文化他者的幻象，它并不一定再现中国的现实，但却一定表现西方文化的真实，是西方现代文化自我审视、自我反思、自我想象与自我书写的方式，表现了西方现代文化潜意识的欲望与恐怖，揭示出西方社会自身所处的文化想象与意识形态空间。博岱在《人间乐园》一书中提出，考察近现代欧洲与非欧洲人的关系，应该注意到两个层次与两个层次之间的关系。第一个层次是物质的、现实的、政治经济层次的关系，第二个层次是观念的、文化的或神话的层次的关系，这两个关系层次彼此独立又相互关联。[1]

---

[1] 参见 Henri Baudet, *Paradise on Earth: Some Thoughts on European Images of Non-European Man*, Trans. by Elizabeth Wentholt, New Haven and London, Yale University Press, 1965.

西方的中国形象是西方现代文化自我认同与世界规划的组成部分。1750年前后，西方的中国形象随着西方整个的东方主义话语的转变而转变，这里除了东西方现实权力关系的变化外，西方现代性文化结构自身的变化，也不可忽视。西方现代性从早期开放的解码化的时代进入逐渐封闭的再符码化时代。明显的标志是：一、"古今之争"尘埃落定，明确现代胜于古代，今人胜于古人的观念；二、地理大发现基本完成，世界上再也没有未发现的土地，而在已发现的土地上，还没有人间乐园；三、西方政治革命、科学革命、工业革命的成功，使西方摆脱中世纪以来那种对神圣、对古代、对异邦的外向型期望与崇拜。西方文化视野从古代异域转向现代西方，价值取向也向心化了。

启蒙哲学家在理性启蒙框架内构筑的世界秩序观念，是欧洲中心的。首先是进步叙事确立了西方的现代位置与未来指向，所有的异域文明都停滞在历史的过去，只有西方文明进步到历史的最前线，并接触到光明的未来。然后是自由叙事确立了西方社会与政治秩序的合法性与优越性，西方之外的国家，都沉沦在专制暴政与野蛮奴役中，最后是理性叙事，启蒙精神使西方外在的世界与内在的心灵一片光明，而东方或者整个非西方，依旧在愚昧与迷信的黑暗中。中国形象出现在西方现代性强烈的文化霸权秩序中，黯然失色，马可·波罗时代以来５００年间西方美化的中国形象的时代也结束了。

三

西方的中国形象，包含着三方面的内容：一、对地理现实的中国的某种认识与想象；二、对中西关系的焦虑与期望；三、对西方文化自我认同的隐喻性表述或象征。尽管西方的中国形象话语的生成与变化，与西方现代扩张过程中中西之间力量关系的结构变化相关联，但建构中国形象的意义系统，最终来自西方文化本身，来自于西方的现代性意识与无意识。研究西方的中国形象，现代性是一个核心概念。一则是西方的中国形象出现在西方现代历史上，并且与西方现代历史具有相同的起点[1]；二则是作为西方现代文化自我的投射，西方的中国形象只有在西方现代性叙事语境中，才能够得到系统深刻的解释。

西方曾在文艺复兴与启蒙运动时代开放的现代性叙事中赞美中国，又在殖民主义与帝国主义自足的现代性叙事中批判中国。启蒙大叙事构筑的世界观念秩序，建立在一系列二元对立范畴上，诸如时间的现代与古代，空间的西方与东方。东方与西方的二元对立的世界格局、以欧洲为中心、以进步与自由为价值尺度的世界秩序，是一种知识秩序，每一个民族都被归入东方或西方、专制或自由、停滞或进步、野蛮或文明的对立范畴；也是一种价值等级秩序，每一种文明都根据其世界与历史中的地位，确定其优胜劣败的等级，生活在东方、停滞在过去、沉沦在专制中的民族，是野蛮或半野蛮的、劣等的民族；还是一种权力秩序，它为西方资本主义经济政治扩张准备了意识形态基础，野蛮入侵与劫掠成为自由、进步、文明的"正义"工具……

在启蒙运动后期出现的否定的中国形象，到19世纪达到高潮。专制的中华帝国、停滞的中华帝国、野蛮的中华帝国三种形象类型，出现在西方现代的启蒙"宏大叙事"中，作为现代性主导价值——自由、进步与文明的被否定的他者，既能为西方现代性自我认同提供想象的基础，又能为西方殖民扩张提供有效的意识形态。西方现代性文化构筑中国形象，重要的是确立中国形象在西方的世界观念秩序中的位置以及中国形象与西方文化在西方自我认同过程中形成的差异对立、优劣等级的关系。中华帝国在精神上是愚昧的、道德上是堕落的、政治上是专制的、历史上是停滞的，与西方的现代性价值，诸如理性、素朴、自由、进步等完全相反。在这种意义上，中国形象的功能不是某种程度上反映或认识中国的现实，而是作为"他者"帮助西方现代文

---

[1]　关于西方现代的起点，学界有两种观点，一种认为在1500年前后，见斯塔夫里阿诺斯：《全球通史》、钱承旦：《世界现代化进程》、宋全成：《现代性的踪迹》等；另一种观点认为，现代的源头可以追溯到13世纪，见刘小枫：《现代性社会理论绪论》，赫伊津哈：《中世纪的衰落》等。"在中世纪和文艺复兴之间划出一道明显界限的每一尝试，都会把这一界限向前地向前推移。那些一贯被以为是义艺复兴特征的观念和形式，已被正式早在13世纪就已存在。"见［荷］赫伊津哈：《中世纪的衰落》，刘军等译，杭州：中国美术学院出版社，1997年版，第282页。笔者同意后一种观点，认为西方现代的起点在1250年，而不是1500年，参见拙文《中国形象：西方现代性的文化他者》，载《粤海风》2003年第3期。

化完成自我认同并确认西方中心的地缘文明秩序。

中华帝国是自由秩序的"他者"——专制的帝国；中华帝国是进步秩序的"他者"——停滞的帝国；中华帝国是文明秩序的"他者"——野蛮或半野蛮的帝国。三种形象类型，经过孔多塞、赫尔德、马戛尔尼等著名思想家政治家的叙述，到黑格尔的历史哲学中被充分"哲理化"并获得完备的解释，从而作为标准话语定型。它既表现为一种具有教条与规训意义的知识，又表现为具有现实效力的权力。东方专制的暴政、永远停滞的民族、野蛮愚昧的文明，自身是没有意义的，它只能成为西方现代性自我确认的一面镜子；自身也不能拯救自身，只有接受西方民族的冲击。被否定的中国形象，进可以为西方殖民扩张提供正义的理由，退可以让西方文明认同自身，引以为戒。西方的中国形象是西方现代历史中生成的有关现代性"他者"的一整套规训知识、发挥权力的表述系统，其中语言与行为，观念与实践是不可分的。黑暗的中华帝国形象将中国确定在对立的、被否定的、低劣的位置上，就为帝国主义的扩张侵略提供了必要的意识形态。

我们在形象构成、话语类型与权力关系三个层次上研究西方的中国形象，强调形象的类型化趋势与话语力量。七个多世纪西方的中国形象，可以被看作一个连续性整体，由几种在时间中不断展开，延续变化但又表现出特定结构特征的、由不同的印象、想象、比喻、象征、观点、判断等构成的"形象类型"。它们以某种似是而非的"真理性"，左右着西方关于中国的个别"看法"与"说法"，为不同场合发生的文本提供用以表述中国的词汇、意象和修辞技巧，体现出典型的话语结构中观念、文化和历史中的权力因素，不断向社会政治、经济、道德领域渗透。

这是我们研究的基本前提。在此前提下，我们提出的问题，包括西方具体文本与时代、具体国家与民族的中国形象，也包括不同时代西方社会总体想象中的中国形象，研究其类型与转型的形式与方式，探究其历史文化语境中的深远原因。西方的中国形象史，以1250年前后为起点，以1750年前后为转折点，总体上看，启蒙运动之前，西方的中国形象经历了三种类型，启蒙运动之后，西方的中国形象出现了另外的或相反的三种类型。前三种类型相互递接，其中有断裂与转型，但更多表现出某种一致性与连续性；后三种形象类型相关平行，不仅素材是相互渗透交织，形象特征与观点也相互关联，而且表现出越来越多的随意性与概括性。

在西方现代文化中，中国形象所指，并不是一个地理上确定的、现实的国家，而是文化想象中某一个具有特定文化意义的虚构的空间，这是西方现代文化在二元对立原则下想象"他者"的方式。我们分析不同时代西方关于中国形象的变异与极端化表现，并不是希望证明某一个时代西方的某一种中国形象错了而另一种就对了，一种比另一种更客观或更真实。而是试图对其二元对立的两极转换方式进行分析，揭示西方的中国形象的意义结构原则。西方的中国形象，可能断裂性地在不同历史时期不断变化甚至完全相反，也可能在变化中表现出某种原型的延续性。20世纪西方的中国形象，依旧表现出两种类型，在可爱与可憎、可敬与可怕两极间摇摆，从黑暗开始，到黑暗结束；从一种莫名的恐慌开始，到另一种莫名的恐慌结束。

西方的中国形象史进入跨文化观念史研究领域，尝试在西方文化语境中，分析解释中国形象在西方现代不同历史时期表现的不同话语类型的意义。从总体上看，西方现代文化中的中国形象表现出两种类型：乌托邦式中国形象与意识形态式中国形象。曼海姆与利科尔有关社会知识或社会想象的两极类型理论，为我们研究西方的中国形象，提供了解释框架与内在逻辑起点。乌托邦是超越的、颠覆性的社会想象，而意识形态则是整合的、巩固性的社会想象。西方现代文化史上否定的、意识形态性的中国形象的文化功能，是整合、巩固权力，维护西方中心主义的现代世界秩序；而肯定的、乌托邦式的中国形象，作为一种社会想象，曾经作为现代性解放力量，在现代性文化势力上升阶段发挥过颠覆、超越并否定传统的教会一统型文化的作用，而且还将进入审美现代性视野获得新生。两种中国形象类型，一种在建构帝国主义的政治经济与文化道德权力，使其在西方扩张事业中相互渗透协调运作；另一种却在拆解这种意识形态的权力结构，表现出西方现代文化中自我怀疑自我超越的侧面。

西方的中国形象史研究，属于一种跨学科的深度观念史研究，而且是对西方现代观念史的研究。它建立在"异域形象作为文化他者"的理论假设上，在西方现代性自我确证与自我怀疑、自我合法化与自我批判的动态结构中，解析西方现代的中国形象，在跨文化公共空间中，分析中国形象参与构筑西方现代性经验的过程与方式。

周　宁

2014 年 5 月

第一编

大汗的大陆

导　论

一

蒙元世纪是人类历史上一个重要的时刻，成吉思汗及其子孙的铁骑横扫欧亚大陆，最后冲破了亚欧大陆的东西界限与南北界限，完成了希腊化、伊斯兰化时代以来欧亚大陆最彻底的世界一体化运动。征服后所带来的"世界和平"，瞬间推进了欧亚大陆的文明一体化进程，世界市场的雏形出现了，世界地理的观念也开始形成。在汗八里（Cambalech，今北京）或行在（Kinsay，今杭州）可以看到来自中亚、西亚、欧洲的商人，在威尼斯或里昂，可以买到西亚的织品、珠宝，印度的爪哇的香料，中国的生丝与瓷器。在这次蒙古征服中，获益最大的还是欧洲，它不仅幸免于野蛮征服的蹂躏，而且大批欧洲商人、冒险家利用蒙元征服后的大陆的和平、统一，蜂拥进入东方，进行游历、贸易、冒险。旅行和器物的交流带来了观念的变化，也改变着欧洲人关于自我、人生、现世与宗教的观念。中世纪基督教狭隘的世界观念被大大扩展，世界突然之间变得无比广阔，而在这个广阔的世界中，大汗统治下的契丹与蛮子可能是最诱人的地方。

蒙元世纪是欧洲的中国形象生成的起点，此前关于丝人（Seres）的种种传说，大多只是若有若无的猜测。而蒙元世纪的欧洲旅行家到中国，他们留下的游记、东方史志、商贸指南之类的文本，相互引证、相互参照，共同创造出一个作为繁华富贵的世俗乐园的象征的"大汗的大陆"。在这个最初的中国形象中，我们看到当年西方旅行者的所见所闻，他们关于中国的印象与传说，看到13—15世纪间欧洲人关于中国的知识与想象，看到在这个异域形象中隐喻表现的西方文化精神。

从1245年柏朗嘉宾出使蒙古，到1347年马黎诺里从刺桐登船返回欧洲，蒙元世纪间到中国的欧洲人，历史记载中有名有姓的，就不下100人。从1247年柏朗嘉宾写作《蒙古行记》到1447年博嘉·布拉希奥里尼完成他的《万国通览》，整整200年间，西方不同类型的文本中——其中包括游记、史志、书简、通商指南、小说诗歌——都出现有关中国的记述。这些文本现存的主要有：《柏朗嘉宾蒙古行记》（1247 年）、《鲁布鲁克东行记》（1255 年）、《马可·波罗游记》（约 1299 年）、孟德·高维奴等教士书简（1305—1326 年）、《鄂多立克东游录》（1330 年）、《大可汗国记》（约 1330 年）、《通商指南》（约 1340 年）、《马黎诺里游记》（1354 年）、《曼德维尔游记》（约 1350 年）、《十日谈》（1348—1353 年）、《坎特伯雷故事集》（1375—1400 年）、《克拉维约东使记》（1405 年）、《万国通览》（1431—1447 年）、《奉使波斯记》（1436—1480 年）。这些文本的作者有教士、商人、文学家；文体有历史、游记、书信、语录体的记述（后者如《万国通览》）还有诗歌小说。文本的语言既有高雅的拉丁语，也有通俗的罗曼语。至于文本的内容，则有纪实、也有虚构，而且经常是纪实与虚构奇妙地纠缠在一起。

二

柏朗嘉宾的《蒙古行记》提供了蒙元世纪里欧洲文献中关于中国的第一次暗示。1245 年暮春，方济各会修士柏朗嘉宾受教皇英诺森四世派遣出使鞑靼。一年以后，他到达蒙古首都哈剌和林，见到贵由大汗。1247 年回到里昂不久，柏朗嘉宾写出《蒙古行记》。在叙述鞑靼帝国的起源时（第五章），他提到一个名叫"契丹"的国家。"……那里居住有一个人数众多的民族。他们都是一些能征善战的尚武之士……"至今仍有半壁江山未被成吉思汗征服，"因为它位于海面"。"……契丹人都是异教徒，他们拥有自己特殊的字母，似乎也有《新约》和《旧约》，同时也有使徒传、隐修士和修建得如同教堂一般的房舍，他们经常在其中进行祈祷。他们也声称拥有自己的圣人，崇拜唯一的一尊神，敬重我主耶稣——基督，信仰永恒的生命，但却从不举行任何洗礼。他们敬重和崇拜我们的《圣经》，爱戴基督徒，经常大量施舍。

柏朗嘉宾修士

他们表现为通融之士和近乎人情。他们不长胡须，面庞形状非常容易使人联想到蒙古人的形貌，但却没有后者那样宽阔。他们所操的语言也甚为独特。世界上人们所习惯从事的各行业中再也找不到比他们更为娴熟的精工良匠了。他们的国土盛产小麦、果酒、黄金、丝绸和人类的本性所需要的一切。"

　　这也许是一位善良的基督徒在最初接触异族文化所能做出的最大限度的"理解"了。在中世纪基督教的二元对立的世界观内，地狱与天堂，魔鬼与天使，基督徒与异教徒，都是互为否定的概念，非此即彼。如果是人，那么不是基督徒就是异教徒。当然，在异教徒中，尚有接近基督教可望被教化的，还有基督徒的死敌——穆斯林。中国最初的形象是友好的。柏朗嘉宾走遍半个亚洲也没见到西方人神往的长老约翰的国土。那么这片广阔、神奇的土地就可能还在更远的东方。隐约出现的契丹自然进入西方关于长老约翰的期望与想象背景中。最不确定的信息才意味着最大的可能。基督徒的想象超不出基督教的视界。尽管没有证据证明契丹就是长老约翰的国土，契丹人都是基督徒，那么至少这个异教国家的人可能亲近基督教。人们总是相信他们自己愿意相信的，在欲望中异想天开。因此，研究一个民族在自身文化视界内对另一个民族文化事实进行幻想改造的文本化过程，就别有意义。

　　柏朗嘉宾的《蒙古行记》提供了蒙古世纪里欧洲文献中关于中国的第一次暗示。柏朗嘉宾没到过中国，似乎听说的信息也很有限。于是我们读到一些传说与猜测、事实与虚构混杂的介绍。从这些信息中，我们发现柏朗嘉宾所反映的当时欧洲的东方视野。这视野中有基督徒的死敌撒拉逊人、约翰长老的国土、印度的魔鬼等等。除了这些基督教幻想构筑的神话外，大片都是空白。当东方的形象进入这一视野内，基督教神话很快改造了相关的信息，于是契丹就被自然套入约翰长老的知识模式中。成为敬重基督与圣徒的异教徒！这是多么一厢情愿、异想天开的虚构。然而，还有大量的信息是落入视野中的空白的，基督教传说中找不出一个"规范"或"符码"去改造它，只能任它以原来形象显现，于是，落入空白的信息就很可能成为关于事实的知识，如成吉思汗征服中原、南宋朝廷、中国人的形貌、语言、娴熟的技艺，以及丰富的物产等。

柏朗嘉宾之后，又有一位圣方济各会的修士出使蒙古。他是法国人，名叫鲁布鲁克的威廉。1253 年，他们一行四人从君士坦丁堡出发前往蒙古，1255 年回到塞浦路斯。在巴勒斯坦讲授神学时，鲁布鲁克也写出一部蒙古行记，记述了他历时两年的出使经历与蒙古的风土人情。

鲁布鲁克修士

　　鲁布鲁克的《东行记》晚出柏朗嘉宾的《蒙古行记》不过 10 年。其中提供给契丹的文字约为《蒙古行记》的一倍，主要信息如下：（第 26 章、29 章）

　　1、"还有大契丹，我认为其民族就是古代的丝人。他们生产最好的丝绸（该民族把它称为丝），而他们是从他们的一座城市得到丝人之名。"

　　2、"有人告诉我说，该地区有一个城市，城墙是银子筑成，城楼是金子。"（经济）

　　3、"该国土内有许多省，大部分还没有臣服于蒙古人，他们和印度之间隔着海洋。"（国土）

　　4、"这些契丹人身材矮小，他们说话中发强鼻音，而且和所有东方人一样，长着小眼睛。"（人种）

　　5、"他们是各种工艺的能工巧匠，他们的医师很熟悉草药的性能，熟练地按脉诊断；但他们不用利尿剂，也不知道检查小便。"

　　6、"这是我亲眼所见。他们有很多人在哈剌和林，按他们的习惯作法，子承父业。因此他们要交纳巨额赋税……"

　　7、"在契丹有十五个城镇中居住着聂思脱里教徒。他们在称作西安的城市里有一个主教区，但其余的却完全是偶像教徒。上述诸族的拜偶像的和尚，都身穿红色宽僧袍。据我所知，他们那里还有一些隐士，住在森林和山里。他们生活清苦，使人赞叹。那里的聂思脱里教徒什么都不懂。……他们完全堕落了……蒙古人本身，还有偶像教徒，所过的生活比他们还要清苦呢。"

　　8、"他们还告诉我如下的真事（不过我不相信）：在契丹的那边有一个省，不管什么年龄的人进到里面去，他的年龄将永远和进去时一样……"

9、"契丹临海……通行的钱是一种绵纸，长宽为一巴掌，上面印有几行记，像蒙哥印玺上的样子。"

10、"他们（即契丹人）使用毛刷写字，像画师用毛刷绘画。"

从柏朗嘉宾到鲁布鲁克，中国形象也开始清晰、明朗了。契丹就是西方传统中所说的丝人国。以往关于赛里斯的种种传说，诸如富庶甚至奢侈、长寿、文雅，此时都已组合到理解契丹的知识背景或先在结构中。鲁布鲁克第一次向西方人证明契丹就是西方古代传说中的丝人国（塞里斯）。西方一度中断的中国形象传统又承继上了。

三

孟德高维奴像

鲁布鲁克想留在大汗那里，传播上帝的福音，教化那些堕落的异教徒。但蒙哥大汗并不感兴趣，鲁布鲁克壮志未酬返回欧洲。1291 年，孟德·高维奴（Monte Carvino）从大不里士出发去汗八里，这一次他得到了大汗的宠幸，得以留在汗八里传教。但只身一人在遥远的异域传教是孤独而艰苦的。孟德·高维奴在 1305 年写给教廷的信中说，"从来没有使徒或使徒的弟子来过这里"。汗八里没有传教士，没有正统的基督徒，景教徒的行为根本不像基督徒，而且在排斥、迫害他。

大汗"对基督教徒非常宽厚"，但使大汗皈依基督教，却是另外一回事，"他对偶像教的迷信太深了！"自上而下推行的传教事业，起点上就遇到了致命的障碍。10 年很快就过去了。他在汗八里建了一座教堂、一座钟楼，买下 40 名男童，为他们施洗礼，如今他们已能在教堂唱圣诗了。他为大约 6000 人施行了洗礼，还归化了汪古部的阔里吉思王（Kerguz 或 George），阔里吉思王在东胜建了一座壮丽的天主教堂，高维奴遗憾他无法离开汗八里去 20

天路程远的东胜看看，阔里吉思王不久就去世了。上帝的奇迹正一点一点地借助他的信徒在尘世的努力与牺牲表现出来。孟德·高维奴很可能是第一位将天主教带到中国的人，至少在精神上，与利玛窦一样可敬。现世的时光里，他忍受了那么多痛苦，传教艰难、痛苦与孤独，他在信中说："我已经老了，我的头发已经白了，这是由于劳苦和忧虑，而不是由于年高，因为我现在不过才五十八岁。"

"似乎没有人记得我了。"高维奴希望教会能给他派几位助手来，但这些人必须是些真正献身于传教、不求个人声名的人，因为旅途太危险、传教太艰难。1305 年的信一年多以后到罗马，才让教廷想起这位离去多年的修士，或许大家以为他早已不在人世了。教皇委任他为汗八里大主教，并真的给他派去了助手。

七位修士中，只有三位到达了北京，另四位在漫长艰苦的旅行中殉教了 [1]。1313 年，高维奴从幸存者手上默默地接过教皇的任命书时，他到汗八里已经 20 个年头。授职典礼上他一点也不激动，千山之外，沧海茫茫。他被锁在一项令人绝望的使命中，异教徒们继续"堕落"，出于各种动机接受洗礼的人，也总是三心二意。盖一两座壮丽的教堂算得了什么，如果深厚的钟声在教徒的心里没有震撼力的话？阔里吉思王去世以后，汪古部的天主教徒纷纷又都回到景教寺。新教士到来以后，他又派人去刺桐设立传教点。如今那里有教堂、主教、教友，鄂多立克修士旅行到泉州时，就住在自己教友的教堂里。

大汗的国土上信仰自由，这是基督教传播的机会，也是传教的障碍。绝对的宗教自由从本质上拒绝信仰。孟德·高维奴 1294 年到达中国，在元朝首都汗八里的最初那些年里，连一位对他忏悔的人都没有。1307 年他被教皇任命为汗八里的大主教。1328 年他在北京去世时，据说在中国的拉丁基督教教团，已有上千人。这个高潮即使没有夸张，也是昙花一现的奇迹。1326 年，刺桐主教安德鲁在泉州城外半里路的一座"华丽舒适"的天主教堂里给家乡

---

[1] 《鄂多立克东游录》中曾用大量的篇幅叙述他在印度塔纳听说的四位僧侣殉教的故事，不知是否跟他们有关。见《鄂多立克东游录》，何高济译，北京：中华书局，1981 年版，第 40 页。

佩鲁贾的教友写信，周围是一片秀美的林木。他说"在大洋之滨，有一座大城，波斯语称之为刺桐。"城里有一座教堂，"华丽宏大"，是一位亚美尼亚贵妇捐助的；城外还有一座教堂，可供 20 位教友住宿。

蒙古世纪天主教进入中国，传教范围也大多在非华族的"色目人"[1] 中。汗八里是色目人的天下，高维奴只懂鞑靼语。另一个传教点泉州，是当时的通商口岸，也是色目人多的地方。当时所有来中国的旅人都说"行在"是世界上最大最美最富足的城市，汗八里的主教不在那里设传教点，大概因为前朝首都，色目人少，汉人多。蒙古世纪的西方传教士和旅行者很少接触中国本土的汉人，他们都生活在极少数的色目人中，他们不懂汉语，不认识中国人，他们对中国的地名人名的认识，也大多是从波斯语中来。他们在中国是外国人，也生活在外国人中间。马可·波罗注意到："所有蛮子人都憎恨大汗的统治，因为……他将所有权力交给鞑靼人、撒拉逊人或基督徒。这些人依附于他的王室，为他服务，是中国的外国人。"西方传教士将外来的景教教众当作他们争夺的对象，还有随蒙古人一同到来的阿兰雇佣兵，即使在这些"外国人"中，比起佛教、萨满教、伊斯兰教、景教，天主教的声音也是最微弱的。外族政权可以优待这些外族传教士与他们的宗教，本土政权复兴后，他们将被连根拔起。

孟德·高维奴作为教廷委任的第一任汗八里大主教，在中国传教 25 年。其间有科隆人阿诺德、佩鲁贾人安德鲁、佩里格林等修士前往中国传教，安德鲁曾出任泉州主教。高维奴去世时，他身边已有 30 多名修士。孟德·高维奴的死讯 1333 年才传到亚维农的教廷，教皇委任巴黎大学神学教授尼古拉（Nicholas）继任汗八里大主教，但尼古拉大主教可能在旅途中出了意外，最后不知去向。教皇又派出约翰·马黎诺，他于 1339 年在那不勒斯启程，1342 年到达北京。1358 年，又有 4 位方济各会修士传教到中国。1370 年，索邦神学院教授吉约姆·德·普拉托（J.de Prato，《中西交通史料汇编》作威廉柏拉拖 William of Prato）被教廷委任为汗八里大主教，自欧洲出发后

---

[1] 元代称本族诸姓为蒙古，称外族诸姓为色目，包括钦察人、唐古忒人、回回人等；称高丽、女真、契丹及中国北部之人为汉人；称中国南部之人为南人。其待遇蒙古最优、色目次之、汉人南人更次之。

便无音讯。1371 年，姗姗来迟的教廷大使带着 10 多位修士，自海道抵达中国，他们发现自己来晚了。大汗已亡命草原，明朝洪武皇帝可能对他们讲："元兴沙漠，入主中原百有余年。天厌其昏淫，亦用陨绝其命。中原扰乱十有八年。当群雄初起时，朕为淮右布衣，起义救民，朕为臣民推戴，即皇帝位，定有天下之号大明，建元洪武，于今四年矣。凡四夷诸邦，皆遣官告谕。惟尔拂菻，隔越西海，未及报知。今遣尔国之民捏古伦，赍诏往谕。朕虽未及古先哲王，俾万方怀德，然不可不使天下知朕平定四海之意。故兹诏告。"[1]

一个世纪的努力荡然无存。最后一位派往中国的"汗八里大主教"下落不明，而第一任大主教在汗八里盖的两座"壮丽的大教堂"，在历史中连遗迹都没有留下。300 年后利玛窦到来，这座都城叫北京，仍是福音的荒野。

四

1250 年前后问世的《柏朗嘉宾蒙古行记》与《鲁布鲁克东行记》，只提供了一个中国形象生成的起点，真正让中国形象鲜明地进入西方人的知识与想象视野的，是半个世纪以后陆续出现的三部著名的游记。

欧洲中世纪晚期的东方游记中，后世最著名的是《马可·波罗游记》。据说马可·波罗是威尼斯人，世代为商。他关于中国的记叙，是耶稣会士书简之前最丰富的。《马可·波罗游记》将大汗统治下的契丹与蛮子，描绘为财富与权力的世俗天堂。契丹蛮子，地大物博，城市繁荣，政治安定，商贸发达、交通便利。马可·波罗在中国生活了 17 年，见闻庞杂繁复，然而最让他记忆深刻的，还是中国的物质文明。每到一处，他都兴致勃勃地记述当地的物产、建筑、道路、行船与桥梁。中国城市，无论是契丹的汗八里，还是蛮子省的行在（京师），都是尘世可以想见的最繁华的地方。从上都到大都，大汗宫殿的雄伟壮丽令人震惊。"汗八里城坐落在契丹省的一条大河边，以辉煌和威严而著名……整个城区按四方形布局，如同一块棋盘。设计的精巧

---

[1] 《明史》卷三二六，《拂菻传》。

和美观。简直非语言所能描述……在汗八里及城郊（城郊有 12 个大的城郭，分别延伸在 12 个城门外）居住的居民总数多得难以想象……各种珍奇稀有的东西从世界各地运到都城来——世界上没有哪个城市能与之相比。" "……雄伟壮丽的行在（Kinsay，即杭州）市。这个名字是'天城'的意思。因为，这座城市的庄严和秀丽，堪为世界其他城市之冠。这里名胜古迹非常之多，使人们想象自己仿佛生活在天堂，所以有'天城'之名。"在汗八里城大汗的造币厂，人们制造钱币的方法如同点金术，一张纸上盖上印章，就变成纯

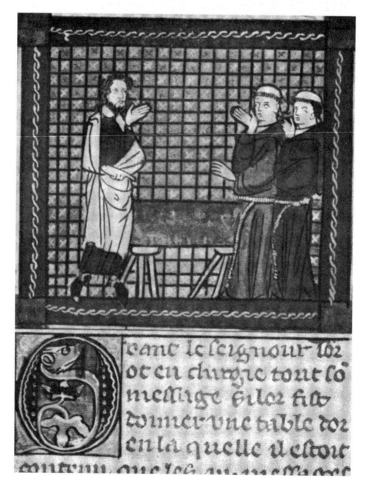

忽必烈大汗赐马可·波罗家金牌。大英博物馆藏《马可·波罗游记》古抄本插图

金纯银一样。大汗领土之内每一个地方都流通这种纸币，"……帝国所有的军饷都用这种纸币支付，价值与金银无异。可以完全肯定，大汗用这种方法能最大范围地获得金银财宝，比世界上任何一个君主都多。"

《鄂多立克东游录》是那个时代最"实事求是"的东方游记。鄂多立克与马可·波罗、伊本·拔图塔、尼哥罗·康梯一同誉为中世纪四大旅行家。他是教士，但游历的目的不仅在于宗教。传教是宗教关怀，财富是世俗关怀，鄂多立克对二者的兴趣同样浓厚。他在"辛迦兰"（广州）登陆，辛伽兰的船只，便宜的鲜姜，肥美的鹅，宴会上的蛇至少是与辛伽兰市民的偶像崇拜的信仰同样吸引人。从辛伽兰到刺桐，他除了将从印度带来的四位殉道教友的骨骸寄放到教堂外，关注的还是偶像崇拜者的寺院和偶像前所有的盘碟里的食品都冒着热气。"该地是世上最好的地方之一"，绝对不是因为宗教的原因，而是"就其对人之生活所需"。马可·波罗赞叹汗八里（北京）皇宫富丽，行在（杭州）市井繁荣，在这方面鄂多立克的兴趣丝毫不亚于商人马可·波罗。关于行在，他说，"它是世上最大的城市"。行在的字义为"天堂之城"。学者们认为鄂多立克的根据是他很有可能在中国听到"上有天堂，下有苏杭"的说法。

从那里出发，我来到杭州城，这个名字义为"天堂之城"。它是全世界最大的城市，（确实大到我简直不敢谈它，若不是我在威尼斯遇见很多曾到过那里的人）。它四周足有百英里，其中无寸地不住满人。那里有很多客栈，每栈内设 10 或 12 间房屋。也有大郊区，其人口甚至比该城本身的还多。城开 12 座大门，而从每座门，城镇都伸延八英里左右远，每个都较威尼斯或柏都亚为大。所以你可在其中一个郊区一直旅行六、七天，而看来仅走了很少一段路。

此城位于静水的礁石上，像威尼斯一样(有运河)。它有 12000 多座桥，每桥都驻有卫士，替大汗防守该城。城旁流过一条河，城在河旁就像波河（PE）畔费腊腊（FER-RARA）之建设，因为它的长度胜过它的宽度。

我极力打听有关该城的情况，向基督徒、撒拉逊人、偶像教徒及别的所有人提出问题，他们一致同意说城的周围是一百英里。人们从他们的君王那里得到诏旨称：每火每年要向大汗交纳一巴里失（BALLS），即五张像丝绸一样的纸币的赋税，款项相当于一个半佛洛林（FLORIN）。他们的管理方式如下：10家或12家组成一火，以此仅交一火的税。现在据认为这些火计有85土棉（TUMANS），加上4火撒拉逊。共89土棉。一土棉原相当于10000火。此外有基督徒、商人和其他仅从该地过路者。

　　既然如此，我很奇怪，那么多的人怎么能安排住在一个地方，但那里始终有大量的面食和猪肉，米和酒，酒又称为米酿（BIGN1），享有盛名；那儿确实有大量其他种种食物。[1]

鄂多立克游历中国

　　三部游记在当时流传最广、影响最大的是《曼德维尔游记》。1500年之前，欧洲各主要语种，都有了《曼德维尔游记》的译本，保存至今的《曼德维尔游记》的手抄本，有300种之多。而《马可·波罗游记》则只有143种，《鄂

[1]　《鄂多立克东游录》，何高济译，北京：中华书局，1981年版，第67-68页

多立克东游录》70 余种。曼德维尔是位英国绅士，游历最远的地方也不出法国。人称"座椅上的旅行家"。游记中的许多内容是他杜撰出来的，如果仔细对照的话，其中有关中国的部分甚至有许多整段整段照搬《鄂多立克东游录》的。《曼德维尔游记》综合了那个时代的所有关于东方的传说与事实，并以骑士传奇的笔法进行杜撰，在当时西方大众文化视野内修正、重塑中国形象。他无意再现中国的现实，而按照当时西方一般想象来描述中国，实际表现的是西方文化中无意识的欲望。《鄂多立克东游录》最写实，影响最小；《曼德维尔游记》虚构最多，在当时也影响最大。

对于曼德维尔来说，契丹与其说是一个实在的国家，不如说是一个想象中的乌托邦。乌托邦的主人公就是大汗，他比长老约翰更有魅力。长老约翰的土地没有他的广阔，也没有他富有。曼德维尔爵士的游记在那个时代是一部畅销书。人们喜欢他收集的那些大荒山海、奇人异俗的故事。这些故事不仅满足人们的好奇心，还能满足西方文化传统内的认同渴求。蒙古世纪已经接近尾声，发现中国的英雄业绩基本上都已完成。到曼德维尔写书的时候，西方人大概已将中国形象消化得差不多了。《曼德维尔游记》很可能是虚构，但正是这种经常出现无稽之谈的虚构，才能更真切地反映西方集体无意识中的中国形象。

《曼德维尔游记》拥有许多读者，从莎士比亚到马克思。在地理大发现之前，马可·波罗写实的游记与曼德维尔虚构的游记，就是欧洲人拥有的世界知识百科全书。曼德维尔以游记的形式组织他的"见闻"，使"知识"具有了故事性。那位虚拟的旅行者出发的时候，很可能是位朝圣香客，或十字军骑士。跨过地中海，到东方的第一站就是圣城耶路撒冷。这对中世纪那些热衷于朝圣的基督徒，再有趣不过了。曼德维尔的游记写得文采斐然，故事讲得比我们前面提到的任何一部游记部生动。他写山川、河流、城廓、风土、民情民俗，但他最感兴趣的，似乎还是那些离奇的，能让人想入非非的东西。

《曼德维尔游记》也像其他游记那样以程式化的套话赞叹中国的物产丰富和城市繁荣。然而他的兴趣更多在大汗的骑士传奇。在《曼德维尔游记》关于中国的章节里，大汗的故事占去 70% 的篇幅。大汗国土广大，统治严明，是世界上最强大的君主，无论是长老约翰，还是巴比伦的苏丹，或是波斯的皇帝均逊色于他，大汗拥有无数的金银财宝、100 多位妻子，各种各样的鸟，大隼、游隼、雀鹰、猎鹰、鹦鹉，还有一万只大象，一万只狒狒、狨，许多炼金术士，200 位基督徒，20 位撒拉逊人……

四

在中世纪晚期欧洲文化视野内，所有关于大汗的国土的叙述，都可能被当作传奇，或者本身就是传奇。此时中国与其说是一个现实的国家，不如说是西方表达自身欲望与恐惧的乌托邦。即使有旅行者去过，回来后讲述他们的见闻，也很少有人相信他说的是真的，而与之相反，如果有人凭空虚构，却与人们平时想象的一样，也会被信以为真。《曼德维尔游记》多虚构而最流行，《鄂多立克东游录》多写实却倍受冷落，处在二者之间的，是后世最著名的《马可·波罗游记》。三部著名的游记，真真假假，虚虚实实，但在当时人们的接受视野中，基本上都变成传奇。传奇无需辨别真伪也无法辨别真伪。西方中世纪晚期不同类型的文本构筑的中国形象，真实与虚构、知识与想象嵌陷交织在一起，难以分辨也不必分辨，因为形象本身就无所谓真伪。对中世纪晚期欧洲的中国形象的认识，更重要的是分析当时描述中国的不同文本的叙述策略、视野聚焦，以及由此反映出当时社会的一般想象、文化无意识，并关注各种具体的中国形象是如何生成出能代表这个时代特征的中国形象类型。

中世纪晚期，西方的中国形象的第一种类型，作为财富与君权的象征的中国形象——"大汗的大陆"出现了。《马可·波罗游记》、《鄂多立克东游录》、《曼德维尔游记》这三部著名的游记，不约而同地将它们叙述的重点，放在中国的城市繁荣与大汗无上的君权上。它们反复赞颂大汗的国土广阔、物产丰富、行在城的世俗生活、汗八里的辉煌宫殿、大汗的权威与宽仁，最后几乎形成了一种标准化的表达式：大汗的帝国，广阔、富庶、强大……

旅行家往往是带着自己的文化视野去"发现"世界的，"眼后"的既定观念决定了"眼前"所看到的东西。欧洲中世纪三大游记共同塑造的财富与君权的象征——"大汗的大陆",反映的也是西方文化无意识中的缺憾、欲望和期待,他们不厌其烦地描绘渲染蛮子国的财富与大汗的威严,无外乎是在这种形象中置换地实现自己文化中被压抑的潜意识欲望。表面上看他们在谈论一个异在的民族与土地,实质上他们是在谈论内心深处被压制的欲望世界。

"大汗的大陆"形象表现的是一种游戏性的关于财富与权力的想象,渗透着萌芽中的世俗资本主义精神,其中包括一种对王权统一、商业财富、感性奢侈的生活风格的向往。从1250年到1450年这200年中,资本主义城市经济出现,世俗君主制准备取代中世纪的教权,人们热衷于现世与感性生活:丰富的食品、华丽的服装、文明的城市、繁荣的市场、节日与宴会、艺术与文学……而所有这些刚刚萌发的新的生活风格,正是那些旅行者在中国看到、在欧洲传播的中国形象中所表现的内容。异域形象是本土社会文化无意识的象征,它可以将特定时代本民族精神与现实中一些刚刚萌芽的、隐秘期望或忧虑的、尚未确定或成形的因素,转喻到关于异域的想象中去,于是,异域经验就成为一种自我经验,往往对异域的兴趣与热情越多,对自身的反思与发现也越深。

从某种意义上说,"大汗的大陆"是欧洲资本主义萌芽精神的表达方式。中国形象不能说是文艺复兴、资本主义产生、西方进入现代的决定性的必然原因,但至少是诸种原因之一。没有对东方异域与西方古典的发现,没有世俗热情与新教精神,西方现代性精神是不可能出现的。

曼德维尔游记

［英国］曼德维尔著

任虹　译

1. 蛮子是世界上最好的国家

《曼德维尔游记》是中世纪晚期欧洲的一部畅销书。可曼德维尔先生只是位"座椅上的旅行家"，他从未去过欧洲之外或里昂东南。他的游记是一部传奇。他在基督教义与骑士侠义的视野内改造中国形象。他的游记无意再现中国的事实，而要表现西方集体记忆中的欲望。曼德维尔喜欢大荒山海、奇风异俗的故事，他讲的契丹与蛮子，除了异想天开的虚构外，主要资料来自鄂多立克的《东游录》。他说：蛮子国是世上最好的国家，它远在上印度，世间珍奇，无所不有……

离开都登岛继续向东航行许多路程，就会到达一个叫蛮子（Mancy）的国家（今黄河以南地区）。这里仍属于大印度领域。这里有着世界上最精美，最丰富的商品。这是一片辽阔的疆域，共有两千座城市及许多的城镇，居民为基督徒和萨拉森人。这里没有穷人，无人靠乞讨度日。男人长着猫一般稀疏的胡须，女人则分外妖娆美丽。因为当地人肤色白皙，所以有些人称该地为阿拔尼（Albany）。有一座叫拉托雷姆（Latorim）的城市，面积比巴黎还大，鸟也比我们常见的要大两倍多。饮食口味既好又便宜。在蛮子国中，有一种不长羽毛，却长着绵羊一般白色绒毛的鸡。那里的女人结婚时头戴凤冠，所以新娘格外引人注目。人们饲养一种叫罗勒斯（Loyres）的动物，人们需要吃鱼时，把这种动物赶入河中，它就会抓出许多鱼来。从拉托雷姆城行许多天的路程来到一个叫杭州（Cassay）的城市，这是世界上最优美的城市。该城周长五十英里，有七座主要城门供人进出。离杭州城三英里远的另一座城中有七千座桥梁，每座桥都建有一座坚固的桥头堡供驻军抵御大汗的侵略，因为这里已是边境地带。一条大河沿城而过。河畔居住着基督教徒和其他居民，生活富庶，盛产美酒，该城曾为蛮子国王驻跸之处。城中还有一些僧侣。跨过河便可来到一座寺庙。寺庙宛如一个大花园，生长着各种奇花异草，饲养着狒狒、猿、猴等各种动物。僧侣们用过餐后，其中一位将剩饭拿到园中，摇动一个银铃，有近两三千头动物就会跑出来，僧人将银桶中的饭食喂给它们。吃完后，再摇摇银铃，动物们就跑走了。僧侣们说，这些动物是去世的人的灵魂化成的。那些美丽的动物是由贵族、富人化成的，丑陋些的动物是由普通人化成的。我问，为什么不把那些剩饭施给穷人呢。他们说城里没有穷人，而且即使有，如果给那些正在苦修的人过多施舍，他们就不会靠自己去周游讨吃了。离开该城可以来到一个叫茨本（Chiben）的城市，这个城市曾是蛮子国王的第一处行宫，城中有六十座美丽的石桥。

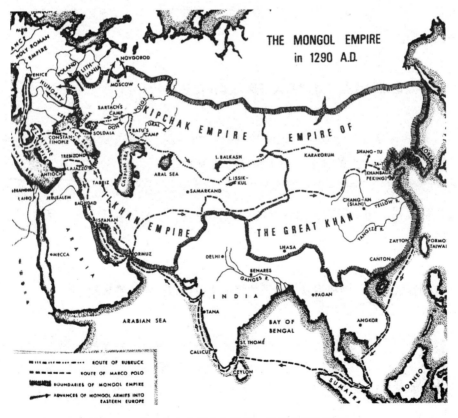

1290 年的蒙古帝国，图中画出鲁布鲁克与马可·波罗的旅行线路

2. 在大汗领地内，有一个"矮人国"，那里的人民身高三柞，不外出旅行，由我们这样的"巨人"代替他们出游。

离开茨本，渡过一条四英里宽，水质清澈的大河，便进入了伟大的可汗的领地。这条河流经一个叫皮格曼（Pigmeen）的地方。那里的人身长只有三柞左右高。虽然身材不高，但那里男女长相都很漂亮。他们半岁就结婚，寿命不过七年左右的时间，能活到八岁就算耄耋老者了。这些人擅织丝绸，并能织出各种花纹的棉布。他们只在家耕田，不外出旅行，但他们有像我们这样的"巨人"代他们出游，不过他们对这些巨人颇有龃龉之词，设身处地想想，倒也是可以理解的。

由矮人国经过许多城镇便抵达一个叫猛克（Menke）城的地方。城中有大批的船只。这些船只均用一种雪白的木头制成，船上建有殿宇楼阁和各种生活设施。

3. 契丹是富饶的大国，欧洲商人不远万里来此贸易。

猛克城旁边有一条叫喀喇摩拉（Ceremosan）的河（黄河）。这条河流经契丹（Cathay）的领土。每年河水上涨都会泛滥成灾。契丹是一个富饶的大国，商业发达，每年商贾都会云集于此买卖香料和其他商品。那些来自庞巴底或意大利，如威尼斯、热亚那的商人，要跋山涉水历经六个多月才能到达这里。

4. 作为富饶的契丹的统治者，大汗的宫殿更是难以想象的奢华壮丽。

在契丹省的东部有一座旧城，旁边鞑靼人又建了一座新城，取名为大都（Cadon）。该城共有七个城门，每个城门相隔整整一英里，所以新旧两城的城墙加起来约有二十英里长。城中建有大汗雄伟华丽的宫殿，宫墙长约两英里。内部美景令人目不暇接。宫中的御花园内有小山，山顶上有一座大殿，其精巧华美无与伦比。山上山下树木茂盛，果实累累。山周有一道沟渠与纵横的小河相连，有成群野禽游嬉其中，所以，不出宫大汗便可享受狩猎之趣。山顶的大殿有二十四根包金的殿柱，过道铺有昂贵的豹皮。这些兽皮不仅花纹美丽，而且气味宜人，花纹颜色如血一般鲜红，在阳光的照耀下令人不可逼视。这种皮革贵如黄金。

　　皇宫的中央是大汗的殿宇。殿宇中镶有各种宝石，四周悬有美丽的挂件。在殿的四角下方各有一条金龙，水可由龙口导出。整个殿宇富丽堂皇，殿尽头的首座是皇帝的龙床，前面的桌子镶有金边、宝石、珍珠。登上宝座的台阶用各式宝石铺就，旁边镶金。

　　在龙床左下是皇后的座位，宝座用碧玉制成，边缘镶金。皇后下手是皇帝的第二位妻子的座位，座位仍是玉石镶金，再往下是第三位妻子的座位。这三位皇妃总是不离皇帝左右。再往下是各女眷的座位，按级别依次排列。这些女眷已婚嫁，她们的头上带有一足形、长一腕尺的宝石饰品，饰品周围以孔雀翎毛装饰。这一饰品象征着该妇女已归属于某一男子，并俯拜于其脚下。在龙床的右下是皇帝长子的座位，以下依次为公爵大人的座位。皇帝独用一桌，桌子嵌有各种宝石，黄、白水晶，边缘鎏金。皇妃也各有桌。在皇位之下，皇帝足边坐着四位书记官，负责将皇帝所说的每句话一字不漏地记录下来。当皇帝举行盛宴时，所有桌边及大殿均装饰金制的葡萄藤，枝蔓上垂挂着白、黄、红、绿、黑，各色葡萄，红的是红宝石与石榴石，白的是水晶，黄的是黄玉，绿的是翡翠与橄榄石，黑的是缟玛瑙，灿烂夺目，栩栩如生。皇帝座前伫立的大臣无人敢擅言一句。只有乐人在轻歌曼舞，以娱圣驾。所有的酒具、器皿也是由玉石、水晶和金子制成。但他们并不使用银制器具，只用银子镶嵌台阶、石柱、甬道。我们一行人在可汗宫中的十六个月中，可汗正与蛮子王开战。战争的缘由是大汗想亲眼看看那里的宫殿是否如传说中的那么庄严华丽，而事实是其美丽更有过之，若非亲眼所见绝不敢相信。相比较而言，我们的饮食更为简纯，那里的平民各种动物的肉都吃，餐罢便在衣裙上揩揩手，一天只吃一餐，很少吃面食。但贵族的餐饮更为花样繁多，讲究礼仪。

5. 曼德维尔以骑士传奇的笔法叙述了大汗的故事：白衣骑士在夜里降临，向大汗传达神的旨意，神欲使其成为皇帝，并许以土地和人民。

下面讲讲为何契丹皇帝被称为大汗。大洪水后，世界上只剩下挪亚一家。挪亚有三个儿子：闪（Sem）、含（Cham）、雅弗（Japhet）。含看见父亲赤身睡觉，而斥责他，因此受到诅咒；雅弗用衣服将父亲身体遮盖起来。这三个儿子分享了世界所有的土地。含占有的是东方最好的土地亚细亚。闪占据着非洲。雅弗占据着欧洲。含是兄弟中最强、最富的，他的后代是一些异教徒及岛上那些无头、奇形怪状的居民。闪被称作皇帝。但契丹的皇帝并不称作闪，而称作汗，原因是这样的：不久前，所有鞑靼人都还受到周边各国的奴役，为别族充当放牧人。他们共有七个支派。第一个叫鞑靼部（Tartary），是最优秀的一支；第二支叫唐古特部（Tamghot）；第三支叫欧拉克部（Eurace）；第四支叫瓦来尔部（Valaire）；第五支叫塞莫克部（Semoth）；第六支叫盟古部（Menchy）；第七支叫索波斯部（Sobeth）。他们共同居住在契丹国的土地上。第一支部落的首领是一位并不富裕的老者，人们称他为成吉思（Chanius）。一天夜里，他正躺在床上睡觉，一位武士身着长袍，骑着白马来到他身边对他说："可汗，睡着了吗？万能的神派我来传达旨意，你去对七个部落的首领说：你要成为他们的皇帝，你将攻占周边所有国家的土地，令他们臣服于你如你曾臣服于他们一样。"第二天早晨成吉思起来后对七个部落的首领讲了以上这些话，他们斥责他简直是疯了。第二天夜里，那个武士又来到七个部落首领那儿告诉他们，神欲使成吉思成为他们的皇帝，他们应臣服于他。第二天，他们便推成吉思为皇帝，对其敬拜，如白骑士一样称他为可汗，同意服从于他。于是可汗制定了称作依撒汗（Ysakan）的律法。律法的第一条规定：所有人应当服从万能的神，相信神会使他们不受奴役，脱离苦海。在所有文字记载中都应对其的神迹予以记述。另一条律法规定：对士兵进行分级管理，设十夫长、百夫长、千夫长。可汗对七个部落中最有权势的人吩咐道：所有人世袭的产业和官爵均予废除，各人按功行赏。于是这些人便照此办理。此外，可汗吩咐每个人将自己的长子带来，亲手杀死并割下头颅，他们也立即执行不怠。可汗看到他已可让部下令行禁止，便率领他们跟随自己的旗帜，让所有的国家臣服于脚下。

6. 大汗死里逃生，远征契丹，无不显示了神迹。

一天，可汗及其一行随从在视察他的领土，忽然遇到大量敌人。遭遇战中可汗的马被杀，可汗摔下马来。随从们看到可汗落马，以为他死了，便四散逃窜，敌人穷追不舍，可汗看到敌人跑远了，便藏身于茂密的树丛。敌人返回后，便开始在树丛中搜捕漏网的人。许多人被搜了出来。当他们走到可汗藏身的地方时，看到一只叫枭的鸟落在树枝上，他们就说，那里一定没人，便离开了。这样，可汗得以死里逃生。当夜，可汗回到营中，所有的人都欢欣鼓舞。从此以后，鞑靼人便对枭这种鸟格外崇敬。可汗回营后，立刻召集人马将敌人击溃，后来可汗征服了所有领土，那一族也臣服于他的脚下。当可汗征服了巴颜山（Belyan）以内的所有君王后，白武士再次在可汗前现身，说道："奉神的旨意，可汗，你必须翻过巴颜山，之后可赢得广大的领土。走至巴颜山时，会无路可走，这时，你登上海边的巴颜山顶，跪下，向东方叩拜九次，以示对神的尊崇。神将指给你一条出路。"可汗照此而行。这时，拍打山石的海水退了下去，在山与海之间出现了一条宽九英尺的路，可汗与随从的士兵顺利地过去了。之后，他便征服了世界上最富饶广袤的土地——契丹的领土。因为有九次叩首和九尺宽的路之故，可汗及鞑靼人对九这个数字极为信奉。

蒙古骑士

7. 中国的大汗已成为世界上最伟大的君主。虽然大汗及鞑靼人不是基督徒，但他们都信奉万能的上帝。

可汗在征服契丹之后去世。其长子窝阔台（Cythoca；Ok-Lar-Khan）继位。他和他的兄弟陆续征服了许多国家，包括普鲁士（Pruisse）和俄罗斯（Russy）。他们虽自称为可汗，但实际上，这来自中国的大汗已成为世界上最伟大的君主。因此，在可汗的信函中，他这样写道：Caane filiusi dei exels,universam terram coulentium summus imperator,& dominus dominantium。即：神的子孙，可汗，世界上所有土地的领主，万王之王。在他的玉玺上这样刻道：Deus in celo & Caane super terram ejus fortitudo ominium hominum imperatoris sigillum。即：天上的神与人间的大汗拥有无限的权力。他的私章上刻着：De fortitudo ominium hominum imperatoris sigillum。即：藉神的佑护，人间至高无上的君主。虽然大汗及鞑靼人不是基督徒，但他们都信奉万能的上帝。

8. 大汗的国度人民讲究礼仪，宫殿宴会上的礼仪更是精巧、有序。

前文中讲述了大汗名称的来历。这里我将讲讲可汗宫殿盛宴的礼仪。可汗一年中举行四次大的宴会。一次是可汗的生日；一次是在圣庙中受割礼的日子；一次是偶像祷告日；一次是偶像行第一次神迹日。这些日子中，有许多专人来主持安排，每人各司其责，一切井井有条。仪式前首先选出四千位富有的男爵来筹备盛宴，服侍皇帝。这些男爵头戴镶有宝石、珍珠的金制头冠，穿着嵌有金丝的丝绸官服。他们之所以拥有如此昂贵的服装，是因为在那里，这些衣料比我们这里的毛制衣料还要便宜。这四千男爵分为四组，四组的衣服颜色各不相同。每组依次进入，人人都肃穆无声。皇帝的一侧坐着许多术士、哲人，其中包括占星学者、巫师、几何学者、占卜师，及其他学者。有的学者前面摆放着装饰着金箔、宝石的天象仪。天象仪内有的盛满了砂子，有的正在进行冷燃。还有的学者前面摆放着精巧的计时器，以及其他一些科学仪器。到了一定时辰，这些术士学者们便请前面侍卫静场，于是侍卫大声喊道："现在肃静！"之后一位哲人向全场宣布："现在向神的子孙，世界的领主叩首致敬！"这时所有人均跪下叩头，之后哲人吩咐："平身！"另一时辰，哲人又吩咐所有人将手置于头顶，礼毕后，宣布手放下。如此每一时辰行不同礼节。我偷偷询问这些礼节的寓意。一位官员告诉我说：叩首象征着所有人都将忠诚于皇帝，无论面对诱惑还是威胁，永不背叛。以手捂耳象征着在场的人永不听信不利于皇帝和朝廷的谗言。皇帝的日常更衣，餐饮时间也均由这些哲人来规定。如果某国有人向可汗发动战争，这些哲人会马上得到通报，并呈报于皇帝，皇帝会派兵予以平息。皇上派有许多人专门为其养鸟，如白隼、隼、猎鹰以及会说话的八哥儿等。另外还有许多人为其饲养了一万头大象、狒狒、猴子等动物。皇帝还有两百多名御医陪随其左右，其中包括基督徒及二十位萨拉森人。相比较而言，皇上更为信任基督徒医师。在可汗的国家里有许多萨拉森人受到身边好的基督徒的劝诫而皈依了基督教，但他们往往并不愿他人知晓。

9. 大汗的财富数不胜数，是最富有的君王。

可汗财力雄厚，势力强大。其日常开销随心所欲，不计成本。他并不以金、银作为货币，也不铸币，而是用兽皮进行买卖交换。金、银只是宫殿的建筑材料。在其皇宫的内室中有一根金柱，内置一块长一英寸的红宝石。夜晚，宝石熠熠发光，整个房间亮如白昼。可汗拥有数量甚多的宝石，这一颗是最为珍贵的。可汗夏季到一个叫上都（Saydts）的北方城市避暑；冬季则住在一个气候温暖叫卡马拉斯（Camalath）的城市中。但绝大部分时间都住在大都。

10. 大汗出行蔚为壮观，所坐的四轮马车的车厢，是由伊甸园的树制成的，马车由四头白色大象，四头白色牡牛拖行，旁边有五六个高级首领护卫。

大汗远征时要派遣四支部队。第一支作为前卫，先行一日，为可汗第二天驻扎的营地探路，携有足够的供给；左右两侧各有一支人马，人数甚多；第四支部队人数最多，个个身背弓箭。可汗除非与贴身侍卫秘密出行，一般不骑马，而是乘坐四轮车。车厢用一种叫愈疮木的树做成，据说这种树来自伊甸园中。车厢外蒙有金板，上镶各色宝石、珍珠，由四头白色大象，四头白色牡牛拖行，旁边有五六个高级首领护卫，所以除非皇帝传唤无人可以靠近。皇后与皇太子的銮驾也与此相同，人马浩浩荡荡，蔚为壮观。

11. 大汗敬重基督教，向十字架鞠躬敬拜，虔诚倾听教士为其主持的祷告。

大汗的疆域被划分为七个省，每个省约有两千多个城镇。每当大汗巡游经过这些城镇时，家家户户便在房前燃起一堆火，向其中投掷香料，表示对大汗的敬仰。当地的基督徒则列队出迎，手持十字架，抛洒圣水，高唱颂歌。大汗看到这些教士后，便会吩咐身边的侍卫让开大路，使他们能靠近过来。他见到十字架，便会脱下镶有宝石、珍珠，富丽无比的帽子，向十字架鞠躬敬拜。教士主持为大汗祷告。用十字架为他祝福，大汗则十分虔诚地倾听。之后，主持手持金盒，内装梨、苹果等九只水果敬献与大汗，大汗取出一只，将其余赐予身旁的卫士。之所以行此礼节，是因为传统律法规定除非有东西呈上，否则生人不得靠近大汗：Non accedat in conspectu meo manis. 即：空手之人不得近于眼前。礼毕，并不用卫士清道，大汗告诉教士，御驾将继续前行。对皇后及皇太子，教士们也行此礼节。

12. 大汗是世界上最伟大的领主，长老约翰也逊色于他。

大汗是世界上最伟大的领主，无论是长老约翰，还是巴比伦的苏丹，或是波斯的皇帝均逊色于他。在鞑靼国，男子可以随意娶妻，可一百，可几十。除了自己的姐妹、母亲、女儿不可娶外，可在亲族中任意聘娶。如果父亲去世，也可娶继母为妻。男女衣服式样相同，以使人不能轻易分辨。但已婚妇女头上佩带特有的饰物。妻子平日并不与丈夫同寝，只有丈夫愿意时，才同房。

他们除了猪肉什么肉都吃。他们信奉万能的上帝，也信奉金、银制成的偶像，并且向偶像敬献牲畜的初乳。

据说是长老约翰国的文字。见《曼德维尔游记》插图

13. 鞑靼人的奇风异俗。鞑靼人长着小鸟般的小眼睛，因眼睛小常判断失误。

大汗有三位皇后，第一位皇后是长老约翰的女儿。该国居民做任何事总是习惯于在新月时开始。他们对太阳和月亮十分崇拜。那里人们骑马通常并不用马刺；认为用一根骨头将另一根骨头敲断或把能喝的饮品，如奶，洒在地上是一种极大的罪恶。除王公贵族外，普通人用餐后用衣裙揩手，因为他们并无用餐巾的习惯。人们把餐后剩下的肉食放于锅中留到下次再吃。富人们聚会时喝的是马奶、驴奶等其他奶制饮品，因为他们不喝啤酒也不喝葡萄酒。他们的战术十分高明，每个武士都带两三张弓和许多箭，以及一把大斧。首领用短剑。临阵脱逃一律斩首。他们意欲征服所有的土地，因为他们说先知和律法都曾讲，他们可以靠弓箭征服天下。追击逃跑的鞑靼人是十分危险的事，因为他们转身射箭和正面一样容易。鞑靼人通常长着小眼睛，并且不遵守诺言。当有大将将去世时，他们便把一根矛插于床旁的地下，弥留之际，人们会退出房间，直至他去世。人们实行土葬。

14. 在另一个世界里，大汗将成为比尘世更伟大的君王。

鞑靼皇帝驾崩，便被抬入帐篷中间的一辆灵车中，前面摆放一张供桌，上面铺白布。桌子上供有肉、马奶。与皇帝一同下葬的有一头怀着马驹的母马，和一匹上好鞍及辔头的公马，上驮金银，以及他生前使用的帐篷、马、金、银等物。他们说，皇帝在另一个世界不能没有住处、马和金银。母马会为他产奶和生马驹。另外还有内臣和侍女一起殉葬，以便到另一世界继续服侍皇上。他们相信，在另一个世界可汗将会更有权势。整个寝陵十分宏伟。皇帝入葬后，任何人不得在其亲友面前提及他的名字。

15. 鞑靼皇帝继承人的策立。

鞑靼皇帝驾崩后，七个部族的首领聚集在一起，抚摸他的儿子或他最近的血亲，说道：我们希望您、推举您、乞求您做我们的主人与皇帝。对方则回答：如果你们愿我做你们的主，就必须服从我吩咐你们做的一切事。让谁死，谁必得死。首领同声回答：您所吩咐的我们必从。这时新的皇帝宣布：从此，我的话将如我的剑一样可以定夺生死。之后，首领们将其扶上王位，为其加冕。同时友好的邻邦和各省的王公均纷纷前来进贡珍宝、金银、马匹、昂贵的织物等等。其金银不计其数，一百匹骆驼也难以驮完。

(The Trauels of sir John Manderuille, London：J.M. Dent & Sons Ltd. 1928；hlew York：E.P. Dutlon & Co. Inc. 1928，朱虹泽)

马可·波罗游记（存目）

第二编

大中华帝国

导　论

一

马可·波罗时代的大旅行改变了欧洲人的世界观念，当知道了地上天堂在东方的尽头——富饶强大的契丹、蛮子时，人们就不可能忍受局限在欧洲封闭、沉闷的生活。东方的黄金、香料、胡椒召唤着他们，哥伦布带着西班牙卡斯蒂利亚王室给契丹大汗盖着金印的国书，向西寻找天堂般的大汗的国土，整个航程中他都期待着某天清晨在前方海面上出现汗八里或行在城里耀眼的金屋顶。"延长的16世纪"是西方文化观念史上一个非常重要的时期，亚当·斯密认为，哥伦布横渡大西洋发现美洲，达·伽马绕过好望角到达印度，是人类历史最伟大的两件事。而中国则是伊比利亚海上扩张的动机与灵感之一，也是地理大发现时代东西航道的终点，在起点和终点上都可以看到中国的影响。

1493年出现在佛罗伦萨的木刻画，哥伦布发现美洲。

哥伦布远航寻找大汗的国土，发现一片新大陆，却没有到达中国；达·伽马开辟了东方航路，不出 20 年，就把葡萄牙冒险家送到中国海岸。1518 年，葡萄牙使团到广州，两年以后进京朝觐武宗皇帝，1548 年，葡萄牙人在宁波双屿港已经经营了一小块居留地，有他们自己的市政厅、医院、慈善堂、长官、书记员、公证人、警察和盗匪。再过 10 年，澳门这座"番鬼城"也出现了。西班牙人比葡萄牙人晚来了半个世纪，尽管他们的航海家最先想到前往中国并最先进行这方面的努力。1565 年春，西班牙舰队从墨西哥出发，在米古尔·罗柏兹·德·列格兹比率领下，远征菲律宾。在西班牙殖民者的头脑里，菲律宾之所以重要，是因为它可以成为与中国贸易乃至远征中国的基地。占领马尼拉不久，阿铁达中尉（Diego de Artieda）在给西班牙国王菲利浦二世的报告中称："北面便是称为中国的大陆。这是一个很大的国家——大到我们已能确证，是和鞑靼毗连的；到此间贸易的商人说，这两个国家正在彼此交战中。中国人有很高的文化。他们有工具可以铸铁。我看见过镶着金银的铁器，和世界任何地方所精制的同样有技巧。他们对木材和其他的材料都同样精工。"[1]

西方人对知识和信息始终有一种浮士德式的渴求。他们不倦地冒险游历，了解并收集有关异域的百科全书式的知识，并将这些知识以文本的形式固定下来。1509 年，葡萄牙国王给出使马六甲的塞克伊拉下达的指令中，让他详细地了解那里的中国人，他们的性格、体型、服装、饮食，他们的国家、物产、商业与军事能力。多年后，拉达出使中国，菲律宾殖民总督也给他下达了类似的命令："你们要努力了解该国人民的品质，知道他们的风俗习惯，及他们做什么生意买卖；并要知道他们是否可信，说话诚实否，从这可运什么来，以致对双方都有利，尚有能够发现和打听到的有关该国的其他事物和秘密。若你们被允许留在那里，你们要写一份有关一切的详尽的报告……"拉达也确实做了一份有关"大明"详细情况的报告，这份报告成了以后门多萨写作《中华大帝国志》重要的参考材料。

---

[1] 转引自陈台民：《中菲关系与菲律宾华侨》，菲律宾以同出版社印行，1961 年版，第 84 页。

欧洲的商人、使节、传教士不断做着这类介绍中国情况的各种报道，刚开始这类材料被当做机密，只在葡萄牙王室中流行。1527 年前后，葡萄牙王室见到皮雷斯使团成员魏莱拉（Cristrao Vieira）寄自中国狱中的信。他是达·伽马绕过好望角以来第一位亲临中国报告中国见闻的欧洲人。他叙述了他们一行在"大明"被当作野蛮人与强盗的悲惨遭遇以及他们作为使节与囚犯可以了解到的情况：从印度向东北，可抵达那个叫作 "大明"的帝国。那里海岸曲折，从南海岸、东海岸一直延伸到渤海湾，南方外洋有许多暗礁与岛屿，北部与鞑靼接壤，据说其间有一座高墙。1549 年，走马溪之役后，又有一批不走运的葡萄牙人被当作海盗关进大明的监狱。其中盖略特·伯莱拉的《中国报道》[1]，由教士们抄录后寄回欧洲。他说大明是个辽阔的帝国，交通便利、人烟稠密、城市壮丽，全国有 13 个省，每一个省都像一个王国。

16 世纪中叶以后，有关中国的东方旅行见闻、殖民地政府报告、传教士的书简，越来越多地出现在欧洲社会。1570 年，欧洲出版了第一部专述中国的完整的著作——《中国志》，作者加斯帕·达·克路士。克路士根据自己短期逗留中国的见闻与伯莱拉的《中国报道》，对中国进行了全面的介绍，从它的章节标题就能看出他对中国的了解已大大超越了上一代旅行家，并可以体会到当时的西方人对中国知识的关注和渴求：

*本章叙述作者觉得要去中国的原因，并谈中国这个名字，及该国的称呼……

*本章阐述中国是怎样一个国家，中国人是何种人……

*和中国接境的国家，介绍中国的辽阔幅员，据说它和阿鲁茫尼（Alemania）的边境相接，因为涉及到两个俄罗斯，其中一个和中国接境……

*续谈中国的疆域……

*中国省份的划分……

*广州城特写……

*内地的一些建筑物……

---

[1] 有关伯莱拉等人的中国遭遇与《中国报道》的情况，见《中国报道》（英）C. R. 博克舍编注：《十六世纪中国南部行记》，何高济译，北京：中华书局，1990 年版，"导言"，第 27—33 页。

* 皇亲国戚的高贵府邸，及大城内官员的馆舍……

* 该国内的船舰……

* 土地的耕作和百姓的行业……

* 工匠和商人……

* 土地的富饶及物产的充足……

* 人们的服装和风俗……

* 中国人的几次节日，他们的音乐和丧葬……

* 妇女的服饰和风俗及中国有无奴隶……

* 诸省官员的人数和不同的等级……

* 老爷是怎样产生的，学习的情况，他们怎样在书信中相互了解，而不是使用不同方言交谈……

* 老爷的供应及其吏员……

* 为老爷服务之敏捷迅速……

* 被判死刑的人，及有关司法的其他事，这是值得注意的一章……

* 中国的监狱和牢房……

* 中国皇帝和谁通婚，有关使节的情况，如何把全国发生的事每月报告给皇帝……

* 葡萄牙人在前些时候怎样跟中国人进行贸易，中国人又怎样武装反对他们……

* 中国人再进攻葡人，这支舰队引起的事端……

* 为查清葡人是什么样的人而作的努力，对他们坐牢所进行的法律审讯……

* 皇帝对老爷的判决对葡人有利……

* 中国人的礼拜和信仰……

* 中国的摩尔人，传播基督教的障碍……

*1556 年中国人受到上帝的惩罚……

1550 年至 1580 年间，我们在欧洲的一些大城市里，包括里斯本、罗马、帕图亚、威尼斯、塞维利亚、里昂、巴黎、阿姆斯特丹，可以看到伯莱拉和另一名当过中国人俘虏的葡萄牙勇士的《中国报道》，它被译成意大利语、西班牙语和法语刊行。此外还可以见到平托（Pinto）、加斯帕·罗帕斯（Gaspav Lopes）、若望·德·巴罗（Joao De Barros）、洛卡斯特捏达（F. Locastanheda）等人关于中国的报道。

1575 年，法国旅行家安德烈·德裕（Andre Thevet）出版长达 2000 多页的巨著《寰宇通志》（*La Cosmographie Universelle*），其中第一卷第二册是专论亚洲的，他的亚洲知识是从普林尼到同时代传教士甚至奥斯曼帝国的伊斯兰教徒那里获得的大杂烩。他说中国人并不像古人说的那样靠吃苹果和呼吸乡野的纯净空气为生，没有比这种无知的幻想更荒唐可笑的。中国是一个实实在在的，居住着正常人的国家，是亚洲最大最富有的国家，他们的王室是亚洲的王储，管辖 15 个省，拥有数不清的黄金、珠宝。不过，中国皇帝又是契丹大汗的封臣。中国人常年生活在水上，以船为家（中世纪阿拉伯人曾有此说法）。他们的男人都很勇敢，女人格外漂亮。优秀的男子可以根据自己的能力娶许多女子为妻。他们的食物非常精美，酒是用米和香料制成的。他们将他们中的一些杰出的人尊崇为神。他们崇拜祖先，虔诚地生活，富于道德感。他们的语言非常原始，听起来像日耳曼语（这其中有法国人对德国人的偏见）。

二

伊比利亚扩张的背后交织着世俗与宗教两种热情，到东方一方面是要寻找黄金与香料，另一方面也是要打压伊斯兰势力，为上帝收获灵魂。信仰的力量与宗教激情为扩张提供了动力和意识形态的正当性，他们自认是福音的使者，来到东方拯救那些在异教的黑暗中即将坠入地狱的可怜的灵魂，而东方黄金、财富则成了上帝对他们福音事业的奖励。当伊比利亚的商人、征服者为了进入中国而努力尝试各种可能性时，上帝的使者也开始行动，希望在中国找到基督教的盟友，让中国这一伟大的异教文明皈依基督教。耶稣会的发起人之一的弗朗西斯·沙勿略（Francis Xavier）说："中国在日本对面，是一个庞大的帝国，和平稳定。葡萄牙商人告诉我，那里司法公正，人人平等，比所有的基督教国家都要优越。我在日本和其他一些地方见过中国人，我知道他们的肤色也是白的，像日本人那样，聪颖好学。在智识上中国人要高于日本人……就我在中国人中观察，他们那里居住着许多不同国家的人，拥有不同的宗教信仰，就我所知，我猜想其中一定有犹太人、伊斯兰教徒。还没有什么证据能让我相信那里也有基督徒。"[1]

中国是基督教整个东方福音事业成败的关键，正如中国同样是当时建立以塞维利亚为中心的世界经济体系成败的关键一样。沙勿略认识到这一点。1552年4月，沙勿略最后一次告别果阿，一心一意要去中国。他在写给圣依纳爵（Saint Ignace）的信中说："我希望今年前往中国，因为这样做既可以在中国又可以在日本为我主上帝作出很大的效劳。当日本人看到为中国人接受的上帝之教法时，他们便很快抛弃对自己教派的信仰。"[2]

最初人们对中国传教前景是乐观的，他们还记得在《马可·波罗游记》中，大汗敬仰先知耶稣，在属下责难基督徒时为基督教辩护，并在复活节对《圣经》行亲吻礼。中国还可能就是传说中的东方基督教王国——长老约翰的所在地，他们的前辈孟德·高维奴曾任汗八里大主教在这里传教。这些激动人心的往事传说让他们以为中国或许不会像东方其他野蛮之地，充满敌意和仇恨。但最有希望的事业也是最艰难的事业，尽管这些传教士拥有虔诚的信仰、无畏的勇气、坚韧的毅力以及献身的热情，但所取得的收效却微不足道。沙勿略终其一生都没能进入中国，最后死在广州外洋荒凉的上川岛上。又过了许多年，范礼安神父（Vallignano）来到澳门，继起沙勿略的事业。他认为中国是可以进入的，但必须以中国人的方式。中国是一个独特的高度文明的东方国家，因此在中国传教意味着一种文化对话。而伊比利亚人缺乏耐心和方法，会危害到福音事业。他有意识地请一些意大利籍的神父到中国传教，罗明坚（M. Ruggieri）、巴范济（Father Pasio）、利玛窦（Matteo Ricci），最初进入

---

[1] Donald F.Lach,*Asia In the Making of Europe* Vol.1,P794。

[2] 转引自（法）安田朴、谢和耐等：《明清间入华耶稣会士和中西文化交流》，耿升译，成都：巴蜀书社，1993年版，第29页。

中国的传教士都是他的同乡。意大利是文艺复兴的故乡，这些神父在信仰上
是上帝的使者，在文化修养上同时也是地道的人文主义者。他们在中国认识
到中国文化的渊深博大，一边传教，一遍学习中国语言和文化典籍，他们希
望通过了解中国适应中国得到中国人的认可，以推进他们的福音事业。1583年，
肇庆建起了第一座天主教堂——"仙花寺"，传教士们也纷纷儒服方巾，学
起四书五经来。这些努力换来了利玛窦神父的成功，利玛窦从肇庆到南昌，
从南昌到南京，最终在 1601 年进入大明首都北京，建立了第一个耶稣会
传教点。

沙勿略在上川岛的弥留之际

那个时代传教士寄回欧洲的书信和报告成了欧洲了解中国最重要的信息
来源，这些书信和报告较有人文精神，他们细致而全面地记叙了中国的物产、
饮食、服装、性格、风俗以及社会各项制度，许多都是他们切身体会的结果。
耶稣会、方济各会、多明我会、圣奥古斯丁会的传教士对欧洲了解中国所做

的贡献是巨大的，多明我会宣道团的葡萄牙修士加斯帕·达·克路士的《中国志》，西班牙圣奥古斯丁会修士马丁·德·拉达的《出使福建记》、《记大明的中国事情》，门多萨的《大中华帝国志》，都是这方面的代表著作。透过这些传教士的书简与报告，中国形象在欧洲渐渐地全面、清晰起来。

传教士的报告与书信最有规模与影响的，是耶稣会士的书简。从沙勿略、范礼安开始，传教士们纷纷将他们在东方海岸与内陆的见闻经历写成报告、书信送回欧洲。1542年，沙勿略从印度发回第一封东方书简，开启了耶稣会的书信传统。每一位前往异邦传教的耶稣会士，都必须定期给他的上级与同道写信，报告传教的经历与所在地区的情况。在耶稣会内部，书信不仅成为一种制度，对书信写作，也有严格全面的要求。这些书信不仅作为耶稣会的内部通讯，还要对其他修会与广大世俗社会公布，"朋友们一旦知道有耶稣会士的书信传来，都想一睹为快，如果不让大家看，就疏远了朋友；如果让他们看到的是一大堆混乱不堪的信息，就误导了朋友。"[1] 从1542年到1570年，是所谓的印度信札时代。在印度与东南亚的耶稣会士每年将年度传教报告寄到罗马耶稣会总部，这些书信除了汇报他们的传教业绩外，还详细地介绍了他们所在地区或国家的地理、气候、人种、习俗与宗教信仰等方面的情况。在罗马耶稣会总部有专门的秘书负责分拣编辑这些书信。16世纪60年代以后，随着印度传教事业的衰落，耶稣会士的书信进入日本时代。在日本的传教消息与有关日本的风俗制度方面的介绍是这一段寄往罗马的东方书简的主要内容，范礼安、利玛窦的年度传教报告与札记是其中的代表作。几乎在日本禁教的同时，中国书简时代开始。1583年，耶稣会进入中国，1601年利玛窦进入北京，并在大明国的首都建立了第一个耶稣会传教点。当利玛窦等人的中国书简在世纪之交出现在欧洲时，西方关于中国的消息更为具体准确了。耶稣会士们生活在中国人中间，他们的书简，将是欧洲最权威最全面的中国资料。16世纪末开始出现的中国书简，对欧洲社会影响最大。中国书简的时代延续了两个多世纪。

---

[1] Donald F. Lach, *Asia: In the Making of Europe*, Vol. 1, P314.

三

利玛窦神父逝世后，1613 年，金尼阁神父携带着利玛窦生前的札记从中国返回欧洲，在船上将利玛窦札记从意大利文翻译成拉丁文，并做了一些删改和增补。1615年，经金尼阁神父整理翻译的利玛窦札记在德国奥格斯堡出版，为了迎合教廷与社会的口味，他取了一个颇具时代特色的名字——《基督教远征中国史》（汉译名为《利玛窦中国札记》）。该书的封面题字是全书提要："耶稣会士利玛窦神父的基督教远征中国史，会务记录五卷，致教皇保罗第五，书中初次精确地、忠实地描述了中国的朝廷、风俗、法律、制度以及新的教务问题，著者同会比利时人尼古拉·金尼阁。"

《利玛窦中国札记》1615 年奥格斯堡第一版扉页

金尼阁似乎有意将《利玛窦中国札记》与门多萨的《大中华帝国志》做比照，在对比中凸显《利玛窦中国札记》更为接近中国现实。金尼阁说道："我们在中国已经生活了差不多三十年，并曾游历过它最重要的一些省份。而且我们和这个国家的贵族、高官以及最杰出的学者们友好交往。我们会说这个国家本土的语言，亲身从事研究过他们的习俗和法律，并且最后而又最为重要的是，我们还专心致志夜以继日地攻读过他们的文献。这些优点当然是那些从未进入这个陌生世界的人们所缺乏的。"[1] "到现在为止，有两类写中国的著者：一类想象得太多；另一类听到很多，不加思索就照样出版。我很难把我们自己的某些神父排除在这后一类之外，他们相信中国的商人，不知道商人们的普遍习惯是夸大一切事情，把那些根本莫须有的事情说成是真的。当我们的神父们第一次获允进入中国内地时，据说很多事情他们都相信，而在获允进入该国的最初八年内，他们很可能把许多完全不可置信的事情都从书信里传到欧洲。十分显然，谁也不能指望不经过多年的接触就透彻了解欧洲的生活。对中国也一样，为了完全了解这个国家和它的人民，一个人就必须花费多年时间到各个省份去旅行，学习讲方言并阅读他们的书。因此唯一合情合理的就是相信我们最近的这部叙述将取代在它以前出现的那些撰述，它所记录的事应该被当作是真实的……"门多萨神父从来没有到达中国，他的著作是靠综述别人的资料与道听途说完成的。而此时金尼阁神父带回的利玛窦的"中国札记"，则是亲历者的经验报道。《利玛窦中国札记》出版以后，金尼阁神父开始为时两年的巡回欧洲演讲，他想让欧洲人知道，中国是一个现实的、并不遥远的国家，它拥有优秀的文明。

《利玛窦中国札记》采取跟《大中华帝国志》相同的编写体制，第一卷概述中国状况，类似于《大中华帝国志》的第一部，第二到第五卷介绍从沙勿略开始的耶稣会进入中国传教的事业，到利玛窦神父逝世为止，主要是利玛窦神父的事迹以及他对中国事务的观感与解释。在传教事业上，它没有给欧洲提供什么振奋人心的消息，从某种意义上说，这部听起来很响亮的《基督教远征中国史》，实际内容令人沮丧。所谓"远征"至多不过是小心翼翼、甚至委曲求全的渗入。另外，在中国形象上，它也没有提供更多更新颖的特征，似乎所有的方面《大中华帝国志》都介绍过了，《利玛窦中国札记》不过在此基础上有所丰富、具体化，补充并纠正了某些细节。

《利玛窦中国札记》提供的信息更为真实。它重复了富强中国总体方面的一些已知内容，对中国的文化与政治制度的内在意义进行了更为详尽的描

---

[1]　（意）利玛窦、金尼阁：《利玛窦中国札记》，何高济等译，北京：中华书局，1983年版，第3页。

述，同时也指出基督教视野内所见的中国陋俗，诸如迷信，算命看相，炼金炼丹；溺婴鬻女，酷刑枉法以及中国人普遍的多疑与怯懦。但总的来说，《利玛窦中国札记》的影响远没有《大中华帝国志》大，人们也没有注意到那些"真实的内容"。17世纪的欧洲文化不需要这样一个过于庞杂、斑驳不清的中国形象，更不需要中国形象的阴影，他们期待一个明白、确定、优越的东方帝国；或者说，他们与其需要一个真实的中国，不如说需要一个理想的中国、一个真实但又远不可及，很少有人能够自己去证实的乌托邦。

<h2 style="text-align:center">四</h2>

这一时段西方的中国形象的典型文本是西班牙奥古斯丁会修士儒安·贡萨列斯·德·门多萨 (Juan Gonzalez De Mendoza) 编写的《大中华帝国志》。门多萨1564年在墨西哥城加入奥古斯丁修会，正值列格兹比率领西班牙舰队远征菲律宾。从入会那时起，他就希望去中国，但10余年来阴差阳错，一直没有机会。1580年菲利浦二世派门多萨与马尼神父率领一支传教团前往中国，到墨西哥就半途而废。两年以后，罗明坚与巴范济到肇庆建堂，时运不济的门多萨，又惘然回到西班牙，后又受诏去罗马，教皇让他写一本中华帝国通史，给了他另一种方式与中国结缘。

1583年在罗马，门多萨开始编写《大中华帝国志》。在这部著作中，门多萨提供了系统而充分的中国知识。《大中华帝国志》共分三部，第一部是对中国的总体介绍。门多萨对中国的地理风物、人伦制度、文化教育、军事武装等各方面进行了完整的描述，在他之前，还没有人做得这么全面详细。第一部是该书的核心，对后世影响最大。第二部叙述菲律宾的西班牙教团三次前往中国传教的经历，分别在1575、1579与1584年。这三次只有1575年拉达、马尼之行还有收获，另两次一次根本没有进入中国，一次在澳门就给葡萄牙的耶稣会士破坏了。该书第三部汇编了一些门多萨认为有价值的有关中国的零散信息，似乎可以作为第一部分系统论述的补充与注释。在以后出版的一些版本中，该书还被加入其他一些附录，一张中国地图或一份有关中国的资料目录。

1585 年，《大中华帝国志》在罗马出版，同年就再版于西班牙的瓦莱西亚（Valencia）与意大利的威尼斯。到 1600 年，意大利已印出 19 版，西班牙 11 版，法语译本分别见于 1588、1589 和 1600 年，"舰队年"（1588）伦敦出现了英语译文，最初的德语、荷兰语译本面世于 1589（法兰克福）与 1595 年（阿克默尔与阿姆斯特丹）。到 16 世纪末，《大中华帝国志》在欧洲已有 7 种语言的 46 种版本。一部关于中国的著作会成为那个时代影响巨大的畅销书，没有读过这部书的人会显得孤陋寒碜，甚至没有教养。这是一个不需要多少夸张的奇迹。

在《大中华帝国志》中，中国最令人仰慕的是它的政治制度。居住在北京紫禁城里的皇帝是这个庞大帝国的首脑，他高高在上，是整个国家的最高权威，所有的政令都出自于他。皇帝有一个由几位由大学士（Presient）组成的内阁（Coucil）。[1] 内阁是帝国政治的实权机构，并以议会制的方式、由经验丰富、德高望重的议员集体决定国家大事。每月地方官向内阁汇报政务，再由阁老们向皇帝呈报。

门多萨也较为重视中国的司法与监察制度。当时许多的西方传教士与商人的报道都描述了中国酷刑泛滥、官员贪污受贿。但门多萨对此却避而不谈，反而认为中国司法严明，酷刑尽管有不人道的地方，但这保证了社会治安。他用很大的篇幅介绍中国的司法制度、监察制度。他说中国每一座城市都有一座大监狱拥挤得像个小城市，朝廷每三年对任职官员进行一次大清查，奖罚升贬严明。或许门多萨对中国现实是什么样子并不太在意，而是要为欧洲混乱的社会、政治局面提供一个可供借鉴的楷模："这个强大的王国是世界上迄今为止已知的统治最为完善的国家……"

门多萨在零乱的资料中敏锐地发现中国教育与统治制度之间的关系和中国文明对知识特有的尊重。在那里只有饱学博闻的人通过科举考试才能成为官吏参与管理政府事务。中国没有贵族，任何一个人在学识上的努力都可以

---

[1] 明洪武胡惟庸案后废相，析中书省之政归六部，另设大学士，为天子襄理文墨。永乐间始有内阁之称，洪熙后阁权渐重，弄权天下。阁臣人数不定。

使他进入社会上层，这就意味着一种平等与竞争的健康的社会机制。这一发现对十六世纪末西方封建等级社会是一大震惊，同时也预示着以后一个多世纪里西方对中国科举与文官制度的利用。他甚至异想天开地描述了一种莫须有的中国皇家教育制度：

> 皇帝出资在每一座城市里建立中学与大学，人们在那里学习写作、阅读、算术，以及自然哲学、道德哲学、占星术、政法或其他一些神秘的科学。在这些学校任教的都是在各个专业学有所成的，并出类拔萃的人，尤其是写作与阅读。任何人都要学习写作与阅读，一样都不会的人为人所不齿。有许多人都能进入高等教育，他们都非常勤奋努力，因为这是获得老爷称号、或绅士、或其他尊贵地位的最好最有效的途径……

五

在中世纪晚期的欧洲，只有少数富于幻想的人才相信中国是一个真实的国家，大部分欧洲人的世界观还局限在《圣经》划定的区域，宁愿相信伊甸园也不相信那个天堂般的大汗的大陆。在伊比利亚的海上扩张的最后阶段，葡萄牙西班牙都努力试图进入中国，在中国边缘建立了许多通往大明的基地，大量有关中国的报道、知识传入欧洲，欧洲视野中的中国慢慢从传奇进入现实世界。《大中华帝国志》在丰富的知识和经验基础上进行选择、综合，根据自己的理解将零散矛盾的材料整合结构成书，最终将中国带入了地理知识视野。《大中华帝国志》以"史志"的形式写成，这就比"游记"形式显得更严肃可靠。而遥远的中国一旦从想象进入现实，便有了现实指向性，提供了改造现实的动机和动力。中华大帝国政治清明，制度合理，社会公正，司法严明，物产丰富，人民富足，代表了一种优越的典范式的文明，值得欧洲敬慕学习。

门多萨的《大中华帝国志》也正是在将中国作为可资借鉴的现实可能这一层面上塑造中国形象的。当时几乎所有传回来的中国报告都发现了中国军备的空虚，武器落后，士兵素质不高、士气低落。当狂热的伊比利亚侵略者看到野蛮征服的机会时，门多萨看到的是文明的意义与福音的希望。当文明体现在和平上时，中国人的怯懦就得到合理的解释。中国人爱好和平，他们拥有的财富与疆土使他们感到满足，他们不向外企求任何东西，只防备外来的野蛮部落图谋中国。

> ……他们的经验告诉他们，征服别人是劳民伤财之举，得不偿失，既要穷兵黩武去征服别人，耗尽人力物力维持所征服的地方，又要提防自己不要被人乘虚而入……那时他们耀武海外、东征西讨（指郑和），他们的敌人鞑靼人和其他部落就开始犯边入侵，攻城掠地……他们终于明白了应该和平守成，开发自己的王国并从中获利，尤其应该放弃那些遥远的国家。从那时以后，他们再也没有对外发动过任何战争：因为战争劳民伤财，而又很难有所获益……

门多萨的叙述既像是讲中国历史，又似乎在以隐喻的方式规劝西班牙帝国。在无敌舰队之前，门多萨已预感到西班牙帝国将被他征服世界的野心拖垮。为什么不能适可而止，满足于自己的帝国已经拥有的一切。像中国人那样，中国政府不欢迎外国人进入中国，也不允许中国人到外国去。门多萨了解到明朝海禁与朝贡贸易的意义。并从克路士那里获得了东南亚国家对郑和时代华夏秩序的记忆，爪哇、马六甲、暹罗、上城等都是中华帝国

塞维利亚，扩张时代西班牙首都。
17世纪木刻画。

的藩属，他们去中国朝贡。中国的强大在于它的文明。军事的软弱或许更能证明其文明的强大，因为和平是人类幸福的基础。

在《大中华帝国志》中，中国形象一方面从缥缈的传奇进入地理现实，另一方面也开启了从地理现实向社会乌托邦的再传奇化进程。门多萨的《大中华帝国志》只想提供一个完美的中国形象，凡可以证明这一形象的材料他都毫不迟疑地引用以致有剽窃之嫌；凡是与这一形象相反的他都试图回避或轻描淡写一带而过；凡是现有材料不足以说明问题或细节的，他都一厢情愿地进行想象的补充。从上面提到过的门多萨对中国司法和军事的记叙评论可以很清楚的看出他的这种意图。中国依然作为西方的他者形象出现，折射出西方自身的欲望与恐惧。对16世纪社会转型的欧洲来说，一个统一性的、具有明确的价值识别意义的中国形象比起混乱矛盾、好坏参半的中国形象具有更大的意义。《大中华帝国志》在西方的中国形象史上的意义不是提供了某一方面的真实的信息，而是总结性地在西方文化视野中树立了一个全面、权威或者说是价值标准化的中国形象。当门多萨叙述中华大帝国拥有广阔的疆域、繁华的城市、无尽的财富时，某种意义上接续了马可·波罗那一代人所塑造的"大汗的大陆"这一形象类型。当门多萨赞叹中国制度合理、司法严明时，则意味着一种新的中国形象类型的出现：中国形象的意义从器物层面转为制度层面。中国不仅仅是一个遍地黄金、香料的国度，一个商人冒险家追逐财富的地方。中国最优秀、最有启示性的维度是制度文明：智慧而德高望重的阁老集体决定国家大事，监察制度和司法公正、奖惩分明保证了官场的清廉，科举考试给每个人以平等的机会，此外还有完善的慈善制度等。

异域文明必须化解在自身文明的期待视野中，变成自身文明自我评价自我定义的他者，才能为本文明所理解。西方的中国形象的制度意义取代了器物意义，折射出西方自我意识、欲望的转移。那个时代的欧洲政治腐败、社会不公、司法混乱，人口稀少却狂热的进行海外扩张，一个清明公正、爱好和平的中国形象表现了西方的自我反思与自我批判。蒙田的同时代人约瑟夫·斯卡利杰（Joseph Scallger）读完《大中华帝国志》在1587年的一封信中道"这一令人赞叹不已的帝国……它谴责我们的行为。从他们的天平上来衡量，我们这些法国人仅为一弹丸小王国，我们之间不能相互谅解，被债务压得喘不过气来（法国当时正被宗教战争搞得四分五裂）；而在他们那里则生活得国泰民安，其法制如此有度以至于使基督教感到羞耻。"[1]

门多萨的《大中华帝国志》塑造了一个完美的、优越的中华帝国形象，为此后两个世纪间欧洲的"中国崇拜"提供了一个知识与想象、评价与批判的起点、一个逐步将中国理想化的起点。

---

[1]　（法）安田朴　谢和耐等：《明清间入华耶稣会士和中西文化交流》，耿升译，成都：巴蜀书社，1993年版，第163页。

《大中华帝国志》

[西班牙] 儒安·贡萨列斯·德·门多萨著

梅子满　林菁　译

1 《大中华帝国志》是《马可·波罗游记》之后欧洲出现的又一部有关中国的"畅销书"。

《大中华帝国志》共分三部，第一部是对中国的总体介绍。第二部叙述菲律宾的西班牙教团三次前往中国传教的经历。第三部汇编了一些门多萨认为有价值的有关中国的零散信息，可以作为第一部分系统论述的补充与注释。1585 年在罗马首次出版，到1600年，在欧洲已有7种语言的46种版本。本文选译自门多萨著《大中华帝国志》第一部。

本书将要描述的大中华帝国，是最近 10 年才由居住在菲律宾群岛的西班牙人发现的。菲律宾群岛距中国 300 里格[1]，他们对中国的观察和了解真实而清晰。中国与菲律宾尽管相距遥远，但很久以前就由那些定居澳门，并经常到中华帝国的广东省做买卖的葡属印度人作了报道。然而，那些消息不能令人满意，因为它们在所谓的事实上变化很大。直到 1577 年，西班牙人才真正发现中华帝国的各种真实情况。最先发现菲律宾群岛并为当地人主持了第一次洗礼的奥古斯丁会的大主教马丁·德·拉达（Frier Martin de Corrada）修士，奉当时菲律宾群岛总督 G·德·拉巴萨雷（Guido de Labassares）的命令和指示，和他的同伴 H·马丁（Hieronimo Martin）修士，及马尼拉（Manilla）[2] 的两名大军官 P·萨明多（Pedro Sarmiento）和 M·德·洛阿卡（Myghell de Loarcha），在大中华帝国的将军王望高的带领和安排下进入该国。

---

[1] 里格，西班牙里程单位，一里格约 5572 米——中译者注。

[2] 原作 Marrila，应为 Manilla——英译者注。

有关王望高（Omoncon）如何去菲律宾群岛，又如何历尽艰险带领上述人马回国，因为他不得不这样做，否则就会被处死，及他如何受到接待及热烈的欢迎，还有许多离奇的事情——所有这些都将在本书第二卷中进行介绍。这段掌故，是呈给西班牙国王的全部报道和内容。

大中华帝国是亚洲最东部的一个国家，朝西方向的邻邦是交趾支那国（Quachinchina）[1]。这个国家的人们都遵循类似中国人的风俗习惯。大中华帝国的绝大部分被大东洋海（Great Orientall Ocean Sea）包围。该海域从位于北纬19度，与交趾支那仅一海之隔的海南岛（Island

《大中华帝国志》1584年罗马第一版扉页

Aynan）[2] 起始，往南延伸至南半球，其路线为东北方向交趾支那国以北的地区属缅甸（Bragmanes）[3]，该国人口众多，盛产金、银、宝石，尤其盛产取之不尽的红宝石。那里的人们高傲自大，有勇气，体型好，但皮肤却是棕色的。他们同中国只进行过为数不多的几次战争，因为两国之间有大山阻隔。和中国交界的是巴坦人（Patanes）和莫卧儿（Mogores）[4]，那是一个很大的王国，她的人民十分好战，首都是大撒马尔罕（Grant Samarzm）[5]。莫卧儿人是真正的西徐亚人（Scythas）和马撒格塔人（Massagetas），据证实他们从未被其他民族征服过。因为他们生活在寒冷的地带，所以他们是白肤色，体

---

[1] 原作 Quachinchina，即 Cochinchina——英译者注。

[2] 原作 Aynan，vcb Hainan（海南）——英译者注。

[3] 原作 Bragmanes，即 Birman Empire——英译者注。

[4] 原作 Mogores，即 Moguls（蒙兀）——英译者注。

[5] 原作 Saqmarzam，即 Samarcand 英译者注。

格匀称的人种。在中国的西南面，是坦罗跋纳（Trapobana）或称苏门答腊（Samatra），这个小国家盛产金子、宝石和珍珠。更向南的是大爪哇（Iauas）和小爪哇（Iavas），及琉球（Lechios）王国[1]。在和琉球国差不多等距的地方，是日本（Japones）。然而对中国来说，更为无情的是鞑靼人（Tartarians）。这个民族也和该帝国生活在同一片土地或大陆上，一道长城（见第九章）横亘于它们之间，鞑靼人与中国人进行过许多次战争。而且正如你将在下面章节所看到的那样，他们曾一度征服并统治整个大中华帝国达 93 年之久，直到中国人造反把他们赶出去。但今日，他们宣称两国睦邻友好，事实也正是如此，因为他们都是异教徒，都遵行相同的礼仪习俗。尽管如此，在卫生和法律方面，两国之间还是有些差异的，中国人要比他们强得多。鞑靼人一般肤色很黄，不是很白，束腰以上裸体，吃生肉，把生血涂在身上以示彪悍。这使他们身上具有难闻的腥味。如果有风从他们所在的地方吹过来，你老远就可闻到他们身上散发出来的怪味。鞑靼人相信灵魂不死（虽然我们知道这是谬论），因为他们认为灵魂能够转世，前世为善的灵魂会在来世由穷变富，由年老而年轻。若灵魂前世做恶则相反，投生会变得更差。他们将之视为真理。鞑靼人的儿子非常虔诚地遵守并保持孝敬父母的教诲，他们要完全听父母的话，决不允许稍违父母之命。否则，就会受到公开而严厉的惩罚。他们只信仰和礼拜一个神，把神的雕像或画像供放在家里，每天焚香供奉。他们称之为天神，并向他祈求智慧和安康。他们还有另一个神，据说是前一个神的儿子，称为纳蒂该（Natigay）——他们人间的万物之神。他们也把这个神供在家中，每次进食，他们都要用他们自己吃的最肥美的东西涂到他的脸上，然后才吃饭。因为他们须先给神一点施舍，然后才能自己享用。他们是那种很少编造谎言的人——虽然他们的生活中需要撒谎——而且对国王绝对服从。尤其在战争中，每个人都去做他被分派的工作。他们随着鼓声和号声而作战，而且将官可以轻松地控制他们，因为他们从小就接受这样的训练。他们还有许多事和中国人很相似。假如中国人接受了我主耶稣基督的信仰，鞑靼人也会这么

---

[1] 原作 Lechios，即 Lee Chovs——英译者注。

做的，因为他们是公认温顺的人种，并善于模仿中国人的做法。

2. 中国国土广阔，气候变化多样，大部分处于温带。

大中华帝国的气候变化多样，因为整个国家由南而北跨度非常之大，南有位于北纬19度的，与大陆隔海相望的海南岛，据说北有超过50度的省份。除此之外，在与鞑靼交界处，还有更多纬度更高的地方。在这个国家，生活着许多肤色奇特且大为不同的人，这真是一件奇怪的事情。在广州这个大城市，由于靠近澳门，那些很早以前定居在澳门的葡萄牙人常去那里进行贸易，他们由此得到卖往欧洲的各种货物。还有许多其他肤色的人，像葡萄牙人一样去那里做生意。所有这些，都已得到上述葡萄牙人的证实。

在广州及那一带海滨出生的人是棕肤色的，看上去就像是非斯城（Fez）人或巴巴利人（BaBanrye），因为广东和巴巴利基本上是同一纬度的。而内陆大多数省份的人肤色是白的，那些生活在寒冷地区的人肤色要更白一些。但也有些人的肤色像西班牙人，另一些人肤色更黄，就是日耳曼人（Almans或译为阿尔芒人）的那种黄里透红。

总之，这个大帝国的气候既不非常热，也不非常冷，地理学家认为它很温和，处于温带，是一个像意大利或其他温带国家那样的国家。由此，我们一点也不难理解这个国家土地之肥沃，它毫无疑问是世界上最富饶的地方，简直可以与公认最富饶的两个国家，秘鲁（Peru）和新西班牙（Nuoua Espania）[1] 相媲美。您可以在下章里从其物产之种类繁多、数量之巨中印证这一点。关于上述内容，拉达（Herrada）修士和他的同伴们是值得我们信赖的见证人（我在这本史书中的很多内容都沿袭他们的说法）。据他们说，这个国家的青年人如此之多，看起来就好像妇女们每个月都在生育，他们在小时候都非常漂亮；这个国家的土地是那么肥沃，每年都收获三至四次，因而所有的东西都非常地便宜，以至于他们出售东西就像是白送人一样。

---

[1] 即墨西哥——中译者注。

3. 中国自然条件优越，几乎没有被荒废的土地，物产多的不胜枚举。

据信，这个国家的居民，其实其最早发现并定居在这块土地上的人们，是诺亚（Noe）的后代〔他们来自诺亚方舟停泊的亚美尼亚（Armenia），上帝曾使他们的祖辈免于洪荒〕。那时他们被迫去寻找一个能让他们安居乐业的地方。但他们从没发现哪个地方像这里一样如此地肥沃，如此地温暖可人。这块土地拥有一切为人类生存所必须的条件，条件之优越简直无与伦比。他们被这块土地的魅力征服了，所以决定定居于此。因为他们相信即使寻遍整个世界，也决计找不出一块条件同样的优越的土地来。现在看来，他们的选择相当明智。尽管这本书所说的已经够多了，但仍有许许多多的东西没有涉及到，比如他们的财富、草木和动物。也许光详细交代这些，就足以成为一部洋洋洒洒的巨著了，相信总会有这么一本书出版的。

该国的那次伟大迁移后的定居者们祖祖辈辈的辛勤劳作，对它的收获和富庶助益甚大。他们甚至从不离弃和抛下大山、峡谷和河流，而是按其所宜，种植他们认为当地所能出产的所有东西——那里有各种果园、小麦、大麦、稻米、亚麻和大麻的大片土地，还有很多种着其他作物的。由于他们在享受他们的收成上拥有极大的自由，并且拥有大量的人口，加之具有耕种土地的便利技术，故而他们的劳动非常轻松愉快。在这个强大的国家，人们坚决不能容忍那些懒惰的、游手好闲的人，他们被视为是可耻的，并经常会受到严厉的惩罚。他们绝不允许本国人离开本国到别国去，眼下也无战争，在过去，战事无疑意味着人力的巨大浪费。就连这个国家的皇帝——据说是世界上最英明的君主——也只满足于统治自己的国家。除此之外，他们天生在饮食、服饰、家居方面都极为讲究。尤其是，他们工作确实非常努力，人人都是大商人和买卖家。所有这些，连同这块土地的肥沃使之成为世界上名副其实的最富饶的国度。

该国像西班牙那样盛产各种草本植物和水果，还有许多叫不上名字——因为他们的叫法与我们大相径庭——的其他物产。但不管怎样，这些东西的味道都妙极了。这里盛产的橘子有三种：一种极甜，甜度甚至超过他们的糖；另一种微甜；还一种微酸但却非常爽口。有一种他们称为荔枝（lechias）的李子，味道上乘，即使吃得多也不伤胃。这里还盛产甘甜可口的大西瓜和美味可口的褐色大苹果。各种水果多得不胜枚举，我就不浪费时间一一列举了，否则会让读者厌烦的。下面我将介绍一些更重要的东西。

该国各地糖的储量都很丰富，因而糖价奇贱，即便最贵的时候，买到 1 京塔尔（quintals）[1] 优质白糖也只需 6 里亚尔[2]。蜂蜜的产量也很大，因为他们同样也很喜欢这种东西，所以不仅仅是蜂蜜，就连蜂蜡也非常便宜；它们的产量如此之大，简直可以用船甚至船队来装运。该国盛产质地优良，并且染着各种颜色的丝绸，比格拉纳达（Granada）产的丝绸好得多，是该国最重要的出口商品之一。

这里织造丝绒、花布、缎子等诸如此类的织物，价格都很低，特别是与西班牙、意大利的价格相比，简直是低得惊人。虽然这些东西都是布料，但他们卖布时并不以尺寸计，而是以重量计，这样比较实惠，对买方而言，不容易受骗。亚麻产量丰富，老百姓用它做衣裳。当然，他们也用它来填塞船身的缝隙，使之不至于漏水；或制作绳索和麻醉药。在干旱而又贫瘠的地区，尽管土地多石，人们仍种植了许多棉花。他们种植大麦、小麦、稞麦、燕麦及其他各种谷物，都增收甚多。在沼泽地区（这样的地区在全国很多），由于河流众多，气候湿润，种植着作为他们主食的稻子。大米的产量相当高，价格较为低廉。最贵时，1 汉涅格（haneg）[3] 大米也才卖到 1 里亚尔。稻米及上述其他谷物，该国均十分盛产，人们一般一年收获四次。

在不太适于耕种的高地，生长着很多松树，也出产许多美味的鲜果，其中有一种栗子比西班牙出产的个儿更大，味道更美。但在松树的间隙，人们种植了大量的稷[4] 和玉蜀黍[5]，总而言之他们决不留下一尺未耕作的土地。事

---

[1] quintals 相当于 100 公斤，西班牙 quintals 相当于 100 或 112 磅——中译者注。

[2] ryals，西班牙货币单位——中译者注。

[3] haneg，西班牙与葡萄牙的一种谷物度量单位——中译者注。

[4] 写作 panizo，即 panic-grass（稗草）——原注。

[5] 墨西哥和秘鲁的印第安人的一种主食——中译者注。

实上，由于该国自然条件优越，加上施肥和耕作，因而走遍整个国家，您也几乎不可能发现一寸被荒废的或无收获的土地。

4. 中国毫无疑问是世界上最富饶的地方，土地是那么肥沃，每年都收获三至四次，因而所有的东西都非常地便宜，以至于他们出售东西就像是白送一样。

除了上文所称的土地富饶之外，这个国家的田野看上去非常漂亮，遍地盛开着各种鲜花，空气中弥漫着怡人的芳香；这些香花也常和成荫的绿树一道点缀在江河溪流之畔。那里河流很多。那儿种植着无数的果园和花园，其中坐落着许多充满欢乐的宴乐的豪宅，人们常去那里娱乐休息，逃避心情的烦恼。老爷或曰绅士们常让人栽种了大片大片的树林，其中放养着许多动物——野猪、野兔、家兔、羊等等。他们把这些动物的毛皮制成精美的皮革，最精美的莫过于黑貂皮了，这种皮数量极大。该国还盛产麝香，它是从一种仅以某种具有特殊香味的树根为食的小动物"香猫"身上提取出来的。这种树根叫做卡麻鲁（camarus），仅有人的手指那么大。人们逮住那些小动物，把它们放在一起捣碎，置于极易致腐的地方，但之前先要把瘀血的骨骼扎紧接起来，以防血流出来，碎片就留在其中；在确信它们已完全腐烂后，把那些碎片连皮一起扎成球状——葡萄牙人称其为肚带（papos）。若其中不掺假的话，这样做成的麝香是从所有印度群岛传入欧洲的最纯的麝香。因为他们常常在里面塞上小铅块或其他重物。该国的牛多且便宜，8个里亚尔就能买上一头好牛；能以半价买到牛肉；一整只鹿只卖2个里亚尔。猪肉也很多，而且像我们西班牙的羊肉一样鲜嫩可口，有益健康。除此之外，还有大量的山羊及其他可供食用的动物，这是它们不值钱的缘由。在这个国家，养在湖里或河里的家禽数量如此之多，以致他们的一个小村庄每天都要吃掉几千只，其中大部分是鸭子。关于这些家禽的饲养方式在下面将有专章介绍，因为上述情况看上去是不可能的。所有的肉，包括阉鸡和母鸡都是按重量出售的，而且价钱极低，两磅净毛的新鲜肉通常才值两分（foys）[1]，两磅新鲜猪肉才卖1分，半磅值6马拉瓦德（marauadiz）[2]。诚如那些到过中国的修道士们所说，其他所有的食物基本上都是这个价格。

　　该国还盛产药材，如上等大黄，为数甚巨，还有一种叫中国杉（palo）的树木；豆蔻多得可以用船队来装载。便宜得1里亚尔就能买400斤。同时，只花半个里亚尔还买到6磅丁香花或胡椒；1罗斛（row）相当于25磅的肉桂只要4里亚尔，相当便宜。还有许许多多的草药，我现在打住不赘述其他对人大有裨益的药材了，因为我若是将每一种的特点都写下来，那会需要一本书的篇幅。说到该国的鱼，无论是水里游的还是各种带甲壳的，均让人惊讶不已，不仅在沿海一带，而且在该国的偏远之地也为数甚多，因为有许多可通航的江河流经那些地方。除此之外，该国矿产丰富，盛产金、银及其他各种金属。除金银外，其他金属的价格都很便宜，1京塔尔的铜、钢或者铁才卖8个里亚尔。金价要比欧洲贱得多，银价却比欧洲要贵一些。这个国家也出产大量的珍珠，但大部分都不是圆的。由以上的种种列举，您大概能够了解这个国家物产之丰富，土地之富饶了。那些最早发现并定居于此的人们并没有为上天所骗，因为他们发现这里拥有一切为人的生存所必需的东西。所以有正当理由说，他们完全可以自豪地认为自己拥有世界上最美好最富饶的国土。

5. 中国历史悠久，黄帝以来，至今有243位皇帝。皇位由长子继承，次子们要离开京城，以防他们威胁到皇权，他们生活在外省封闭闲适的环境中，却快乐无比。

　　如上所述，这个国家的历史如此地悠久，以致有一种观点认为第一批定居于此的人是诺亚（Noe）的后代。但是，我们从中国历史中可以发现，这个国家的启蒙时代是从黄帝（Vitey）——中国第一位皇帝，是他使中国成为一个帝国——开始的，而且一直延续到现在在位的皇帝。此书将述及该国历代

---

[1]　一种类似于西班牙quartes的货币单位——英译者注。
[2]　西班牙货币单位——英译者注。

的君王。你将会了解到，通过精确的计算，迄今为止，无论合法和僭位，中国已产生了 243 位皇帝。他们的皇位一般实行子继父的世袭制，假若皇帝无子，则由皇储中的人继承，因此那些皇帝像土耳其皇帝一样随己所愿，拥有许多妻子以达到皇位子继的目的。一般来说，皇帝很少会没有子嗣来继承皇位，因为无论哪个妇子所出的儿子，只要他是长子，他便是合法的皇位继承人。其余的王子则被安排到各个地方独自生活，他们在那里会得到与其地位相适应的一切物质供给；但他们被要求必须绝对服从且不得越权；除非得到圣上旨意，否则他们不能擅自返回朝廷。因此按此规定，所有的皇亲国戚都居住在一个叫做陕西（Causi）[1] 大城市里。其中，那些被皇帝及其内阁视为有才干或尚武的皇族，不允许离开封地半步，否则就有造反的嫌疑。皇亲国戚的府第非常宏阔壮观，里面有他们所需的各种东西：花园、果园、各种大小规模不等的鱼池、猎场和丛林，其中还养着各种飞禽走兽和鱼。每座府第四周都有围院墙，故而看上去就像一座城。他们以欣赏音乐来消磨时间。因为他们个个生活安逸，故而都很肥胖，养尊处优，对外国人很慷慨。无论这些王公在什么地方，当地的长官逢节日必到他们府上拜访。平时他们若骑马从这些府宅的门前路过时，都必须下马致意步行经过；若是坐在小轿子里，同样也必须下轿，静悄悄地步行过去。为了不至于受到忽视，这些贵族的家门皆涂成红漆以示醒目。这些王公们从小就在这种闲适、封闭而规矩的环境中长大，却从未感到过腻烦，相反却快乐无比。

6. 中国使用"里"作为计量单位，它是在安静空旷的地方，一个人尽力喊出的声音能被听到的距离。

这个大帝国，我们通常没来由地称之为中国（China），而其邻国称之为常来（Sangley），他们本国人则自称为大明国（Taybiner），这仅仅是帝国的意思。并且如本书所述，及下一章将要谈及的奇事中所要阐明的那样，

---

[1] Causi，即 Cansi 的误拼。可能这里指的是陕西（Chen-sy）省之都城西安府（Sin-gan-fu）——英译者注。

据说该国是世界上幅员最辽阔、人口最多的国家。这些均引自所谓的大明人自己写的书籍和史书，其中他们均提到了它的强大，并称它由 15 个省组成。那些书籍原来是在中国印刷刊行的，由中国人传入马尼拉，并由该国的翻译将之译成西班牙文。这些中国人受了洗礼并成为基督教徒，为了更能自由地保持基督信仰，也为了逃避由信仰基督而带来的严厉惩罚，他们居留在这些群岛上。在那个国家，没有国王及其内阁的许可，是不得信仰基督的，否则就要受到不可饶恕的严惩。这个强大的国家方圆 69516 里。里是中国人使用的一种度量单位，按西班牙度量方法计算，相当于周长 3000 里格，直径 1800 里格的面积。如同您将从下章所看到的那样，这样一片由 15 个省区组成的广袤国土除了布满多得不可胜数的小村落，还坐落着许许多多的城市。他们的书上说，中国人只有三个长度计量单位——里 (lii)，铺 (pu)，站 (icham)，分别相当于一飞朗 (forlong)、里格 (league)、或程 (iorney)。"里"，是指这样一段距离——在安静空旷的地方，一个人尽力喊出的声音能被听到的距离；十六里等于一铺（略大于一里格）；十铺即大约一天的行程，也即一站，大约合十二个长里格——上述中国的周长或直径就是这样被换算成里格的。不过，从其他书籍的计算来看，他们认为它还要大，有更多里格。马丁·德·拉达 (Martin de Herrada)，即那个在菲律宾群岛的奥古斯丁 (Austen) 修会的主教，是位杰出的几何学家和地志学家。根据中国人自己的描述，花了很大力气计算了这些度量单位，得出了与前述一样的结论，即该国的面积为周长 3000 里格，直径 1800 里格，从最靠近马六甲的云南省 (Olam) 开始计算，沿该国到东北是 600 里格的距离。

7. 中国划分为 15 个省，每个省都比欧洲任何一个国家大。

这个国家划分为 15 个省，每个省都比欧洲任何一个国家大。有人认为那些城市都是大都市，其中驻有长官、守令，即总督，按他们的土语叫做 Cochin。其中有两个省南直隶 (Tolanchia) 和北直隶 (Paguia) 直属皇上其及朝廷管辖。这两个省是全国最大人口最多的省。皇上通常在这两地之一居住，这并不是因为住在那里比住在别处更舒适或它们更合他的意,而是因为这两省与鞑靼——过去这两个民族之间战争不断——交界,因此他可以更方便地弥补所受的损失,同时也可有更好的机会防备敌人的入侵。故而,他在两地都修建了宫殿,安设了朝廷。加上它气候优良,多种必需的供给充足,又有多年的历史,所以它保留到今天,而且仍然是该国国王的驻地。

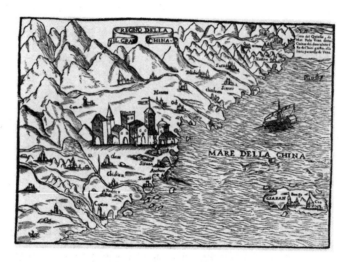

《大中华帝国志》1589 年波伦亚版本中的中国地图

15 个省名称如下:北直隶(Paguia)[1]、福建(Poquiem)、云南(Olam)、陕西(Sinsay)、山西(Sisuam)、南直隶(Tolanchia)、江西(Can-Say)、湖广(Oquiam)、南京(Aucheo)[2]、河南(Honan)、山东(Xanton)、贵州(Quicheu)、浙江(Chequeam)、四川(Susuam)、广东(Saxij)[3]。几乎所有的省,特别是沿海 10 省,都纵横分布着可航行的很深的淡水河,许多大河的支流流经许多城镇。您不仅能得知这些城镇的数目,还能得知它们的名称:因为这些中国人很奇特,在他们的书中,不仅叙述了城镇的名称,

---

[1] 在将这些误拼和列举的省名与那些 Semedo Heningius、Heylyn 所提供的资料,和一张古老的中国地图以及文中一些章节相核对后,以下都是根据各自的含义来解释的。——英译者注。

[2] 在第二卷中,这个用于指福州(Po-cheus)的拼法,似乎指江南(Kiang-nan)省,因为此省并未出现在表中。——英译者注

[3] 与下章相对照,这里显然是指广东。——英译者注。

连那些供老爷宴饮作乐的亭台楼榭的名称都一一列举。再多谈此事是麻烦多过收益，所以在下一章中，我将详细介绍每个省所有大大小小的城镇，而将其他一些无需多谈的略过去，因为我们的目的是要表明这个国家之大。

8. 中国的城市大多依河而建，可通航，城市四周均有壕沟，使城市变得十分牢固。不仅城市而且镇子，都环绕着高大而且坚固的石墙。

这 15 个省，每一个都包括那么多的城镇，还有更多的乡村（如果在下文中，把乡村的数目也一一列举出来，那这个数目就多得不可胜数了），简直像一个个王国。各省的城镇数目如下：

首先，皇帝及其朝廷所在地的北直隶省，有 47 个城，150 个镇

广东	37 个城，190 个镇
福建	33 个城，99 个镇
云南	90 个城，130 个镇
陕西	38 个城，124 个镇
南直隶	44 个城，150 个镇
山西	51 个城，123 个镇
江西	24 个城，112 个镇
湖广	19 个城，74 个镇
南京	25 个城，29 个镇
河南	20 个城，102 个镇
山东	37 个城，78 个镇
贵州	45 个城，113 个镇
浙江	39 个城，95 个镇
四川	42 个城，105 个镇

将以上数字相加，共得 591 个市、1593 个镇，此外还有不计其数的小村落与游乐的馆宅。自此，较之于全世界已知的最好和最大的国家，你可以推知该国应被叫为大国了。中国人把他们的城市称为府（Fu），如大明府

（Taybin fu），广州府（Canfon fu），如同我们呼之为城，并用 cheu 这个音节来称呼他们的州。他们有些村子非常大，以致似乎不过是缺少一个州的头衔而已。他们的城市大多依河而建，可通航，城市四周均有壕沟，使城市变得十分牢固。不仅城市而且镇子，都环绕着高大而且坚固的石墙。其余的墙用一种鹤嘴锄也难以砸碎的硬砖砌成，坚不可摧。一些城市的城墙很宽，可供 4 至 10 人并肩而行，城墙上面每隔一小段距离就建有一座堡垒或楼塔，而且还有城垛和漂亮的宽廊，总督经常在上面消闲，赏玩秀丽的河山景色及散发着泥土芳香的郊野。城墙与护城河之间的距离相当宽，可容 6 个人同时骑马通过，城内在城墙与住宅之间也有同样的距离，人们可以毫不费劲地自由通行。人们精心地维护着城墙，它们看上去就像新建的那样保存良好。在有些城市，据说有的城池自最初筑建已有两千年之久。皇上在每个城市都任命一名监巡官并给他大笔俸禄，只为缮治监逻城墙，同时负责将需要修缮的城池加以修缮和重建。费用全由国王负责，因为一切所需，除了他的俸禄，都交付给地方。该国的道路都被精心修建得很好，维护得平坦宽阔，城门很讲究，雄伟壮观，气势非凡。城门通常用铁坚固地包覆起来，一般有三至四座。街道铺设得很好、宽阔得可同时容纳 15 个人并排骑马通行。他们的街道很直以致虽然很长，仍一眼可以望到尽头。两旁是门廊，下面整齐地排列着许多店铺，摆满琳琅满目的商品，亦有你能想到的所有职业。在街道上，每隔一段距离，就会出现建筑精美的牌坊，它们都是砖石建筑，上面巧妙地装饰着古罗马式的图案。居民住宅一般有三个门，中门大、边门小，但比例非常协调。皇上常驻在顺天城（Suntien）[1]，中国人称之为天城（帝都）。中国人能讲出许许多多关于北京的故事。这些故事听起来是真的。因为无论何时何地您与他们很多人交谈，他们讲的话都大体相同。根据他们的说法，眼下北京应是当今世界上最大的城市。即使那些作最低估计的人也断言，要从一门到另外一门，也需花上一整个夏日的白天和一匹好马才办得到。更不用说郊区了。它也叫做行在（Quinsay）[2]，马可·波罗就是这么叫的。

---

[1] Suntien，北京。——英译者注。

[2] Quinsay 即京师（King-see），意为首都。——英译者注。

9.300 年前马可·波罗在中国生活了 17 年，回国后因为在自己的游记中没有提到长城，而被人怀疑是个说大话的骗子。16 世纪到中国的西方旅行家，在这一点上没有疏漏。或许他们不止一次听到中国人谈到既令他们骄傲又令他们痛苦的长城。

在这个国家，全国各地都有精于建筑之人，而且他们所用之材料亦是世界上最好的。如上章所及，他们使用一种由白土烧成的砖，这种砖极其坚硬结实，要想弄碎它们，必须使用鹤嘴锄而且还得用尽全力才行。这就是为什么在帝国的所有地方都有高大雄伟之建筑且美轮美奂的原因。且不说皇帝建在大明（Tabin）[1]（下面将有专章论及）的宫室，单说在各省的省会，都驻着一位总督或曰长官，他住在（省城中）国王用自己的钱为他修建的府邸中。所有这些府邸，一言以蔽之，都修得富丽堂皇，精巧考究，令人惊叹，且大得就像一个村子。如第四章中所述，里面有花园、池塘、环绕的树林，林中大量放养着各种飞禽走兽。这些豪宅都很漂亮，且一般模仿罗马风格而建，户门外严整地种植着许多高大的树木，树荫蔽日，在街上看过去景致非常不错。屋内通常壁白如乳，就像光滑的纸张一样；地板上铺着宽大平滑的方砖；天花板由质量上乘的木材制成，排得很好而且上面彩绘得像闪光的锦缎，呈金子般的黄色，非常好看。每所豪宅都有三个庭院和种满了供消遣观赏的花草的花园。他们没人不备有鱼池的，虽然它很小。庭院的一面装修华丽，如同帐房，里面摆着各种用金属精心雕成的偶像，庄严肃穆。另外三面墙及墙角均画着非常奇特的图案。然而最值得一提的是，他们无论在屋内还是在街道上，都出奇地干净。街道上一般有三或四处公共厕所，座落得恰到好处，这样人们就不至于因为内急而弄脏街道。这样的厕所同样也见诸于其他各地的路旁。有些城市，其街道可以行船，就像在佛兰德斯尔（Flanders）的布鲁塞尔（Bruxels）、印度安人（Indian）的墨西哥城及意大利的威尼斯那样。有许多满载各种粮食的舟船几乎可以开到他们的家门口，因而这些城市从来

[1] Tay-ping-fu（太平府）——英译者注。

都供给良好。

　　这个国家的大道是已知的世界上铺得最好、最精良的公路。即便是山路也十分平坦。他们用人力和鹤嘴锄把山劈开，然后再铺以砖块和石头加以维护。据那些亲眼见过的人说，路是该国最有价值的事物。该国亦有很多大桥，造筑令人称奇，有些竟然建在船上，就像在塞维尔（Seville）所见的一样；尤其不凡的是，有些桥还建在一些水深流急、河面宽广的河流之上。在福州（Fucho）[1]，有一座塔与皇帝的大税官的官邸正对，见过它的人都证实说，它超出了罗马的任何一座建筑物。该塔建在四十根柱子上，每根柱子由一块巨石做成。巨石是那么的高，那么的粗，简直让说者不能启口，听者无法置信。这真是难以描述，因此如遇到那些难以置信的又没有人可以作证的事物，我最好是不去特意描述它们。

　　该国有一道 500 里格长的防御工事（或者说是城墙），西起肃州（Ochyoy）[2]，横亘于高山之上，蜿蜒向东。该城墙是秦始皇（Tzintzon）为了抵御鞑靼人的进攻而修建的，他跟鞑靼人有战事，整个长城封锁了鞑靼的边界。但是，您应该知道，其中 400 里格长的城墙都是天然形成的，它们由高大的、排列紧密的巨石构成；另外 100 里格则是穿插于岩石间的空隙或距离，完全靠人力搬运巨大的石头才砌成 7 寻高、7 寻宽的石墙。长城东起辽东（canton）[3] 的海滨，经过北直隶和 Cansay，止于 Susuan[4]。秦始皇为了完成这一浩大的工程，从全国男劳力中按三个取一个或五个取两个的比例征调了大量的苦力，这些劳力背井离乡，为此跋涉了很远的路程，到了不同的地方（尽管附近几省已派出了大量的劳动力）。在陌生的环境中工作，几乎所有人都过度劳累至死。

---

[1]　南京条约后，对英国开放的五个口岸之一——英译者注。

[2]　Ochyoy，陕西省 (shen-si) 的 Ho-chow——英译者注。

[3]　鞑靼人所在的省——Leao'-tung，即长城的起点，也叫做辽东，见古兹拉夫（Gutzlaff）的《中国地图》和比奥契（Biot）的《中华帝国古今都市等名字词典》第 86 页所言。由此可见，显然作者认为长城的修筑是由东向西进行，而非如本节开头所述由西向东。——英译者注。

[4]　Susuan，很明显是前第 7 章所指的四川（Se-tchuen）虽然"长城止于四川省"的这种说法不很准确，但是该省和古时的陕西省搭界可以证明这个结论。作者所获得的地理资料尽管是必不可少但却混和不确的。——英译者注。

修建这项雄伟壮观工程，激起了民愤，全国人民纷纷造反，最后杀死了秦始皇和他的叫做 Aqgnitzi 的儿子，这样他和他儿子秦二世长达 40 年的统治就结束了。关于长城的报道都相当真实，因为它得到了那些常在菲律宾群岛、广东、澳门往来经商的中国商人的证实，他们都曾见到过长城。长城是该国最远的地方，至今我们仍无人到过那里。

10. 中国人蓄指甲，裹小脚。这成了西方人印象中中国人的典型特征。

中国人无论男女都身体健康，身材匀称，英俊健壮。他们大都宽脸、小眼睛、扁鼻子、少须，仅在下巴上留下几根胡须；不过也有的中国人大眼睛、浓须、五官端正匀称，但这样的人（跟其他人相比）极少。据传他们可能有外国血统，或许是因为过去与外国人通商合法时，中国人与外国人通婚所致。

广东（那是个热地方）人的皮肤像摩尔人那样呈棕色；而该国内地的人肤色却是白红的，带点黑色，有点像日耳曼人、意大利人或西班牙人。他们的左手指甲一般蓄得很长，右手指甲则剪掉；留着长发，对其很重视，视其为珍异，对这二者他们有个迷信说法，据说他们相信这样可以使他们升入天堂。他们把长发盘在头顶，以很奇特的金网罩于其上，并用金针别住。达官显贵们的衣服都是用质量上乘、精美柔软的各色丝绸做成的。平民百姓和穷人则用另一种质地较粗糙的丝绸和亚麻布、哔叽和棉布做衣服。这些原料在当地都很丰富。因为该国大部分地区气候湿润温暖，出产这些原料，只是由这种原料做成的衣服是最厚的。尽管该国盛产羊毛，而且也非常便宜，但在全国都没有毛织品。他们的服装款式跟我们古代人穿的样式相类——一般是满是长褶的长袍，胸部开襟弯折于左侧、袖子又宽又大，比我们古代人穿的有过之而无不及。皇室血统及官员穿着打扮与一般的绅士大不相同。他们的衣服上绣满金银丝线，而一般官员的衣服上只镶金、银边而已。他们穿制作编织都不错的袜子，鞋和丝绒制成的高统靴很奇特。冬季尽管并不冷，但他们仍穿着皮衣，尤其是黑貂皮（前面提到过貂皮产量丰富）。他们一般将其围在脖子上，未婚的人和已婚的人穿着打扮也不同。他们把头发盘卷在前额，戴很高的帽子。妇女们打扮很奇特，与西班牙的样式非常相似，她们佩戴着各种各样的金银珠宝，衣服有大的袖子，她们用金线、银线及各种丝绸缝制衣裙——前面已说过，这些东西在那里很多，质地精良，价格低廉——平民女子则用粗丝绒、哔叽做衣裳。她们的长发非常美丽，像热那亚妇女一样总是精心地梳理，把头发用一条很宽的丝带盘在头上，上面缀满了各种珍珠宝石，她们说这使她们变得更漂亮。她们涂脂抹粉，在一些部位施得太多。

　　妇女视小脚为优美漂亮，因此她们从小就耐心地忍痛缠脚，谁的脚最小，谁就被认为是最端庄美丽的女人。据说最初是男人们劝诱她们裹脚的，后来便成了风俗。由于裹得太紧，她们的脚都变了形，形成半瘸，走起路来步履蹒跚非常费劲。因此她们通常很少出门，也没法摆脱她们的家务——所有这

中国官吏夫妇

一切，只是出于同样的目的！裹脚的习俗已沿袭了很多年了，看来还会继续下去，因为它受到法律的支持：自己不裹脚或不给女儿裹脚的女人，会被指责为是像魔鬼一样的人物，并且还会因此而受到惩罚。她们都是些很本分很保守的女人，因此无论何时你在她们的窗口或门口，根本不可能瞥见她们的身影。倘若她们的丈夫邀请客人来做客，她们既不能上桌，也不能露面，除非客人是他们的亲戚或至交；如果她们要回家看望父母或上别的亲戚家串门，只能坐着遮得严严实实的四抬小轿去。这种轿子的窗格是金质或银质的，帘子是丝的，因此虽然透过窗子她们能看见街上的行人，但街上的行人却看不到她们。另外，她们还有许多奴婢服侍。所以在街上遇到达官显贵们的妻子简直是个天大的奇迹。你会认为城里一个女人都没有，因裹脚而造成的步履蹒跚可以说是她们闭门不出的原因。他们不论男女都很机巧，做刺绣和雕刻工作，就像我们从那些产自中国的花床或铺板所看到的那样，他们是优秀的花草鸟兽的画师。我曾亲眼看到过这种花床和铺板，那是由马尼拉大军曹利伯拉（Ribera）船长在 1582 年带到里斯本（Lysborne）来的，这件优秀的艺术品令当地人叹为观止，就连平日对事物甚少感兴趣的国王陛下也对它赞不绝口。所有的人都很欣赏它，即使是著名的工匠也对其精美绝伦的艺术技巧惊叹不已。他们都是伟大的发明家，工巧精致地制造了许多靠帆行驶的四轮大马车，并能够轻松地驾驭它们。这些都是由亲眼目睹的人告诉我的，因而真实不谬。除此之外，在印度和葡萄牙，许多人都见过描绘着图案的服装和瓷器，那是从中国贩来在当地出售的。这表明他们的绘画是有一定的基础。他们在生意场上很精明，绝不吃一点亏。店主们（这样的店主在每个城市都有很多）通常在店门口悬一块牌子，上面标明该店所售的货物。

他们的店里通常出售的货物是用金丝银线织成的布料、绢纱、各个品种及色彩艳丽的丝绸等高档织品；档次较低的店则出售各色的哔叽、棉布和各色的亚麻布和粗布。然而，所有这两类店出售的布料都非常便宜，因为这都是该国产量丰富的特产，而且有许多人从事织造这一行业。出售各种草药的药店也有类似标明货物的牌子。也有的商店摆满了琳琅满目的瓷器，有红的、绿的、黄的，也有镀金的。这些瓷器价格低廉得 4 个里亚尔就可以买到

50 件。瓷器的原料是一种坚硬的土块，他们把它敲碎、碾磨，放进一个由石灰和石子制成的水槽中，在水里经过充分的搅拌后，用上层的浆做成细瓷，而将下层的浆制成粗瓷。待它们干后再各随所好地涂上永不褪色的颜色，最后放进炉中烧制。这是有人亲睹，是真实的，而朵亚多·班布萨（Duardo Banbosa）[1] 在他的一本用意大利出版的书中描述说，他们用海中的贝壳制作瓷器——把海螺和贝壳碾碎，埋入地下进行提纯，一埋就是 100 多年。在这本书中，他还揭示了其他有关的很多事物。但是，如果真是这样的话，中国人就不可能制出那么多瓷器，而且还销往葡萄牙、秘鲁、墨西哥及世界其他地区。这充分证实了上述所言为真。中国人也赞同这种说法。最美丽、最精致的瓷器一般是不外销的，因为它们是专供皇帝和达官显贵们使用的。瓷质又细又精，就像纯质水晶一样稀有贵重。江西省（Saxii）生产的瓷质最好。那些工匠和手艺人们都住在指定的街道上，那里只有同样的手艺人与他们同住。因此，你只要看看街头那家店是干什么的，你就可以了解到整条街是干什么的。对手工业者，他们的法律规定：必须子承父业，未经这位官员允许不得转操他业。即使是一个人富到无需工作，他仍然必须让他店里的人操持他的行当。因而他们都是从小就学习这门手艺，以至于年长的个个都达到炉火纯青的地步——这从那些流入马尼拉、印度群岛和葡萄牙的工艺品中我们可以窥其一斑。该国流通的货币是金和银，上面没有任何标志和印戳，而只以重量计。因此，人们要出门买东西时，通常随身带着一副秤砣和秤以及一些碎金银。在进行大笔交易时，他们家中都有大秤和盖了官印的大秤砣，由官家交给每个所有者，因为法官对此非常细心。在泉州（Chincheo）[2] 流通着一种铜铸币，但出了省就不能用了。

[1] Duardo Banbosa 为 Barbosa 的误印，朵亚多·班布萨（Duardo Banbosa 或 Barbosa），里斯本人，用葡萄牙文写了一份他的南亚之旅的描述；但根据安东尼奥（Antonio）的说法，这份描述仅以意大利文译本的形式出现过。拉穆学（Ramusio）的第一卷第 288 页可见到其行纪的一个节本。此后，班布萨随麦哲伦的航行环游世界，并于 1521 年在泽布（Zebu）岛分享了这位伟大的航行家的悲惨命运。——英译者注。

[2] 泉州，福建的一个主要地区，常以此来称呼整个福建省——英译者注。

11. 教士们从来到中国那一刻起，就四处寻找基督教圣迹。

西方早有传说，圣·托马斯曾在印度传教，那么他是否来过中国？据说印度马拉巴尔海岸圣托马斯教堂的迦勒底文献中，提到圣·托马斯到中国传教。人类理智的弱点在于他们总愿意相信自己希望如此的事。比如说，将中国的三面佛当作三位一体的形象，将送子观音当作圣母玛利亚。

在北直隶和直南隶两省，如前所述，即皇帝常驻之地，由于和鞑靼人交界，他们与之常有战事发生；而且上述两省的总督和高官大员，也比其他地方的地位要高和多。

在所有他们信奉的偶像中，中国人（Chinos）强调说，其中有一个显得特别奇怪与不可思议，他们对它怀有虔诚的敬畏。中国人把这一形象画成一个有三个脑袋，一个身体的怪物，而且三个脑袋还能互相对视。他们解释说，这表示三者共同拥有一个向善的意志和本质，凡使一方得到幸福，也会使另外两方得到幸福，反之，假若触怒和冒犯其中一方，那么也就触怒和冒犯其他两方。倘若要在基督教中获得对它的解释，它也许可以理解为神秘的"圣父、圣灵、圣子"三位一体（the Holy Trinitie）——这为我们基督徒所信奉，而且是我们信仰的一部分。上述的那个形象，还有其他种种，似乎多多少少和我们神圣的，不容亵渎的基督教相符。因此，我们可以确实地推断圣·托马斯（Saint Thomas）这位使徒[1]确实曾在这个国家传过教，据其在世时的日课所载，他曾接受圣灵，并把《福音书》传布到安息（Pathes）、米底（Medes）[2]、波斯（Persas）、婆罗门（Brachmanes）和其他国家之后，到了印度，在一个名为卡拉米纳（Calamina）的城市，殉难于他的信仰和其所布讲的福音（Holy Gospel）。

现已证实，这位伟大的使徒在到达印度之前，曾旅经中国，而且看来他

---

[1] 这里和下面的细节均表明佛教与罗马天主教之间存在着惊人的相似性。这一点，已为后来的旅行者与使团所证明，但是，从历史中无法找到前者的这些特征一定源于后者的证据。——英译者注。

[2] Medes，也许就是伊朗西北的古王国 Media。——中译者注。

还在那里宣讲过"三位一体"说和《福音书》之密旨。并以上面所述的方式一直保留到今天。尽管那些中国人，由于在他们的罪过和偶像崇拜中极端无知，所以他们并不能很好地理解那三个脑袋的形象到底表示或者说象征什么。上述所言之所以可信，或者可让人明白事实至少可作如是观，仍在于它是在亚美尼亚人中间负有盛名，具有很大权威性的著作。这些著作都曾提到，这位伟大的使徒在到他殉道的印度之前，曾途经大中华帝国，而且还确实在那里布过道。但是由于那里的人民毫无秩序且忙于战争，所以他的布道收效甚微。因而，这位使徒才去了印度，最后在大中华帝国留下了几个（虽然不多）受洗和教化的弟子。但虽然如此，我想假如上帝愿意，他们这些中国人还是有机会将他们受到的教化保留下去的。

据传，他们中间也保留着一幅按十二使徒的形象和标志绘成的画。这有助于证实我在前面所说的话；尽管倘使你问那些人他们（画中之人）是谁，中国人会回答说，他们是些伟大的哲学家，有德行的贤人，故而成了天上的神仙。他们也使用一种画有一怀抱小孩的女人像的绘画。关于这种画像，他们解释说，画上的女人有助于妇女怀孕，她终生保持贞洁，是一名强大的国王的女儿。他们对她非常信奉，也向她祈祷——但除此之外，他们没人能讲清楚这个神秘之事，只说她过着一种圣洁的生活，并且从未犯过错。

福拉·加斯帕·德·拉·克路士修士（Frier Gaspar de la Druz），一位葡萄牙圣多明我会（Saint Dominicke）的修道士，曾在中国的广东（Canton）旅行，非常仔细地报道了很多有关这个国家的事情。我在本书写作过程中，多处参照他的叙述。他说，他到的地方是一条大河中心的一个小岛，那儿有幢房子，是那个国家的教士住的寺院的样子。在房子里面，他称他看到了某些非常古老的东西。他在其中看到有一座小教堂，类于我们的祈祷室或礼拜堂，建筑精巧，装饰精美，有段楼梯可登上去，镀金的栏杆牢固地环于四周。他仰视圣坛，华丽的帷幔中间有尊雕刻精美的女人像，一位小孩子搂着她的脖子，前面点着一盏灯。他对此感到很惊奇，然而当他向中国人询问那女人象征什么时，没人能够告诉他，也没人说得比上面谈及的更清楚。根据前文所述，我们很容易地就可以推测出使徒圣·托马斯（Apostle S.Thomas）曾在当地布过道。因为好像这个国家的人民早在很久以前就已经保存了这些传统，并且还会继续保存下去，那些是多少表明他们对上帝已有所认识的符号和象征，它们代表着上帝的影子。在这个国家的人民中间有许多无端的谬见，而他们自己却不可能察觉，除非，那个时刻已经来临——那时，他们能够藉着虔诚的信仰了解到何为真正的上帝。所有这一切，也许都可以在以下几章里看到，因为我们将谈到这些事情。

12. 最令基督徒伤心的是，在这样一个富有魅力的国度里，聪颖灵巧的人民竟因为不懂上帝的真理而变成愚昧的偶像崇拜者。虔诚的人最容易充满偏见并且变得狂热。基督教普世主义使这些教士偏执。

比上面所说更甚的是，这些偶像崇拜者和愚昧者，尽管作为人，他们在管理公共财物方面显得非常有头脑，而且对于艺术也精妙机巧，但他们现在却仍然在对其他事物显得极端的愚昧无知，以致他们无以知晓那真正重要的东西。但假如考虑到他们并没有沐浴到基督教真理之光的恩泽，而没有这个恩泽，人就会丧失那种最精深微妙的理解力，那么，一切都不足为奇。一般来说，他们把"天"理解为一切可见和不可见的万物的创造者，因而，在他们的字母表中，他们把表示天的字母置于所有字母的头一个。[1]同时天有一个统治者治理天上的一切事物——它被称作老天爷（Laocon Izautey）[2]，在他们的语言里，它是伟大的法力无边的神的统治者，他们把它当作主神来崇拜，仅次于太阳。他们说这个统治者不生不灭超越轮回，并且只有灵魂而没有肉身。他们还说存在着另一个叫观音（Causay）[3]的同类性质的神灵，拥有管

---

[1] 此处意思不明。——中译者注。

[2] 老天爷。根据下面的叙述，它明显不属于儒教（Confucian）或者中国的国教，而应属于道教这一派。克路士（Grosier）修士告诉我们，"道教是由古代一位名叫老聃或老子的哲学家创立的，他出生于公元前603年"（见他的《中国志》第二章第203页）。中国的迷信传说中出现的名字大多难以证实。Pausaos 也许就是（菩萨）Poosah——中国人常以此称呼他们的偶像。释迦（Sichia）据说他来自中国西面（西藏？）的 Trautheyco，克路士称这人也许是佛教的创始人。他说："这种宗教自最初从印度传入之时起，就一直蔓延了整个中国，而且比刚开始时更厉害地毒害他们的心灵"（见《中国志》第二章第215页）。这些不结婚不蓄发的印度宗教徒与今日的和尚或佛教徒所为完全一致。——英译者注。

[3] Causay. 这里似乎指观音（kwan-she 或拼作 kwan-yīn），她是佛家的一位慈悲之神。——英译者注。

辖低一层天的权力，人的生死由其决定。这位观音还拥有三个可供她差遣的仆人，他们也同样被说成是神灵，奉她之命帮助治理这个世界。他们被称为天皇（Tauquan）、地皇（Teyquam）和水皇（Tzuiquam），每位的权力都各不相同。他们说，天皇管雨，即负责把水施降于大地，地皇管人的生息繁衍、战争及播种结果，水皇管海和航海者。中国人向他们献祭，而且还向他们乞求他们各自权限范围内的东西。他们常常把食物、果品、祭坛上的帷幕和地毯等献到他们的圣坛上，同时他们还许下许多愿，在他们的偶像前表演各式戏剧和喜剧——他们在做这一切时显得非常自然。

寺庙里烧香磕头的中国人

除此之外，他们还把一些人尊为圣人，这些人有的在智慧上，有的在勇敢上，有的在刻苦程度上超出常人，有的比一般人过得更加离群索居或者艰苦困顿的生活，也有的人从未对他人干过坏事。在他们的语言里，他们把这些人称为菩萨（Pausaos），类似于我们把某些人称为圣徒。

他们也拜魔鬼，这并非由于他们忘了那是邪恶的或是应受诅咒的，而是因为他们希望魔鬼不要加害于他们的财产或身体。他们有很多令人奇怪的神，数量是如此之众，以至于假如我想夸海口要在本书中一一列举他们，就需要一本书，非本书之简略所能包容。因此，我只能仅仅提及其中几个主要的神（我在前面提到的那几位除外），中国人也非常崇拜他们。

其中，最主要的便是他们称为释迦（Sichia）的神。他是中国那些教士的始祖，来自中国西面一个叫天竺（Trautheyco）的王国。中国的教士有男有女，一般过着不婚不嫁的生活，长久地把自己禁闭起来。所有的教士都不蓄发，而且为数甚众。以后你还会明白，他们非常严格地遵守他们的教祖留给他们的戒律。

第二个叫做观音（Quanina）。她是庄王（?Tzonton）之女。国王有三女：前两个都嫁了，第三个便是观音，他也想让她嫁人，但她绝不同意。说她曾对天发誓要保持圣洁的生活。她的父王很生气，就把她送进了类似于修道院的地方。在那里，她不仅要挑柴担水，而且还要打扫卫生并在一个果园里劳作。中国老百姓讲了许多有关这位贞女的故事，简直好笑。他们说，猴子曾下山帮过她的忙，神仙替她引水灌溉，天上的鸟儿用嘴替她打扫果园，而且连山中巨兽都下山给她送过柴。她父亲知道后，料想她女儿肯定是使了巫术，或是魔法（但这也许是真的）在做事。于是他下令要把她住的房子点上火烧掉。她看到因为自己的缘故，房子要被烧掉，便准备一根用于束发的银针自了其命，但就在她把银针刺向自己的一刹那，天上忽然下起了暴雨，把火全都浇灭了。此后她就离去躲到深山老林里，过着一种苦行和圣洁的生活。而她的父亲则由于犯下大罪，冒犯了她女儿，遭了报应，变成了人人唯恐避之不及的麻风病人，浑身长满了蛆子，无医可治。后来，她父亲得到神的启示，神要他与他女儿修好以得到治疗的方法。然后，神的启示就应验了，她父亲的病果真就好了。国王因此在她面前拼命乞请宽宥，对过去所为表示非常后悔，而且还要拜她，她看到这一切后拒绝了他父亲的礼拜，而是在他面前放了一个尊菩萨，要求他去拜菩萨而不是她。随即，她就径直返回山中。在那里，她终老于虔诚的修行中。中国人认为她是一位伟大的圣人，常向她祈祷，祈求为他们对上天犯下的罪行的宽恕，因为他们认为她就住在天上。

另外，他们还崇拜一位叫妈祖（Neoma）的圣人。她出生于福建省一个叫 Cuchi[1] 的城市。他们说，她是那个城市的一位贵人之女，从未结过婚，而是离开家乡到兴化（Ingoa）对面的一个小岛上，在那里过着贞洁的生活并且显现了很多不真实的奇迹。他们把她尊为圣人的原因是：曾经有位名叫康普（?Compo）的将军，有一次奉命去征讨离那不远的一个王国的国王。他和他的舰队刚好来莆田这个地方停锚，然而当他们准备起锚动身时，却发现怎么也无法使他们的锚有一丝半点的移动。他十分惊奇，当他四处张望时，他看到妈祖就坐在锚上。接下来，那位将军就走上前去，语气谦卑地告诉她，他奉命要去征讨那位国王。而如若她是神人，当然她就会给他提点建议，告诉他最好干些什么。她说，假如他想取得对其征伐的对手的胜利，就应该把她载上。于是他就遵照她的劝告，把她带到了那个国家。那个国家的居民都是些大巫师，他们把油倒到海里去，使得船只都好像着了火。但是这位妈祖用同样的法术破了对方的巫术，使对方的魔法一点用处都没有，根本没有伤及他们这些中国人。那里的百姓得知后，便投降了，从此臣服于中国。那位将军认为这是奇迹，尽管如此，他仍然求她（做一件好事），因为事情也许并非如此。为了证实他的观点——他好向皇帝报告，他说："这位仙女，请把我手中这根干枯的木棒活转过来，假如你做到了，我就把你当菩萨来拜。"于是，就在刹那间，她不仅让这个木棒变得绿色盈盈，而且还使它散发出了芬芳的香味。那位船长就把那根木棒立在了船尾以作纪念，他由此变得十分富有而且也很有权势，他把这一切都归功于她的帮助。从那以后一直到今天，他们都把她尊为圣人，并且还把她的画像挂于船尾，航海者都要向她献祭。

这些，就是几个他们认为主要的圣人，但除此之外，他们还有不胜其数的雕刻偶像，他们将这些偶像置于庙宇里的祭坛上。他们的偶像数量实在是非常之多。这是哲罗美尼·马丁（Geronimo Martin）修士当面告诉我的，他曾去过中国，而且完全值得信赖。尤其值得一提的是，他曾在福州（Vcheo）城的一个庙里，数到了112尊偶像。另外，他们还把一些次要的神的偶像摆在了大街小巷，还有主要的城门的前面。在下一章里，你会明白，致使他们

---

[1] 妈祖的出生地应为莆田，但 Cuchi 却很难说是莆田的译音——中译者注。

屈从于异端邪教的原因，很明显是由于他们缺少真正的基督正教的真理。

13. 门多萨说，中国人是个聪明开化的民族，这是福音进入中国的希望所在。

遗憾的是，他举的例子的确让人失望。那位偏激的基督徒狂暴地推倒了中国人供奉的偶像。宽容的意义在于，即使是你自以为是的真理，也不能强加于人。门多萨写作此书的时候，利玛窦刚到中国。福音进入中国的麻烦才刚刚开始。

这些可怜的偶像崇拜者是如此不尊敬他们的偶像，因而我们有很大的希望与信心，无论何时只要福音惠及那个国家，他们就会马上扔掉他们头脑中的迷信，特别是抽签算卦的做法——整个国家都盛行这种做法。这对他们也大有助益，因为中国人通常具有良好的理解力，能够倾听并服从道理（诚如前面提到的那位圣多明我会的修道士所言）。他曾在广州的一个庙里目睹了他们祭拜偶像的情形，由于为心中对上帝的热忱所激动，他把其中某个偶像推倒在地。那些偶像崇拜者看到他的胆大妄为，认为他毫无道理，便粗暴地抓住他，并扬言要杀死他。于是他恳求他们在动手之前能听他讲一讲他的看法，在场的长官认为他的请求正当，便命令所有的人都退下听他讲话。然后他就在上帝精神的感召下，说道，他们应该崇拜的是他们自己，因为上帝——我们的主，天地万物的创造者，已经赐给了他们的良知，使他们能够平等地跻身于世界上最机智的民族的行列。所以他们不能作贱自己去制造罪恶，也不能贬低和委屈自己去礼拜那些石头和木块，它们并没有头脑，它们的所有东西都是制作它们的工匠所赐。让这些偶像来礼拜人还差不多，因为它们只不过是对人的摹仿而已。他在说了诸如此类的话后，人们都安静了下来，不仅赞同他的话，认为他是对的，而且还一个劲地向他表示感谢并道歉。他们向他解释说，迄今为止，还没有人能让他们一下子懂得那么多，也没有人告诉他们献祭会造成邪恶。为表示感谢（把他们的偶像推倒在地，其中有些已破成碎片了），他们簇拥着陪他到了他的寓所。至此，你也许很容易就会明白，靠着万能的上帝之助，他们也许可以减少黑昧和罪恶，而增加对上帝的信仰。

虽然在中国皇帝的统治和管理下，整个国家没有人敢标新立异，没有皇帝及其朝廷的允许，也没人敢接纳外国人或者任何新教义，违者即要被处死，非常严酷。但是靠着福音之光的照耀，我们还是能够打开他们心中那扇魔鬼用欺幻而关得太久的门。他们是十分容易受到教化的百姓，因而也很容易将他们从他们崇拜的偶像、迷信还有伪神灵之中解放过来。他们会非常谦恭地接受而且认可对他们不足的指正，明白存在于福音中的真理对于他们的权利及世象虚空之间的益处。他们也会像那些生活在马尼拉（位于菲律宾群岛中的一个岛，为了享受他们所理解的灵魂拯救的生活，他们离开祖国定居在那里）的已经接受了上帝洗礼的中国人一样，带着向善的心接受上帝的洗礼。因此那些已经受洗的人成了很好的基督徒。

14. 中国人信仰与迷信混淆在一起，敬神好像是在贿赂，又像是在和神做生意，仅仅是希望向神求得好处。他们用盛宴礼神，但只把少得可怜的食物供奉给神，其余则当着神的面大吃大喝。

这个国家的人民不仅迷信，而且还是大占卜者和算命者，他们把占卜当成一件可靠的、深具必然性的东西来相信。特别是他们在所有情况下，在决定外出旅行或者决定做任何一件重大的事情，例如儿女婚嫁、借钱买地、做生意，乃至任何一件结果不明或有疑虑的事之前，都要卜卦问签。在做这些事情的过程中，他们也算卦。卦是两根小木棒，一面平一面圆，用一根细绳系住，在他们的偶像前将它掷到地上。掷签之前，他们还隆重祈祷，用亲热动听的语言对他们的神讲话，祈求神给他们好卦。通过卦象，他们就可知道他们的旅行或其他手头要做的事情结果是好是坏。他们同时还向他们的神许愿说，假如他们的神能给他们带来好卦，那么他们将向神奉献帷幕、食物或者其他值钱的东西。做完这一切后，他们掷卦。假如出现的结果是平的一面在上面，或者是一根平面在上面，另一根圆面在上面，他们把它视为凶兆。于是他们就回到他们的偶像面前，骂它是狗，厚颜无耻，坏蛋诸如此类的话。骂够了，他们又开始说些好话奉承它，求它，并且向它祈求对刚才所为的宽宥。

他们还许愿说，假如它给他们好卦，那他们将许他更多的礼物。接下来，他们又重演刚才的那套程序，在他们的神面前掷卦，假如结果还是非他们所盼，他们就会折回偶像前对他们的神大肆谩骂，但假如结果正合其愿，他们就会大肆颂扬并许下大愿。可是在占卜非常重大的事情时，要是他们的卦久久掷不好，他们就会把它扔到地上，用脚踏踏它，或者把他们的偶像（神）扔到海里，或丢到火里，让火烧它一会儿。有时他们也拼命鞭打它，直到两卦都是圆面向上他们认为是好卦为止。这时假如卦象让他们非常满意，那他们就会以音乐和颂歌向他们的神献祭，并且奉献煮熟的鹅、鸭及米饭。而如果他们要占卦的是件非常重要的事，他们就会献上缀以花草的熟猪头——他们视为最重要的祭品——还有一大壶酒。在所有的祭品中，他们把献神的那份单分开来，那是鸡鸭鹅的嘴与爪子，几粒米饭，还有少得可怜的几滴酒。他们把这些东西盛在碟子里面，然后放到祭坛上。而他们则当着神的面大吃大喝，欢宴喜庆。

他们也使用另外一种占卜方法，在一个小筒里面装上许多小木签，每根签上都写有一个字。他们把小木签连着小筒一起晃动，然后叫个童子随便地抽出一根，看到上面的字后，就急忙地把签书翻到以那个字打头的那一页，看上面写了什么，然后据此顺当地去解释他们要问卜的事（注：克路士对这种迷信活动也多有论及）。"最普通的方式是在一尊像前烧一炷香，磕上几个头。在偶像的祭坛上，总是放着一个装满了削平的小木签的筒。他们就用这些小木签去卜知不可知的事情，每根小木签都隐寓了一种答案。求签的人随意地让其中一根掉下，然后由和尚将刻在小木棍上的字母的意思解释给他听。而如果和尚不在，他们便求助于一张固定在塔壁上的卦纸，以解开字母后面那谜一般的意思。这种问卜方式在中国极为普遍。"[1]

一般地，当他们陷于困境时，他们通常会拜求魔鬼，他们与之一样地交谈（犹如我们在需要时召求上帝），向他询问解脱的途径和方法。他们曾当着圣方济会教士伯多禄·德·奥法罗（Pedro de alfaro）做这种事情。他于

---

[1] 克路士《中国志》第二章第 235 页——英译者注。

1580年从中国回来，在他的叙述中我们可以找到有关的描述。他们求神的程序是这样的：他们让一男子面朝下躺在地上，另有一人则带着唱腔地念着一本书，而在场的一些人则附和着他。剩下的人则击打着小锣小钹之类的乐器。过了一小会儿，原先躺在地上的人开始变换表情，并做出滑稽的动作——这是魔鬼进入他的身体的标志。然后人们便问他一些他们最想知道的东西，那个魔鬼附身的人便做出回答，但他的回答绝大部分是骗人之辞。虽然他自己对此讳莫如深，他仍然对其回答作不同的说明，因为他既用整句话也用几个词作回答，后者是作为鬼神不愿说话的补救之道。当他用几个词作答时，他们就把一件红色斗篷或床单铺展在地上，在上面洒上一些米，使之均匀地分布于其上。然后让一个不识字的人手拿木棒站到上面去，于是，人们便开始唱歌并同时发些和仪式开始时差不多的声音，过了一小会儿，魔鬼就附在他身上了，并指使他在米上点点划划。然后他们便开始破译这些符号，把它们拼凑在一起，得到他们要找的答案。然而这种答案好似一个人从骗子嘴里听来的话一样，其结果如上所言，绝大部分是不真实的，骗人的鬼话。假如骗子有时对他也讲了真话，那也不是出自于他的天性或本愿，而毋宁说是要以某个事实作为遮掩，来引诱他们坚持谬见。他们把自己托付给谎言；因此用这种方式招引鬼神，这在整个国家都是件司空见惯的事情。在那个国家，没有比求签跳神用得更多更出名的事情了。

15. 门多萨认为中国人关于世界诞生、人类起源的观点荒诞不经。中国在世俗生活上是令人钦羡的，但在最重要的信仰方面，则需要西方的救赎。西方以这种方式维持着文化自信。

虽然中国人通常很聪慧，有理解力，但在他们自己看来，世界上的民族除了西班牙这个他们最近才了解的民族之外，其他民族都是些愚昧不开化的蛮夷民族。他们有自然哲学、伦理学和星相学，并且都加以公开的讲授。

现在谈谈他们对天地起源及人类诞生的看法。他们谬见不少。我想在本章中揭示出其中的一些，它们都出自他们自己的书籍，尤其是出自一本题名为世界起源的书。他们说创世之始，天、地和水是整个混在一起的一团或者一块。那时天上有个名叫太一（Tayn）的人，用他的大法力使天地互相分离，而且依其本性，上清为天，下浊为地，就如现在一般。他们说太一还造了一男一女，一名盘古（Panzon），一名盘古娜（Pansona），皆全身赤裸。盘古又借着太一给他的神力，造了另一个赤条条的男子，名叫天皇（Tanhom），及其十三个兄弟。这位天皇是一位有大法力之人，他给所有创造物都安了名字，并且靠着太一的传授和教导，知道了他们的本性，用之于治病。天皇有长子，名为地皇（Teyecon），有十二兄弟，地皇的长子叫做人皇（Tuhuncom），有九兄弟，他的其他兄弟也生育了很多后代。中国人认为，这一支在大地上共生活了九万年，最后由于那位从无到创造了男女的太一的意志，以所有人的灭绝而告终，因为太一要报复他们对他所造成的伤害，也因为他传授他们一切，但是他们在懂得几乎和他一样多的时候，却不愿意承认任何的主宰，这一点是他在将所有法力的秘密都告诉他们时，他们答应承认他的。——于是那时天就倾了，然后太一又让天空仍旧高高在上，并且又在大地上创造了另一个名叫老子（Lotzitzam）的人（这人头上长两只角，从角里会散发出一种异香，从这种香味中就产生了众多的男女）。老子（Lotzitzam）死后，他留在世上的众多男女便形成了今日世上的各个民族。从老子（Lotzitzam）的香味中诞生的第一个人叫做彭祖（?Alazan），活了九百岁。然后上天又创造了一个人叫做 Atzion，他出生于山东省（Santon）曲阜（?Truchin）。——其母名 Lutin，据传是在一次看到天上现出了一个狮子头的时候怀上他的。——他总共活了八百岁。那时，地上到处已都是人了，但地上除了野草野果便无甚果腹之物。于是上天便造了一名为有巢（Vsao）的人，他教地上的人民做很多事情，如教他们用木条构筑栅栏使自己免于野兽的侵袭——那时野兽危害极大——还教给他们如何杀死野兽，用兽皮做成衣服。在有巢之后诞生的人名叫燧人氏（Huntzui），是他发明了火，并且把取火之法传授给他们，而且还告诉了他们如何烧煮食物、如何进行交换、做买卖。通过结绳记事（因为他们那时还没有学会使用字母或者提及之），他们化解矛盾，相互理解。他们说然后有一个叫姜嫄（Hautzibon）的女人生了一个儿子，名叫后稷

（Ocheutey）[1]，他发明了很多东西，制定了婚姻制度，而且，他也是很多乐器的发明者。中国人断言，他的降生是个神迹，他本是天上人，只是为了利益众生才下凡的。因为他们说，他母亲在怀他之前看到一个男人的脚印出现在她眼前，在她把脚凑到那个脚印之中时，一道闪电立即笼罩了她，就是因为这道闪电她才怀上她的这位儿子的。后稷有一儿名神农（Ezoulom）[2]，是医学与占星术的发明者，而且还发明了法律和司法，他还教他们耕种之法，并且发明了犁和锄。他们能告诉你很多有关这人的不可思议的、奇迹般的事情，尤其是，他们说他吃下七百种不同的毒草却没受伤害，还说他总共活了四百岁。他的儿子叫黄帝（Vitey），也就是他们的第一个王。他使得天下都处在他的统治管理之下，而且还首创了世袭制——关于这种制度，我将在下一章谈及这个国家现在当政的国王时谈到。上述以及其他他们对世界起源的类似看法表明：尽管他们是我们所能想象到的心智最高的人种，但假如没有上帝的帮助和天主教之光的照耀，人类的作为是多么的渺不足道。

16. 那个时代的西方人认为，基督教是文明的保证，中国如此文明富饶，肯定是古代受过基督教影响，曾有圣徒在中国传过教。

如前所述，使徒圣托马斯确凿无疑地在中国传过教。我们可以推定，他的教义至今还在中国人心中留有印迹，诚如我们所见，它们和真理有相似之处，符合我们基督教的事。现在言归正传，谈谈他们坚信的灵魂不朽，以及根据今生所为就可决定他来世是受苦还是享福的信念。这是他们在世时尽量不作恶的原因，因为他们不知道真正信仰的知识。

我希望借助上帝的神圣力量，他们将很容易地就被带进福音的正确知识中。他们说并且坚信此为真理：灵魂最初来自上天，永生不死，因为上天已经赐予它们以永恒的本性。同时，上天还在规范注入肉体的灵魂：假如灵魂能依据它们的法律去生活，既不干坏事也不欺骗他的邻居，那么它就会升

---

[1] 也叫做伏羲帝（Fuh-he-fe）——英译者注。
[2] 亦称伏羲帝（Fuh-he-te）——英译者注。

天，在那里不但活得无忧无虑，而且还会成为仙人。反之，假如它一生使坏，那么死后它就会让恶鬼拖着进入那黑暗恐怖的地狱，在那里受着永无止境的折磨。他们确实承认，存在着这样一个地方，在那里要成仙的灵魂要净化他们自己，驱逐藏匿于他体内的邪恶。而假如仗借他们的双亲或朋友的善行，他们的净化过程就会加快。因此，整个帝国都盛行着为死者的念咒和祈祷[1]，他们规定在八月份的某一天做这件事。他们一般不在寺庙而是在家里做这种献祭仪式，其程式如下：到了规定的那一天，那些我们类于称之为宗教人士的人便会为了死者聚集在一起，每人都有同伴并且行走于街，一路通报居民他们会在哪些天，哪些家举行献祭仪式，因为这种仪式不能一次就做完的。因此当他们来到那幢他们即将在那做法事的房子时，他们便走进去，根据那户人家祭奠死者的习惯，让每个人做好祈祷与奉献的准备，据信，他们能够帮助死者将罪恶涤荡殆尽——这个既阻碍他们成仙，也妨碍他们在上天享受洪福——使灵魂得以净化。其中有位牧师模样的人，随身携带一面小鼓，另一个则拿着两块小木板，再一个则手抓一个小铃。接下来他们搭好一个祭坛，其上放置死者生前尊为菩萨的偶像。然后他们还在牌位上面洒上乳香、苏合香和其他好闻的香料，接下来便是为死人和菩萨献祭上五、六桌的食物。此时，在小鼓、木板、小铃——据说，它很适合人们在跳舞时踩节奏——合奏的声音中，人们开始唱起某种在这种场合才用的祭歌。然后教士们走上祭坛，奉献上他们刚才合乐而唱的祭文，做完这一切后，他们便坐下来重新像前面那样开始唱歌。在他们做完祷告，唱完祭歌之后，主持人便开始颂祈文，并且在颂完的时候，就用手里拿的木板在桌上猛击一下，于是其他人就低着头齐声唱和。最后他们拿出一些画着图像的纸和镀金的纸，在祭坛前焚化。他们通常整晚都这样，晚上是他们的献祭之时。法事完毕，教士便和屋子里面的人横扫他们用以献祭的食物，通宵达旦直至天亮。他们说，通过这种仪式灵魂便能得到净化，升入天堂并且成为仙人。老百姓确实认为，那些在世时行为不好的灵魂，在尚未入地狱（根据他们的谬见，他们认

---

[1] 中国人为死者祈祷，但祈祷的仪式与有生于无的"天"创世的学说，未见其他作者。如果我们的作者是对的，那么它们也许是早期的基督教的遗迹。—— 英译者注，

为除非世界末日已经来临，否则它便不会出现）时，作为对他们的罪恶的报应，上天让他们投胎成牛或者其他动物；而那些在世时行善甚多的灵魂，上天就让他们投胎为皇帝或者地主，让他们尽享荣华富贵，得到很好的服侍。这些和诸如此类上千的谬论，瞎扯说灵魂会从一个人的身体里面飞出来，然后进入到另一个人的体内。古代的一些哲学家已断言它们是愚昧的，远离真理的。

17. 中国很多宗教方面的事情与基督教很相似。

在这个国家已经发现了很多宗教方面的事情。这些事情与我们的宗教很相像，这使我们意识到，他们是具有理解力的人，这尤其体现在他们对自然事物的理解上。由此可以很确定说，我们在上文提及的圣徒真的通过他的布道，在他们中间留下了很多能使他们学习到美德的机会。其中之一便是，那些散见于他们的城乡郊野的众多寺庙。有许多的男女教徒生活于其中，遵守着其他宗教寺庙的方式，过着几近与世隔绝的修行生活。在他们当中，仅有四个教团（就目前所知），每一个都有各自的总管。这些总管住在顺天（Suntien）即大明城（Taybin）——也就是皇帝和他的内阁所在地。按他们的话，他们称这些总管为僧纲（Tricon）。僧纲给每个省任命一名大主教，负责协助并巡视每一座寺院。并根据戒律寺规，纠正发现的错误。大主教又给每座寺庙任命一名住持（类似于我们的修道院院长一职），其他人都必须尊重而且服从他。这位总管一般是终身制，除非他被查出足以构成解职的大错。他们并不是像我们的大主教一样是由选举产生的，而是由皇帝和他的内阁任命的。他们通常是些个人生活与名声上都无可挑剔的人。总管全身上下穿的都是丝绸，衣服颜色是那种与他们的职位相称的颜色，有黑色、黄色、白色，也有黄褐色。它们代表了四个教团所使用的花色。他从不步行出门，而是坐在装饰着象牙或黄金的轿子里，由其住所的四到六个人抬着走。在任何一座寺庙，教徒都必须跪着与他谈话。为了能迅速地处理有关他们的宗教的事务，他们也有寺院的印玺。为了养活他们自己和寺庙里的杂役，皇帝给他们提供了数目可观的捐助。所有的寺庙一般都有巨额财产——部分来自于皇帝的恩赐，部分来自于施舍。他们在寺庙所在地都有房产，数量很多而且规模宏大。他们一边和着两块小木板或其他乐器声诵念，一边沿街请求施舍。每个人在乞讨时，手上都拿着一个钵，上面写着某种祷告词（他们说，它是为人们的罪孽而准备的），他们把所有施舍来的东西都放在钵中，他们以此认定（按他们的愚见）灵魂可以从所有的罪恶中解脱出来。他们一般都把头发剃掉，仅仅穿一件法衣，衣服的颜色表明他们的教派，衣服的样式并没有不同的地方。他们在一起吃饭，也有自己的小房间，方式与我们的修士一样。他们的衣服通常、用带有上面提到的四种颜色的棉布做成。虽然他们属于异教，但他们在做祷告时，像天主教徒一样，也用念珠。他们帮人送葬以得到施舍。就像我们天主教徒要做晨祷一样，他们在天亮前两小时就起床念经，要一直念到天亮为止。所有人都用一种调子念经——他们以一种非常有节奏非常认真的语调颂唱经文。而且无论何时念经，都要摇着小铃——在世界上的所有声音中，它的声音最美妙动听，因为，它几乎全部由纯钢制成。他们向天祈祷，认为它是他们的主神，他们也向释迦（Sinquian）祈祷——他们说，是他首先创立了这个宗教，后来他成了圣人。只要他们高兴，在报与他们的总管知道后，他们随时可以离开教团。

但只要他们呆在教团里，他们就不能结婚，也不准和女人有任何接触，若有违反便会受到严厉的惩罚。当一个人决定出家时，他的家人及亲属就会邀请那个寺庙里的所有僧侣，为他们置办盛大的宴席。但你必须明白那个国家的法律规定，长子不得出家，因为在他们父母年迈时，长子担负着赡养义务。出家人之中不论谁死了，他们都要为死者洗净身子，给他剃光头发刮净胡须，等这一切做完，他们便穿上丧服为他送葬。他们禁止那些受惩戒的男女僧侣返回和接受住室。他们将一块木板挂在那些受惩戒的僧侣脖子上，让大家一望即知他们的罪愆。每天早晚，他们都要给他们的偶像焚香，香有乳香，芦荟油，沉香[1] 木和类似巴西香木的花梨木（cayolaque）[2]——它有神奇的香味，及其他具有很好闻的芳香的树脂。当中国人要放一条刚造好的船下水时，这些宗教人士就会到船上，穿着华丽的丝绸长袍去船尾献祭，此处设有他们的祭坛。然后就在那里献上一些绘有各式图像的纸，在他们的偶像前把它们剪成碎片，并举行某种仪式，唱着悦耳和谐的歌，摇着小铃，他们还敬鬼，把鬼像画在船楼上，好让它不伤害船只。一切仪式都做完后，他们又大吃大喝，直到肚子撑不下为止。他们确信只有这样，船只的安全才能得到足够的保证，此后它的每一次航行都会非常地顺利；但假如在船只下水前没有这样祈安的仪式，那么一切都将颠倒过来。

18. 中国人对祖先的崇敬反映在丧葬、祭祀仪式中，如何理解中国人的这种习俗，是否有违基督教教义，教会内部有不同的认识。他们之间的争论最后导致了沸沸扬扬的"礼仪之争"。

我想，在本章交代他们的丧葬似乎还不至于脱离本书的主题，那确实是件非常值得一提的事情。他们的丧葬方式是这样的：无论谁死了，就在他飞升天国的时候，他们从头到脚替他洗净身子，给他穿上最好的衣服——所有的衣服都洒着好闻的香水。穿戴完毕后，就把他置于最好的一把椅子里，这时他的父母、兄弟、姐妹及其孩子便——走进房间，跪在他面前向他道别，每个人都泪流满面，大哭不止。接着依次是他的亲友，最后是他的仆人——假如他有的话，他们也像刚才进屋的人那样跪着向他道别，而且同样哭得死去活来。这些仪式结束后，他们把他放进一口棺材，制棺的木料很香——这种木料你在那个国家随处可见。同时把棺材封严，以防异味跑出来。然后将

---

[1] 沉香即著名的商用芦荟油（Lignum aloes）。已故的罗克司博格博士 Roxburghs 在林奈学会（Linnean Society）上宣读的论文中，引用了已故的科里布鲁克先生（H.T.Colebrook）的一些评论，其中有这么一段话："葡萄牙语中称之为'pao de aguila'的沉香木毫无疑问是阿拉伯语的 Aghaluji 或拉丁语 agallochum 的讹用。从这个可笑的讹用中，已荒唐地产生了 Lignum aquila 这个名词。由此，这种植物现在也已得到了它的植物学名称——aquilaria agallocha。"洛克司布（Roxb）——英译者注。

[2] 斯蒂芬编的《西班牙语词典》（Spanish Dictionary）也是这么拼的。怀疑是 Cayolizan，一种墨西哥的灌木，带有香味。——英译者注。

棺材架在用两张长凳搭好的架子上，放在厅堂中间。厅堂布置得很华丽，墙上挂着所能得到的最好的布料，棺材上铺着一块一直垂到地上的白幔，上面绘着已死男女的肖像，他们尽量把他画很自然。不过，他们会首先在停放尸体的厅堂或入口处放一张桌子，上面点着蜡烛，摆满了面食及当地产的各式水果。他们以这种方式停尸十五天，这期间他们的教士和专职宗教人员每晚都去献祭、祈祷，并且还伴有其他的仪式。他们带来很多绘有图案的纸，在死者面前烧掉，同时还有上千种迷信的作法和巫术。出于同样目的，他们还把这些纸挂在死者前面的绳子上，多次地晃动绳子使绳上的纸摇摆并发出一声很大的声响，他们说这样就能将死者的灵魂径直送入天堂。

在这十五天内，桌上始终都摆着大量的酒肉，供那些教士和来访的亲友食用。这些仪式做完后，他们就把装着死人的棺材抬到野外，后面跟着死者所有的亲友，还有教士和专职宗教人员，每人手里都拿着蜡烛。他们一般将死人埋在山上的墓冢里，墓冢一般都用石块或砖砌成而且出于同样目的在死者生前就已造好。安葬完毕，他们还要立即在墓旁上植上一株松树。在中国，松树随处可见，他们从不去砍伐，除非风暴将它们摧倒在地；并且他们任其倒在地上，直至腐朽消失为止，因为，他们想让这些松树成为圣物。那些到墓地的人，拿着各式乐器一路秩序井然就像是在游行。他们要一直演奏，等到死人已被埋进墓冢，才能散去休息。教士越多，音乐声越盛的葬礼，一般越气派，他们习惯为此花费大笔钱财。合着乐器声，他们对着死者的肖像唱祷文，最后在墓前焚化一些画着仆役、马、金银、丝绸之类图案的纸，他们说这些东西是供死者在另一个世界享用的。在送葬时，他们置办丰盛的酒席，同时兴高采烈地做各式的游戏。他们认为，无论他们当时做了些什么，为了那已经长眠地下的灵魂，天堂里的神仙和菩萨也肯定在做着和地上的凡人们一样的事情。在丧事期间，他的父母、亲人还有仆人，都一直贴身穿着粗陋的丧服，丧服一般由一种很粗的羊毛织成，腰束粗绳，头戴一顶同样布料的帽子，帽子的吊边一直垂到眼睛上。他们给父母居丧时常要穿着这种衣服度过一个整年，有些甚至要两年。假如孝子是皇帝册封的官员，那么他就必须离官退职很长一段时间，为其父母居丧守孝。他们将当官视为莫大的荣耀，把它看得很重。他们对那些不是非常亲的人也要穿几个月的亚麻布丧服。他们的父母及其朋友亦需如此，尽管他们只在送葬期间穿这种丧服。

19. 中国人在子女还很小就尽力让他们婚嫁，使这个国家比其他小国减少了很多不道德的行为。

中国人对让孩子及时地接受仪式有一种特别的关心，以防止孩子染上恶习或沉湎于荒淫生活。这种关心很适时，因而使得这样一个大国，反而较其他小国减少了许多不道德的行为。这种特别的关心使得他们在子女还很小就尽力让他们婚嫁。甚至，子女尚未出生，他们就已经通过公开的仪式写下字据，交换信物，为他们的孩子找好了配偶。那个国家（甚至菲律宾群岛）的婚俗，丈夫一般要给他要娶的妻子下聘礼。而在他们结婚时，先是女方的父亲在家里置办盛大的酒宴，邀请男方的父母和亲友赴宴。然后第二天是新郎的父亲或其近亲也在家里摆好酒席，宴请新娘的父母亲友。宴会结束时，新郎便当着众人的面把聘礼交给新娘，而她又将它转交给自己的父母——假如其父母还健在的话——以此作为他们养育她的酬劳。至此你就不难理解，在那个国家和其他受此风俗约束的邻国，那些女儿最多的人家也往往是最富有的，因此他们能够靠着女儿给他们的聘金，维持十分富足的生活。当他们逝世时，他们或是将未花完的还给送给他们的女儿，或是把它们传给子女，否则便随心所欲地用完它们。一个男人只要供养得起，就可以娶好几个妻妾，但不得娶自己的姐妹或兄弟的女儿；若有人在这两个层次内通婚，则会受到严酷的惩罚。在所有的妻子中，只有第一个是他的法定妻子（正室），剩下的据闻都不过是他的情妇或妾。男人只和他的正室生活在一幢房子中，其他的妻妾则被安置于另外的住所。假如他是个商人，那他就把他的妻妾安置在他做生意的乡村或者城镇，相对于正室来说，她们的地位就和下人差不多。父亲死后，其大部分家产就由正室所生之长子来继承，剩下的一小部分则平均分配，由正室的其他子女及其他妻妾所生的子女来继承。假如正室无子，那就由妻妾中第一个生下来的儿子继承大部分家产。因此在那个国家极少，甚或可以说从来不会发生人死了家产没人继承的现象——不是为他的正室所继承，就是为其他偏房所继承。假如发现妻子通奸（这种情况非常少见，因为妻子一般都对丈夫非常忠贞，而且足不出户，也因为这种事一旦传扬出去对她的丈夫是件极不光彩的事情），那丈夫也许就会找个时间去捉奸，将他们杀死。但也有将奸夫淫妇送交官府的，虽然通奸的迹象非常明显，但除了狠命地击打两人的屁股之外并不对他们施以进一步的惩罚。这是那个国家的风俗和法律。下面会有专章论及。之后丈夫就会把妻子卖作做奴婢，以她的卖身钱抵作当初给她的聘金。纵然如此，他们之中仍有人为了自己的利益将事情掩饰起来。但是通奸行径一旦被识破或传扬出去，他们就要受到正当的严惩。

　　他们说，在毗邻鞑靼人的省份以及鞑靼人地区，那里的人有一种非常奇特的婚俗。那就是：总督或长官限定一个时间，让那些希望结婚或出嫁的男女在那段时间内聚在一起。时间一到，所有打算结婚的男女都被要求聚会于该省一个指定的城市——国王为此任命了十二位年高德劭的主婚人。他们到那里后，便去见十二位主婚人，由后者登记下他们的姓名，是男是女，及身份地位，是男的还要记下他们准备给他们未来的妻子多少彩礼。然后主婚人便逐一清点在场的男女人数。如果男人多于女人或者恰好相反，女人多于男人，他们就要通过抽签来决定哪些人能够成婚，其余未能成婚的则登记在册留待来年，到时他们可以优先成亲。接着，由六位主婚人将所有男人分为三组：根本不考虑身份品貌，他们只管将富人划为一组，将中产的人划为另一组，而穷人则被划入第三组。在这六位主婚人忙着将男人分组的同时，其余六位主婚人也在忙着将所有女人分为三组。据说是将最漂亮的女人划为一组，那些有几分姿色的划为另一组，最后那些相貌丑陋的女人便合为第三组。分组完毕，他们就以如下这种方式让他们成亲：他们把最漂亮的女人配给最富有的男人，但他们要为她们交付官员所定的价钱；那些不怎么富有的则会娶到不怎么漂亮但又有几分姿色的女人，但他们什么东西也没有给他们；他们把相貌丑陋的女人分给贫穷的男人，并且将那些富人为漂亮女人所付的钱平均分给他们。假如情况确实如此，那一定是件非常了不起的事情。一切就绪之后，所有的男女都在同一天结婚，并得到帮助（虽然这种帮助或许并不能让所有的人满意）。婚礼结束后，还在皇帝特意为他们在各个城市指定的馆舍里，举办场面盛大的宴会，而且馆舍里还准备着婚床以及新人们在婚期可能用得上的一切必需品。他们这庄严的仪式要持续五十天，然后新人们回到自己的家中。你必须明白，这种婚俗是为当地的平民或穷人安排的，而对于那些贵人或绅士来说，除了与自己最中意的女人结婚，他们无须遵守这种习俗。他们中的每一个人都可以自由地追求他们的意中人并与之成亲，或者按照皇帝给他们的总督或长官下的命令，让皇帝的旨意帮助自己了结婚姻大事。

中国的皇帝要结婚时，他就从全国挑出 30 个最有姿色的女人作为他的嫔妃，将她们养在皇宫里直到他驾崩为止。按风俗，在皇帝死后，一伺葬礼结束，皇位的继承人就会让人将她们打扮得十分雍容华贵，全身佩戴着很多珠宝。

Habitus e China regno pretiosê elegantiê et rerum omnium affluentissimum

中国百姓夫妻（1597）

然后让她们待在三宫（我们在卷三第二章会讲到）中的某一宫里，坐在台上或富丽堂皇的地板上，蒙上她们的脸，这样就不至于被人看出她们的模样来。然后按年龄或皇帝遗诏的安排的顺序，走进去 30 名大贵人（皇帝的遗诏已提到他们的名字），每人的目光都搜索一番，拉起其中的一位女人，把挑中的女人带回家，但女人脸上蒙的布则要到家才能揭去。他们就这样得到了妻子，并且终生供养她。为了维持她们的生活，故去的皇帝会在遗书中为她们准备一大笔国库收入，而其后的皇位继承人则会尽心尽职地按遗诏交代的去做。

从前，当皇帝的子女或者皇族里有人要结婚时，皇帝就会在皇宫里摆下大宴，邀请所有的达官贵人带着他们的子女们赴宴。而这些人又会为了赴宴，尽其所能地将他们的孩子打扮得非常漂亮。宴会结束后，皇子们便会走到年青女士中间，她们每个人都按年龄安排得秩序井然，然后让这些皇子根据自己意愿，选择他们最中意的为妻子。但现在，这种习俗给取消了，由此王子和绅士与他们的亲戚结婚，不是在第一或第二层血缘关系的范围内：然而很多时候，他们都不遵守第二层血缘关系。

20. 中国慈善制度完善周全，残疾、老人及其他无力谋生的人都受到很好的照顾，因此整个国家都看不到乞丐。

本书已交代或即将交代的许多有关他们的伟大政府的事情，都值得我们思考。但在我看来，这并未包含在本章将要交代的内容之内。我要在本章向读者介绍：那个国家的皇帝及其朝廷颁布了一道诏令，禁止那个国家的穷人们为求活命而在街上或在寺庙里——那个他们面向神像作祷告的地方——行乞；为了防止出现有人行乞的情况，皇帝还下令：假如所谓的穷人在街上行乞，将受到严惩；而那些向行乞者施舍的市民和居民，将施以更重的惩罚。他们必须立即把行乞者交送给一名官员。这名官员被称为穷人的法官，他有权惩罚那些胆敢以身试法的人。他也是主要的地方官之一，不过除此职责之外，他并无其他的权限。由于该国城镇规模很大，数目众多，人丁不菲，加上还有不可胜数的村落，不可避免地会有很多生来就残疾的或有其他不幸的人，因此，他并不是个无所事事的闲官，而是整天忙于赈济，给那些守法的贫民以必要的补助。这位官员在任职的第一天，就要求所有的父母把有先天性的畸形的孩子，或者由于生病而成了跛子，或者具有其他的生理缺陷的，交由这位官员审视。这样，他就可以依据皇帝及其朝廷所颁法令或意旨，给他们提供一切的必要的帮助。这种帮助采取这样的做法：由家长把有缺陷的男孩或女孩带至他面前，让他察视孩子的生理缺陷或者残疾。假若他认为孩子将来尚能从事工作，那他就会给其父母一个时间限定，让他们教会孩子由这位官员指定的工作——这种工作不会因为残疾而造成任何障碍，相反他们能够胜任。但假如孩子的残疾已到了无法学会或从事任何职业的程度，而其家长又有足够的财力供着孩子时，这位官员便要求他的父亲把他（她）抱回家抚养长大直到终老。但假如其父无力抚养或孩子无父，那么抚养他的义务就必须由他最富有的亲戚来承担。如孩子家长和亲戚都穷得无力供养他，那就由家长和亲戚每人各捐一份钱物。最后如出现孩子失去所有亲属，或者他们已根本无力抚养的情况，那就使其在慈善院中得到充分的供养。这种慈善院很气派。为此目的，皇帝在全国每座城市都盖了这种慈善院。它们同时也收养那些在战争中耗费了青春的无助老人以及那些无力谋生不能自救的人。这里有一切必需的东西，而且服务认真周到。为了更好地完成这件事，这位官员还采取很英明的措施，任命城镇的一位主要官员为慈善院的管理人，未经他的允许，慈善院里面的任何人都无权走出界限——因为并非任何人都可得到这种授权，而且他们也并不需要：因为他们可以在慈善院有吃有穿地住到死为止。此外，里面的老人和穷人也养些母鸡、小鸡和猪，用以自娱和获利。这位官员本人会经常检查他委任的慈善院管理人的工作，他自己也会受到由皇帝及朝廷委派的朝官的监察。并且他还会访问其治下的所有各省的慈善院，假如他们查出有人没有恰当而公正地履行职责，他们不仅会撤换他，而且还要让其受到严惩。因此，所有的官员们都非常兢兢业业，同时也都非常正直廉明。这样，他们将会即刻得到奖报；反之，严厉的惩罚和不堪设想的后果也就在他们眼前等着他们。

他们不把盲人列为应由其家属或皇帝供养的对象。因为他们被强制工作，如用磨[1]来磨米磨面，在铁店打铁，或其他无需用眼的工作。盲女则在成年时被送进妓院——就如我们将在以后的章节要读到的那样，妓院到处可见，由鸨母照料她们，为她们梳妆打扮。她们要到年老色衰时，才离开那地方。因此，虽然那个国家幅员辽阔，人口众多，但诚为奥斯丁（Austen）和贝福特（Barefoote）两位修士及随他俩一起到中国的伙伴看到的那样，由于有了这

---

[1] querne，即一种"磨"。魏克里夫（Wickliffe）所译的《圣经》，马太福音，xxiv，有：两个女人在推磨（querne），卸下一个，丢下一个。——英译者注。

些措施，那个国家既没有贫民沿街行乞，也无人暴死街头。

21. 门多萨详细介绍了中国的帝王世系，中国历史悠久，它的历史是有文献证实的可信的历史。

在第一卷第四章，我曾特别许诺，要详细地向读者交代那个国家曾诞生了多少位皇帝，他们姓甚名谁。现在为兑现我的诺言，我将描述那个国家自黄帝（Vitey）——他是第一个使那个国家成为一个统一的帝国的皇帝——伊始，直到现在在位的皇帝之间的传继过程，以求得在前面章节阙如的原宥。读者将会了解到，这期间共有多少位皇帝，自帝国之初到现在有多少年了，以及有关他们的皇位继承的方式[1]。

正如他们的史书所称的那样（他们的史书中，对此作了专述），黄帝是中国的第一位皇帝。按中国习惯说法，他们称他身高七丈，一丈的长度相当于三分之二个西班牙瓦拉（Vare），他的身高可精确表示为四又三分之二瓦拉（Vara）[2]。他肩宽六掌，形体高大，行动果敢。他身边有位将军，名叫Lincheon（？），不仅勇敢，而且谦恭有礼富有智慧，正是由于他的勇敢与力量使得现在的整个国家均臣服于黄帝并且敬畏他。他们把很多发明都归功于黄帝。他们说是黄帝首先发明了穿的服装，最先利用各种染料来染东西，而且，黄帝也是造船的第一人。不仅如此，他还发明了锯木头的锯子。但最重要的是，黄帝是位建筑大师，房屋的发明者。他造了很多非常宽敞的房子，一直保存到今天，以纪念他的名字。他还发明了卷蚕丝用的轮子，直到今天他们还在使用这种工具。是他第一次佩带金、银和一些宝石作为饰物，而且他也是第

---

[1] 关于中国早期纪年的轮廓，并不完全正确，但基本上符合是杜赫德（Du Halde）的描述。君主的名字被奇怪地拼错了。但根据皇位继承顺序及这些皇帝各自的在位时间，我们并不难作出甄别。Vitey 看来并非是如公认的那样，是中国王朝的创建者伏羲，他或是其伟大的继承者黄帝（Hoang-tie），他有25 个儿子，或是那位著名的君主尧（You），他自公元前 2357 年起共在位 100 年。Tzintzon 明显是指杜赫德所称的始皇帝（Chi-Hoang-ty），他下令建长城，在公元前 237 年在位。他的儿子 Aguisi 则被杜赫德称为二世（Cul-Chi）。我们作者所称的 Anchosan 很明显是汉朝的创建者，即杜赫德拼为Han-Cao-tsou（汉高祖）的人。以下的统治年代和汉代所有皇帝的在位时间都对应得非常确切。但列王的名字却拼得各不相同。——英译者注。

[2] Vara 为西班牙计量单位，一瓦拉等十一码，即三英尺。——英译者注。

一个以金银和丝绸作料子的人。他重新安置了全国百姓，把他们分别安置在都市、小镇和农村，规定了他们的职业，而且还颁法天下：没有他或者后来继承他皇位的统治者的许可，任何人都必须继承其父亲的职业。而且如无重大的原因，将不允许转业。

从事同一工作的人被安排于同一街道，这种做法一直延续到今天，整个国家都是这样。因此，如你想了解那条街道的居民都从事什么职业，你只需了解一下街头第一户居民的职业就足够了，尽管街道也许很长；因为所有居民肯定都从事同一种行业，不会掺杂进其他行业。在所有的事情中，他还规定了一件意义非常重大事情，那就是，妇女不能虚度光阴，必须工作，或是从事丈夫的工作，或者在家耕作或纺纱。在那个国家，这是一条非常普遍的律法，就连皇后本人也要遵守它。

他们说他是位伟大的星相学家。据说他曾经在他宫殿的庭院中种了某种草，有人经过时，它就会显出某种征象，由此就能发现是否有人心怀鬼胎阴谋反对他。他们说的很多事情，我都略过不录了。因为我不想让读者厌烦，我将这些偶像崇拜者的迷梦与偏爱，诉诸读者自己的明智的判断力，因为对于明智的人而言，每件事稍加接触便已足够。他有四个妻子，25 个儿子，在位 100 年。在他和那位修筑长城（我们已在第一卷第九章提到这件事）的皇帝之间共有 116 位皇帝，都是黄帝的后裔。据那个国家的史书记载，他们一共统治中国 2257 年。虽然在他们的史书里，每个皇帝的名字都记得很详细，但为避免啰唆，我不准备把历朝帝王的名字都一一记录下来，不过，我准备简述一下那些在黄帝之后延至当朝，不得不提的帝王的名字。这位伟大的黄帝所传的最后一位皇帝，叫做秦始皇（Tzintzon），也就是上文所称的那位下令建造长城的皇帝。他发现自己为鞑靼的国王所困扰，后者不断地在他的帝国的很多地方发动战争，于是他就下令造了上述的长城。为了修筑它，他动用了全国的三分之一人口。很多人都死于这种繁冗的工作，因为他们远离家乡，当地的气候也殊异于他们出生并成长的地方。它导致人民对他的仇视与憎恨日增，他们密谋杀死他，在他统治中国 40 年之后，人民终于达到了他们的目的，把他连同他的儿子，叫做二世（Aguizi）的皇位继承人一块杀死了。秦始皇和他的儿子死后，他们推选出了名叫汉高祖（Anchosan）的新皇帝。他是一位行动果敢，做事英明的人，统治了12年。他的一个儿子继承了他的皇位，替接他统治中国7年，他们称之为惠帝（Futey）。这位皇帝年纪轻轻就死了，他的妻子以他的年号继续了他的统治，她不可思议地管理那个国家18年[1]。由于她没有亲生儿子，所以其后皇位便由她丈夫与其他妃子所生的一个儿子继承，在位23年。之后，由他的一个名为文帝（Cuntey）的儿子接替他的位置，在位16年零8个月。他的叫做景帝（Guntey）的儿子接替他统治中国54年。其子又接替了他父亲，称为Guntey[2]，在位13年。接着由他儿子昭帝（Ochantey），统治中国25年零3个月。之后，是他的儿子宣帝（Coantey），在位13年零2个月。继他之后是他儿子成帝（Tzentzey），26年零4个月。他的儿子接替了他的皇位，称为哀帝（Anthrey），他的统治不超过6年。然后是他儿子平帝（Pintatey）继承皇位，在位5年。这位名为平帝的皇帝死时尚未结婚，因此便由他的弟弟接替了皇位，称为孺子婴（Tzintzuny），在位仅3年零7个月。在他之后，由他年幼的弟弟继位，叫做王莽（Huy Hannon），在位6年。之后由他的儿子，名为光武（Cubun），主政32年。他的儿子明帝（Bemthey）继承了皇位，统治18年。继他之后是他儿子章帝（Vnthey），当政13年。和帝（Othey）继承了皇位，17年。他的儿子叫做殇帝（Yanthey），在位仅八个月便去世了，留下他儿子，叫做安帝（Anthey），接替他统治了19年。他的长子，叫做少帝（Tautey），继位不久便死了，在位仅三个月。然后由他的弟弟质帝（Chyley）统治了一年。他的儿子灵帝（Linthey），主政22年。之后是他儿子献帝（Ranthey），在位31年。史书称，这位献帝是个昏庸无道的皇帝，因此激起了人民的仇恨和反抗。他有个侄儿叫刘备（Laupy）起兵反他。他得到两位勇士的帮助，一名关羽（Quanthy），一名张飞（Tzunthey），他们是兄弟，都是朝廷的贵族，十分勇猛，这两人极力促他称帝。他的叔叔皇帝[3]知道这件事，但因为

---

[1] 吕后统治应该是8年（前187– 前179）。——中译者注。

[2] 原义如此，疑为错拼，应为武帝——中译者注。

[3] 实际上刘备是献帝的叔叔——中译者注。

他是那样的无能怯弱，根本没办法，也根本不敢采取补救措施，这在老百姓中间造成了混乱并且谣言四起。尤其是，又出现了四个枭雄同时并存，割据江山的局面。他们是孙策（Cincoan）、曹操（Sosoc）、袁绍（Guansian）和袁术（Guanser）。刘备打着辅佐他叔叔的名号与四雄作战。但是在战争持续了一段时间之后，他与孙策缔结了停战协定并与之交好，而且还娶了孙策的一位女儿为妻，这样，借重其岳父的帮助，刘备把矛头直接指向了其他三雄，立即发动了反对他们的战争。

诚如你们将要了解到的那样，这时强大的国家已一分为三，从此开始了专制时期。刘备叔叔献帝死后，主要的一部分落入刘备之手，另一部分归曹操，其余的则归于刘备的岳父——孙策。这个国家暂时的分裂局面就这样，一直延续到刘备的儿子后帝（Cuthey）荫其父的事业登基统治为止。接下来，又有叫做晋武帝（Chimbutey）的割据势力起兵反他，并将他杀死。这位晋武帝靠着他的勇谋使中国重新成为统一的国家。至此，中国已经分裂了41年。晋武帝统治了25年后，由其儿子惠帝（Fontey）继承皇位，在位17年。简而言之，这一朝共有15位皇帝，统治了176年。其最后一位叫恭帝（Quioutey），被宋（Tzobu）起兵推翻。宋这一朝共有8位皇帝，统治了62年。其最后一位是顺帝（Sutey），为高帝（Cotey）起兵所废，他这一朝一共有5位皇帝，统治了24年。其最后的一位皇帝叫做和帝（Otey），为梁（Dian）所杀。梁这一朝共有4位皇帝，统治了56年。后为陈（Tym）所推翻，他这一朝共有5位皇帝，统治了31年。后来隋（Tzuyn）起兵反陈，帝国因而为他所有，这一朝共有三位皇帝，统治中国37年。最后一位皇帝为唐（Tonco）所废。唐及他这一朝的其他皇帝把中国治理得极为出色，因而这一朝延续的时间较前几朝要长一些：这一朝先后产生了21位皇帝，统治了294年。最后一位是高宗（Troncon），他娶了他父亲之妻武曌（Bausa）为妻，她是一位绝代佳人。此前她在一个尼姑庵为尼，只因为要和他结婚，他把她接出来并娶了她。但她用权术杀死了他，此后独自统治中国51年。他们的史书称她不老实，而且采取极端手段迫害国家栋梁之材。但她仍不满足，所以又和一位来自下层的男子结婚，他能满足她的淫欲，她是那样的堕落。他们说她在成婚之前，还杀死了她与前夫所生的儿子，因为她企图让她的侄子接替她来统治那个国家。此时人民识破了她的阴谋，憎恶她的恶行，起而拥戴一位逃亡的她的前夫的儿子，一致拥立他做了皇帝，他被称为中宗（Tautzon）。他残酷而严厉地处决其继母，作为对她的罪行的报应，同时也是为了给国人作个榜样，他们由于她的变态统治，开始陷入歧途。他之后又七位皇帝。统治130年。最后一位皇帝叫昭帝（Concham），为［另一］梁（Dian）所推翻。梁朝一共才两位皇帝，18年的统治。其第二个皇帝为后唐（Outon）所废，仅传了两位继承人，一共统治15年。下一个造反的是后晋（Outzim），这一支的两个皇帝仅仅统治了9年零3个月。接下来是高祖（Tozo）造反，他和他儿子当皇帝的日子加起来不过四年。后周（Auchin）郭威起兵造反，并在一次战役中杀死了他的儿子，接替他儿子做了皇帝。他和他的另外两名继承人统治了10年。起兵造反并杀掉他的最后一名继承人的，是中国首位皇帝——黄帝（Vitey）——后裔的一支，名为赵匡胤（Zay Tzon）。这一朝产生了十七位皇帝，平安无事地统治中国320年。最后一名皇帝叫帝昺（Tepyna），与鞑靼皇帝元世祖（Vzon）交战，后者以强大兵力进犯中国，最终夺取了对中国的统治权。此后共有九个鞑靼皇帝统治中国93年，暴虐当地居民。最后一位皇帝叫至正（Tzintzoum），他对待中国百姓较其他皇帝都更为残酷，这使得全国团结一致，拥立一位有智勇的人做皇帝，称为洪武（Gombu）。他属于古代皇帝血统的一支。凭借其巨大的威望，他使得很多百姓都团结在他周围，把所有的鞑靼人都赶出了中国。这过程中成千上万的人因此而死去，鞑靼曾极为顽固地并且以种种暴虐手段统治该国。加上现在在位的皇帝，这一朝共有12位皇帝。前面的11位皇帝统治了200年，现在的皇帝叫万历（Boneg），由于他的皇帝哥哥坠马而死，所以便由他继承了皇位。据他们称，他今年21岁，母亲仍健在，除此，尚无其他有关他的记载。因此，我无法详细地介绍他。但他们说，他是一位高尚的绅士，深受臣民的爱戴，而且主持正义。他和他的堂妹结婚，育有一子。

自鞑靼人被赶出中国后，这一朝的皇帝便相继夺取了长城以外的鞑靼人的很多土地。但愿上帝能以其仁慈，将他们带入圣律的知识，并且使他们中间流传的一个预言得以实现，由此他们得知，他们将要受到一些大眼睛，长胡子的人的统治，臣服于一个来自远方的国度，它意指基督教徒。这个国家的皇帝在其臣民之中具有如此巨大的威望，以致在他没有驻扎的各个省，所有总督或官员所在的大城市，都设有一块金牌，上面绘着当朝皇帝的肖像，覆以华丽的金幔，每天都有当地的贵族、司法人员及官员，到金牌前行礼参拜以示尊敬，如同皇帝亲临。在每月新月举行的庆祝节日，一般第一天都要拿出这块金牌。那天，所有的人都要前去礼拜他的肖像，就如同皇帝本人在场一样尊敬。他们称皇帝为皇上或者天子。

22. 门多萨对大明宫殿的描述让人想到几个世纪前马可·波罗对汗八里大汗的宫殿的描述。

如今的皇帝，以及他的几乎所有先人，以前乃至现在都住在大明（Taybin）城，或者称为顺天（Suntien）。据说是因为这地方最靠近鞑靼人的地盘。上面说过，这两个民族之间战争不断，所以一旦发生战争，就可以及时地补充任何战需品；或者因为这地方的气候较其他地方更有益身心；或者是因为这里的宫殿有更多娱乐，就像顺天这个词所表明的那样，在他们的语言里，它意为天城（celestial citie）。这个城市是那样的大，以至若想从一个城门穿越城市到另一个城门，就必须有一匹快马，十分用心地跑上一整天才行。否则就只有抄近路，此外，京城外面的郊区还有比京城大得多的空地。中国人对这个大都市和其中的富庶繁华的描述并无二致。因为他们都这么说，所以可以认定这是一条真理。城里人口众多，据说他们的朝臣与百姓，在紧急时全城加起来有 20 万之众，其中一半是骑兵。城门内东侧就是规模宏大、气势开阔的皇宫。皇帝常年住在这里，虽然他还有两处宫殿：其一位于城市中心，其二位于城西靠边的地方。他们证实说，前述第一座宫殿非常的大，珍宝奇多，若想游遍整座皇宫，至少得花 4 天时间。皇宫外面首先围着 7 道大墙，墙与墙之间的空间驻扎着 10000 名兵士，担任皇室的日常警卫工作。这座皇宫里面有 79 个殿，都建得金璧辉煌，美轮美奂，里面有很多宫女充做仆役供皇帝随时使唤。这座宫殿的主要建筑，是四个富丽堂皇的大殿。皇帝在其中接见来自各个国家和地区的使节，或者在朝议时召见他的子民（这种机会很少）。老百姓很少能见到皇帝，偶尔皇帝不在宫内时，龙颜也是不易见到的，他们大多是从一扇玻璃窗看到他。其中，第一个殿全部用金属材料精心建造而成，精巧地饰有许多图案。第二个殿的天花板和地板均以砖石的方式用银子制成，难估其价。第三个殿由纯金制成，建得精美绝伦，并且上釉。第四个殿内部之富丽堂皇远超其他三殿之上，因为它体现着这个强大帝国的财富与权利。因此在他们的语言中，它被称为皇帝的金銮殿。他们宣称，那个殿完全配得上这个名称。因为里面集中了世界上任何其他国家的皇帝都无法望其项背的珍宝。除了无可估价的大量珠宝，还有一把很庄严的（他坐的）椅子，全部由象牙精制而成，镶满了各式价值连城的宝石和红玉，以至在晚上最暗的时候，这个殿也还是很明亮，就如同点了许多火炬或者有很多光线照射着。它的墙上镶嵌着各种各样价值连城的宝石，做工非常精巧。简而言之，它是那个国家最富丽堂皇最华贵的东西，因为它集中了全国最好的物品。

据说，那些异国来的使节，是根据各自国王的财富和才干及各自受尊敬的程度，被区别对待地引入这四个大殿中的一个。假如是小国来的使节，那他们的皇帝就在第一个大殿里接见，假如是来自稍微有些强大的国家的，他就放在第二个大殿里接见；剩下的依此类推。在这个深宫大院中，皇帝拥有人类所能想望到的（即这种生活所需的）一切物品，供他本人以及皇后消遣娱乐。他们从不（间或极偶然地）离开宫廷，这已经成了皇帝们通行的做法，也是对从不外出的传统的继承。他们说，皇帝之所以要如此严密地封闭自己，足不出户，是因为他们要保持他们地位的至高无上和威仪，同时也是为了避免为阴谋叛逆者所害——这已经发生过多次。因此你就有这样的皇帝，他除了登基大典那一天之外，整个在位期间都足不出宫，严密地封闭自己。除此之外，他们还让上文提及的那10000名兵士昼夜保护宫廷，同时在外墙、宫内、宫阶、大殿以及其他地方另有他人巡逻警卫。在这座皇宫的门墙之内，有花园、果园、树林、园林等皇家苑囿，其中有各种各样的飞禽走兽，还有养满了鱼的大池塘。一句话，皇帝们有各种本来只有在郊野之外才能看到的奇珍异物。

在那个国家，没有贵族像在土耳其那样拥有自己的臣属，亦无固定的处置权。所有世袭的财产和动产，或者皇帝恩赐的（作为对他们良好政绩的一种奖赏），或者得自于其他特殊的原因的，所有的一切都随他们本人的死去而告终结，重新归还给皇帝；除非皇帝将它赐给了死者的子女，为示礼节而非尽义务。据说这是为防止出现叛乱事件发生。如果贵族十分富有且手握权力，就会增加骚动与叛乱，这并非是因为皇帝贪婪或别有用心。皇帝对于他所任命的官员，无论他是朝臣，一地的长官还是将军或其他任何官员，都按其职位的高低，发给他们足以维持他们生活的俸禄，数量之多，大超所需。这样他们就不至于为了生计而受贿，因为受贿常常会使他们鬼迷心窍，导致执法不公。如若他收受或索要贿礼，那么哪怕是微不足道的一点，他也会受到严惩。

23. 中国的纳贡人数非常之多，它是世界上已知的幅员最辽阔最强大的国家，如果能让中国皈依基督教，那将是基督教世界一个伟大的胜利。

如官员们的纳税簿——他们照此来收税——上所登录的那样。而且据说，那些免税和不交税的人还比交税的要多。老爷、官员以及其数多得难以统计的各类水、陆士兵等，都无需向皇帝纳贡而且赋税全免。纳税人的数量如下：

北直隶（Paguia）有 2,704,000 人向皇帝纳税

山东（Santon）　　3,700,000

福建（Foquien）　　2,470,000

云南（Olam）　　　2,204,000

陕西（Sinsay）　　 3,380,000

四川（Susuan）　　 2,050,000

南直隶（Tolanchia），那是皇帝所在地，也是最大的省　6,090,000

江西（Cansay）　　 2,305,000

湖广（Oquiam）　　 3,800,000

梧州（Ancheo）　　 2,804,000

河南（Gonan）　　　1,200,000

广东（Xanton）　1,944,000

贵州（Quicheu）　2,034,000

浙江（Chequeam）　2,244,000

山西（Sancii），那是最小的省　1,012,660

由以上数字可发现，这个国家的纳贡人数实在非常之多。在这本介绍中华帝国历史的书里，我在很多地方都证实了这一点，即它是世界上已知的幅员最辽阔最强大的国家。但愿仁慈的上帝让他们信归主的圣律，将他们从魔鬼的束缚中解救出来。

24. 在中国，各种额外的和私人的劳役是如此之多，使得在某些方面可以说，中国人更多的是奴隶，而不是自由民。

虽然这个国家非常强大和富庶，但据我们所知，无论是基督徒（Christians），摩尔人（Moores），或者外邦人（Gentiles），一般都没有像他们那样，只向皇帝交纳很少的赋税。各种额外的和私人的劳役是如此之多，使得在某些方面我们可以说，他们更多的奴隶，而不是自由民。因为这些人并不拥有巴掌大的土地，可却要交纳相关的赋税。他们也常常受到老爷的虐待。这些，都将成为使他们接受福音的律法的很好机遇，同时，也是让他们享受同样自由的极大便利。

每个已婚男人或一家之长的一般赋税是，每年交纳两个马斯（mase）[1]，相当于两个西班牙里亚尔（rial）。这样的赋税是很轻的，但是（占很大一部分人口的）贵族老爷（Loytians）们却什么也不用交，总督、大臣、官员、军官和士兵也不交税。人口是那么的多，国家是那么的大，以致单单百姓交付给皇帝和他的朝廷的费用就已令人惊叹。此外还有各类关税、日常税、运输税及其他税收，这都还没算上国防和士兵所需的费用，修缮要塞城墙的费

---

[1] 西班牙货币单位，更正确的拼法是"Mace"。"整个中国通用的唯一货币是 le（？厘），即现金。其内在的价值可能相当于一个英国便士的十二分之一。票面上的名称是分（fun）、钱（tsien）和两（leang）外国人称为 candareen，mace，和 tael，都是十进位制。"——穆里（Murray）的《中国》，第 iii 卷，第 93 页。Mace 通常大约值 8d，而 tael 则值 6s.10d.sterling。——英译者注。

用及付给水军和陆军的军饷。另外，给老爷与法官的俸禄也尚不包括在内。

皇帝经常性的收入如下。这些数字都非常仔细地摘自于他们国库的册籍。但中国百姓说他们现在交的税比以前轻了很多，兹如下：

从 17K 到 22K 的纯金，有 4,256,900 塔额（Taes），每塔额相当于十个里亚尔（rial）和二十四个玛拉瓦德（Maravady）[1]。

纯银，3,53,219 塔额。

珍珠，这种东西在这个国家很常见（虽然并不太圆），通常要交给他价值 2,030,600 塔额。

各种宝石，1,010,460 塔额。

麝香与琥珀，共有 1,035,000 塔额。

陶瓷做的碟与其他容器，有 8000 个[2] 除此之外，皇帝还把大量的土地赏赐给臣民。受赏的臣民则向他交纳出产的部分稻米或棉花，或者交纳在同一片土地上养大的牲口。

他们交纳的数额如下：干净的米（它是那个国家的主食，全国的百姓都很喜欢吃），60,171,832 汉涅格（hanegges）。

大麦，29,391,982 汉涅格，

一种类似于西班牙出产的小麦，33,120,200 汉涅格，

盐，25340,400 汉涅格，这些盐全部产自皇帝本人的盐矿，收益很大。

他们叫做麦子（Mayz）的小麦，20,250,000 汉涅格。

高粱（millo）[3]，24,000,000 汉涅格。

稗（Panizo）[4]，14,200,000 汉涅格。

其他各种谷物和种子，40,002,000 汉涅格。

他们交给他的丝绸按匹来计算，每匹长十四瓦拉（Vares），205,590 匹。

成捆的生丝，540,000 镑。

棉花，300,000 磅。

---

[1] maravady，一种西班牙古铜币。——中译者注。

[2] 原文为 taes，很明显，不能作容器的数量单位，故推知作者可能弄错了，应改为"个"。——中译者注。

[3] 西班牙语。Millo 或 Mijo，即英语的 Millet（粟）。——英译者注。

[4] 西班牙语，即英语的 panic-grass，中文意为稗草。——中译者注。

染成各种颜色的斗篷布，800,400 曼特（mantles）。

生丝制成的方巾（Chimantas）[1]，每件重 12 磅，300,680 件。

棉花织成的四十瓦拉长的布料，608,870 件。

棉质方巾（Chimantas），304,006,048 件。所有这些东西都是供朝廷消费的，数量真是巨大。那些到了菲律宾的中国人证实了这一点，他们的说法并无二致。这说明那是真实的：他们也同样从他的库藏中接受它们，其数有好几百万之多，考虑到皇帝的税收是如此庞大，也不可能不是这样。

25. 其他许多国家的军队在勇气、斗志与谋略上均超过中国，但中国的军事制度尚无哪个已知的国家能在其之上。

看看这位实力强大的皇帝的勤勉和谨慎，看到所有官吏都被置于公正适当的管理之下，那就可以知道他同样（也许更为用心）专注防止由邻近王侯或其他任何人挑起的战争。但他尤其是要处理那些和鞑靼有关的事情，他们和这个民族已经发生过多年的战争。（虽然今日）鞑靼人很怕他，认为最好的方式是与他结为朋友，在某种程度上向他称臣。虽然现在乃至很长一段时间以来，他都很安全，没有遭遇过突发的战争。可是，就如你在下文可以察觉到的那样，这位皇帝尚有许多令他寝食难安的敌人，或者要加以防备，或者要向他们发起进攻。因此，他在每个省都委任了他的军事长官、军事顾问、将官，以及其他的普通士兵以保卫百姓，同时规定了他们在海陆设置的营房与舰队，以应付各种情况的发生。他同样也在每个城市驻扎了他的将士担任特别的警戒与卫戍任务。让他们日夜不息地轮流巡逻与警卫，如同敌人已兵临城下一般。虽然一般地说（根据那些到过这个国家并见到他们许多次的西班牙士兵的叙述），其他许多国家的军队在勇气、斗志与谋略上均超过他们，但他们的军事制度尚无哪个已知的国家能在其之上。

他们在所有城市的城门边上都驻扎着一小部分士兵，以阻止任何人无故

---

[1] 它同样是西班牙语词汇。从《Portuguese Chim-chinese》推知，怀疑为 blankets 或 mantas-blankets。——英译者注。

进出，除非那个想要进或出的人随身携有那个城或镇的长官签署的许可证。士兵们关闭或打开城门都按长官的命令或准许进行。长官们每天都把命令写在一张白板上，上有他们的头衔，然后派人送到守城门的士兵那里去。这些城门是城市的所有军事力量所在，上面架着他们所有的火炮，靠近城门的地方则一般是他们建造的营房。晚上关好城门之后，他们在两扇门之间的接合处贴上封条，然后由该城长官本人或其亲信，用由他本人或法官带在手指上的印章在上面盖上印。早晨不能开启城门，除非确信晚上没人碰过封条，才能再次打开城门。因此如有人想早上早早起来骑马外出，那他只能在前一晚城门关闭前出城，并且待在郊区。因为除非太阳升得老高城门打开，否则他休想跨出城市半步。

他们并不使用城堡或炮台，而利用巨大的堡垒与战壕。他们在其中守卫，并且也像我们那样按时换岗。而军官则带着大批士兵巡逻全城和堡垒。一般来说，守城的军事长官都是本地人，愿意誓死保卫故土，因而被委以重任。为了使城里保持安定祥和的气氛，百姓都不允许携带防御性或进攻性的武器，只有那些由皇帝支付军饷的士兵才行，但也不准私藏在家或在旅途（不管是海路还是陆路）中使用武器。此外，皇帝还在顺天（大明，他的住地）及其周边城市拥有大量的骑兵与步兵，他们处于待命状态，随时准备随皇帝到任何地方，在必要时保护他的安全。

大明国的士兵有两种：一类是当地土著，就在本地服役，在他们的语言中他们被称为军（Cum）。这类士兵实行父死子替的制度，但如果他死后无人接替，那皇帝就会另外安排一个人顶上他的位置。每人都将自己的名字写在门柱上，及（一旦敌人进攻该城镇时）他们被指定要去防守的地方。另一类士兵来自其他省，他们被征召服役几年或几月。他们接受将官管辖，自行担任警戒、集合并进行军事训练。在他们的语言中，他们被称为"兵"（Pon）[1]。他们按长官的命令从一个地方移到另一个地方，一位将军和一面

---

[1] 在中国，军事人员与非军事人员通常用兵（Ping）民（ming）这两个词加以区别。Pon 似乎指兵或者正规的军团，而 Cum 则似乎是指民或百姓。Cum 仅为地方军队的一种。——英译者注。

旌旗之下有一千名士兵，而职位较次的军官麾下则只有百来个士兵，须服从于前者。因此，想要了解一座大军营的士兵数目，那是件非常容易的事，只需数一下他们表示千人的军旗有多少就行，而这种军旗一望即知。每个大小军官在城墙之上都有自己的房子，上面写有他们的名字，他们在那里一直居住到战争结束。这些军官每月都要操练他们的士兵，排练阵式：有时是急行军，有时则是慢行军；他们还被教导随鼓点的声音骤缓轻重发动进攻或者撤退。他们在和平时期不断反复操练，一如战时。军官也传授他们如何使用武器，他们的武器一般为戟、矛、剑、火绳、靶子、钩枪、短刀以及盔甲。骑兵在打仗中携带四把剑，挂在马鞍前面，打仗时非常娴熟的同时使两支剑，看上去十分英勇。这些骑兵习惯于在打仗时带上他们的随从和熟稔的步兵战友，尽可能地装备齐整。步兵在战斗或突发的军事行动中，具有令人叹为观止的谋略，而且行动之敏捷也令人不可思议。虽然他们在打仗时表现得英勇善战，但他们作战仍然运用谋略，以及各种火器与火枪。无论是在陆战还是在海战中，他们都使用很多熟铁制成的火枪及火箭，用以杀伤或击溃敌人。骑兵不仅使用两把剑（上文已提及），而且还使用弓箭，长矛和戟。他们不能很熟练地驾驭他们的马，因为，他们的马勒只是一块穿过马嘴的铁，为了让马停下来，他们只能拉一根缰绳，在马前拍手发出某种声响。他们的马鞍很差，因此，他们都是骑术并不怎么高明的骑兵。皇帝也武装他的海洋。他拥有装备着将士的巨大舰队，它们在海上巡逻，非常警觉和尽职地保卫着国家利益。水军的军饷和陆军一样，都很丰厚。那些表现勇敢的士兵，则会受到尊敬，得到非常丰厚的奖赏。这些中国人对待抓获的战俘，既不杀，也不施以进一步的刑罚，而是将他们发配到离本土千里之外的边关戍边，和其他士兵一样，皇帝同样也发给他们军饷。他们最引人注目的是头上都戴着红帽子，但其他穿着与其他士兵并无区别。同样，对于那因犯罪而被判刑的人，中国人经常的做法是将他们流放边关服苦役，这些人也戴着红色的便帽或军帽。因此据说，衙门判决时，也常常将这种刑罚称为戴红帽。

26. 门多萨对中国记录甚至具体到了每个省的驻军，他强调他有责任对他了解的信息做大量报道，这么做是为了和平。

我们不怀疑门多萨的诚意，但还是惊诧于西方人对中国敏锐的观察与详细的记录。托多罗夫在分析西班牙以 300 人的军队征服 4 万人的墨西哥时说："这惊人的成功关键在于西方文明的一个特点，……那就是欧洲人了解别人的能力。"

在上面一章，读者或许已经了解到，无论是在和平时期还是在战争时期，中国人都是多么谨慎地保卫他们的城市，还有，他们的战备情况。为了能更深刻地明白这个国家之强大，这里我想向各位详细地介绍这个国家驻扎在各省的士兵人数。在每个省，每个大城市，他们都设有一个由一位长官、四位副手组成的军事咨议委员会。他们之中的每一个人都是从青年起就在战争中经受锻炼的，有使用武器和士兵的经验，因此，他们被指派去守卫所在的省。

这些长官有权任命主将及其他军官，并安排各种为战争所必需的物资，及时地派人送到他们认为急需的城镇。司库军官被要求，无论他们要什么物资，都必须毫无耽搁送到，因此，他们的军需在完成任务的过程中不会出现匮乏。

1577 年，也就是马丁·德·拉达（Martin de Herrada）修士及其同伴到达中国的那一年（那时中国一片歌舞升平，没有一丁点的战事），各省的驻军人数如下：

北直隶，也就是皇帝所住的省，有步兵 2,150,000 名，骑兵 400,000 名。

山东，有步兵 120,000 名，骑兵 40,000 名。

福建，有步兵 58,900 名，骑兵 22,400 名。

云南，有步兵 76,000 名，骑兵 25,500 名。

陕西，有步兵 8,300 名，但骑兵很少或根本没有，因为这个省连同下面的其他几个省多山，岩石很多，不利于马行走。

湖广，有步兵 20,600 名，没有骑兵，原因同上。

四川，有步兵66,000名，骑兵30,500名。

南直隶，也就是与鞑靼交界的省份。如上述，中国皇帝与那个民族战事不断。有步兵2,800,000，骑兵290,000名。该省驻军是这个国家最著名的精锐之师，因为他们个个都是从小使用武器长大的，而且在与鞑靼人打仗时，他们有过多次的征战经历。

江西，有步兵50,000名，骑兵20,250名。

梧州(也就上面那位修士所到的地方)，有步兵86,000名，骑兵48,000名。

河南，有步兵44,000名，骑兵14,500名。

广东，有步兵52,000名，骑兵18,900名。

贵州，有步兵48,700名，骑兵15,300名。

浙江，有步兵34,000名，骑兵13,000名。

山西，也就是最小的那个省，有40,000名步兵，6,000名骑兵。

上面所列的驻军人数，每个省务须保持(根据朝廷的命令)。这是件轻而易举的事情。原因之一是皇帝发给他们军饷。此外，由于他们驻扎在自己的家乡，那里他们拥有自己的财产和物品，传给后人。他们在战争爆发时，必须到最需要的地方参战。这样一计算，每个省(考虑到它们的强大，也许称它们为王国更合适)加起来的兵力显然都有步兵5,846,500名，骑兵948,350名。这些军队，假如在骁勇善战方面具有和我们欧洲各民族相当的实力，他们就完全有能力征服整个世界。但虽然他们人数众多，而且在谋略方面比起我们也毫不逊色，但在勇气和士气方面，却远逊于我们欧洲民族。他们的马事实上个头很小，不过经得起长途跋涉，然而他们却宣称：这个国家有许多和优异的良马。在此我并非要谈凭借某种努力(靠主的力量)征服及战胜这个民族，本章的目的绝无此含义；但是我对它做了我有责任去做的大量报道。我再次强调，我所从事的工作与其说是为了挑发战争，毋宁说是着意于和平。如若我有的上述愿望可以达成，那就是凭借主的命令，它是深入灵魂的利刃，我虔诚希望主去实现它。

27、中国人有一条法律：既不在自己的国度挑动战争，也不侵略别国，外国人未经皇帝同意不得进入中国。

门多萨提到，中国人以其智慧认识到，离开自己的国家，去征战别国，将是劳民伤财，丧失大量生命和财富的事，得不偿失。为了保证国家的富裕、安全，必须放弃他们所获得的和从其他国家夺取到的一切土地，特别是那些遥远的国家。这些话既是在说中国，又像是对当时不顾已将耗尽的国力，四处征战、四处殖民的西班牙的担心、忧虑。

尽管在许多事情中，中国人已表现了他们的精明和成熟的智慧，但是关于最充分地体现这种智慧和精明的地方（依我的判断），我将在这一章讲述。毋庸置疑，他们看来超过古代史书所讲的希腊人、迦太基人（Carthagenians）和罗马人；以及较晚年代的人；这些人为了征服他国，远离自己的国土，以至于最终失去了家乡的故国。但中国人却有警觉（就如谚语所言：建设好自己的国家，别去外乡招惹麻烦。Felix quem faciunt aliena pericula cautum.）。经验告诉他们，离开自己的国家，去征战别国，将是劳民伤财，丧失大量生命和财富的事。此外，长途跋涉的艰辛，维护和巩固战争所得而无休止付出精力，且时刻担心再度失去，都得不偿失。而且在他们如果忙于新的征战时，他们的敌人，鞑靼人和其他相邻的国王就会进犯和侵扰，造成极大的破坏。更何况，他们自己拥有世界上最好最大的国家，地大物博，土地富饶。丰饶的物产惠泽许多国家而他们却无求于人，因为他们拥有足够的物资维持生活所需。基于此种考虑，他们召开一次大朝会讨论此事。所有的大臣官员及 15 个省的长官都参加。他们一起讨论，寻找最好的可能方案处理这种极为不利的局面。经过深思熟虑，听取每个人的意见之后，他们一致认为，为了本国的安宁与利益，也是为了百姓的福祉，他们必须放弃他们从其他国家夺取到的一切土地，特别是那些遥远的国家。从此不再与别的国家交战，因为那样必然会造成破坏，而是否有所收获却未可知。在一致同意后，他们请求皇帝召回所有被派往受辖邻国的本国人，并使他相信，这样做他仍将保持强大君主的地位，更加富裕，更加和平和安全。国王觉察到了他的国家和臣属的请求和上奏，对此非常满意，要将这个主张立刻付诸实施。他立即将其公之于众并颁布很重的刑罚，要求所有在其他国家的中国臣民，必须在限定期限内返回各自的家乡，同时向在其他国家的长官下令，要他们以他的名义放弃并离开他们所拥有的领地和属国，那些自愿臣服，向他进贡并保持友好关系的国家除外，如直到今日琉球及其他一些国家的做法一样。这条法律被确立下来并保留至今，任何人不得违背。它第一次宣告，任何人没经得皇帝的同意不得对外战争和打仗，否则将处以死刑。它同样也禁止百姓未经皇帝许可擅自航行越出国境，它还规定，任何人从一个省到国内另一个省做买卖，需保证在期限内返回，否则将被剥夺公民资格。外境人无论经由陆路或水路到中国来，必须事先征得皇帝或者到达地域港口的官员的同意。给予这种许可令要相当慎重，且要上报皇帝。所有这些法规使得这个强大的国家直到近些年才被发现和了解。以上所言看上去都是实情，因为他们的古代航海史书记录得很明白，上面清楚地写道，他们航行到印度洋，征服从中国到印度洋尽头的所有地方。对于这些国家，中国一直非常平静地保持宗主国地位，直到出于良好意愿颁布法律自动放弃，如前所述。所以在菲律宾群岛和科罗曼丹（Coromande）海滨，即纳辛加（Norsinga）[1] 到孟加拉（Cengala）[2] 海的海滨，保留了关于他们的重要纪念。那里有一个镇现在被称为中国人的土地，因为他们兴建了此处。类似的纪念和遗址也可在卡利卡特（Calicut）见到，本地人说，那里有许多树和水果是中国人统治该国时带去的。那时，中国也是马六甲、暹罗、占婆（Chapaa）[3] 及其他邻国的宗主国。马来群岛（Ilands of Iapon）也被认为曾经是中国的属国，因为那里至今仍保留许多中国人的纪念物。该国的人好模仿中国风尚，及许多我们知道的特殊事物，还有许多在中国推行和遵守的法律。但是今天，海港的长官接受商人的贿赂，不去执行禁止出国的法令，秘密发给他们通行证，允许他们到邻近各岛做买卖，

---

[1] 为 Narsinga 的误拼——英译者注。

[2] 为 Bengala 的误拼——英译者注。

[3] 可能即 Java（爪哇）——英译者注。此注有误——中译者注。

如去菲律宾群岛，每年有许多满载大宗商品的中国船只到那里去，又经常被输往西班牙。他们还到其他他们认为能赚钱的地方做生意，然而，只有他们保证在一年内返回才能拿到通行证。

赚钱的欲望促使他们航行到墨西哥。公元 1585 年三个中国商人来到那里，他们带来许多珍奇的货物，未作停留便航行到了西班牙和其他更远的国家。前述的长官和官员也同样发给外国人通行证（按前面的方式），允许进入他们的港内做买卖，但首先要进行检查和盘问，外国人除了上述目的，都很谨慎地不要求任何其他目的的许可。然后他们取得有一定限期的通行证，但必须首先保证不到城市里四处走动，不能窥探那里的机密。通行令写在一块白板上，挂在船头，这样当他们的船驶入某个港内停靠时，守卫士兵见了白板后才不会将他们的船击沉，而且让他们平安无事地做生意，并交纳常税给皇帝。

每个港口都有一个公证人或文书，他是长官派去的，记录下每艘船只到岸的日期和时刻，以使外地人及本地人按港口的老规矩装卸货物。这规则一直得以遵守。因此他们装卸时非常安静有序，就像只有一艘船。尽管很多时候你能看到大大小小两千艘船停在一个港口。就这样，通过一张买来的通行证，从印度来的葡萄牙人到中国的一个省份——广东——及其他地方做生意，如同他们自己以及中国人所讲述的那样。

28. 在中国，内阁负责处理国家各种日常管理工作，内阁由 13 位阁员组成，他们知识渊博，道德高尚。

国王驻在大明（Tabin），他在那里有一个由 12 位阁老组成的内阁，外加一个首辅。这些人都是从全国各地挑拔出来的、有多年治国经验的杰出人士。

成为阁员，是一个人所能达到的最高和最显赫的地位。因为（如前所述）在这个国家里，无论诸侯、公爵、侯爵、伯爵，或是封建领主都没有臣属，除了皇帝和皇子。这些阁臣和他们委派的省长官在任职期间均得到尊崇，一如他们的前任。

成为内阁成员，单单精通和知晓国家法律、道德和自然哲学以及如何实施是不够的，他还必须精通天文历法。因为他们认为，如果一个人要成为这个管辖全国15省的最高机构的成员，就必须懂得前面所说的这些，以便能够预测将来发生什么事情，做好应变的准备。这12位阁员一般在皇宫里开会，为此那里有一个专门的大殿，装饰得十分豪华富丽。为此也有13张椅子，6张是金的，6张是银的，都非常昂贵，精雕细琢，但第13张更华贵，因为它用金制成且镶满贵重的宝石，摆放在它们中间，上面有一座用金线织成的华盖或篷，绣着象征着皇帝权力的标志，据说，是一条蛇，用金线织成。皇帝不在时，则首辅坐在这张椅子上，如果皇帝在那里（这种情况很少），首辅则坐在右侧第一张也是最上面的金椅上。他们按年龄的顺序入座。按这种方式，如果首辅死了，那么最年老的就接替他的位置。金椅那一排

法国画家笔下的中国官吏，形象怪诞。

的第五个人则坐到他的位置上，同样排第四的则向前移到第五，坐银椅子那一排的人同样按这个顺序移动，一直移到金椅子这一排。首辅可以不经过国王的同意，按此顺序提升每个人（如果有人死了）。如果某个座位空缺，则通过投票选择顶替的人。这种选举是公正的，得票最多的当选。但这种选拔中最重要的是品德和能力。如果被选中的人未在政府部门任职，则派人去把他找来；但如果那人就在本城，则他们就将他带到皇帝跟前，告知皇帝他们的选择，由皇帝决定是接受或拒绝，后一种情况从没发生。然后，根据习俗，

皇帝亲自令他庄严宣誓，许诺自己将依据国法公正执法，正直无私地选拔总督、地方长官和其他官员，既不放纵自己沉迷享乐，也不行贿或接受任何贿赂及其他的这类事情和情况。最重要的是不谋反，而且任何时候都不支持和参加反对皇帝的阴谋，如果直接或间接了解此类情况，必须立刻向国王或朝廷报告他知道的一切消息，倾尽一切所能维护及保护皇帝的生命和安全。

宣誓完毕，他们把他带到大堂左侧的椅子那里，庄严地把座位授予他。过些天，内阁和平民百姓会为此在城里举行盛大节宴，期间商人不做生意，手工业者也停业休息。

如果有事情要上报皇帝，则只有首辅才有资格跟皇帝讲话。如果碰巧首辅生病，则在必需时由椅中最年老和地位最高的阁臣向国王汇报。谈话时阁老跪着，眼睛盯着地板，即使谈话持续两个小时也不得稍有动弹。阁臣的俸禄和所有总督、地方长官、法官及将尉一样多。这些人与首辅谈话时，同样遵循以上规矩。

在朝廷里，阁员们每月都清清楚楚地知道全国发生的值得上报的事情，且从无差错。因为管治各省的官员派人把省内发生的，所有涉及战争、国家财富、皇帝的赋税之类的消息送到朝廷。这项工作完成得十分认真，即使一个省距离朝廷有 500 里格远，信使也不会错过指定期限。最先达到的人，要等候最慢即从最远处来的人，然后在指定日期一起上报。为了与较近地区的同时到达朝廷，最远地区的每天都派驿骑，使一骑可以接上另一骑。驿站传送邮件像意大利和西班牙那样使用号角，但此外还常有一串铃，这样可以被听得更清楚。因而当驿卒听到号角或铃声，就会赶紧准备好马的笼头。同样，如果驿站要经水路（这种情况经常发生），则船工就准备好船只。

于是，内阁得到驿骑的所有情报后，首辅便立即上报皇帝，然后，皇帝或以其名义的内阁（如果情况所需），及时采取必要的应对措施。如果需要派遣法官，就当场任命。法官赴任刻不容缓且高度保密。他秘密进行调查，而且不在出事的那个城市出现。

关于这件事情我还将在下一章加以进一步的介绍，所以我以下面这段话作结尾：皇帝统治整个国家和臣民，尽管省份、城镇如此之多，仍没有哪一个总督、长官或法官可以不经他及内阁的批准就处死某个人。除非是在战争中，因为在那种情况下，拖延可能会带来危险；因此，他们允许最高统帅或其官员把违抗命令或犯错的士兵斩首或绞死：这种做法无需得到国王或内阁同意，只需国王掌玺大臣或战地的将军同意就行；这两人都是要员，但必须两人都批准，否则不能执行死刑。

29. 门多萨在介绍完中央权力机构后，又详尽地介绍了地方行政机制，地方各官员有着明确的职权范围，他们有良好的教养，即使对有罪的人说话也是彬彬有礼。

你们已经知道，北直隶（Paguia）和南直隶（Tolanchia）两省，是由国王的最高内阁和他们派遣的大臣治理的。其余 13 省有一位总督（Vizroy）或长官（gouernor），百姓称之为 Insuanto［注：即 Tsong-tuh（总督）——英译者注］，他是常驻的，府邸设在省会。通常省的名称与省会名称相同。虽然所有官员和法官，无论担任何职，都通称老爷（Loytia）[1]，但根据各自担任的不同职务，另外有一个特别的称谓，我将告诉你们有关这些即职务相应的称呼，因为它与我们的目的不同。总督是每个省中代表皇帝的最高地方行政长官，称军门[2]，位居第二的各省长官称为 Insuanto，他的权势略低于总督。再下来是驻在每个城的守令即长官，称都堂（Tutuan）[3]；都是这个级别。他们把所在城市的重要事情向上一级长官 Insuanto 汇报，后者再告知总督即军门。军门则负责通过（如前所述的）邮驿将有关的事情上报给国王及其内阁。居第三位的官员是布政使（ponchasi）[4]，他是皇帝的财政大臣，他属下有一个司（Counsell）和许多官吏和军官，如校尉及其他，负责各省的赋税征收。在发付完各省所有皇家官员的一般及特殊的俸禄和费用后，他须向都堂汇报他的工作。

---

[1] 老爷（laoye）见第十四章老爷的官衔。——英译者注。

[2] 该词可能与一种国家大臣的称谓，即阁老（Colao）或（Chung-tang）混淆了。——英译者注。

[3] 很可能是都堂（To't'ung）——英译者注。

[4] 应作 po ching-sz，或如杜赫德（Du Halde）的拼法，写作 pou-ching-ssee。——英译者注。

第四位是都督（Totoc）[1]，是统率包括步兵和骑兵在内的所有军队的将帅。第五位是按察使（Anchasi）[2]，他是最高司法长官，负责刑事和民事诉讼。他与属下处理来自下级法官的有争议的案件。第六位是海道（Aytao）[3]，他是军事部门的总管和长官，他的职责是在必要的时候调遣士兵、为出海的舰队和陆军提供船舰、军械和军粮，以及增补城市和海岸的戍军。此外，还负责检查到任何省份去的外国人，弄清他们来自何方，往哪里去及其他事情。同时在查明之后，向总督汇报结果及一切需要处理的事情。

这六个官员或官职拥有很大的权威，任职的人备受人们尊敬。他们每人都有一个由十余人组成的班子或机构，这些人由于经验丰富工作勤奋而被选拔，协助他处理该职务所辖的事务。当他们在总督官邸（每位官员都有指定的地方，布置很整齐）内商议工作时，则分成两组：五个在长官的右侧，另外五个在左侧。坐在右侧的最年长，更有权势，他们与左侧的官员仅有如下差别：右边官员佩戴金腰带和黄色的帽子，左边官员的腰带则是银的，帽子蓝色。这些金银装饰的腰带和蓝黄色帽子，只有这些官员才被允许穿戴。同时，这些人及其长官还穿胸前及背后佩带镶金边的有皇帝徽号的服饰，否则他不能到任何他们必须露脸的地方去，也不能坐堂审判任何案件。如果做了，则不仅不被服从，还将在被巡察时受严重惩罚。

如果这些官吏的长官死了，则由他们中最年长的继任，保持座位顺序，如同前章谈及朝廷内阁时所述。所有官员通常具有惊人的美德，那便是，他们都非常耐心地倾听各种抱怨，即使对方说得气势汹汹和盛气凌人。他们在学堂里被教导的第一件事就是：说话要彬彬有礼，即使是面对被他依法判定有罪的人。如果需要到省内某个地方宣布重要消息，则指派司里某个人单独前往，同时授予他为全权代表。

除了前面讲的这六位大臣或法官，还有其他地位较低的官员（他们如同国家中所有司法大臣那样受到尊敬）。他们的称谓如下：Cautoc，这是大旗手；

---

[1] 更正确的拼法是 Too-tuh，为高级副官。——英译者注。

[2] 应拼作 Ngan-tcha-see。——英译者注。

[3] 应拼作 Hai-tao。有关这些官职，可见杜赫德，卷二，第3233页。——英译者注。

Pochim，即第二司库官；Pochinsi，皇家玉玺的掌管者；Antzatzi，他是城镇的市长或高级市政官。另外还有三位官员，称Guytay[4]，Tzia[5]，Toutay[6]，他们每星期在他们的府衙开庭和接见一次。当他们开门时，需鸣炮四响，通告所有人他们在坐堂，准备听审案件，执行法律。如果他们发现谁有罪或犯错，立刻派一名差役，将之押送给该市的一般法官，他们称其为Zompau，并附带一张拘票或通知，写明犯人应受的惩罚。

每位一般法官属下有1000名士兵，他不能越权，别人同样不能代行他职责范围内的事情。他们须每夜巡视，保证每人都安静地待在家里，并及时熄灭烛火灯光，以避免火灾。火灾经常发生，因为他们的屋舍彼此都靠得很近，屋子上部都照巴斯克（Byskaye）风格，用木建成。如果在指定时间过后发现仍有灯火，则严惩不贷。对于这样的事，不能找他们上诉，而只能求助于朝廷派来的法官，除此则只能找经常去那里的巡察官，他们开脱或纠正那些遭别人陷害的冤狱或错案。这些人用他们的语言叫做"青天"（？Gom-dim），该词的意思是，冤情的昭雪者，他比其他官员更受尊敬。

除了这些，还有其他特定的官员，有称为太簿（？Tompo）的，他们负责察检粮草的供应和定价；另一个称Tibuco[7]，他逮捕和惩罚流氓及游手好闲之徒。Quinche[8]是大军曹，Chomcan[9]是监狱的看守者，他很受尊敬，因为他享有其他官员所没有的一种特权：当他开始进入，跪下行完所需礼节之后，可以站着说话，而其余的人只能跪着。

当这些长官和法官奉内阁的派遣，初到这些省或城市时，他们在到达的两三天前就寄去官帖和法令。所有的地方老爷和军官看了之后遵照所写办事，带着士兵和旌旗去迎接他，随行还有其他官员，举办盛大的欢迎宴会，尽情娱乐。

---

[4]　也许是Koo-ta-sze，司库官。——英译者注。

[5]　也许是Che-tsze秘书。——英译者注。

[6]　Taou, tae，巡行官。——英译者注。

[7]　也许即Te-paou，巡捕。——英译者注。

[8]　应作Yuen-chae，巡察。——英译者注。

[9]　也许是Ching-lang，监狱中的助理官。——英译者注。

此时，市民也在街道上挂起华丽的绸布和其他东西，布满鲜花，鼓乐齐鸣护送官员们到下榻的官舍。

凌驾于所有这些官员之上的那一位，被称为钦差（Quinchay），在他们的语言中是"金玺"的意思。只有处理关系国家安定的重大事务时朝廷才差遣他。关于他们如何选拔法官和官员，以及其他有关良好统治相关的事情，我将在下章向您讲述。

30. 西方人关于中国官制、科举制最初的印象，可能就来自门多萨的介绍。门多萨不断称赞中国是世界上管理最好的国家，中国的官吏恪尽职守、秉公守法。同时他也注意到中国的户籍制度与可怕的保甲制度。

前一章所讲的所有这些官员，均由皇帝征得内阁同意之后加以任命。对于将被委任的人，内阁事先已对他们的德行作过特别慎重的调查。他们自己考虑的首要之事是：被委派的总督、长官或官吏都必须不是当地人，这是为了避免执法时产生不便，这种情况多有发生，或是由于碍于亲戚朋友间的情谊，或是因为对仇敌的憎恨。所有被委任的官员，自离开朝廷（他在那里被委任），直到来到上任的省或城、镇，一路上都无须他本人破费，因为他们所到之处，均有国王指定的馆舍，接待他们并让他们住宿，并且为他本人和随行供应一切所需之物，如马匹之类；如果经水路，则有船只供应，一切免费。他们的餐饮也有规定，与其地位和担任的官职相对应。当官员来到皇帝指定的为他们提供膳宿的馆舍时，馆舍的负责人会问他要折合客饭的钱呢，还是要提供膳食。当地有亲戚或朋友并已邀请他的官员，则会要钱，留给自己。这些馆舍都配备得十分齐全，有床及其他一切所需物品。因为布政使，即国王的财政大臣，奉国王及内阁之命，要特别负责一切物品供应齐备，无一缺漏。官员到达他任职的城镇之后，人们举办宴席庆贺，吃喝玩乐，如同前面所述。然后，他们把他带到皇帝为他们准备的府邸中，为他配备仆人和属于他的所有必需物品，以及执行法律所需的吏员（他们同样住在那里），及军士、文书，和其他地位较低的差吏。皇帝发给他们足够的薪俸。因为受贿或接受与案件有关的当事人的任何东西，都将受到严厉惩罚。法官同样受到严格的控制，内阁给他们的首要规定就是：不能在屋里接见任何诉讼人，只能在公堂宣布判决，所有官吏必须在场，并且，必须让在场的每个人都能听得见。其做法如下：法官坐在审判席上，门卫站在大堂入门处，高声通报谁要打官司，有何要求。要打官司的人在距离法官较远的地方跪下，大声提出他们的冤情或申诉，或者以诉状上呈给法官。如果用诉状，则由一个文书或公证人宣读，官员听明之后，立即依法审理，他用朱笔在状上批示，并吩咐属下应如何去做。这些法官受皇帝严格的管束和控制，在进入大堂或法庭前，必须素食且不能沾酒，也不能带酒审判，这在他们中间已是禁令，违背它将受严惩。从生理角度考虑，他们被允许在审判前吃些蜜饯之类的东西以安定神经，但即使有病痛也不得喝酒，因为喝酒对身体有害。因为他们认为，饭后或酒后判决比不听审讯坏处更大。这些规矩公开实行（被严格遵守），任何官员都不能受贿，否则必被其他人发现。由于他们的住宅受到严格的管制，人人都害怕同事，彼此（在这件事上）互相成为敌人。军士和文书及其他官吏执行任务时一丝不苟，如果有人在工作上稍有懈怠，则会拘留他，让他手里拿着一面小旗，跪着直到庭审结束。然后法官命令役吏鞭打他几下，作为玩忽职守应得的惩罚。这类事并不被认为是不光彩的，因为他们当中非常司空见惯。这些法官到城里出行时（为了维护自己的威严，他们极少这样做），由司法的吏员及属下陪同，队伍排列齐整，最前面的两名役吏手执银白色的权牌，方式一如在罗马红衣主教前举着的权牌。他们将权牌置于长杆之上，表示他们是以皇帝的名义担任这些职务的。在他们后面，两个人各自手执一根笔直的长杖，表示出行的官员要秉公执法，且亦已如此去做了。再后则又有两人，各自在地上拖着一条后缀有流苏的板子，前有长红带，那意思是他们鞭打作恶者的刑具。其后面有两人举着牌子，像白靶子，上面写着出行官员的名字、官衔和职务。此外，还有许多人簇拥着老爷，壮大他的声势和威严。前面讲过的两个手执权牌的役吏，高声吆喝百姓走开，为老爷让道。他们的话立刻奏效，因为经验告诉百姓，如果有谁不听吆喝，就会当场在街上受到毫不宽恕的惩罚。人们如此敬畏老爷，以至无论地位或身份，没有任何人敢在老爷经过时走动或过街道（除非是遇到上级官员，此时低级别的官员要向他表示同样的敬意）。如果有人违背，将当场受到惩罚。在办理任何案件时，不管民事的还是刑事的，法官只能书写，并当着其他官吏的面，公开判决犯人和审讯证人。因为无论是口头查问或书写记录，都不允许任何有违真实的东西存在，只能如实反映。老爷亲自审讯证人，如果说法不一，则把他们集中到一起，一个个当面加以盘问，直到通过努力知道更多的真相。如果这种办法不奏效时，就对他们施刑，逼他们招供。他们相信有经验和知识的人必须施刑才会讲真话。

如果案情重大，或牵涉到大人物，法官就不信任公证人或文书去做记录，而是亲自录下证人的口供，而且非常加以重视。这种细致负责，使得很少有人抱怨执法不公。这是值得注意的大优点，所有称职的法官均应效仿，这样就可以避免由于不采取这种办法而带来的诸多麻烦。这些异教徒对待此事一丝不苟。法官除了执法公正之外，他们还采用一些值得称道的措施，对任何人都一视同仁，概莫能外。

首先，这些老爷对他管辖的城镇内的住户进行清点，每十户编为一组，在第十户家挂一块牌子，上面写着这十户的名字，附有他们必须遵守的律令。如果有谁知道这十户人家中有人侵犯了其他邻居或其本人，给邻居或公众带来危害，就应立刻把情况告诉老爷，以惩罚罪行，使犯事者能得以改正，同时作为典型以儆效尤。如果有人知情不报，则与违法者受同样的惩罚，这样一来，邻居互相监督对方，个个生活于畏惧之中，惟恐被别人控诉。而且，不让他们的敌人趁机捞到好处。当其中一户要搬到另一条街或另一个城镇居住，或做长时间旅行时，他必须在搬迁或离开的前十天里，到所有邻居中摇铃或敲打铜锣，向他们通报他将离开的消息。如果这个人负债或借东西没还，则其他人可以在他离开前过去索取，这样每个人都不会损失属于自己的东西。如果有人在离开前没这么做，那么法官将勒令那些名字被写在牌子上的邻居为他偿债，因为他们没有在他离开前报告法官或债主。对于那些欠债而又不还的人，如果他们实在没钱，就把他们关进监狱，限定还钱的期限。如果期限过了仍没还钱，债主又不让步，他们就开始适度地鞭打他，再定下第二次偿债的期限。如果又再错过了，则狠狠地抽打他，再定另一个期限，直到他死于酷刑为止。这就使得每个人都必定会偿清债务，或者求告亲友偿还，或者给债主当奴隶，以免被关进监狱受鞭打之苦，那是令人难受的。

这些法官有两种刑罚逼犯人招供，如果用正当的办法不奏效的话。首次使用十分谨慎，一种是施加在脚上，另一种施加在手上，都厉害到令人不能承受，被迫供出法官认为要知道的事情。法官不会轻易使用这两种刑罚，除非他们获得充分的证据，或至少一半，或者有很多迹象表明证据充分。施在手上的刑罚，是用两根棍子，有两只手指那样粗，一拃长，做成圆形，上面都是孔且可以转动，用绳子穿过这些孔拉进拉出。他们把十个手指套到绳里，慢慢地勒紧，直到最后把关节弄碎，给受刑的人带来难以置信的痛楚，使他们发出凄厉的惨叫和呻吟，令在场的人为之动情。如果施这种刑罚之后仍不招供，而法官又有证人或其他迹象知道他是有罪的，则下令对他施加足刑。足刑比手刑更加残忍，其做法如下：用两块木板，方形，四拃长一拃宽，用一根橡皮连接，上面都是孔，用绳子穿过，把整只脚夹在中间，勒紧绳子，用槌子敲打绳索，把骨头打碎，令他们遭受比手刑更惨痛的折磨。执行这种酷刑时，大法官通常在场监督。但这种刑罚很少施用，因为有罪的人会在施刑前坦白，宁可以其他不那么残忍的方式死去，也不愿遭受这种酷刑。

他们的监狱同样残酷严厉，你们将在后面的章节中了解到。

31. 当时，许多从海外传回欧洲的书信都有对中国刑罚残忍的描写，门多萨却为中国辩解：刑罚的严厉保证了社会的安定，是维护这个国家和平公正的手段。

这个异教皇帝在监察官员时所表现出来的警觉和细心，简直让人感到惊讶。他要求他的大臣和法官，包括总督、地方长官、大臣，及其他官员均应恪尽职守，公正无私；因为在任职的三年末，他们要在任所直接向称为察院（Chaenes）的法官述职。同时，国王每年也秘密派遣其他法官和巡访使到各省巡察。这些人被称为钦差（Leachis?），是极值得信任的，长期经验证明是品行良好、作风正派，而且执法刚正不阿。他们到各个城镇视察（不被人知道，行踪十分隐蔽），调查该省是否有冤案或司法不公，因此每个人都（如谚语所说）无法不现出真面目。国王赐予他们很大的职权，所以一旦发现任何不法行为，他们不必回朝廷禀报，就可以逮捕处罚他们，可以宣布停止审判、缓刑，或者按自己的意愿处理各种属于职权内的事情，以便伸冤救人。这些（据说）若没有国王的允许是做不到的。

因为巡访使在巡视过程中必须秉公执法，一视同仁，所以他们要宣誓效忠、诚实和保密。宣誓的过程是这样的：他们给他某种酒让他喝三次，这表示坚守誓言。为使出巡更加秘密，内阁命令秘书准备委任书时，均不写下被委任人的姓名及要出巡的省份，只按常规宣称，无论这位老爷或法官（被遣之人）是谁，在抵达时，都必须像对待皇帝本人一样，服从他。等到已经秘密决定派谁前往，内阁首辅就让把委任书封起来，亲自填上被派遣人的名字和出巡的省份。因此巡访使秘密离开朝廷，没人知道他是谁，到哪里去，为何事而去。

于是当巡访使到达被遣往的省份或城镇，他依然秘密地调查总督或地方长官如何进行管治，所有其他官员如何执行职责，不让人知道他从哪里来，将往何方，要干些什么。因此当他查访完全省，达到所行目的之后，便来到省城或大城市，他要查访的官员都住在那里。并一直待到都堂（Tutam）或总督召开一次大会的时候。大会至少一个月开一次。当他们都来到开会的大堂的时候（而且无法想到会有任何这样的法官到来），巡访使走到门口，吩咐门房进去向开会的人报告，说有一位巡使一定要进去，向他们传达圣旨。这时总督（已从这些话中了解到他的身份）命令打开大门，亲自和其他官员一起从座位上站起来，像对待上级法官般出门迎接他。察院走进去，手上打开圣旨（它引起他们所有人的畏惧，尤其是那些心里有鬼的人），当众宣读，在结束的时候，总督站起来，向他表示极大的尊敬和问候，其他人也这么做，向他表示敬意。

接着，这位巡访使坐到会议的上席上，按常规发表一番演说，告诉他们此行的原因，以及他在调查事物真相过程中的用心和努力。然后，他用权衡再三的措辞表扬那些干得出色的官员，并因此立刻让他们坐在会议的上席，而且还答应向国王和内阁充分报告他们的良好政绩，他们职是之故也许可以得到奖赏。同时，他严厉批评玩忽职守的官员，并根据他所了解到他们的罪行，当众宣布对犯罪官员的裁决。尽管处罚从不很严厉，但却立即执行。不许任何申辩或上诉，因为巡访使从不允许申诉。

对于那些将受惩罚或斥责的人，他们首先除去其官印官服，如我前面所言，即腰带、帽子或窄边帽，戴着这些则他们不能惩罚和伤害他。如果有人硬要这么干，他同样要被剥夺官职和掉脑袋。除去这些东西之后，他们才对犯罪者执行严格的判决。但如果对判决有任何疑问，察院就立即（对同样的疑问）命令九个法官去处理，同时告诫他们（将奖赏摆在他们面前）好好行使职权，那是他在以国王名义责成他们。这些巡访使曾多次运用权力赏奖那些行使职权良善的官员，提升他们到更大荣耀的位子和官衔上。因此，将好处和为人所知的酬赏奖给治政良善者、严惩作恶者，使得这个强大的国家成为世界上治理得最好的国家。了解一个国家的统治、管理方法（在这本史书里已多次提到）并把它与我们悠久伟大的实践加以比较，你们将会赞同我的观点。这些巡访使也经常视察学堂和书院，那是国王自己出钱在每个省设立的（你们将在这本书里了解到）。他们考核学堂里的学生，勉励学有所成的学生继续努力，而鞭打学习差的学生，把他们关进监狱，或赶出学校。上述的这些事，及他们授予圆满完成学业的学生的奖励和学位，我将给你们做专门的介绍。

32. 中国对死刑非常审慎，只有经过多次审查，确认犯人确实无法挽救，死刑才执行。但监狱的条件极端艰苦，犯人宁愿立即死去，也不愿回到监狱里去。最初踏上中国土地的西方冒险者对中国监狱应该深有感触，他们不少就被管押进中国监狱里。

正如法官和大臣在处罚时十分严厉残忍，他们把人投入监狱同样一点也不手软。监狱是非常可怕残酷的，他们以此来维护这个强大国家的和平与公正。由于人口众多，他们拥有许多监狱，都非常大。全国每省的省会均设有13座监狱，封闭而且四周围以高墙，里面非常大，除了看守和狱吏的住所，以及长驻士兵的营房外，还有鱼塘，花园和庭院，犯人整天可以在那里散步、娱乐，这些人是犯小罪的。那里还有食品店和商店，出售犯人为维持自己的生活而做的各种东西。如不这样做，他们的米粮不足以维持生活所需，尽管他们犯的罪较轻，也要在那里呆很长时间。因为法官在审判他们时极为慎重，也因为城市太大且事务繁多，审判的执行同样缓慢，以至常出现这样的情况：被判决死刑的人长时间地待在监狱里，或因纯粹年老、其他疾病而死去，或死于监狱的折磨。前面所说的13座监狱，总有4座关满了被判死刑的犯人，每座有一个长官率领一百个守卫，日夜严加防守和监视。每个被判死刑的人脖子上套一副木枷，伸至膝盖，约三分之一码宽，用某种颜料涂成白色，上面写着犯人被判死刑的原因。监狱看守有一本册子，里面写着所有被定罪的人的名字及其原因，以备法官或总督询问时提供说明。犯人被戴上足镣手铐，关在院里相应的牢房里，狱吏令他们脸朝下躺在出于同样目的而造的木地板上，再用铁链穿过放在犯人和犯人之间的大铁环，由此他们被紧紧地挤压在一起，不能移动或翻身。他们也用某种木板戴在犯人身上，上面的孔洞仅容放得下身体，根本没有可以稍做动弹的空间，这是用来对付被判死刑的犯人。监狱是如此艰苦和令人难以忍受，以致许多人因受不了这种折磨而自杀。白天，他们把犯人带出牢房，解开镣铐，让犯人干活来维持自己的生活。所有不能养活自己且没人帮助的犯人，则由皇帝赐给他们一点米粮。同时，他们还干也许能改善生活的工作。

对死囚的处决，只有在他们称之为察院（Chenes）和御使（Leuchis）的巡访使或驻地法官，到监狱来巡查时才能执行。他们的出访是秘密进行的（在专门讲述他们的那一章，你们已了解到）。他们察访囚犯，查阅所有被判死刑的犯人的名单及其原因。尽管有些判决已得到皇帝及其内阁的批准，他们仍然要当着审判该案的法官的面，或受理该案的官员不在时当着其代理人的面，再审查一次，弄清楚每个犯人所犯的罪行，以便了解判决是否公正妥当。

充分审查之后，他们从中选出50名罪大恶极的犯人，命令狱吏准备处决事宜。这之后，他们又再重新检查一次，审查犯罪原因和所犯罪行，看是否能够尽量挽救他们。如果的确发现其中尚有一丁点儿的可以免死的线索，那就将他和其他人分开，同时立即鸣炮三响，那是通报把死囚提出监牢。接着，当死囚被押出来后，他们便再一次会商，看能否宽免某些人，如果不行，则命令再鸣炮三响，将死囚押赴刑场。不过在中断会商之前，他们会返过头去再次查看犯人的罪行，看有无可能通过什么办法挽救他们。如果发现有，或存在某些嫌疑，则把犯人从刑场带回，再关到监狱。有些人极不情愿回去，因为他们宁愿立刻死去，也不愿到监狱里忍受残酷的折磨。在他们研究案情和下决定的这段时间内，他们让犯人坐在灰堆上，给他们东西吃。当所有根据法律企图挽救的努力都无效时，他们再鸣炮三响，然后根据判决依法处置。他们采用的死刑方式有绞死、桩刑、肢解和火刑。但只有背叛皇帝的人才被处以火刑。最后三响炮放过之后，接着是鸣钟，此时全城一片骚动，因为处死犯人是难得一见的事情。这一天，所有商店都关闭，到太阳下山之前都不会有人工作，那要等到被处死的人，在众人的围观和簇拥下被埋葬之后了。行刑后的第二天，巡访使进行第二次视察，即审查盗窃犯（这是他们极为憎恶的）。他们查明有罪的人，则被非常羞辱地在大街鞭打，脖子上戴着一块枷（如前所述），上面写着他所犯的罪行，同时要戴着他游街三至四天。他们用一条四指宽、一指厚的竹板，抽打犯人的腿股。竹板在水中浸过，为的是更好地折磨犯人。他们把犯人的手反绑于背后，脸朝地趴着，两个行刑手执行这种鞭打之刑，一人打一条腿。而且打得如此残酷，以致抽打6下之后，犯人再也无法站立，通常打50下就会死掉。大多数盗窃犯在受刑罚时死去，经常一次要鞭打两百个盗窃犯。因此，这些人再加上在监狱里受刑罚的犯人（这是千真万确的），每个省会每年有不下六千人死去。施刑的时候，法官们都会在场，他们不允许因此而动怜悯之心。刑罚结束的同时，他们摆宴席或把心思放在其他玩乐上。通奸被判死刑，赞同通奸的人（只有在那些卑贱的人中）被依法严厉处置，以儆效尤。

33. 门多萨在《大中华帝国志》里记载了三个汉字，对西方人来说，汉字就和天书一般，要学习这种文字对中国人自己来说，也困难重重。

但中国有重视教育的传统，皇帝出钱在每个城市建学校和书院，无论多么贫穷的人，都学习读写。不能读和写的人被视为下等人。

（现在，在我已经告诉你关于这个强大国家的统治之后）再让你们了解，这个国家有自然及道德方面的伟大而著名的哲人，以及其他精妙古怪的事物，这并未背离我们的意旨。现在先告诉你们关于他们的文字，书写方式，再说说他们的学校和书院。先讲第一部分的内容。你们将发现在这个国家里极少有人既能读又能写，而且他们也没有和我们一样的字母，所有都只用图形书写。他们学会它要花很长的时间，且困难重重，因为几乎每个词都有自己的图形。他们仅用这个字"33"[1] 来表示天堂，他们称之为穹（Guant）。用¥表示国王，念皇帝（Bontay）[2]，接下去是地、海及其他词语，莫不如此。他们使用不止六千个各不相同的字，而且写得很快（就像多次在菲律宾，从许多中国人那里看到的那样，每天都有中国人到那里）。它是一种书面语比口语更容易理解的语言（如希伯来语），因为每个不同的字，其含义也截然不同，在口语中很难加以辨别。他们的书写格式与我们绝然不同：因为他们写字时从上写到下，不过非常工整；与此同时，他们从右边写到左边，与我们恰好相反。他们的印刷也按照这个格式，这一点你们将会了解到，而且今天也可以在罗马的圣殿图书馆中发现。这同样也可以在菲利普国王下令修建的圣劳伦斯皇家修道院的图书馆及其他地方看到。以我上面所说的这种方式，及我所提到的这种文字为根据，在这个国家里他们讲许多种各不相同的语言，这是多么令人钦佩的事。不过总体而言，他们能以书面形式互相理解，口语则不行。原因是这样的：一个图形或文字符号尽管指相同的事物，但读音却不一样。

[1] 这个字太含糊，几乎无法辨认。正确的表示大堂的汉字是天（tien）。这里给出的词可能指 tsang，即蓝天，有时候被用来比喻天堂。同时，现代汉语 keen，发音 kan 建，同样是用来表示天堂的一个很古老的字，看起来写法很像文中指的字。——英译者注。

[2] 明显的是皇帝（hwang te），这里给出的字相当于现代汉语 Hwang 皇。——英译者注。

表示城市的文字符号I𝕄𝕄[1]，在他们的语言中，有的念作 Leombi，有的念成 Fu，但双方都知道它指的是城，其他亦然。日本 (Japones)、琉球人 (Lechios)、苏门答腊 (Samatra) 人、交趾支那人 (Quachinchina) 和其他相邻国家的人，以这种方式与他们交流；然而彼此说的话或使用的语言，就像希腊语和塔什干语 (Tuskanes) 一样难以互相理解。

皇帝自己出钱在每个城市建学校和书院，他们在里面学习写、读和算，并且研究自然与哲学、占星术、国家法律，及其他奇特的科学。在这些学校教书的人各方面才能都很出类拔萃，甚至无人能出其右，尤其在书写和阅读方面更是如此。因此在这个国家里，无论多么贫穷的人，都学习读写。不能读和写的人被视为下等人。许多学生接受更高的教育，尽可能学有所成，因为这是成为老爷、绅士或获得一官半职的最好最有保障的途径。下一章将就此作更详细的介绍，那里还将谈到他们是如何授予老爷称号的，有如我们授予博士学位的方式。国王每年派巡访使到大大小小的学堂，视察了解学生的学习获益情况、教师的表现，以及有关他们出色的管理方面的事情。在视察中，他们用言语表扬他们认为有才能的学生，并勉励他坚持不懈；把那些他们觉得有能力，但不好好学习的人关进监狱并加以惩罚。那些没有能力又不愿学习的人，则被赶出学校，这样更好学的人就能代替他们的位置。他们有大量的纸，用树茎皮制成，制作简便，价格也便宜。他们用它来印刷书籍。纸的大部分均可书写，但只能写一面，因为实在太薄。他们不像我们使用羽毛管做的笔，而用竹子做的笔，尾端像精致的细毛刷，颇似画笔。尽管这是他们的做法，但他们中仍有许多优秀的代笔人，以此变得非常富有。当他们写信给重要人物时，则把纸的边缘涂上金，并修剪齐整，然后把信放进一个涂金彩绘的纸袋中，密封并加盖印章，这样信就只能留在里头。

他们经常这样做，即便是亲自去拜访别人的时候，也总是在袖里带上一份禀帖，可能十封禀帖都是相同的，而且有可能同样的十封信都没有写什么，犯不着去写，不过这表示他们前来拜访。这类禀帖在书匠那里随处都可以买到，

---

[1] 这个文字符号看起来指 ching，即用墙围起来的城市，这个字的正确写法是城。——英译者注。

既有给显赫要人的，也有给平头百姓的，其内容或表示欲求、谴责或表示辞退。总之，你要什么内容就有什么内容，你只需要买来这种禀帖，封好加印即可随己所愿送出去。诚如你在这短短的史志中，已经或即将看到的那样，他们做的这些和其他的奇闻轶事，有些只是初步涉及，因为我希望以一种简洁明了的方式介绍中华帝国的事物，这就不允许我无限蔓延，而必须作简明扼要叙述。

34. 门多萨敏锐地发现了科举考试与官制的关系，只有经过国家考试证明了自己的品德和能力，才有资格做官，才会受到拥戴尊重。

前面曾提到过的那些巡访使，是被国王及其内阁派往各省巡察的；他最重要的任务之一，如前所述，便是到皇帝设立在各主要城市的院校视察。巡访使拥有特别的权力，授予那些已完成学业和有足够才能求学的人以学位。如果学生还具有司法和行政管理的才能，则提拔为士绅。他们举行的典礼值得一谈，所以在这里我将讲述马丁·拉达修士（Frier Martin de Herrada）及其同伴在福州（Aucheo）见到的授予学位仪式的情况。

当巡访使完成对全省的巡察，奖善罚恶之后，就立即在省城出通告，让所有有自信和勇气的学生和士子，都去参加获得老爷（Loytia）等级的考试。这对于他们来说是成为士绅，对我们则是成为博士。

学生在规定日期来到巡访使那里，他把他们的名字都登记在册，并指定另一天为考试日期。这一天，作为节日，巡访使邀请城里所有有学问的老爷参加，这些人和他一起严格地考核学生，他们总是推举和提拔那些精通国家法律的人——他们以法律统辖其他所有其他的一切学科——，并且必须同时具备良善的美德。所有被发现具备这些品质的学生的名字，都被另行登录在册，并定下授予学位的日期。典礼仪式十分盛大，参加的人很多。巡访使当场以皇帝的名义授予他们标志着老爷地位和头衔的服饰，即一条用金或银装饰的腰带，一顶上方有某物的帽子，这将在下章说明。这是区别于普通老百姓的记号和标志，没有它就不能在公开场合露面。

虽然都称为老爷，但有些通过文字或学识取得，有些靠战功、还有些人则凭皇帝的恩赐而赢得，在地位上仍然彼此各不相同。因此，朝臣，总督、地方长官和巡访使是通过学识方面的竞争而成为老爷的；大将军、校尉、法警、检察官则是国王赐予的，以酬报他们的某些功绩。这类人没有更多权势，只享有他们的特权地位，受到尊崇，不像其他老爷那样被授予更显赫地位，每个城里都有许多这样的人。

另外还有一些人，其地位很受尊崇，处于第二等级，由于建立战功，由皇帝授权，将军挑选和提拔的。他们凭武力或诸如此类的能力，有过战绩或在战场

徐光启（右）与利玛窦（左）

上表现突出，得到值得信赖的人的亲眼证实。这些人除了被授予头衔和荣誉，还得到很好的生活，因为只有武功或战绩才能受到尊重，被赐予极大的自由。这就使得地位低下的士兵受到激励而效仿那些领头的和最勇敢的人。遵照我的诺言，我将在此以尽可能简洁的语言，向你们讲述授予学位的程序和他们在当上老爷后如何备受拥戴的情况，因为这件事值得一听。

当预定的授予学位或官衔的日子到来，所有老爷都和巡访使一道，进入用于考试的皇家大厅，所有人均衣着盛装，排列齐整。紧随其后进去的是那些将要接受学位的人，他们穿戴华丽，但没穿上袍。同时每人前面有一个保人（Padrines）[1]。在他们后面，已经毕业的人穿着十分漂亮的袍服，骑着马，上面盖着华丽的金纱与丝绸织就的布，装载着将要授予的徽号。士子们需谦身下跪，向巡访使请求的徽号。他首先对着它起誓，在所有被委派的职位上，

---

[1] Padrines，西班牙语，字面意思是教士。——英译者注。

自己都将勤勉地忠于职守，对所有人均公正执法，不接受任何贿赂或赠礼，对皇帝诚实忠心，不密谋勾结叛变等等。整个仪式要进行很长时间。

宣誓之后，巡访使代表国王将前述的徽号加于其身，并授予其有关的权力，然后他与所有老爷当场拥抱他们。这一切完毕之后，他们非常有秩序地退出大堂。此刻，城里所有的钟都被敲响，并鸣放许多枪炮，持续良久。接着，他们抬着这些新任命的老爷游街，大量的人以下述方式簇拥着他们。

在他们前面有很多士兵，列队齐整，敲锣打鼓，及其他悦耳的乐器，紧随其后的是很多举着权标的人，再后是所有老爷，有的骑马，有的坐轿，阵容十分庄严，保人（Padrines）走在他们后面，接着是新任命的老爷，他们如前所述那样，没穿外袍，全都骑在披挂华丽金纱的白马上。每人肩上披着一条绸巾，头上戴着一顶有两条小绸巾垂在后面的帽子，很像主教法冠的形状，它只允许授予获得上述官职的人。帽子上面有两根用金或银做成的、亮闪闪的枝条，很像羽毛束。每人前面有六副盖着缎子的框架，各由四个人抬着。框架上面用金字写着他们的学业、被授予的头衔和徽号。为求简洁扼要之故，我省去许多其他的东西不讲，因为整个游行总共要持续八个小时。市民们把这一天当成节日，举行歌舞及游乐活动，又尽情庆祝三四天，宴请新任命的老爷，对他祝贺新的荣升。每个人都寻求得到老爷的恩惠和好意。从这一天起，老爷有资格担任任何官职和职务；并且为此马上到朝廷去以取得官职，随身携带他被授予的徽号，穿戴得如此这般以让人知道。这样一来，无论他途经何处，人们都致以极高的敬意，安排他下榻在皇帝专门设置在各个城镇的此类馆舍中。在他到达朝廷之后，便去参见首辅和内阁其他成员，后者分别向他表示恭喜，用非常客气和恭维的话，答应他在适当的时候给他一个官职。因为他们从考试中了解他的能力。再者，如他们看到他能在被授官职上恪尽职守，他们将提拔嘉奖他以更好的位子和头衔。第二天，他们把他登记到备忘册中，册子一直都放在内阁的会议室内。新任命的老爷就留在那里等候和为他们服务，直到被安排职务。这个过程无需太长时间，因为国家很大，有众多省份和城市，你们将从这本史书中了解到。

35. 中国人说是黄帝首先发明了大炮，欧洲人只不过是发现者。一位欧洲船长也证实：中国人的大炮非常好，比欧洲人的更好，更坚固。

在这本史书里已经或将要提到的很多值得考虑的事中，以及很多我为了避免使读者感到啰嗦而省略的事中，没有任何其他事情能比在这个国家发现大炮，让最早到广东做生意的葡萄牙人，及比他们晚很多到菲律宾去的西班牙人更为惊讶的了。从他们的史书中的可靠记载来看，中国人使用大炮的时间远远早于欧洲。据说它最初是由一个阿尔芒人（Almane）[1] 在 1330 年发明的，但没有任何史书提到他姓甚名谁。然而中国人称，这是明摆着的，那个阿尔芒人不配被称为首创者，他只不过是个发现者，因为他们才是首创者，大炮的使用是从他们国家传到其他国家并沿用至今的。中国人说他们的首位皇帝——黄帝（Vitey）——首先发明了大炮。一位来自大地的神灵传授他如何制造它们，以抵御鞑靼人对他自己和其国家的骚扰。根据神授予他的征符（这在他们的史书上有记载）及他自己的才干来看，鞑靼人似乎是某个精灵，与人类为敌，专门要毁灭他们。所有的这一切似乎都是真的，正如我前面讲过的那样，因为黄帝是位伟大的巫师和通灵者，你已经很好地了解到，黄帝在他的宫殿里种植各种灵草仙药。如果人们感到这让人难以置信，那是因为这位统治者的时代已经年代久远。那么以下这一切无疑都是可信的，当中国人远征缅甸勃固（Pergu）[2] 王国，并在 1500 年前征服东印度时，他们扛着一种类似的武器，而且帮助他们赢得了战争。征服结束后，他们把若干门炮留在那里，后来被葡萄牙人发现，上面刻有中国人的标记和制造时间，与征服的时间恰相吻合。

拉达修士及其同伴在中国所见的大炮，据他们说，是很古旧的，制作十分粗糙，主要用来发射石头，或杀人。但他们了解到，在中国的其他省份，有制作精良，质量相当好的大炮，这可能就是安德拉德（Artreda）船长见到的。他在一封写给菲利普国王的信中，向他报告中国的秘密时讲道：中国人与我们一样使用各种战械，他们的大炮非常好。我同意这个观点，因为我见过一

---

[1] Almane，即德国人。——英译者注。

[2] Pergu，系 Pegu 之误拼。——英译者注。

些架在船上的这种大炮，非常巨大，比我们的更好，更坚固。

他们在每个城市里都有一些军械厂，那里不断地制造军械和大炮。大炮不放在碉堡（因为他们全国各地都没有使用碉堡）上，而是安置在城门上，那里有高大厚重的城墙和深深的壕沟，在形势需要的时候，他们就引附近河流的水将其灌满，他们将这些城门看成国家最牢固的防御力量。在每个城门，都有一名将尉和许多士兵，日夜巡视看守，禁止那些没有城镇长官特殊通行证的外人随便闯入。我觉得，从我所讲述的这些，可以明显地表明和宣告大炮在这个国家是古已有之，以及他们怎样成为首创者。同样看来很明显的是：他们首先发明印刷术——另一件同样令人惊讶的事情。印刷术在这个国家的悠久历史将在下章讲述。

36. 印刷术也是中国人早于德国人发明的，门多萨虽不是最早提出这种观点的人，但他明确指出了印刷术西传的路线，使之更确凿无疑。

印刷术是值得称赞的发明和精妙的创造，以至于如果没有它，人们可能已经忘记许许多多杰出人士的伟绩，及他们在古老幸福的年代所做的事情。而且，如果不是因为书籍可以保存名誉，我们今天的许多人就不会如此努力求学，以求取荣誉和升迁，争取战功。这个精妙创造所带来的惊人影响还是不谈为好，以免显得冗长乏味，在这里我只想举些例子，以证实本章要讲的东西。这些例子，其中不少既见诸于他们的史书，亦见诸于我们的史书。据一种模糊的观点，印刷术显然始于1458年的欧洲，其发明人是一个叫约翰·古登堡（Johann Gutemberg）的脱思坎人（Toscan）[1]，而且人们信以为真地认为，最早用于印刷的模子制造于西班牙的麦岗西亚（Maguncia），由一个叫康拉多（Conrado）[2]的阿尔芒人把它带到意大利。第一本印刷的书籍是圣

---

[1] Toscan，西班牙语"Tudesco"的误拼，即德国人。读者将很容易认出美因茨（Mentz）的约翰·古登堡即冈茨弗莱希（Ganzfleisch）之名，他与哈阿莱（Haarlem）的劳伦斯·伊卡斯特（Laurens Koster）争夺发明并首次应用活字印刷术的荣誉。——英译者注。

[2] 康拉德·斯文汉（Conrad Sweynheim）与阿纳德·巴纳尔茨（Arnold Pannartz）于1465年，在罗马附近的苏比亚科（Subiaco）修道院合作印刷出版了《最后的审判》，这是在意大利印刷的第一本著作。圣奥古斯丁的《论上帝之城》两年后由同一出版商在苏比亚科印刷。现在认为欧洲使用金属版印刷的第一本书是深蓝色《圣经》，于1455由古登堡和法斯特（Fust）在美因茨印刷而成。——英译者注。

奥古斯丁（Saint Austine）写的《论上帝之城》（De Ciuitate Dei），许多作家同意这种说法。但中国人确信，印刷术最早源出他们国家，它的发明者是一个他们奉为圣人的人。由此很明显的是，印刷术在中国被应用很久之后，经过罗斯（Ruscia）和莫斯科公国（Moscouia）传入阿尔芒。可以肯定的是，他们是经由陆路而来的，一些商人从那里进入中国，他们经红海，从阿拉伯的菲利克司（Felix），可能带回了一些书，这个被史书称印刷术发明者的古登堡，从中得到启发。中国首先发明印刷术是确凿无疑的，因为他们有同样的记载，而且很明显，这项发明是从中国传到欧洲的。更有力的证据是，中国现存的许多书籍，其印刷日期早于德国开始发明印刷术的五百年前。我有一本这样的书，而且我在西班牙、意大利和印度群岛也见过一些。拉达修士及其同伴从中国返回菲律宾的时候，就带了各种关于各种事情的印刷书籍，他们是在福州买的，书籍在中国各地均有印刷[1]。但主要是在湖广（Ochi-an）[2]印刷的，那里印刷得最精美。据他们讲，若没有总督的干扰，他们会带回更多，因为那里有大图书馆，价格非常便宜。因为总督怀疑西班牙人可以从这些书中了解到中国的秘密，而这正是他们极力不想让外国人知道的。总督差人传话给他们，说他很清楚他们想要购买书籍并准备带回国，不过劝他们不必花钱买书，因为他愿意免费赠送他们，要多少就送多少。但他后来并没有履行

---

[1] 非活字印刷，即使在中国，也不早于十世纪初。据克拉普洛斯（Klaproth）所言，第一套儒家经典《四书》系约890至925年间在四川印刷的，而对中国印刷技术的介绍，可能早在1310年拉思德丁（Raschid Eddin）所写的《蒙古统治时期的波斯历史》中就可读到。然而，根据斯坦尼斯拉斯·朱利安（Stanislas Julien）最新的重要研究结果表明，大约在公元1041至1048年间，即几乎在古登堡之前400年，中国当地的一个铁匠已经使用焦泥制成的活字印刷。这便是毕昇的发明，但没有被应用。参见奥特（Otte）翻译的洪堡（Humboldt）的《宇宙志》（Kosmos），第623页。活字印刷现已不用，因为据约翰·戴维斯爵士（Sir John Davis），第二卷第222页所说："中国目前使用的木制铅版印刷特别适用于中国文字，而且非常便宜和便捷，从这两方面讲简直是完美的。"中国人在印刷过程中使用的整套材料，可见于皇家亚洲学会的博物馆。丁·温特·琼斯（J. Winter Jones）先生为哈克路特协会主编的《各种行纪》（Divers Voyages），在第121页的注释中对一本印刷于1348年的书有下述描述："我们能得到记录的最早一本书，据一位有机会亲自考察它的人说，是在元顺帝（Shun Te）统治的第八年，即公元1348年印刷的。普雷沃斯特（Prevost）先生向我们告知了这本书。他目前正在为大英博物馆庞大的中国藏书编写目录。这本书的书名是《千字经文》（Chin tsaou Tseen Wan）或《千字文》。它在中国是最流行的书之一，恰好有一千个不同的字，没有一个是重复的。它由八音节诗句写成，对句押韵；每句诗告诉学生一桩有用的知识，或关于道德，或关于常识。这本书是用来教人们如何写字的，包括半草写体或草写体，称'草'（Tsaou）即'草书'。因此正文为双排印刷，正楷（Chin）与草书（Tsaou）相互交错。该书的作者生于六世纪上半叶。当普雷沃斯特先生见到这本书时，它是属于廷特（Tynte）上校的。"编者本人也拥有一张十四世纪印制，或毋宁说是盖印的中国钞票。——英译者注。

[2] 拉达的《记大明的中国事情》讲到中国的"湖广"（Hou-quang）。——英译者注。

诺言，可能是因为上述原因，也可能是他忘了。

当总督的话传到时，他们已经买了很多书，摘自这些书中的绝大部分事情，已经放进这本小小的史书中。笔者希望在众多的经验事实带来可靠的消息之前，对中国人以及中国作个简单的介绍。因为直到今天，我们所拥有的中国的资料极少，所以不敢妄称所讲的东西都可信到我们此后的时间所希望做到的那样。这鼓励我，然而又迫使我省略掉许多真实可靠的内容不谈，为此我受到知情人的埋怨和指责。

因此现在我不准备离开我的意旨所在，所以你们将在下一章了解到，他们带回来的那些书讲了什么，以使你们更好地了解中国的奇异和政策。这些我已经在许多地方予以提及，下面还将谈到。

37. 拉达是个宗教狂人与伊比利亚民族主义者，他虽然只在福建待了两个月，但对中国的观察细致具体，他写的《出使福建记》、《记大明的中国事情》，大概在 1570 年末传到西班牙本土。

他们携回的许多书，如我们所说，谈及多种多样的事物，你们将从下文了解到：

有关整个中国、十五个省的位置、各省的方圆大小，以及相邻国家的描述。

属于皇帝的贡赋和税收，朝廷的所有等级，皇帝赐予的一般俸禄，朝廷中所有官员的姓名和各职位的权限大小。

各省有多少赋税，免税者的数目，顺序和时间，什么时候及如何征收。

多种船的制造，航行状况，每个港口的深度，特别是每个港口的大小。

有关中国的古代风俗，世界的起源及在何时由何人所创造。

统治这个国家的历代君王，他们的世系及政府的情况，及他们的生活习惯。

他们祭祀偶像（他们尊奉为神）的仪式，偶像的名称及其起源，与何时献祭。

他们关于灵魂不朽、天堂、地狱的看法，丧葬形式，及他们根据与死者的亲疏关系应穿的丧服。

国家的法律，何时由何人制订，违法应得的惩罚，还有许多涉及政府和政策等方面的情况。

许多医疗用的草木志或本草志，及说明如何应用它们治疗疾病。

其他许多医书和药书，它们由时人或古人所撰，告诉人们如何诊断、治疗疾病，如何预防各种病害。

多种宝石和金属的财富，本身有价值的天然物；还有珍珠、金、银和其他金属，可被人类利用，并比较它们的用处。

天体的数目和运行：行星和星体，它们的周转和特殊影响。

他们知道的国家和民族，及其中的特殊事物。

他们奉为圣人的那些人的生活及行为，他们生活、死亡及安葬的地方。

在桌上或箱上玩耍的规矩，怎样变戏法和玩木偶戏。

音乐、歌舞，及其发明者。

数学、算术和运算规则。

胎儿在母体内的影响，每月如何保养，生辰八字的好坏。

建筑、各类房屋，每座宅邸应有的长宽比例。

好地劣地的特性，识别标志，每年产什么果实。

自然和裁判星象学，研究的规则，如何掷数字算命。

手相术和面相术，其他符号和标记，各自的含义。

如何写信，如何按每人不同的身份称呼对方。

如何养马、怎样驯马奔跑和远行。

如何解梦，如何在旅行或着手做某些结果尚存疑问的事情之前占卜。

全国各地的服饰，从皇帝讲起，及官吏的标记和袍服。

如何制造盔甲和战具，如何排兵布阵。

这些书，连同修士们带回的众多书籍，成为这本史书的主要材料来源（如前所述），本史书曾经并将再次从中引述。是由出生于中国，在菲律宾长大，与那里的西班牙人居住在一起的人所翻译的。他们肯定在他们所居住的城市，见过许多藏书楼，尤其在福州（Ancheo）和泉州（Chincheo）。

38. 比起世界的其他地方，中国人更经常举行宴会和节宴。因为他们富有，无所忧虑，且没有天堂的灵光。

由于在这本史书的几个地方，我们已谈及中国人举行的宴会，所以在此谈谈他们举行宴会所遵循的方式，不能算作跑题，因为它们很稀奇古怪，与我们的做法有天壤之别，这一点我们已经从他们的饮食及其他方面有所了解。

比起世界的其他地方，中国人更经常举行宴会和节宴。因为他们富有，无所忧虑，且没有天堂的灵光，尽管他们承认并相信灵魂不朽，也相信在另一个世界，人们在生时的所作所为将得到相应的嘉赏或惩罚（如前所述）。如果可能的话，他们还是要尽情享乐，满足肉体的需求。他们因此过着美好的生活，且安排得有条不紊。他们的习惯是，哪怕有一百个客人，但每人都必须独自在一张桌子边就坐并进食。他们的桌子非常精致，镀金并绘有各种鸟兽和其他悦目的图案。他们不习惯于在桌上铺桌布，而只有一匹铺在桌面，并垂直至地面的缎子或其他丝绸。桌子的四角摆着许多小巧的，用金丝银线精编而成的涂金彩绘小竹篮子，装满鲜花和样式花巧的糖块，制作非常精致，形状各异，有大象、灰狗、兔子，及其他飞禽走兽。桌子中央整整齐齐地摆放着各式菜肴，有各种肉食，如鸡和鱼，他们用这些东西煮成的味美的各种肉汤。这些菜肴盛放在奇特而精美的瓷盘和银盘（尽管除了给总督用之外，他们极少使用）里。他们不需要桌布和餐巾，因为他们吃得很文雅，不用手直接接触食物，而只用金或银制成的小叉子。他们吃得很清洁，所以即使吃的东西再小，也不会让它掉到地上。他们经常喝酒，但每次喝得很少，因此用很小的酒杯。

在这些宴会和节庆上，一直有妇女表演舞蹈，她们载歌载舞，以各种优美的舞姿动作为客人助兴。此外，也有各式男人演奏其他乐器，并演戏和表演杂技，他们将他们的喜剧演得非常自然和精彩。这类宴会往往要花上大半天的时间，因为他们要享用许多道菜。根据受邀者或东道主的身份地位，他们经常要摆上一百道各式菜肴。正如本史书第二部分开头，奥古斯丁会（Augustine ）修士所描述的那样：其中一人讲到泉州长官兴泉道（Insuanto）和福州总督宴请他的情形，和宴会期间他们如何消磨时光的妙法。他们在每位客人前面设一张桌子，桌子一张紧挨着一张，并根据客人的身份，用数字标在桌子上加以区别。他们在第一张桌子（那里是受邀请者就坐的地方）上，摆放着各式煮熟的菜肴、甜点即蛋白杏仁糖，甜食是最后才上的。在其他桌上，即使多达二十张，也摆放着各种各样的食物，都是生的，如阉鸡、鸭子、水鸭、母鸡、盐、熏肉，及很多其他东西。所有这些全摆在桌上直到宴会结束，客人离开。接着，东道主家的仆人收拾好它们，并赶在客人之前将这些生食送到客人的住所，隆重地将其留在那里。当他们宴请总督或使节时，极为铺张奢华，以致要花费大量的钱财。这些宴会一般要持续 20 天，最后一天和第一天同样隆重和充足。

所有节日庆典都总在晚上举行，那通常是他们的新月之夜。人们用大量的音乐和新鲜的发明以示庆祝。但人们特别庆祝每年的第一天，据他们的计算，那是三月的头一天。这一天，无论男女都穿上华贵的盛装，佩戴珠宝和新首饰，在房间及门户挂上毯子、丝绸和金料的织物，整齐地插上玫瑰和其他鲜花。因为此时，全国各地都有充足的鲜花供应。他们还装饰门边所有大树，挂上许多灯，街上所有的牌楼全都装饰上门拱，其中放进许多彩灯，内中布满各种绸缎和金纱。

在这些节庆日，他们的教士盛装出席协助他们，在祭坛上向上天和诸偶像献祭，同时吟诵许多歌曲。

这样的日子里，所有的人一般都用许多歌唱并演奏乐器，让自己尽情娱乐，在这方面，他们真是心灵手巧。奥古斯丁会的修士们见到的乐器有琵琶、六弦琴、中提琴、三弦琴，打击乐、键乐、竖琴和长笛，还有其他我们也使用的乐器，虽然样子与我们的有所不同，但很容易辨识。他们美妙地随乐声演唱。他们通常都有很好的嗓音。在节庆日里，人们根据这些节庆日的性质举行各种表演，穿上他们为此而准备的表演服装。在节宴期间，他们的桌上摆满了各式各样的食物，有鱼、肉、各种水果和上等佳酿。他们的酒用棕榈树酿成，再掺些其他东西，味道极好。所有的人和教士都整天豪饮狂吃，直到吃得再也撑不下为止。他们相信，那一天精神状况的好坏将决定一整年的运气，要么悲伤，要么快乐。他们对此十分肯定。我不打算讲述他们在举行婚礼和任何喜庆时的宴会，尽管那样的场合很多而且非常铺张，因为我不想显得啰唆冗长。总之，在所有事情上，他们力求避免伤感。

39. 中国人讲究礼仪的程度超过世界其他所有民族，因为他们有如此多的繁文缛节，以致要有专门的书去教导人们跟不同的人打交道时，如何言谈举止。

　　迄今为止，世界上没有哪一个民族野蛮到没有任何礼节，没有在相遇、探访，或特殊场合集会时互致问候的礼仪。古代史书有许多这方面的记载，而且我们在已被发现的那些国家和省份的所见所闻，也有足够的经验。尽管如此（如我所确信的那样），中国人讲究礼仪的程度仍超过世界其他所有民族（诚如有经验的人所确认的那样），因为他们有如此多的繁文缛节，以致要有专门的书去教导人们跟不同的人打交道时，如何言谈举止。这一切有必要做个介绍，我将在这一章里，尽量按本史书的要求加以简要叙述。

　　中国人认为人们见面时不打招呼是极不礼貌的，尽管双方并非熟人，交情不深。

　　普通老百姓见面时互致问候的礼仪是这样的：左手握拳，包在右手里，并一起贴紧胸部，深深鞠躬，表示彼此的友爱如同紧握的双手，而且友谊不仅仅限于礼节，而且深藏于心。他们同时也用言语表达这种心意。但在官员和士绅之间却另有一套礼节，那看起来更为奇特，这就是：当他们相遇时，略作停顿，然后伸出手臂，扣紧手指，围成圆形，弯腰鞠躬好多次，彼此争着要分开赶路。地位越高争得便越使劲。当任何地位卑微者遇到高官显贵时，自己觉得在地位和其他方面均逊于人家，则立即默不作声地站着，低下头，直到对方离去。尽管大多数人这样做，往往是出于畏惧而非礼貌，因为经验告诉他们，如果不这样，则将立即遭到残忍的惩罚和拷打。

　　当平民百姓中有人要拜见老爷时，要在进入大堂的门口时就屈膝下跪，低下头，眼盯着地板，一直跪着爬到大堂中央，在那里或是口头向老爷提出他的请求，声音谦卑恭顺。或是呈上诉状，得到老爷回话之后，他依原样跪着后退，没有转身，仍面向老爷，直到完全退出大堂。如果两个地位相当的人相遇或相访，双方都表现得极为礼貌，互相争着比赛谁更恭敬谁更有辞令，他们对此非常讲究。当登门造访某人时，主人要在客人离开时，将他送到街上。这种风俗最常见于地位相当或差别不大的百姓中间。他们还有一种奇特的风俗，在全世界其他国家从未听闻，这就是：当某人从乡下到城镇去探访另一人（尽管是近亲，且相识甚久），如果碰巧在敲门时或在街上遇见对方（对方没有穿正式的服装），此时，即使向他打招呼，对方也不会理睬，仿佛不认得他一样；而是径自转身尽早回家，穿上最好的衣袍，然后再走出来迎接他的客人或朋友，装成先前并没有遇到或看见他。

这种礼节在他们之中必须要遵守，因为它是他们一种古老的传统，并且以他们的宗教为依据。他们盛情款待客人。及时献上饮料（beuer）[1]、点心、各种蜜饯和水果、上等好酒，和另一种供饮用的东西。这种饮料普及全国，用各种草药配制，热水冲饮，有益于健康。

这种礼节适用于邻居互访。但如果一个城里人遇到一个他认识的，而且已在呆了好些天但彼此未会过面的外地人，此时城里人便会问对方吃了没有，若对方回答说没有，他就会立刻把对方拉到附近的饭馆，请他美餐一顿。每个城镇都有很多提供这类服务的场合，在集市、街头，或在郊区，有许多饭馆，里面餐桌排列齐整，吃顿饭也花不了几个钱，因为那里所有（如同前述）的食物都极为便宜。但如果外乡人说他已经吃过了，那么，城里人便会把他带到另一种饭馆里，那里有各种蜜饯和奶制品、水果和蛋白杏仁糖，情真意切地款待他一顿。对于妇女，不管是外乡的或城里的，也不管是什么等级的，他们都极为尊敬，尤其对于已婚妇女更是如此。若任何男子对她们粗言恶语或说话不老实，那他将名声狼藉；同样，若他对她们无礼或在街上没有给她们让路，也会遭到非议。不过，妇女们上街时表现得十分谨慎持重，让别人无从说她们的闲话。而对陌生人，尤其是地位显贵的要人，她们表现得非常有礼貌。这些你们将从本史书第二部分的叙述中获悉，这部分讲的是亲身经

---

[1] bever，可能来自于意大利义 bevere，意为喝酒，此处指一种在午餐和晚惨之间的小吃——英译者注。

历的事情。

40. 在门多萨眼里，中国人生活的所有方面，都是由政府严格而合理地安排好了的，针对妓女中国也有一整套管理制度。

如同他们的法律所体现的那样，中国的皇帝及其官吏的首要目的就是保护他们的公共利益，惩恶扬善。为此，皇帝制订了严酷的刑罚，毫不留情；他们严加防范以免有人违法。他们断定妇女的放荡和不贞节是万恶之首，是破坏风化的根本原因，他们对公益的管理无人可及。因此他们通过法律和风俗，规定了许多预防和补救的办法来防止这类事情发生。(尽管这个国家历史悠久，且如你所知，极其强大)这是唯一的因素，使得它在这一点上比起其他历史没那么悠久，人口也没那么多的国家，所受的麻烦和危害却少得多。一个不忠的妇女将臭名昭著，但即便是在大城市里，这类事情事实上也很少见。他们用以防止这类事情发生的最有效办法是，明文规定有女儿的人家必须在自家封闭的房子里把女儿养大（在他们讲清道理后），不许被外人看到，但要一直做活以避免无所事事，因为无所事事是万恶的根源，只有勤劳才能避免产生懒散。已婚妇女同样受此规定的约束，总督和长官的妻子也不例外，甚至据他们说连皇后也须遵守。她们要纺织金缎、丝绸，或麻布，或做些其他的手艺活，须唾弃和憎恶游手好闲的人。故而孩子在这种环境里成长，将母亲奉为榜样，使这种值得效仿的美德因此成为一种日常的、永久的习俗，以至于她们觉得让她们终日无所事事倒是一种永久的折磨。这些一般的、自愿的劳作塑造了中国妇女，使得能在任何城镇的街头，或者窗口碰到或看见女人，成为一件稀奇的新鲜事。这都表明她们恪守妇道。如果她们由于某种原因必须外出，如参加父母或亲戚的葬礼，或探访病人诸如此类的事情，便坐在小轿子里由人抬着去，外面的人是见不到她们的，如同我在前面讲过的那样。除此之外没有其他无关紧要的互访或者闲谈聚会。尽管他们须维护妇女群体的贞洁，避免造成更大的祸害降临，以破坏共同的福祉。但他们却允许妓女作为一种需要的满足而存在，只要她们的坏榜样不损害贞洁的妇女的朴实形象。为此，他们在城镇的郊区建房舍供妓女居住，勒令她们待在这些房子中，不得到处走动，甚至不能进入城门或到城里的任何地方，否则处死。

干这种行当的妇女丝毫得不到人们的尊重，因为她们大多数是地位最低贱的人，如外地人，奴隶或小时候被母亲卖掉的人，这是一种终身的奴役。她们甚至必须忍受残酷的虐待而无法逃避。那些贫苦的寡妇和为生活所迫的人，将孩子卖身，使她沦为终身的奴隶，以此维持生活所需。这是被政府允许的，以致他们中有些富有的商人专门做这种生意。他们把所有买来的女童加以悉心的培养，教她们演奏、歌唱和其他取悦于人的技艺。然后在她们到了一定年龄时，就把她们送到前面所说的妓院中。在他们让她从事这种卑贱的行当的第一天，在她进入妓院前，他们先把她带到一个官吏那里。他是国王指派来管理每个城镇所属的妓院的，任务是了解其中有无不良的规矩。这位官吏亲自将她安置在妓院里，从那以后，主子就和她毫不相干了，只是每月要去向官吏交纳他的税金。税金数额由官吏根据他们之间的商议而定。此外官吏还指定何时偿还酬金及主子花在她身上的培养费。

这些妓女门庭若市，由于演唱，日子过得极为愉快，她们极擅长于此道。根据中国人的有关报道，她们精心打扮，涂脂抹粉。她们中有许多盲女，这些人是自由的，不是奴隶；由别的看得见的人为她们梳妆打扮和抹粉。那些在妓院里度过整个青春的妓女，只要活着，就不能离开，这是法律公开规定的，以免她们的放荡行径造成某种危害，成为他人的坏榜样。在还完主子的那部分钱后，妓女们赚来的钱归自己所有，她们把剩下的这部分钱交给管理她们的官吏，后者替她们加以妥善的保存，每年向巡察官说明有关情况。等到这些妓女年老色衰，上述官吏再把钱还给她们。这种分发形式，使得她们不会匮乏或有急需。如果最后他们确实有急需，他们就给她们一点津贴以维持生活，条件是为盲女梳洗打扮，或者被送到皇帝设立的慈善院，一个专门收留不能自助者的地方。

为维持生计被那些妇女卖掉的孩子如果是男的，他们就带之去学一门手艺，而且学成之后，须在某段时间内为师傅做这种买卖行当。期满之后，师傅不仅要还给他自由，也要给他找个妻子，而且提供房子和生活必需品让他们可以过日子。如果师傅不愿这样做，法官就勒令他去做，不管同意与否。徒弟为了表示感激，每逢新年或其他约定日子，他们要带礼物去探望师傅。他们的孩子是自由的，不因为师傅对其父有养育之恩而受奴役。

41. 西方是航海民族，在中国旅行，他们也很自然地更关注船舶航运：中国有大量船只，船上无所不有，俨然就像城镇里一样。

中国有许多船舰和小帆船，他们用以沿海岸线航行，驶向附近的岛屿，出入江河。河流纵横交错于大部分省份，有许多人居住在大小船只上，简直形成了大城市。他们估计，生活在水上的人几乎与生活在陆地上的一样多。

他们造船很容易，成本极低，因为全国各地都有大量木材、铁、和其他造船用的材料。他们用一种特殊的胶来涂漆船只，比起我们用的沥青更加黏稠和有力，涂上后粘得很紧，使得船像石头般牢固。由于这种胶出产丰富，加之有许多造船匠，另外也因为人口众多，陆上没有那么多地方供人居住，所以他们制造了大量的舟船。他们制造的船种类很多，各有专名。用于远洋

中国船（1596）

航行的船称戎克（Juncos），但为了作战，他们制造巨大威武的船，船头船尾建有高船楼，样子像来自东部海洋（Easterne Seas）及葡萄牙人驶到东印度的船。这种船他们有很多，一个将军能在四天内集合六百艘船。通常用来运载货物的船，样子和大小与战舰差不多，稍微不同的是船头船尾较低。另一种较小的船，很像舰载艇（Pinases），两边各有四支大桨，每支由六人划，或至少四人划。这种船进出港口时靠岸或浅水地带非常方便。他们管它叫板舟（Bancoens）。尚有另一种比这要宽的船，他们称之为兰艇（Lanteas），两边各有八支桨，每支由六个人划。这最后两种船经常为海盗和海寇所用（那些海域有非常多的海盗），因为它们在情况所需时非常轻便，有利于袭击及脱逃。他们还有另一种船，很长，像桨帆船（Galley），但比较方，很宽，只需浅水就能航行：他们通常也用它来将商货从一地运往另一地。这种船行驶快捷，不需花很大力气就能上溯江河。除了以上所说的之外，他们还有许多各式各样的其它船只，有些船上建有彩绘镀金的长廊和窗户，不过主要是为供总督和官员娱乐用的而造的船。前面讲过的被称作客克（Iuncos）的船，国王在每个省备有许多，且派有将官率领士兵驾船保卫海岸，所以他们本国的所有船只以及外来与他们贸易的商船，都能安全出入，免遭附近海盗的掠劫。在江河中，同样为此目的而武装很好的船艇。皇帝拨出一部分赋税作为这些普通士兵的薪俸，并且出手相当大方。

在这个国家，修理船只所用的沥青储蓄很丰富，用他们的语言叫"Iapez"，是用石灰，鱼油和一种他们叫做Vname[1]的膏做成的，很牢固，能防蛀，因此，他们的船比我们的耐用两倍，但却大大阻碍船的行驶。他们船上的抽水机与我们的迥然不同，而且要好得多：它由许多片组成，用一个轮子抽水，轮子放在船内侧。他们用它抽水很方便，因为只要一个人操作轮子，一刻钟就能抽干一艘大船，即使裂缝很大。

许多人在这些船舰和三桅帆船（如前所述）里出生，成长，一生从

---

[1] 可能是 Yew ma（不明，或即油麻。——中译者注），即沥青或松脂。在默里森的词典中，"tar"被翻译成 Pa ma yew（？蓖麻油），但本编者找不到与 Japez 相对应的词，该词现在可能已被废弃。——英译者注。

未在陆地上生活过，除了继承父业，不知道其他谋生的本领。他们所做的事情就是：驾驶一艘船，把货物从一个地方搬到另一个地方，或者把乘客摆渡过河。在船上有他们的妻儿，在河上有邻居，就像在城镇里一般。然而他们对城镇没什么需求，因为他们在船上饲养一切维持生活所必需的东西，如鸡、鸭、鸽子和及其可以吃的禽兽。如果他们匮乏什么东西，则在食品店和商店里就能买到，这样的食品店和商店在同一条河上有很多，城里卖的其它奢侈品，如丝绸、琥珀、麝香和其他非必需的珍奇物什，也能在这里买到。他们在船上也有栽种着小橘树和其他水果的花盆，有养花种草的花园，以供娱乐。宽敞的船上还有水池，他们在里面养着大量活鱼，然而他们仍天天撒网捕鱼，以求更多。比起世界上任何一个已知的国家，中国对鱼的供应最多，因为他们有大量这类的渔船及生活在江河湖海中的渔民，用渔网或其他设备，从不间断地捕鱼；他们并且把捕获的鱼运到沿岸五百里格远的池塘中，很轻松地天天给鱼换水，用适宜于鱼吃的食物喂养它们。

在这个国家里，捕鱼的最主要时节是二月、三月和四月这三个月。此时恰逢春潮，将鱼从海里带到江河中，它们在那里产卵、生育小鱼。于是渔民把鱼苗捕捞起来放到水池里，在船上喂养到大再卖出去，以此为生。

来自全国各地的许多船只到这些渔民那里求购鱼苗，为此他们带着糊着厚油纸的柳条篮，这种篮子用油纸糊严，因此不会漏水。他们把鱼苗放在篮子里，天天换水，如前面所说的那样喂养它们。尽管鱼还非常小，所有人都买来并将它们放养在水池里，几乎家家户户都有水池（在全国都很普遍地使用它）。不久，鱼就长大，可以食用。他们用牛粪、水牛粪和猪粪拌成糊来喂鱼。

他们同样也把这些小鱼苗倒在城濠里，因此城濠中养满了鱼。但是在城濠中养大的鱼属于该城的守令或长官，因此没有他们的命令，没人敢去捕捞。这些官员常在河上娱乐，他们建造封闭式的船只，船舱装饰得异常精致，窗户和长廊挂着华丽的帘子，船上有许多东西供他们消遣娱乐。

42. 中国人将鸭蛋放到牛粪或鸭粪中，利用其中热量人工孵蛋，所以他们的鸭子像蚂蚁一样多。鸭子可以吃掉稻田里的杂草而不伤害庄稼。中国人还用鱼鹰捕鱼，渔民用三个月的时间就捕到足够整个国家吃上一年的鱼。

这个国家人口众多,游手好闲之徒遭众人蔑视,因此激发了穷人的智慧(他们为生活所迫,发明了许多东西)，促使他们寻求新的发明创造来维持生计，为自己解决和提供生活必需品。故而全国各地都有人居住和耕种，没有一寸土地是撂荒的，许多人也搬到河上生活（河流众多），在舟船上安家（如前所述），在那里他们和全家一起住在船舱中，以御雨淋日晒及天灾。他们从事学会的本事，或继承父业，或靠些奇奇怪怪的窍门养活自己。其中最奇特的做法是在他们的一些船上饲养大量鸭子，用以供应大半个国家，做法如下所述：

他们用藤茎编成笼子，大小有如上层船舱，里面一次可以养着 4000 只鸭子。他们在笼子的某处搭有窝，鸭子几乎每天在那里下蛋，然后他们将蛋拿走。若是在夏天，他们把蛋放在暖和的牛粪或那些鸭粪里，在里面放上一段日子，直到凭经验知道蛋已孵化，然后把蛋从粪取出，一个个地破开，取出小鸭。他们的动作十分娴熟，几乎没有死掉一只鸭，引得前去观看者啧啧称好。不过从事这门行业的人其实并不多，因为这种古老的做法已在该国流传很久。为了能够终年享有这种利益的收获，冬天里，他们借用人工辅助。为了加热孵蛋用的粪便，他们使用另一种同样很巧妙的办法，这就是：他们将许多藤竹一根根地绑紧，上面放上粪，粪上放蛋，再用粪盖紧；然后，在藤竹下放草或其它类似之物，点上火，但不让其烧起来，只是一直保持自然的温，直到他们认为该把蛋拿出来为止。接着像前面所说的那样，他们把蛋取出，破开。就这样，他们的鸭子像蚂蚁一样多起来。接着，为同样的目的，把小鸭放到另一个笼中，里面养着老鸭子，只为了让老鸭子把小鸭安放在翅膀下保暖。他们天天喂养小鸭，直到小鸭自己能觅食，并跟着老鸭子到外面的田野找食吃。他们经常可以养两万只鸭子，但费用很低，其做法如下：每天早上喂少量煮熟的米，然后打开笼子的门，笼门朝着河，有一道用藤竹搭的桥通向河里。于是鸭子就争先恐后地挤出来，情形十分有趣。鸭子在水里和陆上的稻田里觅食一整天，稻田的主人给鸭子主人一些报酬，让他们的鸭子到稻田去，因为鸭子吃掉稻田里的杂草，而不损害庄稼。

暮色降临，船上的人便敲击一面鼓或类似的东西，鸭子听见，就飞快地冲到水里，径自游向自己的船，桥已经架在那里迎候它们。尽管鸭群很多，每一群都能根据声音准确无误地辨认自己的船。因为每艘船用互不相同的声音，鸭子听惯了，耳朵里满是这声音，便不会走错。

这种谋生方式在全国大量使用，而且获利颇丰，因为鸭肉是人们最常吃的食物，被认为既有营养又便宜，这是由于任何时候都可以养鸭，而且成本低廉。

在这个国家里，人们也使用一种捕鱼之法，其妙旨不输于养鸭之法，可开眼界。皇帝在沿河的每个城镇，都建些房屋，以此每年饲养鸬鹚，或叫鱼鹰，在鱼产卵的月份用来捕鱼。方法如下：把鱼鹰带出笼子，来到河边，那里有许多船排列着等待它们捕鱼，船里装了一半的水。然后，他们拿一根绳子把鱼鹰的嗉囊系住，以免鱼被吞进去，再把它们投到水里捕鱼。鱼鹰如此情愿和贪婪地去捕鱼，其状大为可观。鱼鹰快捷地投到水里，潜下去，喉里塞满了鱼。然后它们钻出水面，同样快捷地赶回装着船水的船上，把捕来的鱼吐到水里头，这些水本来就是为此目的放在那里的，这样鱼就不会死掉。之后，它们又像刚才那样回去捕鱼。

他们持续以这种方式捕鱼四个小时，彼此不会互相影响。当装了水的船装满了鱼时，渔人就解开系嗉囊的绳，让它们再到河里捕鱼给自己吃，因为他们饿了，原因是通常在捕鱼的前一天，渔人不给它们日常食物吃，就是一点的粟，这样它们能更好地完成工作。过一会儿，它们填饱了肚子，稍事休息，渔人就把它们从水里取出来，带回平时喂养它们的地方。在捕鱼季节，每隔三天他们就带它们出去重复捕鱼的活动，这对他们是件极大的乐事，巴不得全年都这样。

在这三个月里，渔民捕了大量的鱼，足够整个国家吃上一年。所以，如同前面的章节所讲的那样，此即他们鱼和其他东西得到很好供应的原因。如果愿意的话，他们可以每天吃到新鲜的鱼，哪怕是在离海很远的地方。

43. 门多萨介绍的中国皇帝接待外国使节的礼仪具有误导性。

门多萨说，所有以使节身份来到中国的人，无论是来自友邦或敌国，都受到尊重和款待。皇帝除了遵守世界上所有国王都遵循和保持的国际惯例来接待使者，还尤其要保证使者不得遭受任何危险，即使他们带来的消息给国王带来不快或伤害。但当马戛尔尼一行来到中国时，却发现他们被中国官员处处监视防范，设法阻挠。又因为觐见礼仪问题争论了许久。马戛尔尼使团中的人感叹道，他们进入北京时像乞丐，在北京居留那一段像囚犯，离开北京时像小偷。

下一章我们将讲述西班牙国王菲利普（Philip）为基督教热忱所驱使派遣使节出使中国的事情。由于某种原因和理由，国王一直等到一个较好的时机，才遣使出访中国，但我们相信出使一事在不久的将来就能实现。因此，我们在这一章谈论中国皇帝以什么礼节接待其他国王、王公或其他地区派来的各类使节，并不违背我们的意旨。而且由于他们的礼仪如此奇特，有必要结合它们被使用的场合加以讲述。

所有以使节身份来到中国的人，无论是来自友邦或敌国，都受到尊重和款待，其细心和殷勤的程度就像派遣者本人亲临一般。就像在其他国家一样，皇帝除了遵守世界上所有国王都遵循和保持的国际惯例来接待使者，还尤其要保证使者不得遭受任何危险，即使他们带来的消息给国王带来不快或伤害。除此之外，使节还拥有许多特权。当使者从其他地区来到中国，他进入的第一个城镇的长官或官员就会亲自前去迎接，用言辞和仪式表示礼敬，向他表达欢迎之意。城里所有老爷、将尉、士兵和居民都陪同官员或长官出来迎接。当使节上岸时，他们不让他步行（虽然只需走一小段路），而是在岸边准备了八个人，和一乘由象牙或其他贵重木料做成的椅子，配以天鹅绒、缎子或金丝绒做的帘子。每个城市或大城镇都备有皇帝为此而指定的轿子，专门用来迎接使节，将其送至下榻的地方。同时，他们也在全国的每座城市和大镇设有主要的馆舍，足以供此类人居住。同时它也供皇帝派出去的执行命令的官员路过这些城镇时下榻。每座这种的馆舍都有一个将尉，负责配置上等华丽的家居用品，如帘帷、床、仆人及其他必需品。这些东西不仅供一位使节使用，而且可用来招待许多碰巧相遇的使者，不会互相打扰。如前文所述，他们一直陪使者（或骑马或坐轿，那是他们常用的交通工具）到下榻的地方，然后礼貌周到地安顿他，只留下仆人侍候他。同时一名将官带着一两千名士兵日夜守护他，直到他离开中国回国。

翌日，接待他的官员前来造访。寒暄几句之后，他们询问使者的身份和派他来的君主，以及——直截了当地说——他出使的目的。然后，他们马上派遣信使向该省的长官和总督汇报情况，后者一直住在该省的首府或大城市，他同时派遣另一驿骑将消息上报皇帝及朝廷。他亦传令给使者，或者让他待在原地，或者给他一个通行令让他到总督所在地。同时，他传令给官员，说他将如何接待使节。这是他根据官员的报告做出的决定，他从中了解派遣使臣的国王和君主的情况。护送使节的官兵的数量和旅途一切所需，全得到妥当的安排。其中尤其包括，准备使臣及其仆人的膳食，在什么城镇吃，住宿如何等。通行令用大字写在白板上（如同前面多处提到的），交给使节携带，其中写明使节由哪个国王派遣而来。无论他到哪，这块板子一直举在他前面。但朝廷还将发给他另一种可以进入朝廷的通行证：它写在羊皮纸上，字迹工整，盖着国王的金玺。金玺只用于这种场合，或者有时作为法令授予总督，此外从不颁发。

使臣的沿途花销及护送人员的一切费用，全由皇帝负责，由所经之处的皇帝的司库支付。通常，在使节进入皇帝所在的大明城（Taibin）即北京城的所有路经之处，他们都设盛宴款待，进行各种娱乐并给以馈赠。

朝廷所有官员到城外迎接使臣。前往的人包括朝臣和首辅，据中国人说，首辅出行时的排场和陪同毫不逊色于皇帝。如果使臣来自强国，他们向他伸出右手，否则就伸出左手。一路上，他们或者与使节本人交谈，或通过翻译询问他的健康和旅途情况诸如此类的事情，直至使臣抵达下榻的宫室。他们留一些仆人陪同，然后辞别，并和上述之人回到自己的住所。不过当他们离开时，他们以皇帝名义赋予使臣权力，他可以任命一定数量的老爷，自由释放一定数量被判死刑的犯人，及做其他的好事。

以使节身份进入中国的人，无论做了什么寻欢作乐之事还是坏事，即使证据确凿，也不能在中国审判他。这是千真万确的，因为经验证实如此。一个名叫巴塞罗缪·佩雷斯（Bartholomew·Perez）的葡萄牙人及其同伴，奉印度总督之命，以葡萄牙国王唐·曼努埃尔（Don Manuel）的使节的名义，出使中国。马六甲王国的使臣去中国的朝廷处理有关他们的国王的事，当时恰巧在广东，他们在广东总督面前指控这些葡人的使节身份是假的，他们这伙人是印度总督派来刺探城市防御设施的间谍，可能以后会来进攻城市，就像他们在印度许多地方干的勾当一样。他们一直坚持这个邪恶的动机，极力怂恿总督逮捕他们，当作间谍来惩罚，并主动提出由他们提供充足的证据。

经再三考虑，并与城里的老爷及其顾问商议之后，总督下令逮捕了这些葡人，投入监狱，并巧妙地用欺骗策略取得葡人的供词。结果，他们发现葡人的供词自相矛盾：有的人因害怕而招供，说得比指控的还多；有的人则说出使是千真万确的事。根据他们的招供，总督依法将他们判为死罪，并派人把审判结果送到朝廷审批，迫切希望将葡人处死。内阁看了这后，认为葡人是以使节身份来到中国的，不仅取消了判决，没有批准它，还下令让总督释放他们，让他们自由返回印度，同时吩咐给予他们足够的盘缠，直到他们抵达印度。尽管这时那些马六甲使节仍在朝廷上坚持说葡人怀有不良动机。

在这次审判中，尽管马六甲使臣所告属实，葡人因怕死也供认不讳，但朝廷仍然认为他们以使节身份到中国来的，因此足以不受任何伤害。现在还是言归正传吧。当使臣消除旅途的劳顿，接受朝廷官员的众多宴会和祝词之后，在指定日子由朝廷官员及首辅陪同下觐见国王。在出使任务所需的任何时候，皇帝在大殿（前面所讲的三个华丽殿堂之一）接见使臣。当他完成出使任务并接受许多馈赠之后，这时他要返回其所自。他们同样以迎接他时的礼仪欢送他。

但是如果使臣来自一个普通的国家，他们就不给他如前所说的款待，而是完全相反，与上述有如天壤之别。因为使臣进城时，只由负责安顿他住进皇帝为此而设的馆舍的官吏陪同，提供他所有必需的用品，询问他前来的情况和目的，并向首辅汇报有关情况，首辅再禀告皇帝。然后他们确定接见日期，并规定，使者须步行前往，或者骑马，但马须没有笼头，只有一条缰绳，以此表示谦卑，承认其藩属地位。朝觐之日，来使就遵照前面所讲的规定和要求，由官吏陪同前往。当他进入一个正对皇宫的庄严之处时，他得待在那里，直到皇帝的一名官员（负责礼仪的有司）出来找他，让他往前走并指示他第一次必须在什么地方下跪，要他双手合在一起以表示礼拜和崇敬。在这种仪式进行的整个过程中，他的眼睛必须朝向皇帝所在的地方。他就这样往前走，如第一次那样做出崇敬的样子，一直来到石阶尽头的第一座殿堂。首辅代表皇帝本人庄严地坐在那里。听完他陈述出使目的之后，一句话都没说先把使者打发走，等向皇帝禀明此事后，他会派前述那位负责给他安排住宿，提供他所需物品的官员回话给这位使者。

44. 阴错阳差，门多萨最终也没能如愿出使中国。这是他的不幸，也是他的幸运。1583 年他失意地回到西班牙又受诏去罗马。他想不到自己将以另一种方式，通过编纂《大中华帝国志》与中国结缘。

已经到了该结束这本小小的史书时候了。我在其中概述了我所了解的有关中国的事情，我指的是，我能够很好阐述的那些关于它的事，同时舍而不谈更多别的我有特别记录的事，其原因在于：有些是尚不清楚，有些会因为从没被见过而引起惊讶。按智者的观点，它们不应被叙述，直到经验使得些东西更可信的时候。况且，我认为因为叙述简略而遭人诟病，也比长篇累牍的叙述，为害要小。虽然这样有损于这本书，我从中抽走了许多我本来要加进去的内容。言归正传，在这最后一章我将讲述西班牙国王于公元 1580 年交给我的使信和使命，据此我应在其他教职人员的陪同下，经过他统治下的强大的墨西哥王国到中国去，以他的名义把信和国书呈交中国皇帝。我将如实讲述我所知道的事情，不夸大其词，因为出使的事尚未结束，有关事项也未有结论。但愿凭主的力量，以及西班牙国王对此事的关注和在意，那些受命递送信函及其他物品的人，他们的愿望不久便有结果。

西班牙人〔如那些居住于菲律宾群岛，又名为普涅特（Ponent）群岛或西方群岛的西班牙人〕看到，中国港口运出来贵重物品，如金子、丝绸及其他货物，量少而昂贵。同时，中国人还证实，那个国度还有许多别的物产（有一些已在这本史书里讲过）。因此，马尼拉城的长官和头面人物，为想使这些人皈依上帝，以及同中国人贸易赚到的大钱，根据奥古斯丁会大主教和其他庄重而有智慧的神职人士——他们都在这些地方传播着福音，给许多居民受洗，还做了其他事情——（他们首先提出）的判断，作出了决定。如果它们与我的叙述意图相关的话，我会讲得详细一些，但我的目的并不在此。因此我说他们决定派遣可靠的人、带上充分证据，去见天主教国王，向他汇报他们所了解到的有关这个国家的事情，并指出他治下的那些岛屿明显有与中国交好的必要性，这样做将给他们带来很大的好处和利益；同时请求他（如果他愿意）向中国皇帝派去使节，更好地巩固彼此的友谊，而且让使节带去其国内的特产，这些东西会使中国人大加赞赏。这样就开辟一条传教的道路，作为基督教与中国增进更深一层关系的开端。由此将给其他国家带来很多利益：中国物产将大量输出——不仅金银财宝，还有其他珍贵的东西。他们仔细考虑究竟要派谁踏上这遥远的旅途，向西班牙国王提出以上请求。最后，他们一致同意请奥古斯丁修会大主教前往，他的名字叫德·贺莱拉（Frier Dilho de Herrera），是一位学识渊博并且对这些岛屿的相关情况有着丰富经验的人，因为他是首先发现这些岛的人之一。他们请求他，为了上帝的爱和对君主的效忠，以及为了由此将可能给这些岛屿带来的利益，他务必请国王相信派遣使节的重要性，它直接关涉到统治那些岛屿的问题。贺莱拉大主教游历过许多地方，担任过各种职务和工作，他们相信没有谁比他更能胜任这项任务。大家一致赞成选派大主教前往。于是大主教立即搭乘一艘开往新西班牙的船离开菲律宾。那是1573年，临行前总督和所有居民都前去为他送行。他因自己的圣洁和美德受到众人的爱戴。他们都希望他尽快成功地返回菲岛，

16 世纪西班牙战舰

因为他们是多么爱他和需要他。

他答应尽早完成使命，并要求他们所有的人，看在他的出行将带来好处的份上，祈求上帝赐他旅途平安。他们答应了他，并极认真地履行了诺言。然后船长命令启锚开航，此时正是这一年的 11 月。他们到达新西班牙时，天气很好。船驶入墨西哥湾，从那里出发前往北海（North Seas），一路顺风。第二年 8 月 13 日，他们到达西班牙的圣卢卡德·巴拉梅达（San Lucar Debarameda），我在那里加入他们的行列。次日，我们离开塞埃尔（Syuel）前往马德里，国王陛下当时就在那里。我们于 1574 年 9 月 15 日到达马德里，就在那个星期，他们接到格莱塔（Goleta）失守的消息。我们马上去觐见国王，带给他总督让我们捎去的信。他以一贯的仁慈接纳了我们以及信件，很高兴地倾听我们的有关请求，因为这个愿望是神圣和有利的。他对我们说，他将召集内阁认真探讨此事，将按事情所需尽快办理。他对我们长途跋涉而来，告诉他关于发现这个伟大国家的消息和有关菲律宾群岛的事务表示感谢。他立刻下令为我们提供停留在那里的一切所需，并让我们把所有的事情报告给负责印度事务的官员（我们就是为此专门到那里去的）堂·儒安·德·奥本多（Don Iuan de Obando）。国王吩咐他认真考虑此事，并提出建议。在与负责印度群岛诸事务的皇家官员就这件事进行商议后，事情似乎得到了很好的解决。因为几天后，他们给予我们特殊的权力处理那些岛屿（前面讲过的）所需求的一切事项。但没有提到派使节到中国，因为这是一件非常重大的事情，需要更长的时间考虑，所以暂时搁下，等候更好的时机。于是，带着这个决议和40名神职人员，以及国王颁发的关于良好管理该新王国的命令，一行人于1575年1月离开塞维尔。不过，我则因故，及奉国王之命留了下来。前面讲过的那位大主教和随行的40名神职人员坐上船，于六月份离开，风和日丽，一路顺风到达新西班牙，再进入南海（South Sea），直到再次望见菲律宾群岛。在那里天气突然变坏，迫于狂风暴雨，他们不得不停靠在一个异教徒聚居的岛上，在那里所有人都被杀害。只有一个随行的印第安土族人逃了出来，他是他们从那里带往西班牙的。这位印第安人来到马尼拉，报告了他们被害的过程，异教人如何撕毁所有文件和命令，以及他们的遭遇。

总督和岛上其他居民知道这件事之后（当他们按此类情况的正当要求，举行哀悼仪式后），他们发现由于失去了大主教及其随从，以及国王的信件和命令，一切问题都没有解决，于是他立即作出决定，决定重写信函，再次要求国王准许他已经批准的事（尽管他们不知道信中究竟写了些什么）。他们还把遣使中国的事务也加进去，并加了新的理由，这样他们就可以使对方信服，得到支持遣使中国，这是对于所有这些岛屿是至关重要的事。当国王发现这些信与以前寄的那些相一致时，国王任命了一位绅士做那些岛的总督，他名叫唐·贡札罗·德·梅耳卡多·伊·朗切罗（Don Gonsalo de Mercado y Ronquillo），是一位非常有胆识又处事周到谨慎的人，曾经忠心耿耿地在秘鲁和墨西哥为国王效劳。（作为被选为那些岛屿的总督的人，及一件与他关系重大的事）他理解岛上人请求遣使中国的迫切愿望以及它的重大意义，就向国王和他的内阁提出考虑此事。结果是，他们回答说，他应该带着派往菲律宾的士兵立即启程，这是合宜之计，因为这对该岛的防务非常必要。至于遣使的事，由于不那么必要也不着急，所以应该慢慢考虑，直到内阁自行提出有关该使该事的合适时机。他们还将与西班牙国王商议此事，作为他们真正的主人，他将会下令，如何为主和他的利益服务。因此听了这些回答之后，总督离开西班牙。

第二年八月，在总督到达菲律宾群岛之前，那里又送来了新的请求信，更加急切地重复前几次提出的要求，除请愿书之外，还附带有奥古斯丁修会大主教马丁·德·拉达及其同伴进入中国及其所见所闻的完整报告（在本书第二部分的叙述中，可以详尽地了解到这些）。国王看了之后，决定答应他们的多次请求，遣使中国。恰好此时他正要去葡萄牙，那是个艰难的时期，然而仍体现了上帝意愿的伟大征兆。（如同先知所言）上帝的手里，握着上帝的心。至于派谁出使，国王让负责印度事务的委员会去办。其首席大臣是唐·安东尼奥·德·帕第拉·伊·梅尼斯（Don Antonio de Padilla y Meneses）。他多次与我谈论关于中国和墨西哥的事。我从17岁就一直居住在墨西哥。由于他们把有关该地的事交我办理，使得我有机会经常拜访他，大量的交谈以及他对我的好意，使他相信我能胜任国王陛下的使节一职，因为他希望使节应由几位神职人员来担当。同时他们都相信我有良好的意志和愿望去拯救那些灵魂，并全心全意为国王效忠。除此之外，我掌握的航海知识和对该国以及人民特点的了解，将有助于我实现国王的意愿和菲律宾居民的愿望。

于是在把这个任务委派给我之后，国王准备前往葡萄牙（前面讲过），他把遣使事项交给皇室内阁的大臣们，他们是加司卡·德·撒拉卡尔硕士（Licenciado Gasca de Salacar）、古密兹·德·桑地斯特安博士（Doctor Gomez de Santisteuan）、艾斯帕德罗硕士（Licenciado Espadero）、德·迪艾格·祖尼佳硕士（Licencialdo Don Diego de Zuniga）、瓦伊罗博士（Doctor Vaillo）、艾瓦硕士（Licenciado Eua），革登昂·德·席荣索撒硕士（Licenciado Gedeon de Hinonsosa）。在内阁的授命下，我从朝廷出发前往塞维尔。在那里，我得到命令筹备送给中国皇帝的所有物品。我为此项工作耽搁下来，要带的东西很多，无论如何不可能在船离开前准备好。当时前面提到过的内阁大臣加司卡·德·撒拉卡尔硕士（Licenciado Gasca de Salacar）正在塞维尔，向国王提起了此事，请他下令按他的意思加以解决。

国王当时正在巴达约斯（Badajoz）忙于葡萄牙事务（如前所述）。他命令船舰离开，让我留在那里，直到把应带给中国皇帝的礼物全都准备妥当。等到一切准备完毕，他们派一艘船送我，赶到新西班牙，追上每年圣诞节期间由新西班牙开往菲律宾群岛的轮船或与其相遇。这个命令一直被拖延到大斋期开始，因为要准的事情太多，无法按时完成，而且当时西班牙正流行流感。所有事项准备完毕之后，加司卡·德·撒拉卡尔硕士命令把国王的信函和其他所有东西都交给我。由于东西如此之多，而且我已经在这一章里讲得太多，所以我不打算讲述这些东西。细心的读者自己可以去想象，如果他能够估量到天主教国王的大方，接受礼物的国家的强大与富有（我对此已经在这本小书里讲了许多）的话。我希望我能够详细地向你介绍，连同我们的国王给那位异教或异端的国王的信函副本，这是一件本人十分愿意做的事情。但由于事情毫无成效，加之我也没有获得国王的恩准，只有他才有权批准我这样做。而且，我所处的位置也使我没法要求也不敢那样做，否则我就会越出对君主忠诚的范围。但是表明这一点即已足够，即我们的国王送给中国皇帝的信函和礼物，别无他意，只是为了让他和他所有臣民承认真正的上帝，规劝他们接受我们的天主教信仰，让他们明白自己的错误以及对上帝的无知，上帝是天地以及世界上所有可见或不可见的万物的创造者，亦是那些因具真知而相信他，并服从他的神圣律令的人的拯救者和赎罪者，这些律令通过他的语言被宣告，又为他的神圣象征及其他事物所确证。

船已出发，我开始我的旅途和行程，直至抵达墨西哥王国。在那里我发现与这次航行所需之处相关的诸多不便，由此国王在把任务托付给我时，要我详加考虑，并且如果必要的话，在我向更远的地方航行之前，向他汇报有关事宜。

墨西哥总督科伦纳（Couma）伯爵，认为我最好返回里斯本，把发现的困难告诉国王，国王当时正在那里。这是他在召集全墨西哥的重要人物进行讨论时表示的。

我带着这个建议离开墨西哥，返回西班牙，把礼物留在墨西哥，托附陛下的官员保管，以待国王下令如何解决它们。

我在里斯本见到了陛下，把陈述这件事的信交给他，并向他陈述了我自己的见解。国王便立刻表示，一定负责为实现传播基督教的美好愿望寻找机会。我相信他确实有此愿望与热情，而且希望尽全力实现它；不久的将来，我们将看到天主教信仰在中国植根，而他们的虚伪的偶像崇拜将消失殆尽。我相信藉上帝神佑，这很快就能实现，因为在中国已经有许多教会的传教士，其中有圣奥古斯丁修会，圣方济各的赤脚修会，耶稣会会士。耶稣会会士在那里被称为圣保罗的神父，他们在总督的驻地肇庆城（Xanquin）有五六位，并从1583年以来，在该城修建了一座教堂或礼拜堂，他们可以在其中做日常的弥撒。据说，他们已获得上述的总督的允许，可以在全中国自由旅行。如果真是这样的话，你必须想到，他是与皇帝商议之后才这样做的，否则我相信他不敢擅自颁发这样的通行令。

　　目前在国王和他的皇家印度群岛事务部的命令下，有一队圣多明各会的教士离开西班牙，前去中国帮助其他传教士完成这项事业。由于他们的热忱和学识，他们定会取得巨大的成果。而且，如果他们作为唯一的上帝和主人的奴仆，能够团结于仁爱，齐心协力，只做一项事业的话，结果必将更好。

　　通过这种方式，并在全能上帝的支持和帮助下，勤勉努力，就能轻而易举地征服中国人的心和意志，驱走长期以来控制这个帝国的魔鬼，使他们皈依上帝，这将是一个不小的功绩，有许多明显的迹象表明，中国人正期待着被拯救。因为据说，他们从书上得知，真理将来自西方，引渡他们上天堂，在天堂里，他们将成为仙人。当看到这些到中国来的传教士也来自西方时，他们会毫不迟疑地相信，传教士向他们宣讲的律法就是真理。他们非常喜爱天主教中的戒律和教义问答手册。这本手册已被翻译成他们的语言，在中国的许多地方得到广泛流传，成为许多重要人物皈依天主教的一个原因。

（J.G.de.Mendoza, THE HISTORIE OF THE MIGHTIE KING-DOME OF CHINA, Trans., and Edit By Sir G.T. Staunton and R.H. Major, Hakluyt Society, 1853，梅子满、林菁译）

第三编

孔夫子的中国

导　论

一

　　17—18 世纪，西方社会文化生活中流行着的一种泛中国崇拜的思潮——"中国潮"（Chinoiserie），它既指一般意义上西方人对中国事物的热情，又特指艺术生活中对所谓的"中国风格"的追慕与模仿。中国货的精巧、幻美、奇异，吸引着那个时代的西方人，为西方人新的感性生活提供了理想的风格。中国潮的发起人主要是商人与传教士。商人们贩运来的丝绸、瓷器、茶叶、漆器在欧洲生活中掀起一股"中国潮"的时候，传教士们贩运回来的孔夫子的哲学与中国的道德、神学，也在欧洲的思想界掀起了另一种"中国潮"，中国思想与制度，成为精英阶层的中国时尚。香料、白银、瓷器、一隅传教领地，一次发财的机会，对于高尚的文化，太微不足道了。只有了解中国的思想才能思想中国，才能在文化交流中获得自身文化建设的灵感与启示。

从中国进口的瓷盘（Royal Ontario Museum）

最早开始注意到中国文化价值的是那些在中国传教的富有人文主义精神的传教士，传教士为了减少在中国传播福音的阻力，将自己打扮成中国的儒士，研究中国文化经典。传教士们从中国回来，便成了社会名流，他们穿着中国长袍，大谈玄妙的孔夫子哲学，他们是沟通中西两个世界的使者，出入北京的朝廷、巴黎的王宫与罗马梵蒂冈。他们是虔诚坚强的上帝的信徒，同时也是传播科学的人文主义者。他们把西方科学与宗教送到中国，又将中国文明带回西方。

在传教士看来，汉语是一种神秘的语言，书写不仅表示字词，还直接表示事物与观念。人们可以像感知世界一样感知语言符号的意义，而不是面对一系列随意的音节符号。这一点首先对普世基督教理想是重要的，其次对现代世界体系也是重要的。如果有这样一种全世界不同民族都可以直观感知意义的语言，不同民族之间的传教、贸易，就畅通无阻了。传教士猜测，中国的文字是"巴别塔"事件之前的普世文字，塞缪尔·舒克福特总结这一发现时说："地球上确实存在着另一种语言，它似乎有着某些标记，表明它是人类最初的语言，这就是汉语……正如人们已经注意到的，挪亚很可能就居住在这些地区；如果人类的光荣祖先和复兴者就在这里走出方舟，居住下来的话，那他很可能在这儿留下了世界上唯一普遍使用的语言。"[1] 汉语的发现，似乎同时证明一个古老的神话，并预示一个美好的前景。古老的神话是世间曾有巴别塔事件之前上帝传给亚当的一种原始普世的语言；美好的前景是一旦找到那种原始的共同语言，不但人们可以相互交流，人们也可以通过它所昭示的某种共同的原始的语言结构，理解世界上不同语言。

传教士也在汉语典籍和基督教教义之间架构起想象的关系，耶稣会士认为中国古代典籍有两种意义：一种是字面的意义，被中国人明显误解了的世俗意义；另一种是深刻的神启，只有传教士借助他们渊博的《圣经》知识，才能象征地予以正确的解释。耶稣会士们努力从中国古代文献中发掘深远的原始基督教义，甚至将先秦典籍当作上古流散的汉文"圣经"。这样做，既

---

[1]　（法）艾田蒲．《中国之欧洲》，许钧，钱林森译，郑州·河南人民出版社，1992 年版，上，第 392 页。

可以用《圣经》解释中国典籍，支持他们在中国的传教工作与传教方式，又可以用中国典籍解释《圣经》，弥合新发现与旧神学之间的裂痕。

利玛窦开辟了基督教"索引派"[1]的先河，而最后的集大成者则是傅圣泽神父、马诺瑟神父、白晋神父。他们作为"国王的数学家"，受法国外方传教团派遣来华传教。傅圣泽神父研究《易经》，发现那些用短线表现的奇妙的数字，都具有救世主的品格与奥义。"易"字就是"耶稣"的汉语称呼。《易经》是"圣经"。中国古籍都是神书，"天"、"道"、"太极"都是方块字里对"上帝"的不同称呼。在《论人们所称的在尧与秦曾治理中国的三个朝代》一文中，他从七个方面证明伏羲就是埃诺克。与此同时，马诺瑟神父的研究也是创造性的，他在中国典籍中发现的基督教义包括：1、天使堕落，2、人的堕落，3、救赎，4、天堂，5、救世主，6、圣灵感学，7、圣礼。汉字中的"十"、"日"、"东"、"羊"、"麒麟"（独角兽）、"凤"都是基督教中的象征，最奇妙的是"船"字，它表示"八口人乘舟"，与《创世纪》中的挪亚一家八口人乘舟逃离滔天洪水的故事完全相同。白晋神父研究《易经》、《诗经》，解读《诗经·大雅·生民》，证明姜嫄就是圣母玛丽亚，《生民》讲述了救世基督降生的故事，基督在中国文字中的名字叫后稷。[2]世间实际上只有唯一一位弥赛亚救世主，不过他的人格表现为不同民族远古的立法英雄，在古希腊是赫尔墨斯，在埃及是阿努比，在波斯是琐罗亚斯德，在中国则是后稷或伏羲。白晋是位诗人，神学诗人，他大胆的想象与创造即使出现在梦中，都会令人惊异。他曾断言，基督教中所有的神性、基督教神学中所有的教条与基督教道德圣殿中所有的箴言，无一不在中国典籍中清晰地呈现。

1687 年，柏应理、殷铎泽等四位神父编译的《孔夫子：中国哲学家》在巴黎出版。其中包括孔子小传，《论语》、《大学》和《中庸》一些篇章的节译。这部书风靡一时，使西方世界第一次了解了中国文化的哲学基础：孔夫子的

---

[1] 索引派（Figurism），又译为旧约象征论或菲各主义，代表人物有傅圣泽、白晋、马诺瑟、郭中溥等。他们认为中国古代典籍都有关于基督教的神秘教理，连中国人都不明白他们远古祖先的玄奥、那些深藏在表面意义之下的神秘的象征。他们用旧约意义阐释先秦典籍，既用《圣经》解释中国文化，支持他们在中国的传教工作与传教方式，又用中国典籍解释《圣经》，弥合新发现与旧神学之间的裂痕。

[2] 参见娅娃丽：《耶稣会士白晋对百谷神后稷的研究》，见（法）安田朴、谢和耐：《明清间入华耶稣会士和中西文化交流》，耿升译，成都：巴蜀书社，1993 年版，第 186–203 页。

思想。孔夫子，东方智者，他教导的是建立在自然哲学基础上的政治伦理，他是人类历史上真正教育君王的哲学家。一个多世纪以来，欧洲人第一次弄明白中国制度的种种优越均来自于这样一种伟大的哲学，一种出色的、行之有效的"君王科学"。正是孔夫子的思想在中国创立了一个开明的君主政体，那些在四书五经熏陶下的贤明皇帝不是用暴力，而是用爱、知识与劝说统治他的国家与人民。在这个世界上，还有谁是更好的君王榜样，谁是更能造福人类的哲学家？开明的政治制度是人类幸福的保证。

《孔夫子：中国哲学家》内页插图

《孔夫子：中国哲学家》影响广泛。它不仅揭示了中华文明的思想基础，还唤醒了西方思想家一种久远的憧憬与使命感。为什么不能让哲学家教育王子，用开明的思想统治国家呢？一个观念的中国或许比一个现实的中国更重要。《孔夫子：中国哲学家》的编译者们明确指出他们介绍的是中国古代一种影响深远的思想，而不是现今的中国现实。因为中国现实不管如何歌颂，都无法回避某些明显的罪恶与黑暗：贫困、拥挤、腐败、严刑酷法，不信基督教。重要的是一种纯正的思想与价值。如果不了解一个民族的哲学、他们的伦理观念与宗教信仰、他们的家庭与政治组织制度、他们的性格特征与智慧特征，你能说你了解了这个国家吗？人是国家的主体，精神是人的主体，你只有理解了这个民族的思想价值，才能理解这个民族。

《孔夫子：中国哲学家》是一部里程碑式的著作，它标志着欧洲的中国形象发展历史中哲学的时代的开始。孔夫子的中国才是中国的真正意义。书在流传，中国哲人的话正在巴黎变成思想者或时髦人士引用的格言。九年以后，1697 年，另一部关于中国的著作《中国现状新志》出版，作者是作为"国王的数学家"出使中国的耶稣会士李明（Le Comte）神父。这部书引起更大的反响与更大的争议。中国具有优越的政治制度与伦理道德，儒家思想是一种宽容睿智的自然神论。《中国现状新志》被巴黎索邦神学院下令禁毁。教会终于发现这些虔诚热情的神父已经把事情做得出格了，他们不仅介绍了一个开明的国家，还偷渡来一种危险的观念。观念的中国可能比现实的中国更有意义：更有利或更有害。

二

莱布尼茨是欧洲第一位热爱中国的伟大思想家，也是第一位认真全面思考中国事情的欧洲人。莱布尼茨对中国的想象与期望，按时间顺序，表现在四个方面，首先是 70 年代末 80 年代初的语言学兴趣、然后是 80 年代末 90 年代初的科学技术兴趣、再后是 90 年代后期的道德兴趣、最后是 18 世纪初开始的哲学兴趣。

莱布尼茨 20 岁时曾设想过一种"思想代数"式的世界性语言。神父们对中国文字的研究为莱布尼茨的理想找到了一种可能的现实对应物。基歇尔神父的《中国图志》对汉字的介绍别开生面，约翰·韦伯的著作《关于证明中华帝国之语言有可能为人类最初语言的历史评说》惊世骇俗，还有荷兰东方学家雅克布·格尔，他将这种历史的猜测进一步推向未来，汉字的书写特征使它可能成为世界不同民族交流的共同的语言。这种普世通用的语言，不论对基督教传教事业还是人道主义者的世界主义胸怀，都是必不可少的。普鲁士的一位路德派牧师安德亚斯·米勒宣布自己发现了汉语入门的密径，1679年莱布尼茨通过选帝侯埃尔斯霍茨先生，请教米勒牧师，一口气提出了 14 个问题。他想知道欧洲人是否可以学会阅读汉语并用汉语写作，汉字的构成特点与历史，中国人关于自己文字的理解，汉语是否有可能引进欧洲等等。

1689 年，莱布尼茨在罗马会见闵明我神父，[1] 闵明我神父受康熙皇帝之托，回到欧洲招募精通历法的传教士。逗留罗马的时候，莱布尼茨曾拜访过他，过后还念念不忘，写信给这位著名的神父："我向往着每天同您交谈。能够见到并聆听一个人向我揭示许多世纪以来在远东埋葬的珍宝和奥秘，对于一个求知欲望强烈的人来说，再没有什么别的比这更令他渴望的了。"[2] 在这封信里，莱布尼茨向闵明我一口气提出了 30 个有关中国的问题。

哲学家百科全书式的求知欲几乎让神父感到难堪。30 个问题，涉及烟火手艺、造纸、冶炼、丝绸工艺、陶瓷技术、玻璃器皿、印刷术、采矿、武器制造、风车、海运及陆运技术、医药与外科手术等等，基本上全出自实际观察，尤其注重技术方面。法国学者安德烈·罗丙内将 30 个问题分为三大类：1、关于地球物理与中国技术；2、关于数学与物理；3、关于天文学。[3] 此时，莱布尼茨对中国文明的兴趣主要在科学与技术方面。那些年里，欧洲的中国消息越来越多，起初是宗教的、物产与贸易状况的，然后是科学技术、语言、历史与道德政治的。莱布尼茨一直关注中国。在纽伦堡、巴黎、汉诺威，在慕尼黑、柏林、罗马，在他不断的旅行、阅读与交游中，他都有可能接触到不同渠道的中国信息。然而，各种说法、看法，有的语焉不详，有的相互矛盾。对于求知者，它们与其说是回答，不如说是提问。1689 年在罗马见到闵明我神父，像是见到了救星。这是他第一次有机会获得关于中国的直接、准确的知识。那一长串"十万个为什么"式的问题，本身既说明莱布尼茨百科全书式的知识，也能说明他对中国的无知、渴望与热情。

---

[1] 1689 年 3 月到 1690 年 3 月是莱布尼茨的"意大利之旅"（见莱布尼茨的《意大利之旅》ITER ITALICUM），其中最重要的事件是 1689 年 7–8 月间与闵明我神父的会晤，当时闵明我神父正受命康熙皇帝回欧洲招募精通天文学的传教士。

[2] 安文铸等编译：《莱布尼茨和中国》，福州：福建人民出版社，1993 年版，第 102–103 页。

[3] 参见（法）安德烈·罗丙内：《莱布尼茨与闵明我在罗马的会面》，李文潮 H·波塞尔编：《莱布尼茨与中国——〈中国近事〉发表 300 周年国际学术讨论会论文集》，北京：科学出版社，2002 年版，第 66–74 页。

1697 年，莱布尼茨又将耶稣会中国教务的资料编辑成书出版，这就是《中国近事》。这部书像当时欧洲出版的很多书那样，有一个长得像内容提要一样的书名：《中国近事——现代史的资料，关于最近中国官方特许基督教传道之未知事实的说明，中国与欧洲的关系，中华民族与帝国之欢迎欧洲科学及其风俗，中国与俄罗斯战争及其缔结和约的经过》。除了莱布尼茨那篇占有 24 页的序言外，该书几乎是一部文献资料集，内容包括：

葡萄牙传教士、北京基督教会会长苏霖关于现今（1692 年）在中国允许传播基督教的报告。

比利时传教士南怀仁在中国出版的天文学著作摘要——关于现今中国政府统治者对天文学的研究状况。

意大利传教士闵明我 1693 年 12 月 6 日从果阿寄出的致莱布尼茨的信。

比利时传教士安多 1695 年 11 月 12 日发自北京的信。

通向中国的道路的简要描述，俄国歌唱团于 1693、1694 年和 1695 年曾途经此路。

附录，法国传教士张诚 1689 年 9 月 2 日和 3 日书信的摘要，寄自俄国统治下的中俄边境城市尼布楚，信中汇报了中俄之间的战争和最终媾和的情况。

1699 年再版时又加上法国传教士白晋所撰《中国当朝皇帝传》（从法文译为拉丁文）。

从这部书的内容来看，莱布尼茨的中国关怀已从科学技术扩展到伦理道德，并且明确地提出，中国的道德政治才是中西文化交流中对西方最有价值的部分。在他那篇激情澎湃的序言中，莱布尼茨表述得很清楚："中国这一文明古国的面积同欧洲相比大致相同，而人口数量则已超过。在许多方面，他们与我们各有千秋，在几乎是'对等的竞争'中，有时我们超过他们，有时他们超越我们……然而，过去有谁相信，地球上还有这样一个民族，它比我们这个自以为在各方面都有教养的民族更具有道德修养。自从我们对那些中国人比较熟悉以后，便在他们身上发现了这点。如果说我们在手工艺技能上同他们相比不分上下，在理论科学方面还超过他们的话，那么，在实践哲学领域，即在生活与人类日常习俗方面的伦理道德和政治学说方面，我们肯定是相差太远了……他们在其庞大的社会群体中所取得的成效比宗教团体的创始人在其小范围内所取得的要大得多。他们如此提倡尊重长辈、孝敬老者，以致孩子们对父母的关心和孝敬就像宗教礼节一样……同辈人之间或相互关系不深的人之间也都彼此尊重，讲究礼貌……农民和仆人之间也相互问候，如果多时未见，彼此十分客气，相敬如宾，这完全可以同欧洲贵族的所有社交举止相媲美……"[1]

　　中国真正的重要之处，在于它独有的文化，一种优越高尚的道德价值。莱布尼茨期望传教士能"在相隔遥远的民族之间"，"建立一种相互交流认识的新型关系"，实现人类不同民族不同文明交流的伟大理想，用一盏灯点亮另一盏灯，普世光明。莱布尼茨真正感到有这种必要："鉴于我们道德败坏的现实，我认为，由中国派教士来教我们自然神学的运用与实践，就像我们派教士去教他们启蒙的神学那样……"1697 年，《中国近事》出版的时候，莱布尼茨在他图书馆的办公室门上贴了一个纸条："有关中国动态办公室"。《中国近事》的内容大多涉及传教与政务。尽管作为蔷薇红十字会秘书的莱布尼茨，有着普世基督教的强烈愿望，但他对耶稣会士及其介绍的中国有关中国的兴趣，既不是新教徒的，也不是基督徒的。此时他是一位哲学家，人道主义者，他的世界主义视野已超出基督教普世主义。在中国，莱布尼茨看到真正有价值的知识：普世语言、普世科学与普世道德。

　　莱布尼茨对中国的第三种热情，集中在儒家伦理上。他认为，儒家伦理是一种建立在理性之上伦理，中国是个接近理想的"理性化的国家"，多少实现了柏拉图的"理想国"。然而，是什么精神使中国发展出如此高尚的道德呢？莱布尼茨归结为中国的"自然神学"。早在《孔夫子：中国哲学家》刚出版不久，1687 年 12 月 9 日，莱布尼茨就写信给黑森－莱茵区的恩斯特，表示自己读过这本书。而在《中国近事》的序言中，莱布尼茨着重强调了中国的道德对欧洲的启示，并开始思考儒家伦理的善的基础。而这个善的基础，则属于真正的哲学与神学问题。关于这个问题的思考，将引发莱布尼茨中国

---

[1]　《莱布尼茨和中国》，安文铸等编译，福建人民出版社，1993 年版、第 104-105 页。

热情的第四个主题：中国的自然神学。

1701 年至 1703 年间，巴黎发表了入华传教士龙华民与利安当神父的两篇论中国哲学与信仰的论文。莱布尼茨仔细阅读了这两篇文章，并做了批注。不久以后，法国奥尔良公爵菲利普的顾问尼古拉·德·雷蒙又寄给他马勒布朗士的《关于神的存在及其本质：一位中国哲学家与基督教哲学家的对话》。三篇文章中观点的对立与礼仪之争的背景，使莱布尼茨于 1716 年写出一封像学术论文一样的长信给雷蒙，论述中国的自然神学：《致德·雷蒙先生的信：论中国的自然神学》。莱布尼茨认为，礼仪之争的问题不在中国，而在传教士对中国的不同理解上。莱布尼茨在《中国近事》中曾提到中国的"自然神学"，但语焉不详。他希望进一步解释这个问题。他认为孔子所代表的儒家哲学，是一种中国式的柏拉图主义，"与柏拉图一样，孔子亦信仰一个惟一的上帝的存在"。中国人的自然神学的最高原则是"理"，即"理性，或者说全部自然的深层原因，亦即包括一切的本质存在"，"从理中产生了五德，即仁、义、礼、智、信。"莱布尼茨认为，除了缺少天启内容以外，中国人对上帝的设想几乎与基督教完全一致。甚至上帝的国家这个思想也存在于中国的传统之中。

莱布尼茨既是一位虔诚的基督徒，支持教会，不管是天主教还是新教，派传教士到中国去传授天启神学；同时也是一位热情的人文主义者，希望中国能派传教士到欧洲去，传授自然道德。莱布尼茨是伟大的和谐论者，终其一生都是坚定的德国新教徒，却与耶稣会士亲密交往，试图在普世基督教意义上调和新教与天主教、调和异教世界与基督教西方。《致德·雷蒙先生的信：论中国的自然神学》，是莱布尼茨的最后一部著作，而且没有写完。这篇论文既有哲学上的含义，崇尚理性与宽容；也有神学上的含义，为基督教普世主义传教事业提供思想基础。

莱布尼茨时代，中国与西方的文化交流，仍在最初的蜜月阶段。西方已派传教士前往中国传授西方的自然科学与天启神学，传教士也将中国的道德哲学或自然神学介绍到西方。传教士与哲学家也仍在蜜月时代，他们拥有共同的文化使命，发现孔夫子的中国的文化精神，共同在欧洲建设一种神学与哲学和谐的文化，使人们生活在崇高的信仰与健康的理性中。然而，这一切都是短暂的、幻影中的，莱布尼茨理想的"世界和谐"的可能性很快就消失了。礼仪之争很快分裂了外方传教势力，与《中国近事》同年问世的李明神父的《中国现状新志》，三年后被巴黎索邦神学院指控为亵渎圣教、宣传异端邪说，予以禁毁；礼仪之争也断送了中国传教的蜜月，莱布尼茨逝世于1716年，4年以后教皇特使嘉乐激怒了康熙皇帝，中国朝廷开始禁教；礼仪之争最终引发的哲学家与神学家的分歧，也将断送西方的中国形象的蜜月，教会发现哲学家正利用孔夫子的中国形象偷渡危险的无神论思想；而哲学家最终也将放弃自然神学转向自然哲学，干脆用哲学取代宗教作为道德核准。哲学家与神学家的分裂不可避免。即将到来的启蒙精神，并不那么宽容，首先是哲学家容不得神学家，然后是欧洲精神容不得异域文化。莱布尼茨理想"用一盏灯点亮另一盏灯"，普世光明，而启蒙主义者则希望用欧洲的一盏灯点亮世界。

三

莱布尼茨相信"世界和谐论"，他相信我们生活的这个世界，是所有美好的世界中最美好的一个，相信由于天意的安排，人类所有美好的愿望，都将在天启神学与自然理性的光芒照耀下实现。莱布尼茨试图调和知识与信仰、哲学与宗教的冲突。那是个感动人的时代，神学家与哲学家亲密合作一项伟大的事业，希望用自然神学于信仰分裂与宗教迫害中拯救欧洲文化；也正是在神学家与哲学家亲密合作的这项伟大事业中，中国形象在西方现代文化中最光辉的时代到来了，"孔夫子的中国"成为自然神学的象征，成为建设一种理性宗教、宽容哲学的现代文化的启示。自然神学认为，神启在自然中，只要相信有一个神、道德是信仰的方式、上帝奖惩善恶，就坚守住了自由、理性、纯洁的基督教信仰。自然神学是基督教信仰的理性底线，也是耶稣会士入华传教、孔夫子的中国形象在17-18世纪欧洲流传的底线，这个底线不仅能使耶稣会"适应主义"传教策略得以进行，还能使他们发现中国形象对欧洲超越信仰纷争的启示意义。在中国，他们用自然神学支持他们"适应主义"

传教路线，在欧洲，又用孔夫子哲学支持欧洲的理性宗教精神，在这一点上，神学家与哲学家取得了默契。

耶稣会传教士们宣传中国道德哲学的淳朴理性与政治的开明，初衷或许是希望在欧洲获得更大的支持，但是，在欧洲一些热心于"中国事务"的人的心里，中国还有更多更深远的意义。基督教正统主义者中，有人真诚地希望基督教信仰能够理性化一些，回到一种淳朴的自然神学中，放弃宗派之争，通过理性探讨神性的真理，而不是通过教权专制垄断信仰，使教会变得愚昧残暴。中国的道德哲学、康熙皇帝宽容开明的宗教政策，或许可以带来一些启示。还有人想得更多，当有些人还在为孔夫子的哲学与基督教神学的共同性辩护、提倡一种自然神学的时候，有些人已经想到把孔夫子当做异教徒的哲学家，与基督教分庭抗礼。他们是无神论者，但又不敢明确宣称无神论，就将无神论的真义隐藏在中国的道德哲学或自然神学中。后者是哲学家，他们不仅在与教士争夺中国形象的话语权，更重要的是与教会争夺对人们头脑的统治权。

莱布尼茨逝世 5 年以后，他曾赞扬过的一位青年学者、德国哈雷大学数学与自然哲学教授沃尔夫[1]，在哈雷大学做了一次"关于中国人道德哲学的演讲"。这次演讲在德国以至于欧洲 20 多年间引起的戏剧性纷争，当时谁也没有预想到。在这次用庄重的拉丁语所做的演讲中，沃尔夫首先高度地赞扬了中国的哲人政治，并将这种处世治国的传统追溯到伏羲。伏羲"大兴科学、创建国家"，孔子不过是这一光辉传统的复兴者，他的道德哲学成为君王治世的法则。

中国悠久的历史与辉煌的文明，都取决于一种有关处世治国的深奥的哲学，那是一门真正的、关于幸福的科学，它植根于人类理性中的自然性。多么可敬的自然性，像优秀的中国文化那样，人类社会的政治制度与道德风尚，都应该建立在理性中的自然性上。孔子的道德哲学与基督教神学并不矛盾，

---

[1] 克里斯蒂安·沃尔夫（Christian Wolf，1679－1754）德国哲学家、数学家和科学家。莱布尼茨的学生，曾任哈雷大学数学教授，马堡大学数学和哲学教授，彼得大帝科学顾问，哈雷大学副校长等职。他用莱布尼茨和笛卡儿的思想阐述自己的哲学体系，上承莱布尼茨，下启康德，是德国启蒙哲学的重要代表，著作涉及哲学、神学、心理学、植物学和物理学等多个学科。

因为不管是根据自然还是根据神启，都可以发展出高尚的道德，"哲学的真正基础就是与人类理性的自然性相一致的东西，违背人类理性的自然性的东西不能被看作是真正的基础。"[1] 沃尔夫希望在一种可敬的异教哲学与传统基督教神学之间找到共同的基础与互补的可能。他也不敢过多地冒犯那些基督教正统派，尽管他早已心怀不满。

就在演讲前不久，沃尔夫还说他希望总有一天他会为中国的道德与政治思想建立一个科学的体系，因为中国哲学太重要了，与他的学说不谋而合。让它任意埋没在东方式的混乱中是人类智慧的浪费。"关于中国道德哲学的演讲"似乎了结了他的一桩心愿。这部演讲分三部分，第一部分介绍儒家处世治国的思想；第二部分比较基督教神学与中国哲学，并试图为二者建立一个共同的自然理性的基础；第三部分说明孔子的道德哲学与他自己的学说相同，尤其是教育理想方面。

沃尔夫在中国看到柏拉图式的哲人治国的理想，将政治的基础置于道德教育上。道德是一种知识，它可以通过教育与培养获得。在演讲的第三部分，他进一步称赞中国道德智慧引导下的一套完善的教育制度。"他们在全国各地设置了两种学校，一种他们称为小学，它以心灵的低级部分为基础，另一种他们称为大学，它完全以心灵的高级部分为对象……在幸福的年代里，在整个中国，人人潜心于知识，人的理性要求他们这么做，人的生命的其他属性要求他们这么做。"[2]

演讲在热烈掌声中结束。而关于这次演讲的更激烈的争论，也随即开始。耶稣会士和莱布尼茨都试图证明，中国人信奉上帝。但在沃尔夫的演讲中，中国人成了道德高尚的无神论者。无神论和无君论同样危险。1723 年，普鲁士国王莱德里希·威廉一世下令：哈雷大学教授沃尔夫必须在 48 小时内离开普鲁士国境，否则将处以绞刑！

沃尔夫因为宣传一个"孔教乌托邦"而失去了一个可爱而又可怕的普鲁士王国，但他几乎获得了整个欧洲。他很快得到了马堡大学的聘请。从热情

---

[1]　（德）夏瑞春：《德国思想家论中国》，陈爱政等译，南京：江苏人民出版社，1995 年版，第 32 页。

[2]　（德）夏瑞春：《德国思想家论中国》，陈爱政等译，南京：江苏人民出版社，1995 年版，第 37－38 页。

激进的青年到雄才大略的彼得大帝、瑞典国王都拥护他。彼得大帝邀请他出任圣彼得堡科学院的副院长。尽管沃尔夫不愿意离开马堡，沙皇还是给他一笔年金，这是一种态度，圣彼得堡大学还赠给他一个荣誉教授。关于中国道德哲学的争议已经扩展到欧洲其他国家，莱顿大学、波伦亚大学、斯德哥尔摩大学的学者们纷纷著文声援他。1728 年，沃尔夫在马堡大学做了关于"孔教乌托邦"的另一次演讲："哲人王与哲人政治"（演讲文在英国出版时，英译者将标题改为"哲人王统治下人民的真正幸福"）。

> 只有当哲学家统治，或者统治者就是哲学家时，国家才能幸福。柏拉图的名言已经无人不晓。然而，理想国并不只存在于推理中，也存在于事实与经验中。我曾经指出[1]：中国古代的帝王是真正具有哲学家天赋的人。我曾经提到伏羲和他的继承者。伏羲创立了各门科学和中华帝国，由于这些哲人王的智慧与努力，中国的政体成为世界上最优秀的政体。在统治艺术上，从古到今，中国超越了所有其他的国家。[2]

沃尔夫讨论"哲人王统治下人民的真正幸福"，完全像是讨论一种现实。他知道，用现实与现实之间的差别取代理想与现实间的差别，其革命性更彻底。沃尔夫在理论上没有提出更新的东西。国家实现个人的至善。统治国家的智慧是关于美德的知识，哲人王的智慧应该对好政府有准确的、全面的理解，哲人王有责任维护政治的清明与公民的幸福。

> 在良好的统治中，哲学是绝对不可缺少而且能够发挥巨大作用的律令。统治者任何时候都不能放任自己、随心所欲。事无大小，他都必须以国家关怀为己任，全心全意地促进公共的善，维护公众的安全与和平。
> 具有哲学视野的人，很容易体会到，没有哲学智慧的敏锐与深刻，

---

[1] 指"关于中国人道德哲学的演讲"——原注。

[2] C.F.Von Wolff,"The Real Happiness of a People Under a Philosophical King",London：Printed for M.Cooper,at the Globe,in Pater-Noster-Row,1750,P1.

人们无法洞察国家大法的幽微。因为处理政务的明智的判断，并不是从就事论事的观察中得来的，而是从理性的品格中得来的……

　　沃尔夫认为，哲学赋予统治者以道德理性，作为他们统治的原则。这方面不仅有柏拉图的理想，还有中国的现实榜样。哲人王或开创一种政体，或继承发扬一种政体。中国的先王们无所摹本，就利用他们的道德哲学智慧，从家庭原则中演绎推导出国家法则。沃尔夫指出，在中国，修身、齐家、治国、平天下，既是个人修养的原则，也是政治统治的原则。"他们自觉愉快地以家庭生活的准则要求自身的行为，并以严格的个人品德组织家庭生活；由此举一反三，从家庭或家族原则中推导出国家概念，一家之主就变成一国之君，家庭就变成国家，道理相通。当然，我们不能设想中华帝国的家政与国政的完成是一蹴而就、一劳永逸的。任何一位家长或统治者在亲理家务或政务之前，都要经过严格的个人身心的修炼，他们将个性当作家庭，使自己主宰自己的身心像家长主宰一个家庭，由此类推，循序渐进；由个人修炼到家庭治理，他们逐渐掌握了治理家庭的知识，然后将其付诸实践，反复锻炼，提高认识，更好地掌握真理，更娴熟地处理各种难题，直到他们感到游刃有余，体验到治家成功的愉悦，他们就可以体会治国的原理，将家庭原则推演到一个省或一个国家、甚至几个王国组成的帝国的政治中。修身、齐家、治国，道理相同，优秀政府的概念也自在其中……"[1]

　　中国先王开创的政体，使他们成就了一个理想的国家。中国实现了哲人王统治下人民的真正幸福。在马堡大学的这次演讲中，沃尔夫明确提出中国政治是世界的典范。这种典范在中国三皇时代就已确立了，四千多年发扬光大，这就是中国："他们的国王都是哲学家，哲学家就是国王。"每个中国皇帝身边都有一个哲学内阁，从孔孟时代中国人就尊重哲学家，他们的爱真理的哲学家在政治事务中比任何人都更有权威性……沃尔夫言之凿凿，甚至连他自己此时都感觉不到他叙述柏拉图传统的政治理想竟像叙述中国的现实

[1] C.F.Von Wolff,"The Real Happiness of a People Under a Philosophical King",London: Printed for M.Cooper,at the Globe,in Pater Noster Row,1750，P22-24.

一样！其实沃尔夫并非真正关心中国的政治现实，甚至都不关心他的中国知识是否准确。他想证明的不是一种首创性的中国智慧，而是与他的哲学体系不谋而合的一种朦胧的理想国神话。在1721年那篇著名的演讲中他说得很明白：

> 小的时候，我对中国人的聪明才智一无所知，不过我对促进人类幸福生来就感兴趣，因此在年纪不大的时候，我已经开始考虑人该做什么，不该做什么（说这话的目的绝不是为了炫耀自己）。关于这一点，我的一篇关于大众哲学的论文可以作证。多年前，我曾在一所邻近的教学质量很高的大学将这篇文章提交谦逊有礼的学者们审查。进入成年，我的判断力和洞察力逐渐地成熟提高，对这一问题，我认识得更深了，我从人类理性的最深处推断出了有什么东西能明智地控制人类的行为。中国人的见解对我的见解没有丝毫的帮助，因为那时我对他们还一无所知，但是我通过深思熟虑得出的见解却十分有助于我更好地了解中国人的见解。[1]

随后，启蒙思潮在欧洲渐趋壮大，欧洲的局势、风尚也开始转变。1740年，年轻的腓特烈大帝写信给沃尔夫表示："哲学家成为世界的导师和王公的顾问的时代终于来到了。"沃尔夫乘着腓特烈大帝派来的四辆豪华马车回到了

普鲁士。沃尔夫在论著和演讲中虚构了一个哲人王统治的"孔夫子的中国"，腓特烈大帝则热切地希望在现实的欧洲扮演这样一个哲学王。

四

因为中国的自然哲学，欧洲的教士与哲学家的冲突开始了。表面上看，他们是在争夺中国形象的话语权，实际上他们是在争夺西方现代文化

腓特烈大帝像

---

[1] （德）夏瑞春：《德国思想家论中国》，陈爱政等译，南京：江苏人民出版社，1995年版，第39－40页。

的话语权。"中国之争"从宗教界扩展到哲学界,欧洲社会对中国信息的关注面更大了。教会中越来越多的正统主义者开始攻击耶稣会的中国传教事业,同时耶稣会的中国书简或著作在社会中的影响却越来越大。17世纪里那些著名的著作《利玛窦中国札记》、曾德昭神父的《大中国志》、卫匡国神父的《中国历史十卷》、《鞑靼战纪》、《中国耶稣会教士纪略》、基歇尔神父的《中国图志》、柏应理神父等的《孔夫子:中国的哲学家》,在更广泛的范围内流传。新的有关中国的出版物继续问世,而且规模更大。1702、1703年,巴黎的卢哥比安(Le Gobienl)神父编辑出版了两卷《耶稣会士书简集》[原名叫《耶稣会的某些传教士写自中国和东印度的书简》(1702)、《耶稣会某些传教士写自外国传教区的感化人的和吸引人的书简》(1703)]。这些文学性的、动人的书简吸引了广大的读者,以后便成为定期编发的期刊性资料集,一直出版到耶稣会解散(1776年)。《耶稣会士书简集》从1702年到1776年共编辑出版了34卷,主编换了三位,卢哥比安、杜赫德(J. B. Du Halde)与帕都叶(L. Potouillet),如果不是教皇解散了耶稣会,这些影响深广、卷帙浩繁的书信集还会继续编下去。耶稣会士的勤勉与博学令人赞叹,三位主编中杜赫德影响最大,不仅因为他主编了9—24卷的书简,更重要的是,他在传教士广泛的中国报道基础上编撰出版了《中华帝国通史》。这部"关于中华帝国及满蒙地理、历史、年代、政治及物产等的记述"的巨著共四卷,出版于1735年。

传教士创造了一个革命性的中国形象,成为启蒙者的文化灵感。《中华帝国通史》是18世纪欧洲的中国百科全书。英、德、俄语的译本先后问世,影响深远。如果我们为16、17、18这三个世纪找出每一个世纪关于中国的畅销书,16世纪是门多萨的《大中华帝国志》、17世纪是基歇尔的《中国图志》,18世纪则是杜赫德的《中华帝国通史》。杜赫德试图全面地介绍中国,有社会各方面的知识,有光明面也有阴暗面;读者可以看到中国的富饶与强大,也可以看到中国的贫困与落后;仰慕中国者与批判中国者,伏尔泰或孟德斯鸠,都可以从中找到他们需要的资料;从孟德斯鸠到马克思,都将《中华帝国通史》当作他们思考中国问题的根据。18世纪教士们关于中国的著作可以装备一个图书馆。与《耶稣会士书简集》、《中华帝国通史》并称为 18 世纪欧洲中国学三大名著的《中国丛刊》（"北京教士所写的关于中国人的历史、科学、艺术和风俗习惯的札记丛刊"），从 1776 年一直出版到 1814 年，共 16 卷之巨。如今人们已无法想象那些落满灰尘、沉睡在图书馆某个角落的耶稣会士的著作，当年是如何激动人心，如何影响并塑造西方现代世界观念与自我意识。

传教士塑造的中国形象，最终武装了启蒙时代的欧洲知识界，成为他们思考的素材与批判的武器。中国是一个开明的帝国，政治清廉、道德纯正、宗教宽容。一种如此优秀的异教文明，将是最好的武器。早在 1640 年，拉莫特·勒瓦耶就根据《利玛窦中国札记》的内容写出《论异教徒的德行》，他将孔夫子与苏格拉底相提并论，称赞孔子为"哲学之王"，"使哲学从天国降临人间"，孔夫子的真正伟大光荣之处在于他将人间的权杖交给哲学家，使暴力强权服从理性，建立哲学家的统治。"当然，使王权掌握在哲学的手中，使暴力乖乖地服从理性，这对孔子来说不是一种小小的荣誉，除了希望看到哲学王子或哲学家们进行统治之外，人们还能希求怎样的更大的幸运呢？这种非同凡响的思想使这两种值得庆幸的事业在中国得以实现，孔子的崇高美德甚至使君王决不发出与他的（孔子的）戒律不符的命令，皇帝的文武百官都势必是孔子的信徒，因此可以说，只是哲学家们在统治这样一个大帝国。"[1]哲学家们开始将孔夫子的道德当作挑战教士的权威，或许神学统治人间的时代该结束了。他们首先宣扬建立在自然神学基础上的中国伦理哲学"完全符合良心的光明与基督教的真理"，然后进一步放弃道德的神学基础，宣扬一种无神论的道德，用人的理性支撑世界的道德秩序。

伏尔泰则借纪君祥的《赵氏孤儿》编了一出中国戏——《中国孤儿》，阐释孔夫子的道德哲学。孔夫子的哲学"从来没有受无稽神话的糟蹋，也没有为政教之争和内战所玷污"，孔夫子教导的"中国人最深刻了解、最精心培育、最致力完善的东西是道德与法律……世界上曾有过的最幸福、最可敬的时代，就是奉行孔子的律法的时代"。中国政府是世界上最开明的政府，

---

[1] （法）艾田蒲：《中国之欧洲》，钱林森、许钧译，郑州：河南人民出版社，1992 年版，上，第 265 页。

"人类肯定想象不出比这更好的政府：一切都由一级从属一级的衙门来裁决，官员必须经过好几次严格的考试才被录用。……如果说曾经有过一个国家，在那里人们的生命、名誉和财产受到法律保护，那就是中华帝国。"伏尔泰歌颂中国的哲人王，"我们对于中国人的优点即使不崇拜得五体投地，至少也得承认他们帝国的治理是世界上前所未有的最优秀的……"[1]

伏尔泰的别墅

让理性导引人的精神生活与政治生活，启蒙哲学家负有双重使命。在以法国哲学家为主的大多数启蒙主义者眼里，孔夫子的中国是乌托邦式的楷模，它既可以批判教会野蛮的神权，又可以批判欧洲腐败的暴政。启蒙主义哲学家们勇敢地运用理性，期望通过理性的建设与道德教育，驱除迷信与恐惧，引导自由的精神、塑造开明的君主，成就人类幸福与正义。孔夫子的哲学没有迷信与荒诞，孔夫子的哲学教育出的中国皇帝，"投入自己全部的生命与

---

[1]　（法）伏尔泰：《风俗论》，梁守锵译，北京：商务印书馆，1995年版，上，第220、216、219页，下，第460—461页。

幸福"去治理国家。莱布尼茨去世 30 年后，伏尔泰在《风俗论》中进一步明确了孔夫子的中国形象的文化价值：它对现代西方的启示是它的自然神学、道德哲学与开明君主政治。在孔夫子的中国形象上，伏尔泰并没有添加什么、改变什么，他的作用，只是使孔夫子的中国形象在西方启蒙文化中更鲜明、更有批判性、影响更大。

中国智慧中最有价值的是伦理思想，伦理是"国王的科学"。此时西方对中国政治伦理感兴趣的已不仅限于教士，柏应理神父他们翻译出版《孔夫子：中国哲学家》的时候，法国的一位医学博士贝尼埃（Bernier, Francois）也在编译孔子与中国哲学家的著作。他直接用《国王们的科学》作书名，在谈到自己的翻译时他说："我从事这项任务主要是由于我发现，再没有任何一种伦理能更明智、更谨慎和更恭敬地以其义务而教化王子们了。他小心翼翼地暗示，威严和庄重是国王人身不可缺的品质，但它们都被温情和人道大大减弱了。他同样还暗示，国王不可避免地被迫介绍其国的事务，并且要用心倾听他提出的申诉和上谏、向他提出的意见和建议。如果国王不想关闭真理的大门，排除迟早会使他们遭到失败的谗言和媚态的障碍，那就必须这样做。最后，为了用简单的一句话解释这一切，又要求国王除了为其臣民谋福利外，再也不谋求其他任何利益，要更多热爱他们应热爱的一切，同时又仇视他们要仇视的一切。他就如同一位慈父溺爱亲生子一样，温柔多情地爱护他们，再没有任何其他办法达到真正的荣耀，达到一种永久的稳定声望了。"[1]

将理想的国家寄托在理想的政治上、再将理想的政治寄托在理想的哲人身上。这是欧洲近代史上人文主义以道德秩序为基础的开明君主政治的哲学思想，它将社会正义与幸福的希望寄寓在开明君主的个人德行上，主张政治以教化为基础，并以哲学家的教育塑造这一基础。这种道德主义的开明君主制的思想，恰好在中国形象中找到典范式表达。1621 年，培根的同乡伯顿（R. Burton）在《忧郁症的剖析》中一知半解地对中国的政治制度大加赞赏，"他们从哲学家和博士中挑选官员"。 1669 年，约翰·韦伯（John Webb）著

---

[1] （法）维吉尔·毕诺：《中国对法国哲学思想形成的影响》，耿升译，北京：商务印书馆，2000 年版，第 439 页。

文劝说英王查理二世（Charles）效法古代中国君主施行仁政。1670 年前后，英国政治家坦普尔爵士（Sir W. Temple）思考"父权"政体时，中国的制度与儒家思想曾给过他许多启示："家庭是一个小规模的王国，而国家是一个扩大的家庭"；"由最好的人管理的政府就是最好的政府。哲人是最好的人，哲人政治是最好的政治"，"伟大古老的中华帝国"就是这样实践的。坦普尔爵士就曾一再引证《中庸》中"哀公问政"[1] 一段，说明"为政在人"的道理。1672 年，天真而又狂热的闵明我（D Nararrete）神父从中国回到欧洲，在里斯本上岸时还穿着一身中国服装。以后的几年里他写了 100 万字有关中国的著作。他建议欧洲所有的君主都要仿效中国皇帝，国王必须有修养，请哲学家辅佐政务，听从他们的建议；欧洲应该模仿中国的政治与经济制度，尊重农民，将农业当作立国之本。总之，在闵明我眼里，中国在所有的方面都是优秀的，欧洲到处都是问题，就连便溺，也有优劣，中国人的小便可以滋润庄稼，欧洲人的小便毒性太大，浇到哪里就会烧毁那里的植物[2]。罗马的宗教裁判所听说他言辞激烈的著作后传讯他，他带着自己的书前去，请他们将他本人和他的著作一齐在广场上烧掉。

五

启蒙时代的思想，既关注维护君权，又关注限制君权。这是那个时代文化的期望与焦虑。维护君权可以维护文明社会必要的秩序，限制君权可以避免为必要的社会秩序付出过多的代价，那就是专制与暴政。限制君权的方式有两种，一种是道德的，一种是法律的。有趣的是大多数启蒙哲学家最初的政治理想，都寄托在道德上。中国形象为启蒙哲学家提供了对抗教权的武器，如今又在提供限制王权的武器。在传教士塑造的中国形象中，中国政治是一种贤人政治，它建立在道德基础上，由哲学家与哲学家教育出来的国王和大

---

[1] 哀公问政于孔子。孔子对曰："文武之政，布在方策。其人存则其政举，其人亡则其政息。天道敏生，人道敏政，地道敏树。夫政者，犹蒲卢也，待化以成，故为在于得人。……"

[2] Friar Domingo Navarrete, The Travels and Controversies of Friar Domingo Navarrete, ed. and trans. J.S.Cummins, Hakluyt Society, 1960, vol.1, P136-162.

白晋神父《康熙帝传》中的康熙皇帝画像

臣们实施与维护。最初的启蒙哲学家大多相信开明君主专制（Enlightened Despoticism），他们在这个世界上为自己的理想找到了最好的榜样就是中国。

1697 年 3 月，又有一位传教士穿着中国服装回到欧洲。他的中文名叫白晋（J. Bouret），他说自己是康熙大帝的钦差，带来康熙皇帝赠送路易十四的礼品和一部献给路易十四的《中国当朝皇帝传》（又译为《康熙帝传》）。在这部传记中，欧洲发现了哲人王的一个现世楷模——康熙皇帝。

白晋神父将康熙皇帝描绘成空前伟大的君王。他具有完美无缺的德行与智慧，公正、勤勉、节俭、仁慈、好学而知识广博，"康熙今年 44 岁，执政已经 36 年。他一身丝毫也没有与他占据的妄为不称之处。他威武雄壮，身材匀称而比普通人略高，五官端正，两眼比他本民族的一般人大而有神。鼻尖稍圆略带鹰钩状，虽然脸上有天花留下的痕迹，但并不影响他英俊的外表。

但是，康熙的精神品质远远强过他身体的特征。他生来就带有世界上最好的天性。他的思想敏捷、明智，记忆力强，有惊人的天才。他有经得起各种事变考验的坚强意志。他还有组织、引导和完成重大事业的才能。所有他的爱好都是高尚的，也是一个皇帝应该具备的。老百姓极为赞赏他对公平和正义的热心，对臣民的父亲般的慈爱，对道德和理智的爱好，以及对欲望的惊人的自制力。更令人惊奇的是，这样忙碌的皇帝竟对各种科学如此勤奋好学，对艺术如此醉心。"[1]

在白晋神父的笔下，康熙皇帝不仅外貌上有些像现实中的西方人（书中的康熙皇帝画像几乎就是西方人的容貌），他的个性与作为完全就是西方理想的哲人王。康熙皇帝雄才大略，他勤以主政，节俭生活；他主持公道，严以治吏，宽爱人民；他具有敏锐的洞察力、准确的判断力与惊人的记忆力："他的全身都沐浴在一种道德光辉中。"

> 要是在其他国家，康熙具备的这些伟大品质，足以使他列入英雄的行列，而在中国人中间，高官显职是靠读书和学问的途径获得的；如果只具有这些伟大的品质，而在学问方面不像其他方面同样突出的话，那么，他就不会被看作他们国家最伟大的皇帝之一。毫无疑问，正是为了使自己在这方面适合于他的国家的特点，他才这样专心致志于研究中国的文学和科学，因而他几乎读遍了所有的汉文名著。

> ……这个皇帝所专心致力的不只是中国的科学。因为他本来就对新奇的东西感兴趣，所以，自从他有了某些欧洲的科学知识之后，就表现出了学习这种科学的强烈欲望。……我们四个住在北京的耶稣会传教士，有幸被皇帝召去为他讲解欧洲科学……除了每天跟我们一起度过的二三个小时之外，无论白天还是晚上，他自己还花了不少自学时间……皇帝研究我们科学的好奇心，也激励着他去学习我们的宗教……[2]

康熙几乎是世间完美无缺的哲人王的楷模，他还降旨在宫中设立"科学馆"[3]，令人想起培根虚构的乌托邦里在"新大西洋岛"上设立 "所罗门院"的伟大国王所罗门王。

法国重农学派领袖——魁奈依旧在赞美中国的开明君主专制，他认为专制政体有暴政独裁的专制政体，亦有根据法律集权统治的开明专制政体，中

---

[1]　（法）白晋：《康熙帝传》，马绪祥译，珠海：珠海出版社，1995 年版，第 4–5 页。

[2]　（法）白晋：《康熙帝传》，马绪祥译，珠海：珠海出版社，1995 年版，第 24–43 页。

[3]　历史上实际的名称叫"如意馆"，从名称上可以看出理想与现实的差异，如意馆中严肃的科学变成皇帝的玩意。

国当然属于后者。"……我从有关中国的报道中得出这样的结论：中国政治建立在明智持久的法律基础上，君王细心体察并贯彻加强这种法律。他说中国由国家负责考试，每个城市都设有大学，中国的良好的教育制度使中国成为世界上治理最好的国家。"中国"没有任何权力高于法律"、"中国的法律都建立在伦理道德的原则之上"、"可能没有任何一个国家向君王进谏时像中国一样拥有那么多的自由"……[1] 魁奈的"中国知识"实在令人怀疑。中国实行科举，国家只负责考试不负责办学，门多萨的《大中华帝国志》在这方面道听途说有误解，《利玛窦中国札记》已经纠正过了[2]，《中国的开明专制主义》又在重复老错误。中国的皇帝像大家长，法律建立在道德基础上，这还算是事实，但中国皇帝严格地受到道德与法律的约束，就有些无稽之谈了。

《中国的开明专制主义》共八章，前七章介绍中国的政治经济制度，第八章是作者自己的创见，试图将中国的制度运用到法国政治经济改革中。中国是一个根据自然法则建立的模范国家，从帝王官吏到哲学家，都以自然法则作为王法、政治、经济和社会生活的最高原则。世界上没有更完善的政府与更完善的制度。中国土地肥沃广阔、资源丰富，运河、桥梁、公路，一切都管理完善。皇帝提倡务农，人民以农为本，贸易以农业生产为基础，中国拒绝与欧洲国家从事外贸是因为中国地大物博，经济自足。魁奈尤其关心中国的经济制度，财富的分配与流通，人口与财富的增长，普遍的贫困与蓄奴制度，婚嫁中财产的转移与遗产继承习俗，当然最重要的是国家税收政策。他认为中国的税制是最完善的税制。百姓根据田产的份额纳税，寺庙亦不例外，朝廷体恤民情，土地质量高下不同，纳税额也不同。没有公平财富，只有公平赋税，这是几千年来指导中国政府的基本原则。在第八章中，他集中讨论中国典范运用到法国政治经济制度改革中的意义。他设想建立一个以自然法则为准则的纯粹的农业社会，以农业的"纯产品"为国家岁入的唯一来源，国家安宁，社会繁荣，没有野蛮的战争与贪婪的贸易，没有奴役与贫困。

---

[1] Quesnay,"Despotism in China",Chapter 2,Lewis A. Maverick,See "China：A Model For Europe",P178-211.

[2] （意）利玛窦、金尼阁：《利玛窦中国札记》，何高济等译，北京：中华书局，1983年版，第一卷，第5章。

一切都顺乎天意，像中国哲学所倡导、中国政府努力实现的那样。

　　魁奈是法国"重农学派"的领袖，"重农学派"主张国家经济以农业为本，经济活动完全自由。他们主张一种"合法的专制制度"，也就是说专制制度必须遵循公正必要且固定不变的法律，君主的权力必须与自然法保持一致，但如何保证君主的意志在任何时候都符合自然法呢？"重农学派"语焉不详，他们想借重高等法院，但分权原则又与他们留恋的君主集权相抵触。他们的理论正一点一点地落入空想。魁奈希望开明的国王完成其有限度的立法职能后，就无为而治。有一次路易十五问他："如果你是国王，你怎么做？"魁奈回答："什么也不做。"

　　哲学家中依旧有人相信国王可以用道德理想教育，国王中也有人愿意在臣民面前扮演哲人王。1756 年，路易十五仿效中国皇帝举行亲耕仪式。八年以后，1764 年，老米拉波侯爵出版了他们《乡村哲学》，该书的扉页上印着一幅乾隆皇帝举行亲耕仪式的插图。又过了四年，1768 年春天，奥地利多芬王子扶犁的画像也出现了。不过那把犁是道具，比实际农夫们使用的犁要小得多。1769 年，奥地利皇帝约瑟夫也摹仿中国皇帝举行亲耕仪式，不过他没有法国王子那般矫饰，他扶的是真正的犁，农夫们使用的那种笨重的犁。

　　"重农主义者"的中国崇拜感染了国王，但除了一种时髦式的热情之外，不会有任何实际效果。在那个时代谁会赞同回到封建的农业社会？更何况魁奈等人提倡的税制实在难以实行。重农主义者不合时宜，将新社会的希望寄托在农民身上。从重农角度讲，他们是维护封建制度的，从税制角度讲，他们又得罪了封建领主和那些游手好闲的贵族。他们维护国王与教会，得罪了真正的启蒙主义者，他们认为企业主、商人、手工业者都是些不事生产的多余人，又得罪了日渐得势的中产阶级。教会也不喜欢他们，因为他们不断教唆国王向教会财产征税。他们得罪了所有的人，而唯一的受惠者又全然不了解这些达官贵人们玄妙的想法与做法。1763 年，英国哲学家休谟访问巴黎时见到魁奈，他的感想是重农主义者是"当今世界上所能见到的最荒唐、最傲慢的一伙人"。而亚当·斯密的经济学说出现以后，谁也不会再记起那位以中国为楷模试图建立自然法则下理想的农业社会的哲人魁奈了。

六

只有在相信开明君主制的前提下，"孔教乌托邦"才有意义。大部分启蒙哲学家认为，与其把理性交给盲动的暴民不如交给一位有教养但懒散又容易犯糊涂的国王。而当时欧洲君主纷纷作出要做哲人王的姿态，腓特烈大帝，叶卡捷琳娜女王邀请启蒙哲学家到自己的宫廷，给以礼遇。哲学家和君主合作，要将理想国搬到现实，从遥远的中国搬到家乡欧洲。但哲学家与国王是不好合作的，哲学家到了国王的宫廷，只不过是给国王们润色文稿。现实政治容不得哲学家们的天真设想，叶卡捷琳娜在给友人的信中讲到她与狄德罗的谈话：

> 我与他谈的非常之多而又非常之紧，但总是好奇心多于实际用处。若我效仿他的话，在我的王国内，百事都可来个翻天覆地的大改变；则俄国的立法、行政、财政——所有的一切都会落得一场混乱，而换来的仅是不实际的理论而已……然后，我坦白地对他说：狄德罗先生，很高兴倾听你光芒四射的智慧所孕育的言语。对所有这些高贵的原则，人们可以写出好多伟大美好的书篇，但是用之于实际事业，则非常不适……你只在纸上作业，这当然可以容忍任何事物，……但是，像我这样的一个小女皇要处理的是大家的人民事物，比起来，那是比较不稳而棘手的。……从是时起，他只谈文学。[1]

事实证明，哲人王只是一厢情愿的虚构，这在中西方都一样。只有当国王变成哲学家，或哲学家变成国王的时候，人类才能免除腐败与暴政，获得正义与真正的幸福。启蒙哲学家最初将希望放在教育可能出现的开明君主上。但腓特烈大帝和叶卡捷琳娜女皇只是做做哲学王的样子，他们一面标榜和平，一面狂热的发动侵略战争。国王就是国王，成不了哲学家。之后的法国大革命又证明，哲学家也不可能成为国王。一旦那些哲学家的信徒掌握了"国王"

---

[1] Morley, John, "Diderot" II，第 113 页。转引（美）威尔杜兰夫妇：《卢梭时代的宗教》，台湾幼狮文化事业公司，1988 年版，第 70－71 页。

的权力，那将是更可怕的集权暴政，恐怖流血不仅面向敌人，也面向所有人，自由女神变成吞噬自己儿女的怪兽。大革命后，已经没有人再相信哲人王的神话，康德在《永久和平论》的最后说，"不能期待着国王哲学化或者是哲学家成为国王，而且也不能这样希望，因为掌握权力就不可避免地会破坏理性的自由判断。""理想国"只是天上的国家，人间只存在"第二等最好的国家"。只有法律才能保障人民的自由。

此时，西方社会的"中国潮"已开始消退，中国情调变得令人厌恶。中国已被证明是个野蛮的国家，政治上实行专制，自由精神从未展开，经济上陷于停滞，人民普遍的贫困。"孔教乌托邦"既不是中国的现实，更不可能变成欧洲的现实。康德反思西方现代政治的历史，认为"每个国家的公民体制都应该是共和制"。欧洲社会最终放弃了对开明君主专制的幻想，当他们认为所有的君主都只能是暴君的时候，就不可能对中国皇帝和他的国家有任何期望和好感。后启蒙时代，西方政治期望视野下的"孔夫子的中国"开始终结。

中华帝国通史

（及中华帝国地理、历史、编年史、政治、自然描述；包括对风土人情、风俗礼仪、宗教信仰、艺术科学的准确而专门的叙述。）

第二卷
第三版修订版

[法]杜赫德　著、石云龙　译

1. 杜赫德神父编撰的《中华帝国通史》，洋洋百万言，在18世纪号称"中国百科全书"。

1735年在巴黎首次出版，不久便出现英语、德语与俄语译本。书中收录了各种有关中国的材料，仰慕中国的与反对中国的都可以在书中找到支持自己论点的材料。《中华帝国通史》共分四卷。第一卷介绍中国的历史地理状况，第二卷讨论政治经济与文化教育制度，第三卷综述宗教、道德、医学、文学方面的内容，第四卷则介绍满、蒙、藏、朝鲜等少数民族情况。这里只选译了第二卷的一部分。

中国具有任何其他国家所没有的优势：从第一代立法者的母系制度至今四千多年来，国家几乎没有间断地由本土的皇帝治理，无论是服饰、道德、法律，还是风俗习惯都没有改变。

国民在不依靠外援、自给自足中发现了生活的便利和乐趣，所以，他们在与陌生人的交往中总是表现出一副局促不安的模样。他们对远方的国家一无所知，这使他们盲目地相信自己是整个世界的丰宰，相信自己居住地是世界上最伟大的一部分，认为中国以外的地方都是蛮夷。这种偏见，加上人民固有的团结，毫无疑问，促使他们的风俗习惯保持一致、经久不变。

涉及到中华帝国的起源，中国的学者们的意见不同，通常分为两派，因为他们绝不满足于那种庸俗的幻想，即根据某些野史记载，中华帝国崛起于创世纪之前的虚幻年代里。中国最好的历史学家将他们的编年史分为传奇、野史和信史三种，大家一致认为：伏羲以前的年代已无法稽考，所有的记载都是虚妄的传说。

因此伏羲（Fohi）被公认为是中华君主制度的创始者。大洪水后大约两百年，他先在山西（Chen Si）、后在河南（Ho nan）统治，后者几乎位于中华帝国的中央地带。在那里，他苦心孤诣，开拓了大片土地，一直延伸到东海。

他们大多数学者都持有这种观点，确实，这种观点受到悠久传统和最古老历史学权威的支持，通常认为是毋庸置疑的。

另有一些人认为，中华帝国最早的皇帝是尧（Yao），而根据前一种观点，尧只不过是第五位皇帝。不过，任何人只要设想帝国起源年代迟一些，他不仅会受到耻笑，而且即便不被处死，也会受到严厉惩罚。对一个传教士来说，只要他对那种观点稍微表现出哪怕是一点点怀疑，就足以被驱逐出帝国。

不管怎么说，这一点可以肯定，中国在公元前 2155 年就有居民了。这可以从那年发生的一次日食得到证实，而这次日食从 1729 年中文出版的中国历史书和其他书籍中摘录的天文观察中可以发现。

因此，4000 多年来，这个帝国皇位先后被 22 个不同的家族占据过，其间共有皇帝 234 位，他们成功地统治着帝国，直到鞑靼（Tartary）族首领的入侵。鞑靼族首领 85 年前成了中原的霸主，其后他的家族有三个国王继承了王位，他们是：顺治（Chun tchi），在位 75 年[1]；康熙（Cang hi），在位 61 年；雍正（Yong tching），于 1722 年继位。

这次征服得以成功，主要因为中国人之间的误解以及宫廷与帝国中的几个宗派集团分裂。大部分帝国军队当时驻扎在长城附近，抵抗被称作满族（Mantcheoux）的东鞑靼人的首领们。

这位鞑靼人首领因为他的臣民在与汉族商人的贸易中受到了不公正的待

---

[1] 此处有误，清世祖顺治（爱新觉罗·福临）在位年 17 年（1644—1660）。　　译注。

遇，朝廷对他的抱怨没有给予重视，而发动战争，为了报仇，他率领大批人马进入了辽东（Leao tong），战争持续了多年，双方各有胜负。

崇祯（Tsong tching）皇帝在京都过着安宁的生活，虽然他毫无理由如此安逸。他对自己最重要的大臣之一进行了不公正的处罚，他过分苛刻、极度贪婪，即便在饥馑之年也不减轻人民的税赋，让人民安生。这一切激发起人民的反抗，无论是京都还是外省，对现实不满者数量骤增。

就在这个关头，四川（Setchuen）省一个叫做李自成（Licong tse）的勇敢而富于开拓精神的中国人揭竿而起，成了数量庞大的反抗者的首领。他的队伍日渐壮大，很快他就占据了好几个重镇，征服了好几个省。他减轻人民过重的税赋，撤掉了几个地方官员，用他信任的人取而代之，要求他们善待自己的臣民，从而获得了人民的好感。但是，另一方面，他掠夺每一座哪怕是稍作抵抗的城市，并将战利品分给他的士兵。

他从河南省掠得赃物，壮大了自己，于是来到陕西（Chen Si）省自封为王，国号天尊（Tien Chun）[1]，意即他遵从上天的旨意，目的在于让民众相信他受命于天，来救他们脱离明朝的残酷压迫。

当这位叛逆者接近北京，听到朝廷重臣各宗派的密报，得知朝廷大部分军队已被派往与鞑靼人交战的前线，留在城里的几个重要武官已被收买的消息时，他秘而不宣地派了大量优秀士兵扮作商人模样进了城，出钱让他们开起了店铺做起生意。这样的话，无论何时他出现在城墙前面，他们就会里应外合。

他的预期得到了回应。不久，他出现在城墙外，这时，其中一个大门洞开，他仿佛像是征服者入城一般，只遭遇到少量忠于皇帝的士兵的抵抗。他直取皇宫，没等皇上明白过来怎么回事，他已经攻破了第一道宫墙。这位不幸的皇帝获悉了自己的厄运。当他明白自己无法逃脱敌人的暴力袭击，发现自己已被臣子们背叛抛弃时，带着女儿逃进了花园。他首先用剑杀死了自己的女儿，

---

[1] 1644 年（崇祯 17 年）正月元旦，李自成在西安正式建国，国号大顺，年号永昌，自称大顺王，定都西安，称西安为西京——译注。

然后在一棵树上吊死[1]。他宁可选择自尽，也不愿落入乱臣之手。

崇祯皇帝杀女后上吊

皇帝死后，所有人都向这位新王投了降。这位暴君为了确立自己的王位，将许多重要官员都处死，从其他官员手中索取了大量钱财。只有一个人拒绝承认这位皇帝，那就是驻扎在鞑靼人边境的辽东总兵吴三桂（Ou san quey）。这位总兵的父亲住在北京，新皇帝命人把吴的父亲带来，命他随军前往征讨。

他立即亲率大军征讨，意欲消灭这位退守辽东城的总兵。他将该城团团围住之后，命人将镣铐加身的吴父带到阵前，威胁总兵说，倘若他不投降的话，他就立即当面割断他父亲的喉管。

但是，在忠孝不能两全的情况下，吴三桂宁可为了效忠朝廷而牺牲父亲。吴父对儿子的忠诚大为赞赏，在暴君的淫威面前凛然赴死。

这种暴行激发了这位总兵的复仇决心。但是，对他来说，长期抵抗这个篡位者的攻击是十分困难的。于是，他就想激发鞑靼人首领的慷慨之情，心

---

[1] 1644年3月18日，崇祯皇帝在农民军攻下彰义门，占领外城，向内城发动猛攻时，逼死皇后，亲手杀死几个嫔妃，砍伤自己的女儿，两次出逃未果的情况下，见大势已去，登万岁山（煤山，即景山），在一棵槐树下自缢而死——译注。

想那样的话，他或许不仅能与鞑靼人相安无事，而且还可设法得到鞑靼人的全力支持。这位鞑靼人首领叫崇德（Tsong te）[1]。他并没有被这位汉人总兵提供的贿赂所动，倒是蓄谋已久的勃勃野心被激发了出来。他当天就心甘情愿地接受了总兵的建议，担任了八万兵马的首领。篡位者得悉汉人和鞑靼人的兵马联合起来后，不敢与这两位将领作战，匆忙退回了北京。他从皇宫里装了好多车珍宝后，放火烧了皇宫，逃到了陕西省。他在那里精心藏匿，隐身之处至今无人知晓。虽然他行动快捷，但是，有一部分掠夺品还是落到了鞑靼人士兵手里。

崇德率部直接进了北京城，受到了王公贵族和平民百姓的热烈欢迎。他十分聪明地对待自己征服的臣民，以至于他们都渴望他管理帝国。不过，他却好景不长，因为他突然间就逝世了，只来得及传昭让儿子顺治继位。顺治当时年仅六岁，于是，幼帝的教育和国家的治理都委托给了崇德的一个名叫多尔衮（Amavam）的兄弟。

这位根据遗昭和称谓都应称为王爷的多尔衮，征服了大多数不愿屈服于鞑靼人统治的省份，而当其侄儿能够亲政时，立即将政府的管理交给了他。

在政府管理方面，年轻的皇帝显示出极高的艺术，很快便得到了臣民的爱戴。他找到了团结汉人和鞑靼人的办法，使他们成了一个民族大家庭。他统治期间，保持了帝国的辉煌，但是他 24 岁就去世了。逝世之前，他把四个大臣传到面前，指定他当时才八岁的儿子康熙为继位者，而这四位大臣则受命辅政。

顺治皇帝去世后第二天，遗体入殓，康熙即位登基，诸王贝勒（Princes）、王公大臣（Lords）、达官（Prime Officers of the Army and the Crown）贵人（the Mandarins of all the Tribunals）悉数匍匐到了他的脚下，三跪九叩首。

登基仪式气势恢宏，蔚为壮观，文武百官排立两旁，穿着锦绣官服，50人扛着丝绸锦绣大伞，手持镀金笏，在阜帝宝座前分列两排，每排 25 人。靠

---

[1]　即皇太极——译注。

近他们的是 30 个扛着绣金边丝扇的军士，他们后面是 28 面大旗，旗上绣有各种不同形状的金星、巨龙和新月、满月图案，代表着天上 28 个星宿以及与太阳在天体运行轨道节点的汇合与相冲，天文学家将此叫做龙头与龙尾。接下来是一百面其它的旗子，后面跟着的是另一些官员，他们手持权标、战斧、铁锤以及其它兵器或刻有怪物头颅和各种动物的礼仪用器具。

康熙在位时间最长。统治期间，皇帝的功绩与荣耀不仅在亚洲得到尊崇，而且在欧洲也得到了敬慕。是他将汉人与鞑靼人团结到了一起，组成了一个帝国。康熙通过满汉一家的方式，将一个强大的国家有效地控制到了自己的权力管辖之下，而这个强大国家的版图是完整的，中间不夹有任何其他国家的领土。虽然只有东鞑靼人会给他带来麻烦，他一方面通过和议，另一方面通过武力，将他们迁移到长城以外 300 英里的地方，在那里，他划分土地给他们，并且将自己的臣民移到了他们的土地上。他将这个庞大的帝国分成好几个省，这些省份都忠于朝廷并按时进贡。他还通过喇嘛们来使他们在信仰上忠于朝廷，因为鞑靼人把喇嘛（Lamas）当作神来敬畏。

当他建立起永久的和平时，立即颁诏将分散在各省的大部分军事力量召集起来，命他们一年三次带上弓箭和佩刀行军至鞑靼，进行军事训练，让他们经受疲劳训练、长途跋涉训练，让他们猎取野猪、黑熊、老虎和其他野兽。他这样做是出于策略上的考虑，避免使士兵耽于舒适、闲散懒惰。在西鞑靼地区，军队必须夜间露营，必须在前不靠村后不着店的荒郊野外住帐篷。当地居民没有任何固定的住房，他们只有帐篷散支在原野上，就在那里放牧牛马、骆驼；他们不会耕种谷物，不会开垦土地，而且为了牧场而不断迁徙，吃的是牛奶和奶酪以及能够猎获的任何野味。

尽管取得了这一切成就，康熙皇帝对国家事务并没有丝毫懈怠，而是常常在帐篷下与他的大臣们磋商国家大事，就好像在宫殿里一样，亲自处理帝国政务。他没有将国家管理的大任交给他的大臣或宦官，而是像无处不在的灵魂一样，激励着这个泱泱大国的所有官员恪尽职守。

他的另一项政策是，在刑部（the Courts of Judicature）设法官，其中一半为汉人，一半为鞑靼人，意在两边相互监督；此外，他还迫使鞑靼人致力于学习，使他们自己依照帝国古制达到合格官员的要求。

自从康熙帝与俄国签订了《尼布楚条约》后，确定了东北边疆，帝国的疆域于是得以确立，这个伟大王国的地域举世闻名：南至海南省的南端，北至属于帝国的鞑靼人区域的顶端，南北长 900 多法国里格[1]。

康熙于 1722 年末去世。他在行将离世的几个小时前指定了继位者，将一个繁荣富强的帝国留给了他的第四个儿子。这位年轻的王子[2]登上了皇位，改年号为雍正，意即平静安宁、永久和谐。雍正非常睿智、才辩无双，不过就是说话太快，不给别人时间回答。有人认为，他这样做是为了拒谏，以免改变自己的议案。他投身于帝国管理事务，不知疲倦地工作，总是为人民的利益而忙碌着。他与父亲一样独断专横，与父亲一样威严可怕，但是，他冷落了那些总是受康熙皇帝宠爱的大臣们。

这个帝国不仅地域辽阔，而且有许多附属王国，如朝鲜（Corea）、东京（Tongking）[3]、交趾支那（Cochinchina）、暹罗（Siam）等，这些国家虽然年年向帝国进贡，但是，他们的政体与中国的政体却完全不同；有时，帝国皇帝为他们指定国王，至少他们的国王即位要得到帝国国王的认可。这些国家在一切方面都明显处于劣势，土地不如帝国肥沃，城市数量没有帝国多，城市面貌不及帝国美丽，在宗教、智慧、习俗以及国民的素质等方面皆不如帝国。汉人称他们为蛮夷，拒绝与他们发生联系。

正如前面所说，中国分为 15 个省，但是，各省居民人数并不平均，因为从北京到江西（Kiang si）省府南昌（Nan tchang），居民人数就大大少于浙江（Tche kiang）、江南（Kiang nan）、广东（Guang tong）、福建（Fokien）等省。浙江等省人口众多，交通拥挤，中华帝国的人口数量似乎超过了整个欧洲人口。

尽管就占地面积而言北京比巴黎要大，但是，北京人口不超过三百万。这个统计数据很容易得出，因为每个户主都必须向地方行政官报告家庭的人

---

[1] 里格：旧时长度单位，一里格约等于三英里，五公里——译注。

[2] 雍正皇帝 45 岁即皇帝位——译注。

[3] 东京：越南北部地区的旧称——译注。

1606 年阿姆斯特丹出版的 Mercater-Hondius 地图上的中国版图

数、年龄和性别。

几个因素对这个国家居民稠密起到了促进作用：中国人实行的多妻制；气候良好，瘟疫不易肆虐；他们处事冷静、性情温和；他们藐视其他民族，不可能移居甚至不愿旅行到其他地方去；总而言之，这归功于他们普遍享受的安宁。

每一个省都有许多城市，城市分三个等级。大部分城市建于通航的河道两旁，每个城市都有着很大的郊区。

除了这些城市外，还有大量的要塞、城堡、城镇和村庄。有些城镇，尤其是那些叫做镇的地方，无论是规模、居民数量还是商贸状况都堪与城市媲美。它们之所以叫做镇，是因为没有城墙，也没有特定的地方长官，而是由邻近的城市代为管理，比如，中国最好的瓷器生产地景德镇属于 tao 州区；佛山隶属于距它仅四里格远的广州。

中国多数城市大同小异，都是长方形的。城市尽可能地设计成四个直角面对东南西北四个方位，街道朝南以避免凛冽的寒风；城的背后是一道防御用土墙，土墙外是一道宽阔的堑壕。城市之间距离适中的地方耸立着高高的方塔。

每一道门都是双重的，有着双重开关。门与门之间是可以练兵的地方。人们进了第一道门后，看不到第二道门，因为两道门并不是相对而设。城门上面是像军火库一般的精致塔楼和护城士兵的住房；城墙外边通常是很大的郊区，那里的居民人数与城内相仿。

在每一座城市人们最常光顾的地方，你可以见到一两座宝塔，其高度和建筑都非常特别。这些塔中有一部分九层高，不过，七层以下的宝塔却没有。城市的主要街道是笔直的，但常常给人以狭长的感觉，京城是例外，那里的街道长而且宽阔，非常方便，尤其对马车来说如此：除了宝塔与一些特殊的大厦外，所有的建筑都很低矮，为城墙所掩盖，别人会以为城墙包围的是一个公园，而不是个城市。

多数大城市附近，尤其在南方省份里，河流两旁泊着大量的小船，船上住着没有其他住所的家庭，所以，水上几乎与陆地一样住满了人。

严格地说来，帝国中有两个阶层，一个是贵族，一个是平民。贵族包括皇亲国戚、公侯将相、文武百官、没落贵族、渴望通过读书出人头地、加官晋爵的秀才；第二种包括商人、手艺人和劳动者。笔者将会根据自己制定的计划来分别描述这两类人。

2. 中国皇帝拥有绝对的权威，帝国的安宁完全取决于他。但皇帝也需要以自己的德行赢得臣民的爱戴。朝廷的官员有权以一种谦卑的方式向皇帝提出抗议。

世界上没有任何君主政体比中国的更专横。皇帝有着绝对的权威，他受到的尊敬是一种崇拜；他的话就是至理名言，他的圣旨仿佛来自上帝的神谕，必须得到不折不扣的执行。大家对他说话时，必须下跪，他的哥哥也不例外，除非他另有旨意。伴君的大臣不能站在他面前，对皇上说话时，必须单腿下跪。

当官员们以使者或钦差大臣身份代表皇上时，会得到相同的礼遇。总督大人办案时也得到同样的礼遇，因为人们并不在乎他是谁，而是在乎他代表着谁。朝廷官员、达官贵人、皇亲国戚不仅匍匐在皇帝脚下，而且对皇帝的龙椅御座、他用的每一件东西也会叩首，甚至在他的龙袍和蟒带面前都下跪。

尽管他们并没有盲目到看不见他的缺点，对他犯下应该受到谴责的错误视而不见，如勃然大愤、痴心妄想或其他不道德的情感等，但是，他们认为，他们以自己的榜样表现出对皇上的崇敬，这会鼓舞人民崇拜顺从皇帝，使皇帝得到应有的权威。为了达到这个目的，他们给了皇帝最高的称谓：天子，意即上帝的儿子；皇帝，即威严的、至高无上的帝王；天皇，神圣的皇帝；朝廷，皇家宫殿；万福，万岁；这些名号以及许多其他说法都属于同一种性质，表现出臣民对皇上的崇敬之情。

无论什么人，不管他有多高官位、是什么出身，都不能骑马或坐轿经过帝王的皇宫，而必须在指定的地方下马、下轿。

一星期或一月中有些指定的日子，王公贵族必须穿上节日的盛装来到宫里某一个殿中向皇帝表示效忠。如果皇上自己没有出席，那么，他们就必须匍匐在他的御座前效忠。倘若皇上病重，就会引起普遍的恐慌；在那种情况下，文武百官就会集中在宫里某个殿中，不论是寒冬腊月，还是天寒地冻，他们都日夜跪在那里表示悲痛，并且恳请上苍恢复皇帝的健康，因为皇帝受罪，整个帝国就遭罪，他的逝去是臣民们惧怕的最大不幸。

皇宫庭院中央有一条为皇上外出散步铺就的巨石路。在这条路上走过的人必须快跑，这是他们在达官贵人面前走过时为表示敬意而遵守的规矩。不过，他们有一种特别的跑路姿势，非常优雅，就像欧洲人鞠躬那样潇洒。初来乍到北京的传教士必须学习那种礼仪，然后才能向皇帝致意。经过八个大院后，人们终于来到皇上的住处，他住在宫里。那是独立的一座大厦，皇帝居住的地方，地上铺着白色大理石石板。

这个宫由一个大厅和一个寝室组成，大厅里有一个御座。他坐在占据了整个房间长度的、三英尺高的炕上或凹龛上。炕上铺着一条朴素的白色毡子，很可能他想做出简朴模样来悼念祖父。他的衣服只是黑色缎子缀以貂皮边而已，就像大多数官员穿的那样。他以鞑靼人的习惯双腿盘坐着，人们按照皇

中国皇帝御宴图

家规矩向他表示敬意，就像任何人演讲时台下来了王子时通常的做法一样。

任何人进了朝廷都一定要步态优雅地快速行走，直到他来到皇帝对面的厅堂底下。然后，在前面的同一条线上，他必须将双臂伸出一会儿，然后曲下双膝，三次匍匐到地上，接着站起身，重复这种仪式三次，直到得到指令向前，匍匐在皇帝脚下。

黄色是皇家的颜色，除皇帝外任何人禁止使用；皇帝的龙袍上绣有五爪金龙，这是皇帝的纹章，没有人胆敢戴上这种纹章，否则将受到严厉的惩罚。皇帝签署法令、政令时用的是他在位的年号和农历，比如，某某皇帝十六年四月初六。

皇帝有权处理他的臣民的生命和财产，皇帝如果没有确认的话，总督或皇家法庭无权宣判一个罪犯的死刑。

王子王孙们没有权力也得不到人民的信任。他们有着皇族的封号，宫殿和庭院，还有为其服务的官员和与他们的封号相适应的丰厚收入。以前，当他们被发送到外省的时候，宫内官员每三个月给他们寄一次薪俸，他们可能一收到就花光，聚集不起任何钱财。这样就可以避免他们制造麻烦，煽动谋反。他们被禁止离开指定的居住地，否则就论以死罪。但是，自从鞑靼人成了中原霸主后，皇帝将所有的王子王孙都置于宫内自己的看护之下。他们除了得到皇帝的赐予外，还可以有自己的房子、土地和收入，如果奴仆勤劳的话，收入还会增加，这样，有些人就非常富有。

皇帝单独处理帝国的所有地方事务。皇帝指派总督，并且根据他们的能力和功过撤换他们（因为一般说来，帝国的任何官位都不可以出卖）。即便是皇亲国戚，没有得到皇帝的允许，也得不到官位。而如果品行不端，他们是不可能为官的。

皇帝有权选择哪一个儿子来继承皇位，如果他认为自己的家族中无人能够治理好国家，那么，他就指定自己认为最合适的臣民来继位。以前就有过一些这样的例子，国王将臣民的福祉置于皇族的荣耀之上。但是，最近这些年代中，皇帝在王子当中选择他喜欢的作为王储，条件是这位王子确实具有功绩和才华，否则的话，他将会失去威望并且一定会引起巨大的混乱；但是如果皇帝宁可让年长的有更大功绩的王子继位的话，那么，他的名字就会就会流芳千古。如果被正式宣布为太子的王子不对皇上表现出应尽的谦逊恭敬或者犯下了重大罪行的话，皇帝有权废黜太子的继承权，指定另一位来取而代之。

先皇帝康熙在这种情况下，用一种非常特殊的方式处置了他的一个王子。那是他与皇后所生而且被正式宣布过为太子的唯一王子，但是后来却对其忠诚产生了怀疑。看到这位昔日几乎与皇帝地位相等的太子镣铐加身，他的子女与谋臣一个个因涉嫌得到了同样的处置，这是一件多么令人惊诧不已的事啊。皇帝立即诏告天下，将自己不得不如此行事的理由向其臣民做出解释。

大理寺的判决如果没有得到皇帝的认可是没有效力的，但是，皇帝直接下的判决却是终审判决，没有任何人能够更改。总督们没有其他选择，只有将其登记在册，立即在管辖范围内所有地方予以公布。皇帝的权力并不仅仅局限于在世的人，而且还延伸到去世者；皇帝为了褒奖他们及其子孙的功绩，会封给荣誉称号以示纪念，而这种封赏会惠泽全家。

中国人通常有着这种管理理念，即一个国家就是一个家庭，君王对其臣民应该像家长对待孩子一样充满爱意。他是大众共同的父亲，人们通常根据他是否遵守这个规则来评判他。如果严格遵守这个规则，那么，他就受到高度赞扬、得到百姓的崇拜；如果做不到，那他就可能得到人们的唾弃。因为中国人说，为什么上天将他安排在皇位上？难道不就是让他来做我们的家长吗？所以，他就不应该让别人对他产生畏惧感，而要以自己的德行来赢得别人的热爱。他们的书中充满了此类名言。

中国的帝王为了保持这种声誉，事必躬亲地处理着帝国的事务，对人民做出一副慈爱父亲的模样，尤其无论何时某个省份遭遇灾害更是如此。他吃斋念佛，剥夺自己所有娱乐活动，颁布法令减轻该省正常的税赋；他还作出一副对自己子民所受痛苦感到悲痛欲绝的模样，说他日日夜夜为子民的不幸感到伤心难过，说他的全副心思都用在了为臣民谋幸福上。总而言之，他使用了大量的这种表情和言辞来向他的人民表明自己的爱民之心。在位的皇帝传下圣旨说，无论何时任何省份受到灾害的威胁，应当立即派遣官员来京面圣，皇上可以采取积极措施来平息天怒。

尽管皇帝被赋予了巨大的权力，但是法律还是规定，无论何时皇帝在治理国家过程中犯了错误，朝廷官员们有权以一种谦卑的方式向他提出抗议，陈说这些错误在国家治理过程中可能带来的弊端。如果皇帝不听从忠谏，而是为此惩罚这些官员的话，那么，这些遭罪的官员就会得到人民的敬仰，他们的名字就会万古流芳。中国历史上有好几个这样的为公众利益殉难者，他们不畏惩罚或死亡，在君王治理国家的过程中偏离理智时，勇敢地直言上书。

此外，帝国的安宁完全取决于帝王，帝王负责法令的实施。中国人有很高的天分，如果皇帝或他的大臣不专心致志地治理那些手中掌握着人民命运的官吏们，那么，那些远离朝廷的总督和官员们就会随心所欲地压制人民，成为众多的外省小暴君，衙门之内便很快没有了公正清廉。而中国数量众多的人在发现自己受到虐待、受到欺压时，就会开始秘密串联、怨声载道，接着就会在一个省内爆发大的起义活动，很快这种活动就波及邻省，整个帝国一夜之间就可能燃起熊熊大火，这就是这个民族的性格。如果第一批反抗的种子没有被当局及时扼杀，那么他们很快就会产生出最危险的暴动来。这样的例子在中国很多，这就使帝王们明白，他们的权威不再可靠，需要自己不懈地努力才能得到回报。他们走的是一条前面帝王走过的路。

皇权最重要的标志之一是皇帝的玉玺。玉玺用来授权批准所有涉及公众利益的法案，批准帝国法庭的所有决定。皇帝的玉玺大约有八平方英寸大，用上好碧玉雕刻而成。这种玉在中国为倍受珍视的宝石，除皇帝外别人无权使用。这种宝石叫做玉玺，出自玉玺山。

中国人有好几个关于这座山的传说。其中有一个是这样说的：从前，凤凰在这座山上出现时，落在了一块未经斧凿的石头上。后来，一位技术精湛的宝石雕琢工将这块石头破成碎片，从而发现了这块名闻遐迩的用作皇帝玉玺的宝石。叫做凤凰的鸟是中国的长生鸟，中国人把它叫做富贵鸟，黄金时代的先驱者。但是，除了他们的书中描述和绘画中出现的幻想以外，还没有人见到真正的凤凰。

帝王拥有的荣誉性的玺是黄金做成的，而巡抚[1]、宫廷大官或一品大员的官印则是白银做成的，次要官员或地方长官的官印是黄铜或铅做成的。官印的大小要根据这些官员的职别高低来决定。由于鞑靼人进入汉人地界已久，于是，官印上的文字便同时使用汉文和鞑靼文。朝廷官员和地方官员也由汉人和鞑靼人同时担任。皇帝派钦差去各省检查总督们和特定的地方行政官员时，他赐给每一个钦差一枚官印。官印用磨损后，必须呈文至掌印大臣（the Tribunol）处，后者收回官印，发给新官印。

每当举行重要仪式或去拜见德高望重的人，地方行政长官会命人抬着皇帝御赐的官印走在前面。官印置于一个金色的匣子里，匣子放在担架上，由两个人抬着走在官员的轿子前面。当这位官员到达预定的地方时，就将官印放在一个条桌上，用块绒毛毯将其覆盖。

3. 皇帝享受着从帝国各处缴纳上来的财富，有权决定税赋的增加，但他很少使用这权力，相反几乎每年都会免收受灾省份的全部赋税。

中国的皇帝从帝国攫取的财富无论是数量还是范围都令人生畏，但是，

---

[1] 与总督同为封疆大臣，品级稍次。

要给出准确的数字却很困难，因为人们进贡的一部分是现金，一部分是商品，而且来自不同的方面。皇帝的收入有来自各种土地上的收成，来自食盐、丝绸、呢绒、亚麻布、棉花和其他商品；来自港口、海关、商船；来自海洋、森林、皇家花园；来自罚没等等。

因为帝国的人口众多，所以20至60岁的人交纳的个人税赋达到数量巨大的一笔钱。据说以前有5,800多万人缴纳税赋。在先皇帝康熙统治初期的人口统计中，发现有家庭11,052,872个，能够拿起武器从军的就有59,788,364人。但是，这个统计数字当中还没有包括王子、朝廷大臣、官员们，也没有包括正在服役和退伍的士兵，不包括有开业执照者、医生、和尚、二十岁以下的年轻人，也不包括大量住在河船或海船上的人。僧人的数量超过了100万人，其中北京就有2,000个没有结婚的僧人。此外，各地的庙宇中还有35万多个僧人，他们得到皇帝的许可住在庙里，仅未结婚者就有大约9万人。

此外，皇家还有1万条船。这些船用来装运向朝廷进贡的大米、呢绒、丝绸等等。皇帝每年收到大米、小麦、玉蜀黍40,155,490袋，每袋120磅；收到1,315,937包盐，每包50磅；收到210,470袋大豆，22,598,597捆马草；加工过的丝绸和呢绒重约190,530磅，20盎司一磅；未加工过的丝绸409,896磅；收到印花棉布396,480匹，亚麻布560,280匹；还有大量的丝绒、绫罗锦缎之类；还有清漆、牛羊猪、鹅鸭、野禽、鱼、香草、水果、调料、各种各样的酒，这些都源源不断地送进皇宫里。皇帝的全部收入，如果以法国货币计算的话，高达2亿两白银，一两白银的内在价值相当于100法国苏。

如果国家需要，皇帝还可以征收新的税赋，但是他很少使用这个权力，因为年度进贡已经足以支付他的庞大开支了。他几乎年年都要免收一些遭遇重大灾害的省份的全部税赋。

土地丈量过了，家庭数量已经清楚，皇帝的权力也一目了然，所以，每个镇的官员收起税赋来就轻而易举了。那些在缴纳税赋时懈怠拖延的人会受到官员的惩罚，他们不是被打脚板心，就是被送进监狱，但是从不没收他们的物品，倒是可能会将穷人和老人送到他们家里去，因为皇帝出于慈善的目的在每个镇都善待穷人和老人，这些穷人和老人消耗掉他们家应该交给皇帝的税赋后就会离去。

这些官员收税，对各省的财政总管布政使（Pou tching ssee）[1] 负责，向他缴纳收到的税款。他们用骡子运送税款，每头骡子运 2,000 两白银，白银装在两个长桶一样的木制容器里，用铁钉加固。布政使对户部负责，户部是仅次于朝廷的部门，总管海关与税务，对皇帝负责。

中国在这方面非常奇特。皇帝在帝国中的位置相当于一个大家庭的家长，他为所有的官员提供生活必需品，大部分属于皇帝的贡品和税赋都被用到了各省去维持大量穷人，尤其是老弱病残者的生活，用来支付朝廷官员的薪俸，维持武装力量，用于公共建筑等等。剩余的运往北京去支付宫廷和京城的开支，皇帝在京城拥有 16 万人的常规部队，这些当兵的需用现金支付他们的军饷。

除此以外，每天分送到北京的将近 5000 朝廷官员家中的就有相当数量的肉、鱼、盐、香草等等，每个月还要送给他们大米、黄豆、木材、煤炭和干草。对于那些从朝廷派往各省的官员也是如此，他们在途中的所有费用都由朝廷支付。另外，皇帝还付给他们车马、舟船、住宿费用。

此事是这样管理的：当一位官员受到朝廷派遣时，他会得到一份公函，也就是朝廷兵部[2]（Ping pou）发出的命令，盖上兵部大印。凭借这份公函，他会及时得到驿站和地方官员按照命令上要求提供的一切。为了证明命令已经切实得到执行，他们在公文上盖上自己的官印。有纤夫拉船、挑夫挑行李，所以驿站的总管只需发出指令称称行李重量，然后指派足够的人力去运输，每个挑夫挑的重量为 50 中国磅。

皇帝在长城附近以及其他关隘处以前陈兵大约 77 万人，这个数字近来有所增加并且得到了保持，因为他们从来就没有裁减过。他们为朝廷大员、总督、武官、地方官员当护卫，途中保护他们的安全，夜晚为他们看护船只或在他们下榻的旅店站岗放哨。皇帝还有将近 56.5 万匹马，用来补充骑兵、提供给

---

[1] 承宣布政使司为一省最高民政机构，布政使为主管。

[2] 为全国军事行政之总汇。

吃饭的纤夫

驿站加急传达圣旨，也为六大部往各省送达公文。

各国公使自抵达中华帝国之日起到离任回国至，所有的费用均由中国皇帝负责支付。皇帝支付他们的伙食费；当他们到达宫廷时，皇帝将他们安排住在一座宫殿里。为了表示友好，每隔一天他还会从自己御膳房里送几个菜给他们。有时，为了向他们表示特别的关心，他还给他们送一些风味奇特的菜肴。

我不提皇帝必须负担的公共建筑和宫殿维修的其它费用了。那些建筑与我们的大不相同，但是，非常适合如此伟大的君王居住。

4. 从马可·波罗到门多萨再到杜赫德，他们几乎都在用同一种叙事方式讲述中国皇宫大殿华丽壮观，显示着强大帝国君王的权力与荣耀。

我在本书开头部分提出的观点对读者来说可能已经显得足够清楚了，不过，我不想重复以前讨论过的内容，那是一位有幸得到皇帝宠爱、甚至到过皇帝寝宫的传教士已经谈过的，我这里只想通过更加详尽的描写来补充所缺内容。

据说正南门只为皇帝而开，所以，我们从东门走进，来到了宫殿南面的一个大院子。这个大院呈正方形，每一个角上都有一座长方形双层屋顶、三重门的建筑。院子自北向南长达200几何步度[1]，东西长度大约相等。院子里铺着大地砖，步行道上铺着平面大石板。我们进入另一个院子前，经过了一条几乎干涸的人工河。这条东西流向的河上有六座白色大理石桥，我们从一座桥上走过，对面是五座拱形城门，城门上是一座宏伟的建筑，城楼上有一个平台，还有一个双层大屋顶，城楼高达二十几何步度。通往正中门的桥上每一端有两个白色大理石的大圆柱，巨大的大理石柱脚上盘有蟠龙，离柱基高约七八英尺地方蹲着两个大狮子，看上去它们是一块石头整雕而成。

我现在说的第二个院子的这些门是面朝北，院子长度大约只有100几何步度，宽约50步度。这个院子的入口处还有两座白色大理石圆柱，柱上饰以蟠龙浮雕，平而宽的柱头下有两个小小的飞翼。

从那里你进入第三个院子，这个院子的长度是前一个的两倍，而且要稍许宽一点。这个院子又有五座门，城门楼的结构与前面提到的相同。

这些门很厚，门上包有铁皮，铁皮上钉有铜钉，铜钉头比人的拳头还要大。宫殿的所有建筑都建在一人高的基座上，基座用浅灰色大理石建造，大理石没有认真打磨，上面有着装饰线条。

所有的大院都被覆盖着黄色琉璃瓦的低矮建筑围住。第三个院子的底部是一座大建筑，两侧有两座角楼与两翼建筑相连，而院子顶端另有两座角楼，双重屋顶，与侧翼建筑一样四周全是游廊。大建筑高约35英尺，底部依然建在砖铺的平台上，四周是围栏和小小的镂空墙。平台由大理石建成，距地面高约6英尺。与前面一样，这里有三道门，不同的是，门上的钉子和护盘都是镀金的。此门有卫兵。

---

[1] 指步行时同一只脚两次着地时的间距，一几何步度约5英尺，约等于1.5米——译注。

我们经过了这三个除了规模外没有什么特别的院子后，进入了第四个院子。这个院子近80几何步度见方，非常赏心悦目。院子四周是游廊，游廊过一段就有一个开放式的小亭，小亭比游廊高一些，四周有白色大理石台阶环绕。

这个院子里有一条小小的人工河，河两边用白色大理石护岸，两岸饰以同样的栏杆。河上有四五座白色大理石拱桥，大理石上刻有浮雕。院子底部有一座宏大雄伟的建筑，三层楼梯直通上去，楼梯两侧饰有同样的扶栏。

第五个院子式样和大小与前面一个相仿，里面有巨大的露天平台，这是座三层楼高的正方形建筑，每一层都装饰着白色大理石栏杆。这些露天平台占了院子长度的几乎一半，宽度的三分之一。露天平台高度大约十八英尺，基座只有六英尺高，是用暹罗产的大理石砌成的，这种大理石略显粗糙一些。露天平台由三层石阶通向顶端，中间一层非常重要。露天平台顶部是八个铜花瓶，每个都有七英尺高，中间一层石阶的底部有两只巨大的铜狮子。这些平台靠着一座气势磅礴的建筑，皇帝就在这座建筑里接受各部大臣来向他每天递交的奏折，而这些奏折是大臣们每天在那些石阶下行完传统的君臣礼仪后才毕恭毕敬地呈递上来的。

后来，我们又走过了两个同样的院子，院子里有着同样的平台，院子周围也是大同小异的建筑，楼梯都有扶手栏杆。我们在经过了最后一个院子后，通过一道门被引导到了右边，进了另一个院子，该院长度近200几何步度。这是个赛马场的模样，左边顶端是一座敞开式大厦，那里站有卫士。我们站在那里等引导我们去皇帝寝宫的大臣。

他们最终来了。我们经过了第九个院子，这个院子比刚才那个规模小一些，但是却一点儿也不比前一个逊色。院子底部有一座长方形双重屋顶的建筑，屋顶像前面的一样覆盖着黄色的琉璃瓦。那里有一条高出地面六七英尺的道路通向皇帝寝宫的大殿，通道两旁是大理石护栏，通道地面铺设相同。除了皇帝外，没有别人可以在这条道路上行走，别人也不可以从中间穿过到其他院子里去。

这座宫殿雕梁画栋、金碧辉煌。

这座雄伟的宫殿建筑在一座平台上，平台铺着大块的正方形大理石。大理石光鉴照人、富丽堂皇。建筑工匠们做工精细，让人简直无法辨出大理石之间的拼缝。

大殿的入口处有一道门，推门进去是一个正方形的屋子，皇帝就坐在一种凹龛里，那是鞑靼人的做法。这个屋子地上铺着大理石，油漆得通红的圆木柱子支撑着大梁，埋在墙里的柱子虽然很深，但是因为柱子太大，表面依然露出了墙外。我们按照通常的仪式行了礼，即：我们面对皇帝排成一排，在他面前跪倒三次，每次跪倒都三次鞠躬到地。皇帝当面接受我们的朝拜是他对我们很大的恩惠，因为当六部大臣们新年中每五天来一次或皇帝生日后来履行这些习惯性礼节时，皇帝很少在场。有时，当他们在举行这些仪式时，皇帝本人却已远离了皇宫。我们履行过这些礼仪后，走上前去，单腿跪下，排成一排。皇帝问了我们的姓名、年龄、国别，他亲切和蔼地款待了我们。在任何国王面前获得这种款待都是令人羡慕的，更不用说是得到中华帝国皇帝的款待了。

无可否定，这里的宫殿是第一流的。不同的建筑物虽然让人眼花缭乱，却也有机地结合在一起。楼台亭阁、回廊圆柱、大理石护栏楼梯，还有大量覆盖着黄色琉璃瓦的光鉴照人的屋顶，这一切都是那么明亮，太阳一照，它们仿佛镀上了一层金色。我说无可否认，因为它呈现在人们面前的景色是我无法用语言来描述的壮美。这就是一个伟大君王的宫殿。

除此以外，侧殿是六部处理公务的场所，还有马厩。那里还有王子们的宫殿、皇后和宫女们的宫殿；还有花园、鱼塘、湖和树林，树林里有各种各样的动物。所有这一切都很特别，全部保存在内宫的范围之内。内宫与外宫有一道环绕的宫墙分隔，宫墙周长将近两里格。这像一个小型的城市，这里住着朝廷的各种官员，还有大量的商人，由皇帝付钱养着。

北京附近有一座先皇们的娱乐场所，绕行一周大约是十里格。它与欧洲的皇家宫殿迥然不同，这里既没有大理石，也没有喷泉，也没有石墙。这里有四条小溪，小溪两岸栽着树。这里有三座巨大而简洁的建筑，还有几个鱼塘，几块牧场，牧场上有牡鹿、雄獐、野骡和其他野生动物。这里还有羊圈、菜园、林荫道路、果园和一些耕地。总而言之，农村一切愉快的生活这里应有尽有。

先皇帝们过去常常从繁忙的政务中解脱出来，到这儿来消遣。

这些皇帝们很少出宫，他们想象着在公共场所露面越少，在人民当中得到的尊敬就越多。但是，现在占据了皇位的鞑靼人却更得人心。

皇帝出宫，传统上由朝廷许多官员随行。行进列中一切都那么光彩照人、武器装备、铠甲、横幅、仪仗伞、仪仗扇以及其他显示皇家威仪的标志。

中国皇帝的行宫

王公贵族们骑马开路；紧随其后的是阁老（Colaos）和各部大员，他们骑马左右而行，贴近两旁的建筑，留出中间大街；他们之后是二十四面代表皇家徽章的黄色丝绸旗帜，旗帜上绣有标志着皇帝纹章的金龙；接下来是二十四把同样颜色的仪仗伞，二十四把色彩艳丽的仪仗扇；贴身侍卫们身穿黄马甲，头戴头盔，手持一种标枪或长矛之类的东西，顶上雕刻成太阳或月牙形状或者就是一只野兽的脑袋；十二名轿夫穿着同样色彩的服装，抬着皇帝那气势非凡的轿子，途中驿站还有许多轿夫来替换他们；有一队鼓乐手、和各种乐器的演奏者随皇帝而行。最后，在出行行列的后面是大量的侍从和脚夫。

不过，现在皇帝经常出宫，所以他们就不再动用如此庞大的随行队伍了。康熙皇帝出游南方诸省时，他就乘坐了一艘专门为他建造的新船，随行的有王子、王公贵族和数量不定的心腹官员。沿途有大量的士兵，就像是一支大部队似的。他行进得很慢，不时下船来亲自检查，让地方官员详尽解释所有他关心的事情。但是，在返回北京的途中，他所乘坐的船却日夜兼程。

我就不细说他去鞑靼围猎消遣的旅程了，他那时倒真正地行进在军队的前列，人们会想象着他是去征服另一个王国。我已经在别的地方描写过这位皇帝的队列、服饰、帐篷、装备以及所有随他出行的人，其场面之壮观，非同一般。因此，我现在就不讨论这个话题，只谈他去天坛祭祀的盛况。我将引用马加尔宾（P. Magalbaens）神父的描述，那会更加可靠，因为这些仪式总是遵循祖制、一成不变。

这个队列以二十四面鼓分列两排开道，还有二十四支喇叭，这些喇叭是用中国人尊崇的一种木头制成，它们三英尺多长，大头直径约八英寸，形状像钟，外圈饰有金色，与鼓配合得奇妙无比。

接下来是二十四个同样排列、手持配有镀金缘饰、长七八英尺的红色木棒的人；后面是一百名手持铁戟的士兵，铁戟的顶端呈月牙形；一百根漆得锃亮的红色权杖一头镀金、另一头置于鲜花丛中；四百盏制作精良、装饰一新的宫灯；四百根可以持久燃烧、发出强光的木制大火炬；两百根长矛，有些饰有不同色彩的银缨，另一些则饰以豹尾、狐尾或其他动物的尾毛；二十四面印有黄道十二宫图的旗帜，中国人将其分成二十四宫；另有五十六面其他旗帜，代表着五十六个星座，中国人将所有的星星都归于其中；两百把用镀金把手支撑的长仪仗扇，扇上画有不同的图案，有蟠龙、飞鸟，也有其他动物；二十四把装饰得富丽堂皇的仪仗伞，还有一个餐桌，由御膳房的官员抬着，上面放着金制器皿，如盆、水罐等等。

以上这些行进秩序井然，其后，皇帝气宇轩昂地骑在盛装的马背上，两边有人撑着一把足以遮盖住皇帝及其坐骑的富丽堂皇的大华盖。他的周围有十匹白马，马鞍马勒皆用黄金珠宝装饰，还有一百名持矛士兵和大内侍卫。

其后同样有条不紊地出现的是王子王孙、皇亲国戚、朝廷官员，全部穿着符合自己身份的服装；五百名衣着华丽的宫中青年，一千名身穿红色长袍的脚夫，长袍边缘绣有鲜花、金星和银星；紧接他们之后的是三十六个人抬着一座敞开式轿子，后面跟着一台更大的封闭式轿子，由一百二十人抬着；接着是四辆四轮车，两辆由大象拉着，另两辆由刺绣马饰覆盖的马拉着；每一座轿子、每一辆车后面都有五十名卫士护卫。

队伍的最后是2000名文官、2000名武官，全部穿着适合自己身份的服装。

这就是统治着如此大一个帝国君王的权力和荣耀；人们做的任何事情都与他有点关系，他是这样大的躯体行动的灵魂，他使一切都处于适当的服从地位，结果也变得更简洁。

5. 只有皇家权威的影子笼罩着他们时，才能管理好这个民族。

中国的政府完全将抚养孩子的责任交给了父母，将赡养父母的责任交给了孩子。皇帝被称为帝国之父，总督是他管辖的省之父，州官则是他管辖的城市之父。在这个原则之下，建立了中国百姓给予辅佐皇帝支撑管理重任的官员们以尊敬和服从的机制。

看到一个人口如此众多、本性如此不安稳、极度自私、总是想方设法发财的民族竟然被各省的一小部分官员管理得服服帖帖，人们不禁感到惊讶不已，然而这一切都是真真切切的。只有皇家权威的影子笼罩着他们时，才能管理好这个民族。从君主制度初期开始，官员们就被分成了九个不同的等级，这些等级的隶属关系非常重要也非常完备，所以下级官员对上级官员的尊敬和服从是绝对的，没有任何东西可以相比。

第一级官员为内阁官员、最高法院的首长、军队的主要长官。这是读书人能够到达的最高地位，除非为公众做了非常重要的贡献时皇帝认为该给你更多的荣誉头衔，比如相当于伯爵、公爵等等之类的头衔。

内阁官员数量不定，主要根据皇帝的意志，高兴选谁就是谁。皇帝把他们从各部选来，不过内阁成员很少超过五六个。通常他们中间有一个德高望重的人，他们叫他为宰相（Chieou siang），即内阁总理，皇帝对他特别信任。这些内阁官员的衙门位于皇宫的左侧宫里，被人们认为是最荣耀的地方。皇帝在公众面前露面时就在皇宫里倾听官员的声音，接受官员们对他的顶礼膜拜。皇宫里还有几个装饰豪华的宏伟宫殿，每个宫殿属于一个审理自己特定范围内公务的官员，他们用大殿的名字放在他的名字后称呼他以示荣耀。

朝廷因为处在皇宫里面，所以叫做内院即内宫，有三级官员组成。准确地说，第一级是各部官员，负责审查那些内阁要送呈皇帝批阅的奏章，无论是涉及到国家大事、战争与和平，还是民事或刑事案件。他们审阅这些奏折，阅后决定送呈皇帝，除非他们发现什么障碍。他们得向皇帝解说清楚，皇帝认为合适就采用他们的建议，不然的话就否决，有时皇帝本人还重新审阅那些奏折，并且检查呈给他的备忘录。

组成朝廷的第二级官员似乎是上一级的助手，从他们当中指派各省的总督和其他衙门的首长。他们有个头衔叫做大学士[1]（Ta hio se），即学识广博的人或以能力强而著称的人。他们是二品或三品官员中遴选出来的。

第三级官员称作中书令[2]（Tchong chu co），他们是皇帝的秘书，负责监督呈上朝廷的奏折格式正确，他们是从四品、五品或六品官员中选拔出来的。

6. 帝国的事务由六部负责，六部之间，权力相互制约，以维护皇帝的权威。

还有官员组成皇帝的议事廷，就在这里，官员们审查决定大部分事务，除非皇帝命令召集大议事廷来审理。大议事廷由国务大臣、六部、三院的长官和副官组成。因为，除了枢密院外，北京还有分掌政务的六部，其权力和权威远远超过帝国各省的总督。每一个部总是有一位通常是一

穿冬装的六品官

[1] 由宰相兼领的掌文学著作之官。

[2] 朝廷中执掌机要之官员。

品大员的首长，两名二品官员作助手，还不算四十四个下属机构，每个机构都有一位首长和至少十二名议员。

中国历代皇帝统辖下的宫廷就是这样组成的。但是，自从鞑靼人成为中原之主后，他们无论是在宫廷还是下属机构都设了双职，鞑靼人和汉人各占官员一半。这是征服者的一种富于谋略的政策，这样，他就使鞑靼人在不激怒汉人的情况下进入到公共事务管理之中。而如果要将汉人驱逐出帝国管理层的话，很可能会引起他们的怨恨。

被称作吏部的机构位于六部之首，其任务是为帝国各省派遣官员，监督官员们的品行，考核他们的优劣，向皇帝禀报，奖掖操履高洁者并加官晋爵，谪降那些不称职的官员以示惩戒。这些人其实是帝国的调查官。

吏部有四个下属机构，第一个机构负责根据学识和品质选择胜任帝国官员的人；第二个机构负责检查官员们的德行；第三个机构负责掌管印鉴，在所有司法条文上盖上印鉴，给不同的官员颁发符合其身份和官位的印鉴，检查送交朝廷的公文信函上的印鉴是否真实。第四个机构，简而言之，负责检查帝国的大人物的品行，诸如皇亲国戚，那些荣获诸如我们的公侯伯子男爵位称号的人，一般来说是声名显赫的人。

位于第二的是户部，即国王的财政大臣。户部管理财政，负责帝国的祖产、财富以及皇帝的开销与收入。户部发布有关工资和养老金的政令，命令缴纳钱粮，供帝国大臣官员们享用。户部记录着所有家庭的准确资料，海关应该交纳的关税，公共库房的税收。为了协助完成如此巨大的任务，户部特设了十四个下属机构来管理帝国全部十四个省的事务。直隶是朝廷所在的省，地位优于其它省，在许多方面享有朝廷的特权和皇帝的眷顾。省会为南京的江南省曾经因为有皇帝行宫而得到过同样的特权，但是由于鞑靼人的统治现在已经沦为一个普通的省了，鞑靼人将南京（Nan king）更名为江宁（Kiang nin）。

礼部位于六部中第三位，是礼仪之部的意思。虽然这个部的名称听上去与我们刚刚讨论过的第一个部十分相似，但是，在汉语语调中却大不一样，是发音决定了它们的区别。"吏"表示官员，部即部门的意思，吏部即管理官员的部门；而"礼"是典礼仪制的意思。这个部掌管国家典礼仪制、科学艺术；它还负责皇家音乐、科举考试、接待应试考生，还提出涉及名誉头衔和功名的建议，皇帝采纳后赐予那些值得这些功名的人。另外，它还负责庙宇和皇帝习惯供奉的祭祀，也负责皇帝给臣民或外国人的款待。礼部负责接受、款待以及送走外国使臣；它管理着文科七艺，总而言之，管理着帝国容忍的儒学、道学和佛学三大律法或宗教的弟子。这使它成了某种教廷，遇到困扰时，信徒们的布道者必须出席。

四个下属机构协助礼部履行这种功能。第一个负责审议最重要的事务，诸如何时将专门人才派往帝国最重要的部门，如那些总督。第二个负责皇帝在庙宇中供奉的祭祀，负责数学以及确立或帝国容忍的宗教；第三个机构的主要任务是接待那些送往宫廷的人。第四个机构负责皇帝的膳食以及皇上为招待帝国大公们或外国使臣的宴席。

第四个部叫做兵部，即负责武装力量的部门。整个帝国的军队在其管辖范围之内。无论是一般的还是特殊的武将都依附在这个部。兵部检查军队的训练、维修好要塞、补充好军火库，保证进攻与防御的武器，保证弹药与给养。兵部负责制造所有的武器，总的来说，就是负责帝国的防御与安全方面的一切事务。

兵部有四个下属机构，第一个管理所有军事部门，负责让军队训练有素；第二个机构负责安排官兵到不同的岗位上去维持安定局面，去讨剿城市里与公路旁的盗贼。第三个负责管理帝国的马匹、驿站、邮船、帝国客栈以及用来为士兵运送食物和其它给养的船只。第四个机构负责各种兵器的制造，补充军火库。

他们为第五个部取名为刑部。这个部就像是帝国的刑事法庭，其任务是检查人们是否犯法，根据那些明智地制定的法律来审判他们。刑部有十四个下属机构，其数量与帝国省份相同。

第六也是最后一个部叫做工部，即掌管公共工程的部。工部负责维修帝王宫殿、各部办公用房、皇亲国戚的宅第、王公贵族的府第、皇家陵园、太庙等等。工部管理着各种宝塔、牌坊、公路、桥梁、堤坝、河流、运河和湖泊。

街道、公路、堤岸工程以及一切属于航行的工程都属于工部管。

这个部同样有四个下属机构：第一个编制计划并且为工程设计；第二个负责帝国所有城市里砌砖工人、木匠、泥水匠等等的工场；第三个负责维修运河、桥梁、堤坝、道路等等，保证河流畅通；第四个负责皇家住房、花园和果园，负责耕种并且收获。

这些下级机构每一个都有带厅的特别用房，一般有两位首长和二十四位官员组成，一部分鞑靼人、一部分汉人。我不特别提及属于各个机构的大量下级官员，如办事员、登记员、法警、信使、督察员、警卫官等等。

完全有理由担心，权力如此之大的这些部会逐渐地削弱皇家的权威。律法用两种办法来防止这种忧虑。

这些部中的任何一个对于呈交的事务都没有绝对的决定权，而是需要另一个部协助执行，比如，军队隶属于第四个部即兵部，但是，军队的薪俸却属于第二个部即户部，舟船、马车、帐篷、武器等等却落到了第六部的管辖范围之内。所以，没有这些不同的部门同心合力的话，任何军事行动都无法进行。帝国的一切事务都是如此。

7. 帝国的检察官负责监督各部官员，向皇帝禀报官员的错误。担任检察官的人通常都是品德高洁、忠贞勇敢。没有可能用金钱来收买他们，也无法用威胁来吓倒他们。当确信自己是在维护公正和英明政府的法规的时候，他们宁可受辱甚至牺牲生命也不会放弃查案。

要有效遏制各部组成官员的权力，最好的办法是任命一位官员来监督各部的日常事务。这位官员的任务就是协助最高司法机构，审查所有传递给他的法令。他无权决定任何东西，但是，他却是一个关注一切的检察官，负责向朝廷禀报一切。他的职位让他能够像皇帝直接禀报官员们犯下的错误，这些错误不仅包括公众事务管理方面，而且还包括私人品行方面。没有任何东西能够逃过他们的注意。在需要训诫的时候，他们甚至不放过皇帝本人。没有可能用金钱来收买他们，也无法用威胁来吓倒他们。他们的官位常常是不动的，除非被擢升到更加重要的位子上，他们绝不会被调到别处去。

这种检察官或监察官令人极端生畏，有一些令人诧异的例子足以说明他们的勇气与忠贞。他们虽然处于皇帝的荫庇之下，却也曾冒险指控过王公贵族们、鞑靼人总督。最常见不过的是，他们不是出于冥顽不化就是出于虚荣，当确信自己是在维护公正和英明政府的法规的时候，他们宁可受辱甚至牺牲生命也不会放弃查案。

其中有一人向康熙皇帝指控了四名阁老和四名高官，证实他们接受了贿赂而提名别人当官，于是这些人立即被削去官职，降为城门官，那可是无名之辈中的小官。为此，人们真的可以用波斯大臣评论他的国王手下大臣的话来评说朝廷的官员们，他们在我主国王的掌握之中，就像柜台一样，没有价值，但可以任意放置东西。

当皇帝根据惯例将这些检察官的奏折委托给各部去审议的时候，官员们因唯恐自身受到牵连而很少提出相反意见。这就使这些监察官在帝国中拥有极高的地位，也使每一位官员更加尽忠职守。这样，在必要的从属关系中，帝国的权威得以维持。官员们不仅对敕令而且至少对帝王的暗示表现出毕恭毕敬的遵从，必要时他们也会镇静自如。当皇帝向各部询问时，他们依法回答就不会受到责怪，也不会受到责难。不过，如果他们用另一种方式回答的话，皇帝的检察官们就有权指控他们，皇帝也可能会因为他们忽略了律法而责罚他们。

北京还有一个部门，主要为了检查王子们的事务而设立。这是因为人们不愿意将皇家事务与普通人混淆在一起。这个部门的首长和官员们是有头衔的王子们，但是，附属官员却是从普通官员中选取的，这些官员的任务是制订王子们活动

穿夏装的六品官

的规章以及撰写所有其它必要的文件。这个部门还有负责登记工作，皇族的所有孩子们一旦出生就要登记造册，他们受封的名号和地位要登记，他们在这个部门受到的惩罚也要记载。皇家子弟除了拥有合法的妻子外，一般还有三个妃子，皇帝对这些妃子会册封名号，这些人的名字也要登记在册。这些妃子生的孩子的地位虽然不如原配夫人的孩子，但是却比王子与小妾生的孩子高贵得多，因为王子愿意纳多少妾就可以有多少妾。

我不会去探讨皇城里建立的几个部门的更详尽的细节，笼统地提及它们所属的六个主要部门就足够了。不过，我不能省略一个特别的部门，因为它让我们清楚地知道知识分子在中国所处的地位。

8. 只有最博学多才的人才能进入"翰林院"，翰林院的成员受到人们极大的尊敬，他们负责监督将要继位的太子的教育，他们要教给他美德、科学、礼仪规则，还有治理国家的艺术。

每隔三年，帝国所有的硕士都云集北京去获取他们的博士学位[1]。他们一共需要经过十三天严格的考试，最终获得博士学位的人不超过三十人。他们在这些新博士中选择能够证明自己能力与技巧的人组成我所说的那个部门，叫做"翰林院"（Han lin yuen）[2]，这是一个只有最博学多才的人才能进入的帝国研究院。

这些博士们有责任监督将要继位的太子的教育，他们要教给他美德、科学、礼仪规则，还有治理国家的艺术。他们有义务在帝国通史中记录下值得传给后代的所有重要事件；他们的职业是不断地学习研究，写出有用的书来；这些正是皇帝常与其谈论各个学科问题的文人学士，他也常从这个机构里选拔各部首脑以及最高权力部门首脑。翰林院的成员受到人们极大的尊敬，同时也令人十分敬畏。

皇帝提名官员，并赐予他们统领各省的权力。各省都由两位主要官员治理，

---

[1] 这里的硕士、博士应该指的是贡士与进士——译注。
[2] 文学侍从官员在宫中所居之所，享有极高荣誉。

其他官员皆听命于他们。一个名叫"巡抚"（Fou yuen），在我们欧洲叫做总督或省长；另一个的管辖范围更大，他管辖着两个有时是三个省，所以叫做"总督"（Tsong tou）。

这两个人都在省衙内主事，共同决定着包括民事和刑事方面的所有重要事务，皇帝也直接将圣旨下给他们，而他们则负责将圣旨传达到管区内各个城市。

无论总督的权力有多大，这并不削弱那些特定巡抚的权力。不过，每件事都调节得非常得当，他们从不会为其管辖范围进行争执。各省权力机构在其区域内都有几个附属机构和一定数量的下属官员，这些官员协助巡抚处理各种事务。

各省省会城市都有两个衙门，一个负责民事，另一个负责刑事。负责民事的叫做"布政使司"，有一位布政使和两位助手，全是二品官员；负责刑事的叫做"按察使司"（Ngan tcha ssee），有一位三品官员担任按察使[1]，没有助手，有两种称作"道吏"的官员。

这些人是到各省不同区域、不同衙门巡视的官吏，他们的职责是向皇帝报告情况，尤其是在朝廷没有直接委派钦差去的省份。

一些叫作驿站道，负责驿站以及区域内皇帝属下的皇家客栈和航船；另一些负责检查军队；还有一些负责公路的维修；还有一些负责河道；还有一些的任务是巡视海岸线。他们都有权力惩罚罪犯，并且都好像是替代帝国六部执行公务。

至于特定城市，分成三个等级，也有总督和几个负责司法的官员。

第一级的城市主管官员叫做知府（Tchi fou）[2]，四品，但是，他的三个副手却是六品和七品官。另外，他还有一定数量的下属官员，这要根据他的辖区大小，辖区内城市多少来定。

第二级城市主管官员叫做知州（Tchi tcheou）[3]，从五品，两个副手为

---

[1] 掌一省刑名按劾之事，为正三品官。

[2] 一府之长官，四品。

[3] 一州之长官，五品。

从六品和从七品。

简言之，帝国其它所有城市都有一个衙门，其主管官员叫做知县（Tchi hien）[1]，七品官，他的两个副手一个是八品，另一个是九品。

除了这些各省都有的衙门外，还有一些对某些地方合适或者具有特殊功能的衙门，比如，盐政官员的任务就是在各省将盐委托给他们信任的人出售，阻止私人盐商出售食盐，以免减少帝王的收入。这个衙门的首长叫做盐发道，同样还有负责管理粮米的总管官员和几个有专门衙署的官员。

遍布帝国的文官数量达到一万三千六百人；他们每年编印四次准确的目录，包括他们的名字、头衔、出生地和毕业时间。我将要在别处谈到武官。

城市的总督们是下级官员，通常不独自决定重要事务，而是被迫向他们的上级官员即欧洲人称之为省财政部长或省总督汇报。

这两位的上司就是北京的六部了。至于高于巡抚、管辖着两三个省的总督，他同样依附于六部，但是，他的职务很高，即便让他到六部去担任首脑也不是什么升迁。

所有官员都特别在意保护代表自己尊严的标志，因为这不仅使他区别于普通百姓，而且还有别于其他有学问的人，特别是所有比他地位低的人。

这种标志首先是一块他们穿在胸前、色彩丰富、精工细作的方布，中间是一个与他们身份相适应的图案，一些上面是一条张着四爪的龙，其它上面或是老鹰，或是太阳，或是其它东西。至于武官，他们胸前有豹、虎、狮等。

他们围的腰带同样影响地位。过去，在汉人还没有接受鞑靼人的穿着习惯时，他们先将小方块裁好，然后用水牛角、犀牛角、象牙、龟壳、沉香木、银、金和珠宝制成的大钩子连接。这些钩子的材料根据使用者的职业地位的不同而有所不同。只有阁老可以使用一条镶有珠宝的腰带，皇帝在任命他时赐给他这种腰带，不过现在最常用的是丝带。

---

[1] 州下之县的长官，七品。

9. 中国人从小就习惯对父母无限的服从，这就是极少数官员就能将整个中国管理的井井有条的原因。中国的官员要对自己辖区发生的事情负责，不仅要完成行政事务，而且还要想方设法获得辖区内人民的拥戴。官员的权威甚至要大过他们崇拜的偶像。当灾荒发生时，如果官员的祈求得不到偶像的及时回应，他们会命令惩罚这些偶像，"使其理智起来"。

在治理帝国的几种力量之间有一种绝对的依存关系。最无足轻重的官员管理着辖区内的所有事务，但是，他依靠着比他权力大的其他官员，那些官员又受制于各省的总管官员。各省总管官员与皇城六部和内阁官员平起平坐，他们在其他官员面前极其威严，但是，在最高权力者皇帝的面前却又瑟瑟发抖。

以下是分派官员职务的方法：任何人如果得到了三个文学学位中的两个的话，他就能够进入官场。这三种学位是学士、硕士和博士[1]。这些学位在礼部注册，学位获得者会根据其级别和德行安排适当的官位。

当时机来临、有官位空缺的时候，他们便去朝廷，但是，他们通常甚至不会将一个"进士"或者说博士提拔为二级或三级城市的州县知府。假设一时有四个这样的官位空缺，他们首先向皇帝汇报，然后召集名册上处于领先地位的四位学者。接着，在一个高高放着、他们刚刚能够着的盒子里，放着四块木板，上书四个官府的名字，让他们四人轮流抽签，抽到什么就是什么。

除了经过普通的考试之外，据说，一个人为了找到适合的官位，只要他有朋友或有钱，中国人可不乏谋略，让最好的官位落到他们想给予的人身上。仅一个官员如知府就能管理这么多人，而且如此轻而易举简直是令人称奇。他只是将指令发布在一张纸上，盖上他的官印，然后张贴在街道的十字路口，人们立即就照办了。

这种乐意服从当中有其基础，那就是中国人从小到大养成的对父母亲深厚的敬意、无限的服从。这也出于官员从对待人民的行为方式中得到的敬意，人们把他当作了皇帝的代表。当他在府衙内秉公执法时，他们回他的话时没有不匍匐在地的。他每次在公众场合露面时，都有大量耀武扬威的随从。他

---

[1] 这里的三个学位应该指的是举人、贡士、进士——译注。

也同样穿着华丽，面容严峻、威严可怕。夏天，他会坐在敞篷镀金椅子上，由四个人抬着走，冬天则坐在丝绸蒙顶的轿子里面，前面开道的是他的部属，衣帽与普通百姓迥然不同。

这些官员整齐有序地在街道两旁走着，有些人在前面撑着一把丝织伞，另一些人不时地敲着铜锣，高声命令百姓在他经过时向他行礼；有些人手持巨鞭，另一些人拿着长棒或铁链，这些器具发出的可怕声音使得天性怯弱的老百姓瑟瑟发抖，他们明白自己如果公开违抗他的命令的话，是无法逃脱他的惩罚的。

因此，当他出现时，街道上所有的百姓都表示出尊敬。这种尊敬不是要用任何形式向他行礼，因为那可能会是一种有罪的放肆行为；而是需要退到一旁，两脚并拢、两手下垂站好。他们采取这种姿势一动不动，直到官员离开为止，这被认为是最尊敬的。

如果一个知府这样的五品官员就以这种壮观场面行进的话，那么，总督或至少巡抚的队列会是什么样呢？他通常有一百个人随行，长长的随行队伍中没有任何人感到尴尬的，因为每个人都知道自己的地位。他穿着礼服，坐在一个镀金的漂亮椅子上，由八人抬着行进在队列的中间。

首先出现的是铜鼓手，他们敲着铜锣开道；接着来了八个旗手，旗上用大字书写着巡抚的荣誉称号；接下来是十四面旗，旗上是其官位的标志，如龙、虎、凤、飞龟和其它有翼的动物，六个官员举着一块状若高高举起的大铲子的木板，上面用金色大字写着这位官员的特殊品质。另外两人举着黄色丝绸大伞，接着是一个高过一个的三块高牌，另一个是装伞用的箱子；两个骑在马背上的弓箭手走在主要卫士的前列；卫士们则手持缀着丝绸缘饰的各种勾状武器，前后共有四排。还有两队武士扛着长柄权杖，其他人手持手型或蛇型权杖，另有一些人装备着大锤和长柄月牙斧头，还有一些卫兵拿着利斧，有些手拿像斧头一样直的大镰刀；士兵们手持三边锋利的戟或斧；两个脚夫抬着一种看上去很漂亮的箱子，里面装有他的官印；另外两个铜鼓手宣示着巡抚大人的到来；两个手拿棍棒的官员不断挥舞让人群保持距离，其后是扛着龙形镀金权杖的人和一大群执法者，有些人手持鞭子或打人用的平板，其他人手拿锁链、鞭子、短剑和佩剑，还有两个旗手和指挥这个仪仗队的队长。所有这些扈从都走在巡抚的前面，巡抚坐在椅子里，被人抬着往前走，周围是大量的侍从听差，贴近他的是一个手举一把屏风状大扇的官员，后面跟了几个卫士，一些人手握着权杖，另一些人手持长柄剑。后面跟着一些旗子和号角，马背上坐着许多仆人，每个人都带了一些属于巡抚必备的东西，比如箱子里放着另一顶帽子，以便天气变化时可以换用。

官员晚上旅行时，并不像欧洲那样点上大火炬，而是点上几盏大而漂亮的灯笼，灯笼上用大字书写这位官员的名号和头衔，用来激发他辖区内每个人对他的尊敬，使过路人停下脚步，让那些坐着的人毕恭毕敬地站立起来。

每个县或州的总管必须行使审判职权，接受各家各户向皇帝上贡的物品，亲自去看望偶然事件中死亡的人以及绝望中自杀的人。

他必须每月两次倾听自己辖区内所有重要官员的汇报，让自己准确地了解发生的每一件事；同样，他有责任向船只发放通行证，审理投诉和诉状，这种事在这么多人的国度里实在太多了。所有诉讼案件都要由他处理，如果他认为一个人有错，就会打他板子以示惩罚。总之，他宣布罪犯的死刑，不过，他的判决以及他的上级官员的判决在没有得到皇帝的核准之前是不能生效的。

无论这些官员的权威有多么可怕，如果他们没有得到爱民如子的好名声，没有一心想到老百姓的幸福，他们的官位是不可能维持多久的。

因此，让人民过上幸福日子是一个好官引以为荣的事。有这样一位当官的，他设法让精于养蚕缫丝的人在本地区内安居，用这种方法使本市富裕起来，得到群众的普遍欢迎。

还有一位官员，在狂风暴雨的时候，不满足于发布禁令不让人们过河，而是自己站在河岸边，整天守在那里，禁止任何不顾后果的人受利益驱使以可悲的方式丧生河里。

一个过于严厉、似乎对手下人没有任何感情的官员不可避免地要被巡抚在每三年向朝廷递交的奏折中记录下来，这就足以使他丢掉官位。如果一个犯人死在了监狱中，那么就需要足够的证据证明，这个官员没有密谋害死这个犯人，他亲自去查看过，给犯人找过医生，给他开了适当的药方等等，因为这一切都要向皇帝汇报。所有监狱中死人的情况以及他们死的方式都要详细向皇帝报告。根据别人的建议，皇帝常常命令启动一种特殊的程序。

有些场合官员们会故作姿态地表现出一副对人民充满温情的样子，那就是当他们害怕大旱、大涝或其它意外事件如有时肆虐了数省的数不清的蝗虫造成歉收的时候。那时，这位官员不是通过情感、兴趣，就是通过伪装，想尽一切办法使自己受到欢迎。

当这些灾难发生时，这位官员就让人将他的政令张贴到所有公共场所，规定大家斋戒，禁止屠夫和厨师卖肉，违者重罚。不过，尽管屠夫和厨师不能公开在店内卖肉，但是他们会私下卖肉。通常的做法是私下给衙门当差的塞一点小钱，因为是那些人负责执行官员的政令。

官员赤脚前往菩萨庙，衣衫不整，有时穿着草鞋，下属官员伴随左右。同样，跟随他后面的还有本城的要人。他点燃香案上的两三炷香，然后，他们全都坐下，喝茶抽烟度过时光，他们在一起闲聊一两个小时后就休息。

这就是他们求雨或祈求晴天的仪式，他们用一种直露的方式对待偶像，就像你看到的那样。如果在得到上帝恩惠前必须祈求太长的时间，他们有时就会用短棍狠命敲打偶像使其理智起来，不过，这很少发生。

据说这在陕西（Chan si）省江州（Kiang Tcheou）地方发生过。因为偶像在大旱之年非常顽固地拒绝下雨，在官员的命令下偶像被打得粉身碎骨。当天开始下起雨后，他们又做了一尊偶像，这一点都不难，因为它们一般都是用泥或砂浆做成、迎进城里，在那里供奉祭品，总之，人们使它再次恢复了偶像的尊严。

一个省的巡抚对待另一个对其反复祈求不予理会的偶像采取了几乎相同的方式，因为他无法控制自己的烦躁心情，不过他派了一个下级官员去对偶像说，如果到某天某日还不下雨的话，他将驱逐它出城，并且将它的庙宇夷为平地。

巡抚被偶像的无动于衷激怒了，打算遵守自己的诺言，禁止人们向偶像供奉任何祭品，命人关闭庙门，他的命令立即得到了执行。但是，巡抚的怒气平息后几天下了雨，偶像又像以前一样得到了人们的供奉。

在这些公众的灾难中，依照古制，官员应该向城市的守护神致词。下面就是他在祈求守护神帮助时可能利用的形式：

"守护神啊！如果说我是本城的神父和总督的话，您尽管无影无形，但却更是如此。神父这个位子使我不得不保证做任何使人民有利的事，消除任何对他们有害的事。但是，恰当地说，人民是从您这儿得到幸福，是您免灾消害；尽管我们看不见您，但是，无论何时只要您愿意，您就接受我们的供奉，听到我们许下的愿言。通过那种方式，在某种程度上您就已经现了灵。但是，如果苦苦哀求没有回应，那么人们心中就失去了他们对您的尊崇。您确实可能还是原来的您，但是却鲜为人知了。即便是我自己，我的职责是保护人民，如果我不履行官员的职责，那么就应该怀疑是否称职。在我们无法消除的公众灾难中，我们应该祈求您的帮助，将我们的需求告诉您。那么，看一看人民的凄凉景象吧，从六月到八月，这里滴水未下，我们没有收到任何庄稼。如果一切都被摧毁的话，那么今后如何播种粮食呢？我有责任向您陈述，我已经指定了几个斋戒日，屠夫不准开门营业，禁止食用肉、鱼、酒，每个人都虔诚地净化自己的心灵，检查自己的良心，追悔自己的罪过，但是，我们的美德还不足以使上天愉悦。至于您，本城隐形的总督，您有办法接近上天，您可以为我们凡人祈求恩惠，恳求他结束我们的不幸吧。您这种代人求情得到的恩惠会使人民幸福。我将会发现自己衷心希望的职责得以功德圆满，当本城人民发现您并没有愧对自己的供奉，他们对您的尊崇将会越发虔诚。"

由于官员指定维护人民的利益，他应该永远乐意倾听人民的投诉。他不仅应该在固定时间内倾听，而且要在一天中任何时候都随时恭候。如果人民遇到紧急事情，他们就会去他的衙门敲击一种大鼓，这个大鼓有时置于衙门的一侧，不过几乎总是设在衙门外面，这样人民群众就可以不分昼夜来击鼓。

听到非常事件发生时才使用的击鼓声，官员必须放下手头的一切工作，尽管他从来都不是那么忙，来到大堂上审理。但是，无论是谁击鼓，除非涉及到众所皆知的冤案，是免不了挨一顿板子的。

10. 中国官员还要负责教育人民，他要扮演家庭中给予教诲的父亲的角色，一月两次向人民做道德训示，其内容就像是牧师的布道文，希望以高尚朴实的道德教化民众。

官员的一个主要职责是教育人民，因为他是皇帝的代表。按照中国人的说法，皇帝不仅是一个管理政务的君主，一个供奉祭品的神父，还是一个教书的先生。为此，皇帝不时召集朝廷王公大臣、各部主要官员，从典籍中给他们以训示。

同样，每月初一和十五，官员们集中在一个适合的地方，给人民以长篇大论的指示。这种做法是帝国政令中规定的。政令规定，总督要扮演家庭中给予教诲的父亲的角色，甚至皇帝亲自指定了这类演讲中应该涉及到的话题。这些话题共有十六个，我将详细地提到。

一．他们必须遵守孝道，长幼有序；从中学到将自然界强加给人类的基本义务付诸实施的理念。

二．永远缅怀家族的祖先，那将是保持团结、和谐与和平的有效方法。

三．所有村庄团结一致，那就意味着不再有打官司和争吵的现象。

四．让人们尊崇农民的职业，尊敬为养蚕而种桑的人，这样就再也不愁吃、不愁穿。

五．人们习惯于勤俭节约、自我克制、谦逊稳重，这会减少许多愚蠢的消费。

六．想方设法繁荣公学，目的是让年轻学生学会有规律、有道德地生活。

七．量入为出地生活，这将会是保持心灵平静的有效方法。

八．将宗派思想和错误扼杀在摇篮之中，为的是让纯真的学说观念保存在心中。

九．反复向人民灌输最高权威设立的刑罚，因为恐惧会使粗陋、难以描绘的思想受到控制。

十．他们完满地用民法和道德法教育人民，教养建立起来的好习惯应该永远地一成不变地保持下去。

十一．他们竭尽全力给孩子们和小弟弟们提供良好的教育，这就使他们免于染上罪恶，不让他们感情冲动。

十二．在各种各样的丑恶犯罪指控中，他们明白清白和正直的人没有任何东西可以惧怕。

十三．他们设法不去保护或隐藏罪犯，因为犯罪会使人被迫过上流浪漂泊的生活，这样人们就会避免卷入别人的不幸之中。

十四．务须按时缴纳皇上要求的税赋，以免收税官员不时来征收、骚扰。

十五．行动要与各城各区官员保持一致，这样可以防止盗窃和罪犯的逃跑。

十六．要制怒，才能让人不遭遇危险。

这些是官员们用作读本的圣旨。其中涉及到第三条的一句话会使人明白他们是如何教育人民的，其方法如下：

皇帝规定，所有村庄团结一致，那就意味着不再有打官司和争吵的现象。请仔细听一听我来解释这条规定。

当你住在同一个地方，不管你出生在那里还是迁移到那里，你就会被当作是那个地方或城镇的居民。你住在那里，就有亲朋好友，要与年长者接触，与邻居打交道。你不可能早早晚晚出门见不到他们，你会不时碰到这个或者那个。就是这些家庭居住在一起构成了我称之为村庄的地方。在村里，有富人也有穷人，有你的长辈，也有你的小辈，还有你的平辈。

因此，先从这句箴言开始，声望不应该被用来使别人对你生畏；永远也不应该让自己有欺骗行为，不能容忍自己给邻居设圈套；不要用轻蔑的口吻谈论其他人；不要炫耀自己的优点；不要以牺牲别人为代价来使自己富有；以上种种需切记在心。

有位古人明智地说，在一个老少群居的地方，年轻人就应该尊敬老者，无论对方贫穷还是富有，博学还是无知。如果你生活得很舒适就蔑视穷人，如果你贫穷就用羡慕的目光看着富人，这样就会产生永久的分化。什么！骄傲的富人会说，难道你不给我让路吗？要是我不设法忍耐，我就会把你打成碎片。

简而言之，如果你有土地和房产，他就会设法剥夺你的土地房产，利用武力来强占。你的妻子女儿也无法逃过这样的债权人的手掌，因为如果你无力还债，他就会以抵债这样冠冕堂皇的借口来强夺她们；有时，当他发怒时，他会放出牛或马来到你的庄稼地里，毁掉你刚刚播种的土地。有时，当他酒兴发作时，他会放任自己到极点，诚实的人们无法避免他的侮辱。忍无可忍的邻居们会发起牢骚，然后他们会求助于无赖的讼师，后者会启动打官司的程序。这些华而不实、用心歹毒的人总会设法将事情弄得更糟，为了使自己参与处理一桩麻烦事，他们会把一个小池塘说成大海，把池塘里的泡沫说成高入云霄的大浪，因此，最小的事情到了他们嘴里就成了最严重的大事。通过这种办法，这桩官司就打到了所有的衙门，打官司的费用就成了后来人们感受到的恶果。

你在旅行吗？如果你偶然碰到同村的人，一听到他的口音你就能知道，那你所感到的内心愉悦是无法比拟的。你们于是住到了一起，你们相互关照，就仿佛是现实中的兄弟一般。那么，当你们同住一个地方的时候，你们怎么就不能和平相处、秩序井然，而要争吵、闹分裂呢？决不说别人坏话，那你就能舒适安逸地生活；决不和别人争吵，而是宁愿对别人的过分要求作出让步；用你的忍耐来对付矛盾，你就决不会害怕受到伤害或侮辱。

当两人之间出现分歧的时候，如果宽厚仁慈，人们就能和解。当家庭里燃起了纷争之火时，如果有邻居就能迅速扑灭它。当一个人情绪激动时，如果另一个人将他带至一旁好言相劝，设法平息他的怒气，那么，那看上去冲天的怒火就会在瞬间消失，那个将要被告到衙门大堂的大事就会像冰柱离开了屋檐就融化一样轻而易举地宣告结束。但是，如果有个煽风点火者掺和进来，那他就会像个滚下斜坡的大石头，将其经过道路上的一切都压个粉碎。他会用他那些恶毒的建议吸引住你，让你按照他的建议去做，将你引向悬崖。

不过，既然我谈到了争执与官司可能给你带来的恶劣后果，那么，请注意倾听我下面要说的话。

当官司打到了衙门里，总要有一方取胜，不是你方就是对方。如果你时运不济，而且还不甘心自己的损失，你就会想方设法去得到官员信任的那些人的恩惠，他们给了你帮助就会得到你的丰厚回报，你会希望争取朝廷命官站到你的一边，你需要请多少次客，摆多少次宴席，你有多少资产来支付这些开支呢？

但是，如果你落在了一个恶劣的判官手中，他为了毁掉你，不惜歪曲事实，做出一副正直公道的模样。你联络了那些容易接近他、尊敬他的那些人，但是没有任何用处；那些朝廷官员、那些容易买通的可怜人、那些吮吸人民鲜血的人会信誓旦旦站在你的一边，但是毫无用处。在你花费了所有的金钱想要压倒你的敌人的时候，最后却会被迫达成一个和解的协议。

不过，如果你在下级法庭失败后拒绝这样的调解，你就会申述到上级法院。那时，你就会看到每天申诉书送到各个衙门，官司在那些无赖般的法官的阴谋操纵下会延长到好几年。证人们会受尽折磨，许多人将会卷入你的不幸中去，一些人将会被投入监狱，另一些人将会落入法官之手，没等判决宣布，无数的家庭就已经变得穷困潦倒了。

你可以从我说的话中得出结论：尽管你有铜山、金矿，但那也不够你开支这些费用的；虽然你是铁板的身材，你也很难经得起诉讼过程的疲倦和麻烦。

皇帝对人民的怜悯是无止境的，他禁止诉讼，善意地亲自告诫人民结束彼此中间可能会出现的麻烦，希望你们生活在完满的和谐之中。

为了这个目的，要尊敬老者、崇尚美德、对富人表示敬意、对穷人表现出同情。千万不要试图去调解那些出了麻烦但与你无关的事。如果你怀疑那些事会使你受人蔑视，千万不要设法去报复。如果你们当中有放荡不羁的人，要好言相劝使其改变生活方式。在公众事务中，要让大家接受你的观点，相互之间协助勤勉工作。

另一个与你同样很有关系的忠告是，如果你很富有，不要经常设宴或穿着华贵的服装炫耀自己。如果你有权有势，千万不要利用这些来压迫弱者和孤独无助者。我要求你做到的是，发达时保持谦逊，不要懈怠你的责任，希望你不要野心勃勃，应该知足常乐、谦和、稳健，最重要的是节俭，会使你声名远扬。

传染性疾病流行的年代里通常食物匮乏，使到处一片荒凉，这是你要十分小心的。那时，你的责任是对乡亲们表示出怜悯，尽你所有帮助他们。

这很值得你的注意，并且会增加你的影响，因为通过这种方式，农民们会非常忠诚，你的家乡就不会荒芜。你的邻居们会很在意保护你的储藏，你的利益就是公众的利益。另一方面，上天会通过不为你所知的方式来保护你，为你祝福。

至于手艺人以及所有那些受雇干苦力的人，尽管根据不可更改的上天法则，他们出生在贫寒低贱的家庭，但是，他们的快乐存在于坦然对待贫贱的生活，不因为贫贱生活而感到不安，也不嫉妒富有者的财富。

这种道德观念对他们来说是和平和慰藉之源，一切在良善者手中都会昌盛，美德如果经受过了考验，决不会长时间湮没无闻的。

你们知道了皇帝的用意，现在轮到你们遵照他的旨意办事了。如果你们照办，正如我完全相信你们会这么做的，那么，你们就会从中得到很大的好处，皇帝陛下慈父般的心也会感到满足；你们中间没有了纷争，就省却了官员们众多逮捕、惩罚之类麻烦，就保证了帝国的和平安宁。回家后，你们需要认真地将这样有用的学说付诸实践。

就这样，官员一个月向人民群众作两次有关行为举止方面的指示，这是他职责范围内的基本内容，如果他的辖区内发生了犯罪事实，他就要为这些事负责。

当一个城市里发生了盗窃或谋杀案件，他就必须查出窃贼或杀人犯，否则的话他就会丢掉自己的官位。如果发生了大案，比方说，如果出现儿子杀死老子这样有悖纲常的事，消息一传到朝廷，该地区所有的官员都会被罢免。朝廷归咎于他们，说如果他们在履行职责时更加尽心一点就不会发生这种不幸。同样，在一些特别的案例里，父亲因为儿子的过错而受罚，被判处死刑。

11. **中国法律建立起来的优良秩序是无与伦比的，但不是所有的官员都能依法办事。贪污、受贿、压榨百姓等事件仍会出现。帝国设置了各种对官员的考核机制，负责考核的人都是正直无私的。有时候甚至皇帝会亲自巡游民间，惩罚失职的官员。**

中国法律建立起来的优良秩序是无与伦比的。如果所有的官员都不放纵自己的感情，而是严格依法办事，人们还可以肯定地说，世界上没有一个王国会有这里这么快乐。但是，在众多人当中，总有一些这样的人，他们将自己的快乐建立在享受生活上，追求每一件给他们带来愉悦的事情，毫无顾忌地将神圣的理智正义之法律置之脑后，为了自己的私利将法律当儿戏。

有些下级官员在欺骗上级官员时无所不用其极，而在高级官员中也有一些人欺骗朝廷六部，甚至误导皇帝本人。他们将自己的情感掩饰得天衣无缝，使用最谦恭、最具欺骗性的语言，同样在奏折中装出一副大公无私、毫无偏见的模样，对皇帝来说要区别真伪确实是一件非常困难的事情。

另外，由于他们的官饷收入不能永远满足他们的奢华和气派，所以，他们就会处事不公，但只要做得隐秘，并不会有什么危险。国家各部的官员、内阁官员都暗中收受各省巡抚的钱财。这些巡抚为了办事顺当，又来压榨下级官员，而下级官员从老百姓那里残酷盘剥来补偿自己。

法律确实提供了几项明智的预防措施来反对这种混乱状况，这些规定旨在约束官员，保护百姓不受压榨。当朝皇帝实行了一种更加有效的方法，他增加了官员的官银收入，宣布自己不收受礼品，禁止他们接受份外的收入，违者处罚，规定官员用不正当手法收受 80 两银子将会被处死刑。

除此以外，还有其他防范措施：

第一，老百姓在受压迫怨声载道时，就会产生骚动，这种骚动很难平息。任何省份发生哪怕是最小的骚动，巡抚都难逃其咎，如果不能及时平息，巡抚几乎铁定会丢掉官位。法律规定，他是一个大家庭的家长，如果这个家庭失去了平静，那就一定是他的过错，因为是他管理着下属官员，应该阻止他们压迫老百姓。当枷锁不重时，老百姓毫无怨言地戴着，但是，如果枷锁沉重，他们就会设法将其扔掉。

第二，法律规定，任何人不得在自己家庭所在的城市、甚至省内当官，一般说来，官员不可以在同一个地方为官多年而不调动。由此，官员不可能与一地的人结成特殊的关系而使他处事有失公平。由于与他在一个省同事的几乎所有官员对他来说都很陌生，这就不会给他待人有亲疏之分的机会。

如果一个人在邻省做官，他必须住在离家至少 50 里格的地方，理由是官员应该一心追求公众的利益。如果一个人在自己的家乡为官，他就免不了受到邻居与好友的纠缠，很可能在判案时会产生偏差，对其他人产生不公，还可能会假公济私，伺机报复以前伤害过他自己或亲戚的人。

人们将这种美好的事物保持到如此的程度，以至于不允许儿子、兄弟、侄子等等在父亲、哥哥、叔叔等手下为官。例如，有这样一个县官，当皇帝要派他的大哥去当他那个省的巡抚时，依例他必须要奏明朝廷。于是，朝廷将他调到另一个省，委派他担任与以前同样的官位。

这种规则的理由是，避免当哥哥的作为顶头上司包庇弟弟，对弟弟的过错加以容忍或视而不见，抑或弟弟在哥哥的保护伞下不公正廉洁、兢兢业业地处理公务。

另外，让兄弟之间被迫相互参奏是很困难的。为了避免这种不便，他们规定不准兄弟之间为官时存在互相依存的关系。我说的有关父亲、哥哥、叔叔担任上级官员的事情，也同样应该这样理解，即儿子、弟弟、侄子担任上级官员，而父亲、哥哥、叔叔为下级官员时也是如此，简而言之，这个规则涉及到所有的亲戚关系。

第三，每隔三年，他们要对帝国所有的官员进行大检查，检查他们在治理方面的优良品质和不足之处。每个上级官员要检查下级官员自最后报告以来或上任以来的表现，他要给每个人一份书面评价，包括赞扬和批评。比如，知县手下有三四个小官员需要他写评语，送交他的上司知州，而管辖着好几个知县的知州则批阅这些评语，并根据自己了解的情况表示同意或添加上自己的意见。

当知州收到了所有知县的评语时，他开始给他们写评语，然后将本州所有知县的评语制成一目了然的表格递交居住在省府所在地的省衙总管们，由他们转交巡抚大人。巡抚在自己批阅过后，会同省衙内四位同僚一道审议，然后加上自己的评语上报朝廷。这样，吏部就会对帝国内所有官员有了全面准确的了解，根据他们的功过进行赏罚。

他们奖赏官员时就给他升官，惩罚时就贬职，或者将他削职为民。

在考核进行的两个月中，巡抚不见任何人，不接待任何来访，也不接受任何下属的来信。他采取这些措施就是为了显示出自己是一个正直无私的人，表明自己除了业绩之外，其余什么都不考虑。以下是官员评语的样本。

在姓名、官职之下，他们写道：他吝惜金钱、惩罚过于严厉、对待人民态度粗暴而且年纪过大，无法正常履行公务。对另一个人是这样写的：他傲慢无理、性格乖戾、反复无常、变化多端。还有一个人"生性愚钝、性情暴躁，不懂自我克制"；同样，另一个人"生性懦弱，不知如何使治下人民臣服；另外，他处理公务缓慢，对法律和习俗并不精通。"等等。

当评语表到达北京时，负责考核的吏部审查过后，记录下他们准备对每个官员的奖惩，然后发还给巡抚。他们将那些评语差的官员罢免，将得到推荐的官员升迁。比如，一位自身能力得到证实的知县会被提升为知州，他似乎具备这个位子所必需的才干。

另外，对于擢升或贬降的官员，必须在他们的名字前面加上需要升降的品级。例如：我是本城的官员，升了三级，或降了三级，这就需要将命令和任命公示出去。通过这个方法，人们得知这位官员受到的奖惩。当一位官员升了十级时，他就有希望升任上一级官员，但另一方面，如果降了十级，他有理由担心自己的官做不长了。

第四，由于主管官员很可能会受到某些特殊的城市总督的贿赂而腐败，以至他们会默许压迫人民的官员的某些不正当行为，所以皇帝不时派出秘密调查人员深入各省。这些人到各个城市去，同样也在当地官员坐堂倾听百姓呼声时去衙门，非常熟练地通过群众的呼声了解到这位官员以何种方式治理政务。经过这些秘密调查后，如果发现任何不正常行为，他就出示自己的职位标记，露出皇帝钦差的身份。

因为他有绝对的权威，所以他立即起草参奏有劣迹的官员的奏折，按照严厉的法律来处罚他们。或者，如果该官员的错误并不严重，他就会将调查获得的信息送往朝廷，让他们去决定如何处理。

几年前，皇帝任命了这些钦差去广东（Canton）省，那里有一桩涉及到巡抚和盐运使的案件。巡抚和盐运使都派人向北京递奏折，相互指控。该省盐价大幅上扬，人民受尽盐价昂贵之苦，纷纷站在巡抚一边反对盐运使，而大部分高级官员站在盐运使一边反对巡抚。

朝廷十分在意这种纠纷，希望弄明白到底是谁的过错，于是派了两位总督去担任钦差。他们到达广东时，拒绝了通常的接待礼仪，避免引起任何怀疑，不让任何礼物收买而影响其公正调查。他们甚至不与官员们联系，而是把他们一个个地传讯到庭，以获取他们来调查的事件所需要的信息。为此，他们不接待任何来访者，也不拜访任何人，而是直接进入了为他们准备好的官邸，将自己封闭起来，直到他们传讯巡抚和盐运使。他们反复审讯了这两位高官，这两位多次像普通罪犯那样到庭受审。之后，他们开始撰写奏折。

在整个审讯期间，巡抚必须每天早晨离开自己的衙门来候审，一直等到夜晚。在此过程中，他比盐运使受到的待遇要好一些。盐运使必须离开自己的衙门，自始至终待在审讯室的门外。

城里所有的商店都关了门，人民通过自己的代表控诉盐运使，他们以及本地官员的代表都得到了钦差的接待。调查结束后，钦差派专门信使将信息报告送往北京。然后，他们开始接待所有官员的来访，盐运使除外。

第五，尽管各省调查人员为正直的高官，但是，他们有时会滥用职权，经不起诱惑去利用罪犯中饱私囊，而对罪犯的恶劣行为却视而不见。因此，为了使他们警钟长鸣，皇帝在他们最出人意料之外的时候，亲自到某些省份去聆听老百姓对总督们的怨言。皇帝微服到各省的巡访使得劣迹斑斑的官员们心惊胆战。

1689年，先皇康熙到南方省份去巡游，路过了苏州（Sou tcheou）、扬州（Yang tcheou）和南京。他骑在马背上，后面跟着卫士与大约3000文官。

他们带着旗标、旗帜、华盖、大伞以及数不清的其它装饰品前来迎接。在相距二十步度的地方，他们在街上竖起了牌坊，上面盖着最好的东西，缀上了气球、飘带和丝线，皇帝从牌坊下经过。街道两旁排立着无数的人，大家毕恭毕敬、鸦雀无声。

在扬州，他住在自己的船上。第二天，他骑马进城。街道上铺着地毯，皇帝问百姓是否当官的要求他们这样做的，居民们回答说，当官的没有要求，他们是自己愿意这么做的，他们心甘情愿向皇帝陛下表示出公开的敬意。对此，皇帝非常满意。街道上满是大人和小孩，骑马的人很难通过，皇帝陛下不时地停下来，好像对此感到非常高兴。

在苏州，人们在大街人行道上铺上了地毯，这使皇帝在进城处就下马。皇帝勒住马，这样就不会毁掉这么好的丝织品，这些东西属于人民。他步行前往为他准备的寝宫，并且在城里住了两天，这使该城人感到十分荣幸。

就是在这种巡游中，皇帝陛下向人们展示了自己是人民的保护神和父母官。招引百姓埋怨的官员受到了迅速而严厉的惩处。李明神父叙述了厉法的例证，通过这个例子，先皇康熙受到了一些官员的怨恨，但同时却受到了人民的爱戴。

有一次，李明神父说，这位伟大的帝王在离侍从们比较远的地方，看到一个哭得很伤心的老人，问他为什么这么伤心。那人不认识他，回答道，先生，我只有一个孩子，我在他身上寄托了所有的幸福，他是我全家的希望，可一位鞑靼人官员夺走了他的生命，我现在没有任何人接济，恐怕这一辈子也没有了，因为像我这样一个体弱多病的穷人怎么能够让总督为我作主呢？皇帝回答道，这并不像你想象的那样困难，站起来，跟在我后面，带我到这个不讲理的强盗家去。这个老实人没有客气就照办了，过了大约两个小时，他们到了这位官员的衙门，这位官员没有意料到这种特殊的访问。

卫士和一大群高级官员在找了他很久没找到后，先行到了官府衙门，没等弄清楚怎么回事，一些人就包围了衙门，另一些人随着皇帝走了进去。皇帝确信这位官员犯下了被指控的罪行，于是当场判处将他斩首。然后，他转身面对那位失去儿子的痛苦父亲，非常严肃地说，为了弥补你所有的损失，我将那个被处死的罪臣的官封给你，在他的官位上要比他更尽心、更有节制。让他的罪行与受到的惩罚成为你的前车之鉴，希望你不要成为使别人恐惧的例子。

第六，总之，每天在北京印刷、从那里发行到各省的公文最有教育意义、最能使官员们遵守规矩、防止他们犯错误。公文上除了供政府参考的内容外，没有别的。由于中国是一个绝对专制的王国，哪怕是最琐碎的事物都要呈交到皇帝面前，所以公文上只有指导官员们如何当政的内容，这对博学者与粗陋者都非常有用。

公文上包括，比如，被罢官者的名单以及被罢免的理由。一个人因玩忽职守、没能收上皇帝的税赋或将其挥霍浪费掉而被罢官；另一位罢官是因为他沉溺于酷刑之中。这个因为鱼肉百姓；那个因为缺乏应有的治理才干。任何官员如果得到擢升或因为错误而被贬职或罢官，他从皇帝陛下那里得到的年薪就会立即在公文上公布。

公文还通报死刑犯的犯罪事实，同样公布因调动而补缺的官员名单，还报道发生在某某省的灾难以及某地官员奉皇帝命去救助的情况。公文上还有士兵津贴支付费用情况、人民的必需品开支、公共工程费用、皇帝的善行等。公文还展示内阁对皇帝的德行和决定所作的进谏书。

上面还提到皇帝亲耕的日子，在人们头脑里激发起竞争意识，用热爱劳动、专心农耕的思想来激励官员；上面还提到了王公贵族和六部主要官员在北京聚会的时间以及他们职责范围内的指示。公文中还可以发现新设立的法律和规定，皇帝对某个官员的褒奖和指责。例如，这样一个官员名声不太好，如果不改过自新，就要受到惩罚。

简而言之，这份中国公文就是这样的，它对指导官员如何正确地统治人民非常有用。为此，官员们经常读它。它讲述了这个伟大帝国里处理的一切公众事务，大部分官员用心记下对公文上记载的事情的看法，这会在为官过程中给他们以指导。

公文中记载的一切都要送呈皇帝，或者就是从皇帝那里来的。负责公文的人不敢擅自添加任何标题，甚至不敢发表任何自己的看法，唯恐受到肉体的惩罚。

1726年，一位内阁文书和一位受雇在驿站工作的文书就因为在公文上提供了后来被发现是虚假的事实而被处以死刑。刑部做出判决的理由是，他辜负了皇帝陛下。法律规定，任何人辜负了皇帝陛下都要被处死刑。

最后，法律基本上禁止朝廷命官去搞一般娱乐活动。他们只允许在有限范围内招待自己的朋友，陪别人看戏。如果他们沉溺于赌博、散步、私下访问，或者支持公开集会，那他们就在用自己的前程在冒险。他们不能参加其它娱乐活动，而只能在自己的官邸内举行一些较为私人化的活动。

12. 中国持久的和平造成了中国人缺乏尚武精神，教育也不注意培养他们的勇武。中国军队装备精良，行进或受阅时精神抖擞，但是在勇气与纪律方面却无法与欧洲军队相媲美。他们会轻而易举地乱成一团，很快就被击溃。

从前，法国有文爵士和武爵士；同样，中国有文状元和武状元。帝国政府依赖于文状元，这我们前面已经谈过，现在我们要谈的是武状元，委任他们为的是使帝国保持安定、使邻国敬畏帝国、镇压或防止叛乱。

武官与文官一样需要经过好几次考试，需要证明他们的力量、技巧和军事艺术方面的经验。因此，他们需要取得三个学位：学士、硕士和博士[1]。每个省的省会举行学士晋升硕士的考试，方法与我在上面解释的一样。

北京有五个军事衙门，叫做五部，即五级武官。

第一级为后部，是后卫军衙门；第二级为左部，为左翼军衙门；第三级为右部，为右翼军衙门；第四级为中部，主力军前卫队衙门；第五级为前部，前卫军衙门。

这五种衙门都有一位首长和两名副手，皆为一品官员。他们一般选择帝国重臣担任这些职务，这些人指挥着朝廷的军官和所有士兵。

这五个衙门隶属于最高军事衙门叫做"中军部"，这里的主管官员为帝国的最重要大臣之一，他的权威延伸到其它五部以及朝廷所有的军官和士兵。这种权威可以使他成为许多军队的主人，但是，为了防止他滥用如此巨大而广泛的权力，皇帝任命一名文官担任督察协助他工作，还任命了两名检察官，这些人有权参与所有的事务。另外，在考虑任何军事项目的实施时，他们必须绝对依靠六部中的第四部，即兵部，这我们在前面已经谈过，帝国的所有军事力量都由它管辖。

尽管有大臣掌握了帝国的王公侯等显赫地位，所有品级的官员都是根据威望、业绩和服务来安排的，但是，还没有一个人不想出人头地。没有人比

---

[1] 此处为作者之误，应该为：武举人、武进士和武状元——译注。

中国人更有掌权的野心，所有的光荣和幸福都存在于执掌国家大权之中。

武官的领袖与欧洲的将军拥有相同的军衔，主管事务也相同。他手下有的地方又四个官员，其它地方有两个官员，他们的职位与我们的中将相似，中将同样有四位下属官员，与我们的上校相呼应。他们下面也有可以叫做上尉的军官；上尉下面有中尉和少尉。

这些官员中每一个都有与其身份相适应的随行人员，当他在公共场合露面时，总有一帮下属军官伴随着他。他们指挥着大量的军队，部分是骑兵、部分是步兵。

这些军官定期训练士兵，在喧嚣和混乱的行军中训练他们跟随长官走，或组成中队，或有序单列行进，或相互冲突，或听鼓号声结集，简而言之，他们在使用弓箭和长剑方面有众多技巧。

他们还不时地检阅部队，然后仔细检查马匹、枪支、长剑、弓箭、护胸铁甲和头盔。如果武器上有一点儿锈迹，他们就要为自己的疏忽受到惩罚，汉人的话会责打三十或四十大板，鞑靼人则抽打三十或四十鞭子。其它时候，他们可以任意去从事自己的职业，那些固定在一个无法离开的岗位上的人除外，比如那些守城门的人，或者是镇守公路的人。

由于在一个和平多年的国家里，军事并不需要占据多少时间，所以，从军一般来说被人们认为是一种幸运的事，不需要像欧洲那样强征入伍或花钱征兵，而是相反，需要找朋友帮助，或向官员送礼才能满足愿望。他们在同乡服役并且可以成家立业。

北方三省大量士兵为皇帝陛下服役，每三个月关饷一次，饷银为每天五个苏的银子，外加一份稻米，足够一个人的生活。有些人关双饷，骑兵另外还有五个苏银子和两份小豆喂马，这由皇帝提供。

他们在各省、要塞、城市和长城内侧的军事要地有 18,000 军官和 70 万士兵。

这些军队装备精良，行进或受阅时精神抖擞，但是在勇气与纪律方面却无法与我们欧洲军队相媲美。他们会轻而易举地乱成一团，很快就被击溃。

除此以外，汉人天生体质虚弱，而鞑靼人也几乎变成了汉人。他们多年来享受的和平没有让他们有机会尚武。同样，他们对学问的尊崇高于一切，士兵依赖学者，教育属于年轻人，他们只注重书本，学习时气氛非常严肃，满耳充斥着律法与政治。我认为，这种教育不可能培养出战争天才。尤其在鞑靼人臣服了以后，这些士兵的主要用处就是防止暴动、平息一个城市或一个省里萌发的骚动。宫廷中有二十四位将官，还有同样数量的校官。

除了这些鞑靼人军官外，还有军事部门官员，他们管理着帝国所有的汉人军队，他们的信使总是整装待发，随时准备将必要的命令非常秘密地送到各省。他们主要关心的是清除国内的暴动者。对于造反者，他们时刻提防着，很少让其成功过。他们行动时，命令就送达距离发现造反者最近的城市，如果有必要，还可以动用几个城市的兵力。万一发生战争，他们就从每一个省都调动几个营来组成军队。

清军步兵

在鞑靼人与汉人联盟以前，长城的一边驻扎着大量的军队守卫，保护帝国不受这些可恶敌人的侵袭。不过，如今，军队只驻扎在最重要的地方。

大自然已经精心地加强了中国可能受到进攻的地方。围住六个省的大海沿海岸线很浅，大船无法靠近，否则就会粉身碎骨。暴风雨非常频繁，没有舰队能够平安地靠岸。西边是高不可攀的山脉，天然的安全屏障，一点儿也不比大海和长城逊色。

公元前 215 年，在秦始皇的命令下，兴建长城这个巨大的工程，保护帝国不受鞑靼人的入侵。

他一旦决定兴建这个巨大的工程，就从各省抽调了三分之一劳动力来建设。长城甚至延伸到海上，为了在海岸线上打下基础，他命令将好多艘船只装上铁块和石块沉入水底，工程就在上面建造。这个工程要求非常精细准确，任何工匠如果在石头之间留下了哪怕是最小的缝隙，那他也就会为此而丢掉性命。

通过这个方法，这个工程一直保存到如今，几乎与新建时一样完好无损。它的长度大约是 500 里格，宽度足以让六匹马在上面并排走。

这个工程令人钦佩之至有两个主要原因。第一，从东到西范围巨大，在好几个地方跨越非常高的山。工程就山势起伏，每隔一定距离就用大烽火台加强一下，两个烽火台之间不超过两箭之地，为的是让每一寸土地都得到保护。

很难理解那么高而巨大的堡垒是如何在我们见到的干燥荒凉的地方建造起来的。他们不得不花费不可思议的劳力从很远的地方运来水、砖头、灰浆以及一切必要的材料来建造这样庞大的工程。

第二，这道长城如地图上看到的那样，并不是直线连绵不断的，而是在好些地方依山就势、峰回路转，因此可以说，这不是一道长城，而是三道，围住了中原大部分地区直到北方与鞑靼人交界的地方。

至于军事城市，那里没有什么特别的地方，只是地形险峻、非常难接近，看上去比普通城市防守力量更强。中国工程师们用来加强防守的创造发明包括壁垒、砖墙、烽火台和一道充满水的大水沟。实事求是地说，这种防御工事足以抵抗外侮，与敌人的进攻相抗衡，无需多少技战术就进可攻退可守。

要塞、堡垒以及加强地段数不胜数，分为七个不同的级别，中国人叫它们为关、隘、寨等等：第一级大约有 600 个，第二级有 500 多个，第三级有 211 个，第四级有 300 个，第五级有 150 个，最后一级有 300 个。这一共就加强了 2000 多个地段，还不包括这座著名长城的烽火台、堡垒和棱堡，这些烽火台、堡垒和棱堡都有特别的名称和镇守部队。

在棱堡中间藏身之处有田地，那里农民与乡村居民在遭遇鲜有发生的动乱时候，或者强盗来袭的时候，就将牛羊和动产都藏到这里，避免遭受损害。还有一些棱堡建在岩石上和陡峭的山上，除了借助山上凿出的台阶或梯子以外，人们是无法接近的。

这些农民藏身的地方没有用墙围起来，只不过是因为地势险要无法接近而已，或者堑壕宽大深邃，能够阻挡强盗通过。

除了这些以外，他们还有 3000 多个叫做"台"的烽火台或堡垒。那里经常保持有哨兵和其他士兵。当发现有任何不正常情况时，他们就立即发出信号。如果是在白天，他们就在烽火台上插上一杆旗，夜晚就点上一个火把，向邻近的守卫部队发出警示，因为帝国全境内不分省市，所有的士兵都有保家卫国的义务。

13. 虽然中国古代就发明了火药，却只用在烟花爆竹上，满足他们的好奇心。还是汤若望、南怀仁神父协助中国人造出了大炮。

虽然中国古代就发明了火药，但是，帝国的炮兵部队并不先进。他们在火药发明后却很少使用它，只是将它用在了烟花爆竹上，在这方面中国无人可比。不过，在南京城门处有三四次爆炸，非常古老，使人经判断后认为他们有一些炮兵知识，但是他们好像对炸药的用途一无所知，因为他们只是用来满足其好奇心而已。他们在海岸建筑里也有炮眼，但是却没有利用起来。

在 1621 年，澳门（Macao）城向皇帝进贡了三门炮，还有使用炮的人。他们在官员们面前第一次做了试验。当这些官员看到一颗炮弹发射后，炮身后坐，一个葡萄牙人和三个中国人因没来得及避让而被撞死，这时，他们惊愕不已。

这些炮被抬到与鞑靼交界的地方，长城附近居民成群地前来观看，见到火炮发射时的巨大破坏力，他们都惊恐万状，抱头鼠窜，不敢冒险回头看。

1636 年，福音传道士受到迫害，他们隐藏了十年不敢露面，鞑靼人又开始侵袭中原帝国。官员们考虑用什么必要手段来回击这些野蛮人的入侵，他们谈到加强这些城镇，给它们装备火炮。他们记起徐光启（Dr. Paul siu）说过神父们懂得制造大炮的技艺，于是奏请皇上立即命令钦天监监正[1]汤若望（P. Adam Schaal）神父制造一些。皇帝陛下渴望事先知道这位神父是否制造过大炮，但是，这些官员们在他没有明白他们意图的情况下擅自查询，然后奏请皇上下圣旨，他们认为那会产生他们希望看到的结果。

身着钦天监监正官服的汤若望神父

---

[1] 掌天文历数占候推步之事，正五品官。

他们如愿得到了圣旨，去拜访神父，假托去提一些天文学方面的难题。他们提了一些涉及数学方面的问题，仿佛不经意地，他们问他是否懂得制造大炮的技艺。

神父回答道，他明白大炮制造的原理，于是，他们立即给他呈上了皇帝的圣旨。

神父万般推辞，说理论与实践相差甚远，但是没有丝毫用处，因为他必须遵命去指导工匠。相应地，他们把他送到离皇宫不远的一个合适地方，他可以得到宫廷太监的协助。

此后不久，南怀仁（P. Ferdinand Verbiest）神父在为北京天文台制作了几件光学、静电、民用和军用建筑工艺品以及几件木头和黄铜仪器后，对朝廷官员说，他有足够的技艺能够造大炮来保卫帝国不受敌人的侵略，尤其是对付那些在中国边境、边境省份骚扰的匪徒，因为那里很难追踪他们。

为此，他们向皇上递交了一份奏折，恳请皇上降旨。为了保卫国家，可以让南怀仁神父来指导工匠制造大炮。南怀仁神父在阅读了北京教堂里的备忘录后，明白在前朝他们用这种方式将大量福音工匠引进到帝国，他相信自己为伟大君王的服务一定会给基督教带来好处，于是，他非常成功地铸造出130门大炮。

不久后，兵部官员又向皇帝呈上奏折，奏明皇上他们需要300门欧洲式样的不同口径火炮来做好加强工事的防卫工作。皇帝批准了他们的要求，命令铸造大炮，指示南怀仁负责这项工作，南怀仁即费迪南·弗比斯特神父的中国名字。

南怀仁神父按照皇帝的圣旨办事，於1681年造出了模型并得到了批准。兵部得到圣旨，要仔细检查公共建筑与工程，不失时机地配合这项工作，为它提供一切必要的材料。

他们花了一年多时间造火炮，南怀仁神父遇到的最大困难是，宫中太监无法容忍陌生人在皇帝陛下面前出现太多，因此想方设法阻止这项工作取得成功。他们不断埋怨工匠们动作太慢，同时又让宫中低级官员偷走金属材料。当最大的火炮之一刚完成时，还没等内部抛光，他们就在炮膛里粗暴地塞进了一个铁球，企图使其报废。但是，南怀仁神父通过火门装上炸药开了炮，铁球随着一声惊天动地的巨响被打了出来。皇帝在宫中听到后，立即要求再打一炮。大炮全部造好后，被运到离北京半天路程的山脚下来做试验。那里有一些官员去看开炮，皇帝也亲临现场，当时在北京的几个西鞑靼总督也去了现场。在得知试验成功的消息后，皇帝带着满朝文武前来观看，他们在皇上面前填装弹药，并且按照他指定的方向开了好几炮。

看到炮弹在南怀仁神父用仪器指导下落到了瞄准的位置，皇上非常高兴。于是，他命令举行盛大宴会，在帐篷里、在田野里招待鞑靼总督和军队主要官员，他举起金杯，向神父敬酒，向官员们、甚至向那些准确命中目标的炮手敬酒。

最后，他对自己派人特地请来帐篷内的南怀仁神父说，你去年造的大炮对付造反者很有用处，我对你的工作很满意。然后，他脱下自己非常贵重的毛皮背心和长袍，送给他作为友谊的见证。

连续几天，他们都在不断地试验火炮，发射了 23,000 发炮弹来满足官员们。就在这时，南怀仁神父撰写了一篇有关火炮制造及其应用的论文呈交给皇上，为了使皇上一目了然，他画了四十二幅图表，详尽解释了这门技艺以及可以帮助人们将火炮抬到任何特定距离使用的水平检测仪。

几个月后，负责考核官员的吏部向皇上呈递了一份奏折，请求皇上重视南怀仁神父为制造这么多门大炮所做出的贡献。皇帝陛下恩准了他们的请求，赐予南怀仁神父一个诸如巡抚之类的荣誉头衔，这种头衔一般奖给那些凭自己的聪明才智对政府做出贡献的人。

为了防止中国人的迷信，（中国人在完成一项工程后会根据工程的不同而祭祀天神、山神和河神。）南怀仁神父择日严肃地为火炮祈祷。为此，他在制造场地竖起了一个神坛，神坛上竖起了一个十字架，然后身穿宽大白色法衣，披上圣带，对真正的上帝做礼拜，三跪九叩首。依照中国人给这种产品命名的习俗，南怀仁神父给每一门火炮都起了一位圣人的名字，自己用中文字描出，而后让人刻在炮身上。

一些过于意气用事的人在西班牙和意大利发表诽谤南怀仁神父的言论，

指控他意在将基督名声搞臭。他们还说，南怀仁神父不应将武器传给异教徒，教皇禁止南怀仁神父这样做，应该将他逐出教会。

南怀仁神父谨慎地回答道，"在这条禁令中，教会的意图是阻止异教徒利用武器来对付基督徒。这在中国不可能发生，因为无论是汉人还是鞑靼人都没有可能与基督教徒作对。而恰恰相反，通过这种方法基督教就会在中国扎根，因为皇帝认可了他的贡献后，批准传教士们在全中国范围内自由布道。"

14. 中国城市众多，而且安宁稳定，百姓也性情温和理智，这应该归功于建立起来的明智的律法。

在幅员广阔、城市众多、居民数量巨大的中国，如果不严格遵守各项规章制度，不将任何骚动消灭在萌芽之中，那这里除了混乱外不能指望还有什么别的东西。那里的安宁归功于建立起来的明智的律法。

每一个城市划成几个行政区，每个区都有个主管，负责一定数量的住户。他对发生的每一件事负责，如果可能出现任何骚乱而朝廷官员没有得到及时的汇报，他就会得到严厉的惩罚。

家长同样应该为孩子和仆人的行为负责，掌权者要为服从并尊重他们的下级负责，如果下级犯了罪，他们也会受到惩罚。在不幸事件如夜盗发生时，甚至邻居都要互相帮助。

每个城市的各个城门处都总是有一个可靠的卫兵。卫兵检查进城的所有人，特别是当他们有任何异常情况让人生疑时更要检查。如果一个人的相貌、举止或口音引起别人怀疑是陌生人时，卫兵立即拦住他，然后立即报告长官。

他们的主要准则之一而且被认为对良好统治做出最大贡献的是，不让外国人在帝国内定居。因为除了他们天生的傲慢和对其他民族的蔑视外，（他们视其他民族为蛮夷。）他们相信，不同人种将会给他们带来风俗习惯的不同，这样潜移默化地就会引起争吵，结局可能是结党营私，继而发生暴动，影响帝国的安宁。

入夜时分，所有城门都小心地关闭，每条街上还都设了障碍。在适当的距离派上哨兵，拦住夜不归宿之人。在有些地段，不停地在壁垒间巡逻。据说，夜晚休息，白天劳作，这条律法得到了很好的遵守。没有任何有声望的人胆敢夜间出现在大街上，如果有人碰巧夜晚被人在街上发现，那他就会被视作是喜欢黑夜想要做坏事的无赖或强盗，为此，他会被人拦下。因此，在这种时候出去非常危险，甚至清白无辜的人都难逃律法的最严厉处罚。

每个城市都有大钟或特别巨大的鼓，用来区别夜间的值班巡逻。每班巡逻两小时，第一班大约晚上八点钟开始，在这值班的两个小时时间内，他们不时地敲一下钟或击打一下鼓；当一班结束后，第二班巡逻就开始了，这次他们同样敲钟打鼓，但是每次两下；第三班每次三下，其余类推。这样在夜晚任何时候，人们都可以猜出几点钟了。钟发出的声音并不和谐，因为敲钟用的锤不是金属的而是木头的。

武装之门为士兵们专用，士兵们除战时外平时不穿军装，除非他们站岗放哨、参加检阅，或者跟随官员。其它时候，他们做生意或者做自己的事。

如果碰巧百姓当中发生争执并且发展到打架的地步，他们非常小心避免搞成流血事件。为此，如果他们刚好手中有木棍或铁器，他们会放下武器，公平地用拳头解决问题。

常常出现这样的情况，他们会一道到官府去解决纷争。官员坐在太师椅里，周围是一群下级官员，他非常冷静地倾听来讨公道的双方当事人的陈述，然后，他判定有罪的人当堂受到责打，有时候双方都得挨打。

中国与其它地方一样有高级妓女也有普通妓女，但是，由于她们通常会惹事，所以一般她们不允许住在城墙以内。她们住的房子有些特别，几个人住在一起，通常由一个男人管理。这个人对可能出现的任何混乱局面负责，不过，这些卖淫女出了这类事都不会得到宽容，而是会被当作丑闻，某些城市的总督们就会不允许她们在自己的辖区内居留。

简而言之，他们对青年人的教育也对这些城市的安宁作出了重要贡献。年轻人没有在帝国为官，而是适应学科的进步，不断地学习。所有可能会引起人们懒惰的娱乐活动都绝对禁止，通过这样对他们大脑强有力的教化，强化他们的记忆，他们就习惯于克制自己不羁的情感，发现自己脱离了大部分腐化堕落行为，那些行为通常都是闲散奢侈生活培育出来的。

15. 旅行者来到一个国家，或许最开始的切身体验就是这个国家的交通情况、客栈住宿条件。19 世纪游历欧美的中国人在日记中也以很大的篇幅记录了西方的交通、酒店。

中国人重视道路的畅通程度一点也不亚于城市的安宁。这个国家几乎到处都是运河，这对好几个省的货物运输很有用。运河用砂石砌边，在低洼、湿软和多水的地方，他们铺起人行道供人行走方便。

他们非常细心地将道路弄平整，常常铺上石头，尤其是在既不用马也不用马车的南方省份。那里的道路一般都很宽，很多地方泥土很少并且几乎雨一停地就干。他们通过劈开岩石、推平山头、填起山谷等方法设法在最高的山中建造出通道。

在有些省份，公路就像两大排高树之间的平台，有时封闭在八英尺高的两堵墙之间，不让行人进入田野，这些路有十字交叉路口通往不同的城镇。

在大路旁，相隔适当距离就有可供休息的凳子。这些凳子做得精细漂亮，维护得很好，既防夏日的酷暑，又防冬日的严寒。有一些被罢黜的官员回到了家乡，设法通过这样的工程来使自己受人欢迎。

还有庙宇和宝塔白天可供人休息，但是要整个晚上都待在里面却非常困难，除非是拥有这种特权的官员。和尚十分精心地伺候他们，用乐器声来迎接，请他们下榻在自己的寓所，不仅照顾他们的行李，而且还照顾他们的仆人和脚夫。

这些绅士们对待他们的神非常随便，他们将神的庙宇用作各种用途，一点儿也不怀疑这种过于随便的行为是否与他们应该对神表现出的敬意相符合。夏天，有些乐善好施的人雇人在此向过往穷人送茶，冬天则送一种姜糖水。他们唯一要求的回报就是不要忘记施舍者的姓名。

道路旁不乏旅店，小旅店数不胜数。但是，这些客栈情况都很糟糕，非常肮脏。大路旁情况不一样，那里有很大很漂亮的旅店，但是却需要旅行者随身携带铺盖，否则就会被迫睡在硬邦邦的席子上。不过，你要理解，中国人不用毯子，尤其是比较贫穷的人。他们满足于将自己裹在里面塞满棉花的床罩里，有时甚至还赤身裸体地钻在里面。所以，带上铺盖就没有什么困难了。

接待方式完全与住宿相一致，因为如果你在这种小旅店里能吃到鱼或者一点点肉，就是非常令人高兴的事了。不过，在好几个地方野鸡比其它野味要便宜得多，有时你可以花五便士就可以买到四只。

这种大众旅店有些比其它的住宿条件要好一点，但是其中最好的也非常简陋。它们一般都有四堵土墙，房顶没有涂任何灰泥，如果没有让你看到多处露着天就够幸运了。房间很少铺地，墙上到处都是洞。

在有些省份，这些旅馆是用泥土和芦苇造的，但是在城市里却是砖砌的而且价钱也很公道。在北方省份里，你可以发现他们叫做"炕"的东西，那是大砖砌成的凹室，占据了房间那么大，底下有个火炉。他们在上面只放一领芦席，如果你带了铺盖，那就铺在芦席上。

他们精心出版了一个旅行指南，包括所有的道路，从北京到帝国各个边界的路线。离开宫廷去外省办事的官员都使用这本书，它指引着他们的旅行，指示着一地到另一地的距离。在每一段的终点都有一个指定来接待官员的住房，所有奉旨出行的官员都到那里去住，费用由皇帝开支。这种住房叫做"公馆"。

官员出行前一天，他们派一位信使先行。信使手持一个上面写有官员姓名、公务的小令牌，见到这个令牌，人们立即为将要来此过夜的官员准备好住处。准备工作根据官位的大小而各有不同，为他准备好各种所需物品，诸如食物、脚夫、马匹、椅子，或者如果他走水路的话就准备好船只。奉命通报官员到来消息的信使的马匹时刻都在准备着，为了使他们不感到失望，在他们到达前一两里路的地方就经常重重地敲起锣，通知如果还没有准备好的话就立即备马。

这些指定用来接待官员的建筑并不像人们想象的那么漂亮，当我们在对外关系中读到的对同样事物的描写时，那些地方一般来说应该理解为得到了某些津贴。这不仅是因为作家在这种主题上谈论太空泛，而且常常借用农村的当地人的描述，对他们来说非常简陋的东西都被看成华丽无比。此外，他们还被迫使用术语来向欧洲人表达非常崇高的理想。

当听说这些公馆是由皇帝开支用来接待官员时，人们就会由此想象到这些住房肯定是宏伟的建筑，尤其是当人们补充说，官员到达之前还要派信使通知准备好一切来迎候的时候，人们自然想到他们一定匆匆忙忙地铺上地毯，在住房里摆上漂亮的家具。但是，中国人崇尚节俭，而且朝廷派往各地的使者数量很多，为了减少他们的麻烦，准备工作包括几个床垫、两三把椅子、一张桌子，在没有炕的地方还有一个铺着床垫的木床架。如果来的钦差很重要，公馆不适合他的身份，那他就会下榻到城里最好的住处。

这些公馆有些很大，有些很小，有些很漂亮、很宽敞。根据非常普遍的广东公馆来看就可以知道其它的是怎么回事了。那里大小适度，有两个庭院和两座主要建筑，一座建筑在第一个庭院的底部，那里有一个大敞厅用来接待来访的客人，第二座建筑分成三部分，与第二个院子相连。中间部分用做主厅，两侧各两间辅厅，主厅与辅厅后面各有一个暗室，这种布局非常普遍，在任何有地位的人家里都可以见到。敞厅和正厅都挂着两个透明丝织大灯笼作为装饰，灯笼里面有枝型蜡烛架。面对街道和院子的大门都点着两个大纸灯笼，灯笼上写着大字。

16. 在中国出行较为安全、便利。拦路强盗偶有出现，但是很少谋害被抢者的性命；他们在做完自己的事后，立即非常熟练地逃走。

大路上适当距离处可以看见一种塔台，上面是哨兵的哨位和紧急情况下报警用的旗杆。这些塔台用草皮和调和泥建成，高度为十二英尺，方形，四周有雉堞。

在有些省份，这些塔台上还有铸铁大钟，但是，除了在通往北京的路上以外，大部分这样的塔台既没有哨兵也没有雉堞。

根据法律规定，在所有人流频繁的大路上，应该每隔半里格就有一个这样的塔台，第一个半里格处应该是一个小塔台，第二个半里格处是大塔台，第三个又是小的，依此类推。每一个塔台都应该有士兵不断把守，注意周围发生的事，防止骚乱。

这些士兵都有卫兵队部，每当重要官员通过时，他们都要列队迎送。他们都很有规律，特别是在宫廷所在地直隶府（Pe tcheli），那里永远有哨兵在站岗。

在一些其它省份，这些塔台要倒塌时，人们会奉命不时修缮，并且坚持放哨，尤其是谣传有强盗或者他们害怕骚乱时更是如此。当士兵数量不足时，城市之间就会互相帮助，官员们列出一个名单，各城各镇的居民便分担起了责任。

如果这种法律得到了严格的执行，就不会有强盗了，因为每隔半里格就有一个卫兵截住可疑的人，这不仅在大路上是这样，而且在城市之间的道路上也是如此。由于数量很多，全国有许多大路，所以人们几乎要不时地在塔台前下来。

因此，拦路的强盗在中国很少见。他们有时在北京相邻的省份出现，但是很少谋害被抢者的性命；他们在做完自己的事后，立即非常熟练地逃走。其它省份很少听到谈论拦路抢劫事件。这些塔台还有另一个用途，即测定一地到另一地的距离，与罗马人用石头测定距离的方法相同。

当道路崎岖不平骑马难行时，中国人就坐上被叫做官轿的椅子代步，官员们坐的这些椅子几乎是一个模式。椅身与巴黎街头使用的那些并没有什么两样，不过，它体积很大并且较为轻便，用竹子制成。竹子是一种很结实、很轻的空心长节植物，竹子交叉织成方格型，用白藤牢牢扎住。白藤是另一种空心长节植物，小而结实，爬行生长，能长到800至1000英尺长。这种方格根据季节变化被从头到脚用或丝或棉织物蒙了起来，雨天人们在上面支起油布。

这种椅子大小适中，坐起来很方便，就像我们的轿子一样还有两个扶手，如果是两个人抬，那么两根杆子就落到了两人肩上。如果是四个人抬，那就在中间插一根大杆，穿过两个结实的松绳结成的滑结，前后各两人抬在肩上。通常有八个轿夫，轮流抬着走。

为避免天热而夜间旅行，尤其是在老虎出没的山区旅行时，他们就在当地雇用向导，点起火把前进。火把不仅可以用作照明，而且可以驱逐天性怕火的老虎。火把由在火上烘干的松树枝制成，制作方法特别，风雨会使其燃得更旺。

在此帮助下，他们彻夜在山区旅行，与白天旅行一样安全舒适。在乡间旅行，四五个向导就足以保证安全。他们不断换新的火炬，每根火炬六七英尺长，大约燃烧一个小时。

为了使过路旅人安全，在山区适当的距离就会发现提供向导这种便利。不过，也只有朝廷钦差、朝廷命官和其他王公大臣会以这种方式夜间出行，因为他们有众多的随行人员，既不会害怕老虎也不会害怕强盗。

对于旅行者来说，很重要的是大路上有许多城镇，这些城里有许多宝塔。宝塔前面和大路旁，有一些叫做"石碑"的纪念碑，上面刻着题词。这些石碑通常用大理石制成，直立在石头基座上。中国人在基石上开了榫眼，在石碑上刻出凸榫，然后就轻而易举地将两者结合到了一起。有些石碑高八英尺、宽两英尺、厚约一英尺。普通的石碑只有四五英尺高，宽厚度与之相适应。

最大的石碑是用石龟驮的。中国的建筑师们，如果他们称得上建筑师的话，比引进了女像柱[1]的希腊建筑师们更加在意盖然性；为了使这种发明变得更加张扬，有些人认为应该在石龟头上放上垫子，以免这样的重负会使它们感到不便。

有些石碑是立在大厅里的，但是这种石碑数量并不多。还有一些为了减少费用，用砖头砌了起来，上面还盖了个漂亮的顶。这种建筑是正方形的，除了接近顶部的地方有点儿圆，上面雕刻了一些奇怪的图案使其完美。

立石碑是因为得到了皇上的恩宠或者是纪念皇帝，人们通常雕刻上两条以不同形态盘绕的巨龙。城市居民在满意政府公正清明时立碑纪念他们的父母官。官吏立碑是为了永远铭记皇帝赐予他们的特殊荣誉，或者其他许多原因。

对于那些在中国陆地旅行的人们来说一个很大的便利条件是货物运输安全快捷。每一个城市都有大量的挑夫，这些挑夫有自己的首领管理。当你与

---

[1] 女像柱是一种像裸体女人形状的立柱 —— 原注。

他们谈好价钱后，挑夫的首领就给你票据让你雇用挑夫。通过这种方法，你就会立即得到挑夫，他会对你大包中的内容负责，当挑夫们将担子挑到指定的地点时，你给每个人一张票据，他们将这张票据拿到首领处，首领会将你预付的钱给他们。

在旅客经常来往的地方，如广东与江西交界的梅岭山（Mei lin），山这边城市里大量官吏在山那边的城市里有着与自己关系对等的官吏。无论城市还是乡村的挑夫都会放心地在这些衙门内登记，如果你需要三四百挑夫的话，他们也会给你提供。那时，官府衙门的首领会在短时间内给你准备好一个你需要运送的准确清单。货物无论是装箱还是打包，他会与你谈好多少钱一磅，一般来说，一百斤重的货物一天六便士。接下来就没有你的事了，他们的头目给挑夫们分配担子，记录下他挑的东西。当你到达另一地时，你在那边的衙门接受所有属于你的东西，一点儿都不会有差错。这些挑夫使用竹竿，他们将货物用绳子拴在竹竿中间，竹竿两头有两个人，他们将货物放在肩膀上抬着。如果货物太重，那他们就用四个人两根竹竿，每天换人，他们被迫与雇主白天走一样多的路。

当一个人独自挑着担子时，他想方设法使自己的负担减轻一些。他将担子一分为二，用绳子将货物拴在长竹扁担两头，然后将扁担中部放在肩膀上，模样像个天平，他向前走时扁担时起时伏。当他用一只肩膀挑担累了的时候，他熟练地将扁担在颈脖上一转就换到了另一只肩膀上。通过这个方法，他就可以挑很重的担子。因为他们是按照自己能够挑得动的担子的分量来计算报酬的，所以，有些人能够挑起按我们的计量单位算160磅的货物在一天内走十里格路。

在有些省份，人们利用骡子来运包裹和货物，但是更常见的是使用独轮车。这些车叫独轮车可能很合适，轮子不很大并且安装在中间位置，轴干伸出两边，两端都有格构，上边可装同等重量的货物。这种做法在中国好几个地方都很普遍，只要一个人就能将车推向前，如果货物太重，就加一个人或一头毛驴，或同时加上人和驴。他们也有像我们的一样的轴干，车轮安置在前面，但是他们在旅途中从未使用过。

骡子运货时，一般二十五天的价格是四两银子，或最多五两。这取决于不同季节以及货物的价值。如果往返运输，价格就要便宜得多，赶骡人必须喂养骡子，如果没有人雇用他们，就要承担回程的开支。与我们相比，他们的骡子很少。但是，他们的骡子很强壮，一般能驮180到200中国磅，中国磅比我们的一磅要重四盎司。

中国有海关，但是要比印度的海关温和得多。在印度，他们可不管什么人性或廉耻。这里人们不像别处那样严厉地搜查。他们不搜身，很少打开包装。如果一个人看上去很顺眼，他们不仅禁止打开他的箱子，而且不拿他的任何东西。我们看得很清楚，他们说，这位先生不是商人。

有些海关要求商人从自己的账户上总付费用，其他的则要求按每担计收费用，这样没有任何困难。甚至连皇帝的大学士，或者丞相，都免不了要付关费。不过，守卫海关的官员会不收任何费用而让这些人通关，可在北京一般更严格一些。

当宫廷官员接受或发出成捆货物时，他们会在每一捆上贴上一张大纸条，上面写着包裹打包的时间、姓名和官位。如果这些人官大权重，人们是不敢冒险打开包裹的。以前，海关关闭时，海关官员每年调换。这种官员地位很高，有权紧急向皇帝面奏。但是，在过去十二年中，皇帝已经把海关交给了各省的巡抚，由巡抚指定一个自己的亲信来收关费。只有广东和福建的港口不得不指派一名特殊的官员来处理海上贸易可能产生的麻烦。

每个地方只要有驿站，就会有管理驿站的官员。所有的驿马属于皇帝，除了皇帝的信使、宫廷派出的官员外，别人无权使用这些驿马。这些人手持皇帝的圣旨，圣旨卷成一卷，外面用一块黄绸包着。他们用一个披肩布袋装着圣旨背在背上。这些人一般都是些有名的人，有几个绅士陪伴在侧。他们的马从外表看并不出众，但是却非常有用，能够长途跋涉。他们通常骑六七十里无需换马，每一个阶段叫做一站。

他们换马的这些驿站之间并不总是距离相等，最短的50里，一般信使将包裹背在背上，骑马时就将包裹放在马屁股上的一个软垫子上。这些包裹一般都不很重，因为里面只有皇帝的圣旨、内阁的公文或者省府官员的奏折。

他们还私下携带其他人的信件并且从中渔利。

旅行中最大的、几乎是唯一的不便就是灰尘，尤其是在中国北方的冬季，因为那里冬天很少下雨，不过在有些省份倒会降下大量的雪。大风劲吹时，扬起滚滚风沙，遮天蔽日，让人感到呼吸困难。人们常常不得不用纱巾蒙住脸，或者立即戴上眼镜，这种眼镜用皮带或丝带系在脑后，这样可以看清楚一切又不受沙尘侵扰。由于土壤稀松，要是一段时间内不下雨的话，就很容易变成尘土。

同样的事情在帝国的其它路上也会发生。数不清的人步行、骑马、坐车频繁来往的路上更是如此。这种不断的运动使路上扬起了一层厚厚的沙尘，人们如果不当心的话就会迷住眼睛。这种不方便的事在南方省份很少见到，不过那里最可怕的却是河水泛滥，人们在那里精心建起了大量的木桥和石桥来对付它。

17. 中国的贵族不是世袭的，他们的子女也要自寻出路，只有不断投身于学习，潜心向学才能得到提升。

这或许刺激了欧洲人刚刚生成的"平等"理念，凭借学识获得荣耀和地位看起来要比欧洲那些一出生就享受高于常人的特权地位的贵族制要合理得多。

中国的贵族不是世袭的，尽管有些殊荣属于一些家族，那是因为皇帝认为他们具有不同凡响的能力而恩赐给他们的。一个人无论如何风光，尽管他升到了帝国的最高官位，但是，他的子女需要自寻出路。如果精神不振，或者贪图安逸，他们可以沦为普通百姓，并且常常被迫从事最低贱的职业。确实，一个人可能会继承其父的职业，但是不能继承他的官位或声誉，他必须向父亲那样经过同样的台阶向上爬才行。为此，他们不断地投身于学习，如果他潜心向学，就一定会得到提升。因此，人们每天都可以看到一些人非常幸运地得到擢升。这倒有点儿像意大利的神父，虽然可能出身卑贱，但可以渴望得到基督世界内最高的地位。所有人都被分为卑贱者、博学者和为官者。在中国，只有属于统治家族的人才会有荣誉头衔。为了他们才建立起了五级贵族，与我们欧洲的公侯伯子男爵位体系差不多。

　　人们将这些爵位传给帝王家族的后人，比如皇帝的子女以及皇帝的驸马。这些人还有与其爵位相应的俸禄，但却没有实权。不过，还有一些王子也继承了爵位，这些人与帝王家族并没有血缘关系，要么就是前朝帝王子孙，要么是因为他们的祖先对公众做出了杰出的贡献而获得过爵位。各省由皇帝任命的官员治理。当朝皇帝是统治了中原和鞑靼99年的这个家族的第三代皇帝，但是如果你上溯到他的曾祖父的父亲的话，那他就是第五位皇帝[1]。

　　太祖征服了自己的国家，也征服了东鞑靼、朝鲜王国和长城外的辽东省，在首都建立了汉人称做"金国"（Chin yang）、满洲鞑靼人称作"满蒙"（Moukedon）的王朝。后来，他们尊称他为"太祖"（Tai tsou），这是人们给所有建立新王朝的征服者的称号。至于他那些凭借勇敢无畏精神征服诸多国家的兄弟们，他都册封了名誉头衔，一些被封为亲王（Tsin vang），一些被封为郡王（Kian vang），另一些被封为贝勒（Pei le）。欧洲人认为这种尊贵的地位给予王室称号比较合适，或者一二三等王公称号。后来决定，贵族的子女中应该有一个人来继承其父的尊贵地位。除了这三种爵位外，这位皇帝还创造出其它低一点的爵位，赐给那些最值得褒奖的其他子女。第四等叫做"贝子"（Pei tse），第五等叫做"cang 候"（Cang heou），等等。[2]

　　第五等地位高于帝国最大的官员，但是，其他人就无法与普通朝廷官员们加以区别了，除了一条黄色腰带外，无论是装备还是服装都很难区别。黄色腰带是有皇家血统的所有人的通行标志，当然还包括那些没有皇家血统但有世袭爵位的人。不过，后者却羞于让别人看到，尤其是当他们穷得无法拥有与自己的出身与名号相适应的装备的时候。为此，如果我们将他们与欧洲人尤其是法国人相比的话，我们就会对中国的王公们得出错误的概念。因为在法国，一系列彪炳千秋的众多皇室列祖列宗们使得这些人的地位远远高于

---

[1]　从清纪年表看，雍正在世祖（爱新觉罗福临）顺治、圣祖（爱新觉罗玄烨）康熙之后为第三位，而算上后来追尊为太祖的爱新觉罗努尔哈赤和追尊为太宗的爱新觉罗皇太极，雍正即为第五位皇帝——译注。

[2]　清宗室只有四种爵位：亲王、郡王、贝勒、贝子，"Cang 候"不可考——译注。

法兰西帝国皇室以外最有名望的人。另外，这一小部分人还要求更高的荣誉与尊敬，而这一切随着他们与皇帝的接近而相应增加。不过在中国并非如此，有些皇室子弟几乎落到了平民状态。他们只考虑五代，但是，他们的数量在这么短时间内增长的很快，现在人数不少于 2000。这种离皇帝关系愈来愈远的许多人得不到什么尊重，尤其是那些既没有头衔又没有官职的人，他们无法得到与自己出身相符的地位，这就使王公之间拉开了无限的距离。多妻制使王子数量急剧增加，但是，在数量增多的同时，他们互相之间在伤害。因为他们没有土地，皇帝也不可能给所有人津贴，所以有些人尽管照样佩戴着黄腰带，但却生活在极度贫困之中。

明朝末期，在江州市有 3000 多家皇亲国戚，有些人家已经衰落到了靠救济生活的地步。占据北京为王的匪徒们[1]用刀剑杀害了几乎所有的王公们。很少一部分逃了出去，放弃了黄腰带，隐姓埋名当起了普通百姓。别人仍然知道他们有明朝皇族血统，其中有一个人在我们公司的传教士居住地当佣人，这个居住地就是某个王子建的，当他得知鞑靼人在追捕他时，自己逃走了。

这些王子们除了一个法定的妻子外，一般有三个其他的女人。皇帝赐予这些女人名分，与王子们一道造册登记。他们生下的孩子地位次于合法妻子所生的孩子，但是却比普通小妾生的孩子重要得多。而娶妾对于王子们来说则是一件随心所欲的事。

同样他们有两种仆人，一种基本上是奴隶，另一种是鞑靼人或鞑靼化了的汉人。皇帝根据恩赐他们的不同头衔而相应增减仆人数量。

这些鞑靼人或鞑靼化了的汉人是皇室随行人员的一部分，其中有重要官员、巡抚、甚至总督。尽管他们不像第一种人那样是奴仆，但是，他们在履行职责时完全服从于皇室的意志。如果他们得到封号，那就可以传给自己的子孙。但是，如果其中有一个王子被贬黜或者说他的地位没有传给自己的子孙，那么，这种奴仆就会得以保留，就会分配给另一位王室子弟。他的府邸造好后，他就会得到这个地位。

---

[1] 这里作者指的是李自成的农民军——译注。

这些王子的工作最常见的是协助公共礼仪，每天早晨上朝，然后就回到自己的府邸休息。他们除了管理好自己家人以及组成这个大家庭的官员外，没有任何其他事可做。王子们不准互相拜访，没有得到皇帝允许不准出城。

人们服从于如此严厉的法律，原因是不难发现的。这是因为他们拥有大量闲暇时间，而且这些时间又很少得到最佳使用。不过，也有一些王子参与了公共事务并且对帝国起着举足轻重的作用。这就是当朝皇帝的第十三弟。

人们考虑着贵族的地位。

首先，正如我以前说的那样，外省官员没有任何人能在自己的辖区内得到这种显要地位。

第二，那些缺乏靠自己学识升官的能力但却通过某人赏识或请客送礼得到某种荣誉头衔的人，通过这种方法与官员有联系，为此老百姓对他们充满了敬畏。

第三，从十五岁到四十岁的大量学生每三年来到总督衙门参加考试，总督给他们出题写文章。与其说他们是为了晋升，倒不如说是出于雄心，他们长期以来专注于学问之中。他们获得的学士学位可以使他们免于遭受地方官员的责打，除此以外，他们有当面向地方官员投诉的特权，可以在官员面前坐下并且可以与他们同桌吃饭。这在中国是一个很受尊重的荣誉，因为一般只有上级官员才能享受此等待遇。

如今在中国被认为最高贵、在世界上最高贵的古老家族是那位著名哲学家孔子的家族，中国人对孔子敬若神明。严格地说，除了这个家族以外，中国没有世袭的贵族。这个家族直系通过孔子的一个侄子延续了 2000 年，此人被称为圣人的侄子，或尊称为智者。中国人就是这样来称呼这位道德哲学的修复者的。考虑到这种渊源关系，所有帝王都常常尊崇这位哲学家的子孙为孔府后人，这种称呼相当于我们的公爵或者古代的伯爵。

孔子后人带着与这种地位相适应的荣誉每年从那光耀照人的祖先的出生地山东省曲阜（Kio feou）来到北京。另外，总是有一位孔子家族的博学者被任命为前面提到的那座城市的总督。

18. 欧洲的贵族由父传给子，但是中国有时却是由儿子上溯到父亲和祖父。

当一个人做出特别的贡献而出了名时，皇帝不满足于仅提升他的地位，还通过明显的特权将这些头衔延伸到他的父母亲、他所尊重的祖父祖母，或者更严格地说赐予每一个人一个特殊的头衔，来表彰他们在教育培养这位功勋卓著、对公众有用的人身上所做出的贡献。

贵族的主要特点之一是，从皇帝那里得到仅仅赐予德高望重者的荣誉称号。皇上有时根据他们对公众做出的贡献大小赐予他们五六代到十代的荣誉，有了这些荣誉称号，官员们就变得高贵，他们将这些头衔挂在官邸门前。

欧洲的贵族由父传给子，但是中国有时却是由儿子上溯到父亲和祖父。当一个人做出特别的贡献而出了名时，皇帝不满足于将他提升到我说过的地位，还通过明显的特权将这些头衔延伸到他的父母亲、他所尊重的祖父祖母，或者更严格地说赐予每一个人一个特殊的头衔，来表彰他们在教育培养这位功勋卓著、对公众有用的人身上所做出的贡献。

我只能举出弗兰芒人、耶稣会神父、北京钦天监监正南怀仁神父这个鲜明的例子作为佐证。这位神父被召入宫原来是协助汤若望神父来改革日历的。他受命计算 2000 年天体运动表和日食。他勤奋地投身于其中，动用天文部门的所有一品官员根据他指定的规则来计算天体的运动，最后这项伟大的工程完成了，他制作了 32 卷附有解释的图表，於 1678 年献给了皇帝，题目是《康熙永年历法》（*The perpetual Astronomy of the Emperor Cang hi*）。

那时，皇帝在召集所有品级官员、王公贵族、总督巡抚。这些人进宫来朝拜皇帝，与他一道庆贺册立太子的决定。皇帝非常感激地接过南怀仁神父的礼物，让这项工作成就存放于宫中档案库里。同时，他很愿意表彰南怀仁神父的不倦劳作，为此，他封南怀仁神父为该部的总管，官至一品，并且给了他这种荣誉称号。南怀仁神父向皇上呈上奏折，表示他身居宗教职位，无法接受这种荣誉。但是，皇上不听。南怀仁神父唯恐触怒皇帝，害怕影响宗教在帝国的传播，不得不应允了。这是皇帝赐予他爵位特权的大致内容：

"奉天承运，皇帝诏曰：明智国家的法律规定，有价值的行为应该广为人知，乐意为国的服务应该受到表彰并且得到相应的褒奖，朕现在藉此宣布，此项任命发到帝国全境，让朕的臣民都知道我们对精心勤勉而做出的贡献多么敬重。

南怀仁神父

朕委托南怀仁神父负责帝国日历工作。他的周全安排、诚实可信、在为朕服务中展示出的高度灵敏以及在不断献身于各种科学中所表现出的渊博知识使朕觉得有必要让他担负起天文科学院的总管工作。你的谨慎没有辜负朕的希望，经过日夜劳作，你充分完成了自己的职责。简而言之，你用朕所目睹的不倦劳作完全达到了你设计的目标。

确实，在这种大喜大庆的日子里，在举国欢庆的节日里，朕应该让你觉得皇恩浩荡，让你感受到朕对你个人的敬意。为此，朕自愿施恩于你，封你为圣人，让你天下闻名。朕命令将此封号在全帝国范围内广为传播。

希望你以更加充沛的精力为朕服务。这个荣誉名号虽从你开始，但希望传到你所有的同胞那里。你因为精心勤勉的献身精神而完全配得上这种地位和称号。你的功绩很大，完全配得上你得到的一切。用适当的敬意来领取这份恩惠，你是唯一得到朕封号的人，让它成为你的新的动力，利用你的才学和一切技能好好为朕服务。"

如我已经说过的那样，这种荣誉称号可以上溯到受封者的祖先。他所有的亲戚都为他的名号而感到骄傲，并且设法将其记录在他们的住宅各处，甚至还写在他们夜行时提的灯笼上。这使他们赢得别人的尊重。

由于南怀仁神父是一位欧洲人，他在中国没有别人与他分享这份荣耀，只有所有的宗教传教士和当作他弟兄的基督徒和其他教徒为他感到高兴。官员们也因为他有了名号而对他另眼相看。正是因为这种身份才使传教士方便地进入了中国。

皇帝在封赏了南怀仁神父以后，通过圣旨形式将同样的名号恩赐给了他的祖先。皇帝让人传旨，将名号特意封给他的父母亲、祖父与祖母。

从我说过的来看，孔子家族是个例外，好像中国当朝皇帝的王子们，只有皇帝嘉奖的有功之臣才能成为贵族，因为每一个成为贵族的王子都是他认为有价值的人，所有其他人则被认为是普通人而已。因此，没有理由担心，辉煌了多年的家族在外省建立起威望会威胁到皇室的特权。

19. 农业在中国受到重视，地位很高。皇帝每年都很正式地到田垄上去躬身犁地，并以亲手耕种的谷物祭祀上帝。以此勉励百姓致力于农业。

在一个幅员辽阔的帝国里，各地土质不尽相同，距离南方的远近会产生差异，这不足为奇。但这是一个农业国，人们习惯于劳作，因此没有一个省物产贫乏，到处都生产粮食，用于维持数目难以想象的人口的生计。

除了土地肥沃之外，这里河网密布，对于农业多产贡献巨大。大量收获的各类谷物用于酿造果酒或烈酒。但是，当朝廷官员担心土地可能会贫瘠的时候，曾一度禁止酿酒。农业在这里地位很高，因此，被人们认为是国家必不可少的农民并不处于最卑贱的地位，与手艺人以及商人相比，农民得到了极大的特权。

农民最关心的是水稻的耕种。他们给土地大量施肥，为此，他们什么污物都收集，其收集粪肥的热情超常，他们还用各种木材、药草和亚麻籽油去换取肥料。

农民们愿意不断保持这种交易。当田地里没有农活可干时，他们便进山砍伐木头，或者去侍弄菜园，中国人较少在乎观赏性，更讲求实用性。他们很少利用土地来做表面文章，比如建设美丽的花园，种植花草或开辟几条小径之类。因为他们认为以上种种对公众更有利，而在自己的每一寸土地上都播下种子才能产出有用的东西，这才更符合个人的利益。

在别处很可能会烧坏秧苗的肥料，中国农民自有办法处理。他们用水调和肥料，能有效地使用。农民用提桶来盛放肥料，通常上面盖上盖子，然后扛在肩上运走。每天，他们都把污物运走，对清洁城市十分有帮助。

为了让稻谷长势更好，中国农民在一些播种的地里小心地埋下一团团猪鬃或其它毛发。据说，这样会使土地更有活力，使水稻长得更好。理发师们会很用心地将理下的头发保存起来，等当地居民来购买，头发售价大约为半个便士一磅。那些买头发的人会用包将头发带走，而那些包里往往除了树皮之外，只有头发。

秧苗出穗的时候，如果用泉水浇灌，农民们会将熟石灰和在其中，试图消灭虫害和传染病源，除去杂草、给土地一点热量，以使它变得更加肥沃。

和所有其他国家一样，这个国家也有平原和山区，而所有的平原都耕种了农作物。但是，我们既看不到篱笆，看不到排水沟，也看不到树木，因为他们十分珍惜每一寸土地。在一些省份，土地一年收割两次，甚至在两种农作物之间还会插播一些次要谷物和豆类植物。

西北地区的省份生产玉米、大豆、黍类、烟草和常绿豌豆。黑色和黄色的豌豆则替代燕麦用来喂养马匹。那里也同样生产水稻，但是数量较少。而且，必须承认，一些土壤干燥的地方出产的稻子要硬得多，需要多加烧煮。相反，南方各省生产大量水稻，那时因为那里地势较低，雨水充足。

刚开始，农民播种谷物并无什么规律可言。但是，当谷物长到一英尺或一英尺五的时候，他们就把它连根拔起，捆成小捆，然后横竖成行地如棋盘状栽植，为的是使相互依靠的稻穗站得更挺，能够抵抗狂风的肆虐。

但是，在秧苗移植之前，农民会小心地平整土地，设法将土地弄平。在相继将土地犁过三四遍后，放水将地淹至腿肚深，用尖嘴锄将泥块敲碎。然后，人站在一种木制机械上，由一头水牛牵引着，将土地弄平。最后，如果有需要，将水放到所有田里。这样的话，平原就更像是一个大花园，而不是一片露天田野了。

在一些平原与丘陵山区并存的省份，其中一些土地势必十分贫瘠，但绝大多数土壤还很肥沃。于是，农民们就将土地一直耕种到悬崖边缘。

在一些地方，平原面积达到三四平方里格，十分赏心悦目。平原周围丘陵、山地环抱，从山脚到山顶，梯田层层叠叠。这些梯田一层高过一层，有时竟达二三十层之多，每一层都有三四英尺之高。

这里的山上一般没有许多岩石，与欧洲一样，土地较松而且多孔，易于分割。在一些省份，土层很深，要挖三四英尺深才能看到岩石。

在多石的山上，中国人就会撬动岩石，用其砌成小堤来支撑梯田，然后铺上优质土壤播种谷物。如此艰辛的劳作使人感受到这里的人们吃苦耐劳的天性，这一点从我以下所介绍的内容中仍能明显地看出来。

尽管一些省份的山地非常贫瘠，但是，阻隔山脉的山谷和田地中，有许多地方土地耕作情况良好，土地也很肥沃。每一寸耕地都种上了优质水稻。中国人的勤劳已使他们发现了一种方法，可以用于平整所有适宜耕种但不平坦的土地。

农民将平坦的土地分成小块，而将高低不平的土地分成古罗马圆形竞技场式的梯层。由于没有水，水稻无法茁壮成长，他们就在适当距离处建造蓄水池来积聚雨水以及从山上流下来的水。然后，他们不辞辛苦地将水平均分配到稻田中，或者根据水的自然流向，将水从高处的蓄水池中引至低处的小块土地里，或者将水从低处的蓄水池抽到高处，一层一层往上，甚至抽到最高处的田地里。

为了能将水从低处运送至高处，他们使用一种非常简单的抽水装置，将水从一个地方传送至另一个地方，使土壤能不断得到灌溉。就此程度而言，农民们最后会看到，他们的收获与自己付出的辛劳一定成正比。同样，当旅行者经过那片美丽的土地和山谷的时候，他们会拥有无尽的欢乐。在那里，群山环绕、峰峦叠嶂，景色各不相同。他们每时每刻都会惊喜地发现，一片片田野如翠绿色圆形竞技场不断映入眼帘。而这一切，在他的旅途中，仍会一个接着一个地涌现。

他们使用的抽水装置在制造和操作方法上都十分简单。这种装置由一组木头制成，像一个大环，中间有许多六七英寸的小木片或木板穿过。每一个都等距离平行放置。这条链状装置安装在有三块厚板制成的木头凹槽里。环的下部在凹槽底部装满水的时候，与之平行的环上部便接近于凹槽敞口的厚木板。环的下部转过一个可移动的滚筒，而滚筒的轮轴则处于凹槽底端的两边。环的另一端，也就是环的上端有一种鼓状物支撑着，上面装有小木板，正好与链上的木板相称。鼓状物由作用于轮轴的动力推动旋转，带动链条转动，而支撑鼓状物的凹槽上部安装在能够把水抽上来的高度。水槽的内部要浸入水中将水舀起，而恰好与水管或水槽相配套的链式装置内部在抽水时就会将两块木板之间的水从水管中逆流抽上。只要装置在运转，水管中的水就能像小溪般源源不断地流向预先计划好的地方。同时，链式装置上部沿着支撑它的厚木板缓缓下降。以上两个步骤合在一起就是这种装置的奥妙所在。它用以下三种方式运转：

首先是用手，通过一到两只绞盘直接安装在鼓状物轮轴的末端来操作。

其次是用脚，借助鼓状物轮轴上突出的半英尺长的木制脚蹬来转动装置。这些露在轮轴外的脚蹬又大又长，适于赤脚踩在上面。这样，根据脚蹬的排数，几个人或站或坐，能够轻易地将涓涓溪流连续不断地输送到干涸的地里。

第三，借助于水牛或其他动物快速推动一个直径为四码、水平放置的巨轮来操作。在巨轮周围安装了大量的桩子和齿轮，与安装在鼓状轮轴周围的同种齿轮恰好相吻合，通过这种方法，最大的装置也能轻松运转起来。

运河经常需要清理。当要进行清理的时候，就筑水坝将河道分成距离相宜的河段，每个相邻的城镇都分摊到一份清淤工作。接着，立即就会出现几伙农民，用我上面描述的那种抽水装置将水从运河抽至地里。由于堤岸很高，他们就从低到高架起三台抽水装置，这样，水就能从一台传输到另一台。这种劳动虽然漫长而辛苦，但是，通过在当地雇用一些劳力，很快就能完成。

有一些地方的山不是很高，但却连绵不断，几乎没有山谷。像在福建省，你就能看到这样的情况。农民们用一种秘密方法，通过竹管将任意量的水从一山引至另一山。

有时候，由于大量蝗虫毁损了田地里的作物，这些可怜的人们长期不断的辛苦劳作就会付诸东流。从一位中国作家的作品中，我们就能看出这是一场可怕的灾难。他说自己亲眼目睹过一次蝗虫。"数量惊人，遮天蔽日。蝗虫飞得如此靠近，相互的翅膀就像搭在了一起，数量之多，放眼望去，你会以为青山压顶（这是他自己的说法）。蝗虫在飞行时发出的声音如击鼓一般。"

作家还观察到，蝗虫只有在洪涝灾害后遭遇大旱年时才会出现。因为在他看来，残留在陆地上的鱼卵被太阳照射后，孵化出大量的昆虫，在很短时间内就摧毁了丰收的希望。

然后就看到可怜的农民们整日里在烈日下汗流浃背地驱赶昆虫，在大旱时的山东省，这样的大灾难非常普遍。有时候，灾害只延伸到一里格的地方，而其他省的收成不受影响。

能使这些人们任劳任怨、无怨无悔地承受这样难以想象的折磨的，不是他们的个人利益，而是统治者长久以来对那些执著于农业的人们的崇敬。现在人们对此已达成了共识，而当初是由神农氏将这一理念传授给他的子民的。他因发明了一项有利于大众的技艺而至今仍然倍受尊崇。除此之外，农业还得到了一位从田间走向王位的皇帝的肯定。这个故事收录在一本关于古代先哲的书中。

根据书中描述，尧帝从公元前2357年开始其帝王生涯。尧帝统治时间很长，他制定的文官治理的体制一直延续至今。尧帝有了退位的想法，为此，他与国家重要大臣们商谈。大臣们回答说，他最好将管理国家的重任交给他的长子，因为其长子性情温和、聪明睿智，极有前途。尧帝比大臣们更了解自己儿子的秉性，他觉得长子是一个狡猾而又虚伪的人，因此他把大臣们的建议看作是愚蠢的献殷勤。由于这个原因，他在没有做出任何决议的情况下，解散了议会，将这件事推迟到下一次会议讨论。

过了一段时间，当尧帝已经统治了七十年的时候，他把一位忠心耿耿的大臣叫到跟前，对他说："你为人正直、英明果断、经验丰富，我相信你是继承我王位的合适人选，因此我决定由你来做我的继承人。""皇帝陛下，"大臣回答道，"微臣自认为无法承受您赐予的荣耀，臣缺乏登上如此高位所必需的资格，实在难以胜任。但是，既然您希望找一个合适的继承人，一个可以维持和平、公正与秩序的人，而您又把此事放在您在位时讨论，微臣谨以百倍的真诚向您保证，臣认识一个年轻人，没有人比他更胜任这个位子，而他到现在为止仍然是单身汉。凡是认识他的人，都对他喜爱有加，钦佩之至，因为他正直、聪敏、遇事沉着，虽然他家境贫寒，而且必须忍受性情暴戾的父亲和容易激动、举止怪异的母亲。他的兄弟们非常傲慢、粗暴，还总喜欢争论不休，至今仍没有人能轻易与他们生活在一起。只有他能够与他们和平相处，或者说在一个如此奇怪、不合常理的家庭中创造出一种安宁的气氛。皇帝陛下，据我判断，这样一个能运用自己的聪明才智处理好私人问题并且能将自己的好性情与孜孜不倦、不屈不挠的关心与努力结合起来的人，一定是最适合治理国家的人，而且也能将明智的现行法律继承下去。"

尧帝被拒受王位的大臣的谦逊美德以及他所陈述的年轻农夫的故事所感动，于是，让大臣将年轻农夫找来，安排他住在宫廷中。几年后，尧帝观察他的处事方法和在接任工作中的表现。最后，尧帝发现自己年事已高，身体日渐衰弱。于是，他派人将年轻农夫找来，对他说道，"舜（Chun）（年轻人的名字），我已经用了一段时间试探你的忠贞，看你是否能满足我的要求而不辜负我的希望，并且能用智慧来管理我的人民。为此，我将所有权力授予你，做人民的父母官而不是老爷。记住，我让你成为君主并不是让人民做你的奴仆，而是要你去保护他们，热爱他们，在他们贫穷的时候帮助他们。治理国家要公正，给予他们希望，从你这里得到公道。"

一个乡间农夫被选为君主的例子鼓舞了中国人民，使他们对农业极其尊重。舜的继承者禹也是同样如此地登上了王位。在帝国建立初期，一些属国遭受了洪水。正是禹寻找出开凿运河将水排到大海里的秘密，然后利用运河浇灌土壤使其肥沃。禹还写了几本关于通过适当施肥、耕种和浇灌耕地使其肥沃的书，正是由于这个原因，舜才想到把禹确定为自己的继承者。

禹写了许多关于这项实用学科的书。这些是帝王之作，为提高农业的地位做出了巨大贡献。而舜认为，这些是治理国家的伟大君主所必备的。

其他一些君主也曾表现出对耕种土地的极大热情。周朝家族的第三代君主康王（Kang vang）曾让大臣昭公（Tchao kong）去测量土地，而他自己则亲自巡访了治下各省，然后确立了界标，以防农夫之间的纷争。昭公听到了农夫们的抱怨，在一棵树下为他们主持公道，花了很长时间才在他们之中树立了威信。

这个皇族的第十三代君主景王（King vang）在位的时候，正是孔子（Confucius）出生的年代。公元前 531 年，他重新划分了土地，更新了土地耕种法。

简言之，没有一位君主能比得上文帝（Ven ti）对农业的尊重。那是一位在公元前 179 年掌权的君主，他意识到国土因连年残酷的战争而荒芜，于是召集大臣们商议重建的方法，主要议题即为土地耕种。他以身作则，亲自耕种隶属皇宫的土地，这样就迫使朝臣们纷纷效法。

太阳进入宝瓶座第十五度的那天，被中国人看作是春天的开始。据信，在中国的所有城市里，这是一个每年都要隆重庆祝的重大节日。

在这一天，总督或一些高官会走出他们的府邸，坐在一张椅子上，由人抬着行进。前面开道的是各色旗子和点燃的火炬，各种乐器同时奏响。他头戴花环，坐在椅子上前往东城门，就像是去迎接春天一般。陪伴在他身边的是用各种丝绣装饰的彩色小动物，上面是献身农耕的著名人物和代表的画像。史书上也有此类记载。大街上装饰着织锦，在适当距离处竖起了牌坊。牌坊上灯笼高挂，既作装饰又作照明用。

在这些画像中间，还有一头陶制大母牛。这头牛体积庞大，四十个壮汉也得费很大力气才能搬得动。在犄角镀金的陶牛后面，是一个小孩。只见他一脚赤裸，一脚穿着鞋。据称这是劳动与勤勉的天才人物。这个孩子用鞭子不停地抽打母牛，好像是要把它往前赶一样。母牛后面跟着一群拿着乐器的农夫，他们后面走着一队化了妆、穿着戏服作戏剧表演的人们。

就这样，他们游行至总督府衙前，除去母牛身上所有的饰物，从其腹部掏出大量陶制小牛，然后分发给围观的群众。同时，他们将母牛敲碎，把碎片也分给百姓。而后，总督作一个简短的演讲，称赞重视农业必定是一件对大众极为有利的事。

君主和总督对土地耕作如此重视，以至当总督的代表前往朝廷的时候，君主总忘不了询问一下当地土地的状况。因此，适时下雨的时候，正是拜访总督并赞美他的最好时机。

每年春季，皇帝都以这个卓越的君主国的古代奠基者为榜样，很正式地到田垅上去弓身犁地，企图以身作则来激励农夫们更好地耕作。每个城市的官员都举行同样的仪式。

当朝皇帝雍正（Yong tching）每年一宣布祭祀活动结束，就会亲自参与这项历史悠久而又值得称颂的仪式。几个月前，他就已经颁布了一条用朱笔御批的圣旨，即亲自勉励百姓不断致力于农业。

以下就是这种仪式的程序。

中国春节伊始，即二月份，算术机构就接到命令，去查清何时适宜举行耕种仪式。他们决定把举行仪式的日子定在二月二十四日。礼部官员就向皇帝呈上奏折，将具体举行仪式的日子报告给他，请皇帝陛下为这一节日做好准备。

根据奏折中的请求，皇帝首先要任命十二位知名人士即三公九卿伴随左右，让他们跟着他犁地。如果有的大臣过于年弱体衰，皇帝就让其代表来替代。

其次，这种仪式不仅仅包括犁地，皇帝自己带头来鼓励竞争，还包括皇帝以主教名义亲自向为百姓造福的上帝贡献祭品。正因为如此，为了准备这个祭祀，皇帝要在此前三天禁食节欲。同样，那些陪伴在君王侧的王公大臣也要遵守准备工作时的规矩。

再者，在仪式进行的前夜，皇帝要选派一些上层人物到祖庙去。在祖庙里，那些人必须匍匐在皇帝的祖先画像前，告诉他们明天会进行大型的祭祀活动，就好像他们还活着一样。

这里用几句话就能让你了解礼部奏请皇帝的仪式说明，同样，也能明白各部门要作的准备工作。一个部门准备祭品；另一个部门撰写皇帝在祭祀时要不断重复的演说辞；第三个部门负责搬运和准备供皇帝用膳用的帐篷；第四个部门负责召集四五十个德高望重的老农，在皇帝耕地时出现。同时，还要任命一些年轻的农夫来指导犁耕，驾驭牛以及准备所要播撒的谷种。皇帝播撒五种被认为是最必需的谷物，其中包括小麦、大米、小米、大豆以及另外一种被称作为糙粮的黍谷。

这些都是准备工作。在这个月的二十四日，皇帝会和所有大臣按仪式要求装扮，到一个指定的地点给上帝作春祭，以此来祈求五谷丰登。因此，他们在祭祀后才犁地。祭祀的地方是由一些小土丘堆积而成，离城南仅几浪[1]的路程，而且应当有十五英尺四英寸那么高。这个高台旁边就是皇帝亲手耕地的地方。

皇帝祭祀结束以后，他就与三公九卿从高台上走下来，在他们的协助下开始犁地，一些大人物则手捧着装有要播撒的谷种的盒子。在仪式过程中，所有大臣都缄默无语地侧立一旁，而皇帝扶犁前后犁几下，然后停下来，由皇族的一位王子扶犁同样犁几下，剩下的人都依样画葫芦地犁几下完事。犁过地后，皇帝播撒下不同的谷种，然后第二天才由那些真正的农夫来完成土地的耕种。

康熙亲耕图

今年有四十四位老农和四十二位年轻农夫得到了皇帝给予的赏赐。皇帝的赏赐包括四匹染花布，供农夫们做衣服用。仪式于是结束。

北京城的总督经常去视察这些精心耕作的土地。他并不十分在意耕地的

---

[1] 浪，英国长度单位，等于1/8哩或201.167米——译注。

情况，而却仔细察看是否有代表好兆头的谷穗出现。例如，如果他发现某个地方庄稼的秸秆上结有十三个穗，他就会非常高兴。

到了秋天，这位总督就去收割庄稼，把它们装在代表帝王之色的黄色布袋里，然后把这些黄色布袋保存在专门建造的被称作皇库的仓库里。这些谷物是为最神圣的仪式而保留的，因为当皇帝要祭天或者祭祀上帝时，他就把这些当作是自己亲手耕种的供奉出去。而后，在一年中的某一天，他又把谷物供奉给他的祖先，就像他们仍活着一样。从皇帝当政以来，他为帝国政府制订了其他一些好的规章制度。由于他非常注意勉励农民的劳动，因此他命令每个城市的总督每年都要把该地区十分杰出的农民的情况告诉他，如农民的良好声誉、维持家庭团结、与邻里和睦相处以及避免铺张浪费等等。

根据总督的汇报，皇帝会将这个睿智而又勤奋的农民擢升为八品官员。这份荣誉可使这位农民有权穿上官服去拜访该城的总督，在总督面前坐下，与其一道饮茶。他生前会得到尊敬，死后也会举行符合他身份的葬礼，他的荣誉头衔会记入祖宗的庙堂。对于这位受人尊敬的老人和他的一家来说，这是多大的荣耀啊！除了这用奖励来激发农民热情的竞赛外，皇帝还极力推崇农业这对大众有益的职业，使其在全帝国范围内一直处于受尊敬的地位。

20. 杜赫德提到了中国普遍的贫困，以及由贫困而产生的罪恶——主要是溺婴，这种负面的中国形象在 1750 年之后被大量发掘出来。

正如我已经说过的，普通人当中有三种职业。倍受尊敬的农民，商人和手工艺人。商人我将在谈到中国商业时再细谈，而手工艺人则是靠手工劳动生活的工人，他们经常利用机械工艺来提供生活的必需品，给人们带来便利。

普通人只有不断艰辛地劳作才能维持自己的生活，世界上没有任何其他民族像中国人那样勤劳稳健。中国人会整天整天地泡在齐膝深的水里挖土，晚上他吃着一点儿米粥、泡菜，喝着茶，感到非常惬意。

值得注意的是，在中国，人们总是用水煮粥，这对他们来说就像面包对我们一样重要。这些人习惯于很早就品尝到生活的艰辛，从童年就开始占据他们大量时间的劳动对保持他们的纯真做出了巨大的贡献。

从这个国家进口的漆器、漂亮的瓷器以及各种工艺优良的丝织品足以证明中国手工艺人的聪明才智。他们在乌木、贝壳、象牙、琥珀和珊瑚制作技艺上也毫不逊色。他们的雕刻作品以及公共建筑，如城门、牌坊、桥梁和宝塔等等，都很宏伟壮观。总而言之，他们在生活必需品和生活便利品上技艺成熟完美。如果他们在某些结构上还没有达到欧洲的完美程度的话，那是因为受了中国人勤俭节约思想的影响。那种思想限制了私人的消费。

确实，他们的发明不如我们技师的发明那么完善，但是，他们使用的工具更简单，他们能够准确地模仿任何欧洲带过去的样品。因此，他们现在能够制造钟表、眼镜、步枪、手枪和其它许多他们以前没有想到过或者做得很不成功的东西。每个城市都有各种各样的手工艺人，有些人在店里工作，其他人沿街卖艺，为需要者提供服务。最大量的活是在私人家里做的，比如，你要是需要一套衣服，裁缝就会清晨上门为你服务，夜晚才回家。其它东西也是如此，甚至连铁匠也带着工具、铁砧和炉子上门做日常用品。

大量理发师不断走过街头，摇着小铃告诉那些需要剃头的人理发师来了。他们肩上挑着一只凳子、脸盆、水壶、火炉，带着毛巾、梳子箱子。在大街上、广场中央，或者在门廊里，或者在任何需要的地方，他们就非常熟练地给人剃起头来，根据鞑靼人的习俗只留下后脑勺上的头发。他们修理眉毛，用专门工具掏清耳朵，伸出双臂按摩肩膀。做完这一切后会得到三个法寻[1]，为此，他们会千恩万谢。然后，他们又会摇动小铃去寻找别的顾客。

一些人靠提供马车通过城市为生，这在北京很普遍。你会发现所有的广场和交叉路口都有马鞍齐备的马匹，还有骡子和椅子。在所有这些地方全天都有五十或者一百辆马车，租价十分便宜。人们想尽办法寻求谋生的手段。由于帝国的土地都已经开垦出来，所以，任何人，无论男女（老人、聋子瞎子除外），都可以谋到生活。全帝国范围内只有手工磨坊，大量的人从事这种职业，这只需要手臂有力气就行。

---

[1] 法寻为英国旧时值1/4便士的硬币或币值——译注。

他们还有水磨坊，这在他们的大多数河上很常见。他们用水磨坊来磨树皮做香锭；磨坊的轮子通常水平放置，每隔大约一英尺或一英尺半就有一对一模一样的东西，这些东西用斜放的小板相连接，上面留有足够大的开口，下面则很窄。这些小板上方两英尺处像雨一样落下的水推动着轮子转得飞快。在别处看上去没有用的东西中国人却能够充分利用。北京有很多家庭靠卖火柴为生，没有其它行当可做的人就在大街上捡破烂，捡丝绸布头、羊毛布头、破旧棉花或亚麻布头，鸡毛鸭毛、狗骨头、碎纸片等等，他们经过清洗后再出售。他们甚至半夜里出售，私下里运往遥远的欧洲。每一个省都有大量的人手拿提桶在做此营生。在有些地方，他们用小船在屋后的河里搞运输，白天几乎每个小时都能装满。

在中国治理得如此井然有序的城市里见到这种景象对欧洲人来说是感到非常诧异的，但是，准确地说，这不足为怪。中国人在欧洲见到背水的人并不会感到大惊小怪的。农民们来他们屋里收购，试图抢在别人前面行动，并且用木头、食油和大豆交换。每一条街上都有供旅客方便的地方，这里的主人通过这种交换获得了很大的利益。

但是，必须承认，这些人无论多么稳健勤勉，大多数人还是遭遇了很多痛苦。有些人非常穷甚至到了无法为孩子提供生活上一般必需品的地步，为此，特别是孩子的母亲生病或没有奶喂养时，孩子就会被遗弃街头。在某种意义上，这些无辜的小生灵从一出生就被宣判了死刑。这在大城市如北京、广东很常见，但在其它城市这种情况比较少见。

这就使传教士们有意在人口众多的地方培养一些传授教义的当地人，将他们分派到城市的各个区域，每天早晨走出去为大量濒死的孩子洗礼。

同样，他们有时说服异教徒助产士让女基督徒随其进入应召进入的产房，因为中国人常常由于无法养活一个大家庭而让助产士在女婴出生时就将其溺死在水盆里。在这种情况下，这些基督徒就会负责为其施洗。通过这种方法，这些因父母贫穷而不幸成为牺牲品的孩子就可以在剥夺了他们短暂生命的水中获得永生。

就是这种痛苦产生了大量的奴仆，或者说是处于毫无尊严可言状态的人。

这在汉人当中非常普遍，因为在鞑靼人中间他们是真正的奴仆。大量的男女仆人就这样被限定在了同一个家庭里，虽然有些人像在欧洲那样得到工资报酬。

一个人有时会出卖自己的儿子，有时会出卖自己和妻子，售价非常低廉。但是，如果可能的话，他还是满足于与自己的家人在一起。常常会有这样的事发生：一个拥有大群奴仆的鞑靼人高官自己却是君主的奴仆，每年必须不时地向其进贡大量钱财。一个可怜的汉人如果很有才能的话，他投靠鞑靼人国王可能会指望很快就能当上大官，但是现在这种情况却不像以前那样常见了。如果他被罢了官，他会回到主人那里，担任某种荣誉职位去执行他的指令。

富人嫁女儿时，根据自己财富的多少，拨给多少奴仆作为嫁妆。这些奴仆常常会获得自由，有些奴仆只要每年交纳一定数量的钱就可以获得自由。如果他们通过自己的勤奋劳动或通过经商而致富，他们的主人也不会剥夺他们的财富，而是满足于收到重礼，让他们风风光光地生活，但却不会让他们赎身。

这些奴仆非常忠诚可靠，与主人有着非常可贵的隶属关系。主人们待他们如自己的孩子，常常将最重要的事情托付给他们。至于他对奴仆的权威，这主要局限在为他服务的事务上。如果有证据证明主人滥用了这种权威，对自己奴仆的妻子滥施了主人的淫威，那么他就会名誉扫地。

21. 在杜赫德笔下，中国人性格好坏参半。

中国人在没有被激怒前非常平和，但是如果得罪了他们，他们就会变得十分狂躁、报复心很强。诚实确实不是他们喜爱的美德。尤其是当他们与陌生人打交道时，只要有可能，他们总是会使出欺骗的手法并且还大言不惭。还有一些人在欺骗被人当场抓住时，竟然厚颜无耻地抱歉说自己骗术不高明。

中国人一般都很温顺、人情味浓。他们的举止文雅、风度翩翩，没有粗暴、粗鲁，很少性情暴躁。这种节制在普通老百姓当中非常明显。傅圣泽神父说，"一天，我走在一条狭窄的长巷里，突然遇到许多马车堵住了路。我原以为他们会像在欧洲常见的那样大发脾气、用脏话骂人，甚至还会打架。但是，令我感到十分惊讶的是，他们互相致意，温良恭敬地说话，仿佛就像是老朋友一样。然后大家相互帮助顺利通过。"

他们十分尊重老年人，皇帝陛下为人民做出了好榜样。数学研究院的一位大约 100 岁的下级官员正月初一进宫给已故康熙皇帝拜年，那天本来无意接见任何人的皇帝还是降旨让他进宫。这位老人由于穿着很差，在那种情况下，大家都上前来帮助他。他们将他引到了皇帝的寝宫，皇帝正按照鞑靼人的习惯端坐在凹室之中。皇上站起身来迎接他，表现出了极大的热情。官员双膝下跪，但皇上立即将他扶了起来，非常仁慈地握住他的双手说：尊敬的老年人，从今往后，你任何时候来朝见朕都会见你。朕要干脆地告诉你，在朕面前你从此无需再行君臣大礼。朕会起身去迎接你，不过，朕不是尊敬你本人，而是尊敬你的年纪。为了表示朕对你的真情实感，朕现在任命你为数学院院长。因此，这位老人获得了一生从未有过的幸福。

当你必须与中国人打交道时，你得当心不要太匆忙或太热情。这个国家的天才人物们要求我们控制自己的感情，从容不迫地行事。中国人不紧不慢地在一个月内听到的东西，法国人可能在一个小时内就说完了。人们必须不愠不火地忍受这种冷淡，这对他们来说比对任何其他民族都要正常。这并不说明他们缺乏热情或者活力，而是因为他们学会及时克制自己，使自己比别的民族更文明礼貌，更有价值。

对于一个外国人来说，要适应他们的情趣是件困难的事情。在一些场合下，他们的礼仪非常繁琐，限制太多。学会这些礼仪是一回事，将它们付诸实施是另一回事。不过，这种麻烦只在如首次拜访或某官员过生日等等特殊场合需要特别礼数时才会出现。因为你与一个人见过数次面后，你与他就像自己的同胞一样熟识亲近，这时，如果你要讲究礼数，他们就会先对你说，请不要把我当外人，请你不要恭维我。

中国人在没有被激怒前说话非常心平气和，但是如果得罪了他们，他们就会变得十分狂躁、报复心很强。下面就是一例：据说在一个沿海省份，一位官员将饥荒之年皇帝发往他那里让他接济各户灾民的大米侵吞了。人们到上级衙门去指控他，并且证实他收到皇帝拨来大米 400 担，但是只发给灾民 90 担。为此，这位官员立即被罢了官。

当他离开城市去上船时，在经过的通道上他没有发现通常为人民爱戴的官员所必备的装满香水的桌子和供换用的靴子，倒是惊奇地发现自己被大量的人团团围住了，他们不是来表示敬意，而是来侮辱他、为他的贪婪来指责他的。

有些人用嘲弄的口吻邀请他留下来将皇帝指示他分发给臣民的粮食吃完再走，其他人则将他从椅子上拖了下来，然后把椅子给砸烂。还有一些人坐在他身上，将他的衣服撕碎，将他的丝织雨伞撕成碎片。大家随着他来到船上，把他骂了个狗血喷头。

尽管中国人为了自己的私利天生报复心很重，但是他们的报复进行得很有章法。他们会掩饰自己的不满，甚至对敌人也保持一副公正的样子，结果别人以为他们几乎麻木不仁。但是，一旦出现了置敌人于死地的机会，他们就会立即抓住不放。表面上的耐心只是一种心计，一种稳准狠打击敌人的策略。

有些地区的人们非常喜欢打官司，他们将土地、房屋、货物和自己所有的一切抵押给别人来告状取乐，使自己的仇人受到打板子的惩罚。有时候，后者通过私下塞给官员更大的一笔钱来逃避惩罚，并且让板子落到告状的人背上。这样就产生了不共戴天的世仇，这种仇恨永远也得不到平息，直到他们找到机会满足报仇愿望为止。

复仇方法之一，尽管很少使用，是夜间点火烧仇人的房子。这在他们法律上是重罪，犯此罪者将会被处死刑，而且官员们在找到罪犯方面很在行。

他们的谦逊是令人惊讶的。有学问者非常稳重，不会越雷池一步，事事处处表现得十分得体。女性似乎天然生就这些端庄品质，她们常年过着幽居生活，全身上下裹得严严实实，甚至连手也不让人看到，藏在宽大的长袖里。如果要将什么东西给即便是自己最近的亲戚，她们也要用长袖盖着手送上，放到她们的亲戚能够拿到的桌上。

这个民族的极大怪癖是获取利益。因此，你必须在方方面面与中国人相适应，即便是在没有利害关系的事情上。当有利益可图的时候，他们就会调动自己所有的伎俩，非常巧妙地向那些可能促成交易的人献媚，熟巧地采用各种方式，通过不断的服务来巴结对方，将最小的事情充分利用起来达到最大的目的。利益是他们的机动报酬。因为哪怕是有最小利益可图的时候，他们都会不惜一切代价，不怕艰难险阻，不达目的决不罢休。总之，这使他们处于不断运动之中，大街上、河道上、公路上到处都有大量的人，他们走过来走过去，总是处于运动之中。

一般说来，虽然他们并不像李明神父描写的那样无赖、那样具有欺诈性，但是诚实确实不是他们喜爱的美德。尤其是当他们与陌生人打交道时，只要有可能，他们总是会使出欺骗的手法并且还大言不惭。还有一些人在欺骗被人当场抓住时，竟然厚颜无耻地抱歉说自己骗术不高明。他们说，你看，我只不过是个傻瓜，你比我更熟练，下次我对欧洲人无话可说了。据说实际上是有些欧洲人教会了他们谋生的行当。

没有什么比发生在一位英国船长身上的事更加荒谬可笑了。他与广东的一位中国商人谈好了大量的丝绸交易。广东人应该准备好了之后就交货。船长带着翻译去了中国人家里，想要查看丝绸是否情况良好。他们打开第一捆丝绸，确实质地不错。但是，其余的包里全是腐朽的丝绸。为此，他非常气愤，严厉指责这位中国人不守信用、纯属欺诈。中国人听了之后只是这样回答，他说，先生，责怪你那卑鄙无赖的翻译吧，他保证你不会开包查验的。

欺骗的这种技巧常见于老百姓之中。他们想尽一切办法在自己出售的东西里面掺假。有些人知道打开鸡胸的诀窍，他们非常熟练地将全部鸡肉取出，然后填上别的东西，再熟巧地合上开口，人们不到吃鸡的时候都不会发现。

还有人会制造假火腿，他们用一种泥巴糊上一段木头，然后用猪皮包裹起来，这种骗局不到桌上用刀切时都不会发现。不过，他们除了对陌生人或者在远离海岸线的地方外一般很少使用这种骗局。中国人自己不会上他们的当。

盗贼很少使用暴力，他们宁可选择狡猾的伎俩来达到目的。有些盗贼跟着船只走，他们常常混入山东（Chan tong）省大运河岸上拉纤的纤夫当中。那里的纤夫每天都换人，这样他们就可以轻而易举地不为人所认识。晚上，他们偷偷摸摸地进入船舱，通过点燃一种香使船上的人昏睡过去，这样他们就可以从容地搜遍所有地方，人不知鬼不觉地带走他们想要的所有东西。有些贼会跟踪一个商人两三天，直到他们发现合适的机会才下手。

大多数中国人都很自私，他们相信要做任何事情都会有利害关系。结果当他们听到传教士们离开祖国、朋友和这世界上所有的亲人来到异国他乡为的只是崇拜上帝拯救灵魂的时候，他们惊奇得很，对他们来说这几乎是不可思议。他们见到传教士不顾危险和辛劳远涉重洋，明白这些人不是因为生活所迫才来中国，因为他们自给自足，不要求任何恩惠，不指望任何帮助。传教士们没有敛财的欲望，他们目睹了神父们对财富不屑一顾的情景。因此，他们就认为这里面有政治阴谋，有些人非常简单地认为，传教士们来到这里为的是设法推翻政府，通过秘密图谋来成为帝国的统治者。

无论这种怀疑显得有多么荒诞无稽，但是却有些意志薄弱者竟然将其当成了真的。基督教的可恶敌人、残酷迫害汤若望神父的杨光先（Yang quang sien）[1]，希望在摧毁这位伟人时将所有传教士都卷入进来，指控他们犯了间谍罪。

这种无理的指控在生性多疑的人们当中获得了支持。如果上帝不通过意外奇迹推翻基督教敌人的图谋的话，福音的基业就结束了。有大量比较理解传教士的人被他们异常无私的精神所感动，这些人皈依了基督教。

对生活的异常热爱是这个民族的另一特征。没有任何民族比他们更热爱生活，尽管也有一些人特别是妇女由于生气或绝望自杀身亡。但是，通过特别是在穷人当中发生的一些事似乎可以发现，他们更害怕死后没有棺材。看到他们在这个问题上是多么细心，这委实令人感到惊讶。那些只有九到十块皮斯托尔[2]的人竟会用来买棺材，而且是在他们需要棺材前二十多年就购置好，当作家中最有价值的动产来对待。不过，无可否认，大多数中国人患了重病时愿意听到自己的末日已经来临，不需要费很大力气告诉他们这个消息。

---

[1]　康熙时，新安人杨先光编写了《辟邪论》和《不得已》两部书，指出天主教在北京和各省建立教堂，暗自送往迎来，遍布党羽，呼朋引类，煽惑人民，又把十三省的山川形势，兵马钱粮，尽皆编成图籍，以此揭露传教士的阴谋——译注。

[2]　皮斯托尔，欧洲国家旧金币名——译注。

为了不遗漏掉中国人的特征，我还应该补充一句：没有任何民族比他们对自己的摆阔更感到自豪，他们认为自己应该高人一等。这种与生俱来的傲慢激发起哪怕是最卑贱的中国人瞧不起任何其他民族的人。他们自己的国家充满了各种习俗、生活方式和箴言警句，他们无法相信中国之外还会有什么好东西。尽管他们自欧洲人在帝国内占有一席之地以来变得更加谦逊，但是，他们无法相信除了他们的博学者知道的以外还有什么真实的东西。刚开始的时候，他们见到欧洲人就问，欧洲是否有大城市、有城镇，是否有房子。

我们的传教士在看到他们面对世界地图时的惊讶和困惑时常常感到很好笑。终于有一天，有些学者希望能够看看地图，他们找了很长时间中国，最后把半个地球当作了中国，那里包括欧洲、非洲和亚洲。他们认为美国在世界的另一边。传教士让他们在黑暗中摸索了一些时间，后来他们中间有一个人要求解释一下地图上的字母和名称。传教士说，你看到了欧洲、非洲和亚洲。亚洲的这里是波斯、印度、鞑靼，那么中国在哪里? 他们叫道。在地球的这个小角落里，传教士回答道，看看这就是它的边界。他们十分惊讶地相互看了一看，用中文说，小得很。

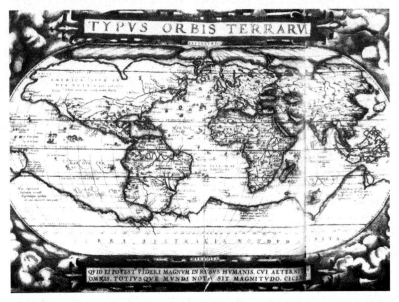

1597 年荷兰安特卫普出版的世界地图，图中美洲很大，右边角落的亚洲显得很小。

无论他们在艺术和科学方面多么地不完美，他们却不愿意按照欧洲人的方式去做任何事情。要想让中国的建筑师按照欧洲带来的模型在宫中建教堂比登天还难。他们的船造得非常差劲，他们十分羡慕欧洲来的大船，但是，要他们仿照的时候，他们却对这种提议感到很吃惊。他们说，船是按照中国式样造出来的，如果那不够完善的话那也没有什么关系，它毕竟与其它的船是一样的。如果改动了船的式样，那就是罪过了。

　　如果中国木匠这样回答，这就不仅来自于他们对自己传统习惯的依赖，而且出于某种恐惧，害怕放弃了自己的方式后不能满足雇用他们的欧洲人的需要，因为优秀的工匠承担得起并且只要付钱就能够轻而易举地完成别人向他们建议的任何模型，你得耐心地给他们下达所有的指令。

　　简而言之，最后再补充一点中国人的性格特征，这样说可能比较妥当：尽管他们十分邪恶，但是，他们本质上还是热爱那些有所追求的人身上的美德的；尽管他们自身并不贞节，但是他们羡慕贞节的人，尤其是寡妇；当他们发现过着清心寡欲生活的人时，就会立起一块牌坊来纪念，用经久的碑文来表彰其美德。死了丈夫后重新嫁人对一个女人来说是一件不体面的事。

　　由于他们十分阴险狡猾、诡计多端，他们明白如何保全脸面，掩盖罪恶。他们手法非常狡猾，做的事情很少会在公众面前暴露。他们十分在意各种关系，尊重过去的主人。他们讨厌任何好像让人看出气愤或流露出情感的行动、言语和手势，清楚地明白如何掩饰自己的仇恨。他们即便是在旅行时也不允许携带枪支，因为枪支只能由士兵使用。

　　他们最尊敬科学、热爱科学，这是他们的高贵的根基，因为正如我前面所说，所有的荣誉和特权来自于斯。

22. 中国的绘画与服饰都有意遮掩人体的线条，反映了中国不同于西方的独特的身体观。中国服饰样式从帝国初期就保持了一成不变，没有变化是中国良好秩序、政府管理一致的标志。

　　如果我们相信了自己亲眼看到的漆器和瓷器上的画，就会对中国人的容貌和气度做出错误的判断。如果说他们在画花、树、动物和风景方面十分成功的话，那么，在人物画方面却十分无知。他们严重地损害了自己的形象还蒙在鼓里，他们只是被人当作了奇形怪状的人。

不过有一点倒没错，美在于情趣，美更多在于想象而非现实。他们的概念与欧洲人的基本相似，因为一般说来，我们看起来美丽的东西与他们的情趣相吻合，他们看上去美的东西似乎对我们也同样如此。他们最羡慕的构成白璧无瑕美人的因素是大额头、短鼻子、小眼睛、四方脸、宽大耳朵、中等大小的嘴巴和黑头发。他们无法容忍黄头发或红头发，不过，身体各个部分还需要有点儿对称和比例适度才使人可爱。

他们并不认为美妙流畅的曲线妩媚动人，因为他们的衣服宽大，并不像欧洲人的那样紧身。他们认为男人就应该高大肥胖，这样才适合他的地位。

中国南方常见的那些人的肤色并不能代表中国人的肤色，因为必须承认，南方特别是广东（Guang tong）、福建（Fokien）和云南（Yun nan）的酷热使手工艺人与农民肤色一般呈橄榄色或棕色。不过在其它省份，人们的肤色与欧洲人一样白皙。一般说来，他们的容貌倒没有什么可憎的。

某些省份的文人雅士以及一般来说三十岁以下的年轻人都有很好的皮肤，肤色也很美。特别是低贱出身的文人雅士们倾向于让小指指甲长到一英寸或更长，想要以此证明他们与雇佣劳动无关。至于女人，她们一般都是中等体型、鼻子扁

法国画家华托笔下的中国妇女与儿童，看上去跟欧洲人没什么两样。

平、眼睛很小、嘴巴很好看、嘴唇呈玫瑰红、头发乌黑、耳朵长长，肤色红润。她们面部表情丰富活泼，面部特征十分规范。

据说，她们每天早晨用一种胭脂搽脸。这种胭脂使她们肤色更显得白皙、有光彩，但却很快损坏了皮肤，使其充满皱纹。

在女性魅力中，小脚并非不重要。当一个女婴出生时，保姆就会非常细心地裹紧她的脚，以免长得太大。中国妇女一生都受到婴儿时期就习惯了的这种限制，她们的步速很慢，步履蹒跚，在外国人看来很不美观。但是，这就是传统的力量所在，她们不仅乐意接受这种不便，而且还自己增加这种不便，设法使脚尽可能地小巧，认为这是一种独特的魅力，并且总是想在走路时展示这种魅力。

人们无法肯定为什么会有这种奇怪的习俗，中国人自己也并不假装出对此十分肯定的样子。他们认为这种事情很不可思议。这种发明应该追溯到古代中国人，据说他们为了让妇女足不出户而创造了这种小脚的风俗。更多的人认为这是公众的图谋，为的是让妇女永远处于从属地位。有一点可以肯定，她们很少离开自己的闺房，除了女仆外很少与外界接触。

不过一般说来，她们有着女性共有的虚荣。尽管除了家人外别人几乎见不到她们，她们每天早晨花费数小时梳洗打扮。她们的头饰包括在几缕卷发上别上许多小簇金花银花。

有些人还在头上别上一种叫做"凤凰"的小鸟饰品，这是一种神话传说中的鸟，古代传说中的许多神秘事物之一。这种小鸟饰品的质地根据佩带者的经济状况而定，或用铜或用镀银制成。凤凰饰品伸出的翅膀插在靠近头饰的前面部分，贴近太阳穴的上方，它的扩散型长尾巴在头顶上做成了一种羽毛，凤凰的身体直接挂在额头上，脖子与鸟喙落到了鼻子上，不过，脖子与身体是用隐形的铰链连在一起的，目的在于它可以轻松自如地活动，随着人头的轻微动作而颤动。整个凤凰鸟主要戴在头上，其爪插入头发里面。一品夫人们通常有好几个这样连在一起的鸟做成的装饰品，构成一种凤冠。这种饰品的工艺精美，价格昂贵。

年轻太太们通常戴着一种用上好丝绸蒙着的纸板制成的冠，冠上缀满了珍珠、钻石和其它装饰物，冠前部在额上一点往上翘起。女人们头顶上缀满了天然或人工的花朵，头发上还有许多小发夹，发夹顶端有珍珠闪闪发亮。年老妇女，尤其是那些普通妇人，满足于用一块丝巾层层包裹在头上，她们管那叫"包头"。

使中国妇女天然魅力显现的是非同寻常的稳重端庄，这种特点出现在她们的表情和穿戴上。她们的服装很长，将她们从头到脚包裹了起来，结果露在外面的只有她们的面孔。她们的双手总是藏在宽大的长袖里，袖管长到不小心就会拖到地上的地步。她们的服饰颜色丰富，根据她们的喜好有红色、蓝色或绿色。只有老年妇女会穿紫罗兰色或黑色。

这里叫做时尚的东西与我们欧洲的时尚完全没有共同之处。欧洲的服饰样式变化多端，中国可不是这样，没有变化是中国良好秩序、政府管理一致的标志，这即便是在最小的事情上也是如此。为此，服饰的式样从帝国初期到鞑靼人征服中原为止保持了一成不变。鞑靼人没有改变古代汉人政府治理人民的形式，只是让汉人穿上了他们的服装。

男人的服装制作符合他们喜爱庄重的特点，通常有一袭长及地面的长袍，长袍有一垂片与另一垂片相重叠，上片可到达右侧，那里用五六个紧紧排列的或金或银的扣子扣好。肩膀处很大的袖子往下时逐渐缩小，到了覆盖手的地方就成了马蹄形，这样就使人只露出手指尖。他们用一条宽大丝织腰带围在腰间，腰带两端拖到膝盖。腰带上拴一个匣子，匣子里装一把刀和两根小棍，用作叉、钱包等等。汉人在此以前并不带刀，直到如今文人也很少带刀。

夏天，他们在长袍下穿一条亚麻布短裤，有时还在短裤外面加一条白色塔夫绸裤子。冬天，他们穿缎子马裤，马裤里面填进了棉花或生丝，不过如果是在北方，马裤就用皮革制成，非常暖和。他们的衬衫根据不同季节用不同布料做成，宽而短，夏天可使长袍免于被汗浸湿，一些人贴身穿一种丝织网眼服，这就使衬衫不粘在身上。

夏天，他们都光着脖子。但在冬天，他们都围着用绸缎、貂皮或狐狸的皮毛做成的围脖，这种围脖一般是与长袍衣领连在一起的。冬天，他们的长袍都衬上羊皮，不过也有些人只缝上丝绸夹棉花。地位高贵的人都衬上从鞑鞑进口的貂皮，或者用上好的狐狸皮毛衬上貂皮边。如果是在春天，他们就会衬上扫雪鼬皮。他们在长袍外面加上一件马褂，底衬与缘边与长袍相似。

并不是所有的色彩普通人都可以穿的。黄色服装只有皇帝以及有皇族血统的人才可以穿。红底绸缎是某些官员在非常庄重的场合下穿的，不过他们平时只穿黑色、蓝色或紫罗兰色。老百姓通常穿经过洗染的棉布，不是蓝色就是黑色。

迄今为止，他们在头发上涂抹大量头油，唯恐失去这种装饰。所以，当鞑靼人征服了中原后，虽没有改变这个民族的其它习俗，却强迫他们按照鞑靼人习俗剃头时，他们有些人则宁死不屈。现在，他们将头发剃去，只留下头顶和脑后的毛发，让那里的毛发任意地长。

他们夏天戴一顶小帽，状若漏斗，内衬绸缎，外面是编织细密的藤条。帽顶上有一大缕红缨覆盖并且散发到帽檐，这种缨是由质地很好、色泽光鲜的毛发做成。此毛长在母牛两腿的内侧，取下后染成鲜红色。这种帽子非常

塞夫尔瓷器中的中国人物

流行，各种各样的人都可以戴。另一种帽子普通老百姓不敢戴，只适用于官员和文人。其样式与上述那种基本相似，不过是用丝绸包着纸板做成的，内侧一般是红色或蓝色绸缎，外侧是白色绸缎覆盖着大片红色精美丝绸。知名人士兴致所至时会戴前一种帽子，尤其是天气不好骑在马背上时，因为这种帽子能够挡雨遮阳。

冬天，他们习惯戴一种很暖和的帽子，帽檐是貂皮、雪鼬皮或狐狸皮，帽顶部蒙有一块红绸。这种皮毛边通常有两三寸宽，看起来非常漂亮，尤其是用上好精美黑貂皮制作时，价值四十到五十两银子。中国人，特别是身份高贵

的人，在公共场合露面时都要穿靴子。靴子一般都用丝绸或花布做成，很合脚，不过没有鞋面也没有后跟。如果他们骑马长途跋涉，他们就穿牛皮或马皮靴，这些皮革处理的很好，没有什么比它们更加柔软。靴子里的长袜是棉布缝制起来的，比靴子稍微长一点儿，上缘是长毛绒或天鹅绒。

如果靴子和袜子在冬天对腿部保暖很方便的话，那么在夏天这些东西就让人无法忍受了。为此，他们就穿较凉爽的另一种靴子。这在普通老百姓当中很少使用，这些人为了节省费用就用黑布来做这样的靴子。地位高贵的人也穿这样的靴子，但是却用丝绸为面料，非常雅致漂亮。

他们外出或者作重要访问时，穿一件一般来说是蓝色的丝织长袍，束上腰带，外穿一件长及膝盖、非常宽大但袖口很短的黑色或紫罗兰色外套，配上一顶样子像短锥体的小帽，帽上蒙有丝绸或红缨。

23. 在中国，除了皇宫、宝塔以及一些公共建筑外，其他的建筑并没有表现出豪华与优美。特别是私人住宅，在崇尚奢华装饰的西方人看来，简直是简陋。杜赫德认为中国的法律习俗不赞同家中的豪华奢侈，排场只允许出现在公众场合。

中国人喜欢屋子里干净整洁，但是他们没有什么雄伟华丽的建筑。他们的建筑一点儿也不优美，除了皇帝的宫殿、公共大厦、宝塔、牌坊、城门和城墙、码头、防波堤、桥梁和水榭外，他们没有什么规范的建筑。民居通常非常简陋，因为他们只考虑到了房屋的实用性。那些有钱人补充一点漆器饰品、雕刻饰品和镀金饰品，使他们的房屋显得非常舒适，让人有赏心悦目之感。

他们一般先竖立起柱子，然后盖上屋顶，因为大多数建筑是用木头建的，他们没有必要在地底下打下深深的地基。他们的地基最深处也就两英尺，墙壁是用砖或黄泥筑成的，有些地方整个房子都是用木头建的。这些房子一般都是平房，但是商人常常在房子上面还建有一层叫"楼"的东西，他们在楼上存放货物。

在城市里，几乎所有的房子上都盖有很厚而且有槽的瓦片，他们将瓦片凸面朝下，然后在两块瓦相接的缝隙上反方向盖上瓦片。房梁和托梁不是圆的就是方的。在房梁上他们铺上很单薄的砖头，形状就像我们的大方砖，或者铺上小片木板或用芦苇编成的席子，在上面铺上一层泥，泥有点儿干以后再铺上瓦。那些有钱支付费用的人用泥和上石灰来固定瓦片。

当你走过门廊的时候，你会发现他们房子的最大空间是朝南大厅，大约三十到三十五英尺长。大厅后面，朝东朝西都有三到五间房间，中间的房间不用作寝室。屋顶用柱子这样支撑，比如，大厅若是三十英尺长的话，那它至少有十五英尺宽，这时就有二十四根柱子支撑前面的屋顶，支撑后面屋顶也有同样多的柱子。每根柱子都立在石头基座上，支撑着横放在上面的大梁上。在每两根立柱之间人们放上一根横梁，在大梁上以及两根立柱的顶端，他们还铺上其它木片来支撑大屋顶。建好屋顶后他们开始建墙，柱子一般有十英尺高。按照中国人的情趣，房屋的价值在于梁柱的厚重、木质的优良和大门上雕刻的精美。除了门前有高出地面的几级台阶外，房屋没有楼梯。不过，沿着房屋有一道窄窄的走廊，大约六七英尺宽，用上好砂石环绕。

有一些两边开大门的房屋一般前后门贯通。普通百姓的房子是用土坯垒的，但是在房前他们常常用烧制的砖头砌墙。在有些地方，房子是用粘土建成的，在另一些地方，建房压根不砌墙，先竖立篱笆，然后用石灰和泥巴混合糊成墙。

不过，有名望的人都用人工精雕细刻的砖头砌墙。在尤其是有些省份的乡村城镇里，房子主要是用泥巴筑成的，非常矮，房顶角度十分平缓，看上去几乎像是平的。这是用芦苇覆盖黄泥建成的，镶嵌和接头处用小芦苇支撑的席子加强。有一些省份不用烧木材，而是烧煤炭，或者芦苇或稻草。他们在利用带小烟囱或者有时压根就没有烟囱的炉子时，如果在厨房以外的其它屋子里烧煤的话，煤烟会呛得你喘不过气来，如果燃料是芦苇的话更是如此。这对那些不习惯于此的人来说简直无法忍受。

贵族与富人的房子如果与我们的相比，简直不值得一提。要将那些房子称为宫殿的话简直就是亵渎斯文，那只不过是比普通房子高一点的平房而已。房顶很简洁，外表有一些装饰。那里有大量的庭院和套房，适合安顿家人，弥补了房子的简陋和欠缺豪华的不足。

这不是说中国人讨厌奢华、讨厌挥霍，而是这个国家的习俗如此。难办的是做事出格，这限制了他们的欲望。官府衙门没有任何特殊的地方，庭院很大，大门十分雄伟，有时还装饰着精美的雕刻，但是内部房间和厅堂既不宏伟又不雅致。

不过必须承认，主要官员和王公贵族以及权高势大者的宫殿都大得惊人。他们有四五个院子，每一个院子都有很多房间。每一座房子的正面都有三个门，中间的门最大，两边用大理石狮子作装饰。大门附近是一个用栅栏围起来的地方，栅栏漆成红色或黑色。每一边都有两个小塔楼，里面藏有鼓和其它乐器。在一天的不同时间内，尤其是官员进出衙门或者升堂的时候，人们就演奏起乐器。

进门后是一个很开阔的空间，那些来诉讼或请愿的人就在这里恭候。每一边都有一些小屋子，用作衙门官员办公之地。接下来是除官员升堂时决不会开启的三扇门，中门很大，只有地位很高的人才能通过此门，其他人只能从两边的门走。此后是另一个大院子，院子尽头是个大厅，官员就在这里升堂。接下来是两个分开的厅堂，用来接待来访。那里很整洁，放置着许多椅子和各式家具。一般来说，重要官员们的衙门就是这样的格局。

我刚才说的官员们指的是文官，他们分为六种，根据北京六部的要求有很多种事情要做。一个小官员在自己衙门里做的事情很可能与他后来应召到朝廷去做的涉及帝国的大事有异曲同工之处。他们由公众经费供养，住在自己的衙门里处理人民当中正常发生的事情。官员们的变动并不十分常见，一般是因为被罢免或调往别省才出现变动。

往后你进入另一个院子，走进一个比前面更漂亮的大厅，那里只接纳特别亲密的朋友，在大厅周围的房间里住着官员的仆人。这座厅后面还有一个院子，院子有个紧锁的大门，里面住着妇女儿童，男人不得入内。那里一切都很整洁宽敞，可以看到花园、小树林、小湖以及所有使人感到愉悦的东西。有些人别出心裁，堆上假山，铺上迷宫般通幽小径，带来清新空气。有些人在有足够大的空间做成小猎园时，养了一些梅花鹿和羚羊。人们还有大池塘养鱼和水鸟。

鞑靼兵驻扎广东的将军府第被认为是中国最好的建筑之一。那是由有钱有势的平南王的儿子建造的。平南王（Ping nan vang）顾名思义就是南方的和平缔造者。康熙皇帝在某种意义上是让他当了广东之王，以此来肯定他征服了南方诸省、使其屈服于鞑靼人而对公众做出的贡献。不过，当他很快忘记了自己的职责、全家人跟着蒙羞时，他在广东结束了自己的生命。他被迫用皇帝派太监送来的红丝巾勒死了自己。

中国宫殿的美观和雄伟与我们在欧洲见到的迥然不同。尽管你走进去看到庞大的庭院和建筑就能立即判断出是某个地位很高的人的住所，但是，欧洲人的情趣一点也不为这种宏伟壮观所动，因为这种壮观只在于庭院的数量多和范围大、主厅的宽敞、立柱的厚重以及一些雕刻得很粗糙的大理石。

中国人不像欧洲人那样对装饰美化房屋内部结构感兴趣，人们在那里既看不到挂毯、穿衣镜，也看不到镀金饰面。由于官员的衙门属于皇帝所有，他们的官位只是一种使命，任何错误都会让你丢掉官位。即便他们的行为得到了批准，他们也不会固定在一个地方，而是在他们最没有思想准备时，就可能会被调往另一个省份。为此，他们唯恐花费很多的钱去豪华装修一座自己随时都可能离开的房子。

另外，由于客人只到官邸的前厅，内室从不接待客人，所以他们也就省掉了毫无实用价值、陌生人也看不到的装饰，这就不足为怪了。

他们的厅堂和寝室保存好的主要装饰品都很整洁悦目。大型丝织绘画灯笼挂到了天花板上，屋里有漆成红色和黑色的漂亮桌子、柜子、屏风，椅子。油漆透明，透过油漆你可以看到木头的纹路。家具漆得非常光亮，表面看上去就像是穿衣镜一般。用金银色画的各种不同形象或者清漆上加的其它色彩为家具增添了光泽。除了桌子外，酒柜和碗柜里装满了精制的瓷器，这令人羡慕不已，但是在欧洲却无法仿制。

除此以外，他们在好几个地方挂上白色绸缎，有些绸缎上画有花鸟山水，另一些上面用大字书写着道德警句，这些警句摘自史书，与字面意义相去甚远，常常晦涩难懂。这些句子常常成双成对，上下句字数相同。有些人则满足于将房间刷白或用白纸糊墙，中国人对此倒很在行。

法国王宫中中国装饰风格的卧室

外人不得进入卧房，带陌生人进入卧房是很不礼貌的事。他们的床，特别是贵族的床，做的很奇特、很漂亮。木头经过油漆、镀金和雕刻，帘子根据季节不同而各异。冬天北方用双层绸缎，夏天要么用绣上花鸟树的塔夫绸，要么用不影响空气流通但却能挡住蚊虫的精美薄纱，蚊虫在南方省份特别让人头疼。普通人一般都有一块很十分通透的麻布来挡蚊虫。他们用的被子或褥子很厚，里面塞满了棉花。

在北方省份，人们用空心砖砌成床的模样当卧房，大小主要根据家庭人数的多少来决定。边上是个烧炭的小火炉，炭火和热量通过特制的管道散发出去，管道的一端通向房顶去排烟。在地位高贵的人家里，火炉的管道是埋在墙里面的，生火就在屋外。通过这种做法，床和整个屋子都加热了。他们不需要像我们欧洲人那样的安有羽毛褥垫的床。那些不喜欢直接躺在热砖头上的人很乐意在床上安一张灯芯绒布床或藤条床。这倒很像欧洲用来支撑床的树干或粗麻布。

早晨，所有这一切东西都被拿走。屋里铺上地毯或地毡供人坐。由于他们没有烟囱，一切都很方便。全家人都在上面干活，一点儿也不觉得冷，也没有必要穿上缀毛边的服装。一般人家在火炉口做饭。由于中国人什么饮料都喝热的，所以他们在那里温酒煮茶。有些旅店里的床要大得多，同时可以容纳好几位旅客。

24. 欧洲人出行时不喜欢排场，对此非常不在意。但是，在中国情况却大不相同，重要官员出行一定会十分隆重，场面壮观。

皇帝及其朝臣的高贵和官员们的富有无论怎么评说都不过分。人们惊奇地发现，丝绸、瓷器、家具和陈列柜虽然并不更加贵重，但是，比欧洲的同样东西要给人印象深得多。不过，中国贵族的高贵并不在于此，因为他们一般来说在家里都忽略了自己的地位。法律不允许家中豪华奢侈，排场只允许出现在公众场合，在他们接待来访或拜访别人的时候，或者在他们面见皇上的时候。

我已经说过官员们有许多随从和大量随行官员。一般骑马的士兵都很喜欢摆出一副很重要的模样，说实话，那些马匹并不十分漂亮，不过马具倒很豪华，嚼子和马镫不是银的就是镀金的，马鞍非常珍贵，缰绳用两指宽密缝的绸缎制成，胸部以上挂着两大绺上好的红缨，这与他们帽子上的红缨相似。红缨上悬挂着镀金或镀银的铁环。官员们被大量骑在马背上的随员前簇后拥，这还不算他们的仆人。仆人一般根据主人地位的高低，穿着黑色丝绸或印染布衣服。

不过，中国人的高贵在于皇帝倾听大臣上奏时的显赫场面。他高高端坐在龙榻之上，俯视着脚下的朝廷大臣们。所有重要官员都穿着庄重的朝服，向他朝拜。这是一个真正雄伟壮观的场面，大量士兵手持武器、无数官员根据各自地位穿着不同的官服，严格按照官品的大小排列成序，各部官员、各部首脑、王公贵族悉数排列。这一切竭尽豪华之能事，用皇家的最高礼仪来向皇帝表示深深的敬意。对于这种场合下的先后次序没有丝毫的异议，每一个人都非常清楚自己的位置。各个部门的名称刻在铜牌上，嵌在大理石人行道上。

欧洲人出行时不喜欢排场，对此非常不在意。但是，在中国情况却大不相同，重要官员出行一定会十分隆重，场面壮观。如果从水路出发，那么他的船将会是非常豪华，还会有一大批随行的船来运送他的随行人员。如果他从陆路出行，除了前呼后拥的奴仆和扛着长矛和旗帜的士兵外，他自己还有一顶轿子、一张椅子，用骡马拉或用八人抬。他根据情况或天气变化交替使用这些运输工具。我已经说过，中国到处都有宽而且深的运河，并且挖成了直线。每一个省一般都有一条大河或一条深的运河。两侧河岸用砂石或大理石砌边，河堤当作公路使用。那条叫做大运河的河流从广东到北京贯穿整个帝国，从首都到澳门全长经过 600 里格，没有什么比运河更加便利的了。其间无需上岸旅行一天，即便是在越过隔断江西与广东的梅岭时，如果水高的时候也可以避开上岸翻山越岭之辛苦而继续从水路往前。

为此，官员们去赴任，朝廷派出的信使一般都走水路。他们由皇帝出钱为他们提供船只，一般与三品武官乘坐的船大小相似。这些皇家船只有三种，非常整洁、精心绘画、镀以金色并且以龙为装饰，船内船外都油漆一新。中等大小的船用的最多，这种船一般有十六英尺宽、二十四英尺长、吃水九英尺，形状扁而平，船头有点儿圆。

船主的舱房包括厨房和一前一后两个大房间，除此以外，船上还有一个六七英尺高、十一英尺宽的大厅，同在甲板上的还有一个接待室、两三个其它房间和一个没有任何装饰的附舱，这些构成了官员的住所。这一切都用油漆漆成红色或白色，天花板和两边舱壁上还有许多雕刻作品、油画和镀金饰品。桌子和椅子都漆成了红色和黑色，主舱每边都有窗户，窗户方便时可以下掉。窗户没有用玻璃，而是用了很薄的牡蛎壳或者是在很细的东西上加一层闪光的蜡，然后画上花朵、树木和各色各样的人物。甲板四周是走廊，船员们可以在不打搅乘客的情况下来回走动。

船上的这套房上面有一个四面敞开的供音乐专用平台，平台上有四五个乐手在演奏和声，那种音乐只会让中国人着迷。下面是分成几个部分的装行李用舱。船帆是用席子做的，每一个帆都分成几个长方体，伸展开来就是船帆，折叠起来并不占空间或占据很小空间。这些船帆非常便利，因为它们比别的东西更招风。如果强风吹断了支架，对船也不会带来很大的不便。

为了强行让大船前进，人们使用起一根吊车臂式样或 T 字形的长粗杆，一端沉入水底，另一端撑在胸前，这样的话水手们就可以更加有力地撑船，使船更加快捷地向前行。或者，他们利用几种不同形状的桨，最常见的是一根长杆加上一个宽头，中间有个洞可以套在固定在船上的短桩上。还有其它从不拿出水面的桨，人们左划右划，模仿鱼尾的动作，设法将桨用到极致，然后将桨保持一个姿势，就像捕食鸟儿的尾巴一样，虽然它们在飞翔，但翅膀却一动也不动。

　　它的便利之处在于，桨在船上占空间很小或不占空间，因为它们排列在一侧船帮上，像舵一样在运动。船桨很少会破，虽然它们很少拿出水面，它们却不断地迫使船向前行。

　　遇到逆风的时候或者必须要逆流而上的时候，船就用绳子拉着向前行。在许多地方，这些绳子是用细藤条编织而成的。人们先将藤条破成非常细的长条，然后将它们编织成绳子。这种绳子在水中决不会腐烂，而且会特别结实。在其它地方，人们用麻织成绳子。

　　正如我们前面所说，载大官的船后面总是跟着几艘其它船，其中至少有一艘是运粮船，上面有厨房、食物和厨师；一艘运兵船；第三艘轻便小巧得多，用来先行通知沿途一切必需品都准备好，这样就没有必要浪费时间等待。这些船上都有划船手，万一需要的话，各地官员还会提供一定数量的人用绳子沿着河岸来拉船，这些纤夫每天都换。纤夫数量根据皇帝的特许来决定，即三个人一匹马，比如，规定钦差八匹马的话，走水路的时候就给他配备二十四个人拉纤。每隔一里格距离安排一个哨兵，这样有情况就可以发信号互相通知。白天的信号是浓烟，人们在呈金字塔形放置的三个开放性小火炉里点燃松树枝叶造烟。晚上的信号是用小火炮放炮。根据各地情况通常有十站，有时有五站或者更少。每一站的士兵沿河岸排列成行向官员致意，其中一人举着展开的旗帜，其他人保持着佩带武器需要的姿势。

　　如果是一位钦差，人们就会在船的首尾摆上四盏灯笼，并且用金色大字在上面写上"钦差大人"。这些字伴随着五色彩旗和横幅在风中飘荡。

　　每当他们晚间停泊或者早晨起锚前行，卫兵们都放炮致敬，同时人们吹响喇叭来伴奏。夜色降临时，人们点燃船首与船尾的灯笼，另外还有像一串珍珠模样挂在桅杆一侧的大大小小十三盏灯笼，十盏竖的挂在下面，三盏横的挂在上面。

灯笼点起时，当地官员带着随从朝船队站着，大声呼唤着自己带来的人彻夜站岗。船主会夸夸其谈，特别提到需要注意的事件，诸如防火防盗等等，提醒士兵如果任何这类事情发生的话，他们必须要承担责任。

每听到说完一条，士兵们都要大喊一声。然后，他们退后组成卫队，留下其中一个人来放哨。哨兵不停地来回走动，手持两片竹子不时发出唰唰声响，让人丝毫不怀疑他的警惕性，使人确信他没有睡着。这些哨兵每隔一小时换一次岗，根据各自的岗位彻夜发出同样的声响。如果船上是一位主要地方官员或者朝廷大官，他们也会同样行大礼。

中国的河流数量很多。运河有很特别的地方，常常看到河流两岸用很好的正方形砂石砌成十或十二英尺高的护堤，有些地方还用灰色大理石护岸。

25. 宝塔与拱桥，在 17、18 世纪的欧洲，成了中国情调的标志。

有些河两边堤岸高达二十或二十五英尺，这样就需要大量的水泵才能将水引到田地里。有些河挖成了十里格长的直线。

位于杭州（Hang tcheou）西北部的河流直线延伸了很远，宽度一律超过十五突阿斯[1]，两岸用砂石护堤。河岸边建有如城市街道一样拥挤的房子，那里人满为患。河道两边都是船只，人们在那些河岸低矮、河水泛滥的地方建起了大石桥，一般三拱为一桥，每座桥长约七八英尺，桥的形状犹如防波堤。

每个省的大河河水向左右分流，形成好几个支流、许多小河，流入平原，到达城镇的终点，常常能够到达大城市。河水流经的地方有大量三拱、五拱或七拱的桥梁，桥中间有时是三十六甚至四十五英尺宽，桥拱很高，桥下船

---

[1] 法国古长度单位，约等于 1.95 米或 6.4 英尺，应用于早期大地测量——译注。

只不放下桅杆就可以通行。桥两边一般不少于三十英尺,其它地方有比例地缩小直到桥尾。

苏州小桥流水

有些桥只有一拱,有的桥有一个圆形拱顶,有的桥有一个半圆形拱顶。这些拱顶用五六英尺长、只有五六英寸厚的拱形石头砌成,有些石头还是多边形。由于接近桥顶的这些拱顶并不很厚,桥梁不可能很结实,但是上面并没有马车通过,中国人只用挑夫来挑东西。挑夫们通过桥两边大约三英寸厚的台阶过桥。有些桥没有桥拱,而是用三四块大石头像铺木板似的安放在支柱上,有些石头长达十、十二、十五、十八英尺。大运河上就建有许多这样漂亮的桥,桥的支柱非常狭窄,桥拱看上去仿佛悬在半空中。要想知道中国工匠怎样建造这些桥梁并不难。在完成了靠近河岸的桥拱后,如果只准备造一个主拱,那么就在筑起了支柱堤道后,选择四五英尺长、半英尺宽的石料,横竖交叉砌放,这样就可以设法做到使拱顶石水平安放。拱顶一般来说不超过一块石头的厚度,因为这些桥梁特别是在只有一拱的情况下,有时在两根支柱之间有四十或五十英尺宽而且最后都抬得很高,大大高于堤道。人们从两边台阶轻易地向上爬,有些桥很陡,马匹都很难通过,整个建桥工作一般都设计得很好。

在大量的桥当中，有一些结构十分优美。北京向西两里格半处的一座桥被突然暴发的洪水冲倒了，那可是人们见到过的最美的桥梁之一。整个桥梁用大理石筑成，桥的每一侧都有七十根小支柱。这些支柱用精美大理石漩涡花饰分隔，大理石上雕有神秘的花卉、叶饰、小鸟和好几种动物。桥的东入口处，每边竖立着一个大理石基柱，基柱上有两个特别大的狮子。那里还有一些石刻小狮子，一些正在往大狮子身上爬，一些从大狮子身上下来，还有一些嬉戏在大狮子两腿之间。在向桥西面的另一端，也有两个大理石基柱，基柱上站着两个雕刻得同样精美的儿童形象。我们应该将中国人在几乎每一座城市里竖立起来的英雄纪念碑列入市政工程，这就是说，那些为公众事业做出贡献的首领、武将、王子、哲学家和地方官员以英雄壮举使自己彪炳千秋，应该让他们永垂史册。

比如，在广东省南雄市（Nan hiong）附近有一座高山，那里有两条河，因此交通非常困难。一位广东出生的阁老为旅客着想设法开辟了一个通道。为了纪念这样一件造福于民的好事，人们在山顶上树立了一块碑，将他的塑像供在那里，常年上香，以图永久地纪念这位为乡亲们完成了一桩如此艰难的大工程的伟人。据说中国人一共树立了1100多座纪念碑，纪念王公以及在科学或道德上贡献卓著的人们。妇女也在其中享有一份荣誉，有一些理所应当得到并且已经得到了荣誉头衔的妇女们丝毫不逊色，她们的英雄美德常常在最著名的诗歌中传唱。

这些纪念物最常见的形式是牌坊，这在每个城市里都有很多。其中许多制作粗糙，不值得留意，但是其它的却很值得我们重视。有些除大理石基柱外完全是用木头雕刻而成的。

宁波（Ning Po）的那些牌坊一般都有三个门，中间一个大门和两侧两个小门。由一块石条组成的基柱成了门柱，柱上眉构一般由不凸出、没有凹凸线脚的三四个面组成，最后一个或倒数第一个有些不同，那里有一些卷曲空间，上面刻有题词。

牌坊没有上眉柱，而是建有一个屋顶，使大门更具气派，屋顶有门柱支撑。

这种屋顶只有用图画才能准确地展示出来，即便连我们的哥特式建筑也没有这么古怪。每一座门风格相同，只是每个部分比例不同而已。所有部件虽然都是石头制成的，但是连接物却都是凸榫和榫眼，仿佛它们都是木头制的一样。

河道上众多桥上的栏杆或胸墙制作风格相似，那是用方形大石块推进事先挖好的石槽里建成的。

在这些很少高于二十或二十五英尺的牌坊上面，可以看到人物、奇怪的图案、花草、鸟雀浮雕以及其它一些精美的雕饰。这些浮雕非常突出，像是几乎与整个建筑脱离开来。

说到北京的城墙和城门，我已经解释过中国人市政工程的壮观。我只想补充一点，城墙筑得很高，挡住了建筑物的视野；城墙同时又很宽，人们可以在上面骑马。北京的城墙是用砖砌成的，四十英尺高，在每隔二十突阿斯的地方都建有四方形小塔台。塔台修缮得很好，有些地方修有梯道供骑兵骑马上城墙。

至于城门，虽然没有像其它公共建筑那样使用浅浮雕装饰图案，但是，两座构成城门的巨型高大楼阁、有些地方用大理石建成的拱顶、城墙的厚度以及这项工程的强度都令人惊讶不已。

几乎每个城市都建有的塔对中国人来说也是重要的装饰。塔有多层构成。塔越往上塔身就越细。每一层塔的各面都有窗户，江南省南京城的塔最有名，通常被称作巨塔或宝塔，我已经在这部书的开头提到过它，不过既然李明神父作出了更加精确的描述，这倒值得在此引用一下。

神父说，"据说在城外而不是在城内有一座建于永乐（Yong lo）年间、中国人叫做'报恩寺'的庙宇。该庙用砖建成，四周用没有抛光的大理石作围栏。人们通过一个十到十二级台阶的楼梯登上去，用作庙宇的大厅高达一百英尺，建筑的基础是一英尺高的小大理石，比建筑的正墙宽出约两英尺。建筑正面是走廊和几根柱子。屋顶根据中国人的习俗是双层的，一层连接着墙，另一层覆盖住整个建筑。我认为，这些屋顶是用蓝色琉璃瓦覆盖的，建筑内的细木工活都用油漆涂过，并饰有大量互相咬接在一起的木头，中国人认为这种装饰十分大方。确实，这种到处可见的大量桁、榫、椽、梁十分独特、令人诧异。人们想象得出，这种工程需要大量劳动和开支。事实上，这种混乱状况缘于工匠的无知，他们没有发现欧洲建筑中常见的简洁之美。

大厅只能从门外接受光线。东边有三个大门，人们通过这些门进入我说的这座著名的塔楼。这是庙宇的一部分。这座宝塔呈八面型，大约四十英尺宽，每边大约有十五英尺，外围有一圈同样形状的围墙，离主楼有 2.5 突阿斯远。围墙上有屋顶，上面盖着仿佛与宝塔上相同的琉璃瓦，围墙屋顶下面是非常漂亮的走廊。这座塔有九层高，每一层都在离窗户三英尺高处飞檐，上面是与走廊处一样的屋顶，只不过伸出去没有那么远，因为那里没有第二堵墙来支撑。塔越往上飞檐越小、塔身也越小。

底层的墙体至少厚达十二英尺，高达八英尺半，四周装饰有中国瓷器，不过风吹雨打已经使其失去了原有的美丽，可看上去仍然漂亮；瓷器的制作虽然粗糙，但瓷器的特征依然清晰。人们不能指望砖块会将其美丽保存三百年，事实上也是如此。

塔内的楼梯窄小且不方便，因为台阶特别高。每一层都用厚重的桁梁横放来分割、支撑地板并形成一个空间，天花板上饰以各种绘画。楼上的墙壁上充满了小神龛，神像皆为浅浮雕。整个作品都镀了金，看上去像大理石或抛光的石头，不过我相信事实上什么都不是，只不过是一种用泥做的砖头。中国人非常聪明，能将各种装饰粘到砖头上。这种砖头是用特别好、踩得特别熟的黄泥制成的，比我们的砖更能压上模型。

第一层最高，不过其它各层高度相当。我估计有九十级台阶，每个台阶十英寸高。我准确地计算了一下，有一百五十八英尺，加上基础的高度以及没有台阶的第九层和塔顶的高度，可以发现这座塔距离地面高约两百英尺。

整个工程的顶部并非列入了该塔的最丑部分之一。一根粗大的柱子立在八楼的地板上，直通塔顶三十多英尺之外处。柱子似乎用一个同样高的大铁箍螺旋形环绕着，铁箍距离柱子好几英尺，看上去就像悬挂在半空中的空心锥体，有空隙可以透进光亮，顶上安装着一个特别壮观的金球。”这就是中国人称之为宝塔的东西，尽管我们欧洲人叫它为砖塔。不过，无论它叫什么吧，毫无疑问它是东方最坚实、最卓越壮观的工程。

英国丘园的佛塔仿造的宝塔

在将目光投入到中国人倾注了大量心血的公共工程的同时，确实不应该忽略了他们数量众多的寺庙。最著名的寺庙通常建在大山里，无论这些山有多么枯燥乏味，中国人的勤劳会弥补大自然的不足，给山里带来便利，使大山增色许多。花费巨资修建的运河将水从山上引入盆地和专门的水库，花园、树林以及为防酷热天气而在岩石上开凿的山洞为这些孤独去处带来了最为宜人的魅力。

庙宇建筑包括铺有光滑的巨形方石的走廊、大厅以及竖立在庭院角落的亭阁，装饰着石雕塑像和有时为铜雕塑像的长廊将一切连接起来。这些建筑的顶部由于覆盖了黄色或绿色琉璃瓦而熠熠闪光，屋顶最上部饰有同样颜色的巨龙。

这些庙宇几乎都有一座大宝塔，独自矗立在圆丘的底部，人们从盘旋而上的楼梯登顶。圆丘中央一般是正方形庙堂，拱顶上经常饰有镶嵌工艺品，墙壁上常有石雕图案，代表着众多的动物和魔鬼。

这就是大多数庙宇的格局，一般根据捐款建造人的财富多少和虔诚程度来决定其规模的大小。这些是和尚和道士的住所，这些人千方百计影响人类的信仰，让人们不惧路途遥远来到这些庙宇信神信鬼。不过，由于中国人对他们信仰的偶像并不十分专一，所以他们会经常对上帝或神父没有显示出敬意。

谈到中国人的豪华，不能不说他们的节日，否则就从根本上不成功。他们隆重庆祝的有两个节日，一个是他们的新年第一天，另一个是他们叫做元宵节的正月十五。我说的新年开始是指农历十二月的结束，大约在下一年第一个满月的二十天左右。这就是他们的假期。

那时所有事务都停了下来，帝国上下官府全部关闭、邮路不通，人们准备礼品。这就是他们所谓的"封章"，因为他们在这段时间内停止了大量的礼仪活动，封闭了官员保存印章的小匣子。

这个假期持续整整一个月。这是最为快乐的时候，特别是旧年的最后几天里。下级官员向上级官员行礼，孩子向父辈行礼，仆人向主人行礼等等。这就是他们说的新年放假。晚上，全家团聚，准备好了丰盛的晚宴。有些地方，人们有一种非常奇怪的迷信，即那天晚上他们当中不能有陌生人，也不能有哪怕是最亲的亲戚，唯恐新年开始时刻他们会带走本该降临到这个家庭的幸福，不利于这家的主人。这一天，每一个人都闭门不出，与自己的家人团聚快乐。但是，第二天以及接下来的日子里，人们表现出非同寻常的兴奋。所有商店都关了门，每个人都忙于活动、宴会和游玩。最穷的人在这一天也穿上最好的衣裳，那些家境富裕的人穿上节日的盛装走亲访友，拜访兄长、恩人以及所有他们认为需要奉承讨好的人。人们玩耍，相互宴请，互相祝福。总而言之，整个帝国都处于活动之中，快乐、欢笑声不绝于耳。

正月十五同样是一个隆重的节日，帝国上下各地都灯火辉煌，如果一个人登高远望，就可以看到整个国家到处好像在火光之中。这个节日从十三日晚上开始，一直持续到十六或十七晚上。每个人，无论是城里人还是乡下人，无论是在海岸上还是河道里，都点燃起花灯，各式各样的花灯。最穷的人家将花灯挂在院子里和窗户上，每个人都渴望着出类拔萃。穷人花很少的钱来做花灯，那些富有的人有时会花费两百法郎制作花灯，主要地方官员、巡抚大人，还有皇帝在这个时候会花费三四千里弗赫[1]。

---

[1] 法国旧时流通的货币名，当时价值为一镑白银——译注。

这对全城来说都是一大景观，人们从四面八方聚拢过来。为了满足人们，所有城门每晚都洞开着。人们可以进入官府衙门，官员负责将官府装点得富丽堂皇，以示其豪华。

这些花灯很大，有些用六块嵌板构成，骨架用漆木镀金装饰，每一块方格里都蒙上透明丝绸，丝绸上画有花草树木、动物和人物图案。另一些灯是圆的，用透明角状物制成，蓝色，特别漂亮。人们在这种灯笼里面放置几盏灯和许多蜡烛，灯光使图案显得非常生动。灯笼顶端加上各种不同的雕刻作品，从那里可以挂几条不同色彩的绸缎飘带。

一些人的皮影表演非常令人愉悦。你可以看到骏马飞驰、轮船远航、部队行军、舞蹈以及好多种这样的事物。藏匿不见的人们通过看不见的线让所有这些形象活动起来。

在另一些时候，人们让影子出现来代表王子、公主、士兵、小丑和其他人物，这些人物的姿势与那些非常熟练地操纵它们的那些人说的话非常协调，使人觉得影子真的在说话。还有一些人举着一条从头到尾都点燃了灯的龙，一般六十至八十英尺长，龙的体型就像巨蟒一样弯曲旋转。为这个节日争光添彩的是城市到处可见的烟火，因为在这方面中国人被认为是无可比拟的。黎玉范神父（P. Magaillaons）说，他对有一种烟火特别感到惊奇，那是代表着结有红色葡萄的葡萄藤架的烟火，藤架燃烧但没有耗尽，葡萄藤根、枝、叶和葡萄消耗得特别慢，红色的葡萄、绿色的叶子和葡萄藤的颜色表现得非常自然，人们很容易就被它迷惑住了。但是，从另一个人的描写中可以得到更加准确的判断，那是有关已故康熙皇帝下旨为朝廷大臣娱乐而设计的烟火。那些等待着的传教士都是目击者。烟火是从六个埋在土里的圆筒里发出的，升到空中二十英尺处形成了长串长串的火焰，落下来成了满天的金色雨点或火星。紧随其后的是一辆覆盖住了烟火车，由两根轴或柱子支撑，从那里发出大量烟花。这时出现了几盏灯和用刺眼的硫磺色书写的大字条幅，此后六个枝形蜡烛架柱形矗立，层层灯光排成一圈，顷刻之间将黑夜变成了白昼。最后，皇帝亲手点燃了一种烟火，瞬间它连接到了这个地方的各处，大约八十英尺长、四五十英尺宽。烟火绑在几个柱子上，从那里触发了许许多多烟火弹射往天空。各地燃起了大量的灯笼。

在进行的仪式当中有一点非常突出：多数家庭中，家长在一张大红纸或油漆木板上用大字写下以下字样：天地、三界、四方、万灵、祖先。这张纸会装入镜框或糊到一块板上，将它放到院子里一张桌子上，供上玉米、面包、肉等等，然后匍匐在地，烧香磕头。

26. 中国人非常讲究礼节，认为正是通过礼仪，人才得以有别于野兽。

他们从小就开始学习复杂的礼节，政府六部中专门有一礼部，负责维护帝国的礼仪，甚至外国人也不得不遵守。杜赫德认为，西方人不应该根据自己的喜好对这些礼仪习惯大加褒扬或横加指责，这些礼仪虽然枯燥乏味，但在中国却被视作维护帝国和平与安宁的保证，它为生活提供了秩序和规则。

在中国人遵循的所有礼仪中，没有比迎客礼仪更谨慎的了。他们相信在一般礼仪活动时有必要非常注重言谈举止。他们认为这样做可以去除头脑中的杂念，使人变得和蔼可亲，还可以维持一个国家的安宁，使一切秩序井然。中国人认为，正是由于虚怀若谷和温文尔雅，人类才有别于野兽。

在论及礼仪的书中，有一本记载了三千多种礼节，囊括了每一种细枝末节。常见的见面致意、走亲访友、相互间的馈赠、宴请宾朋以及公开和私人场合的一举一动都以约定俗成的方式记载于书中。为了对公众表示尊敬，所有的礼节可以按照场合、地点、年龄和地位简化为一次或多次鞠躬、下跪或卧拜，尤其当他们走亲访友、馈赠礼品或招待朋友时。

外国人也不得不遵守这些传统习惯，通常开始时他们都为如此繁琐的礼节感到惊讶，而从小就深受这些礼节熏陶的中国人非但没有产生厌倦，而且还乐此不疲，并认为其它国家正是由于缺少这样的教育才会变得如此野蛮。

最终这些礼仪并没有随着时间而消逝。北京有这样一个部门，其主要职责就是维护帝国的礼仪。该部门执法如山，无法容忍任何外国人破坏这些礼仪。正因为如此，其他国家的使者拜会皇帝前，都要花四十天时间秘密接受礼节培训。这种培训与演员上台演出前的排练方式有异曲同工之妙。

据说在写给中国皇帝的一封信中，俄国沙皇提出请求，说如果他的大使因为不熟悉中国习俗而有所冒犯的话，还望皇帝陛下能够谅解。我刚才提到的这个部门则措辞严厉地作出了答复。按照皇帝的旨意，北京的传教士们这样翻译了这封信函："贵国大使做出了许多有悖礼节的事"。

这种装腔作势的严肃和周全的礼仪起先在欧洲人看来是非常滑稽的，但我们决不能简单地冠之以"小丑"。毕竟每个国家都有各自不同特征和习俗，我们不应该用所受教育的差异去给他们下结论。如果我们将中国的习俗和自己的进行比较，我们也许会认为这个睿智的民族竟如此荒谬，而反过来中国人则根据他们的观念视我们为野蛮民族。不过，我们双方都错了，人类行为最主要特征是内在冷漠，尽管习俗使之有所改变。有的国家视为荣誉象征的东西到另一个国家里就意味着藐视。在许多地方，如果你以胡须取人的话，这对绅士来说意味着当众侮辱，而在其它地方却是表示对别人的尊重，说明你想得到他的帮助。欧洲人通常是站起来摘下帽子迎接客人，相反日本人却纹丝不动，也不会摘下帽子，但却会脱掉鞋袜。在中国，不管你摘下帽子和谁说话都是对对方极大的侮辱。戏剧和乐器几乎在任何地方都意味着欢乐，而中国只有在葬礼上才能用上。

因此，我们不应该根据自己的喜好对这些礼仪习惯大加褒扬或横加指责。应当说，这些礼节无论看上去多么枯燥乏味，在中国却被视作维持帝国的和平和安宁所必需的。学会这些礼节是任务，掌握它们是一门学问。不过，长期的习惯使这些礼节显得很自然，所以每件事都按照适当方式进行调节，即使在那些最细微的礼仪环节上也没人会出错。大臣们清楚地知道自己应该向皇帝和王子们履行的职责，以及他们之间应该遵循什么样的礼节。即便是手艺人、农民和生活在社会最底层的人也严格地遵守这些礼节。

有一段时间，清朝的官员拜见皇帝时遵循这样的礼节：皇上不在场时，他们对御座致意，就像皇帝陛下在场一般。当他们面对皇宫等候皇帝召见上朝时，每人在宫廷南门外端坐着。他们坐在地上的垫子上，而砖铺地面竟如同房间里面一样干净。垫子因官职的高低而不同，相对于无座的官员而言，有资格的官员坐在色彩绚丽丝织座垫子上，而垫子中央则显示了各自地位的高低。在冬天，官职的尊卑则是由坐垫皮革的贵贱体现出来的。在这样一个人口众多的国家里，除非有骚乱不安，凡事都安排得井然有序，执行得规规矩矩，令人羡慕不已。人人都明白自己的地位，没有人对这种先后顺序产生异议。

当他们抬前朝皇后遗体前行时，她的一个亲生皇子看到一位阁老，想要同他谈话，阁老走上前来，跪在地上应答，而皇子也没有让他站起身来，让他一直跪着。第二天，一位朝廷官员当着皇帝的面批评皇子和所有阁老，指责皇子不该让地位这样高的官员如此卑微地跪着，指责阁老特别是那位下跪的阁老亵渎了朝廷给他的高位，以及那些不敢仗义执言，或者不敢禀报皇上的人。皇子则为自己辩护，将此归咎于对法律的无知并且说自己也没有要求阁老这样做。这位官员提出了古代王朝的律法，皇帝降旨让礼部从文库中去寻找法律，万一找不到就制定一项新的法律。

在其它场合下，朝廷官员对皇帝也是唯唯是从。举例说（这也是我唯一的例子），当现皇帝选中某个妃子做皇后时，两位官职最高的议政士大夫就会立即派代表向皇帝面呈颂词并且公布于众，因为这些士大夫为有机会做出溢美之词感到荣幸之至。礼部一得到消息就开始为举行仪式作准备。

在指定的这一天早晨，他们将一张桌子抬到皇宫东门，桌子四角安上四根柱子，柱上设一个圆圈。这种活动"房子"用黄色丝绸和其它饰品装饰着。到了指定时刻，他们将一本装订整齐的小册子放到这张桌上，书中记录的是专为皇帝写的恭维话，同时也载有来参与仪式的皇子、显要以及六部官员的名字。

一些身着不同朝服的官员抬起桌子向前走。嫡系皇子、旁系皇子和按照职位高低排列的官员们在皇宫内侧的一扇门边等候着。宰相、官职最高的士大夫，内阁官员以及其他重要官员，不管是鞑靼族还是汉族，身着与其地位相符的漂亮官服紧随那张桌子前行。几种乐器演奏出中国人喜欢的曲子，宫殿到处都能听到鼓声和喇叭声。他们开始游行，队伍到达午门的时候，皇子们也加入了进来，并且走在队伍的前列。他们一道行进至太和殿，进入大殿以后，他们把那本记载颂词的小册子从活动桌上拿开，放到大殿中央为同一目的而设立的另一张桌子上。所有人都井然有序地向皇帝御座行礼，仿佛皇帝亲临现场一样，也就是说，每个人都站在自己的位置上，下跪磕头，然后站起来，接二连三地重复同样的动作。

礼行完毕后，每个人仍站在原地，乐器又开始演奏。礼部官员通知到场的后宫主管太监：帝国所有大臣都已静候在廷，恭迎圣驾登上御座。这些话禀告皇帝后，皇帝陛下终于出现，登上御座。这时，两位指定的一品官员走近桌子，跪拜数次以行大礼，然后站起身来。其中一人拿起那本小册子，声音洪亮地向皇上诵读那些恭维之辞。朗诵不久便告结束，两人又站回原处。于是，皇帝走下御座，又走进深宫之中。

午后，嫡系公主、其他公主以及一品夫人们在我提及的那些贵妇人的陪伴下尊卑有序地向皇后宫殿走去。这些人在一位知名夫人引导下前行，这位夫人的职责就是在这些场合担任司仪，那些贵族和官员都不敢在此时露面。

16 世纪意大利诗人阿利奥斯托的长诗《疯狂的奥兰多》中的契丹公主安杰利卡的画像。画像中的公主完全是西方人的模样。

所有的小姐太太一旦走近皇后宫殿，皇后身边的大太监就会走出来。此时司仪就会对他这样说："我代表所有的人恭迎皇后登上宝座。"这些女性的致辞并不写在本子上，而是写在一种装饰得千姿百态的特殊纸张上。皇后随即走了出来，登上设在宫殿一个大厅里的宝座。颂词读完后，站着的女人们向皇后行屈膝礼。中国妇女行礼的方式与欧洲大同小异。

君主国建立初期，凡事崇尚简单。妇女们向男人行屈膝礼时可以说"万福"两字，"万"表示"一万"，"福"表示"幸福"。但是，后来这种纯真礼仪发生了些许变化，如果妇女再用这种方式向男人行礼，就会被视为不恭，而"哑礼"开始为人们所接受。为了根除这种礼节，即使对妇女道"万福"也被禁止。尽管如此，"万福"礼节毕竟存在过。

行过两次屈膝礼后，这些夫人小姐们跪倒在地，将头碰到地上，然后站起身来，一语不发。这时，皇后从宝座上走下来，退了下去。为什么会有这种仪式一点也不让人感到奇怪，真正让人惊讶的是他们建立起了良好的制度，在这种制度支配下，每个人都知道该如何跟自己同等地位的或地位高于自己的人交往。从地位最高的官员到最普通的工人，每个人都因等级、功绩和年龄不同而严格遵守从属关系，任何情况下任何人都不能违背这些规矩。

最常见的致意方式是将两手抱在胸前，装腔作势地晃动几下，颔首说着失敬失敬两字。当遇见值得自己尊重的人的时候，他们就会双手抱拳高举起来，然后将手落下几乎贴近地面，同时将腰深深弯下。两个熟人久别重逢时，大家都跪下来，面朝地面行礼，然后站立起来，重复同样动作两到三次。意味着"幸福"的"福"字是他们日常生活中常用的一个字。如果一个人刚从某地回来，他们就会马上问候他旅途是否平安。每当问及此，被问者就会回答说托您的洪福，很好。当他们看到人身体健康时，就会对他道"有福"，意思是幸福就挂在你的脸上，你很有福相。

从乡镇到城市，他们有一套与各人地位相对应的问候语。在与他人打招呼的时候，他们的措辞总会充满敬意和彬彬有礼。比如说，有人花力气帮他们一个忙，他们就说"费心"，意思是您太操心了。如果帮了他们的忙，他们会说感激不尽。当他们大大地妨碍了别人工作时，他们会说我性子太急，这样做太冒昧了。中国人嘴上总是装模作样地挂着这些话，但这并不意味着他们是真心的。对一般人说，首席要留给最年长者。但是，如果在座的有客人，来自最远地方的人就会得到这种殊荣。在有些省份，人们认为右手是最高贵的，因此见面都是先伸出右手；而在其它地方人们的观念恰恰相反，见面都是先伸左手。

两位官员在街上遇见时，（尽管品级不同的官员会尽量避免碰面），如果官品相同，他们就会端坐在轿子上相互致意，双手抱拳高举过头顶，然后重复同样的动作直至看不见对方为止。如果一方官位低下，他则需要停下轿子，或者如果他骑马的话则需下马，来向上级官员行礼。孩子对父母、学生对老师的尊敬是任何礼仪都无法比拟的。他们在父母和老师面前通常要默默无语地站着。根据他们的礼仪，在某些特定日子里，譬如过年、生日以及其它场合下，他们会下跪磕几个响头。

中国人在一起谈话时，会表现得非常谦卑、很有礼貌。如果彼此不是很亲密的朋友，为了防止谈话过于随便，他们从不使用"我你"这两个字，因为那会显得很不礼貌。他们绝不会说非常感谢你对我的帮助，相反，他们会讲老爷或先生给他最卑贱的仆人或学生以帮助令人感激涕零。同样儿子与父亲说话时要称自己为幼子，尽管他是家中长子并且也有了自己的孩子。

他们通常利用专有名称来表示敬意，据观察中国人因年龄和地位的不同而享有几种不同称谓。刚出生时，孩子只有一个姓。出生一个月后，父母就会给孩子起一个所谓的"小名"即"乳名"，而种乳名通常取的是花草动物之类的名称。开始上学时，学堂的先生就会在他们的姓后面添上一个名，这便成了他们在学校里的称呼。长成大人后，朋友们会用另一个名字来称呼他们，而这个名字也正是他们所喜欢的，通常在书信或其它场合下使用的签名。总而言之，他们做了官后，就会取一个与自己的地位和功绩相符合的名字，而别人在称呼他们时也会有礼貌地使用这个名字。如果用姓来称呼别人的话，尤其是官位并不比别人高的情况下，这会被人视为粗暴无理。

中国人年幼时就懂得要谦逊有礼，对被视为"父母官"的地方官员尤其如此。但他们的表达方式却非常特别：当一个深受公众欢迎的地方官员即将调任另一个省去时，当地群众就会争相为他送行。他启程后就会发现，在三里格以内每隔一段距离就会有一张桌子，桌上铺一块垂地的丝织品，上面点着香，放着烛台，点着蜡烛，还放着肉类、豆类和水果。其它桌子上面设有醇酒和香茗。

这位官员一出现，人们纷纷下跪，对其磕头，有人哭泣，或者至少佯装哭泣，其他人则恳求这位官员下马接受他们最后的敬意。他们献上美酒和其它物品。因此，这位官员不得不边走边停。但最为有趣的还是人们会不时脱下他的靴子给他换上新的。这位官员碰过的所有靴子都会被拥有者的朋友们当作一种荣耀。脱下来的第一双靴子会被放在一只笼子里，悬挂在该官员经过的城门上。

同样，中国人给当地官员祝寿时，全城名流聚集在一起到官员府上拜寿。除了带上常见贺礼外，他们通常会带上一种描金漆花盒子，盒子里面分成八到十二格，格子里装满各式各样甜肉。来到举行仪式的大厅后，他们会尊卑有序地站成一排向主人深深致敬，然后下跪磕头，主人通常会让他们免去这种礼节。来客中身份最高的一位通常会端起一杯酒，双手尽力将酒杯高高举过头顶献给这位官员，同时大声祝福道：（福酒）让这杯酒给你带来幸福，（寿酒）让这杯酒使你长命百岁。紧接着，另一个人走上前，以同样方式毕恭毕敬地将甜肉献给他，并且祝福道：这块肉将会给你长寿人生带来甜蜜。接着，其余人重复同样仪式三次，表达同样的祝愿。

不过，当一位官员对人民非常公正、富于热诚，善待人民时，他们就渴望用盛大的仪式来表现自己的感激之情。他们用一种特殊方式让他明白，人民对他的清明政治怀有崇敬之情。文人雅士们定做了一件红、蓝、绿、黑、黄等七彩方格锦缎长袍，在他生日那天，举行盛大仪式在音乐伴奏下将长袍送来。来到衙门的外厅时，他们就恭请这位官员从内厅里出来，然后呈上这件长袍，请他穿上。这位官员佯作推辞，说他配不上这种荣耀。最后，他不再坚持，让这些文人雅士和登堂入室的人们脱下他的外套，穿上他们带来的长袍。他们用七种色彩代表穿着不同服装的各个民族，象征着所有人都把他当作父母官，当作称职的官员，为此，这件长袍就叫做"万锦"，即各民族的服装。确实，官员除了这个场合外不会在任何地方穿它，但是会把它当作一种巨大的荣耀仔细收藏在家里。他们通常会向总督汇报，有时甚至让朝廷知晓。拜访地方官员或任何知名人士的时候，最好选择在晚饭前。或者，如果吃过东西，那就需要小心不喝酒。因为，如果一副醉醺醺的样子在显贵面前出现就会有失恭敬，如果来访者哪怕是有一点点酒味，官员也会生气。但是，如果要在同一天回访的话，那就应该在晚饭后去，那么就意味着你迫不及待地对来访者表示敬意。

27. 孔夫子是中国读书人的先师，人们遵循孔夫子的教诲治理国家。祭孔是一项非常盛大的典礼，官员学者都必须出席表示他们对孔夫子的敬意，有时甚至皇帝也会到孔府参加祭祀。

在朝中做官的文人义不容辞的责任，就是尊崇最老的立法者、帝国最著名的哲学家，尤其是那位一生为了国家治理方式的完善而做出贡献、死后留下了许多至理名言的孔夫子。在这种场合要举行的仪式需遵守帝国的习俗。

每一座城市里都建有为文人集会用的宏伟建筑。在那里，你可以看到许多不同的油漆镀金小木板悬挂在墙上，上面书写着著名文人的名字。孔子名列第一，所有文人雅士都必须尊崇圣贤的牌位。他们采用的仪式如下：

经过严格检查后，那些被认为具备学士资格的人穿着黑袍戴着便帽进入官府，来到官员面前时，弓身屈膝，几次匍匐在地，然后左右分成两排站立，直到官员下令说他们可以穿上合适的学士礼服为止。听到这话，他们拿出马甲、长袍和礼帽。每个人穿戴整齐后，又回到这里，为的是到官衙里来磕头。他们从那里庄严肃穆地出发去孔府。在那里，他们举行盛大的典礼，在孔子和那些著名圣贤牌位前匍匐在地，四次叩首。学士的仪式在县城里举行，除非人们在吊丧或病重，否则没有人能够免除这种仪式。学士们回到故乡时，同一地区的那些人会一起到县官那里去磕头，县官在衙门内迎接这些新科学士，然后站起身来，首先将酒杯高高举过头顶，给他们敬酒。在有些地方，人们给他们散发一点红绸布，他们每个人用它做成腰带。他们还接受用银色花朵装饰的枝条，并将它们放在帽子两旁。接着，在县官的带领下，向孔府走去，用先前提到的方式结束仪式。这就仿佛是一枚批准他们地位的印章，使他们有了新的尊严，因为他们知道孔夫子是自己的老师。通过这个行动，他们就会遵循他的教诲来治理国家。

除此以外，皇帝下诏要求士大夫和文人雅士以帝国的名义举行节日庆典来纪念这位伟人。节日前夕，他们就将一切准备就绪，屠夫来杀猪，衙役买来美酒、水果、鲜花和豆类。他们将这些都放在桌上蜡烛和香炉之间。第二天早晨，在宴会厅的鼓声、双簧管声中，官员和士大夫们济济一堂，负责整个事务的司仪并然有序指挥鞠躬，下跪，起立。

正规仪式时间一到，主要官员先后拿上肉、酒、豆，在乐器伴奏声和对这位先哲的诗文反复朗诵声中，将祭品献到孔子的牌位前。接着，他们开始赞颂孔子，颂词一般不超过八到十行。在全帝国范围内所有城市，赞颂孔子的渊博知识、过人智慧和风度举止的词句到处一样。歌颂孔子给予这些文人的荣誉，会极大地激发起士大夫们的竞争意识。

大家在长笛和双簧管乐声中不断鞠躬致礼，官员们相互恭维，祭礼结束。最后，他们将祭祀用的动物毛血埋葬起来，并焚毁一大块原本绑在长矛尖当幡用的丝绢以示欢乐。接着，他们进入第二个大厅向古代治理政务著名的督抚司道表示敬意。然后，他们进入第三个大厅，那里供奉着因为美德和智慧而闻名的市民牌位，他们在那里也举行一些致敬仪式。

据说雍正皇帝在潜心研修前曾去过孔府祭祀，这样对孔子说：

"朕今天来献上赞美之辞和礼品以示敬意。朕崇敬所有古代民族先哲，尤其是周公和孔子。对于朕而言，朕在心智方面并没有超越他们的任何弟子，所以不得不潜心研修古代伟人和先哲留下的书籍，潜心研修后人认为可以用来调节言行的箴言录。为此，朕决定明日开始致力于研修学问，将要认真地利用自己的天赋和思维能力，像这些无与伦比的大师门徒那样来反复诵读，使自己熟记于心，愉快地完成研修课程。"

28. 中国人送礼很有意思，有时候会在送礼前先送来礼单，你可以圈出你想要的礼物，随后他就会立即购买这些礼物并送过来。

中国文明的重要礼节之一是互访，一年中有一些日子用来互访。有些事件会经常发生，以至于这些拜访必不可少，尤其是学生对先生，官员对决定其命运的上司更是如此。这些日子包括生日、新年、生儿子、订婚、升迁、家人去世、长途旅行等等。在这些情况下，没有适当理由是不能不去拜访的。人们通常带着礼物上门，礼物一般并不贵重，不过却大大强化了友谊的纽带关系，并且保持了大人物对你的青睐。

至于一般访问，并没有时间的规定。尽管在亲密无间的朋友之间可以无拘无束，但是对其他人来说，律法和习俗使这些访问对除中国人以外的任何人都变得枯燥无味、麻烦透顶。

他们造访时，先要派人送上帖子，即一张边上饰有金色小花的红纸，折成像屏风模样。折纸一边写着受访者的名字，并根据受访者的地位而加上一些敬语。比如，他们说：阁下最亲密最真诚的朋友以及永远的信徒将要来向您表示敬意，虔诚地向您叩首。如果受访者是个亲密的朋友，或者是个穷人，这个帖子用普通的纸就足够了。如果受访者正在守孝，那么帖子就应该用白纸。人们要去看望的官员有时满足于收到下人送来的帖子，按照中国的习俗，这就等同于本人来访。他希望这个人不要费事下轿来访，然后第二天，或者在这以后三天内去回访，呈上一份像他收到的一模一样的帖子。如果他接待的客人十分尊贵，就允许轿子通过衙门的头两个大大的庭院，直进到大厅入口处，主人就在这里迎接客人。当你进入第二个庭院时，你就会发现大厅前有两个仆人，他们常常手持官员的伞和大扇那样站着，你一时间无法看到前来迎接你的官员，官员也无法看到你。你从轿子上下来时，你的仆人拿走大扇，不然的话会挡住你的视线。这时，你就与官员保持了合适的距离，便于施礼。就在这时，仪式开始了。中国人的仪式非常繁琐，需要细细道来。在那里，你发现自己要鞠很多躬，要说很多特别用语，要给出许多头衔，要叩多少次首，向左向右要转多少次。你会发现主人默默无语谦恭有加地邀请你进入屋内，发现主人谦虚地拒绝先进屋的客套，主人给你让座时的礼仪，只见他在座前弯下腰去，用衣袖掸去座上灰尘。你坐下时，你要用非常严肃的方式说明你来访的动机，主人会用同样严肃的语气回答你的话，并且还要不断鞠躬。同样，你要在椅子里坐直身体，不要斜靠在椅背上，眼睛不要向下看，也不要左顾右盼。两手要放在膝盖上，两脚要放平。主宾之间谈了一会儿话后，一个衣着整齐的仆人走进来，给每人端来一杯茶。这时，你必须非常仔细地注意端起茶碟的方式，送到嘴边以及还给仆人的方式。

最后，访问结束时，你采用其它礼节退出，主人会送你到轿前。当你上了轿，他会走上前来，等待着轿夫抬起轿子。这时，准备好出发时，你对他说再见，他会用适当的礼节给你以回答。最严格地执行这些礼仪的时候就是钦差拜访途经地方主要官员时。他出去造访时，座轿前两人一排往前走的大约有三十人，有些人手里拿着铜锣，不时像敲鼓似的在敲打，其他人举着彩旗，还有一些人手里拿着油漆得很漂亮的小木板，上面用金色大字书写着"钦差"字样。有一些人手中拿着皮鞭，还有一些人肩上扛着漆成不同图案或镀金的器具，有的是龙头大权杖，其它的则像是笏。有些人带着高高的红色毡礼帽，帽上飘下两根金色大羽毛。这些人受雇来当街呼喊，提醒人们让路。

走在游行队伍前面的是手持帖子的衙役或低级官员，官轿两边各有两到四个穿着得体的仆人，整个队伍后面走的是钦差的家丁，因为其他人都是钦差在这个城市里临时雇用来当差的。除此以外，还有 15 个人留在府中服务，6 个人守在门口吹奏双簧管、横笛，敲着鼓，仿佛是受雇用乐器震耳欲聋的声音来搅得邻里不能安生。他们通常在每一位显要出入门时会吹奏一番。其他人受雇在屋内伺候。官员们迎接钦差的方式与前面描述的相同，礼节一点儿也不敢缺少。你可以从他们接待白晋神父的礼节中窥出端倪。那时，他在一位主要官员的陪同下，以钦差名义被皇上派遣前往欧洲。他一程骑马、一程坐轿，来到南昌府（Nan tchang fou）登船。在这里候着一艘大船，像一艘中型战舰，油漆得流金溢彩，非常气派。在他们登船之前，专候在此的总督和其他官员的师爷代表主子向他呈上问候公函。接着，他们过了河，没等船到达彼岸，他们就发现总督及其他要员就已经准备好迎接了。总督等人邀请钦差登上岸，请他们进入河边一座漂亮的房子。当他们进入第二个大院时，总督及其随员面向他们跪倒在阶下，并以全体的名义问候皇帝陛下身体健康，得到满意答复后才直起身来。他们恭请钦差进入大厅，那里安排着两排椅子，请钦差大人等依次坐定。然后，用鞑靼人和汉人的不同风俗上茶，礼节要求此茶一定要喝。每个人用右手端起一杯鞑靼人的茶，在饮茶前后都要向给予这种款待的总督致以深深的敬意。至于汉人的茶，习惯上是双手端杯叩首到地以示敬意，然后喝上数口，左手端杯。经过这些初步礼仪后，总督与随行人员站起身来，向钦差呈上他们准备提供给船上使用的礼品清单，然后邀请钦差大人等入席。宴会在大厅底部进行，那里有两排桌子面对面摆放着。宴会一部分以鞑靼人的方式进行，一部分以汉人方式进行。所以，在汉人宴席上遵守的一大部分繁琐规矩在这里给免除了。宴会结束时，钦差大人重新登船，不一会儿，主要地方官员送来帖子，然后一个接一个地进来。该城总督在两个下级官员的陪同下，效仿着大官的做法。这些来访都伴随着许多礼单，这是他们必须提供和更换的给养。

钦差经水路旅行时，地方官员并不设下满桌食物来款待，而是依照惯例，将丰盛的食物送上随行小船。看一看当地长官的礼品就可以判断出这些礼物的性质。地方官的礼品有如下这些：两蒲式尔[1]精制白米、两餐饭、一头猪、两只鹅、四只鸡、四只鸭、两包海菜和两条在中国被看作精美食品的鹿鞭，另有两包海鱼内脏和两坛酒，而其他官员的礼物也大致相仿。在经过城市时接受地方官的此类馈赠已成惯例，所以钦差出行没有必要在随行小船上储备食品，那些馈赠对于钦差和随员来说已经足够。

送礼时，来客除了递上名帖，还会附上一方红纸。纸上书写送礼者姓名和礼品清单。如果送礼者亲自前来，在致礼问候之后，他会递上礼单。你要接过来，交与仆人保管，然后答谢，以示敬意。拜访结束时，你可以看一看礼单，选出你要的礼品。如果你接受所有的礼品，就应该留下礼单，并立即回函表示感谢，知会对方你接受所有礼品。如果你只接受其中一部分，就在

---

[1] 英国容量单位，相当于 36.368 升。

你的回函上写明你接受的礼品。如果根本不想接受任何礼品，你就要退回对方的礼单和礼物，并在附函中表示感谢：礼物贵重，不敢收纳。

但是如果送礼者吩咐佣人来送礼，或将礼单放在礼物一起送上，你要用接待亲自上门送礼者的礼节来答谢他。或者，如果他在送礼前先送来礼单，你就用铅笔圈出你想要的礼物，随后他就会立即购买这些礼物并送过来。收到后，你应该回函致谢，提到你接受的礼物，书上"其他礼物，也很珍贵"云云。如果礼物中有酒的话，仆人总会偷喝一点，而你只有开启酒坛之后，才会觉察。

法国 18 世纪中叶仿制的中国风格的漆橱

在另外几种场合，如果你接受了礼物，依照礼节就应回赠礼品。这主要是在新年伊始或端午节等节日时进行。如果对方是名门显贵，在回赠礼品时，必须写上郑重回函致谢，以示敬意。即使是私人间写此类信函，也用到很多繁文缛节，就是有学问的人写起来也很不轻松。如果给地位高贵的人写信，那就必须将白纸像屏风一样折叠好，应在第二折上开始书写，在最后一折上书写姓名。语气要充满敬重，风格绝不能混同于日常谈话。字体大小不同，显示出敬重的程度。通常最小字体被认为敬意最深。行间要留适当距离，并要根据对方的地位、名望使用合适的称谓。如果使用印章，一般要盖在落款和信的起始两处，不过，中国人通常将印章盖在装信的小封套上。如果是在早晨写的信，还要在落款上盖上一张蓝纸条。信写好后，装进一只小纸套里。在纸套上要贴上一条两指宽、与信纸一样长的红纸，上书"内函"，意即"信在里面"，然后再套上一个比前一个结实点的纸套，像刚才一样再贴上一条红纸，其上以大字书上收信者的名称、头衔，在大字边上用小字写出他所居的省、城市和具体地方。第二个纸袋必须整齐的粘起来，在开口处印上印章，标明"火封"字样，意为此信已"受护并封印"。从信封的上端直到下端，写明此信递出的年月日。当地方官员向朝廷投递急件时，他们通常在包裹或信件上系上一根羽毛，表示要求送信人日夜兼程。

29. 中国人是个热爱生活的民族，常常相聚宴饮，在宴会时，也有一整套复杂的礼仪需要遵守。来中国的传教士，也常常受邀请，参加中国式的宴饮。

和其他民族一样，中国人也经常相聚宴饮，席间互道仰慕友爱之情，但对于一个欧洲人来说，这种场合却有诸多限制，难以做到无拘无束。宴会一般有两种，一种比较普通，有十二到十五道菜；另一种则比较盛大，每桌都有二十四道菜。在各种仪式精心完成后，宴会开始。但是，在宴会之前，必须先发出三次邀请：第一次在宴会前一天发出，第二次在宴会举行的当天早晨发出，而最后一次则在宴会准备就绪后发出。设宴的大厅内装饰着花瓶、绘画、瓷器以及诸如此类饰品。餐桌数量要与来宾数量相符。除非人数太多，否则每张桌子不会安排两个人。在极其盛大的宴会上，很少会有三位客人合用一张桌子的情况。桌子在大厅两边呈直线排开，两边桌子正好相对，因而两边客人坐下来后可以直面对方。桌子前面装饰着丝绸绣品，但是没有桌布，也没有餐巾。桌子被奇妙地涂上漆，看上去十分漂亮。每张桌子两端通常有几个大盘，盘里装满切好的肉，堆得像金字塔一样，顶上装饰着花朵和大柠檬。不过，根本没人会动这些肉，因为那只是一种装饰，就像意大利盛宴上的糖制人物一样。主人把客人迎进宴会大厅时，向客人一一行礼。然后，他吩咐仆人用小酒杯把酒斟上，这样的酒杯由白银、贵重木材或瓷器制成，放在小漆碟上。主人双手举起酒杯，向在场所有宾客鞠躬之后，转向正厅，走向厅前，抬头向天，双手高举酒杯将酒洒在地上，以示他的一切受之于苍天。随后，他吩咐仆人将酒倒入瓷杯或银杯中，向最尊贵的客人鞠躬之后将酒盅放在他将用餐的桌子上。客人们会设法让他不要如此费神来回报所受到的礼遇，同时将酒倒入酒盅内，作出要将酒送到主人桌上的举动，而主人的桌子总是最低的一个。这时，主人也会说一些礼貌客套话来劝阻他。主人随后拿出两根镶金或镶银的象牙筷子，这些筷子相当于西餐中的叉子。主人把筷子平行地置于主席前，好像之前没有摆过筷子一样。

这项仪式之后，主人将第一位客人领向铺着绣花丝毯的椅子，毕恭毕敬地请他入座。这也是有许多繁文缛节的仪式，主人据此可以将显要高贵的位置让给客人，然后主人表示也为其余客人领座，以示敬意。但客人们却不会让他费神，而是自动就座。值得注意的是，根据中国的古老仪俗，除非有一位地位显赫的客人，否则尊贵的位置应让给陌生的客人。如果有多位陌生客人，则应让给其中路途最远或年龄最大的客人。

在这些仪式之后，主客皆已就座。这时，就会有四五名身着彩衣的滑稽艺人进入大厅。为了表示深深的敬意，艺人一进大厅，就在两排宴桌间跪下，面朝一个布满蜡烛和香炉的长桌磕四个头。艺人起身后，其中一名向贵客递上戏折，折中以金字写出他们已记住并准备当场表演的五六十部戏。而这位客人起初会推辞，请下一位客人选戏，客人之间互相推辞，最后戏折又回到贵客手中。最终他同意了，打开戏折，很快浏览一番，选出他认为大家最欢迎的一部戏。然后，艺人向每位客人展示选出的这部戏的戏名，每个人都颔首表示同意。表演以中国特有乐器演奏开始，乐器包括声震天宇的铜锣、皮鼓、长笛、横笛和喇叭等。

宴会中表演的戏剧没有布景装饰，仅在地上铺一块地毯。艺人们从侧面房间进来在客人面前表演各自的角色。很多其他人由于好奇心的驱使来到这里，经佣人允许后站在院子里向内看戏。愿意看戏的女眷也可以坐到大厅里正对艺人的地方，透过竹制花格和丝帘在别人看不到她们的地方看戏听戏。表演中有时有谋杀情节，艺人们在流泪、叹息、呼喊，此情此景使不通汉语的欧洲人也能感受到戏中充满悲剧事件。

宴会总是以饮烈性酒开始，主人双膝点地，大声劝客人举杯。这时，客人们双手举杯至前额，然后将身体弯到略低于桌面，接着举杯就唇，慢慢啜饮三四次。同时，主人劝他们把酒喝干并且自己以身作则领先喝干，将酒杯倒过来以示杯中无酒。客人也纷纷将杯中酒喝完并倒过酒杯。他们一般斟酒两三巡。饮酒时，桌子中央要上一大瓷盘蔬菜炖肉。吃这道菜可以不必用餐刀。主人以劝酒的同样方式请客人吃菜，客人随即取一些炖肉放到自己的盘子里。席间要上二十到四十道菜，吃每道菜都要经过同样的仪式，同样客人就得经常喝酒，但客人们可以随意喝，而且酒杯也很小。第一道菜吃完后盘子并不撤下，后上的菜也是如此，直到宴会结束后才会撤下去。在上了六个或八个菜后，就会上由新鲜鱼或肉做成的汤，并用盘子端上一种类似小面包或馅饼的食物，客人不用经过任何仪式就可以用筷子夹起来蘸汤吃。吃饭的同时，也会上茶。茶是中国人最常用的饮料，要像酒一样热着饮用，因为中国人从来喝不惯冷饮料。因此，宴会期间仆人会一边捧着酒壶随时准备替客人斟上热酒，同时也把冷了的酒倒回瓷壶。客人放下筷子不再吃菜时，仆人就倒上酒，再端上一道菜。于是主人便劝客人饮酒吃菜，每上一道菜就会重复这样的仪式。但是，吃水果之前，主人会把客人带到大花园或其它地方，让客人稍微休息一下。滑稽艺人乘此间隙就餐，仆人则送温水给客人洗手，或撤去桌上酒菜，准备甜食。甜食同样也包括二十或四十道，包括果脯、水果、果冻、火腿、美味鸭干和有海鲜味的甜食。

当一切准备就绪之后，一名仆人找到主人，单膝着地，低声向主人禀告。主人在众人冷场的时候，抓住机会彬彬有礼地邀请客人返回宴会大厅。客人们于是各就各位，只是换上了大酒杯。这时，主人会力劝客人开怀痛饮，而艺人则继续表演或者开始表演通常让人笑破肚皮的闹剧。旁边桌上有五大盘菜，是为仆人准备的。在滑稽艺人表演的时候，客人的随行仆人来到与大厅相邻的房间用餐。他们的饭菜精美，而且吃起来无拘无束。开始用甜食时，客人们会让随行仆人拿出几个红纸包，里面有准备给厨师、主人、艺人和宴席上服务人员的钱。赏钱多少视对方服务质量而定。但如果席间没有艺人表演，那么客人就不会给钱。客人的随行仆人把钱包交给设宴的主人，主人在几番推辞之后才同意接受，接着示意自己的仆人接过钱去分掉。这种宴会通常持续四五个小时，一般在晚上或傍晚时开始，所以往往要到深夜才结束。告别仪式和前面描述的大同小异。仆人走在轿子前面，伺候着自己的主人，手中提着大油纸灯笼，灯笼上写着主人的地位头衔，有时也写着主人的名字。

第二天早晨，每一位客人都会送去一封信函，感谢主人的盛情款待。

白晋神父（P.Bouvet）曾参加过一个这样的宴会。虽然那次宴会和我描述过的大致相同，但他的描述却极为细致，值得一提。宴会在两个正方形院子之间的宏大建筑中举行。院子由前后三进大堂自然形成，中间大堂与两边大堂以两条长廊相连。中间大堂最为宏伟壮观、富丽堂皇。宴会厅给人的印象是柱梁宽大厚重，厅内其它木制品亦是如此。前厅用来接待来宾。总督不辞辛劳走下门台阶迎接重要客人，以示敬意。经过一番问候寒暄后，来宾们被安排坐到平行摆放在两边的凳子上，等待其他宾客。其间，仆人会来上茶。所有来宾到齐后，他们就离开前厅进入中厅。厅内根据来宾数量面对面排列着两排桌子。主人恭请钦差在最重要的席位上坐下，随后双手将斟满酒的小银杯连同浅碟一起举起，对我说要将此杯放在我桌上，银杯旁放着象牙筷子而不是叉子。不过，我设法劝阻他不要这样。接着，主人对其他客人致以同样礼节。客人们纷纷推辞。随后，客人各自入席。面前桌子皆为方形，样式相同，油漆得很漂亮，桌子前面装饰着绣有四爪金龙的紫缎。椅子扶手和靠背呈半圆形，装饰着同样的紫缎。因为宴会通常会中断并且分成两个部分，所以晨宴比晚宴更加斯文、更注重礼节。客人晚上入席时，会发现自己的桌子重叠了起来，就是说桌旁添加了一张小桌，上面像金字塔一样堆了十六道荤菜或水果等等，每一盘菜都有一英尺五高，装饰着图画和鲜花。不过，这些菜仅供客人观赏。客人一入席，这些菜就会撤下，宴会结束后分给主、宾以及在场其他人的仆人们享用。

另一张桌子边放着一个小小支座，上面有一只小香炉、一盒香、一盒香水，还有一柄玛瑙制的管或喇叭，里面装有一些小工具，用来把香放进香炉并且拨香灰。桌子前面两角上放着一块油漆木板，木板一端装饰着纹章，另一端上写有几首短诗。桌子其它角上放有三个小瓷盘，装着调味用的药草和腌菜，两个桌角之间有一个小银杯和托盘。

宴会刚开始，滑稽艺人们已经穿好戏装准备表演。戏班主走到大厅前部，递给我列有所有曲目的戏单，让我从中选出一出戏，因为他们一般都有五六十部戏烂熟于心。由于我根本不懂这套礼仪，也不太懂汉语，担心中国戏里会有一些不适合基督教徒看的东西，所以，我告诉他们从事我这个职业的人一般不太喜欢看戏，所以戏就搁置在了一边。他们开始欣赏多种乐器的演奏。宴会上，仆人与其他人的任何举动和言辞都很温和严肃，没有经历过这种场面的人恐怕会把这种宴会与一场戏相混淆，而我们的一些同胞往往会忍俊不禁。宴会由几个部分组成，每一部分的开始都会有一序曲。宴会开始的序曲是两小杯酒，一杯酒大约有一汤匙那么多。仪式主持人请我们为总督而饮酒，他们在大厅中央跪下，庄严地大声说："先生，请您喝酒。"每个人喝了一些后，他们又喊一次："请喝吧！请一饮而尽。"宴会中这种礼仪要重复多次，不仅在喝酒时要重复，而且每上一道菜就要来一次。一道新菜上来后，两个仪式主持人就跪下来，请每位客人举筷，品尝新上的菜。宴会有两种主菜：碎肉做成的杂烩和以肉汤加药草或豆类制成的汤，汤装在高宽相等的精美陶瓷容器里。

他们在每张桌上放上形状相同数量相等的菜。上菜的仆人在大厅下面把菜从在那里等候的厨房里的仆人手中接过。在那里等候的仆人与客人、桌子的数量一样多。仆人将菜一道道用托盘跪着端上来。为了以示区别，在端上桌子的每四个菜之后，他们都要上一个特别的汤和一盘水果蛋糕。最后，整个宴会以上一杯茶而告结束。

有必要按照同样的仪式把宴会上一切都尝个遍，这对我来说非常麻烦，因为我还是第一次参加这类宴会。事实上，我被邀请过很多次，但每次我都用不得罪人的借口打发了那些对我表示尊敬的人们。有戏剧表演时，通常是在酒足饭饱之后。就像我说过的那样，每一位来宾都要向伺候在一侧的仆人们馈赠礼物。那时，一个仆人手拿四五个小红包，每个红包里都装有一点儿钱，在主人的授意下，当着所有宾朋的面把红包放在大厅较低那端的桌子上。主人做出一副极不情愿的模样代仆人们收下谢礼。最后，宴席在相互致谢中结束。寒暄了差不多一刻钟后，每个人都告辞离去。根据习俗，第二天清晨，我给总督送去一封信函，感谢他前一天对我的款待。

以上是汉族人的文明礼仪，盛大宴会中几乎必不可少。但是，喜欢不受限制的鞑靼人却省略了相当一部分。尽管中国人的鱼肉都切成小块烧好端到餐桌上，但是，他们的厨师会把鱼肉烹调得十分可口。为了制作种种鲜美的汤，他们使用在中国很受欢迎的猪油或不同动物的肉汁，比如像猪肉、鸡肉、鸭肉等等。甚至在用瓷盘把这些肉块端上桌时，也会浇上这种肉汁。

每个季节中国都盛产好几种不为欧洲人所知的香草和豆类。他们用这些香草和豆类的种子炼油，这种油是极好的调味品。即使是那些善于调理口味的法国厨师们，在看到中国人的烹饪技艺胜他们一筹后，也定然会叹为观止。更令人难以置信的是，仅仅用一些本国出产的豆子、大米和谷类所煮出的饭，中国人就可以调理出一桌变化多端、色香味俱全的大餐。他们把不同的香料进行调制，做出了各种各样口味的食物。在宴席上最常见也最美味的是精心料理的鹿鞭和燕窝。夏季把鹿鞭暴晒在太阳底下，之后用胡椒和豆蔻粉把它封存起来。当预备要用时，用米汁把它浸软，然后将其煮沸，最后用几种香料拌匀。因为燕窝是从东京、爪哇（Java）、交趾支那等地的海边取材，这些鸟羽毛很像燕子并且通常在海边岩石上筑巢。我们并不知它们用什么来筑巢，但据信是用海里捉来的小鱼。可以肯定，这些鸟用嘴里吐出来黏状东西把巢紧紧地粘在岩石上。人们也曾见它们捞起海里浮着的泡沫，像燕子用泥土和黏土那样来固定巢的每一部分。当这种东西变为固体时，便会变得干燥透明，呈现出绿色，但新鲜时却是白色的。

一旦小鸟离巢，当地人就很急切地把燕窝打下，有时他们的船上装满了燕窝。它们的形状像香橼果皮，大约有香橼果皮一半大。他们把燕窝与肉放在一起烧，味道极佳。尽管中国大江南北都种植谷类，甚至有些省份种植面很广，但是，他们一般以大米为主食，尤其是南方的一些省份。他们也制作馒头，在蒸笼里蒸上至多一刻钟，很快就可以吃。欧洲人则把馒头稍作烘烤再吃。馒头很轻也很精致。在山东省，当地人做出一种口味极好的小糕，与香料混合起来吃时很能刺激食欲。

他们用一种很简易的磨来碾谷子。这个装置包括一个水平放置像磨石一样的圆石桌，在此上面转动一个石轮，用它的重量来碾压谷子。

茶是中国最常用的饮料，这一点我早已说过，但是这并不妨碍他们经常喝酒。酒是用与日常当主食吃的大米稍微不同的一种粮食酿造而成的。酒在普通老百姓当中销量很大，酒的种类很多，制作方法也多种多样，以下为酿酒方法之一：把稻米掺入几种其它成分浸泡在水中二十到三十天，然后将它煮沸。当它在火上分解时，便开始发酵，并像我们的新酒一样，表面出现一层泡沫，泡沫底下便是很纯的酒液了。中国人把它提取出来装入表面光滑的陶器中。他们把它制作成一种像欧洲白兰地那样的烈性酒，有时也许更烈一点，遇火便能燃烧。

官员们经常在宴席上饮酒，一般饮用的酒都来自盛产佳酿的地方。汾酒极受好评，而它良好的水质是关键。绍兴酒名气更大，被人认为能延年益寿。全国各地都喝这些酒，北京也不例外。他们还有一种酒或纯水，据说是从羊身上提取的，康熙皇帝有时会饮用，但除了鞑靼人外其他人很少饮用。它的口味不佳，喝了也容易上头。在山西省有一种很有名的羊羔酒，其性极烈，气味难闻，但是鞑靼人普遍把它当作好酒；这种酒并非全国流行，但在当地却极受欢迎。

30. 在中国婚姻中，子女的情感从不在关注之列。妻子的选择由父亲或婚姻对方的至亲决定，男女方家长为他们定下终身。

下面说说他们的婚姻制度。婚姻礼仪如下：婚姻首先需要遵守三纲五常，这是中国政治的基础三纲五常，我指的是子女对父母的尊敬和顺从，这要一直延续到父母去世以后。

其次，需要维护父亲对子女的绝对权威，因为根据他们哲学准则，君王治理国家时应该具有父亲的所有温情，而父亲在家中应具有帝王的权威。

在这种律条下，如果父亲没能够负责自己所有子女的婚嫁，他就会在某种程度上失掉颜面，心里无法得到满足；如果一个儿子没有留下子嗣来延续香火，也会被视为未尽人子的孝道。一个当哥哥的即便没有继承父亲的任何遗产，也要负担起教育弟妹、帮助他们成亲的责任，因为如果由于他们的过失而使家族消亡，他们的祖先将会无人祭祀。父亲过世后长子便会替代父亲的位置。

因此，子女的情感从不在关注之列。妻子的选择由父亲或婚姻对方的至亲决定，男女方家长为他们定下终身。由于中国女性没有财产，所以习惯上未婚夫给未婚妻的家人一笔钱，用来添置嫁衣及其它东西，在新婚那天送到娘家。这是普通百姓人家的做法，至于那些官宦人家、诗书之家或豪门旺族，他们嫁女儿的花费远远高于所收的聘金。

出于同样原因，那些清贫之家常去孤儿院认领一个女孩，把她抚养成人后给儿子作妻子。

满族夫妇，背景为北京皇宫（1663）。

这样做有三个好处：他省去了本该用来买妻的一笔钱，她作为家庭成员之一接受教育，习惯于对婆婆的极度尊敬，有理由相信她会对丈夫更为尽责。

婚礼前一切伤风败俗的事是非常少见的。从不出门的婆婆会把未来的媳妇一直置于自己的眼皮底下，这个国家女性天生的谦逊美德足以抵制任何不得体的行为。

据说一些没有子女的有钱人会佯称他们的妻子怀孕，暗里偷偷地从医院里抱回一个孤儿当作自己的孩子抚养。这些被人认为是嫡出的孩子可以自由读书、求取功名，而公开抱养的孩子则无此权利。

值得关注的是，在传宗接代的观念下，没有儿子的人会过继兄弟或亲戚的儿子，也会过继陌生人的儿子。他们有时给亲戚一点钱，但一般来说，这种过继行为很难进行，所以通常他们会利用朋友的信誉来满足自己的愿望。

养子拥有亲生孩子的所有权力。他继承养父的姓氏，在养父死后有责任去祭奠他，并且有权继承遗产。如果被过继后，养父又生育其他孩子了，他的地位也不变。同样，为了免除绝嗣之虞，律法容许男人拥有法定妻子外还可以纳妾。虽然这些女人从属于大老婆，但小妾或者小老婆的称谓在中国一点也不让人觉得丢脸。不过，律法并不鼓励多妻制，因为纳妾需要一定的财力。甚至有律法规定，除非合法妻子年届已四十且无子嗣，否则普通人不能任意纳妾。

由于女人总是被锁于深闺之中，男人不容许与她们见面交谈，婚姻就依据女方亲戚或根据老媒婆的描述来进行。这些老媒婆专门操办这种事，女方父母非常谨慎地聘请这些人，希望她们能够对女儿的美貌、智慧、天分多多美言，尽管媒婆的话可信度很低。如果媒婆过分夸张，她们就会受到严厉惩罚。当通过这些媒婆努力一切都确定下来、婚约已签订、商定好的聘金已经交付、婚礼即将举行时，某些仪式需要先行。主要仪式包括：交换未婚夫妻的姓名、馈赠丝绸、棉布、实物、美酒和水果给媒人表示感谢，许多人还在皇历中寻找黄道吉日来决定婚期，这一般是女方的事。男方给未来的新娘送来珠宝饰物及同类性质的其它东西。这些事都通过中间人写在双方的帖子上。以上是普通老百姓中间常见的礼节，至于那些豪门旺族，婚礼则是大操大办，风光之至。

婚礼那天，新娘被请入漂亮花轿中，所有嫁妆不是随行就是随后送到夫家。普通人家的嫁妆包括嫁衣及一些娘家馈赠礼品。随行的还有一群被雇来的人，他们即便在青天白日也提着灯笼。花轿前面有吹鼓手在吹吹打打，亲朋好友则紧随花轿之后。心腹侍女保管着花轿的钥匙，她得到嘱咐只能将钥匙交给新郎。新郎衣着光鲜地等候在门口，新娘一到，他便从侍女手中接过钥匙，迫不及待地打开轿门。直到这时，他才第一次见到自己的新娘，也就是在这个时候才知道他的运气好坏。有些对新娘不满的人会马上关上轿门，把新娘及其亲戚送走，情愿损失下聘的财物也不愿接受这桩婚姻。但由于防范措施严密，这种情况极为罕见。新娘出了轿门，就会与新郎一到步入厅堂，接着跪拜天地四次，在跪拜新郎的父母与尊长后，新娘被安排到应邀参加婚礼的女宾当中，一整天里，她们一起参加婚宴一起娱乐。而新郎则在另外的房间款待他的朋友。尽管根据律法男人只能有一个妻子，他们在选择妻子时会考虑到年龄和阶层，但是，正如我前面所说，人们允许拥有几个小妾。纳妾仪式一般都没有正规的仪式，只是与那些女子的亲人写定条款，同意给一定的钱并善待他们的女儿。

小妾们完全依附于正妻，她们服侍她，视她为家中唯一的女主人。小妾所生孩子也被视为属于正妻。在中国，这些孩子有平等的继承权。他们只能以父亲的正妻为母亲，如果生母碰巧死了，他们不会被要求辞去公职守孝三年，而且还照样参加科举考试，而根据习俗，他们的父亲或母亲去世时他们却需要去职守孝，停止科举考试。尽管名义上的母亲并非亲生母亲，但是也要如此。至于他们的生母，也很少会有人废弃这些礼节，很少有人对她们表示出粗暴和不敬。

有些夸耀自己的德行并且希望获得好丈夫名声的男人只有在妻子的默许和认同下才会纳妾，他们坚持说无意纳妾，只是挑选几个女子供妻子使唤。

另外有一些人，纳妾只是为生儿子。如果儿子生下来了，小妾又得不到妻子们的欢心，他们就会打发她走，随她嫁给谁，或干脆自己为她找个丈夫，这种情况十分普遍。扬州和苏州两地就因有大量这种女子而出名。他们在别处买来体型相貌姣好的女孩，将她们抚养成人，教会她们唱歌弹琴，让她们具备上层女子所需的风度举止，以期把她们以高价卖给有钱人。

伴侣死后，男女双方都可以再婚。第一次婚配时要讲求门当户对，再婚则没有那么严格，可以自由选择他们喜欢的人，甚至可以在小妾中选择一个最可爱的，把她提升到合法妻子的地位，但再婚却也无需什么正规仪式。

至于那些已有子女的寡妇则可以自由作主，亲属既无权限制她继续守寡，也无权逼她再婚。有子女的寡妇再婚是不太名誉的事情，除非万不得已不会再婚，尤其是一个享有很高声誉的女人。因为尽管她刚结婚不久或刚定过婚丈夫就死了，但是，她认为自己余生有义务守寡，并且以此来向世人证明她对前夫或亡故未婚夫的怀念之情。在一些中等阶层的家庭中，如果这寡妇没有儿子，亲属又想要回花费在她身上的钱时，便会把她嫁出去甚至逼她改嫁。经常会出现这样的情况：在她毫不知情的情况下，亲属已经为她选好了丈夫并且收受了金钱。如果她尚有未断奶的女儿，那也会一并带过门去。这种女子只有一种解脱方法，就是靠娘家的帮助补偿夫家的损失，或者去当尼姑。但这种情况常受谴责，她们也会承受不了这份压力，这种压迫行为在鞑靼人中并不如此普遍。

一旦这个可怜的寡妇以这样的方式被出卖后，他们派大量亲信用一顶轿子把她抬到新的夫家。律法规定寡妇守丧期未满不得改嫁，但是这种律法常被忽视，因为那些人非常迫切地想把她送走。不过，如果有人抱怨，若是官员纵容这种情况发生的，那他也会感到很尴尬。

中国人长期以来形成的这种婚礼风俗是不会轻易改变的。根据律法，那些逼迫妻子卖淫或把她私下卖掉的人会受到惩罚。同样，如果妻子私奔，那么在经历了律法规定的惩戒后丈夫可以把她卖掉。如果丈夫抛妻弃家达三年以上，其妻可以向衙门递交诉状，将她的状况禀告给官老爷，官老爷在掌握事情真相后，会容许她再婚；但如果未经过这道正规程序而再婚，她会受到惩罚。

但是，有几种情况男人可以休妻，比如说通奸，这种情况较为罕见，因为他们对女人采取了许多防范措施。律法也容许以厌恶、脾气不合、嫉妒、行为不检、不顺从、不育和患有传染病的原因把妻子休掉。这些情况多发生在普通人家庭，公侯门内则鲜有发生。如果一个男人未经官方认可卖了妻子，那么卖妻者、买妻者以及凡与此事有染的人都会受到严惩。

以下几种情况妨碍婚约签订，如果签订则会无效。

一．如果一个姑娘已被许配一青年，礼金已被收受，她不能再嫁与他人。

二．任何有欺诈的行为发生，比如说，给媒人看时女方娇艳无比，但结婚却以丑陋女子代替；或将自由公民的女儿嫁给奴仆，或者让奴仆娶自由女公民，欺骗女方说那是他的儿子或亲戚，这种情况下婚姻宣布无效，所有涉嫌欺骗的人受到严罚。

三．不允许文官与巡抚道台联姻。如果碰巧触犯了这项律法，不仅婚约会告无效，他也会被责以鞭刑。

四．父亲或母亲治丧期间，子女不得举行婚礼。如果婚期商定后父母亡故，婚约暂时停止，遭遇父母亡故的年轻人应该书面通知女方，不过他们不会因此而解除婚约，而是等到治丧期满，届时女方写信给这位年轻人，提醒他这桩婚事。如果他不愿听从女方的建议，那么这个女孩就自由了，可以嫁给另一个人。如果家里出了特别烦恼的事，也同样如此，比如父亲或至亲被囚入狱，要等被囚者同意才能举行婚礼，即便那样，也不能举办宴席，不能有任何其它欢乐气氛。

五．简而言之，同一家族的人或者尽管关系很远但是同一姓氏的人不能结婚。律法也不允许兄弟俩娶姐妹俩，不允许鳏夫准备娶寡妇时，让自己的儿子娶寡妇的女儿。

31. 中国人的孝道观念使他们对葬礼十分重视。父母故去后，他们要度过三年哀悼的时光，以感谢父母之前给予的关爱，在此期间，他们不能担任任何公职，官员则必须辞官不做，朝廷重臣则需要休养，为亲人的逝世而伤悲，除非皇帝陛下有重要原因法外施恩，但这种情况很少出现。

如果说中国的政策非常注重调节着与公众和个人职责有关的礼仪，如果说这些礼仪与细节有着紧密的关系，那么孝道不应该忘记就显得十分自然了。正如我多次说过的那样，中国政府的大政方略就建立在这个基础之上。年轻人亲眼目睹了长者不断祭祀祖宗的礼仪，仿佛这些祖宗还活在人间一样享受着活人的尊敬，他们就懂得了要对活着的父母亲恭敬顺从。古代圣贤相信，青年人激发出对父母亲的敬重之情会使他们孝顺，而这种孝顺会使家庭和睦，这种家庭和睦气氛会使城市生活安宁，这种安宁会使省辖范围内没有骚乱，这样就能保持帝国全境内秩序井然。因此，他们规定了在哀悼和葬礼期间应该遵守的规矩、对逝者应有的尊重。

普通的哀悼应该持续三年,他们一般都将其减少至二十七个月。在此期间，他们不能担任任何公职，官员则必须辞官不做，朝廷重臣则需要休养，为亲人的逝世而伤悲，除非皇帝陛下有重要原因法外施恩，但这种情况很少出现。直到三年后，他才可以重新为官。

为什么要度过三年忧郁时光，这是为了表示对父母亲在自己最需要不断照顾的三年婴儿时期给予的关爱以深深的感谢。对其他亲属的哀悼时间长短根据关系密切程度而定，这种做法一般没有什么不同，他们的编年史上记载了对晋文公（Ven kong King of Cin）孝道的缅怀，他因继母的狡诈离间而被父王献公（Hien kong）逐出国门，他旅行到了好几个诸侯国去散心，想方设法躲过那个野心勃勃女人为他设下的圈套。当他听到父亲去世的消息后，穆公（Mo kong）拜访了他，主动借给他钱粮士兵，帮助他夺回王位。他回答道：自从被放逐以来，他似乎已经对一切都不感兴趣了，只关心美德和对父母的孝道，这些是他的精神财富。他宁可失去诸侯国也不愿不对父母尽最后的孝道，这种孝道不允许他在这种治丧时期拿起武器，他应该对父亲表示出哀悼和敬意。

他们孝服的颜色无论王公贵族还是普通百姓都是白色，一整套孝服包括帽子、短褂、长袍、长袜和靴子，全部为白色。父母亡故后的最初几个月，他们的服装为一种鲜红的麻布袋，像打包布一样粗糙，腰带为粗绳，帽子为麻布做成，式样古怪。他们就是用这种忧伤而不修边幅的外表来设法掩饰失去亲人后的内心痛苦。

他们很少为死者洗涤身子，但是为他们穿上最好的衣裳，表现出他们生前的尊严。然后，他们将死者放进临时购置或生前定做的棺材中。

那些从容定做的棺材是由半英尺以上的木板组成，经久不损。棺材里面用沥青涂抹，外面涂上油漆，这样，棺材就不会散发出臭味。一些棺材精雕细刻并精心镀上一层金。常有富人会花上三百到一千克朗购买珍稀木料制成的棺材。棺材上饰有各种各样图案。

在尸体入殓之前，人们会在棺材底部撒一些石灰，在死者头部下面垫上一个棉枕头。石灰与棉花可以吸收从尸体中散发出来的潮气，所以人们在棺材所有空间里也填上棉花或诸如此类的东西。在中国人看来，那种把尸体剖开取出心脏或其它内脏分别埋葬的做法是十分残忍的。欧洲人那种将尸骨叠在一起的习惯同样令人毛骨悚然。

中国人禁止在城墙之内居民区里掩埋死者，但他们能够将死者放在我描述过的棺材中，像珍宝似的供奉在家中，时间长达几个月甚至几年。没有任何一个官员可以强迫家属让死者入土为安。

他们甚至会把死者的遗体长途转运几个省，这种做法不仅会发生在那些客死他乡的达官显贵身上，而且也会发生在那些出门在外却不幸殒命的有钱人身上。事实上，这种情况对于商人们来说尤为司空见惯。如果有哪一个儿子不把父亲的遗体安放在宗庙里，他将身败名裂，尤其是在自己家族内无法立足。族人会拒绝此人死后将名字列入祠堂里。在长途转运遗体的过程中，如果想从一个州县进入另一个州县，没有皇帝的特许，运尸队伍是不准直接穿越市镇的，他们只能沿着城墙绕道而行。

一块墓地里不允许埋葬几个人，即使这几个人生前是亲属也不行，墓地需要保持原来形状。官员有时会长途跋涉来造访墓地，通过检查尸骨的颜色判定死者是自然死亡还是遭暴力毙命。不过，这些官员不必去考虑开棺验尸是否合适。那里自然会有衙役，他们的差事就是去开棺，而他们做起来十分熟练。还有一些人会开棺偷珠宝和值钱的衣服，但是，这种罪行会受到严厉的惩罚。

墓地一般建在城外，如果是建在高处，通常还在周围栽上松柏。每一座城市都有城墙包围，城外大约一里格的地方有大小村庄和散布的房舍，其间有着小树林和大量绿荫遮蔽的小山。这里有许多不同的墓地，景色倒也过得去。

不同的省份墓地的形状也不同，一般的墓地是白色的，马蹄形状，建造得非常漂亮，主要的石碑上书写着家族的姓氏。穷苦人家一般满足与用泥土石块覆盖住棺材，堆起来像个金字塔，有些人将棺材用砖块封砌起来，像个坟墓。

至于达官贵人，他们的墓地规模宏大，先建一个墓穴放置棺材，然后用土堆起一个十二英尺高、八到十英尺土丘，形状有点儿像礼帽。人们在上面盖上石灰和黄沙，这样雨水就不会渗透进去。在墓地四周，他们很整齐漂亮地栽上各种不同的树木。靠近墓地放置着一块长长的白色大理石条桌，上面放着香炉、两只酒杯和两支蜡台，这些都是大理石制成的，非常令人好奇。两边放着很多排塑像，有官员、太监、士兵、上了鞍的马匹、骆驼、乌龟和各种模样的动物，个个都是神情肃穆的样子。因为中国人善于将雕刻作品做得栩栩如生，表现出他们的丰富情感。

许多中国人为了证明自己对亡父的孝道，将遗体保存在家里三四年时间。守灵期间，他们白天坐在一个用白布蒙住的小凳上，晚上则睡在棺材旁的芦席上。他们不吃肉、不喝酒，不参加宴会，不参加公众集会。如果他们迫不得已要出城，不过这很少见而且要过了一段时间才有可能，即便这样，他们乘坐的轿子有时也要用白布蒙起。他们为死者举行的这些庄严肃穆的仪式一般持续七天，除非有什么特殊原因迫使他们三天后就结束。

出殡时，所有亲朋好友都应邀来向死者表示最后的敬意，至亲待在同一个屋子里，棺材置于主厅，装饰着白色饰品，有时还与其它黑色和紫罗兰色丝绸以及其他孝饰混杂在一起。他们在棺材前放一张桌子，上面供奉着死者的画像，或者一个刻有死者名字的牌位，四周摆放着鲜花、焚香和点燃的蜡烛。

那些前来吊丧的人们用自己的方式向死者表示悼念，即匍匐在桌前，叩首数次。然后在桌上献上根据习俗带来的香烛。那些特殊的朋友会随着仪式的进行而号啕大哭，哭声在很远的地方都能听到。

吊唁时，长子在弟弟们陪伴下，一副悲痛欲绝、泪流满面的模样，默默无语地从位于棺材一侧的帷幕后走出来，在棺材前以同样的仪式表示悼念。在同一块幕后还有一些妇女不时发出悲泣之声。

当吊唁仪式结束后，人们会站起来，由一位死者的远亲或朋友带领来到另一间屋子，在那里大家可以享用一些茶水、干果或点心一类的东西，完毕大家才各自打道回府。住在城外不远地方的亲朋好友会亲自来吊丧。如果实在是相距甚远或有心无力，作为弥补他们也得遣家人带上唁函和礼物前往吊唁。死者的子女或至少是长子应在事后回访那些前来吊丧的亲朋好友以示感激，当然他们不必一一当面谢过，只需派家人登门呈上一封感谢信函就足够了。

一旦下葬时间确定，死者家人会通知所有亲友，而他们也一定会在指定的日期到场。

走在送葬队伍前面的是那些手捧塑像的人，那些纸板制成的塑像品种极多，有奴隶、老虎、狮子、骏马等等。后面紧跟着两两成排的人们，他们有的举着幡旗，有的捧着香炉，有的在用不同乐器吹奏着悲伤的曲调。

中国人出殡的队伍

　　有些地方，死者的画像高高耸立在送葬队伍之上，画像上用金光大字写着死者的名字以及官位，画像后面紧跟着棺材，棺材上则架着一个圆穹形的天篷，天篷完全由紫色丝绸制成，不过四角飞檐则由白色丝绸制成，而且上面还以刺绣镶边，非常漂亮地与捻线交织在一起。我们刚才提到的那个放棺材的装置有六十四人抬着，那些没钱的人就雇用无需这么多人的装置。长子与孙辈一道走在其他人的前面，只见他赤裸双脚、披麻戴孝、由别人搀扶着弓身前行，仿佛过度的悲痛使他们直不起腰来。后面跟着的是前来送葬的亲朋好友，还有大量用白布蒙住的轿子随行，里面坐的是死者的女儿、妻子以及服侍丫鬟，她们的哭声惊天动地。

　　中国人在这种葬礼上的哭声和眼泪令人惊奇，无与伦比。不过，一切在欧洲人的眼里都在有条不紊地进行。根据习俗，他们对死者表达的哀悼之情却无法让旁观者产生同样的悲痛情感。当你到达下葬的地方，你会看到离坟墓几步远的地方有几张桌子，桌子放在事先特意搭好的房子里。当按规矩进行的仪式正在继续时，仆人们就在那里准备饭菜，用来招待所有送葬的人们。

有时吃过饭后，亲朋好友又匍匐在地叩首。不过最常见的是，他们满足于答谢。长子与其他孩子默默无语地施礼。如果这是一个高官的葬礼，墓地那里还会建有几座房屋。棺材下葬后，很多亲朋好友都会在那里一道住上两三个月，每天都与死者的儿子一道表示悲悼之情。

在基督徒的葬礼上，他们将十字架放在一个装饰得很漂亮的装置上，由几个人抬着。上面还有圣母玛丽亚和大天使圣迈克尔的画像，你会发现其它礼仪的细节，这我会在下面谈到南怀仁神父葬礼上所遵守的礼仪。

南怀仁神父的葬礼在中国人看来好像非常壮观，他们把所见所闻都详细描述成书印行。皇帝题写了墓志铭为其墓地增色不少，并且买上十匹白布加上 200 白银来支付费用，同时派遣官员协力办理丧事。

当今皇太后追随先帝康熙而去时，一场庄严的国丧仪式在全国范围内举行，时间长达五十天。在此期间，衙门关门，大臣们也不会向皇帝启奏。朝臣们整天待在宫里，号哭不已，至少他们得装成这样。在最冷的天气里，也有几个大臣得在露天里过夜，即便太子也得在宫里和衣而睡。大臣们一连三天身穿白衣、带上一两个随从，骑马前往在太后遗像前举行吊唁仪式。吊丧期间，红色受到禁止，因此，官员们全都把帽子上的红缨和其它饰物取下。

当皇太后的遗体运至陵墓时，皇帝命令灵枢从普通宫门通过，以此来表示他多么鄙视百姓中盛行的迷信思想。按照惯例，许多百姓在运送遗体出门时，往往在房屋中另开新门，事毕后将门重新封死，这样就可以节哀，因为他们每当出入棺材出去的同一个门时就会激起对死者的追忆。在城外，官员们用新蒲席搭起宏大的宫殿，里面有庭院、大厅和陈放遗体的灵堂，不过遗体最终在皇陵安葬。

皇太后生前的四个年轻侍女渴望给主子陪葬，在另一个世界里继续伺候她。为此，她们按照鞑靼族的古老风俗穿上传统服装在主子遗体前自杀。不过，当今皇帝不赞同这种野蛮的风俗，他降旨禁止这种做法。同时，他还禁止在鞑靼人中盛行的奢靡丧葬风俗，如焚烧财产，有时甚至将官宦人家的仆人放到葬礼火堆上焚烧。

在一些显贵的葬礼上，有些仪式场面十分宏大。这从先帝康熙的皇兄葬礼上可以看出。一些外国传教士参加了葬礼。走在葬队前面的是吹鼓手和乐师，紧随其后的人们两两一排行进。十人手持镀金铜杖，四人举着大伞，四人举着金色华盖，还有六匹脖子上挂着黑貂皮没有载货的骆驼，六匹载有帐篷和狩猎设备的骆驼，上面盖有大红遮蔽套直拖到地上。六条猎狗用皮带牵住，十四匹未上鞍的骏马套有黄色缰绳，马身上挂着黑貂皮。还有六匹马背上装有死者生前衣服的大皮箱，这些衣服将会全部火化。六匹马身披刺绣马鞍，装有镀金马刺。十五位绅士手持弓箭和箭袋。八个男人按照鞑靼人的习惯人手一根腰带，腰带上挂着装满珍珠的袋子。十个男人手持四季皆宜的帽子，一把好像是皇帝坐的敞篷交椅，另一把椅子里面则放上黄色的垫子。已故皇叔的两个儿子在太监的搀扶下好像正在哭泣。罩着黄色华盖的棺材由五十或八十人抬着，抬棺的人身穿绿衣、头戴插有红缨的帽子，此外还有成群结队的奴俾和皇室子孙。在送葬队伍中还有两口棺材，里面装着两个嫔妃，她们为了在另一个世界继续伺候自己的丈夫而自杀身亡。走在队伍后面的是朝廷大臣，已故皇叔之妻及公主的轿子。除了这些大人物外，还有许多喇嘛和尚走在队伍最后面。

八旗大小官员已先行一步，在即建兴建的皇家陵园门口列队迎接送葬队伍。估计有一万六千多人参加了葬礼。

各家各户对祖先的崇敬不仅限于葬礼，每年还有两种祭祖仪式。一种是一年某几个月中在家族祠堂里举行。通常每个家族都专门建有自己的祠堂，同一家族的所有分枝都在祠堂里祭祀共同的祖先。在这些祭祖活动中，有时一下汇集同一家族八十七个分枝，人数多达七八千人。这里没有地位之分，手艺人、农夫、高官、医生、大家济济一堂，调节人们关系的是年龄，年龄最长者尽管最穷，但在祠堂里却居首席。

祠堂里靠墙放着一个长桌，长桌面前有几节台阶。桌上一般放着声名最显赫的祖先画像或至少放一个牌位，而家族已故男女老幼的名字写在约一英尺高小木板的两边。除了名字以外，木版上还写着死者的年龄、身份职业和死亡日期。

所有的族人在春天有时在秋天聚集在祠堂里。其中最有钱的负责准备酒席，几张桌子上摆着很多荤菜、米饭、水果、水酒和香烛。这与生前子女为他们祝寿的礼仪相似，升官发财时的庆贺礼仪也不过如此。那些无力建造祠堂的穷困家族则满足于将血缘最近的祖先名字刻在房屋的最显眼之处。

另一种祭祖仪式每年至少举行一次，地点在祖坟。由于坟墓通常在郊外而且一般在山区，后辈与亲友每年四月来此扫墓。他们先拔除坟墓周围的杂草与灌木，然后重复葬礼上的那一套仪式来表达自己的悲痛之情、尊敬之意。接着，他们在墓上献上水酒和祭品，最后他们一起聚集在一起享用。

不可否认，中国人的仪式有点过头，尤其是对待死者的仪式。不过，这是律法与习俗共同确认的做人原则，即晚辈对长辈无论生前死后都应尊敬。

古代中国人用小孩作为死者的化身，后来人们则塑造出一种形象，以绘画的形式挂在屋中。自从偶像崇拜被引入帝国后，和尚们为了欺骗百姓，又创造了好几种迷信，如烧纸钱、白绢等等，好像这些东西可以被死者在另一个世界里面享用似的。他们还称死者灵魂围绕在牌位上空，享用肉食和焚香的气味。

这种谬论与中国人的信仰格格不入，不过在愚昧百姓中却很有市场，他们虔诚地信奉这种迷信。尽管和尚们引进了这种特殊的迷信方式，但是他们仍然认为传统的祭祀才是儿女对逝去亲人尽孝道最好的方式。

32. 中国日常治理是依靠杖刑来维持的，当杖击数量不超过二十下的时候，一般被认为是一种慈父般的纠错行为，没有什么不名誉的。

尽管中国司法由于诉讼程序冗长而显得节奏缓慢，老百姓可能不会蒙冤失去生命或声名受损，但是罪犯却会因其所犯罪行而得到严厉的惩罚。通常，刑事案件会过五六次堂才会最终判决。中国司法部门相互依存，有权对整个案件进行复审，收集有关原告或证人的生活习惯和言行举止方面的信息以及被控方的罪行。

事实上，诉讼进程缓慢对被告有利，因为这样可以防止无辜者蒙冤而遭受迫害。但是这些人在事情弄清楚之前，不得不在牢里呆很长一段时间。中国的监狱方便宽敞，不像欧洲的监狱那样可怕令人厌恶，但两者建筑风格类似，监狱都离法庭不远。

当你走进面向大街的法庭大门后，你就可以顺着走道来到第二道门前，门后是一个低矮的法庭，穿过大堂，你便来到第三道门前，这里就是监牢。你进入一个天井时就会发现四面全是牢房。这些牢房都是由大木柱支撑，构成一道柱廊。院子四角是秘密牢房，那里关押着重刑犯人。这些人白天不准出去放风，也不准与别人说话，而别的犯人有时则有放风说话的自由。不过，如果愿意花钱买通狱卒，即使是重刑犯也会得到几小时的自由。到了晚上，狱卒则小心翼翼地给犯人戴上沉重的锁链，锁住犯人手脚以及腰部。就算是一点小钱，如果运用得当，也会让狱卒心慈手软，因为犯人身上的锁镣会沉重得让人受不了。

对于那些没犯下十恶不赦大罪的犯人来说，他们可以在白天出去走走，呼吸一下院子里的新鲜空气。而在晚上，他们则不得不被关进一个黑洞洞的大屋子里，囚犯也可以花钱要求单独关在一个小囚室里。

晚上，会有一个狱卒看着这些囚犯，让他们保持安静。如果牢房里有噪音或牢里灯光全部熄灭等混乱情况，守夜狱卒就会立即奉命处理。由于狱卒不断巡逻，所以越狱是相当困难的。许多越狱企图往往会很快就被发觉，而那些越狱者则会受到主管官员的严厉惩罚。有专门官吏经常视察监狱，以便清楚掌握监狱中情况。如果有犯人病倒了，他们还得负责请大夫用专门的款项为其提供治疗，并且尽可能好地提供照料使其康复。如果有犯人死亡，官员们有责任向皇帝汇报，而皇帝则经常下旨让高级官吏下去调查以确定下属是否恪尽职守。官吏视察监狱的时候，死刑犯们一个个显出一副可怜相。他们低垂着脑袋，两腿瑟瑟发抖，试图引起高官们对自己的同情，不过这样做实在是徒劳无益。

中国有许多大监狱，如位于北京的最高法院里的大牢，那里有商贩还有手艺人。像什么裁缝、屠户、米贩、药贩都可以到监狱里去跟犯人做生意。甚至还有厨师在现场加工食物。不过这个类似集市的监牢在官吏们管理下，一切都进行得井井有条。

男女犯人是被分别关押的，双方只有通过一个铁栅栏和平时递送东西时的通道相互交谈。不过，很少有男犯人可以靠近这些地方。

在一些地方，如果有犯人死在牢中，他们的尸体是不允许从监狱大门中运出去的，而是在第一个院子墙上专门有一个洞口用来运尸。那些获罪入狱的贵族不希望死在狱中，而是希望有幸在咽气之前被抬出去，因为在他们看来自己的尸体也像其他人那样被人从洞里运出去是一种莫大的耻辱。所以，要是中国人想诅咒某人的话，那么最恶毒的话莫过于把他从监狱运尸洞里给拖出去。

在中国，任何罪行都要受到惩罚。轻微的过错受到的最常见惩罚就是杖击。杖击的数量取决于所犯罪行的大小。这是武官们常常对士兵施行的一种惩罚，在大城市里夜间派往街道和公共场所站岗的哨兵睡着了，被发现后往往受到杖击处罚。

杖击数量不超过二十下的时候，这一般被认为是一种慈父般的纠错行为，没有什么不名誉的。皇帝陛下有时也下令杖击大臣，事过以后还去看望，待他们一如既往。

一件很小的事情就可能引发这种纠错式惩罚，比如拿了别人很小一件东西、说了几句骂人的话、用拳头打了别人几下等等。如果这些事传到官员的耳朵里，他会立即吩咐差人杖击。事毕之后，被打者还必须要跪倒在官老爷面前，磕三个头来感谢他的教育之恩。

用来施行杖击的工具是一根长约数英尺劈成两半的厚实笞杖。下端与人手宽度相当，上端小而光滑，易于操作。笞杖用竹子做成，竹子坚硬厚重，有很强的韧性。

官员坐堂时，面前有一长桌，桌上放着一个装满小木板的盒子，木板长约半英尺，宽约两指。堂下站有两排手持棍棒的高大衙役。他一发信号，抽出小木板扔出去，衙役们就抓住罪犯，将他背朝天按在地上，将他的裤子扒到脚上。官老爷拿出多少小木板扔到地上，就有多少衙役上前击打。衙役们一个接一个上前，每人打五板，板板打在罪犯赤裸的皮肤上。

不过，据观察，通常四板当作五板计算，他们将此叫做皇帝陛下的恩惠。

皇帝作为民众之父对子民充满怜悯之心，总是会设法减轻一点惩罚。还有一种减轻惩罚的办法，那就是贿赂执行杖击的衙役，这些人掌握了杖击的技巧，会设法使笞杖高高举起轻轻落下，使这种惩罚变得没有什么感觉。一位中国青年看到父亲被判杖击准备执行之际，自己扑身上前，趴在父亲身上代父受刑，这个举动感动了官老爷，使其产生了怜悯，于是为了这个儿子的缘故，赦免了这位父亲。

不仅在法庭上官老爷有权给予杖击惩罚，而且他随时随地都可以这么做，即便出了他的管辖区域也可以如此。因为即便他出门在外，他的随员当中就有携带笞杖的执法衙役。

官老爷经过时，老百姓在马背上不下马，或者当着官老爷的面横过街道，就足以受到杖击五六下的处罚。这种惩罚进行得非常快，以致在场的人还没有明白过来怎么回事就已经杖击结束了。学堂的先生们用这种方法惩罚学生，父亲们这样惩罚孩子，贵族如此惩罚仆人。唯一的区别在于，所用笞杖小得多。

另一种惩罚肉体不那么痛苦，但是却更加丢脸，那就是木枷。这种木枷有两块木板组成，中间是空的，套在罪犯的颈脖上。当官老爷宣判该犯有罪时，衙役就拿来两块木板，架在他肩膀上夹在一起，只留下脑袋转动的余地。这样，这个人既看不到自己的脚也不能将手送到嘴边，只能由别人给他喂食。他日夜不停地戴着这种非常不舒服的枷锁。枷锁的重量根据罪行的大小来决定。有些枷锁重200磅，对罪犯来说非常麻烦，由于羞愧、混乱、痛苦、缺乏营养和睡眠，有些人就死在了枷下。有些枷锁有三平方英尺见方，五六英寸厚，一般重约五六十磅。

犯人们也有各种方法减轻痛苦，来探望的亲友会帮着犯人托住枷板四周，使犯人们肩膀免受折磨；有的人则将枷支在桌子凳子上；有些人利用特制的椅子来托住枷板四角，比较轻松地坐在下面；有些犯人匍匐在地上，头从窗户一般的枷板洞中探出，放肆地窥视路上的行人。

官吏在场时，衙役们会合上犯人的枷板，并在两边贴上两张四指宽的封条，封条上盖有官印，未经允许不得打开。接着，他们用大字书写该犯所犯罪行和刑期。比如，一般犯有偷窃、煽动及破坏他人家庭、赌博等罪行的人要带枷关上三个月。

公判大会通常在人们经常光顾的寺庙门口、十字街口、城门口、公共广场、甚至衙门口举行。

服刑期满后，犯人会被带到官吏面前。官吏告诫犯人要痛改前非，然后卸下枷板。在离开监狱前，犯人还得挨上二十大板，因为这是中国司法惯例，除非课以罚金，一般都需要在上枷和下枷时进行杖击。所以，可以这么说，中国的治理是依靠杖刑来维持的。

枷刑通常用于男犯而不怎么用于女犯，不过一位古代传教士在访问一位地方官吏时，发现一位女犯也带着枷板。这个女人是个外人不能进入的尼姑庵里的尼姑，平时拜佛念经，自己干活种地。尼姑们在庵里时必须过一种清心寡欲的生活。

这个女人被指控生有一个小孩。在接到状告之后，官吏传唤这女子到庭，在严厉申斥过后，告诫她既然无法再过独身生活就有必要还俗嫁人。不过，为了惩罚她的越轨行为，官吏罚她带上枷，上面写上所犯罪行。只有在有人愿意娶她为妻时，官吏才会给她自由并赠给她一盎司半的白银以支付婚嫁的费用。这笔钱相当于法国七里弗赫十苏，五十苏用来雇花轿和乐师，剩下的五里弗赫在举行婚礼时用来宴请乡里。很快，这妇人就找到了丈夫，他向官吏请求将她赐他为妻，而这种要求相应地得到了批准。

除了枷刑外，还有许多惩罚轻微罪行的方法。上面提及的那个传教士在同一个衙门里的第二法庭上看到几个年轻人跪在地上，有些人头顶一块重七八磅的石头，其余的人手拿一本书似乎在很认真地阅读。

在这些人中，有一个大约三十岁的已婚年轻人。他赌博成性，输掉了父亲给他做生意的一部分钱。无论父亲怎样训诫、责骂、威胁都不起作用，他仍然恶习不改。抱着一丝希望的父亲把儿子送到当地官吏那里，在法庭上，德高望重的地方官员听完父亲的抱怨后，叫这年轻人走近，严厉责备了他并给他一些适当的建议，然后要对他执行杖刑。这时，年轻人的母亲突然出现了。她跪在官员的脚下，含泪恳求宽恕她的儿子。

官员答应了她的请求，但命人拿出一本由皇帝编写用于教导臣民的书，打开一篇有关孝顺的文章，对这年轻人说："你答应我戒除赌博恶习，听你父亲的话，这次我且饶过你，但你得到大厅一边的走廊里跪下，背下这篇关于孝顺的文章。除非你背下这篇文章，并终生依此行事，否则不准离开法庭。"年轻人一丝不苟地执行了这一命令，他在走廊里待了三天，在流利地背出那篇文章后得到了释放。

还有一些罪犯的罪行被刺在面颊上，刺字往往是汉字，表明此人所犯罪行。还有一些人因犯罪而被流放或被判罚去当纤夫。这种奴役为期一般不超过三年。若被放逐，则常常是终身的，尤其当放逐地为鞑靼时更是如此。犯人在被放逐前，还要接受杖击。杖击数量视罪行严重程度而定。

33. 在中国，死刑是十分审慎的。

一般情况下，任何官吏或法庭都无权一审宣判死刑。对死刑的判决要经过审查、裁决并且最后得到皇帝的批准。在欧洲，只有名人才有权享有两院复审和宣判的权利，但即便是最微不足道的可怜虫在中国也享有基本权利。

死刑有三种方法执行。第一种为吊死，最为温和。这种惩罚是用于那些律法规定要判死刑的人。比如，在决斗中将对手杀死的人将被吊死。

第二种是斩首。这种惩罚适用于那些十恶不赦的罪行，比方说行刺官吏。这种死刑被认为是最可耻的，因为头作为人体的主要部分却要与身体分离。受之于父母的躯体，在死时却要身首异处。

在一些地方，人们用弓弦绕住犯人的脖子，然后拉弓杆以勒死犯人。还有人用一个打有活结的七八英尺长的绳子绕住犯人脖子，两个刽子手各拉绳子一端，分别从两端用力，一会儿后松开，然后再拉紧。第二次拉紧时，犯人必定毙命。

贵族被押解途中，会坐在轿子里或封闭的马车里。一旦被定罪处死，官吏则令人将其带到法庭，在那里通常准备一顿便饭，在临刑前，至少也会给犯人一杯水酒。吃喝完毕，死刑判决便当众宣读。

死刑犯有时会对宣读者出言不逊，大叫大嚷。这时，监斩官会耐心忍受犯人的痛骂，但过后会让人堵上犯人的嘴。读完判决，执行死刑，一些步行来到刑场的死囚一路上放声高歌，畅饮朋友们送给他的好酒，而好友们则沿途相送，以尽朋友之谊。

　　还有一种对付叛乱者的酷刑，他们叫做千刀万剐。刽子手将犯人绑在柱子上，剥下头皮，一直拉到眼睛上，然后用刀在他身上割下一片片的肉。当这种野蛮的作业使刽子手筋疲力尽后，他会让旁观者代劳，以满足大众的残酷心理。

　　这种酷刑只是在少数几个皇帝统治下才被执行，不过，这些皇帝始终被人认为过于野蛮。因为按照律法，这第三种惩罚也不过是将人砍成几段，或将人剖腹扔进河里。

　　除非中国律法提到的一些特殊案例，或者皇帝下令立即执行死刑的案例，一般情况下，任何官吏或法庭都无权一审宣判死刑。对死刑的判决要经过审查、裁决并且最后得到皇帝的批准。官吏们要送给上级法院一份审判记录与审判结果，并且要提及所适用的法律依据。举例来说，一个人犯了罪，依律要处以绞刑，为此我将他判处绞刑。

　　详细案情以及审判结果要经过刑部审核。如果事实不清或需要新的证据，那么，刑部会向皇帝呈上一份记载所有罪证以及下级官吏判决的备忘文件。刑部会补充道，为了得出公正的判决，我们有必要充分了解案情，需要将这个案件交给一位官员，让他解开案中所有的疑点。

　　皇帝会给出他最后的裁决，宽厚的仁爱使他不愿让臣民因为小过失或在证据不足的情况下丧命。有时刑部在得到所需的新证据后，会向皇帝再次请旨。

　　皇帝有时会批准死刑，有时会减轻处罚，有时也会退回卷宗，并在上面写下："刑部当进一步斟酌，然后再呈报给朕。"整个裁决过程从每一个环节来看，都是极为小心谨慎的，毕竟人命关天。

　　当今皇帝于1725年颁旨，从今往后，对死刑案件，刑部要向皇帝三送卷宗方可定案。遵照圣旨，刑部通常会这样做：将在一年时间内一切有关案情信息都收集在卷宗里，包括下级官吏呈送的案情及判决加上刑部大堂重审的结果。

刑部进行审核、复查、修改、增补并精简，这一切都被认为是必要的。接着，他们写出两份较为公正完善的判决书，一份呈送皇帝审阅，一份在刑部大堂众多官员在场的情况下宣读，审判书会根据在场官员意见而修改。

因此，即便是最微不足道的可怜虫在中国也享有基本权利，而在欧洲只有名人才有权享有两院复审和宣判的权利。

第二份经过复审和修改后送呈皇上。然后，他们用鞑靼文抄36遍，用汉文抄37遍；所有这些抄件都送呈皇帝。皇帝陛下让身在北京的最精通鞑靼文和汉文的官员再审查一次。

当罪行确实严重时，皇帝会在签署死刑命令时补充道：此文一到，立即执行。至于不常见的重罪，皇帝会这样判决：将罪犯关押到秋后执行。秋后有一个指定的日子对死刑犯行刑。

为了让罪犯交代罪行，中国惯用的一般刑法非常痛苦，那是施加在双手双脚上的酷刑。脚上他们用了一种刑具，这种刑具由三个十字木片组成，中间一个固定，其它两个可以活动，上下可转动。他们将罪犯的双脚放进这种刑具，用力挤压，使踝骨压扁。当他们对双手施刑时，那是用木片夹在罪犯的手指之间，然后用绳索绑紧，就这样让罪犯经受一段时间折磨。

中国人有办法减轻甚至消除这种痛苦的感觉。用刑以后，他们还有其它办法来治愈罪犯的创伤。用这种方法，不用过多少天受刑者就可以恢复肢体的功能。

他们有普通的刑法，也有特殊的刑法。特殊刑法用于重罪犯，特别是叛国罪。他们可以从普通的罪行中发现同案犯。这种刑法就是在罪犯身体上切开许多小口子，然后用小布条贴上撕下罪犯的皮肤。

这些是中国律法对犯罪者施行的各种各样惩罚。正如我上面所说，有一些皇帝施行了更为野蛮的酷刑，但是他们被国人所痛恨，被认为是暴君。这样的皇帝有纣王（Tcheou），他那可怕的酷刑在帝国大事记上都有记载。

这位皇帝在宠妃妲己（Ta kia）的唆使之下，发明了一种叫做"炮烙"的刑法：这是一根二十肘尺[1]高八肘尺宽、中空的铜柱，有三处开口可以让火进去。他们将罪犯绑在这根柱子上，让罪犯用胳膊和腿紧紧抱住铜柱，然后他们在柱子里面点燃大火，就这样烘烤他们，直到当着这个毫无廉耻的女人面变成灰烬，而这个女人面对如此可怕的场景却好像非常高兴。

34. 中国的物产之丰，价格之低，总是让欧洲人惊叹不已。但杜赫德同时也注意到，这个世界上最富强繁荣的帝国在某种意义上说来非常贫乏。她虽然地域辽阔，土壤肥沃，也不过勉强可以维持居民的生计，他们需要再大一倍的国土才能安居乐业。

若说中国地大物博，风光秀丽，这一点都不夸张，单是中国的一个省份就足以成就一个巨大的王国，以餍皇帝的统治野心。其他国家的物产在中国几乎都能找到，而中国的很多东西却是独此一家。

中国物产如此丰富可以说归功于其土壤肥沃、人民勤劳和星罗棋布的湖泊溪流以及纵贯全国的运河。正因为南方省份江河遍布，所以很少有城市或乡镇不通船只。水稻是一年两茬，质量远远胜过欧洲出产的稻谷。这块土地还出产其它农作物，诸如小麦、大麦、各种粟米、大豆和绿豆。至于黑豆和黄豆，则用来代替燕麦做饲料：在华南地区水稻既是主要农作物，又是主粮，而北方则是小麦。

在欧洲人常吃的肉类中，中国人认为猪肉最香，胜过其它动物肉，并以作为盛宴的压轴菜肴，家家户户饲养生猪，这样就可以常年随时享用；必须承认，他们比欧洲人更会享受美食，世界上最好吃的莫过于中国的火腿了。

野马的肉也极受欢迎，除了家兔、野兔、猎马和大批的其它动物以外，鹿茸、燕窝、熊掌和各种野兽的脚掌常常用盐腌起来，成为暹罗、柬埔寨（Camboia）和满清达官贵人的席上珍馐。中国平民非常喜欢吃马肉和狗肉，不管它们是自然死亡还是死于疾病都照吃不误；甚至猫、鼠一类的东西要享用也非难事，

---

[1] 古代长度单位，自肘至中指端，长约等于18至22英寸——译注。

街上往往有的卖。有趣的是，当屠夫们在卖狗肉时，沿街途上的狗一旦嗅到死狗的气味或是听到活狗的惨叫就会一哄而起扑向他们，所以他们被迫手执长杖或长鞭以自卫，必要时还要关紧房门以保证安全地做生意。

除了家畜以外，中国的江河湖泊盛产水鸟，主要是野鸭。中国人捕捉野鸭的方式值得一提，他们头上套着一个空葫芦瓢，上面挖了孔，能够视察和呼吸，然后赤裸着下水，或者身体在水中，只有套着葫芦瓢的头露出水面；而野鸭们早已习惯了在水中漂来漂去的葫芦瓢，毫不设防，趁着这当口，猎人一把抓住野鸭的双腿拉下水，不让它们发出叫声，然后用绳子系住它们的脖子，拴在腰间，继续如法炮制，直到逮住一大批。

中国的猎物不胜枚举。就是深冬季节，在北京好几处地方都可以看到成堆的猎物，有野鹿、野猪、野羊、麇、野兔、山雀、山猫、田鼠、鹅、野鸭、山鹬、鹧鸪、雉鸡、鹌鹑和一些欧洲市场上见不到的动物，它们冻得硬邦邦的，这样不会腐烂变质，并且卖得格外便宜。

不仅江河湖泊里水产丰富，就是陆地上排水灌溉水稻用的沟渠里也是如此。就像我们上文所讲过的，渔船装满了用水养着的鱼卵，运往全国各地。他们将买来的鱼卵撒到沟渠里，鱼苗小得几乎难以辨认，饲养方式与欧洲家畜很相似，喂以蛋黄或是在沼泽地里生长的溪豆；大鱼则是冻起来装满舱，用大船外运，最远能够到北京。

欧洲的水产在中国全部都有，像什么鳗鱼、鲤鱼、鲈鱼、鳟鱼，西鲱、鲟鱼等等，还有许许多多叫不上名来的其它美味水产；鉴于无法对它们做一个全面的论述，笔者只能分门别类地简述以下几种。

身价最高的鱼中有一种重约四十磅，称作"甲鱼"，意即穿了盔甲的鱼；它之所以有此称谓是因为它身上覆有一层又硬又厚的壳，壳上纹络重重叠叠如同屋顶上的瓦片一样；这种鱼看起来令人垂涎欲滴，壳里的肉异常白嫩，可吃起来与小牛肉无二。

在风平浪静的天气下，他们会捕获另一种精美的鱼，当地人称之为"银鱼"，一是因为鱼肉白嫩、二是因为黑色鱼眼周围镶了两道亮圈与白银非常相似。这种鱼常见于江南（Cangnan）省的附近海域，也见于大面积的沙洲浅滩，一网撒下去，捕个四百磅不成问题。

在中国，最好的鱼要在四、五月份捕捞。这种鱼长得与鲷鱼相似，重五、六磅，售价一般是一英镑一先令多一点儿，还远销到二十多里格远的内陆地区。

这种捕捞工作一结束，就会有载着形似鳕鱼的新鲜活鱼的大船从长江（Tche kiang）口岸开来了。不可思议的是在渔期从福建至山东一带海岸，除了捕上来后立刻就地用盐腌起来的大量鱼之外，中国到底还出产了多少鱼？

鱼的售价很低，而鱼商在运输上花费的代价却很高，因为他们必须首先避开官方才能进行交易，然后雇用一只渔船，现捕现买，然后立刻运到盐腌贩手中，就像在迪普港[1]包装鲱鱼一样。就这样，人们顶着炎热的高温将鱼送到最远的省市。就算扣除鱼商的支出费用，鱼的售价还是这么便宜，由此不难断定中国的渔业是何等的丰富！在我们所提到的鱼类中，除了类似鳕鱼的那一种外，从六月到九月份中国沿海一带还会出产其它海鱼并且数量惊人。在江南（Kiang nan）省可以见到来自大海或黄河的大鱼，它们原本生长在深水处，随着潮汐自动送上门来。渔民设计了一种装置，在海水迅速退潮让鱼留在沙滩上，这样就可以随意拾捡地上的海鱼，然后进行腌渍，而鱼贩则低价收购装船。

流经九江的大河扬子江（Yang tse kiang）此时江面已超过一里格半宽。人们在江中捕捉的各色各样鲜鱼中有一种叫黄鱼，这种鱼个头特别大，味道特别鲜美。有的鱼重达八百磅，可是世界上没有别的鱼有它难炖的。黄鱼只能在适当的季节里捕获，那就是它们从洞庭湖（Tong ting hou）游进扬子江的时候。

洞庭湖能名列中国湖泊之首，实属不易，因为在中国，几乎每个省的湖泊面积都很大。洞庭湖主要由四条河流交汇而成，其中有条如法国卢瓦尔河（Loire），源自江西，湖周围长三十里格。

在综述大清帝国一章里我们提过有一种特别的鱼叫做金鱼，被朝廷权贵养在宫廷或私家花园中以做饰品。尽管皮·李·柯门特（P.Le.Comte）曾对

---

[1] 英吉利海峡上法国的一个港口——译注。

此做过解释，有一些特别的细节我们不应错过。

"这种鱼（神父写道）常见有人的手指一般大，体格匀称，雄鱼的头部到背部呈美丽的红色，余下部位为金黄色，其组合之美令其它任何鱼类望尘莫及。雌鱼呈白色，尾部和其它一些部位呈亮银色。金鱼的尾巴不像其它鱼那样是扁平的，而是像一簇绒一样又密又长，为这个小家伙本来就窈窕的身材又增添了几分亮丽。

饲养金鱼的主人应当万分小心，因为它们是格外的娇气，甚至对天气也非常敏感。饲养金鱼需要宽大深长的水缸，水池底部放一个倒置的陶罐，上面挖几个洞，烈日当头之时，金鱼可以进去乘凉。池中还要撒一些香草，以保持池水清洁与凉爽；一周需要换水三到四次，但是换水时，必须倒掉一半陈水加入一半新水。若是不得不将金鱼迁移，千万不能用手去碰金鱼，否则它会很快死去，或者快快不乐。所以金鱼的主人常常在棍子上系上一个小网套，网里空空呈环形，轻轻地把金鱼网起来，因为网线稠密，就是在放入新水之前，网里的水也流不完。像枪声雷声那样强大的噪音、强烈的气味、甚至剧烈的运动对金鱼来说都会造成伤害，有时会置它们于死地。我们经常带着金鱼去海边，我发现，每次枪响它们的表现都是如此。此外，它们几乎无需依赖任何东西，水生的微小蠕虫或其它类似的微生物已经足以维持它们的生计。然而，人们现在仍然不时地把小面团扔进缸里去喂它们，但这一点都不比用制作面包片的原料——浸湿了的薄饼更让它们喜欢，事实上，后者完全适合这类脆弱的生物。

在炎热的地方，它们繁殖得非常快。人们要小心地取走浮在水面上的鱼卵，不然的话就会被金鱼吞食掉。鱼卵被移到一个暴露在阳光下的特殊容器中，它们在里面会一直待到被阳光的热量孵化成鱼苗。起先，鱼苗通体乌黑，但后来不同的品种会逐渐嬗变成夹杂着金银色的红色或白色；根据它的特质不同，金色和银色开始出现在尾部末端，并一点一点儿地扩展到身体的中间。"

从经营金鱼生意的中国人那儿我学到了更进一步的知识。他们以饲养金鱼为生，熟悉金鱼习性，还引导我进行了以下观察：

一. 虽然它们通常不超过一根手指的长度，但是也有一些可以长得像鲥鱼那样又长又粗。

二．为了区分雌雄，仅凭红白颜色还不足以判断，雌鱼的鱼鳃上有白色小斑点，旁边还长有小鳍，而雄鱼在同样的部位则明显的鲜明、光亮。

三．虽然它们的尾部通常是一簇绒状模样，可是仍有一些长得和其它种类的鱼一样。

四．除了小面团以外，他们还喂金鱼煮熟的鸡蛋黄、晒干的瘦猪肉磨成的精细粉末。有时还将蜗牛放进金鱼生活的缸里，蜗牛的黏液粘在鱼缸壁上，对这些小家伙来说无啻于一道美味佳肴，它们甚至驱逐对方离开，好让自己独自品尝。在水塘中捞到的红色小虫也是金鱼贪吃的美味。

五．如果它们养在鱼缸中，繁殖起来就很缓慢，因为数量有限。因此，如果想要培育金鱼的话，必须把它们放入水质新鲜并有一定深度的水池中。

六．如果饲养金鱼的鱼缸中的水是从井里打出的，必须预先将水静置四五个小时。不然，水太阴冷对金鱼有害。

七．如果发现金鱼正在产卵（大约发生在五月初），就要把水草分散在水面让鱼卵依附其上，当你确定产卵结束（即雄鱼不再尾随雌鱼时），必须把金鱼移到另一个缸中并将盛有鱼卵的容器放在阳光下晒上三四天，但是四五十天后必须要换水，因为明显能看见小鱼苗孵出来了。

若是把金鱼运往欧洲——就像荷兰人在巴达维亚（Batavia）[1] 早已这么做了——以上这些观察会十分有用。

中国人利用私人制造的渔网成批地捕鱼，除此之外他们还有其他十分奇特、有趣的捕鱼方法。在一些省份人们饲养了某种与大乌鸦相像、但颈和喙较长的鸟。这种鸟喙弯曲而锋利，是鸬鹚的一种。人们培养它们捕鱼就如同训练猎狗去逮野兔般收获颇丰。

清晨，当太阳升起时，在河面上可以看见无数只小舟，不少这种鸟儿坐在船沿上；渔夫在河面上荡舟。一旦他们发出信号，鸬鹚便从水面小艇上飞身跳进河里，潜入水底，衔住鱼身，然后浮上来将鱼带到船上等待着的渔夫

---

[1] 印尼首都雅加达的旧称——译注。

那儿，渔夫抓住它的腿将其高高提起，用手撸它的脖子，让它把吞下去的小鱼吐出来。它们的脖子底下被套了一个环用来防止捕鱼时直接把鱼吞下肚：当捕鱼完全结束后，渔夫才将环取下并开始喂养它们。如果遇到特别大的鱼它们还会相互帮忙，一只衔着头，一只夹住尾，带到船上主人面前。

用鸬鹚捕鱼的中国人

还有一个非常容易、也不太麻烦的法子捕鱼，他们利用一条又长又窄的小船，在船舷两边用钉子钉上两块两英尺宽、涂着亮漆的厚木板，木板微微倾斜延伸到水面上，在夜晚将其转向月亮，借月光变得更加明亮，游动的鱼很容易错把板上漆的颜色与水混淆而跳向这里，结果不是落在木板上就是跌入船舱内。

在一些地方也有士兵很巧妙地用弓箭来射鱼，箭身上系着一束线与弓相连，这样箭就不会丢失，而且射中鱼后还能把鱼拖过来。在另一些地方，有很多大泥塘，人们站在齐腰深水中，用鱼叉将鱼打昏后再拖出来。

江河湖泊中水产丰富，而陆上也毫不逊色：这里有梨、苹果、桃、杏、温柏、无花果、葡萄——尤其是一种圆叶葡萄特别香甜。其它还有坚果、李子、樱桃、栗子、石榴和差不多我们在欧洲可以见到的所有水果，更有许多没有提及、在我们那儿根本找不着。

虽然这里有这么多种类的水果，但除了圆叶葡萄和石榴外，其余的根本不能和我们欧洲的相提并论，因为中国人在栽培果树和改进水果口味方面的技术不如欧洲精湛。他们用大量的土地来种植水稻和小麦，而他们那儿的桃子天生品质和我们这儿的一样好，他们还有更好的。在一些地方他们很不卫生，必须谨慎食用，因为在中国患上痢疾是很危险的事。中国杏的味道也不错，但是必须等它们熟透。

我们的橘子是从中国引进的。我们只有一个品种，但是，他们有一系列优良品种，有一种特别贵重，个小皮薄、外表平坦光滑。另一种产自福建的品种味道鲜美，个大、表皮呈一种美丽的红色：欧洲人常说，一碟这种橘子则是餐桌上的压轴水果。那些产自广东的个儿更大，颜色更黄，味道更加可口，也比较卫生。他们把橘子放在烧过的炉灰中烤过后，剖成两半，加入食糖待其充分混合后给病人服用，认为这种橘汁营养丰富，而其他品种的橘子味道强烈，常被欧洲人拿来做炖肉的调料。

柠檬和圆佛手柑非常普遍，在一些南方的省份它们可以长得很大，不过人们并不食用。仅仅用来装饰家居，七八个摆在一个中式盘子里就足以满足视觉和嗅觉的享受，如果制成糖果将会非常棒。

有一种柠檬比胡桃大不了多少，圆圆的呈绿色，味道很浓，也同样受到器重，放进蔬菜炖肉可以提味。柠檬树有时会栽在花盆里，把庭院装饰得像门厅一样。

除了和欧洲一样的瓜果之外，中国还有两个不同的品种，一种很小，表皮黄色，味道甜美，而且有时可以像我们吃苹果那样连皮一起吃。

另一种是西瓜，个儿大，瓤白色、有时红色，瓜汁香甜清凉、非常解渴，即使在最炎热的夏天也不变质。清朝还有一种瓜比较好，人称"哈密"，产自离北京很远的一个地方。这种瓜品质特殊，五、六个月就完全成熟了，每年都有很多进贡给皇帝。

在这么多我们所熟知的水果之外，还要加上那些我们只在论述中提到的、似乎是从中国传播到邻近岛屿去并在那儿盛产的水果：有菠萝、芭乐、香蕉、可可等，除了这些在其他国家很普遍的水果外，他们还有一系列独特的品种，口味很好，在别处找不到，像已经详细描述过的车厘子、荔枝、龙眼之类。

平原上广布稻谷，有时甚至连树都很难见到一棵。不过在山上，特别是陕西（Chen si）、湖南（Ho nan）、广东和福建一带的山上遍布森林，那儿的树粗细高矮应有尽有，很适合用于各类公共建筑，尤其适于造船。

这里有松树、岑树、榆树、橡树、棕榈树、香柏（西洋杉）和其他一系列在欧洲不为人知的树木，其他的山脉有的是因矿藏丰富闻名，有的是由于那儿具备医疗功效的温泉、原始风貌与矿产：金、银、铁、铜、锡、白铜、水银、青金石、辰砂（硫化水银）、硫酸、明矾、碧玉石、红宝石、矿生水晶、磁铁矿、斑岩和各种大理石。

除此之外他们还可以在山区、特别是在一些北方省份的山脉中挖到大量民间普遍使用的燃煤。用这种煤生火很难点燃，不过一旦燃烧起来就能持续相当长的时间。这种煤燃烧时发出难闻的气味，若在一旁睡觉则容易窒息，如果在旁边摆上一盆敞口的水，水会把烟吸进来，不一会儿就和烟一样有难闻的味道。

满清官员和其他显赫世家中的厨师在烧煤上一般都很地道，就像铁匠、帮工、染匠和木匠等那样。风熔炉也是靠烧煤来熔炼铜，就是在北京周围的山上，煤窑也随处可见。人们以为煤是取之不尽的，因此整个北京城甚至整个省份都使用也不曾短缺过，再穷困的人家里炉中烧的还是这种煤，它的火焰比炭火保持的时间更长。

他们的菜园里长满了香草、麻根和各种豆子。除了我们有的品种外，他们还有我们不知道的、甚至更珍贵的品种。他们细心栽培，这种豆混着米做成的饭是普通老百姓的主食，每天清晨数不清的马车和牲畜满载豌豆和蚕豆运到北京去。

鉴于把盐从沿海运送到清朝的西部边疆非常困难，上天赐给了西部百姓这一生活必需品。除了在某些省见过的盐窑之外，其它地方也四下分布着灰色泥土，人们可以从中提取大量的食盐。

这种获取盐的手法非比寻常：他们将这种泥土抹平，像玻璃一样光滑，再让它略微倾斜以便让水流下来，当太阳把它晒干时，在里面就会出现混合着土的白色小盐粒，把盐粒捧出来铺放在一张略向一边倾斜的大桌子上，桌下的垫腿大约有四五指高，然后往上面倒水，水浸湿泥土分离出盐后流入一个事先准备好的陶制容器。这种浸过水的泥土并不是没有用，先放在一边，待几天后晒得很干了，再把它们揉成粉末，撒回它们原来的地方，过上七、八天，它们又重新和盐粒混合，又可以用上述方法再次析取盐分了。

当男人们在地里劳动时，妇女和孩子们也并没有闲着，而是在旁边搭建的小屋里煮盐。她们把装满盐水的又大又深的铁锅搁在用土坯砌成的炉子上加热。炉子结构奇特，面上开了许多孔，每个孔上放一只锅，可以同时加热。

盐水烧开以后会渐渐变稠，然后慢慢地变成白色的盐。水干透之前需要用一柄大铁铲不停地进行搅拌。一大片森林也不过勉强够维持一年烧盐用火，但在一些没有长树的地方，一般来说，上苍会赐给人们大量的芦苇。盐碱地的周边地区通常生长着芦苇。

说实话，中国不出产什么香料，但是盛产胡椒。中国生产的胡椒与东印度的有很大不同。中国人在自家小院的边上种上几棵，求的就是摘取方便。胡椒在中国如此普及，似乎只要有土壤的地方就有胡椒在生长。

虽然每样生活必需品都能在中国各地找到，但各个省都以盛产某一样见长，对此在本书的地理部分中我曾做过描述。

大清国遍布森林和沙滩，那里并非一无所有，而是出产皮毛非常贵重黑貂、狐狸、老虎等动物，还出产大量麻根和药草可供医用，数量巨大的马匹适合军用，充裕的牧群足以满足中国北方的需求。

尽管这里物产富足，但是矛盾之处也确实存在。这个世界上最富强繁荣的帝国在某种意义上说来非常贫乏。她虽然地域辽阔，土壤肥沃，也不过勉强可以维持居民的生计，大胆地说一句，他们需要再大一倍的国土才能安居乐业。单单每年有许多欧洲人聚集的广州市，就有超过一百万的人口，在一个三四十里格以外的城镇里，人口居然比广州还要多。

极度贫困匮乏使很多中国人会做出令人发指的事来。一个人如果在广州了解更深入一些就会发现一些司空见惯的现象，比如父母遗弃几个亲生子女，父母卖女为奴，一己私利驱动了许多人。相当令人惊奇的倒是，没有比此更恶劣的事情发生，饥馑之年，面临即将饿死的厄运也不会产生歹念，而在欧洲历史上因贫穷而犯法的事例则不胜枚举。

虽然前文中已经论述了中国的动物和植物，但其中有些尤为独特，下面做专门讲解。

在别处见不着的一种最为奇特的树是牛脂树，中国人称之为"乌桕木"，这种树在浙江（Tche kiang）、江南、江西省极为常见。卫匡国神父（P.Martini）在关于浙江省金华（Kin hoa）市的描述中给出了确切的诠释："这种树堪与我国的梨树相比，也有些地方与叶兰和桦树非常相似，至少在树叶和那长长的树干方面相像。最大的部分要数树干和枝杈了，外形长得和我们这儿的樱桃树一样大，甚至有些可以长得和我们的大梨树一样高。"

树皮呈灰白色，摸上去有一点光滑，树枝柔软细长，在丛生的树枝中间到末梢长着常常颠倒的小叶子，中间凹下像只狭长的小船，叶子呈深绿色，顶端光滑，叶背发白，又薄又干，中等大小，菱形的叶片边缘环布着小齿，一直到叶尖连成一个小点。与树枝相连的叶柄细长而干燥，叶子上的脉络和纤维一样细圆干燥，树叶在十一、二月份即将到来的时节，会像葡萄叶和梨树叶那样先变成红色，再飘落下来。

果实成串地结在树枝的末端，连在树上的柄把就像是树枝本身的延伸，果实外罩着一层坚硬的外壳，木质褐色平滑、呈三角形状，角是圆状的，非常类似其它小果子或是一种叫"神父帽"的红草莓。

一般这种硬皮或外壳包裹着三粒果核，每个都像豌豆一样大，通体浑圆，只是在相互靠近的地方有些平，每粒果核外都裹着一层很薄的类似脂肪的白色硬皮；果子的柄穿入到三粒果核的中间，分成三条纤维般细的茎，每一条茎也同样连在果核的顶端。

当由坚硬中空的椭圆形小叶瓣组成的外皮开始裂开，并一点一点儿地衰退时，果实就从中显露出来，煞是好看。尤其是在冬季，树身挂满了串串白色小果，远远看去，让人误认为是花丛一片。果实中藏着的油脂发出和普通牛脂一样的油腻味道，放在手中很容易溶化。

果实在完全成熟前几乎是圆的，这也许是卫匡国神父声称它是圆形的缘故吧，至少这位神父没来得及去察看更多并非完美圆形的果实，就断定这是它们天然的形状，而事实上有一些是有缺憾的，除了一两个坚果或浆果外大多数并不具备它们应有的天然形态。

坚果有一层相当硬的壳，里面的果仁约有大些的大麻种子那么大，十分油腻，外绕褐色的皮，中国人从中提炼一种油来点灯，他们还用相同的方法把坚果中藏着的油脂制成蜡烛。

用这种油脂做成的蜡烛形似一段圆锥体，燃烧时从顶部开始，蜡烛芯是一截中空的芦苇或小木棒，外面缠绕着细棉线，或者是同样大小的灯芯草的芯，这种草也可以用作灯芯。芦苇或小木棒的一端用来点燃蜡烛，填充芦苇其余空隙的部分插入灯台里。

这种蜡烛又粗又重，拿在手中又容易溶化，发出的光十分明亮，但有一点儿黄，而且由于蜡烛芯是固体的，一会儿就会被烧成硬炭很难吹灭，不过为此人们发明了剪蜡烛芯用的剪刀。

从牛脂果里人们用下面的方法获得油脂：将果核与果仁一起彻底敲打，再在水中煮沸，撇走浮在水面上的油脂。这些油脂冷却凝固后和牛脂相似，在十磅中通常加入三磅亚麻油和一点蜡使其成形，这样做出的蜡烛出奇的白，也可以在其中混入朱砂使之变红。

棉花是全中国最有价值的农作物之一，农夫们在收获棉花的同时将棉籽撒到地里，除了播完种后耙几下地以外就什么也不用做了。

土地被雨水或露珠淋湿后，不久就会长出约二英尺高的树苗，在八月初到八月中旬开花，花通常是黄色，有时是红色的，花谢后会长出一个坚果般大小形似豆荚的小球。

开花四十天后小豆荚自己张开、裂成三瓣，露出三、四朵棉花，白白的花形好似蚕茧，它们和裂开的棉荚底部连在一起，包着为来年准备的种子。到了收获的时候，如果天气晴朗人们会让棉花在太阳下晒上两、三天，吸收了太阳热量的棉花膨胀后可以带来更大的利益。

棉花的纤维与棉籽紧密连在一起，人们利用一种机械将其分离。这种机械由两根光滑的辊子组成，其中一根是木制的，另一根是铁的，长一英尺，宽一英寸，它们靠得很紧，彼此之间没有一点空隙。人们用一只手和一只脚转动两只轮子时，另一只手则用来放棉花。棉花随着机子的转动从一边穿过，裸露的种子滞留在了另一边。这时，将棉花装好，纺成棉丝，织成白棉布。

还有一种树叫做"栲树"，很像我们的无花果树。这种树枝叶繁茂，树根通常像灌木那样分出许多旁枝，有时也只有一根，有的树干狭窄圆滑，九至十英寸粗，木质的枝杈十分轻盈，外面覆盖着和无花果树相似的树皮。叶齿很深，树叶就像是被两条齿分成三片似的，完全凹进去。树叶的颜色、纤维质地与无花果的树叶很像，只不过它们大一点，厚一些，更粗糙，而反面则非常光滑，原因是上面覆有一层细绒毛。有一些树叶并不下凹，而长成长心形的样子。

这种树分泌出一种浆汁，被中国人在金箔镀金之时用来上浆。这种浆汁可通过以下方法获得：从树干的顶端到底部依次划开一条或几条水平的口子，在裂缝中插入锋利的贝壳或类似的接收器皿，让汁液滴入其中。使用的时候用笔状的东西将浆汁涂抹在木头或其他需要贴金箔的材料表面，可以将金箔固定得像水泥般牢固永不脱落。

在中国有"龙血树"之称的树，树干有我们的大李子树那么大，很快就长成两三股粗壮的树枝，它们继续分成更小的树杈，灰色的树皮像榛树一般夹带着红色斑纹，树枝末端弯曲多节，粗糙，有木髓。

纤长的绿梗吊着的果实呈微椭圆形，颜色和形状与发青的樱桃相似。吊着果实的梗特别长，分成许多根，每一根的末端都连着一个果子。布满了红点的果皮相当坚硬，将绿色的果肉包在当中，成熟之后可以用来做汤。冬天天冷时，人们用它来搽手，可以预防手冻麻木。

这种果实的核和樱桃核一样非常硬，且有纹络，每个核上有五、六条，有时共有七条，果实通过一个直通核内的小圆孔吸收营养，核内的种子很小，覆有一层黑色的皮，没有苹果的种子皮硬，这种树的树干通常用来做木料。

如果中国人乐意像我们在欧洲那样培育花卉，种植树木来修饰庭院美化街道，他们就能在其间十分愉快地散步，可最滑稽的是他们为了散步而走来走去，对于自己身边大自然赐予的恩惠丝毫不以为意。

　　我提过的树中有一种人称"茉莉"，有人的腿那么高，充满木髓的树枝纤细，红色树皮上带有像榛树一样的白色斑点。树叶稀少，不过长得很大以作补偿，分散的树叶叶脉和主要纤维上布满了白色的细绒毛，连接树叶和树枝的叶梗往往生在树枝的底部，可以说完全簇拥着树枝，通过这些叶梗可以像用管子一样吸收营养。在此形成了一个变肘。肘中间叶梗上长出许多椭圆形披着软毛的小芽，在深冬季节开出"山茶"般大的花朵，每朵花由七至八片尖椭圆形花瓣组成，末端长满长丝。这种树有的开黄花，有的是红花，还有的开白花，树叶通常在冬季花开之前凋落。

　　有一种树叫做"腊梅"，其形状大小以及树枝的形态和我们的月桂树没什么两样，树叶成双成对地生长，叶柄短，最大的叶子大概与普通的月桂相当，不过既没有那么厚也不干燥。树头的叶子最密，然后成比例地越来越稀。在寒冬时节，在树枝上原来长叶子的地方开出黄色的小花，散发出玫瑰般怡人的清香。

　　在装饰庭院方面没有什么树比得上梧桐。梧桐长得高大，形似枫树，叶子又宽又长，从叶梢到叶柄有一英尺长，树上满是密密的树毛，一丝阳光也透不进来。其结果的方式也很独特：到八月底的时候，在树枝末端原来开花的地方会长出一小簇一小簇的叶子，它们与众不同，显得更白更嫩，比较窄小，并且开花。叶子边缘长出三四个豌豆大小的小颗粒，里面的果实呈白色，味道和没熟透的榛子差不多。

　　茶花树也非常适合装饰庭院，开花的有四种，枝叶和西班牙月桂相似，但后者往往冬季不落叶。茶花树干通常有人的大腿粗细。树冠形似西班牙月桂，色泽灰白，木质平滑，树叶交替生长在枝杈的两边，也和西班牙月桂的叶子大小相仿，椭圆形、尖顶、锯齿状边缘；不过它们更厚更硬，叶面呈橘子叶般的暗绿色，反面呈黄色，粗粗的叶柄将其与树枝连接在一起。

　　在叶柄与树枝连接的地方长着形状、大小、颜色同"吵页岩"坚果相同

兰西公园，法国画家卡蒙太笔下的中式园林。

的花蕾，上面覆着白色细绒，有着绸缎般的质地，十二月份像小玫瑰般微红的双层花朵会直接开在树枝上，无需叶梗连接。第二种树长得非常高，叶梢呈圆形，又大又红的花开在绿色的叶丛里，煞是好看。

还有两种树也同样开花，不过开的是白色小花。花中布满花蕊，顶端平坦呈黄色，几乎与普通玫瑰相同，中间是圆形小雌蕊，底部有绿色的小球，待其长大一些里面又会长出种粒。

还有一种十分特别的树，既有点儿像杜松又有点儿像丝柏。树干的周长有一英尺半，几乎是刚离开地面，树干就向外分出许多更细的枝权，远远望去就像一丛灌木。树上长着许多叶子，有些像柏树叶，其余的像杜松的叶子，也就是说后者更狭长、更锋利、并富有特性，只是叶子会沿着主干每四、五或六片一排生长。这样，从主干的顶端上看下来，它们像四角、五角或六角的星星一样覆盖在下面的叶上，因此中间很空，能清楚地看到地面。被这种长叶子覆盖的主干和旁枝只长在树身较低的部位，在顶部你只能看到柏树叶。

大自然好像对把这两种叶子混在一块引以为乐，一边是完全的柏树叶，另一边是杜松叶，一样一半。稍微有些光滑的树皮呈浅灰褐色，在一些地方偏红。白里带红的木头和那略有松脂香味的柏树木头相似，叶子除了具有柏树味外还有一点儿芬芳，但它们的味道非常苦涩、辛辣。

这种树结的青色果实比刺柏的果子小一些；果肉呈绿橄榄色，气味浓烈。果实通过具有与叶子同样质地的梗连接在树枝上，其中有两个呈红色心形，而且和葡萄核一样坚硬的果核。

也有这样的树，树干颀长，除了在顶端树枝不另外分叉，分出的树枝差不多像柏树那样最后聚成一点。还有其他不超过七八英尺的矮小树种，在被砍伐前最高只能长成这样。当它还是小树苗的时候，其叶子都像桧属植物的叶子那么长，树长成之后，叶子倒像起柏树叶。

35. 人参和麝香是中国奇特的药材，富有实证精神的传教士，用实验证明这些药材确实有中国人所说的功效。

如果继续描述其余那些我在中国遇到的罕见灌木和树种也许太单调乏味了，但我还是不能错过一种叫做"人参"的植物，它在大清帝国倍受重视并且身价昂贵，被中国人视作最好的兴奋剂。这种树只生长在满族地区，因此就是在四川（Se tchuen）省发现它也不值一提。张诚神父（P. Jartoux）利用皇帝下令绘制全国地图的时机，得以对它进行彻底调查，想趁人参刚刚被挖出时，按其特性和用途来描绘它。

"中国的最高明的医生，"这位神父说，"把它搀进所有给大人物服用的药里，因为它的价格对于普通人来说太高了。"他们宣称这是一味良药，能够治疗因过度体力或脑力劳动带来的身体不适；可以化痰润肺，治疗胸闷呕吐；强健脾胃，增进食欲；另外，还说它能治忧郁症，通过增强胸部机能辅助呼吸；垂死之人也在服用，据说它能在血液中产生力质，对头晕和弱视疗效甚佳，还能够延长老年人的寿命。

可以设想，如果人参不能发挥出好疗效，汉人和满人是不会对它如此重视，甚至连健康的人也用它来使自己更强壮。我相信，如果放在精通医药学的欧洲人手中，它必定是出色的治疗药物。

可以确定，它能够净化血液，还能通过感性的方法加强消化机能，协助消化。在构思完下一本书的内容后，我忽然想了解一下服用人参后会是什么情形，于是就毫无准备地服用了一半未经加工的参根，一个小时后我发现自己的脉搏更有力、活泼；此外我还有了食欲，感到自己更加强壮，和以前相比工作精力更加旺盛。

不过我并不迷信这次实验，试图说服自己这种变化可能是由于这几天来的休息而产生的。但四天后我却发现自己身体疲倦，工作无力，以至于连马也骑不了。我们队伍中的一位朝廷官员发现后给了我一些参根，我马上服用了半根，一小时后所有的疲劳感竟然都无影无踪。另外，我还注意到，参叶尤其是叶柄在新鲜时放入口中咀嚼后会产生相似的效果。

我们常常像满族人那样用参叶来代替茶叶，饮用后的感觉是非常好，即便有最好的茶叶我也不换。另外，它的颜色怡人，香气和滋味更是让人爱不释手。

与茶叶相比参根需要多煮一点时间，那样才可以充分析取其精华。据察，中国人在治病时，通常服用五盎司左右的干参根。至于健康人，为了预防生病，或者因为一些轻微的代谢紊乱而使用的话，一盎司就足够了，服用次数不得超过十次，但是我不提倡每日服用。

服药的准备如下：将根切成小片，然后放入光滑的陶制平底锅内，加入一加仑水，盖上锅盖，慢火煮沸，当剩余的水不足一服剂量时即可直接饮用了。对于剩下的参根，往里再加入同样多的水，用相同的方法再次煮沸，析取其剩余精华。每日两剂，早晚各一次。

关于这种树的生长地大体上说是位于北京东面北纬 39 至 40 度，东经 10 至 20 度的地方。那儿山脉绵长，森林茂密，几乎难以接近。

在山脉的斜坡上，在森林深处的河岸边，或是在树底的岩石周围、各种各样的药草中间可以觅得人参，至于平原山谷、沼泽池塘底部或是太空旷的地方都难以发现。

如果森林发生火灾，那么三四年内都长不出这种植物，这说明火是它的天敌，而且它尽可能地避开阳光。所有这些让人相信，若说在世界上其他国家有可能发现它的话，也许就是加拿大，按说那儿的森林、山脉等自然条件和中国非常相似。

人参生长的地方和广东相对在我们的旧地图中叫做辽东，整个省被木桩、栅栏围绕，同时还有警卫不断巡逻，阻止人们出关挖参。

可是他们的警惕性不高，满脑子赚钱念头的中国人也有溜进这儿的秘诀，有时多达两三千人，他们甘愿冒着失去自由和劳动果实的危险出入该省。

大清皇帝为了让满族人而非汉人从人参中获益，曾于 1709 年颁布命令让一万满族人前往采集人参，作为回报每人必须向圣上进贡两盎司极品，剩余的可以换成等重的优质白银。

为此估计皇帝在这一年花费了两万中国镑，但是仍不到其购买力的四分之一。我们在荒郊野外曾偶然遇到过一些这样的满族人。他们的官员距我们处不远，根据皇上口谕不断给我们送来牛羊以备生活所需。

这些植物学家是这样行动的：依照他们所属旗的不同划分区域，每队一百人，在分界线处排成一行，然后小心翼翼地在经过的地方一边寻找人参，一边向自己的区域徐徐前进直到搜寻结束，用这种方法几天内就可扫过整片区域。

当期限届满，满清官员就乘着载着帐篷的马车在各组间穿梭，询问是否人数完整，万一有人不见了，这种事时有发生，或在林中迷途，或被猛兽吞食，找上一两天后，他们又开始按此方法继续找人参。

这些可怜的人在探险中饱受艰辛，途中除了在炉中烤熟的稷黍之物可以充饥，他们一无帐篷二无床铺，只能睡在树下，用树枝、树皮或其他能找到的东西盖在身上。有时官员也会给他们一些牛肉或其他肉食，在火中热一下他们就狼吞虎咽起来。

就这样这一万人熬过了一年中的六个月，然而他们看起来像优秀的士兵一样健壮。负责照顾我们的满族人待遇也不好，除了每天得到些宰杀给五十人享用后剩下的牛肉外就没有其他的了。

为了加深对备受汉人和满族人器重的这种植物的印象，我来介绍一下经过精确测量的人参形状。（图与图说节略）

根部清洗过后颜色发白，像其他植物的根一样上面有一些小节。

茎光滑、几近圆形。除开端部分外其余部分色泽有点儿深红色，最接近地面部分的茎，色泽更白。

节分出四条枝，枝以节为中心相互间等距离生长。枝的下部是白绿相间的颜色，上边部是倾向桑葚一样的深红色。两种颜色在交界处彼此逐渐变淡，相互融合。每根小枝都有五片叶子。看上去每根枝彼此之间的距离相等，叶子呈圆形张开与地面近乎平行，非常引人注目。

虽然我只精确地观测了一根人参的叶，其他的均可以推测得出，我好像从没有看见过这么薄、构造这么巧妙的叶子。它的须根很容易辨认出，正面有细小的发白的绒毛或须；夹在中间的漂亮表皮长在比须根高一点儿的地方中间。叶子正面是深绿色，背面则是绿中泛白还略发出一点儿光；所有叶子都呈奇特的锯齿状。

从这株植物的枝干中心开始长出第二节茎，纤细柔滑略微发白，在每枝的末端结着一串浑圆发亮的红色果实；每串由 24 个浆果组成。精美光滑的红色果皮内裹着又白又嫩的果肉：鉴于这些浆果都是成双的（也有一些是成单的），它们每个当中在同一平面上有两个大小形状和小扁豆相似的核，但互不相连。这些核不像小扁豆边上那么尖，而是各处厚度相同。每颗浆果都在中间被一根发亮的细丝连着，呈樱桃红色。全部细丝都由同一个中心伸出，并像球的半径一样向四周扩散，将那些被它们连着的浆果串成圆果串。其实这种浆果不好吃，包住果仁的核倒十分坚硬，它和伸进果子的细丝相持平，果子不圆而是在每一边有点儿扁平。当其成双时，在中间会略微下凹，两个部分会互相完好地连在一起。另外，和这些细丝相对它还有一些的茎须。浆果干了以后，只剩下一层紧皱的皮裹着果核，变成暗红或黑红色。

这种植物每年自生自灭，其生长年数可以从茎的数目上读出，总会有一些残留痕迹，可视作小小的特征。

对于参花，我从没看到过，所以无法在此作出描述。有人说它是白色的，而且非常小，又有人说这种植物不开花，因为根本就没有人亲眼看过。我认为它是太小又不出众，而被人忽略了，因为那些寻找人参的人只想得到参根，其它的东西一概摒弃。

这种植物除了我所说的一串串果实外，还有一两颗与之相同，但长在高出果串一英寸或一英寸半的地方。寻参人认为仔细地观察这几颗果子的指向十分必要，因为很容易就能在离这株人参几步远的地方或其附近找到另一株，绝少失手。如果有果子的话，仅凭颜色很容易区分而便于寻找，可是，常常出现的是，虽然根已经很老了，但上面什么也没长，就像我用 H 在其轮廓上作了"H"标记的一样，它长了十五年却没有结果。

播种人参是徒劳无益的，因为没有人见过它发芽长出，这很可能是在广大满族人中间流传的寓言故事所致。他们说鸟儿在种子一入土后就把它们吞下肚，但消化不了，于是种子就待在鸟肚中直到被排出体外才生根发芽。我认为果核在泥土中长出根之前需要很长一段时间，虽然人参长出许多根茎和各不相同的穗，但是根没有人的小手指长，也没那么粗，由此可以证实我的推测。

我描述的人参有四条枝，也有只长两三条枝的，而有些长了五条，甚至七根枝，那就是最上等的。不过所有的枝除了出现什么意外，一般都在同样位置上长着圆盘形状的五片叶子。人参的高度与其重量大小和枝茎的多少成比例。不长浆果的人参通常较小，而且非常矮。

根大、形状匀称并且几乎没有细根的人参常常是最好的。我不知道中国人为什么叫它"人参"，人参的意思是"长得像人的形状"。我没见过哪一株人参长得像人，从事收集人参的中国人对我说，他们很少在其它植物中间发现长成人形的根，若有，也只是一时巧合罢了。满族人当然可以理直气壮地称它"额塔"，意即植物之王。

他们只收集参根，其余的不要，然后全部埋在一处地方，放上十到十五天。他们小心地清洗参根，用刷子将污垢刷干净，然后放入烧开的水中浸泡一会儿，再用稷米的热气来蒸熏，这样参根会染上一点黄颜色。稷米放在一小水锅里用慢火煮沸，根则放在交叉置于锅上的小木棒上，在亚麻布或其它盖着的器皿下慢慢熏干。另外也可以让太阳晒干或用火烤干；这样虽然保住了它们的功效，但已经不是中国人喜欢的那种颜色了。参根被烘干之后必须保存在干燥的地方，否则会变质或者生虫。

对于动物，除了我已经讲到的那些，中国这里有数量巨大的各种野兽：比如野猪、老虎、水牛、熊、骆驼、犀牛等等，狮子除外。这些已是人所皆知，我下面要讲到的两种动物是中国所特有的，在其他国家极少见到。

第一种是骆驼，这种骆驼还没有普通的马高，背上长满长毛的两个驼峰形成了一个鞍，前一个驼峰好像是由背脊骨和肩骨的上部组成，与印度母牛肩上的峰没什么不同，另一个正好长在臀部前面。这种骆驼没有像普通骆驼那样成比例长成的长腿，它们的颈部也同样短而且粗，上面长着像山羊般长而密的毛，暗褐黄色，顶端有点红，也有些地方是灰色。它的腿不像普通骆驼那样细长，就此而言还是这种大小的骆驼或单峰驼更适合运送重物。

另一种动物是麝香鹿，中国人叫它"香麝"。一位天主教传教士曾亲眼见过，他说：我买过一只刚被射杀的麝香鹿，马上割下麝香加以保存，因为它远比鹿本身更加贵重。有关交易细节如下：

北京城东面连绵的山脉之间有一座基督教堂。在这些可以找到麝香鹿的山中，我在那里传教期间，贫穷的山村居民到山中狩猎麝鹿，希望我会买下带往北京。当时他们杀了一公一母两头，带到我面前时它们的身体还热乎乎的。

在谈好价格之前，他们问我是否连同麝香一起要，因为有的人只买鹿肉，他们把麝香丢给猎人或者出售给以其做日用品生意的商人。我想要的就是麝香，所以回答说要买下整只鹿，于是他们立即把雄鹿带来，将香袋割下以免其香气消散，就在袋的顶端用包装线扎紧打结。鹿和麝香加在一起只不过让我破费了一克朗[1]。

麝香产自香袋的内部，像盐一样粘在袋中四周。麝香共有两种，一种呈谷物般颗粒状的最为贵重，另一种由于体积太小而不为人看重。雌鹿不产麝香，或者说它所分泌的物质不散发香气。

---

[1] 英国旧币制的 5 先令硬币。

据说毒蛇是这种动物最普通的食物，在离鹿一定的距离时它们就会被麝香所熏倒，甚至动弹不了，所以即使毒蛇的形体再大麝香鹿也能轻松地干掉它们。

当农民上山伐木或在山中烧炭的时候，为了防止被咬上一口就有生命之忧的毒蛇的袭击，最好的法子就是带上几粒麝香。吃饭之后，他们可以安然入睡，如果毒蛇游过来，就会闻到麝香的气味而突然失去感觉，不能再前进一步。

在我返回北京的途中发生了一件事，从一定程度上证实了毒蛇的确是麝香鹿主要的食物。他们在晚餐时吃麝香鹿肉，在座的有一人讨厌毒蛇，甚至到了一提这个字眼就会非常不舒服的地步。他对这种动物和蛇的传闻一无所知，而我也非常小心地对此只字不提，但我在仔细地观察他的表情。像别人一样，他夹起鹿肉准备吃，但没有马上放入嘴里。他感到自己有点反胃，一点也吃不下去。其他的菜他吃得非常自如，他是唯一厌恶吃这种肉的人。

36. 据中国人说，他们曾有过出色的船只，在救世主出生之前，他们就已经在印度洋上航行了。但在西方人眼里，中国人在航海方面还很幼稚。

如果中国可以愉快地享受丰富物产带来的乐趣，要感谢的不仅仅是广阔肥沃的土地，还有滋润那土壤的无数江河湖泊和运河，没有一座城市，甚至没有一处乡镇不是依傍江河湖泊或运河而建，在本书中我已经对此做过描述，为免重复，这里简单再提一下：在所有湖泊中最著名的当属湖广（Houquang）省方圆八十里格的洞庭湖；其次是洪泽湖（Hong se hou），它一半位于江南省，另一半则归属浙江省；最后是江西省境内的鄱阳湖，也有人称之为饶州湖（Iao tcheou），此湖方圆三十里格，由四条发源于江西省和卢瓦尔河一样大小的河流交汇而成。湖像中国的海洋一样，同样受暴风影响，一刻钟之内会狂风骤起，罗盘失灵，船只沉没。在经过湖上最凶险的地方时能看见修建在陡峭礁石上的神庙；中国水手敲打着铜锣告知河神他们的到来，在船头燃烛、焚香、杀鸡供奉，他们竭力避免在船边做任何危险的事情，但船上会派人救助一些溺于水中之人，这反而成了商船沉没事故频发的首因，在人不知鬼不觉的情况下他们则瓜分赃物，暴富起来。不过中国地方官员的戒心很重，他们的荣耀表现在帮助人民以显示对其无微不至的关怀。在暴风雨的天气里饶州的地方官颁布了禁止过湖的命令后，又来到湖边，用一整天的时间阻止渔民出航。

除了这些主要的湖泊外，在其他省份还有大量的湖泊、泉水、溪流和潺潺流淌的山涧都给了勤劳的中国人在自己国土上开凿四通八达运河的机会。也有少数省份没有水质澄净、清澈深广的运河，就在两条堤道中铺入条石或大理石板形成沟槽，还用同样的材料做成的沟柱将其加固。

为了方便乡村间信息传递，每隔一段运河在方便之处会出现由三、五、七拱构成的桥：当中的拱非常高，带桅杆的大船可由其下顺利通过。拱顶呈圆形，桥墩又窄又直，远远望去像是拱门挂在空中一般。

主要运河在左右两侧分流成其它小型运河，这些小河继续分成众多的小溪连到各大乡镇以及城市，它们经常形成供给邻近平原水源的池塘和小湖。

中国百姓对于给旅游者和商人带来无限便利的运河并不满足，他们还用令人叫绝的法子挖凿了其他沟渠来接收雨水灌溉稻田，因为水稻的生长几乎一直离不开水。

不过没什么能和叫做"运粮"或皇家运河的这条长300里格的大运河相比，西鞑靼的首领、第二十代"元"朝的创始人世祖皇帝着手建造了这堪称国之奇观的浩大工程[1]。这位已经成为西鞑靼主宰的皇帝占领了全中国，领土从北直隶一直延伸到蒙古（Mogul）、波斯（Persia）、里海（Caspian-Sea）。他决心定居北京，因为北京处于辽阔疆土的中心，这样统治起来会更加方便。仅仅北方的省份不能充分供应这么一座大都市，于是他决定建造船只和长帆船，用来从沿海各省运送稻米、棉布、丝绸、商品以及满足皇宫和军队膳宿之需的日用品。

但后来却发现这种海运的方法非常危险，风平浪静之时运送时间过长，

---

[1] 此处有误，运河应为隋炀帝下令开凿（605年），全长1794公里，以洛阳为中心从杭州到北京。元定都北京，重修大运河，裁弯取直，从山东、江淮直达南运河，航程缩短八九百公里。

碰上狂风暴雨又有可能造成船只失事。于是他动用了无数劳力，花费了巨额资金，凭着难以置信的毅力开凿出这条贯穿多省的大运河，南北两地的所有财富都可以由此运送，它贯穿北直隶（Pe tche li）、山东，进入江南省，最后注入被中国人称作黄河的一条江宽流急的河流中。在此乘船两天后会到达另一条河，它连着一条通往"淮南"城的运河；它从那儿开始途经许多城市和镇落后到达全国最有名的港口之一——扬州城，并在不远处注入扬子江。沿此河继续下行，可抵达江西省的鄱阳湖（Lake Po yang），穿过它就进入了几乎将江西省分成等大两部分的流向"南赣"（Nanqan）的赣江（Kan kiang），在此登陆前往广东省的主要城市南雄，然后搭船去广州（Canton），旅行将会非常方便，不论河流、运河，从首都到中国最偏远的地方，约达600里格水路。

为了促进水运，河道的水深通常有9英尺，当水位升高要超出附近田地时，人们会小心地开闸将水排出去并在水道内保持一定的水深，专职巡察人员不断检查河堤，民工则修复损坏之处。

大运河上的闸口

中国有大量可通航的河流与之相似，这在我论述各省的章节中早已说过，因此这儿只谈谈横贯这个伟大国家的两条河流。

第一条叫扬子江（Yang tse kiang），通常解释作大海或大江的儿子，换言之即大河或叫"江"。这条河声名显赫，由西至东，发源于约北纬30度的吐蕃（Tou fan）国的高山上。根据它所流经地域不同，对它的称呼也是多种多样。它分成几个支流，形成了若干岛屿，湍急河水为途经城市提供了生命之源。它横贯穿云南省、四川（Se tchuen）省、湖广（Hou quang）省和江南省。江流湍急，在转了许多弯之后它进入这些省份，直到荆州（Kim tcheou）城才恢复大江的名字，在抵达九江（Kieou kiang）后受海潮影响江流平缓下来，向前缓慢流动。在除了朔望之外的所有日子里，它是那样和缓，甚至可以在其上尽情荡舟。在流经下一个目标南京后，长江越过崇明（Tsong ming）岛一直注入东海。

这条大河江宽水深、渔产丰富，中国有名俗语："海不见边，江不见底"。据说在个别地方用探深锤也测不到底，在其它地方水深达两三百寻，不过这看来并不真实，因为这是只带了50或60寻长线的引水员做出的设想，因为他们使用的普通铅锤到不了江底。

他们在将扬子江解释成大海之子时也犯了同样的错误，他们在写的汉字"扬"与海洋的"洋"不一样，虽然它们在发音与声调上完全相同。它原先的含义更证实了这一推断，在大禹时代它表示这条河所在的中国南方一个省，推想将其如此命名是因为想让此省泛滥的洪水流进这条河里。

第二条河叫黄河（Hoangho）或黄色的河；这个名字源自其河水的颜色，河水中混杂着从流经的河道上冲刷下来的泥土，它的源头在大约北纬35度鞑靼卡日曲（TartarsofKokonor）的山中，在流经该地区后，它沿着长城边奔流很长一段距离；然后它穿东鞑靼（Tartars Ortos），在山西（Chan si）和陕西（Chen si）交界处进入中原，此后贯穿河南省、江南省的一部分，在流过600里格之后于距扬子江入海口不远的地方注入东海。

这条河非常大，流经一大片内陆，但对航运来讲并不十分宽敞，在没有大风推进时要在河上航行是不可想象的。有时它会给流经的地方带来巨大灾难，冲毁堤坝、淹没乡村，甚至把整个城市和乡镇都浸泡在水中，因此人们不得不建造了又长又宽的大堤来防水患。河南省地势较低，大堤容易被毁，人们采用的防预措施是，在城市周围距城墙八分之一里格处建有坚固的围笼或土堆。

运河与江河一样，可以航行各种大小船只。有时在四分之一里格以上范围内，各类船只密布，船与船之间距离太近，不可能容得任何其它船只通过。据统计为皇帝服务的船只大约有一万艘，全部用来为各省运送贡品和粮食给朝廷，为皇帝服务的船叫"粮船"，这种船边平坦，从船尾到船头宽度一致。

还有其它专门用来运送材料、锦缎丝绸和其它物品的船叫做"龙船"，指的就是装载龙袍的船，因为皇帝的衣袖上绣有五瓜金龙，他的衣服和日常用品都是用刺绣和绘画饰以龙的形状。

每艘船每年只出航一次，装货不到其载重量的四分之一。船主可以从国库中得到一笔与运送货物行程成比例的佣金，例如从距北京300里格的江西运来可获100两银子，这笔金额远远不够船主的支出，但他可以通过搭载乘客和运送免税商品得到补偿。

还有一种船叫座船，专门运送满清官员前往有关省市去赴任，被接送者皆是人品出众、由朝廷委派或应召入宫之士。这些船比其他船更轻更小，有两层甲板。第一层在两端中间布置了完备的房间，大约七八英尺高，内外四壁绘着上漆、镀金的图案，极其优雅。我在另一章节里对其做过详尽描述，在这里官员们可以方便地进餐、就寝、习字、写作、待客，每一样都雅致得当，如在自己家中一般，再没有比这样旅行更惬意的事了。

此外，私家船只数不胜数，学者富贾偶尔驾舟出游，非常方便。商人跑业务则雇用大型船只；还有许多船只，渔民举家居住其上，生活得反而比住在陆地上房子里更加方便。最小的船上甚至没有船舱，人们用大约五英尺见方的薄席，在船上面弯成一个拱顶，晴天遮阳，阴天避雨。

另外还有类似狭长船的一种小舟，它们在江河、海滨和小岛之间自由穿梭。这些船和吨位350吨的贸易帆船一样长，但是它们吃水浅，不超过两英尺，船桨很长，但不像欧洲船那样从船的两壁穿出，而是平行地固定在船身上面，可以轻易地摇起，驾着它飞快行驶。至于那些建成龙形在节日中盛装打扮的龙舟，在其他地方已有描述，这里不再赘言。

木材商和盐商是中国富甲一族，他们不用船而是用木排来运送货物。木排的制作如下：首先从四川省的山上或邻近森林中砍下木材，运到长江边后，挑出可以做成四、五英尺高，十英尺长木排的木料；然后在每根木头的两端打洞，穿上拧在一起的柳条来固定其它木材，这样一排木筏就浮在了水面，木筏长度由他们任意决定。

这些连在一起的木排长度与商人的财富成正比，有的竟有半里格那么长：整队木排像链条上的链环一样可以向任意方向移动；有四五个人在排头用竹竿和桨引导木排，其他人按照顺序，平均分配在各排木筏上，帮助操纵。他们在木排上适当的位置用木板和席子搭成棚子，用来储藏他们可移动的设备、衣服和食物，或者用来休息。在他们途经各城市时，出售木材，卖掉货物就这样一路把木材运到北京城，而行程已经超过了600里格。

中国人在海上航行和在江河上相同。他们曾经有过出色的船只，佯称在救世主出生之前，他们就已经在印度洋上航行了。不管他们的航海知识如何，但有一点可以肯定，不比在其他科学方面那样更加完善。

他们将普通的小艇和帆船都叫做"船"，而在葡萄牙语中叫作"索玛"或"索姆"；名字的来由不为人知。这些船无法与我们的相比，最大载重量也不超过250～300吨。准确地说，它们不过是双桅大帆船，长度一般不超过80～90英尺。船头不是做成尖喙形，而是分开并且像翅膀或牛角一样稍微向上翘起，看上去非常奇怪。船尾从中间分开，可以使舵免受大浪袭击；这种舵约五六英尺宽，可以通过一条从船尾固定到其上的缆绳方便地升高或降低。

这些船只既没有后桅，又没有船首斜桅，也没天窗。全部的桅杆由主桅和前桅杆组成，有时也在其上添置一根不便于维修的小型中桅。主桅非常靠近船头，而且向前倾；两桅之间的比例一般是二比三，而主桅的长度通常占整条船全长的三分之二。

他们的帆用竹席或一种在中国很常见的藤编成，分成像木片一样的小片，相互间连接的竿子也是用竹子做的；其上下各有一块木板，顶上的用来做帆桁，底端是一块五到六英寸厚、一英尺多宽的木板，在升降帆时保持帆的稳定。

虽然船帆比起我们的来能兜住更多的风，但是这种船却不善于出航，这是因为船帆在风力不足的情况下不够灵活，同时由于设计上的缺陷而失去了原先在这方面超越我们的优势。

他们不像欧洲人那样用沥青和柏油而是使用一种树脂来填入船只防止漏水，在船底涂上一两遍就足以保持其干燥。他们至今都没有听说过抽水机。

他们的锚与我们的不同，不是铁制的，而是用称之为"铁木"的又硬又重的木头做成的。他们认为，这种铁木像钢铁一样坚硬，用其制成的锚比铁锚更经久耐用。他们认为铁锚易于弯曲，而铁木制成的锚却决不会这样。不过，他们最普遍的做法是在锚的两端再加上尖铁头。

中国船上既没有领航员也没有船长，只有舵手驾驶并打理船只。不过，必须承认，这些人作为水手和近海驾驶员，应该没有什么问题，可是在大海里却不值一提。他们将船首抬高打算启航，对于偏航不以为意，感觉合适就操舵航行，毫无疑问，这种疏忽是他们缺乏长途航行而造成的。

五名来自暹罗的基督教传教士于1687年6月17日乘一艘中国船来中国。该船船长来自广州，在整个航程里一直检查船的结构。他们对此作了详细描述，从中可以了解到中国的航海知识。

他们乘坐的这艘船，按照印度籍葡萄牙人采用的算法，载重1900匹克，每匹克125磅，有近120吨；一吨重约2000磅。船型比较漂亮，可是船首扁平无喙，上下没有明显区别，其桅与我们的桅在倾斜度、数量和强度上都不同。主桅杆设在我们的前桅位置，两张帆相互之间靠得很近，十分不便。至于支柱和横帆，他们有简单的索具，从右舷连到左舷，在风中总是系得很紧。有一根斜撑帆柱和一根靠近后桅，后桅非常小，几乎不配用桅这个词。为了弥补这一点，和船身相比，主桅杆设计得奇大无比，为牢固起见，还在两侧钉了两根侧柱，从内龙骨直拖到第二层甲板。在主桅杆顶端，牢牢固定着两块木板当作顶桅杆，木板连在一起有七八英尺高。

帆是由两块正方形的席子做成，分成主帆和前帆。前者有四十五英尺高，二十八或三十英尺宽；后者与支撑它的主帆成比例，依帆的宽度，每隔一英尺在帆的正反两面插上几行竹子来作装饰，首先在靠近桅杆的位置分散。在这些竹行中还混杂了占据帆四分之一宽度的珠串，从没有吊带的那一边开始，像是被桅杆分成不均衡的两部分，在有吊带的一边空出四分之三以上的地方，吊带可以让帆像在锁链上一样在桅杆上面可以自由在船尾摆动不受妨碍，至少可达到二十六度。当需要抢风转向时，有时需要撑桅杆，而有时需要拉珠串。帆桁用作上绳梯，一块和帆桁一样厚的木头可以使帆保持直立。为了防止开裂在两个地方用厚木板做支撑，这两块木块由两条从桅杆顶端垂下的绳索吊着，相互间约有两英尺距离，每面帆有一根柱，一根帆脚索，和葡萄牙人称做"蜘蛛"的东西，实际上是在帆的一侧从上到下卷起的一个大包裹，末端打了一个结系在支柱上。

这种帆可以像屏风那样折叠或打开。升主帆时，他们利用两个绞盘和三条穿过三个固定在主桅杆顶端的滑轮上的绳索进行，降低风帆时，人们使用两支铁钩控制它。松开绳索后，用铁钩将帆拖下来，然后依次将方布折叠好。

这种传动装置设计不合理，占用时间很多。因此，中国人为了节省劳力，在风平浪静时任由风帆飘动。显而易见，风帆的超重风力压向桅杆就像杠杆一样把船头压向水中，只有通过装货来克服这种不便，即在船尾部装上比船首多得多的货物来平衡风力。因此，抛锚时就会出现前舱还高高在水面上，船尾却吃水很深。当风从后面吹来时，他们利用帆的宽大形状以及位于前甲板的位置，使船速提高很多，如果我们相信的话，船速可以赶上我们最快的船甚至超过它们。但是，在四十五度角的侧风来时帆只能被搁置一旁，更不用说遇到突如其来的阵风时，船会有原地打转的危险。

在晴好天气里，他们除了撑杆帆和顶帆外，还使用位于无操帆索或辅助帆的主帆一侧的主动轮和后桅上的直角帆。船上的帆都用棉布制成。

船尾中部给船舵留有空间，使其在暴风雨天气中免受波浪冲击。舵房在船尾楼两边附近向外开了个很大的口子，两边逐渐靠近形成一个锐角，在尖端处切平给舵手掌舵提供了充分的空间。

舵由两根缆绳吊着，绳子两端连在位于船尾最高处的绞盘上，可以随意升高或降低。另外两根缆绳从船底穿过连在船头，松开时可以在铰链房中借助绞盘保持紧绷，而这在我们欧洲人的船上是固定在艉柱上的。舵柄有七八英尺长，没有把手也没有滑轮，为了增加舵手的力量，在船两侧共固定有四个复滑车，每边两个，每一个翻转几次后就能到达舵柄那一端，使舵手在合适的位置抓住它。

用这种方法制作的舵无法用于大船，不仅是因为绳索在传递运动时会极易伸展变长，主要还因为不停地盘旋让绳索一直颤抖。这带来了另一个麻烦，在全世界任何地方都很难保持船沿航线稳定前行。他们开始制造葡萄牙人叫做"麦斯提萨斯"的船，因为还是按照中国的造船方法，他们就在上面装上一只欧洲舵。暹罗国国王的一艘吨位达七、八百吨的这种船，是他们所见过的最大的船了。

中国领航员不使用海员罗盘，不过他们用另一种罗盘。这种罗盘边缘向四下伸展，表面等分成二十四格，展现出许多点。他们一般将罗盘置于沙堆中，这样不但安稳，而且不受船身震荡的影响，因为每一次剧烈的晃动都有会破坏指针的平衡。他们还不断地为罗盘烧香，而焚香并不是迷信的中国人在给予罗盘的唯一待遇。他们把指南针看作航行的向导，甚至愚昧到为它焚祭的程度。

领航员小心翼翼地在船头钉上钉子，由此更显现出这个民族在航海方面的幼稚。据说中国人最早发明了指南针，如果是真的，那么他们在这方面的取得的进步太小。他们翘起船头，利用一根丝线来确定方向，丝线将指南针分成南北对等的两半，以两种方式进行，例如，要向东北方向航行，就使丝线与船的龙骨平行，然后慢慢将其转动直到指针与丝线平行；或者，其实也是一回事，他们使线和龙骨平行，而让指针指向西北方。最大的指南针上的指针也不超过三英寸长，针的一端是鸢尾状、另一端呈三叉形，全部产于查桂峰（Nangazaqui）。

船舱底部分成了五六个空间，彼此之间用坚硬的木板隔开。他们不用水泵，而是在主桅杆底下有一底舱，用水桶将水舀出。虽然海浪很高，船上又装载了很多货物，但凭借坚固的厚甲板和优质的防漏剂，海水只能渗进来一点。

这种防漏剂是由石灰、油、适量从树中提取叫做桐油的树脂和竹汁混合而成的，石灰是主要原料。干了以后看上去像是没有杂质的白石灰，这不但使整艘船显得更加整洁，而且免去了焦油那让许多人因不习惯而无法忍受的令人作呕气味。另外，因为这儿不像我们的船里涂满了沥青和柏油，所以没有失火的危险。

锚是木制的，锚爪上包有厚铁皮，而备用大锚除外。

所有帆具与缆绳都是用一种细藤或是用可可树的亚麻纤维做成的，葡萄牙人叫"开罗"。

船队中所有的人包括政府官员在内共有四十七人。领航员的任务仅仅是摆放指南针，指明前进的方向。舵手指挥航行，船长负责供给、照顾全体船员，不用去理会其他事情，然而每件事都在令人惊奇的有条不紊中进行。

这种良好的合作关系是出于整个船队的共同利益，因为船上的货物他们每人都有一份。而且，他们不像军官和士兵，没有任何薪水，但可以自由处置船上一定数量的货物。两层甲板之间隔成不同的小舱，每个人都有单独的房间。总之，大体上说，中国人勤勉专心、吃苦耐劳，只要再多积累一点经验就能成为出色的水手。

37. 中国的通用货币是银和铜。白银并不像在欧洲那样铸造成硬币，而是根据需要分割成大块小块。在购买零碎物品时，要自己动手将银子切割成小块来付款，在付款上花费的时间比购买时占用的时间更多。

在中国只能用银、铜两种金属货币来购买日常必需品和进行贸易。欧洲黄金和宝石价格差不多，因为它和其它商品一样可以自由买卖，从事黄金交易的欧洲人可以从中捞取相当可观的利润。

至于白银并不像在欧洲那样铸造成硬币，而是根据需要分割成大块小块，决定其价值的不是君王头像而是其本身的重量。人们使用光滑的小秤盘来称银两，它与罗马天平不同：由一个小盘、一根象牙或檀木秤杆和可移动的秤砣组成。秤杆的三面有三套不同的刻度，用一根丝线在一端可以从三个不同的点将它提起来，方便地进行各种称量。这种衡器十分精确，能够称量上至十五、二十两下至一苏的分量，甚至只要一克朗的千分之一重量就会使秤杆刻度明显移动起来。

银子的质地参差不齐，正如我们认为 24 克拉的黄金最好，他们也以百分来衡量银子质量的好坏。八成银是最起码的，要根据日用品的价格适当地增加分量；九成和十成的纯银则可以任意流通。

上等白银，往往只用于支付大额款项。中国人善于观察鉴别银子的成色，很少上当受骗。难就难在购买零碎物品上，有时不得不将银子放入火里烧，然后用锤敲扁切成小块付款；因此他们在付款上花费的时间比购买时占用得更长。

他们承认，用具有确定价值的硬币比使用银两方便得多，但他们担心这会对铸币者产生诱惑，而像现在这样反倒没有危险，因为在买东西付钱的时候他们自己切割白银。

这么频繁地切割白银难免会遗失一丁点儿，出于这个原因，你会看到穷人整天忙着收集、清洗那些从店铺扔到街头的脏东西，以此为生。

铜钱是唯一印有图案的货币，一般用来购买小东西。小小的圆钱中间有个方孔，人们用绳子将成百上千的铜钱穿在一起。铜币不纯净也不平整，每六个相当于一苏，十苏相当于十分之一中国货币"两"，价值相当于法币一百苏。

这些小钱币一直是中国的通用货币，有爱好者专门收藏古代王朝铸造的货币，世代相传，还有一些是在城市和房屋的废墟里发现的。我下面要讲到的都出自一本古老的货币方面的著作，此书写于宋朝年间，是殷弘绪神父（P.Dentrecolles）送给我的。

书中记述了铜钱的质地、形状、题字、价值和铸造的朝代，然后又提到了一些不确定的货币，诸如流通时间不详、贸易中的外币和迷信活动用货币。随着时间的推移，由于民族自身的弱点，他们一些迷信思想与货币联系到了一起。

中国字"泉"是用来表示我们所说的货币，确切的意思是表示泉眼里的水无穷无尽，借此表示手中的这种金属源源不断。过了一段时间，他们给它换了个名字叫做"钱"，因此，他们说"铜钱"，就是铜制成的钱；说"银钱"，即指银子制成的钱，广州人也这样称呼法国里弗赫和克郎。

正如我前面所说，用来铸造这种硬币的铜质地不纯，含有杂质。好的铸钱合金是四份铅混上六份铜，如果混杂了其它物质，铜会失去应有的色泽，而且掷地无声；尽管铸出来的钱币很厚，但是用手一折就坏。

从前金、银货币和铜钱一样曾经流通过。作者引用了一本古书上的例证说，早在夏（Hia）朝创始人大禹统治时期人们就开始使用金、银、铜币，并且还有其他朝代皇帝允许外币在国内使用。

还有一种货币用锡、铅、铁甚至泥土烧制成的，上面烙有印迹。据说，在汉朝有一位皇帝用一种泥混上强力黏土制成钱币来替换铜钱。他将收集的钱币深埋在地下，并把知晓此事的雇工全部杀死，这样就没人会知道藏钱的地方。

有些小贝壳，在中国称"贝"，在孟加拉（Bengal）称"科林斯"，在短时间内可以充当零钱。

货币，因朝代不同形状也有所变化：从前朝开始，铜钱就是圆形，外沿有些锋利，中间有个方孔。中间有孔是为了携带方便，成百上千也容易识别。每百个散钱用细绳穿上后就成了一吊。

按此书的作者所言，除了圆形铜钱之外在夏朝初期还有一种钱币呈弯刀形状，表示短剑，因此更名"刀"币；另一种和龟壳相似并由此得名"龟"；还有一种形态特别的叫"卜"，圆孔钱的直径在一英寸至一英寸半之间，有一些甚至有两倍大。

卜币和刀币有五英寸长，由于顶部很尖使用非常不便，故而停止流通。

曾一度有过一种叫鹅眼的小铜币，薄得可以漂浮在水中，握在手中时便有捏碎之险。花费至少一万个铜板才能买一袋大米，只够一个人吃十天。这种铜币在宋朝初期出现，但不久因为人们不用而被弃之一旁。

唐朝初年，黄河决堤，皇帝颁布通告说在那儿发现了三千三百枚三只角的铜币，因为泥土的腐蚀，铜币上面的图案已经消失了。无疑这些钱币是夏、商（Chang）、周（Tcheou）其中一朝的，因为那时的皇家宫院就建造在这条大河旁边。

硬币的图案和王座上的君主没有什么关系，因为他们认为皇帝头像被商人和下等人的手摸来摸去有失尊严，不成体统。

钱币上的文字常常是在位皇帝为区分各自统治时期而给出的年号，例如：永昌（Eternally shining）、统和（Sovereignly Peaceful）、明德（The magnanimous）等等。有常识的人不会让这些年号蒙蔽，因为他们知道新的年号不代表新皇帝。可是，这却诓骗了不少对大清帝国习惯略知一点的欧洲人，他们以此来计算皇帝的人数。康熙或许是唯一一位在其统治生涯中没有改过这类年号的皇帝。

其它钱币上还能见到主持铸币的官员姓名及钱币铸造地点。有些上面有皇上所规定的币值，例如"半两"表示一两的一半。还有一种，上面的文字相当特别，一共四个字"汇于清帝（kouei yu tching ti）"意即钱有钱路，最后还会回到皇帝手中。

至于像卜和刀那样的古币，则很难解释它们的特点，就是最有经验的中国人也坦然承认，不解其中含义。

有一种钱币上面烙有花纹，估计是在早期朝代通行的。后来，为了节省劳动和开支，他们满足于只在上面刻字。图上有三枚这样由银锡合铸的钱币，上面刻有花纹。其中一枚圆形、八两重，雕的是云中飞翔的一条龙；另一枚正方形，上面有一匹马，有约六两重；第三枚是龟甲形状，在上面一层层的小格中刻着表示皇帝意思的"王"字，但只有四两重。

某位作者把这种钱币的发明归功于商朝的缔造者汤，钱币反面的图案已经损坏了。中国人以为这些图案很神秘；他们说，龟热爱土地；马对土地就没有那么多爱，偶尔会一跃而起；飞龙象征完全从凡间脱离出来。在其它古钱币上也有龙的图案，无疑，龙是中华民族的象征，就像鹰之于罗马人一样。

很难判断这种古老钱币的真正价值，应当靠质地和重量来确定，但实际上并非如此：皇帝所定的价格按照需求上涨或下落，并且特殊的货币种类开始逐渐稀少。

为了更好地理解钱币的价值，不管是古代还是现在的，我们应该明白，中国的一斤合十六盎司，中国人叫做两，葡萄牙人称"提尔"；一两又分成十份叫钱，葡萄牙人叫"莫茨"，钱相当于十苏，又分成十"分"，分或苏再分成十厘。

中国的秤盘只能精确称量到这么多，然而重量相当大的金银还要分割得更小，几乎都察觉不到，所以很难用我们的语言给它下一个概念。他们把一厘分成十毫、毫分十丝、丝分十忽、忽分十微，微表示一丁点儿尘埃，微分十纤，纤分十秒，秒分十芒，芒分十铢，铢分十粟。

38. 铜币一直是中国的通用货币，但由于战争等原因，中国铜币有时会发生短缺，造成流通市场的混乱。这种时候，生活中的铜制品，甚至是铜铸的佛像都被熔铸成铜币以缓解紧张。

我们现在知道，想要确定古硬币的价值是不可能的，因为虽然重量是确定的，但其中有一些的价值远远超过其本身重量。当硬币缺乏的时候，皇帝不得不提高小币的价值，就此而言当前法国流通的但尼尔[1]与先前时期的同类货币相比增值十倍。这常常是引起流通混乱的原因，因为商人会相应地提高商品价格。

硬币的缺乏要么发生在外敌入侵的时候，因为他们把硬币装满货船运走了，要么是由于人们采取预防措施，在战争期间为保险起见把它们埋起来，而在他们死后没人知道钱在哪里。历史上曾有一段时间黄铜极其匮乏，于是皇帝拆了近1400座佛庙，把所有铜像熔化铸成铜币。有时政府严禁私人保留铜炉或其他铜制器皿，并责令将其交予铜币铸造之处。

洪武（Hong vou）元年，铜钱非常匮乏。这时，朝廷做得更绝，拿一半银子一半纸发给官员和士兵，薄纸上盖有皇帝玉玺算是1000但尼尔，相当于1000两银子。至今仍有许多泥瓦匠在寻找这种薄纸，他们将其当做稀有之物藏于房子主梁上，按其愚昧想法这样做可以使房子免灾消难。

---

[1] 法国的一种旧银币——译注。

虽然这很快被查禁了，但是到了元朝仍继续使用。马可·波罗（Mark Paul）认为他们用桑树皮先造出纸然后再制成纸币。他上当了，因为中国人十分小心，不会破坏这样珍贵的树种；他们用的是栲树皮，这种树身价不高，木髓的数量和接骨木相似，制成的纸比用竹子做的更坚韧。

铜钱不像欧洲的那样经过锻打，而是直接浇铸而成，除了宫廷外别处不许铸造。从前曾有多达二十二处铸造铜钱的地方。那个时候皇子们权大势大，对于自己的爵位头衔并不满足，暗地里一直尝试铸币，而表面上假装尊重皇帝，因为不管皇上的权力如何软弱，铸币的权力还是掌握在他手中。

如果在中国将白银像铜一样铸成钱币则可以说货币贬值了，因为他们经常伪造小铜板。假币贩子将真钱上的图形刻在赝品上，不过使用的金属质地较差，份量不足。一旦被发现则是死罪难逃，有些王子愿意砍下双手，也有的被发配边疆。

在硬币极端缺乏的时候，官方有时对这种罪行视而不见，直到假币在全国流通后再予以没收，重新制成同样大小的官币。

由于小但尼尔硬币弃用已久，其持有者用锤将它敲打得跟流通硬币一样宽，并夹杂在用细绳穿起的一吊流通币当中，商人也察觉不到。不仅如此，有些人还用厚纸片剪成相同大小与真币混杂在一起穿成一吊，不解开绳子是不会发现的。在古钱币当中，对于那些迄今在中国仍然流通的，我只是画出图形，没有进行描述。有一些是外币，但很难辨别，因为中国人所说的这些名称都莫明其妙。例如，他们称荷兰为红毛子王国，只因为他们见过几个长着黄色头发、红色胡须的荷兰人。当人们用这种方式来表示一个国家时，这个国家是不容易找到的。

总之，有一种钱币表现了人们的迷信思想而不是它的铸造年代，烙在上面的文字或图形代表着一个时代、历史事件或往事的再现。例如，有一枚硬币刻着凤凰和麒麟，传说中的神鸟神兽，中国人能说出千百个关于它们的故事。

凤凰是一种我们经常提到的鸟儿，麒麟则是集几种动物特征于一身的猛兽，长得像牛一样高大，身上覆盖着宽大坚硬的鳞片，头上有角，有着龙的眼睛和胡须。这种动物是中国军队中高级武官的象征。

已故皇帝康熙有一个柜子，里面按朝代先后顺序装满了各种各样的钱币。一位姓姜的官员是内阁首席大学士，专门负责按顺序摆放钱币。根据收集的这些奇妙古币，人们可以回溯到远古年代。

如果这些钱币是假的，是在后朝随意铸成，可以说每朝第一代的钱皆如此。但是，还有诸多其他朝代的钱币我们不曾见过，所以这里不能毫无根据地推断它们属于某个朝代。因此，根据古书中所说，他们在货币短缺时制造并使用纸币，比例适中，仿照铜钱的颜色，看上去和真的古币一样。各式各样的铜钱是中国历史的真实写照，不必怀疑历史上曾有这样的一个王朝这样一位皇帝的存在，因为当时所铸的钱币已经在中国人的手上流传了这么多年。

39. 中国国内的贸易量很大，就算整个欧洲也不能与之相比。至于对外贸易几乎不值一提，中国人认定外国人都是卑鄙小人，中国物产可以自给自足，不愿与外国人进行交易。在与外国人的贸易中，中国人总是想尽办法欺诈，竭尽全力将商品卖得越贵越好，而在往商品里面掺假的时候却毫不犹豫。

中国各省的特产，通过江河和运河便捷地运输，使得大清帝国一直非常繁荣。至于对外贸易几乎不值一提，因为中国人总是自给自足，怡然自得，极少到离家很远的地方进行交易。

中国的汉族皇帝总是将港口对外国人封闭，直到满族人上台才开始向外国开放。为了全面展现中国的贸易，首先谈谈中国国内以及他们与邻国之间的贸易，然后再说说他们与欧洲人的交易。

中国国内进行的贸易大得就算整个欧洲也不能与之相比。每个省份都像一个王国，彼此之间相互交换各自的特产，这种风气流传下来，后来在所有城市都很盛行。湖广和江西向收成不好的省份提供稻米；浙江供应最好的丝绸；江南特产清漆、墨汁和巧夺天工的工艺品；云南、陕西和山西出产铁、铜等金属，还有马、骡、毛皮；福建产糖和上等茶叶；四川盛产植物、药草、大黄等类似东西；各省都有特产，不便一一详述。

一切商品都可以方便地通过水路来运输，甚至在很短的时间一售而空。

比如，你会看到在适当的季节中国商人抵达某一城市三四天后就能卖出六千顶帽子！贸易终年不绝，但新年的开头两天除外。那时他们正忙于娱乐和"拜年"，不过，在乡村和在城市中其它事情还是照样运作。满清官员也从事贸易，有的把钱交给值得信任的商人管理来增加收入。

总之，除了一贫如洗的穷人之外，没有谁不能做些小生意，只要想法子交易就能轻松地生存下来。也有一些人家全部家产加在一块也不到一个克朗，但是带着两、三个孩子的父母靠着经营小生意也能勉强养家糊口，逢年过节穿上丝绸衣服，几年之内生意就能扩大到相当规模。

这似乎难以理解，但每天都会发生。有一个这样的小商人，他有五十苏[1]用来买糖、面粉和稻米制作小蛋糕，在天亮前一、两个小时烤好，很讨旅行者的喜欢。他的商店刚刚开门，就被成群结队清早进城的乡下人、工人、搬运工、打更人和当地的孩子们来买光了。靠这个小生意扣除本金外还剩二十苏，只要一半就足以维持他家里的生活了。

一句话，频繁出现的市集上聚集了大量市区居民，他们不买也不卖。真希望中国商人在交易中，尤其是在和外国人交易的时候更加诚实一些。可事实上他们却竭尽全力将商品卖得越贵越好，而在往商品里面掺假的时候却毫不犹豫。

他们的座右铭是以最低的价格买进，然后漫天要价，希望有天真无知的顾客前来买走。行骗的不是商人，他们说，是顾客自己骗自己。可是他们一边按照这种可恶的法则行事一边站出来赞美其他人诚实、无私，这样他们才能避免良心的谴责。

就如我所说，中国各省交易如此广泛，难怪人们不渴望与外国人进行交易，当他们认定外国人都是卑鄙小人之后更是如此。在他们的航海记录中，他们从没有穿过塞拉顿角，最远的航程不过是通过马六甲（Malacca）海峡再到爱琴（Achen），到达通往荷属巴达维亚的塞拉顿角（The Straight of Sonda）边，北面只到达日本。因此，这里只简单介绍一下他们在海上到过什

---

[1] 昔日法国的一种铜币，20 苏价值一法郎——译注。

么地方进行贸易，以及他们进出口的商品种类。

一．日本是他们经常光顾的最远的国家，一般在六七月间进行远航。他们还去柬埔寨（Camboya）、暹罗，送去两国所需的商品，并从那儿运走在日本畅销的其它商品。他们回国时会发现这次航行获利百分之两百。

如果从广州、泉州（Emouy）或宁波这些中国港口直接去日本，他们会输出下列商品：1．人参、马兜铃、大黄等类似的药材，2．成船的白糖、水牛和母牛皮。其中白糖很容易获利，有时利润高达百分之一千。3．绸缎，主要是各种颜色的丝绸、缎子、平纹皱丝织品，其中以黑色为主，有些绸缎在中国一匹只卖六两银子，但是在日本价格高达十五两银子。4．用做工具的丝线、沉香木和檀香木，这些在日本颇受欢迎，因为他们经常向自己的崇拜偶像进香。5．欧洲布料和羽纱也很畅销，由荷兰人运进中国，但中国商人一般不购进除非他们能按相同的价格出售，获利可达百分之五十，而荷兰人从中谋取的利润更是可想而知了。

中国商人装进货舱运回国内的商品有：

1．精美珍珠，其价值与光泽、大小成比例，有时也能赚到十倍的利润。

2．马蹄上用的紫铜，他们花三、四两银子买下，回到国内则以10至12两的价格售出。紫铜可以制成天平、雕镂盘子、香炉、脸盆等，看上去美观、舒适，因此在国内售价昂贵。

3．佩刀在中国倍受重视；它们在日本只售一个比索[1]，而在中国有时要卖上十个比索。

4．印有花卉的平滑纸张，中国人用来制作纸扇。

5．漂亮的日本瓷器，但不像国内的那样使用，因为它承受不了沸水的温度；它们在日本的价格和中国瓷器在国内的售价相当。

6．日本手工艺品卓尔不群，价格并不固定，中国商人担心可能会卖不出去而很少装运，但是一旦运回国内会卖得非常贵。只有二英尺高，宽度相当的柜橱在中国要卖到一百个铜钱。泉州和宁波的商人每次装运这种货最多，

---

[1] 埃及、西班牙、墨西哥之硬币单位——译注。

因为他们会运往马尼拉（Manilla）和巴达维亚，再卖给喜爱这些工艺品的欧洲人来赚取大钱。

7. 质地优异的金子和一种铜锌合金，在巴达维亚出售能得到百分之五六十的利润。

如果交易要依赖中国人的诚实，欧洲人选择同日本人交易则要简单得多；但是，除非他们给他们组成公司，自己做货主，有足够的力量以防受辱，否则就做不成生意。

二．中国人也与马尼拉进行贸易，进口大量丝绸、各种颜色的条纹染花缎子、刺绣、地毯、垫子、睡衣、丝袜、茶叶、瓷器、漆器、药材等。他们一般获利百分之五十，此外什么也不带回去。

三．中国人和巴达维亚的交易最有规律。他们发现这样的贸易虽然简单，但利润却很丰厚。巴达维亚每年都有来自广州、泉州和宁波等城市的商船。这些商船 11 月左右出发，12 月份靠岸。他们装载的商品有：

万丹华商。荷兰 1646 年铜版画。

1. 优质清香的绿茶，但松乐茶不受荷兰人的欢迎。

2. 售价像在广州一样便宜的瓷器。

3．用于镀金的金叶和金线。有的并不按照重量出售而是一扎一扎的卖，价格昂贵，因为它是用优质的黄金制成的。但是，中国人在巴达维亚还是按重量出售，用红色的绸带扎成一小包，目的是衬托出黄金的颜色并让包裹的分量更重一些：荷兰人从不使用，但却将其出口到马来赚取可观的利润。

4．锡铁合金，一种用锡和铁混合制成的金属，可以带来百分之百、有时百分之一百五十的利润。

5．药材，尤其大黄。

6．大量铜制器皿，像铜盆，雕花盘子，大铜壶等等

他们从巴达维亚进口的有（1）八块一组的银子。（2）香料，尤其是胡椒、丁香、肉豆蔻等。（3）龟甲，中国人用它做成灵巧的器具，其它的有梳子、箱子、杯子、刀柄、烟斗和欧洲式样的鼻烟壶，只售五便士。（4）檀香木，红木和黑木，做橱柜板料，还有一种是用于丧事的红色木材，通常称巴西木。（5）切割好的玛瑙石，中国人将它做成钮扣缝在帽子上或腰带上当作装饰，或是做成手镯戴在手腕上。（6）小块的黄色琥珀，价格便宜。还有欧洲服装，在日本出售也能获利不菲。

这是中国人在国外进行的最大宗的贸易。另外，他们还偶尔去爱琴、马来（Malacha）、尼泊尔（Ibor），不丹（Patana），去暹罗王国属地利哥（Ligor），还去交趾支那等地。他们在尼泊尔的贸易是最方便而且最有利可图的。如果他们在十一月和十二月份开船去爱琴的话，甚至连用于航海的开销也赚不回来，此时正是苏拉特（Surat）和孟加拉的船只沿海航行的季节。

他们很少从爱琴进口其它东西，除了香料，例如胡椒、桂皮等，还有中国筵席上的美味燕窝、稻米、樟脑，将藤条拧成棍状、加上树叶制成的火把、能像沥青一样熊熊燃烧、在夜间行军时可以当火炬使用的藤杖，还有金、锡等等。

接下来是关于欧洲和中国的交易。贸易地点为广州港，并且还必须在一年中规定的时间内才能进行贸易。欧洲的商船不得靠近广州，只能在下游四里格远的江中一处叫黄浦（Hoangpou）的地方抛锚停船。河里聚满船只后，看上去像是一个大森林。过去，他们进口布匹、水晶、剑、钟表、闹钟、摆钟、

望远镜、镜子、水杯等。自从英国人成为每年的常客以来，这儿所有的商品都变得和在欧洲一样便宜，只有珊瑚能很快出售不赔钱。

因此，整体上说，现在中国交易已经用金钱进行，黄金在中国已是商品，通过贩卖黄金可以牟取暴利。在广州卖掉的金子有一部分流入其它省份，还有一些流向国外，如爱琴、交趾支那、日本等。广州人把除了交趾支那外的其它地方收来的金子重新熔炼后，将最亮最纯的卖给皇帝，私下出售的黄金纯度不高，需要再次提炼。

中国人用合金切割金子，就像在欧洲那样。通常出售的从 90 到 100 克拉不等。根据购买的时间不同金价或贵或贱：三、四、五月份里金子最便宜，从七月到一月之间最贵，因为在那时广州港停泊的商船最多。

另外，还可以在中国买到优质药材、各种茶叶、金线、麝香、宝石、珍珠、水银以及其他等等。但是，在和欧洲人进行的大型交易中最主要的是漆器、瓷器和各种绸缎，对此我将做更为详尽的描述。

(J.−B. Duhalde, The General History of China, Containing a Geographical, Historical, Chronical, Political and Physical Description of the EMPIRE OF CHINA, Chinese−Tartary, Corea and Thibet, Trans. By JOHN WATTS, London, 1736，石云龙译)

哲人王统治下人民的真正幸福

哲人王的事实不仅被自然的本质证明，还被生活在中国的开国者伏羲和他的著名的继承人黄帝、神农统治下人民的实际经验所证明。

[德] 克里斯蒂安·沃尔夫著　孙敏译

1. 作者宗旨

本文译自 1728 年沃尔夫在马堡大学的一次演讲稿，原演讲名为"哲人王与哲人政治"，在沃尔夫及其同时代的哲学家那里，中国成为证明柏拉图理想国乌托邦现实性的最好证明。

柏拉图有一个至理名言，只有当哲学家统治，或统治者变成哲学家时，国民幸福才能够到来。显然，这不仅仅是理论，而是事实存在，我在别处曾暗示过，古代中国帝王都具有哲学天赋，他们中我曾提到过的中国的科技与帝国的创始人伏羲及其继任者们。有赖于他们的始创之功，中华帝国的统治是古往今来世界上所有统治方式中最好的，中国的政治卓然超群，尽人皆知，在此本人不想赘述。在中国的实例中，明显可以证明柏拉图有关哲人王的假设，我希望由中国实例讨论这一哲学思想，不会有什么不妥之处，尽管这一哲学原理还只有少数人能够正确地理解。

2. 何谓人民之幸福？

"人类只有在两种情况下才能遇上太平盛世：或者是那些正确而真诚地奉行哲学的人获得政治权力，或者是那些握有政治控制权的人在某种上天所作安排的引导下成为真正的哲学家。"柏拉图畅想的"哲人王"统治下的"理想国"开启了西方世俗政治乌托邦的传统。从利玛窦以来的传教士带回欧洲的材料慢慢显示，在一个

社会是理想的东西，在另一个社会恰恰正是现实。中国实现了哲人王统治下人民的真正幸福。中国先王开创的政体，使他们成就了一个理想的国家。

我们接下来要阐述的源于哲学原理的一个观点，即一个幸福的社会必须或者由哲人统治，或者统治者是哲人，我们认为这与我们的目的很相近，首先要解释的是，民众的幸福并非像读者想象的那种乌托邦式子虚乌有的幸福。必须确定的一点是，人们聚集到一起，组成了社会，别无他图，只有一个目的，齐心协力，共创公共利益，共同抵御敌人的攻击。从这里，我们可以看到人类幸福是一个不断完善的过程。社会幸福，即一部分共同努力创造的公共利益，是人们建立社会的目的。应不受干扰地实现，这样人就注定会幸福，大家一齐共享荣华，同御外侮。有关公共利益，我们在政治哲学已经论证过了，在这里点到为止。公共利益包括在不同情况下，人人可均沾的最大利益。但是在作出重大让步之前，让我们对有关公民幸福本质争议都置于一旁。仅仅假设，这种幸福一旦达到，则人们聚集在一起生活的目的就已经达到了。我们必须在这一点上达成共识；社会是有一定目的社会，社会中的所有活动都引向这一目的，而社会只有当其所有的一切努力都奔向这一目标时，才会幸福。可能这种理论有点太一般化了，但这一原理足以达到我们现在的目的，从而推导出民众幸福与哲人统治的联系，我们的设想不是深入每一点详述哲学对实现某一社会目的用处和必要性，现在我们只研究一般原则，它会极大地显示将要被证明的东西，它可以方便地应用到个例中，以便能更清楚地阐述问题。因此有必要从一般下放到个别，这是可以实现的。下面将举例说明一般是怎样适用于个别的。这就是我们将要证明的如果国王是哲人，或如果哲人是国王，那么社会幸福的目的就实现了。统治者的一切统治行为，都应指向这一目标，那些与这一目标背道而驰的作为，必将引起一系列连锁反应，与人民的公民利益格格不入，从而导致了人民长期的不满与怨忿。

3. 统治所需的才干

理想国的统治者需要完美无缺的德行，广博的知识和深邃的智慧。1697 年，

白晋带着一部献给路易十四的《康熙帝传》回到欧洲，在这部书中，将康熙皇帝描写成哲人王的现世楷模，具有统治者所需要的一切品质。

如果要问对统治者的素质有哪些要求，才能使人民幸福，回答很简单，即统治者必须懂得哪些事情能使人民幸福，并坚决彻底地贯彻它们，使得这一崇高目标在他的努力下得以实现。

无疑，这一点是无须证明就能接受的，难道对这一点还会有一丝一毫的怀疑吗？当统治者行使权力时，应清楚地理解他的所作所为，并致力于为人民谋幸福。这与我们一般的想法相符，智慧是不被质疑的统治者的素质之一。显而易见，统治者必须有一定的智力和才干，还要忠诚，因此统治者必须的素质而不是指一般的才干。这一点我们需举例才能够说明。在统治者的种种才干中，我们将智慧列为智力上的第一位要素，因为智慧能使他认识到既定的行动目标并对实现这些目标方式所进行明智的选择，而且，智慧还能使统治者具有高瞻远瞩的能力，用智慧来处理政务。由于社会生活中事务各有不同，人们所使用的智慧也就各不相同了。

统治者为大家谋福利，需要某种特殊的大智慧，那就是忠诚。忠诚是一种特殊的智慧，它将智慧体现在一种道德力量上。首先应该最求道德之完善，才能将一般智慧用于处理各类政务中。而在统治者的忠诚的道德修养中，我们首先强调的是政治哲学的修养，因为政府为公民谋幸福，需要一种哲学指导。不同的行业有不同的智慧，这就是古人所明智地承认的人的智力的局限，没有人能无所不能，无所不知。王者有王者的智慧，我们根据王者道德品行中的政治哲学学说研究统治者的智慧。个人能自理好自己的那一摊事务即足以可称为智者。当然，我们也不能把智慧限定在一狭小的范围内，认为智慧一般适用于某些事物，就足够了，它可以触类旁通，举一反三。王者智慧尚忠诚，由此及其他，不论从其智慧的种类和范围，王者智慧有忠诚做根基，都可以广泛扩展。

智慧，及其他王者应具备的品德，我将在我们政治哲学中适当之处予以明示，在此不便细谈王者智力和道德品德。我们主要提出原理，用它来阐明我们的观点。

传教士郎世宁在乾隆登基时作的乾隆皇帝画像

4. 统治者何时可能会出错？

启蒙时代的哲学家大多赞同开明君主专制，认为与其把理性交给盲动的暴民不如交给一位有教养但懒散又容易犯糊涂的国王，哲学家的任务是用理性引导国王，将国王教育成哲学家。

我们已经说过，统治者在紧要关头应知道并能选择该做的事，使公众安全幸福。因此，如果统治者不小心犯了错误，没有能保住公众的安全，自然也没能保住公民的幸福。有可能是出于无知，或其他一些外因，受情绪左右玩忽职守。他的错误不是理解上的偏差就是意志上的缺陷。因此如果在政府管理上统治者不想背离公众幸福之路，他必须改正错误，完善自我，如果其他的药剂都不如哲学，那么，为了使人民幸福，国王就必须成为哲学家，或者必须让哲学家当国王。我们的任务就是更清晰地剖析为什么统治者的无知，犯错误，情绪化，玩忽职守，同时也揭示哲学是如何左右统治者的头脑和心情的。

5. 谁是哲人？谁可能进行哲学的判断？

中国的帝王将相，他们同时也是哲学家，他们创立的政府是世界上最好的政府，他们是全世界统治者的榜样。

但在我们能够清楚地表明哲学能有助于统治之前，我们必须指出谁是哲人，不是名义上的，而在实际之中对这一称呼当之无愧的哲人。哲人应能够对事实存在或可能性进行推理，他不仅能够自己清楚，而且能够向别人解释清楚，为什么事情会如是存在着，在特定情况下同样是可能性，为什么某一种可能性比另一种可能性，更有可能发生。于是他就对他观察的事物的发生进行哲学推理，进而指导别人，为什么是这些事物，而不是别的事物会发生，它们是怎样发生的。由于事物的可能性是无限的，没有人能够成为一个全面的哲学家，但能够对我们自己的领域里的事情进行哲学推论，就足以成为哲学家了。统治者就应该对公众的安全和安定及与良好政府有关诸事进行哲学推理。应该以此为己任予以充分关注。但是从公民和政治哲学的角度上，我们还可以再看几个例子，因为我们全面地对良好政府进行哲学推理，从其他学科和科学中我们可以借来一些原理为我们所用。一条确凿无疑的真理会渗透到许多科学中，相互关联普遍适用。另外，统治者应确保他能对某些事情进行推理，使他得以对另一些与良好政府相关的事物进行明智的判断。现在，为了能更好地推理，必须有一定的思维习惯，这种思维习惯只能通过开动脑筋才能形成。一般说来，它比其他的真理更难，但是它又是管理中必不可少的。于是你可以观察一下，中国的帝王将相，他们同时也是哲学家，他们不仅对良好政府进行推理，也把他们的聪明才干应用到其他研究对象上，使他们能对良好政府各部分，有更好的理解。中华民族的创始人伏羲，从对宇宙研究出发，创立了 64 卦，称为《易书》，即变化之书。现在需要很深邃的中国式智慧才能理解它，因为解码的方法已失传了。孔子花费了大量精力企图破解它，他被认为在这方面是做得最好的。孔子认为自然界各事物的联系和秩序有规律性及作用力，自然最好的启示主要体现在两个方面，一为个人及家庭生活，另一主要为省市乃至全国的公众政府。如伏羲发明的乐器，他全身心投入到发明之中，从中悟出自然寓和谐于变化之中的道理，并将这种深刻的道理应用于建立和改良社会体制上。他的后继者神农，在必要农具的发明，植物药性的探究上，也做了很多有益的工作。他沿着先辈的足迹前进，认为对这些自然事物更深刻的观察思考，将有助于完善已建立的社会政体。

他的继任者黄帝，使中国步入辉煌。他完成了甲子纪年法，至今，中国人仍沿用此法纪年；他使天文学成为科学；他建立了一种历法，发明了算盘；他还发明了乐器、武器、渔网、战车、铁器和陶器、度量衡；在几篇文章中他还解释了脉理，现代中国的医术还在运用。因此，黄帝致力于科学发明对艺术和自然的研究，在自然中感悟政治的道理，使自己能够创建中国式的政府。中国政治独具特色，这样，在别人评价中国皇帝时，绝不可能认为他们的政府形式与世界其他君王的政府相比而逊色。众所周知，中华帝国是非常庞大。划分为 15 个省份，所有去中国的旅游者都异口同声地称赞中国的强大，这些省份与其说是省份，还不如说是一个王国。

中国最初的三个帝王，伏羲、神农、黄帝，创建了中国的哲人政府的模式。当时它远比世界上其他模式先进，它的繁荣昌盛持续了数千年，延续至今，而其他的君主制国家或王国则早已寿终正寝。中国三皇的最后一位黄帝的统治始于公元前 2697。从中华帝国的辉煌历史看，统治者，难道不应该不失时机地进行发明创造和哲学思考，对泱泱帝国的一切事无巨细都予以关注吗？这些无所不能的伟人，观察自然，发明技术，他们的作为似乎与统治者毫不相干，但他们的统治却使国泰民安。他们创立的政府是世界上最好的政府，无与伦比。

6. 哲学对完善已建立的社会政体的必要性

中国的缔造者们，在没有先例可以借鉴的情况下，以自己的哲学才智，从家庭管理的道理，推导出国家的统治原则，逐步改进完善，不断趋近自然真理。

人民的幸福，统治者的才干，哲学的思想，这些前提一旦明确，哲学能够帮助统治者建立公民和政治幸福的道理，就不证自明了。我们这里说的可以归结为两个要点，即统治者如果是哲学家，会更确切地理解良好政府的必要条件，选择更好的方式促进人民的幸福。如果统治者建立了一种政府形式，或完善已经建立的政府，他们应该是具有哲学修养的人，尤其当他们没有其他的政府形式可借鉴时，就更需要哲学的指导。这就像在中国政府这一例子中所表明的，或者国王成为哲人，或者哲人当了国王，都可以使人民得到幸福。当年伏羲统治这一庞大帝国时，国家的形式尚有待建立，政府的形式也无先例可循。由于中国与其他国家没有贸易往来，整个世界对他们都是陌生的，他无所诉求，只有自己首创自己的政府形式。可是当神农和黄帝继承了他的辉煌帝位时，伏羲建立的政府形式仍有待于进一步完善。他们以此为目标，为了探索出适合的统治方式，他们需要对统治的目标有一清晰的认识，并形成必要的一般原则，经过一系列的推理，他们应知道什么是切实可行的，无一例外，结论举一反三，多次验证，才能最后定夺。从确切的目标出发推导出的结论仅仅只能作为一个前提，即逻辑三段论中的小前提，必须推进到更一般的原则来形成大命题，才能得出正确的结论[1]，同样，很显然要继续这

---

[1] 结论：形式三段论是这样一个观点，或最终精确的论述，它由三个假设组成，前两个假设被逻辑学家分别称为大前提和小前提，这两项构成前提，最后一项称为结论，对那些没有一点逻辑概念的人来说简直不可思议，他们无法作出确切的结论，但三段论法是对每一个假设进行论证的最有效最便捷的方法，当假设简化为三段论时，不能简化的就为谬误，除非是不言自明的公理，下面的例子虽然简单，却能十分恰当地说明问题，农夫指给儿子看燕子，笼统地告诉他这是鸟，为什么叫它鸟呢？因为它有翅膀，能飞。这一推理自然包含了这一原理。所有能飞的有翅膀的都是鸟。显然农夫的结论包含了三段论。

大前提：所有能飞的有翅生物都是鸟。

小前提：燕子是有翅的能飞的。

结论：于是，燕子是鸟。

伍尔夫先生颇费踌躇地将所有的事物都用三段论来精确地加以解释，用他的拉丁逻辑法和文法阐述其用途。尊敬的查伯斯先生将伍尔夫的论著译成法文，伍尔夫先生有关三段论的要领在这里适当地被发挥了一下。他说："我与其他人一样，也同样憎恶三段论，但经过深思熟虑，开始转而欣赏起三段论来了。"这是一个与我想象全然不同的情形，从此我就毫不犹豫地与其他的学者同样的意见。这是对真理的热爱，也是对那些浅薄人士认为空洞幼稚，微不足道的想法的一个很好的回答（见同一章）他接着演示了怎样利用三段论的用处。他说："尽管我再三强调三段论的用处，我并不是要每个人在迁何时候都去用它，那将十分迂腐可笑。有时根据一定的规则定理也可直接推导出结论，有时如果前提很容易，又与一般结论或论点相联系，就可以省略"。（见 log.lat §551,et feq）

* 观点：一系列的演绎推理的论证，通常称为论点，它的命题来自主体本身的实质定义，公理或其他已经过论证的命题，这就是我们称为论证的观点，论证也可以建立在观察经历的基础上，它们使人对主体产生疑问，这时我们通常称这种论证为后期观点，伍尔夫先生的论证属后一种，《柏拉图学说的真理》比如有从公众幸福的本质，哲学对于这种幸福的作用，伏羲的例子，中国政府最初建立者等都表明了伍尔夫先生的论证，属于后期观点。

* 智力天赋即能力，理解真理及推导真理的能力，道德天赋，积德行善的意愿，可由伍尔夫先生举的例子说明。

一系列的推理，一般原则是必须的。只由一个三段论推导出结论是很少见的。大家不要以为，我们在这里强词夺理，过分夸大了三段论的作用。实际上在重要的哲学思考中都包括了三段论。统治者处理浩繁而重要的事务的思路，也不例外地要通过三段论的论证推倒，正如一个人受机械运动原理和社会传统制约，这一点我们已经有过详细的论述[1]。帝王将相腿脚关节和行走与常人无异，他们的思维也不应与常人有别。哲学家决不会舍弃现成的术语不用，这些术语能使人能够懂得他努力想解释得清楚的精确的一切事物，那些看上去像是陈词滥调的说法，丝毫无损被描绘事物的威严。现在，确定性的和普遍的观念[2]，回答了这样的猜想，帮助我们作出明确的结论是很有哲学性意义的。于是中国皇帝，大帝国的缔造者们拥有优秀的哲学天赋，他们用哲学建立了政府，没有任何可借鉴的先例，没有一个完整公民或哲学体制可以拿来套用。他们在自身聪明才智引导下利用也是所有发明者熟知的归纳原理[3]进行经验总结，从一大堆杂乱无章的现象中理出思路。因为他们已经，并非偶然地，从家庭的组织和行为中归纳出个人修养的道理。又从个人身心修养与行为规范推导到家庭伦理原则，最终在家国同理的原理下，推导出社会政治理念，在一家之长之下，家长就是统治者。我们还可以继续由家及国的归纳原理来论述公民社会。我们不应把古代中华帝国的创制想象成仓促草成的，一蹴而就的。他们对这一浩大的工作想前人之未想。首先正其身，端其行，展示人

---

[1] 在其他地方指出过，见经验心理学，心理学是形而上学的一种，是有关思想灵魂的思考。前者也称之为经验心理学，或经验主义，但在解释与灵魂有关的事实时以及为我们熟知的运作时又提出了后者接下来是理念心理学，或根据我们对灵魂的概念根据它的运作而下的定义，以及所有与其相联系的事物，在牢固的基础上进行演示。

[2] 确定的与普遍的概念无限指能适用于几个不同种类或个体，通常作为三段论的大前提，如，我们有关动物的概念，我们把人与兽都放在一类，我们也可以把人与兽分开，只考虑这两个个体，有限指只能用定的符号。不能多也不能少，去解释一个物体，能区分它们，用适当地描绘他们，就称之为有限，有限即具区分性，能准确而恰当地加以描述，这些描述的语言与概念丝丝入扣，将概念程式化了，就能传递给别人。

[3] 归纳原则，是一事例通过类比进行推导，某一具体事物在某一具体环境下能有良效。于是，同理可得，当环境相近时，眼前的事物也可能同样奏效。将这一原理运用到世俗与精神生活的各事例中要有相当的技巧。因为事例不可能完全等同，好像是一个模子倒出来的，环境的任何一点微小的变化，都会影响这一原理的应用，我们将举例予以说明，一个人很可能是好团长或好队长，当上了部队的头以后却并不出色，原因是，他将自己团或队的做法照搬到部队来了，而这一整套操作与他单个的团或队却大相迥异。

应如何自我调节，自我控制，尤其是对个人行为举止的规范。然后他们想象出家庭的模样，应该是一大家子置于家长领导之下，家长是全家的灵魂。通过这一类比，他们得出结论，需要一个显赫人物统治国家，管理一切社会事务。他们关于国家政治的思考循序渐进，他们根据自己所理解的家庭伦理原则孜孜不倦地努力实践，从中发现自然与社会幽微复杂的道理。他们不断思考不断探索，逐步改进逐步完善，一步步接近自然真理。

他们一旦掌握了家庭管理的道理，从中获得成功，他们就进而推导出管理行省或王国的原则。国王就是家长。由家而国，再由不同的王国组成大帝国，所有的治理原则都是相同的。他们由家庭原则中推导出了良好政府的概念。他们并不否认从家庭治理到国家治理，其中有一定的差异，但他们在不断的实践中总结经验，归纳出道理。伏羲充满了这些崇高的思想，它们来自社会实践的积淀和渗析，对于庞大帝国这一千年基业的建立，功不可没。但是伟业并非他一人完成，其实他什么也没有决定，只是在管理国家时积累了丰富经验，伏羲称他的后继者为他的合作者，要求他们参与帝国事务，以证明他们有能力完成他自己开创的未竟事业。于是伏羲的继任者们沿着伏羲开辟的道路前进，创立了许多新制度，颁布了许多新法令，一切都有条不紊地进行着。就这样，经过几代人的努力，伏羲不可能完全成就的缔造帝国的大业，由他的继承者最终完成了。因此，无疑地，用哲学方式来考虑社会政体的形式的哲人王和那些只会一味模仿别人的帝王的差异凸现了。我认为这没什么奇怪的，如果一个国家的缔造者是哲学家，或哲学家是缔造者，结果必然产生一个建设得非常好的社会政体。那些能够在重大事情中用哲学思想进行推理的人是些什么人，看看中国的例子就很清楚了。如果你还要进一步说明，请看下例。要想建立一个好的社会政体，它的形式应与促进公众利益相一致，应能与抵御外来侵略的要求相一致。我们必须清醒地认识到这是治国的根本目的，统治者应在此倾注其注意力，把它运用到实践中。目的确定，统治者应该思考的是实现这一目标的方法，或者首创一种方法，或者在实践中检验改善这些方法，在这两种情况下，哲人化的思考都可通过一系列推理归纳出最终命题[1]。于是，如果一个社会共同体建设得好，必须要哲学家去对其建立进行哲学思考，否则他很可能会抄袭偶尔找到的现成的例子，这是很危险的。

7. 哲学在统治中的必要性及实用性？

中国人有个习惯，可见诸于孔孟著作，每逢危难之际，小到诸侯，大到帝王，总是求教于哲学家，因为哲学家是帝王之师，他们的政治见识是超群绝伦的。他们不是只在理论上强调哲学与贤明良好统治的必然关系，他们总是能成功地运用哲学指导实践。

同样的道理，哲学在统治中不仅完全必要，而且十分有用。因为君王的统治要求他不能有一丝一毫的武断，对民众的疾苦切不可随意处之。他应以国民幸福为最高法则，做任何事情都要促进共同利益，保持社会安定，和平。

任何人若用哲学去思考，就不难看出这一法则。没有哲学洞察力，没有深刻的哲学涵养是很难遵守治国法则的。危急关头作出轻率的判断，必定酿成大祸，而仅仅关注眼前事例也无法做出明智的判断。只有通过推理才能得出最终结论。因为没有人能够保证他的所有想法都能够实现政府的目的、公民的幸福，并能给他的行为指明方向。因此，要选择何去何从，就必须首先对特殊情况下的特殊事例进行判断。针对我们预定的目的，经过深思熟虑，审时度势，形成清晰的思想，再做最后的决定。这样就不会有所疏漏偏差，这样的判断就会准确无误。我们必须学会经过思考，特殊情况特殊处理，观察具体全面，找出每一事物的特殊性。如果我们发现事物之间相互联系，有些事物是另一些事物产生的前提，而另一些事物又是另一些事物产生的条件，他们彼此之间相互制约，相互决定，我们就能够对事物有一个根本的全面的透彻的认识。这是哲学家特有的深刻的洞察力，没有一个哲学家不是经过沉

---

[1] 最终命题。在 No5 中已解释过了我指的大前提，是指综合的思想，产生最终思想，它们不多不少恰恰能解释了相关的最终判断，即他们能用恰到好处的话，不多也不少地解释了相关的最终判断。

思冥想得出形式清晰的思想的[1]。区分不同情况，发现相互关系，特殊情况特殊处理，我们可以从这一原则中学会处理政务的方法，这样我们的行为就不会与治国安邦相抵触。正确的思想导致正确的行动。审时度势，正确思想，妥善抉择，这些都是哲人王应有的素质。

哲学思考要求假设必须明确，精确地表明在此情形下该如何作为，有了明确的假设，无论是后置的还是前置的都是哲学性的假设，你就可在给定事例中作出明确的判断，哲学在统治事务中必不可少，哲学对于统治本身与建立公众幸福的社会一样是密不可分的。中国是一个很鲜明的例子。正如我在别处已阐明的，他们用自己特殊的方式撰写了编年史，记载了所有的事件，孜孜不倦的读者也不知不觉接受了我们认为统治必需的哲学思想。这些编年史成为智者或未来哲学家的经典案头书。实践哲学风靡全中国，中国人致力研究如何实现良好政府的最终目的。孔子15岁就仔细研究了这些编年史，将历史事件带入个人现实生活经验中验证，从中总结出一整套的帝王经世致用的道理。这样，孔子就有了明确的思想，成为思想的大师，他的实践哲学指导着中国人修身齐家治国的活动。中国人有个习惯，可见诸于孔孟著作，每逢危难之际，小到诸侯，大到帝王，总是求教于哲学家，因为哲学家是帝王之师，他们的政治见识是超群绝伦的。我们忽略了一件事，它可能有助于说明问题，中国人注重实践，不是只在理论上强调哲学与贤明良好统治的必然关系，他们总是能成功地运用哲学指导实践。我们一再举证，理由是我们不可能脱离实际经验[2]空谈理想。

---

[1] 清晰的概念或思想，根据伍尔夫先生的定义，指我们能区分他们所代表物体的记号或符号，而清晰概念只能笼统地反映一个物体与其他物体的关系。但不能区分，以及我们如何，在哪里可以区分它，如我看见一个三角；我一直盯着它看直到我今后能将它与其他图形区分开，这样我对三角就有了一个清晰概念，但是我又不知道，它是否规则，也不知道它与其他图形差别何在，甚至不知道它的哪些标志可以让我下次再认出它，这样，尽管我有了清晰概念却还未形成区分概念。我们的概念或感觉很清楚，我们认识每一种色彩，每一种味道，但我们却无法区分红与绿，苦与甜，我们没有特征记号来区分它们，概念的原则是逻辑中主要的部分，伍尔夫先生殚心竭虑做好区分工作，揭示他们的不同类型，除此，还有莱伯克先生的理性灵魂之不道德论，再没有谁在这里做得更好。

[2] 经验或理论，可以这样理解，后者是后置法，前者是前置法。

8. 中国哲理统治的要义

沃尔夫说，中国的情况还远非是尽善尽美，只是目前无法找到比中国更能证明他的哲学学说的例子。对他来说，中国所以重要，是因为它可以用来证明西方一种久远的理想。

在进一步讨论之前，我们要对中国事例做几点解释，以期证明在创建社会政体和治理国家过程中，哲学的不可或缺重要意义。但是，请不要误以为我们认为中国人在建立社会政体和统治的方方面面都把哲学运用到了极致，达到了柏拉图提出的建立政治幸福的理想境界。中国人在治理国家方面的所作所为十分出色，但也还没有到尽善尽美的地步，只是我们目前无法找到比中国更能说明问题的例子。中国的情况还远非尽善尽美，我们仔细点就可以看到，公众幸福与哲学家的政府还不完全一致。中国哲学有很大缺陷，我们在其他地方已经暗示过，其原因在于中国人对哲学的崇高和深刻认识不足。中国人的思想是明确的，但还不够系统，因此就不能提出确定的命题，在论证时也无法将命题体系化。哲学在每个论证阶段的头等大事都是提出明确的命题，进行精确的定义[1]，使之能够形成理论体系，表达前后一直的系统观点。中国人为了弥补他们哲学体系上的这一缺陷，只好承认万事无定法，一切凭实验检验。当他们根据自己的亲身经验进行思考时，他们习惯于就个别观点讨论思想问题，既不能思考整体又不能思考各部分的关系。他们费了很大力气洞察过去事物，发现思想。为了从中抽象出思想[2]，他们绞尽脑汁区分出无穷无尽的个别事物，这种方式得来的洞察力是艰难的，长期的，模糊的，找到与良好政府相接近的更便捷更容易的方法，只有通过我们创建的系统哲学。

---

[1] 精确的定义包括所有的被定义事物的全面、最终概念的说法。全面指有足够的记号或符号可以再次将该物体认出，最终指记号不多不少恰到好处，这里我们可以说，每一个定义不仅是命名意义上的，而且还是实际所指的对象。

[2] 抽象概念，指能代表事物以区分于其他，揭示相互依存的事物或整体中的部分的关系的思想，而且确定形式，属性，联系上独一无二的，与众不同的特征。如我谈到的普鲁士帝国中皇帝的权力，当时我很抽象地谈到这个问题，仅仅联系到皇帝的威严，而不用去理会他是奥地利大公爵还是波希米亚国王。第二，抽象概念中个体相互关联，形成整体。第三，将不同事物放在一起，明确相互关系。我们自己形成的种概念和类概念都是抽象的，没有任何具体的东西，有的只有抽象出来的对象。

同样，也不是所有人都能克服前进道路上的困难，从错综复杂的想法中剥离出清晰的思想，获得洞察力，在系统哲学中思考清楚某些具体的问题。再者，中国哲学采用的经验方法是危险的，属于迫不得已的权宜之计。因为不论从错综的观念中抽象出来的明确的思想所获得的洞察力，还是由一个扎实的前置命题推导出的明确的命题，都不可能是万无一失的。运用明确的概念进行思辨，往往比仅仅使用中国的实验方法更容易获得更深刻的洞察力。

（C F Von Wolf *The Real Happiness of a People Under a Philosophical King*，London：Printed for M Cooper，at the Globe，in Pater-Noster-Row，1733。孙敏译）

开明的君主专制[1]

[法] 魁奈著　周力译

1. 帝国的基本法则——自然法则[2]

　　中国是建立在自然法则上的理想国家，相信并崇敬名为上帝的至高无上的存在，皇帝是其在人间的主要继承者。由于对最高存在的崇敬，皇帝往往道德高尚，怀有忏悔之心。

　　中国宗教根本关注的对象是至高无上的存在，是上苍（supreme being）。人们崇拜他为万物之本，称他为"上帝"，意思是君主或帝王；或称他为"天"，意思亦同[3]。

1516 年卢汶版《乌托邦》插图

　　据中国的诠释者说，天是掌管支配天堂的神灵，人们认为天堂是造物主最完美的杰作。凡是观察到自然秩序的美和崇高的人，都对天堂有着崇敬的心情。在天堂里，造物主永恒的法则才得到彻底地清晰地体现。但这些法则不能简单地归于一部分宇宙，因为它们是整个宇宙的基本法则。这个词亦可用来指实体的天，意思也随着应用的对象的不同而不同。中国人说，父亲为家庭的天，总督为全省的天，皇帝为帝国的

---

[1]　本文选译自魁奈的《中国的开明君主专制》第二、三、四章，标题有改动。
[2]　作者魁奈将涉及宗教的章节命名为"自然法则"——英译者注。
[3]　一个错误，"天"就指"天堂"——英译者注。

天。人们对次于本体的、掌管城镇、河川和山脉的神灵的崇敬相对较弱些。

所有经书（canonical books）——尤其是那本名叫《书经》（Shu Ching）[1] 的——提出，天是万物存在的创造者，是人类之父。他是独立于世外的、万能的存在，甚至对我们心里最底层的秘密都了若指掌。他统治着整个宇宙，他既能预见世间发生的一切事情，又能根据自己的意志延迟、加快、决定世间发生的一切事情。他既是万能的，又是神圣的；既具备公正的判断，又具有至高无上的慈仁。只有善行才能感动他。不论是居住在茅屋里的穷苦人，还是身居宝座的国王，都是他根据自己的意志安排的，他们也都平等地处在他的公正判决之下，犯下什么样的罪过就受到什么样的惩罚。民众的灾难是他用来激发人类热爱善行的警告，然而，他的慈仁和宽厚却是他的严厉所不及的，远离他的怒火的最佳方式就是改变邪恶之道。他被称为父亲、主人。人们相信，如果崇拜不来自内心深处、不发自内在感情的话，表面的崇拜是不会取悦天的。

这些书中更进一步说，上帝无比圣明，他通过我们的双亲、利用血液的混合，形成我们的动物的本质和实体；但他自己却赋予我们以聪明和灵气，使我们能思考，因而使我们与动物区分开来。皇帝的职责是向他奉献祭品，将教士职责和忠诚结合起来，但这还不够。上帝是如此热爱善行，以致皇帝本身不仅必须品德高尚，还必须有着忏悔之心。在献祭之前，他应该用禁食和眼泪来减轻自己的过错。据说，上苍思维和旨意的高度，我们是无法达到的。但无论如何，人们不能就此认为他太高高在上，而对世间一切都置之不理——因为他一直审视着我们的一切行为。还有，他对我们的审判所就设在我们良知的深处。皇帝们一直把遵守古老的仪式和履行这些职责看作他们的主要义务，作为一国之首，他们既是统治的皇帝，又是教导的大师、献祭的教士。

经书中说道，唯有皇帝才可以在正式场合中祭拜上帝。上帝收他为子，皇帝是他在人世间的庄严和崇高的主要继承者。他赋予皇帝以权力，信赖他以训令，并将种种恩惠赐予他一身。

---

[1] "书经"，即《尚书》。

只有帝国最高的人才适合向宇宙之王祭献。让君王从宝座上下来，谦卑地匍匐在上帝的面前！让他因此将天堂的祝福带给他的臣民！这是他首要的职责。

因此，很难描述这些皇帝献身于崇拜和祭献的热忱，也很难描述他们心中对于至高无上之主的正义和善行观念。在灾难时期，他们向天敬献祭品，向他发誓许愿，但这些不是他们祈求怜悯所采取的唯一方式。他们进一步专注地审视内心隐藏的过错和潜在的罪孽——这些过错和罪孽有可能会从上天引来惩罚。

1725年，大河泛滥成灾，可怕的河水将大地淹没成汪洋一片。当时，朝廷的大臣们将灾难的根源归结于地方官员的玩忽职守。"不要责怪这些官员们，"皇上回答道，"我才是有罪之人。因为我缺乏理应具备的善行，所以灾难降临到我的臣民头上。让我们思考如何更正我们的过失，思考如何去抚慰遭受洪灾的百姓吧！我宽恕你们责怪的那些官员，我只怪罪自己缺乏善行。"

李明神父引用了一个给人印象很深的例子。据他自己说，这个有关一位君主的宗教态度的例子来自中国历史。我们相信值得在此描述一下。

连续七年的旱灾使百姓颗粒无收，处境极为悲惨。不论是祈祷、禁食，还是忏悔，都无济于事。皇帝束手无策，不知如何去结束这一普遍的悲惨状况，也不知如何去平息宇宙之主的愤怒。对臣民的爱护使他想到，他应该将自己作为祭品而献身。这慷慨无私的计划已定，他便召集朝廷，脱去皇袍，身穿草衣，赤足光头地率领群臣朝离都城很远的山峰走去。在那儿，他匍匐在地，叩头九次，向上苍发出以下的呼吁：

"主啊，您尚不知，我们沦落到了如何悲惨之境！我的罪孽深重，致使我的臣民受难如斯。如今，我来到您的面前，在天地面前向您谦卑地供认我的罪孽。为了使我能更好地改造自己，世界至高无上的君主啊，请允许我向您请教——我身上的哪一处尤其使您不悦？是不是我那壮观的宫殿？——我会去缩减它的。也许，是我餐桌上丰盛的美味佳肴招致了这么多的穷困？——从今以后，那儿只会有节俭和克制。假如这一切都不足够以平息您公正的愤怒、必须有人作为祭献的话，看看我吧，主啊——我愿意怀着一颗快乐的心去死。

只要您能放过这些善良的臣民百姓，让雨洒落在田野上，解除他们的忧患——就让天雷轰击在我的头上，以示您的正义吧！"

我们这位传教士说，这位统治者的虔诚感动了上苍。天空乌云密布，一场大雨及时地降临，给举国上下带来了丰收。

至于这是否是自然界的奇迹，我们且不讨论。我们的目的仅仅是证实中国皇帝的宗教态度和他们对臣民的爱护。我们不怀疑这个传说起到了进一步的作用。

对至高无上的存在（上苍）的崇拜和祭献延续了许多世纪，没有受到任何偶像崇拜（idolatry）的影响。皇帝们的热忱一如既往，他们亲手种庄稼、稻米和其他用来祭献的物品。

耶稣会会士安文思[1]说，中国人有四个主要的禁食节，与一年的四季相对应。在这些肃穆的祭献之前，举国上下忏悔三日。在灾害、饥荒、地震、洪水或其他民众灾难期间，准备祈求上苍恩惠时，官员们通过与妻子分居、在宫廷里度日过夜、禁食酒肉等方式作准备，皇帝则在宫廷里独自守夜。

有些封建统治者想违犯宗教条规，扰乱第一代皇帝们定下的戒律制度。他们引起百姓对妖魔鬼怪的恐惧，通过一些貌似超自然的手法，用幻觉来吓唬他们。传闻四起，说家里闹鬼了。老百姓们总是迷信的，他们聚集在一起，在向上帝肃穆地祭献时，他们问道，该向鬼怪们祭献什么。庙宇里吵闹喧嚷声四起。这就是有害的偶像崇拜的病毒。皇帝摧毁了这次骚动的煽动者，一共九人，平息了骚动，恢复了秩序。这是同一个皇帝，他考虑到了将一群懒惰骚乱的人召集到肃穆的祭拜之地的不利因素，于是把祭拜场所从他进行公众教导的场所中分开来，任命两位大臣掌管祭拜仪式，一位负责掌管仪式，另一位负责监视民众教导。

灵魂永恒论在经书中没有得到发展。他们将正直善良的人的灵魂置于上帝的身旁，但他们对来世的永恒惩罚的解释却不清楚。在这一点上，他们认为上帝是公正的，但对其判决却不加深入思考。即使这样，虽然他们相信上

---

[1] 安文思用葡萄文写的"Doze Excellencias da China"，由 Bernou 译成法语"Nouvelle Relation de la Chine"，于 1688 年出版——英译者注。

苍从虚无中创造了万物，但我们不清楚，他们到底是指上苍有意识地从虚无之上创造了万物，还是指虚无之后产生出了万物。在这门学说中，指导他们的理性之光几乎不可能区分这些神学的微妙之处。不论如何，杜赫德神父说，他们相信死后灵魂的存在，而且不像某些希腊哲学家一样声称物质——肉体是由物质组成的——是永恒的，这是肯定的。

必须指出的是，在两千多年中，中华民族对名为上帝的、宇宙中至高无上的存在（或称为宇宙之主）一直是承认的、崇敬的、仰慕的，毫无偶像崇拜的痕迹。直到孔子的几百年后，佛像从印度传了进来，偶像崇拜者们就开始败坏帝国了。但学者们坚守着祖先的学说，从未被这股坏水玷污过。使古老的中国崇拜方式永存下来的另一功臣是与帝国同样历史悠久的最高法庭，它的职责是查出迷信的根源，惩罚并阻止它的传播。这个最高法庭被称为礼部（Tribunal of Rites）。

凡是见过此法庭法令的传教士一致同意，虽然组成法庭的个人，有时可能从事过各种迷信的活动，但一旦他们聚集在一起，进行共同审议时，都会不异而同地判决迷信活动是有罪的。

通过这种严厉的方式，中国的学者们从愚蠢的迷信中保存了自己，而其他人却处于它统治之下。在迷信之下，民族英雄上升到了神的地位。虽然他们通过尊敬和崇拜使皇帝更加伟大，但却永远无法使之成为一种狂热的信仰。唯有至高无上的存在才接受他们的礼拜。有些德高望重、品行高贵的人无疑受到了颂扬和承认，学者们将这些可敬之人的姓名刻在庙宇里的牌位上，以表敬意，但从未试图用雕像或偶像的形式体现他们，以免导致偶像崇拜。

2. 中国的经书是中国道德与政治智慧的经典，中国人心中的生存之道就是治国之道，两门学问合为一体，没有区别。

这类书有五种。第一本为《易经》（Book of Changes），这本古老的经书神奇莫测，使得中国的学者大伤脑筋，尤其有某两代皇朝的学者，他们肩负着注释经书、使其晓白于天下的重任，但一切努力终告失败。注释的晦涩难解使得经书本身也更加晦涩难解。孔子将《易经》中像迷一样难解的语句和注释部分晓白清楚地解释出来，他察觉到书中的奥秘对治国有着非常重要的意义，并从中引申出关于政治和伦理的言论。自他以后，这些格言就成了中国学术的基础。学者们极力推崇这本书,他们认为本书的作者是Fu Hsi(伏羲)，并推崇他为学术和治国之父。

五种经书的第二本为《书经》，意思是"讲述古代历史的书"。它包括中国的立法者和第一批英雄人物尧、舜、禹的历史。自孔子以来，中国的智者一直推崇这本历史及其可靠性。这也包括美妙的格言和国泰民安的治理之方。

第三本为《诗经》（Shih Ching），集风、雅、颂为一体。

第四本的书名叫《春秋》（Chun Chiu），历史没有前三本那么悠久，它纯粹写历史，似乎是《书经》的续篇。

第五本的书名叫《礼记》（Li Chi），经书的最后一种。它包括孔子的弟子和其他几位作家的作品，内容包括仪式的习俗，子女对父母、妻子对丈夫的义务，葬礼的义务，以及有关社会关系的种种方面。这五本书通称为"五经"。

……

在中国人心目中，这些圣书有着崇高的威望。它们一共有六本，其中五本由孔子和他的弟子们写成。

第一本书名为《大学》（Ta Hsueh），意为"大学问"，供各统治阶层的王公贵族们教育之用。

第二本书名为《中庸》（Chung Yung），意为"平庸之人的学问"。在书中，孔子认为，在处理一切事物时，应在感情和需要之间取中庸之道。遵循这条法则不仅使人受益匪浅，而且德行也存在于中庸之道中。

第三本书名为《论语》（Lun Yu），意为"文选"，全书分为二十篇，其中十篇包括孔子的弟子向大师提出的问题，另十篇为孔子的回答。所有问题都围绕着德行、善行和治国之道。这个集子处处是格言和道德名言，超过了希腊七贤。

第四本书名为《孟子》（Men cius），大学者孟子是孔子的弟子，书名采用了他的名字。这部作品以对话休写成，几乎囊括了所有的治国兴邦之道。

第五本书名为《孝经》（Hsiao Ching），是孔子小小的一本著作。他认为孝道为一切义务之首，是首要的德行。然而，他清楚地认识到，在危害正义和礼仪的问题上，子女不应对父母和统治者恭恭敬敬、言听计从。

第六本也是最后一本书是最现代的，由大学者朱熹（Chu Hsi）在1150年写成，书名叫《小学》（Miner Studies），意思是"无关紧要的学问"。它收集了许多格言和例子，作者的意图是通过它们来塑造年轻人的性格，并激励他们行善重德。

必须指出的是，中国人对道德和政治根本不加以区分。他们心中的生存之道就是治国之道，两门学问合为一体，没有区别。

（《历报》Ephémérides，第一期，1767年3月）

3. 中国倾向实用的学问，对人们行为和社会福利有直接作用的学问受到重视。

虽然中国人对学问的兴趣很浓，在各种文学体裁中驾轻就熟、才华横溢，但他们在纯粹的思辨领域中取得的进步却是微乎其微的，原因是他们太计较得失。不论如何，他们在天文、地理、自然哲学和物理领域中的知识却是绰绰有余的。他们的主要研究方向是更实用的学问。对于人们的行为和社会福利来说，语法、一国的历史和法律、伦理和政治似乎更为直接、更为必要。

假如一国的思辨学说进展微乎其微，而自然法则的学说则达到了完美的顶峰；假如在别国，前者得到高度发展，而忽略了后者，那么这两门学说似乎并不相互促进。但这是个误解。真理是相互显现的，凡是这些不同学说发展不平衡的地方，我们就发现与高度秩序对立的缺陷。在中国，思辨学说被忽略了，人们很容易迷信；在其他国家，从事自然法则研究的人很少，因此治国无道、混乱无章。这就是使中国优越于其他国家的原因。与此呼应的是，为了激励年轻人竞争向上，从事这项研究的人可以得到种种荣誉和提升的机会。

至于历史，这是古往今来在中国一直得到发展的文学的一个分支。很少有国家花费如此多的精力来写编年史，也很少有国家如此热衷于保存他们的历史记载和遗迹。每个城镇都委任有编写其历史的作者，这不仅包括如革命、战争、皇帝即位等大事，还包括对当代大人物的观察描述，以及无论在科学艺术上还是在道德善行上杰出人物的颂扬。同样，像怪物出现和其它奇闻逸事也不会被忽视掉。每年，官员们聚集一起，审阅年鉴。如果无知或谄媚造成了他们之中的某些偏见，他们就会想方设法矫正过来。

为了避免所有这些缺陷——这些缺陷在我们自己的历史学家之中是常见的现象——中国人预防的措施是，委任一批正直诚实的学者来撰写帝国通史。日复一日，接受委任的学者们单独记录着皇帝所有的言行举止，并将笔记写成书，他们之间不得相互比较笔记内容。这些史学家必须把好坏均加以记载，在皇帝驾崩之前，装着这些记载的盒子不得打开，甚至在其家族在位时期也是如此。但王位传到另一家族之后，长年累月的记载就会被收集起来，认真地进行比较，以正事实。每一个世纪的编年史皆以此方式写成。

印刷术在欧洲历史不长，在中国却是渊源流长。许多传教士讲述到，在基督诞生前六百年[1]，中国就有了印刷术。它的印刷术与我们的不同。我们的字母数量很少，这些字母的排列组合主构成了单词，因此，只要每一个字母数量巨大，就足以印成洋洋洒洒极为巨大的一册，因为从头到尾都是二十四个字母反反复复的排列组合。相反，在中国，文字的数量几乎是无限的，原因是这种语言并不连续使用同样的文字。铸造八万个字的费用是极为高昂的，并且，也当然不值得去做。这个困难导致了另一种印刷方式的产生，即：首先，由一位杰出的书法家将作品抄写出来，然后，雕刻者把摹本粘贴在光洁的硬木板上，沿着每个字的轮廓将它们刻下来，并把木头的其它部分清理干净，不留一丝痕迹。有多少张纸就刻多少块木版，这份工作是如此精确，以致人们很难分辨出哪张是原迹，哪张是印刷品。

在紧急情况下可用另一种印刷术。将木版上蜡，用一尖锐的雕刻工具可将文字以令人惊讶的速度刻下来。一人一天可印两千张。

---

[1]　这年代提早了 1700 年——英译者注。

4. 中国的教育使中国人人都了解国家的基本法则，皇帝也必须受到这些法则的约束。

　　在中国的学校里，教育不仅仅是教学生读书写字的问题，同时还包括培养真正理解力的问题。教育也不仅只存在学校中，官员必须一月两次的召集民众进行演说教导，题材围绕父母之恩德、子女之孝顺、对长官的尊敬，和一切有利于维护平安与和谐的道德善行。

　　任何一个城镇和乡村都有教导青年、教他们读书写字的老师。所有大城市都设有大学，就像欧洲一样，也设有学士学位和硕士学位。博士学位[1]只能在北京攻取。具有两个较高学位的人，可填补地方行政官员的空缺，担任所有的文职。

　　中国的儿童五岁或六岁起就开始上学。他们的入门知识为约一百个文字，表达的是最常见的物体，如日、月、人等等，还附有物体本身的图画。这种印刷方法有唤醒注意力的极妙功效，并将内容牢固地印在记忆里。

　　此外，老师还发给他们一本供学习之用的小册子，名叫《三字经》，里面以节略的形式囊括了所有必修的内容，它由许多三个字的短句组成，句与句之间押韵。尽管有好几千句，年幼的学生还得将它们全部学会。开始，他每天学五至六句，以后，随着记忆力的增强而增加比例。他必须讲述每天两次所学的内容，如果几次都说不出来，立即就得挨罚。他被按在一条长凳上，屁股挨上十板或十二板，那扁扁的棍子就像板条一样。学习期间是不放假的，他们的学习要求专心致志、不容分心，因此只有每年正月和年中的五六天可以放假。可以看出，在这些低级学校，教育不像我们的学校一样，仅仅是教学生读书写字的问题；在学校里，教育同时还包括培养真正理解力的问题。

　　他们读这些书的同时，还要学会用毛笔写字。首先，老师发给他们一大张用红墨水写的字帖，字体很大，他们必须用黑墨水将字将红字遮住。基本

---

[1]　这里所说的学士、硕士和博士指秀才、举人和进士——中译者注。

练习完成后，老师发给他们较小的黑字体，他们用一张白纸覆盖在字帖之上，透过白纸把字描下来。灌输书法的原理是一件极为谨慎严格的事情，因为书法艺术是中国人极为尊崇的。学生掌握了足够的文字，可以作文章的时候，老师就给他们出题。通常，作文题目是典籍中的一句引文，有时，题目只有一字，只能靠猜才能猜出它的意思。作文的风格应该简洁精炼。在某些省份，为了保证学生学习进步，还有一个风俗——将一个家族的所有学生召集到祖宗的大堂里作文章。在那里，每一位家长轮流出题，并为他们设宴。如果某位学生无故缺席，其家长就会被罚款二十个索尔（注：索尔为秘鲁货币单位。作者为何不用法郎或其它货币单位令人奇怪。）。

除了每个家族的非正式的特别考试之外，年幼的学生们必须通过校长面前的一年两次的考试，一次在春天，一次在冬天。另外，有时这两次考试之后，接着还有官员、学者或市长设立的其它种种考试，考试分数最高的可得奖励。

富人家雇用硕士或博士为孩子的老师。后者不仅教学生文字的基本要素，也教他们礼节、历史和法律。这种私人教师的地位是名利双收的。孩子的父母对老师极为尊重，总是将他作为最尊贵的人物。他被称为"先生"、"恩师"或者"夫子"，学生们更是一辈子都对他们怀有深深的敬意。

教导民众是官员们的主要职责之一。每月的初一和十五，当地的所有官员都隆重地聚集在一起，其中一位向人们发表演说，题材总是围绕着父母之恩德、子女之孝顺、对长官的尊敬，和一切有利于维护平安与和谐的道德善行。

皇帝本人有时召集朝中大臣和北京法庭的主要官员进行教导，主题来自经书中的内容[1]。

帝国的法律规定，官员们以十六条箴言[2]为基础，每月向民众进行两次教导。

1. 热切地教导他们孝顺和次兄尊敬长兄的义务，从而教导年轻人尊敬自然的基本法则。

2. 激励他们在家里永远保持对列祖列宗的崇拜，永远保持和平与和谐。

3. 他们应该维护全村的团结，避免争吵和诉讼。

---

[1] 参见《旅行通史》（Histoire Génerale des Voyages）——作者注。

[2] 参见康熙 1691 年颁布的、由他的继承者扩充的法令——英译者注。

4. 他们应该尊重畜牧业和那些种桑的人，这样就永远不愁吃穿。

5. 他们应该养成节俭、温良和谦虚的习惯，这些是保持良好行为和将事务处理得井井有条的途径。

6. 他们应在各方面支持公共办学，从而使年轻人受到良好道德的教育。

7. 人人都应致力于他的事务，以保持心脑的舒适安宁。

8. 在吸收知识时，他们应该摒弃派别之分和错误观念，从而保持学说的真实性、坚实性和纯粹性。

9. 他们应该用国家刑法教育民众，从而使民众在履行义务时不再难以管教、桀骜不驯。

10. 他们应该完全用礼仪和合乎礼法之道教育所有人，目的是维护社会良好的修养和文雅的举止。

11. 他们应该尽心尽力抚养后代。照顾年幼的弟兄，以免他们堕落或培养不良的习性。

12. 他们应该避免诽谤他人，避免传播可能伤害无辜的和有德之人的谣言。

13. 他们不应窝藏罪犯，以免自己受到牵连。

14. 他们应该定期交纳国税，以免遭受税收官的调查和骚扰。

15. 他们应该与每个城市的官方配合，防止偷盗，阻止罪犯逃脱。

16. 他们应该平心静气，避免发怒，以免受到很多伤害。

小心翼翼地履行这些教导的义务对官员们的约束力更大，因为他们必须对自己管辖范围内的犯罪负责。如果一个城市发生了抢劫或杀人案，官员必须查出抢劫犯或凶手，否则就会丢掉官职。

帝国的官方通报是另一个教育工具，其中有历史借鉴，和种种鼓舞人们敬仰道德、爱戴君王、惧怕邪恶的范例。它教导人们政府有关法令、判决和治安的规定。被解除职务的官员的姓名和解除官职的理由被通报出来——一位太严厉苛刻，一位太放任自流，一位玩忽职守，另一位缺乏判断力。通报还提及批准的开支和缩减的经费等等。至于法庭的判决、各地的灾难、地方官员依照圣旨承担的救济措施，在通报中则得到充分地叙述。除此之外，还包括统治者的日常和特殊的开销，最高法令（superiortribunals）向皇帝的行为提出的规劝，和皇帝对大臣们的颂扬和惩戒。简而言之，通报真实地、具体地、详尽地叙述了帝国的所有事务，每天在北京印刷，在帝国的各省传阅。尽管它不包括帝国域外之事，但已达七十页之多，形成一本小册子。负责撰写通报的人在公开发行之前，必须首先将它呈给皇帝过目，对有一丝疑问或含有一丝轻率思想的报道，负责官员是严厉禁止的。1726 年，两位作者因插入了一些虚假的报道被处死[1]。

因此，包括国家基本法则的书籍在中国人人都可读到，皇帝必须受其约束。某位皇帝曾企图废除这些法则，但法则战胜了专制。

5. 在中国，要求取功名必须通过严格的考试。中国的考试分为三级，考中最高一级被称为"进士"，不但可以谋得政府要职，其本身也是最荣耀的头衔。

中国孩子完成最初学业后，那些注定要继续深造的学生就开始了通向学位的道路，目的是进入读书人的上流社会。未获得学位的人是无法出人头地的，他们分散在人群中，无缘担任政府职位。

根据获取的学位的不同，读书人可分为三类。为了达到目的，追求功名的人必须通过严格的考试。他们必须在他们的出生地长官面前参加第一次考试[2]。

学道的职责是每三年巡视全省各地。他在每个主要城市召集所有的当地学士，询问他们的行为举止，审阅他们的作文，奖励有进步和才华的，惩罚荒废学业、读书不用功的。除生病或父母离丧之外，如果有人在这次三年一次的巡视中缺席，他的学士头衔就会被取消，并遣回去做平民百姓。

要获得第二个学位，即硕士学位，他们必须通过仅仅每三年在省会举行的考试[3]。朝廷特意派两名官员来主持考试，参加的还有全省的高级官员。所有考生必须在场，有时考生人数高达万人之多，但只有不到六十人才能获得

---

[1] 参见《奇闻逸事集》（Mélanges intéressans et curieux）——作者注。

[2] 即乡试——中译者注。

[3] 即会试——中译者注。

硕士头衔。他们的外袍呈褐色，袍边为蓝色，有四指宽。头戴的帽子上的流苏是金黄色的。

第二年硕士们必须前往北京参加博士头衔的竞争。皇帝支付旅费的开支，那些满足于硕士学位的也可省却赴京的旅程，这并不妨碍他们谋职。有名望的硕士也能谋得高职。有些工匠的儿子通过这种途径成为了总督。但他们一旦接受公职，就得放弃攻取博士的资格。

所有未谋取职位的硕士们必须赴京参加每三年一次的考试，名叫殿试，由皇上亲自出题。他密切关注着考试，并下令将考试结果详细禀报上来，并且他被视为最后的判定者。经常有五千至六千人参加殿试，却只有一百五十人可能获得博士学位。

头三名的头衔是"天子门生"，意为"天的门徒"，俗称"状元"（Chuang Yuan）[1]。从其他博士中，皇上挑出一部分人，赐衔为"翰林（Hanlin）"，即"一流博士"。这些人构成殿中特殊法庭，其地位非常受人尊敬。他们的职责是撰写历史，皇帝在重要的问题上也与他们商讨。派往各省的出席学士和硕士考试的监考官就从这个群体中挑选出来。其他博士被称为"进士"，皇上赠给每位新博士一只银碗、一把蓝色的银阳伞和一抬富丽堂皇的轿子。中国人一旦取得博士这光荣的头衔，就无须担心缺衣少食了，这个头衔就是保证。除亲朋好友赠送的数不清的礼品之外，他还一定能谋得政府要职，人人都得投靠于他，求他保护。他的家人和朋友也一定会竖起精致的牌楼，刻上他的大名和取得博士的年月日期，以显荣耀。

6. 魁奈还相信，在中国，财产所有是安全的，中国是开明的君主专制。但到了亚当·斯密那里，他相信中国没有私有财产，因此中国是专制的帝国。

财产所有在中国是相当安全的。我们在上文中见到，财产权甚至扩大到了奴隶和奴仆身上。在整个帝国内，子孙可根据继承权的自然顺序，继承父

---

[1] 前三名应分别叫做"状元"、"榜眼"和"探花"—中译者注。

母和亲戚的财产。至于一夫多妻制，它的习俗和犹太人在埃及被监禁之前的族长制非常相似。

虽然法律规定，一个中国人不得有一个以上的合法妻子，选择合法妻子时要考虑门当户对、年龄相仿、但纳妾是允许的。不过，这仅仅是对于他死时可能会无嗣作出的一种默许。法律只将这种自由给予妻子年满四十后仍未生子的男子。

当一个男子希望娶第二个妻子时，按照协商，他会给她家人一笔钱，并书面保证待她很好。这些第二任妻子的地位明显低于合法妻子，她们必须尊她为一家的女主人，她们的孩子也被认为是第一任妻子的孩子，名义只有她是孩子的母亲。这些孩子有权和合法妻子的孩子——假如她有孩子的话——一同继承父亲的财产，这种情形为罕见的宽容，但也体现了帝国继承权的程度和财产权的安全性。

7. 中国的农业总处于受尊敬的地位。

魁奈是重农学派的领袖，对他们来说，中国最重要的是其经济制度的借鉴意义。与欧洲轻视农业、农民相反，在中国，人们相信财富来自于土地，农业总处于受尊敬的地位，皇帝直接制定规定，保障农业生产和农民的利益、地位。

中国的低等阶层的生存几乎完全依赖谷物、草药和蔬菜，世界上没有任何一个地方有这么多、种得这么好的菜园。城市附近没有一寸土地未被耕种，没有一处地方没有树木、篱笆和沟渠。哪怕有一点儿土地未尽其用，他们都会感到不安。

南部省份的地形起伏不平，大大小小的山上，从山脚到山顶，都种满了庄稼。一座座裙带相连的山峦上，梯田一层接一层，重重叠叠，沿山峦的轮廓而上，像给每座山峰戴上了皇冠，没有比这更悦目的景色了。其它地方的山上，灌木丛生，荆棘满地，这儿却是一派欣欣向荣的富饶景象，这不得不叫人称奇。[1]

土地一年通常可种三季,第一季为水稻,第二季为一种在收割稻谷前撒种的庄稼,第三季为豆角或谷物。中国人总是辛辛苦苦地收集可用于施肥的垃圾,这给保持城市清洁作出了很大的贡献。

我们在欧洲熟悉的所有谷物,如小麦、水稻、燕麦和小米,以及豌豆和豆角,都在中国生长良好。

地主取收成的一半并交纳税金,另一半归农民所有,支付他们的开支和劳动,这是通常惯例。因为土地无须交纳教堂的什一税,所以在这个国家土地耕种发达的省份,农民的份额与收入相当。

在中国,农民的地位比商人和手工业者高。

农民家庭

---

[1] 参见《旅行通史》(Histoire Générale des Voyages)——作者注。

在欧洲，有一个王国尚未感到农业的重要性，也未感到财富用于准备耕种的重要性，第二点只有有杰出才能和大量财富的人才能做到。在那个国家，农民被视为头脑简单的苦工，地位低于城市的普通百姓（参见铎马[1]的《民法》，您就知道这是哪个国家，及其关于社会基本法则的思想）。

中国的情况正相反，农业总处于受尊敬的地位。那些提倡这一点的人一直得到了皇帝的特别关注。在此，我们且不细谈统治者不断给予他们的特权。

康熙（Kang Hsi）皇帝的继位者雍正（Yung Cheng）制定了特别的规定，使得农民的地位大大增高。除亲手犁田播种五谷、树立耕作的榜样之外，他还下令，每一个城市的市长务必找出各自地区耕种最勤奋突出、为人最正直诚实、管理最明智的农民。这位可敬的农民被升为八品官职，享受所有八品官员的尊荣和特权。

皇帝舜（Shun）制定了一条法律，专门禁止省长将农民从农业生产转移到劳役上去。

皇帝尧（Yao）不让自己的儿子即位，以取代一位才智过人、品行超群的年轻农民。后者在一段光荣的统治之后，将皇位让给了禹（Yu）。禹发明了运河，找到了把一条淹没了帝国土地的河水引向大海的方法，并用运河进行灌溉，使得土壤肥沃起来。农业达到如此繁荣的阶段，正是他登上皇位和修筑工事的结果[2]。

这个国家的人们过春节。它的仪式包括，将一头用泥土焙制的巨大的牛赶到田里去，牛角涂得金黄。这头泥牛的体积如此庞大，以致四十个男人都抬不动它，它的身后有个小孩，一脚光着，一脚穿鞋，拿着一根棍子，似乎要将它赶动一般。这孩子是勤劳的象征。一大群农民，拿着各自干活的工具，围在牛的四周，一群头戴假面具的人则跟在队伍的后头。

所有这群人来到统治者或当地官员的宫殿前，泥牛被打破，从它的肚里取出许多泥做的小牛（这象征着多产），分送给围观者。到官员发表演说，

---

[1] Domat，1717 年出版的《自然秩序中的民法》（*Lois civiles dans leur ordre naturel*）；另一版出版于 1767 年，分两卷——作者注。

[2] 参见《旅行通史》（*Histoire Générale des Voyages*）——作者注。

赞颂农业，这场仪式才结束。

8. 在中国，商业服务于农业。

欧洲的旅行家注意到，中国人做生意缺乏信誉。魁奈却为中国人辩护，认为欧洲人把在广东口岸同欧洲人进行的对外贸易与帝国内部的商业活动混淆了，魁奈认可中国的闭关政策。他认为对外贸易带来的损失远大于收益，它牺牲同胞的利益，养肥了商人。

中华帝国具有各种各样的物产，这是有目共睹的。从这点，人们很容易揣测，这个国家的商业一定非常繁荣。然而，既然中国人在自己中间就找到了所有生活必需品（而且，既然巨大的人口能够保证消耗掉本国内的所有物品），因此他们与外国的商业往来对于国家的疆域来说，是不相称的。主要贸易在帝国范围内进行，帝国各地的物产不尽相同，因为各省有自己的需要，只有自己特殊的物产，如果他们相互不交换彼此有用的物品的话，他们都会陷入穷困，在一个国家内，一条传统的、周围长达一千八百里格[1]流通领域明显地说明了商业的广度。另外，历史学家说，中国境内的商业往来是如此之大，欧洲所有各国的商业加起来，也不足与之相比。对于那些相信一个国家只有在与国外进行贸易往来才能财源广进的人来说，纯粹的国内商业显得远远不够。他们可能没有意识到，最可能大的富裕由最可能大的消费构成。这种消费在每个国家境域内有其来源，这里甚至是黄金和白银的来源地，不管它们是从矿山挖来的，还是用其它物品购来的。那些拥有矿藏的人卖掉金银，以扩大消费，因为金属本身是没有消费价值的。那些没有黄金和白银的人买下它们，仅仅是为了给他们的贸易往来带来便利，除这种用途之外，他们也不会再为它们劳神费心。用来购买金银的物产比这些金属更有必要，因为一个人买这些东西越多，他的消费就越少，而物产的消费才是真正的富裕。此

---

[1] 约等于五千四百英里，约七千两百五十公里——中译者注。

外，国家的商业，其目的仅仅在于消费。人们却把它同商人的商业混淆起来，商人的商业是一种商人让人支付很高费用的服务，他们的商业伸得越远，获利就越多。国家越能省下这笔开销——甚至对商人们的巨大财富带来损害的情况下——就获得越多，用来作为消费和作为物产财富的永不停息的再生产所必需的开销，这些物产财富来自土地，为国家和统治者提供税收来源。

在中国，形形色色商品的运输是十分便利的，原因是贯穿各省的许多运河。交通和销售都很及时。追逐个人的利益是中国人最突出的热情，使他们不停地奔波忙碌，城市乡村在不停地运转，大路上熙熙攘攘，就像我们的商业城市一样，整个帝国就像一个巨大的市场。

据说，他们做生意有个缺点，即缺乏信誉。中国人不满足于卖得极贵，他们还对他们的商品制造种种假象。他们之中有条格言是，买东西时付得越少越好，如果能不付钱的话就连一分钱也不付。他们从中得出一条结论，假如买方头脑简单、笨得什么价都愿意接受的话，卖方就可以漫天要价。"这并不是生意人骗人，"他们说，"这是买主自己骗自己。谁也没有强迫谁，卖方赚的钱是他勤劳的结果。"

旅行者们在欧洲让人对中国人在生意上的土匪行为确信不疑，他们甚至列举出如此粗俗的、令人谴责的骗子行径，使人们不免得出结论，认为偷盗在中国是堂而皇之的行为。事实上，在那里，哪怕是对待最小的犯罪，公众都是极为严厉的，这甚至扩大到了公众庆祝仪式的监督之上，以防这些仪式出现过火现象。讲那些故事的人显然把在广东口岸同欧洲人从事的生意往来弄混淆了。我说，他们把新兴的对外贸易和帝国臣民之间的商业弄混淆了，在这新兴的对外贸易中，生意双方都企图欺骗对方。政府对外贸不感兴趣，他们容许那里的欺诈行为，因为要对三千里格[1]之外的外国人作种种限制并非易事，他们一卖掉商品就溜之大吉了。与外国进行商业活动曾败坏玷污过本来很值得称颂的国家，我们不乏此例。看来，在这场竞争中，中国人比欧洲人技高一筹，运用技巧时沉着冷静得多，他们从不光临我们的口岸，以免暴

[1] 约等于一万四千五百公里——中译者注。

露自己。这里商人们定期来访，人们对他们很熟悉，他们也建立了良好的信誉。在一个国家的居民之间的生意往来中，尔虞我诈是不可想象的。相互欺骗有什么好处呢？只可能导致令人难受的、尴尬的混乱局面，使日常生活难以进行，几乎不可能进行。但是，在一个像中国一样如此文明的国家里，这是更加不可想象的——他们的商业信誉和正直一直有目共睹，而且，这是推崇孔子伦理道德的主要国家之一，这种伦理道德上升到了帝国法律的高度。

既然中国的国内商业如此繁荣，居民们并没有将它扩展到国外是不足为怪的，尤其当人们注意到他们对外国的轻蔑的态度的时候。对外贸易非常有限，只有广东沿海城市、厦门和宁波才能装卸运往国外的货物。海上行程路线不再开阔，他们很少穿过巽他海峡（The Straits of the Sound），他们的货物通常运到日本、暹罗（泰国）、马尼拉（Manila）和巴达维亚（Batavia）。

对于致力于对外贸易的国家的兴旺发达来说，对外贸易也许带来的损失比益处更多。商人除外，他们从中谋取大量的利润，大多是牺牲同胞的利益而取得的。他们不远千里寻找的商品几乎都是支持有害奢侈行为的、昂贵的、花里胡哨的东西。我们可以找出许多专门从事这种商业的许多国家，然而，除了那些国家的生意人大获其利之外，这些不能作为兴旺发达的范例。

9. 中国的法律都建立在伦理道德的原则上，它的基本宪法完全独立于帝王之外，皇帝虚心接受臣民的进谏，实行温和的君主专制。魁奈描述的中国完全符合启蒙思想的理想标准。

中国的法律都建立在伦理道德的原则之上，正如前文指出，伦理道德在中国成为了一门独立的科学。帝国的所有的法律都是以维护统治形式为唯一目的的 [1]。没有任何权力高于法律。这些法律来源于被奉为圣典的经书，名叫《五经》。中国人敬奉《五经》，正如犹太人敬奉《旧约》，基督徒敬奉《新约》和突厥人（Turks）敬奉《可兰经》（Koran）。但这些圣书并不企图将宗教、帝国统治、民法和政法分离开来，三者都无条件地服从自然法则。君王把治

---

[1] 参见《奇闻逸事集》（*Mélanges intéressans et curieux*）——作者注。

国的具体措施交给学者们去研究，他们共同的主要目的是全面地研究自然法则。因此，治国之道的一切都是永恒的，就像永恒不变的普遍基本法则一样，帝国就坚定明智地建立在这些法则之上。

"在中国"，孟德斯鸠说[1]："社会遵循的习俗标准是不可毁灭的，它们与法律和惯例交织在一起……立法者不仅做到了这些，他们还将宗教、法律、习俗和规矩结合起来。所有这些都是伦理，都是道德，这四点就是人们称作礼仪的东西……这就是宗教、道德和规矩如何融合为一体的……中国的立法者把帝国的安定作为主要目标，他们发现，最合适的方式就在于服从。以这点为基本点，他们相信，灌输对父亲的尊敬是有必要的；为了这个目的，他们召集了一切力量。他们制定了大量的仪式和典礼在生前死后给他们以荣誉。如果父母生前不受约束，没有尊敬他们，那么在他们死后去尊敬他们是不可能的。［'为去世的祖先举行的仪式和宗教有着根本的联系'——魁奈（Quesnay）省略了这个部分］，为父母生前举行的仪式与法律、习俗和准则有更大的联系，但这些是同一规范的两个部分，这一规范又是非常广泛的。对祖宗的尊重与代表父母的一切有着必然的联系：老年人、老师、长官和皇帝（至高无上的存在）。

对父母的敬重以他们对孩子回报的爱护为先决条件，作为结果，老人对年轻人、地方行政官对下级、皇帝对臣民（以及仁慈的造物主对人类）也有相似的回报。所有这些构成了礼仪，而这些礼仪则形成了民族的普遍精神。"

帝国所有法律的判决未经统治者的首肯就不可能有法律效力。如果他自己的法令没有侵犯习俗惯例和社会利益时，当他的判决由总督和各省长官加以记载、并在他们各自的管辖范围内颁布实施时，它们就成了是永恒的、不可

孟德斯鸠像

---

[1]　参见《论法的精神》（De l'Esprit des Lois）第十四部，1748 年日内瓦出版——英译者注。

撤销的法律。但是，甚至皇帝的法令或法规也只有在最高法庭上登记之后，才具有效力。

人们可以在《书简集》（letters édifiantes）第十五卷，第284页中找到证据。传教士们无法从皇帝对基督教有利的法令中得到任何好处，因为这个法令没有被记载下来，被赋予正常的形式。

规劝皇帝的惯例一直受到中国法律的支持，法庭和杰出的官员们自由勇敢地沿袭着这一惯例。大臣们忠心耿耿、大胆进谏，使他的权力有些节制，与其说是消除还不如说是增加了他的权力。既然他的诸条法令与人民的利益相违背，也就应该废除或修改它们。他的一个亲信滥用皇帝的恩宠，压迫人民，这位亲信就应该被革职，其违犯法律的行为应该受到惩罚。

倘若皇帝不听进谏，并降怒于胆敢为公众利益说话的官员，他将受到人们的蔑视，而那位官员将得到极高的颂扬，他的姓名将永存青史，人们世世代代用各种荣誉和赞美来纪念他。甚至某些暴君的残酷行径也不能威慑住这些慷慨的官员，自从第一批进谏者遭受酷刑之后，他们前赴后继，毫不畏惧，将自己暴露在最残酷的死刑面前。那些可怕的例子并没有减低他们的热情，他们一个接一个挺胸而出，直到暴君被他们的勇气所动，接受他们的规劝为止。但是，残暴的、一意孤行的皇帝在中国是不多见的，他们的国家并不是一个野蛮的国度。它的基本宪法完全独立于帝王之外。那里憎恶暴力。通常来说，君主们的行为是温和的，他们告诫自己，应该对自己的缺点过错了解清楚。

最后有位皇帝亲手用毛笔写成一篇红色的告诫书，提倡文武百官，根据各自的职位，有权呈上备忘录，有权严肃思考任何有助于治国兴邦的措施，有权和他交流这些想法，并有权对他行为中的过错进行自由地指责。君主们的这些倡议是屡见不鲜的。

监察官，人称考吏使（Kao Li Szu），作出密切的调查。他们甚至在皇帝和太子面前也毫不畏惧。这些监察官用特殊的备忘录，向皇帝报告官员的过失，这些备忘录在帝国各地传阅，并提交吏部，吏部是通常惩治犯罪的机构。监察官的权力很大，与之相配的是他们的决心。当皇帝的行为触犯了国家法律法规时，就连皇帝本人也免不了受到他们的指责。中国历史上涌现出一些他们勇敢刚毅的、令人惊诧的事例。假如某个朝廷或审判所企图逃避他们正义的控告，他们会再次将控告提出，义无反顾地追踪到底。他们有的不惧威胁，不因拖延而气馁，追踪整整两年时间，控告一名受朝廷高官支持的总督，最后终于迫使朝廷因担心民众不满而剥夺了被告的头衔[1]。

可能没有任何一个国家向君王进谏时像中国一样拥有那么多的自由。最后一位皇帝手下的为国立过赫赫战功大将，违背他的责任和义务，犯下了严重的罪过。他的罪行要求判他死刑。不论如何，鉴于他的战功和头衔，皇帝要求主要官员把对此事的意见呈送进宫。有一位官员说，被告应被判处死刑，但同时，他又控告一位地位显赫的大臣，他认为这位大臣的罪行比被告有过之而无不及。皇帝十分宠爱这位大臣，对这名官员的大胆略略感到吃惊，但他没有表现出不悦。他亲手写了这几行字，交将备忘录送回："如果我的大臣有罪，你应该控告他，但不能只用笼统的语句，而应该记下他的过失并出示你已掌握的证据。"于是，这位官员没有畏惧龙颜不悦，细细地将控告要点一一写明，使皇帝明白，这位大臣滥用了他的信任，用各种各样的强迫手段压迫人民。在控告书里，这位大臣出卖了荣誉，只要谁给他更多的钱财，他就站在哪一边。"难道这名可耻的大臣能吸吮着人民的血而变得肥肠满肚"，他说，"难道就因为他与皇族关系密切，就能违犯法律、蔑视道理、触怒天庭、逍遥法外？就算皇上下旨饶恕他，法律岂能饶恕他？出于对神圣法律的热爱，才迫使我说出来、写出来。"这些进谏起到了作用，大臣的所有职务被革除，他被逐出朝廷，流放到一个偏远的地方去了[2]。弗雷埃（Fréret）先生[3]在文学院（Academy of Belles-Lettres）出版物中的一篇报告中也提到了两个类似的值得注意的例子。另一篇也同样很好，可在李明神父的著作中找到。

……

---

[1] 参见 *Histoire des Conjurations et Conspirations*，等——作者注。

[2] 参见《奇闻逸事集》（*Mélanges intéressans et curieux*）——作者注。

[3] 参见 *Mémoires de l'académie des inscriptions et belles-lettres*，1736 年，第五卷——英译者注。

北京有六个最高法庭[1]，其职责如下。

第一个叫做"吏部"，由它指定统治人民的官员名单，并监督全国所有官员的行为。掌管玉玺。

第二个叫做"户部"，负责征税和资金流向。

第三个叫做"礼部"，负责维持全国的习俗和仪式。

第四个叫做"兵部"，负责军队和所有皇帝维持的大道两旁的驿站。

"刑部"是第五个，负责判决犯罪。所有死刑都由它最终判决。它有不经上诉就判处死刑的权力，但未经皇帝的批准却不能对罪犯执行处决。

监督公共建筑工程和所有有关口岸和航海的事务都由"工部"负责。所有这些法庭都被分成议院，分别处理各自的事务。因为每个部门的任务不尽相同，所以法官的人数也随着变化。

在这些最高法庭之下，有许多下属法庭；位居他们之上的，只有皇帝和枢密院（Grand Council），枢密院被称为"阁老院（Colaos）"。六大法庭的各个部门分配给国务大臣、总理大臣（Chancellor）和财政大臣。所有法庭的行动都处于监督官的严格注意之下，他们并不处理国务，除非皇帝把事务交给他们处理或监督。万一一个法庭需要另一个的合作，他们就进行协商，根据帝国的惯例和情况的需要，共同安排钱财和军队。其他时候，每个法庭都只处理各自范围内的事务。

在一个如此幅员辽阔的国家，财政的管理、军队的指挥、公共建筑工程的监督、地方官员的选拔、法律习俗的维护、司法的管制都要求这些主要法庭自由行使各自的职责，这是容易理解的。这就要求朝廷和各省拥有大量的官员。

10. 税收也是重农学派关注的重点，中国的税收制度也是完美的：没有哪一块土地是免税的，包括贵族的领地、寺庙的土地，税收用于各种公共工程的建设和维护，其中包括中国的一大奇迹——大运河。

帝国臣民必须交纳的数目根据他们所拥有的土地面积而定，土地分配是

---

[1] 即六部——中译者注。

根据肥沃程度而定的。在近代，只有土地所有人才须纳税，土地耕种人则无须纳税。没有土地是免税的，甚至寺院周围的地面也不例外。对于迟迟未纳税的人并不采取没收方式，因为那样会毁掉家庭，使之成为国家的负担。从春季到收获季节，不得骚扰农民。秋收过后，他们以收成或钱财的形式交纳定额作为纳税。假如他们拒不交纳，由君王在各市设立的慈善机构供养的穷人和老人，就会被送到他们家去，并住在那里，直到他们欠皇帝的税通过供养这些人来还清为止。这种安排仅限于耕种自己土地的小土地拥有者。因为我们已看到，耕种他人的土地的农民，是无须交税的；或者，假如要求他们交税，那么耕种的开销则从税收中扣除，与法国实行的、征收土地拥有者收入的二十分之一的土地税相同。因此，这笔税收由农民支付，但不论用何种方式，农民纳税的数目都是极小的，他并没有被罚款的危险。杜赫德(Duhalde)神父说，每年的总税收为十亿法郎。但对于皇帝管辖内的国家的疆域来说，这些税收的数目并不大。这证明，价值很高的财产的税率是很低的。

在国家需要的时候，皇帝可以增加收税。但除了紧急情况之外，他很少利用这项权力。他甚至还有个惯例，即每年免去一两个遭受瘟疫或其它灾难的省份的税收。

北京的第二个最高法庭，我们说过，名叫"户部"，掌管资金流向，国家的所有税收都经过它的手，它掌管着帝国的国库。那个国家既没有纳税的农民，也没有特别的税收官。每个城市的主要行政长官负责收税。这些长官把情况汇报给驻扎在各省的财政官，财政官再汇报给户部，由户部汇报给皇帝。

根据中国政府的古老原则，君王是一个大家庭之首，皇帝应提供文武百官的衣食住行。各省交纳的税收用于文武百官的薪水和其它俸给，供养穷人、老人和残疾人、军队的开支、公共建筑工程、维护帝国大道和驿站、考试的开销、考生们赶考旅程的费用、皇帝家族王子公主们衣食住行的花销、皇帝对受灾省份的救济、他对优秀人才和杰出榜样的奖赏、对为国赢得利益的或有突出业绩的人们的各种贡献的嘉许。

从各省召入朝廷的官员和由朝廷派往各省的官员的旅费、他们的随从的旅费都由国家支付，并按其所需，为他们配备船只和马车。外国使臣也享受同样的规定待遇，从他们进入皇帝的领地的第一天起，到他们离开的那天，一切开支均由皇帝负责。他们一进宫，就在宫内安顿下来，他们餐桌上的食物均由皇帝提供。为表示友谊，皇帝每隔几天从他自己的餐桌上派人为他们送去各种菜肴。当他希望表示对他们的宠爱时，他就送给他们特别的美味佳肴。

人们注意到，中国人的私人住宅很简单，尽管内部装饰很好。公共建筑正好相反，尤其在大道两旁，极为辉煌壮观。对这些建筑物的维护尤其是尽心尽力，保护它们的安全措施令人敬佩，对于旅行者、生意人和马夫们的舒适和安全也提供得无微不至。

大道通常为八十英尺宽。有几条大道的左边或右边，人们有时能发现几条长椅，躺在两排树的绿荫下。这些树丛为休憩之处，为旅行者提供了一个舒适宜人的庇护所。这些休憩之处由前任官员所建，他们退位之后，在邻居们的热情帮助下做点好事。这些落脚处对旅行者来说是非常有益的，因为即使在大道两旁，旅店也很少。夏天，善良的人们免费为可怜的旅行者提供茶水；冬天，他们给他们端上泡有姜丝的开水。

人马走得最多的大道约每隔半里格，五里格设有小小的塔楼，作为岗亭。这些岗亭由草皮和捣实的泥土筑成，约十二英尺高。这里安排有岗哨，以确保旅行者的安全。塔楼用来标志来往方向的距离，并标出邻近主要城市的名字。岗亭上放哨的士兵不负责亲手传递朝廷给各省市长官的信件。

每位官员监督各自地区公共道路的维护，哪怕是极小的疏忽都会遭到严厉的惩罚。有一位官员没有尽心尽力修理皇帝的必经之路，他选择了自杀，也不愿遭受即将降临到他头上的可耻的惩罚。另一位官员负责将一片沼泽地的水排干，不知是因为缺乏经验，还是不够负责，他没有成功，被判了死刑。

列举公共建设工程时，我们不能忽略中国的一大奇迹——大运河（the Grand or Imperial Canal）。它长达三百里格，贯通中国南北。忽必烈皇帝

（Kublai Khan），第二十代朝代的创立者，建都北京，作为他的疆域的中心。他下令修建了这条美丽的运河，以供应朝廷和随从军队的一切必需品。运河上来往的船只常常有四五千条，许多船的负载高达八十吨，不断地用来供应这座伟大城市的物资。维护运河的任务交给了一大批官员，他们不停地巡视运河、召集工人对所有的损坏处进行修补。

（Quesnay Le Despotisme de la Chine, *China a Model for Europe*, Edited by Lewis A Maverick, Paul Anderson Company 1946, P178—224，周力译）

中国佬的来信

［英］哥尔兹华绥·洛斯·狄更森著　周力译

1. 进步的代价太大了，我们宁愿选择自己的道德优势

　　启蒙时代，中国为西方现代性的生成提供了灵感。在现代性生成之后，乌托邦化的中国形象开始由现实政治层面转向审美层面，成为西方批判反思现代性的他者形象。本文作者狄更森认为，相对于西方文明，中国文明的意义在于它所体现的道德优势。《中国佬的来信》是他短篇作品中最有名的一篇，出版于1901年。他创作此文时，脑海里想的是义和团运动和前往平暴的欧洲远征队，其中体现的同情和洞察力使他在中国留下了扶清灭洋的名声，尽管当时他还没有去过那个国家。事实上，在美国，人们将它错当成一本东方人写的书，政治家 W. J. 布莱恩还作了一篇驳文，说此书作者显然从未踏进过基督徒家的门。狄更森对中国的感情非常深厚，他曾以诙谐的口吻对英国听众说：“我与大家正在谈论着中国，并不是因为我对这个话题有任何了解，也不是因为我曾去过这个国家，而是因为我前生实际上是个中国佬。”

　　中国最近发生的事件立即将东西方文明之间的根本对立以新的方式凸现出来，一方对另一方的无知和鄙夷是导致目前状况的主要原因。在正在上演的悲剧面前，我保持了长时间的平静，但是一种与日俱增的愤慨和一种我也许对消除某些误解有所帮助的希望（也许是幻觉）使我不得不最终开口，将长久郁积在胸的一些看法摆在英国公众面前。我不准备谈眼下的危机。我的目的是通过尽我的全力解释我们看待西方文明的方式，以及我们想要抵制其影响的原因，使大家对我的同胞和他们的政策有更公正的评价。对于这一任务，我以为自己并不完全不合适。在英伦长期居住给予了我某种权利来谈论你们的制度，而远离自己的国度并没有取消我来谈论我们制度的资格。一个中国佬永远是一个中国佬——尽管我相当仰慕西方文明的成就的某些方面，

我还没有发现任何因素能使我因出生为一个东方人而懊悔。对于英国人来说，这看上去也许是一种古怪的言论。你们习惯于将我们视为野蛮人，这也不足为怪，因为只有在我们杀死你们同胞的时候，你们的注意力才会猛地投向我们。在一阵狂怒之中，你们很容易过急地下结论，认为我们是一个冷血杀人的国家——这个结论就像从你们入侵中国的军队的行径中得出西方文明的总的特征一样合理。对我们的评判不能根据我们暴徒的行径、甚至不能——我也许可以补充一句——根据我们政府的行为，因为中国的政府并不代表整个国家。然而，我冒昧地想，对欧洲人来说，甚至那些行径（尽管受到所有受过教育的中国人的强烈谴责）值得比迄今为止从你们中得到的反应更严肃深刻的思索而不那么过激的指责，因为它们是一种情感的体现，这种情感目前是、也一定永远是、我们和西方关系中举足轻重的因素，即我们对你们文明的深刻的怀疑和烟雾。很自然，你们将这种情感归结于偏见和无知。事实上，我冒昧地想，它是建立在理性基础上的。鉴于这种观点，我请求读者给予严肃而耐心的思考。

我们的文明是世界上最古老的文明。这并不意味着它是最好的；但我认为，这也不意味着它是最糟糕的。相反，这种古老在任何情况下都是一个证据，证明我们的体制为我们保证了一种稳定，而这种稳定在欧洲各国是我们没有找到的。而且，不仅我们的文明是稳定的，我们也认为，它也体现着一种道德秩序，而我们在你们的文明中仅仅发现了经济混乱。在此，我不想争辩你们的宗教是否比我们的优越，但能够肯定的是，相比之下，它对于你们社会的影响是较小的。你们宣称信仰基督教，但你们的文明从未表现出基督精神；而我们的文明自始至终是儒家精神的体现。然而，说它是儒家精神的体现，就是说它是道德的，或者至少（因为我不想让读者质疑），道德关系是它潜心思索的最基本的关系。对于你们来说（在我们看来如此），经济基础是首要的，然后在此基础上，你们才嫁接这种关系所能承受的道德价值。

这一点，我可以通过你们和我们的家庭观的比较来阐明。对于你们来说——在外人眼里——家庭仅仅是养育和保护孩子直到他达到自立年龄的一种手段。你们尽早将男孩们送到寄宿学校，在那里，他们很快摆脱家庭的影响。一到成年，你们就将他们送走——就像你们所说的那样——"出去发迹"。从那时起，因为他们不再依赖父母，所以也不再承认对父母有任何义务。他们想去哪里，就去哪里；想做什么，就做什么；想如何挣钱花钱，就如何挣钱花钱。他们是否愿意维持家庭纽带，也靠他们自己选择。对于你们来说，个人是基本单位，所有的单位都是自由的，没有人被牵制着，也没有人扎根。你们的社会，用你们自己的话来说，是"进步的"，你们一直在"朝前走"。人人都感到，为自己闯出一条新路是一种责任（而且在大多数的情况下也是一种必要）。待在你出生的地方，你认为是一种耻辱。一个男人，要成为男人，就必须闯荡、冒险、搏斗、竞争和获胜。毫无疑问，你们社会的特征是其巨大的活动性和所有物质艺术的成功，但同时，它还有特别令中国人惊奇的特征：骚动不安、混乱、和（正如我们认为的那样）缺乏道德。你们之中，因为人人都一味地追求增加生活资料，而没有人知足，没有人享有闲暇去生活——借用你们自己的一位作家的话来说，"现金交易关系"是你们承认的人与人之间的唯一关系。

而对于我们东方人来说，这全是野蛮社会的迹象。我们衡量文明的程度，并不是根据物质生活资料的积累程度，而是根据人们生活的性质和价值。凡是没有人道和稳定关系的地方，凡是不尊敬历史、甚至不尊敬现实、而只有对未来贪婪掠夺的地方，我们认为，都不存在真正的社会。假如我们必须以模仿你们的制度为代价的话，即使我们能够在财富、科学和艺术与你们一争高下，我们也宁愿放弃它。

在所有这些问题上，我们自己所采取的步骤与你们截然相反。我们首先注重的是社会，然后才是个人。我们之中的一条规则是，人正是出生在他将在整个一生都继续保持的那些关系中。他自始至终是家庭团体的一员，他的生活的整个理论和实践都遵循这个前提。他接受训导，崇拜祖先，敬仰和顺从父母，从小就准备做丈夫和父亲的职责。婚姻并不解散家庭，丈夫留下来，妻子成为他亲人团体的一员，而这一团体是一个社会单位。它有共同领地、共同祭坛和仪式以及解决成员争端的法庭。在中国，任何人——除非他自己的过错——都不会被孤立起来，就算他不容易变得像你们那般富裕，他也不容易挨饿；虽然他没有竞争的动机，他也没有欺骗和压迫他人的诱惑。一旦免受野心的折磨和痛苦的恐惧，他就能从谋取生活资料的奔波中逃离出来，来获得闲暇时间享受生活本身。他既有本能、也有机会去欣赏大自然的赐予，去修养举止行为，去与同胞们进行高尚文雅、公正无私的交往。这种结果，与你们欧洲的大量公民相比，不论在道德上，还是在美学上，我们无法不承认其优越性。而且，我们在承认你们应用和科学的成就之伟大的同时，也发现自己无法无保留地仰慕一个产生谈吐举止如此粗俗、道德如此低下、外表令人嫌恶的文明——这些现象正是我们经常在你们的大城市里遭遇到的。我们承认自己并非你们所说的进步的人群，但我们意识到那种进步的代价太大了。我们宁愿选择自己的道德优势，而不愿选择你们的物质优势。并且，我们决心恪守这些制度，我们相信，甚至在冒着将我们自己从后者排除的危险的情况下，它也会保证我们前者。

2. 在你们的社会中，我们看到暴力与混乱

启蒙时代的思想家相信商业贸易会使人性情变得平和，并能有效减少战争，没有什么比战争更影响贸易往来了。狄更森从中国的视角批判了这种神话：正是那些人们原以为能为你建立起和平纽带的贸易关系，通过将你们人人都变为相互致命的对手，把你们带入离一场总灭绝战不远的境地。过不了几年，欧洲那些崇尚贸易的国家，就开始为了利益残酷地相互屠杀。

在上一封信中，我尽力对你们和我们文明之间的显著差异作了总的阐述，这些差异不可避免地导致了冲突。近来发生的事件也许使某种观点显得可信，即在冲突中，我们一直是侵犯者。但是没有比这更不符合真相的事情了。假若我们自己能做主，我们永远不会寻求与西方打交道。我们没有任何这么做的动机，因为我们既不愿改变他人的宗教信仰，也不愿与人进行贸易往来。我们确实相信，与你们相比，我们的宗教更加合乎理性、道德更加高尚、体制更加完美；但我们也意识到，适合我们的东西也许并不适合他人。我们并

不以为自己肩负着拯救世界或开化世界的使命，尤其是伴随这种使命的是枪炮刀剑的时候更不这么以为。倘若我们能解决自己的问题的话，我们已是感激不尽，而无需将他人的问题压在自己身上。

而且，正因为我们不愿改变你们的宗教信仰而干涉你们，因此我们无需因贸易所迫而这么做。在经济上、也在政治上，我们自给自足。我们生产的，是我们消费的；我们消费的，也是我们生产的。我们不需要、也从未寻求别国的产品，而且认为，为了打开他们的市场而对陌生人发动战争是非正义的、可耻的。我们设想，一个社会若要得到政治稳定，首先必须经济稳定；而且我们认为大量的外贸必定是社会道德沦丧的根源。

在这些问题上，就像所有其他问题一样，你们的原则与我们大相径庭。你们相信，不仅你们的宗教是唯一的、真实的宗教，而且将它强加到所有别国身上也是你们的使命。若有必要的话，还付诸刀剑。而且，这种侵略动机因另一种势力更强的动机而愈加强烈。经济上，你们的社会结构使得它不断处于饥饿的边缘，你们无法生产必需消费的东西，也无法消费你们必需生产的东西。找到市场，倾销产品，然后从市场获取食品和原材料，是你们生死存亡的大事。中国是这样的市场，或者说，可能是，而打开这个市场实际上是近年来你们与我们交道稍加伪装的动机。这种政策的公正性和道德性，我在此暂且不与讨论。事实上，它是纯粹物质需要的结果。在此基础上的争论是毫无效果的，因此，我把自己局限于努力将我们对事态的看法呈现出来，并尽量解释一下我们怨恨你们侵略的动机。

对于一位普通的英国商人来说，我们居然反对他所描述的对我们国有资源的开发无疑是一件古怪的事情。正如他习惯从利润和损失的角度上看一切问题一样，他设想，如果能找到某一通往增长财富的途径的话，那么这条途径理应被采纳。他相信，中国对他的资本和贸易开放将产生这种效果[1]，而且他下定结论，认为迎接他的事业而不是抵制他的事业对于我们是有利的。从他的角度上看，他是有道理的，但他的观点不是我们的观点。在采取任何重

---

[1]　即增长财富——译者注。

大政策措施之前，我们习惯于估计它的后果，不仅仅是对于我们的财富的总量的影响，也是对于我们国家安康的影响（我们对于国家安康的看法是截然不同的）。你们一直考虑的是生活资料，我们则注重生活本身的质量。而且，当你们请我们——实际上你们是这么做的——改变我们的整个社会、将我们自己从一个农业国转变为一个贸易和工业的国家、为一个想象中的繁荣富裕而牺牲我们政治和经济的独立性，并且，不仅改变我们的工业，而且改变我们的举止行为、道德和体制的时候，如果我们首先带着批评的目光看一看在那种条件下在你们之中产生的后果的话（而这些条件正是你们催促我们引进的），我们倒宁愿失礼了。

这一概览得出的结果，我们冒昧地认为，并不鼓舞人心。就像寓言中的王子，你们似乎从他的监狱中释放了竞争的妖魔，却发现自己无法控制它。过去几百年，在控制你们经济体制混乱的问题上，你们的法规仅仅是永久的徒劳。你们的穷人、醉汉、无能者、病人、老人就像噩梦一样缠着你们，你们拆散了所有人性的、个人的纽带，徒劳地用国家非人性的活动来取代它们。你们文明的显著特征是不负责任。你们释放了自己无法控制的力量，陷在自身的杠杆和齿轮之中无法脱身。在各行各业中，你们用公司取代个人、用工具取代工人。创造利润是普遍追逐的目标。除了国家之外，谁也不理会劳动者的福利，而他们的福利甚至连国家都无能承担，因为统治国家的因素已远非其所能控制。你们依赖于既无法决定又无法预测的供应与需求的变化。歉收、某个遥远国家关税的变动会造成数英里之外的成千上万人的产业的混乱。你们可怜地依赖于勘探者的运气、发明者的天才、女人的异想天开——不仅如此，你们还可怜地依赖自己的工具。你们的资本是活生生的，它哭喊着食物，一旦让它挨饿，它就转过头来将你们掐死。你们的生产并非自愿，而是被迫；你们消费，并非本意，而是被强加在你们身上。贸易从未被如此困扰过，而你们却称之为自由贸易；而困扰它的，不是合理的意愿，而是积累起来的反复无常的非理性。

这就是呈现在一个中国人面前的你们国家的内部经济。你们的外交情形也不见得更鼓舞人心。大约五十年前，有人提出，国家之间的商业交往将开始一个和平的世纪，你们之中许多人似乎仍旧坚信这一点。但没有任何比事实更明显互相矛盾的信念了。市场竞争比往昔历史上的王侯将相的野心或神父的刚愎自用更可能成为战争的根源。欧洲人好似饥饿的野兽一样，向全球每一片尚未开发的地方扑过去。迄今为止，他们的掠夺局限于那些他们认为在其法律范围之外的人们，但是，他们在分赃的同时，眼睛总在互相妒忌地望着对方，并且，迟早，在无赃可分的时候，他们就会互相厮杀起来。那就是你们军事力量的真正含义，要么吞噬他人，要么被人吞噬。正是那些人们原以为能为你们建立起和平纽带的贸易关系，通过将你们人人都变为相互致命的对手，把你们带入离一场总灭绝战不远的境地。

我如此描述你们文明的特性，并没有在愚蠢的沙文主义中忘乎所以，也不认为欧洲的居民在本性上比中国居民更愚昧或更堕落，相反，我们信仰的基本宗旨是人性在任何地方都是一样的，造成其好坏的根源是环境。那么，如果你们内部和外部经济果真像我们所设想的那样漏洞百出的话，我们想，原因不应在你们民族特性的任何根本缺陷中去寻找，而恰恰应在你们正在恣意我们本国采纳的那些政治和社会制度中去寻找。在这种情况下，我们会以各种方式尽可能地抵制你们的影响，我们之中的智者，一方面为你们的代理人遭受的暴力深为遗憾，一方面感到，与你们事业成功带来的令人无法容忍的邪恶相比，那又不算什么——所有这些，难道使你们感到惊奇吗？

3. 在遥远的东方田园，在明媚的阳光下

在审美乌托邦视野下，中国田园生活带有明媚的牧歌色彩。农民快乐自由地耕种祖辈的土地，有着在自然陶冶下生成的道德和智慧。

在你们的日志中，我最近读到，"使中国西方化"是欧洲各国最终目标。假若如此，欧洲为达到目的而采取的方法倒真够独特的。但是我可能不适合谈论这些。我知道，掠夺、肆意破坏、冷血屠杀、强奸——这些你们在英国这里是不允许的。如果你们有能力的话，我相信你们会出面阻止的。我且将

这些罪恶归结于纪律不严的军队的无法无天。我在此提到它们，与其说作徒然的抗议，倒不如说另有目的。当你们提到文明的时候，我头脑中的问题是：你们的文明产生了怎样的人呢？对于这个问题，最近在中国发生的事件暗示的答案似乎不那么令人心安，但我不想费力寻求这个答案。也许所有文化，我们的和你们的一样，不过是外表的虚饰；在人人的内心深处，都隐藏着野兽，当时机或者意图将大门打开时，它就会朝猎物猛扑过去。在中国，我们对你们的批评也恰恰适合我们，所以我们批评的也是我们自己，在这点上，双方没什么两样。因此，我且从这类情形转到正常的生活条件。我的问题是，我们是怎样的人，你们又是怎样的人，以至于你们认为自己有权称我们为野蛮人呢？

我们是怎样的人？这个问题很难回答，每天时刻在我的脑海中辗转反侧。我无法找到更好的途径使你们清晰地认识到我的想法，只能在此尽可能忠实地呈现一幅景象，这幅景象，在阴沉沉的冬天，当我在你们黑色大都市的街道上行走的时候，一直萦绕在我的记忆之中。

中国佬的家乡

在遥远的东方，在明媚阳光之下（那是你们没有见过的阳光，因为你们甚至用煤烟将它污染），在一条宽阔的河边，是我出生的地方。我出生的房子隐藏在成千上万的房屋之中，但每座房屋都伫立在自己的花园之中，简单地刷成白色或灰色，朴素干净，令人愉快。沿着山谷的很长一段路程，它们一个接一个将蓝瓦红瓦的屋顶从一片绿的海洋中撑出来。一丛丛树木之上，不时闪烁着一座高塔的金色的搪瓷。河面上，每隔不远就有一座桥梁横过，各种驳船和舢板拥挤着，清澈的河面上运载着赶赴繁荣村庄集市的人流。整个地区到处是富裕的农民，他们拥有着、耕种着父辈们曾经拥有和耕种的土地。他们也许会说，他们耕作的土地是他们和祖先们开垦的。看哪！那些曾经几乎光秃到顶部的山峦现在正翻滚着绿浪，那是棉花、水稻、蔗糖、橘子和茶叶的绿浪。从河里抽上来的水流像银带一样环绕着山坡，在渠道与渠道之间飞泻下来，在水池里四溅，在水管里欢笑，渗入土里，流入沃壤，将肥沃、绿色和生命自由地分散到四方。沿着曲折的小径，你可能不时地跨过一座座小桥——这是过去世世代代劳动的结果，也是他们子孙今天劳动的结果——直到你来到一处，这里，人迹消失了，大自然自由地伸展着，极高的山岩上覆盖着天蓝和金黄的一片，蔷薇、栀子花、铁钱莲、杜鹃漫山遍野，开得正旺。多少次我久久地坐在这里，四周如此寂静，就像我们一位诗人说的，"你能听见树影在地面上沙沙作响"。不时打破这寂静的，是山下远远传来的劳动者隔着渠道喊着的声音，或者，在黄昏或者黎明时分，是召集人们去山谷的寺庙礼拜的锣声。如此的寂静，如此的声音，如此的清香，如此的色彩！感官对四周的反应变得如此敏锐，这是在北部气候生活的你们是无法想象的。美从四面包围过来，不知不觉中，将人的灵魂和心智与她融为一体。如果说，在中国，我们有行为举止、有艺术、有道德的话，其原因——对于那些耳聪目明的人们来说——是不难发现的。大自然教会了我们，并且，迄今为止，我们只能比你们更幸运。但是，我们也拥有这份优雅来学习，而这，我们想，我们可以归因于我们的智慧，因为，想想这儿，在这可爱的山谷里，居住着成千上万的人们，没有法律，只有习俗，除了自己的家庭外，别无戒律。他们辛勤劳作，而远在欧洲的你们几乎不懂勤劳这个字眼——这是自由人们，在从父辈手中继承的土地上，为亲人和朋友的辛勤劳作，用自己的劳动将这片土地变得更加富饶，再传到子孙的手中。他们没有其他奢望，他们不在乎财富的积累；假如每代人中，有些不得不到外面的世界去闯荡的话，他们总是带着希望回到出生的地方，在那些他们年轻时如此亲密的面孔和情景之中度过晚年，而这些希望很少遭到挫折。在如此的人群中，是根本没有产生凶猛卑鄙敌人的余地的。没有主人，没有奴仆；只有平等，真真实实的平等，调整和维系着他们的交往。健康的劳动，充足的闲暇，坦诚的好客，习惯性的、不受空幻野心干扰的满足，一份世上最可爱的自然环境陶冶出来的美感，思想和情感的表达不在于精美的艺术作品中，而在于谦和宽厚、不卑不亢的举止风度中——我，就出生在具备这些特征的人们之中。我的记忆是否胜过事实？我是否美化了年轻时期的情景？或许如此，但我清楚我所描绘的这种生活——这种建立在耕作土地上的、建立在平等和公正基础上的生活——确确实实兴旺地存在于中国的每一片土地上。你们自称为我们的教化者，你们能给这片土地带来什么呢？你们的宗教吗？哎呀！你们干的种种难以形容的勾当正是以那样的名义！你们的道德吗？我们上哪儿去找？你们的智慧吗？它引向何方？与我所描绘的中国的生活相比，你能提供更美好的前景吗？那是我眼前努力回答的问题。

4. 名副其实的乡村生活

审美乌托邦下的中国，构成对西方现代性的一种反思批判。与生活在自然诗意中的中国人相比，西方人成了平庸市侩的伪君子。

为了将具有中国人生活特色的情景摆在大家面前，我选了一个农业地区。我这么做的原因是，我在那里找到了我们文明的典型产物。确实，我们拥有城市，也许和你们的城市一样畸形，但它们不过是以农业为基本结构的政治躯体上的赘瘤；而你们恰恰相反，正因为如此，你们没有名副其实的乡村生活，一方面是公地和荒野被浪费，另一方面是别墅和公园。劳动者们衣衫褴褛，房屋破旧不堪，工资低下，村庄冷落，农场萧条，四处是肮脏、野蛮和罪恶——这是你们自己勾画的农村地区的景象。凡是不属于城市的地方，要么是寄生的，要么就是奄奄一息的。那么，假若我要坦率而公正地说出对你们文明最佳产物的印象的话，我必须从乡村转到你们的大城市的生活。这么做的话，我也将不指望轻松做到这一点，因为我将不强调那些明显的不良特征，而对于那些特征，你们承认和哀叹的程度不比我弱。你们那些密密麻麻的贫民窟、酒馆、救济院、监狱——这些确实是令人沮丧的事实。你们正在着手治愈造成这些症状的罪恶，我不怀疑，伴随你们努力的，可能会是不小的成功。我在此选择作为思考对象的，倒宁愿是当你们已竭尽全力、做了一切力所能及的事情之后、似乎朝着努力的目标。你们典型的产物、你们之中普通人——那被你们称为体面的人——的特征，是我所希望描绘，因为他正是你们文明自然而不可避免的产物。那么，他是怎样的人呢？我回答这个问题时是有些犹豫的。在你们之中，我是陌生人。我得到你们的宽待，而我不情愿用无礼作为回报。但是，假若有任何我能为你们做的事的话，我所能做的最大的事情——如果我能做到不触犯你们的话——将是使你们清醒地认识到某些重要的真实情形（而你们似乎奇怪地对其视而不见）。我相信，你们的双脚走在错误的道路上。我情愿警告你们——尽管这警告可能是徒劳的，但这是在友谊的精神下提出的——我希望，这警告也能在这种精神下接受。

当我回顾对一位普通英国公民的印象——这种印象是建立在多年研究的基础上的——我见到的，是一个怎样的人呢？我见到的是一个与大自然脱离的人，一个并没有被艺术召回的人，受过培训却没有受过真正教育的人，接受力强却不会思考的人。他受过宗教教义的教导，却不真的信教，因为他发现它在每种生活关系中明显地遭到冲突。他隐约感到，将无神论掩藏在虔诚的面具下是慎重的，而对于无神论，他几乎不够聪明到公然宣称信仰的地步。他的宗教是遵从习俗的，更重要的是，他的道德就像他的信仰一样是遵从习俗。博爱、纯洁、自我克制、不追求世间名利——这些都是他从小到大被灌输的字眼，而这些字眼一直只是字眼，因为他既没有在任何地方见到别人实践过，也从未想到自己应该去实践一下。它们的影响，虽然足以使他成为一个长久的伪君子，但不足以使他意识到自己就是一个伪君子。一方面，他被剥夺了真正道德准则的支持（这种道德准则体现在他作为其中一员的社会生活中）；另一方面，他被对无能的理想的表面崇拜所愚弄，因而他别无选择，只能依赖自己的本能，满足于模仿他人，并忽视精神方面，而全身心投入物质目标的追求。他不外乎成了一个工具，而你们的社会正是由这样的工具组成的。只有通过你们的工作，你们才可能被人所感知。你们在机械工艺上取得了成就，但在所有需要精神洞察力的方面却是失败的，两者形成了对比。任何一种机器你们都能完美地制造并操作，但你们造不起一座房子，写不出一首诗，画不出一幅画，更不用说信仰和追求了。瞧瞧你们的街道！一排排小盒子，一个接一个，缺乏所有根本的东西，却堆满了过剩的物质——那就是你们当作建筑的东西。你们的文学是每天的报纸，一连串严肃的昏庸之言、奇闻轶事、谜语双关语、违警罪法庭的丑闻；你们的图画不过是故事以绘画形式的表现，再现的内容全都平庸陈腐，由拙劣的业余者所作，既无传统美感，又无天才之笔。你们的外部感觉和内部感觉一样，没有任何生命可言，你们既聋又哑。推理取代了感性，你们的整个生活是没完没了的演绎推理，而且这种推理的前提是从未证实过的，其结论也是从未预料或想要的。到处都是途径，但没有一处是目的！社会是一个巨大的引擎，而引擎本身的齿轮却已经脱开！你们的文明呈现在我想象中的就是这样的情景。我不愿说，这对每个聪明的中国人来说都是如此，因为中国人与你们不同，从本能上就反对对一个民族进行控告。如果我犯下了这一错误[1]，是因为我被我听到的所激怒，而且我已感到我应该向你们道歉。但我说过的话已无法收回，而且，倘若我所说的能使一些读者对"中国是中国人的中国"的呐喊有一层新的感受的话，我将不会后悔我说过的这些话。

---

[1] 指"对一个民族进行控告"——译者注。

5. 艺术地生活

西方人习惯让生活服从物质财富。对中国人来说，人应该艺术地生活。月光下的玫瑰、草地上的树影、杏花、松香、酒杯、六弦琴，这些以及生与死的悲怆哀婉、久久的拥抱、徒然伸出的手、充满着音乐和阳光的、永远飞逝的、化入魂牵梦绕的过去的阴影和沉寂中的瞬间、我们拥有的一切、使我们困惑的一切、飞翔的小鸟、风吹过飘散的香气——对于所有这一切，都是中国人受到训练去感受的，这种反应就是被称之为文学的东西。这种艺术生活很可能在只重视物质财富的西方文明中消失的无影无踪。

当我第一次接触西方的时候，立刻给我留下深刻印象的是你们才智的特征和广度。我发现，你们的智慧在我们东方人从未想到的种种方面取得了卓越的成就。你们通过分析和试验，找到了自然力量运行的规律并加以利用，而且利用的方式，在我这见识不广的人的想象中，显得几乎不可思议。尽管我对你们在这一领域的成就已相当熟悉，但这并没有减弱我的钦佩。在这些成就中，我意识到了你们优势中主要的、最实质性的因素。因此，我的同胞之中的一些智者热烈提倡立即将这些成就介绍到中国，这是不足为怪的。我理解这些改革者的热忱，但却无法赞同他们的政策。我的结论初看上去似乎自相矛盾，在此值得将导致我的结论的理由摆出来。

事实上，对你们上个世纪的历史的研究以及对你们社会结构的更深的了解，很大程度上改变了我原来的观点。我得知，最卓越的发现、最有成效的应用发明天才都无力为社会造福。我得知，如果把聪明才智全部投入到生产节省劳动力的机器的话，这会造成产业混乱，其容易造成的危害比通过增长财富而产生的好处更大，因为增长财富——即增长舒适程度——对于我来说，本身并不一定是好事。一切都依赖于财富分配的方式和对民族道德性格的影响。鉴于这一观点，对于将西方方式介绍给中国的前景，我是带着沮丧的心情来看待的。一个例子将最好地解释我的观点。当我们开始从天津到北京修第一条铁路时，这项工程激发了邻近地区人们的反对。这场反对很快发展为一场公然暴动，铁路被拆散，桥梁被摧毁，继续这项工程变得不可能。因此，我们根据中国的惯例，派一名官员（而不是动用警察力量）前往暴动现场，接见闹事者并查明他们的意见。通常这样的意见是合理的。他们是船运工人，靠运河的运输维持生活，害怕铁路会剥夺他们的生计。政府承认他们的抗议是正当的，并给予他们要求的保证，保证水上交通不受到严重影响，这样的麻烦或骚动就不再发生了。我们如何看待这类问题，这一事件就是较好的例子。我将此事与英国人谈论过，他们听了我的讲述时，无不惊诧和愤慨。对于他们来说，政府居然对人们这一类抗议表示关注，似乎是荒谬的事情。他们谈起供求原理、劳动力的最大极限的吸收、竞争、进步、流动性和"长远目标"。对于所有这些，我多少带着理解，默认地听着。但这不能不使我看到，在目前的任何情况下，新方式的引进就意味着如此严重劳动力混乱、如此严重的贫穷、痛苦和饥饿。对此，你们自己的工业历史中提供了足够的证据，而且，我只能带着沮丧和失望的心情指出，你们在完善机械工艺的所有这些年代里，你们甚至没有明显地尝试去寻求——当然没有成功地找到——消除你们让劳动人民遭受的动乱和痛苦的方法。确实，这并不奇怪，因为你们习惯于让生活服从于财富；但对一个中国人来说，这也并不令人感到鼓舞。至少，我无法不带着极其沉重的忧惧考虑到，将西方工业方式大规模地介绍进来后，我们四千万人口将不可避免地遭受种种混乱。你们会说，混乱是暂时的；对我来说，在西方它就是长期的。但且将它摆在一边，我想问，我们能得到什么？你们的收益是明显的。我想，我们的损失也是如此，但我们的收益何在？也许，这个问题对你们来说不相干，但请原谅，中国人却认为它是重要的。毫无疑问，你们会回答，我们将得到财富。也许我们会，但难道我们不会失去生活吗？难道我们不会变得与你们一样吗？而且你们期望我们以平静的心态来考虑这个问题吗？你们的优势何在？毫无疑问，与我们相比，你们的人们更多地拥有一些不太重要的生活物质，吃得更多，喝得更多，睡得更多，但优势也就到此为止。你们不那么快乐，不那么满足，不那么勤劳，不那么守法。你们的职业对身心更不健康，你们拥挤在城市和工厂里，与大自然脱离开来，也不再拥有土地。所有这些我已经详尽谈论过，我在此重新提及它，不过来解释一下可能对你们来说显得反常的一种立场。这是一个一边真诚钦佩西方聪明才智的产物，一边怀疑这种聪明才智是否应用不当、或者说至少其目的是否不应如此偏向一边，以至于它更可能带来损害而不是好处的人的立场。的确，你们可以——而且我相信你们能够——更正这个错误，并显示你们组织人们的独创性，就像你们征服自然的独创性一样。但同时，也许请原谅，甚至当我们极其钦佩你们西方方式时，我们依然对采纳它们感到犹豫不决，而且感到可能伴随而来的代价很高——因为伴随而来的，是随处可见的混乱不安。

影响我的还有一种观点，也许不那么明显，但同样的重要。大批人们被吸入机械劳动之中，这是在任何社会都肯定存在的情形。相比之下，我们的社会中存在的也不少，不过当然不会比你们更多，并且，至今这种状况似乎没有受到引进机械的影响。但是，在另一方面，在每个社会，存在——或者应该存在——从物质束缚的奴役中解脱出来、而投身于更高目标的人。在中国过去的许多世纪，一直有一批人从前者中解放出来，追求自由艺术，并受命履行政府职能。这些人并不形成封闭的世袭特权阶级，凡具有必需才华和爱好的人，皆可加入他们的行列——在这个意义上，我们的社会长久以来一直是世界上最民主的社会。我们使这一官员阶层受到的教育是你们经常批评的话题，我在此无意辩护。我希望指出的是，正因为这种体制，我们才得以对各个阶层的人们进行反复教导，保持他们对智力和精神世界的尊敬，而这在欧洲是无法与之媲美的，尤其在英国，根本找不到丝毫迹象。在中国，文学受尊敬的程度和意义，对于你们来说，既难于理解又是过分强调的。但这是有原因的，我们的诗人和文人教导后辈不要在财富中、不要在权力中、也不要在各种活动中寻找美好的东西，而应该在经过训练的、有品位的、高雅的、对极其简单而普遍的生活关系的欣赏中去寻找。对我们来说，去感受、为了感受而表达，或者至少理解大自然所有可爱之处表达的方式、理解人类强烈深刻而敏感的所有方面的表达方式，本身就是充分的目的。月光下的玫瑰、草地上的树影、杏花、松香、酒杯、六弦琴，这些以及生与死的悲怆哀婉、久久的拥抱、徒然伸出的手、充满着音乐和阳光的、永远飞逝的、化入魂牵梦绕的过去的阴影和沉寂中的瞬间、我们拥有的一切、使我们困惑的一切、飞翔的小鸟、风吹过飘散的香气——对于所有这一切，都是我们受到训练去感受的，这种反应就是我们称之为文学的东西。这是我们拥有的、是你们无法给予的，然而是你们很可能将它抢走的。在纺织机的轰鸣声中，它是无法听到的；在工厂的滚滚浓烟中，它是无法看到的；在西方生活的混乱和忙碌中，它消失得无影无踪。而且，当我目睹你们最敬佩的商人们年复一年、日复一日、时时刻刻被迫在作坊里从事毫无欢乐的劳动，目睹他们将白天的焦虑带入少得可怜的闲暇之中，而使他们疲惫不堪的还不仅仅是劳累，更是令人烦恼的、纠缠不清的操心。我承认，当我想到我们古老的勤劳的简单习惯比你们所有新奇而危险的习惯高明许多时，我感到满足。我们的双脚习惯地踏在相当熟悉的路上，就连走路的时候，我们都有闲暇将目光投向永恒的星辰之上。

中国的田园风光。英国 18 世纪版画。

6. 道德理性统治下的和平

在门多萨笔下，中国人生活的所有方面都处于政府公正、睿智的管理下。当狄更森称赞中国制度时，他认为中国的政府只不过是形同虚设，那里的人们独立于政府的控制，享受着极大的自由。

中国的体制中，最引发欧洲人敌意和轻蔑的评论的，莫过于我们的政府机构。官员们微薄的薪水以及随之而来的诱惑，使得他们频繁用非法的手段勒索钱财，这是使外国人感到相当恼怒的原因。对于如此明显令人不齿的行径，我没什么可辩白的。与此同时，我只能指出，中国的这种腐败现象远远不及你们之中盛行时期的那般严重。对于你们来说，政府的职能如此重要而无所不在，以致你们无法理解一个民族的情形、一个几乎无需政府就能生存的民族的情形。而我们的情形正是如此。我们文明简单自然的特征、人们爱好和平的本性（在没有被外来者的侵略激怒时），尤其是家庭体制——它本身就是一个小国，一个政治、社会和经济单位——这些以及其他事实使我们独立于政府的控制，而且独立的程度也许是欧洲人觉得不可思议的。北京当局是否采取某项措施，对我们百姓来说，并没有真正的、永久的影响，除非这些措施和决定顺应的是民众的情感和要求。否则，就像你们外国人付出代价所得到的教训一样，它们只不过是形同虚设而已。政府可以签订种种公约和条约，但除非得到公众的应允，否则是无法付诸实施的。拥有众多人口的民族的消极抵抗扎根于古老的传统之中，它将使西方霸权通过我们政府这一工具将其意志强加于我们民族的图谋落空，过去是如此，将来也是如此。没有任何力量足以搅动那片巨大的平静。战争风云也许能在大海表面激起一阵短暂的波纹，在表层的水流激起阵阵泡沫，但它永远也不会惊动那清澈而无法估测的深处，那里是中国平静而沉思的灵魂。

假如要让我们的民众行动起来，必须让他们在理性上和内心里感到信服。你们在欧洲学得如此缓慢的这一课，几百年前就在我们国家的实践和理论中体现出来了。对于我们来说，政府是建立在人民的一致同意的基础上的。其程度是你们西方人几乎无法理解的，更不用说模仿。你们通过不断进步的复杂的体制、如此徒劳地、力求达到的目的，在我们之中，因为实际的需要已经存在。我们的基本制度不是权力任意的发明，它们是人民给予生活的形式，不是由任何政府制定，也没有任何政府想要修改它们。而且，如果有时在时势发展过程中存在着补充进一步规定的需要的话，也只有在真正的要求下，通过证明其功效以及受欢迎的程度之后，这些规定才能得到采纳。简而言之，对我们来说，法律不是从上面强加而来的，而是一种国民生活的准则。它在实际生活中的体现比法律的条文形式更早[1]。因此，在中国，政府既不是主观臆断的，也不是必不可少的。将我们的当权者摧毁——不论是中央政府还是地方政府——我们的生活依然一如既往。我们遵循的，是我们自己本性的法律，是由几百年的经验演变而来的。即使外在的约束力撤销了，我们仍旧继续恪守着它。不论发生什么事情，家庭依然存在，它牵涉的各方面也存在，理智的态度、秩序的精神、勤劳和节俭也都存在。正是这些构成了中国。我们历史上消极的拥有的政府，只有在明白执政的不是它、它不过是在公众场合中正式表达一种法律和秩序的时候，它才是政府——而这种法律和秩序的本质是它必须接受的，就像接受天体的运动一样。中国是不变的。你们认为如此重要的种种骚乱现象（而这些骚动是你们造成的）并不是我们文明破裂的迹象。你们听见的是海浪拍打岸边的声响，但远远在你们视野无法到达之处、你们的船只没有到达的地方，伸展着一片片沉静的大海，直到蓝色的地平线。

　　西方的政府观念和实际情形是多么的不同！这里不存在基本法，只有数不清的主观任意的条文。除了种下的，其它什么都没有扎根；除了必须种下的，其它什么也没有种下。在过去的几百年里，你们摧毁了你们整个社会。财产和婚姻、宗教、道德、社会地位和等级的划分，所有人与人之间的关系中最重要的、最深层的东西都被连根拔起，像残骸一样飘浮在时间的河流之中。这就是你们政府如此活跃的原因，因为只有通过它的帮助，你们的社会才能成为一个整体。因此，幸运的是，政府对于你们的重要程度在东方是无法想

---

[1]　这里作者指的是，在法律条文制定之前，人们的行为举止就已经符合法律了——译者注。

象的。在我看来，这本身就是邪恶的，但在我看来也是不可避免的。使我更加惊讶的整个体系的异常无能（我无法不这么认为），而你们却依赖于这体系去完成如此一项巨大的工程。我意识到，找到任何选拔能人的可靠方式是很难的、也许是不可能的。但是，你们压根儿不费丝毫气力去证实——哪怕仅仅证实一下——那些你们赋予如此重要职责的人的道德和才能，这的确使我感到奇怪。我们自己在中国通过竞争力很强的考试来推选领导人的方式是你们瞧不起的，当然这也不无道理。然而你们采用这种方式来选拔你们地位较低的官员，至少它体现了一种理念——这种理念是，政府机构中最高的职位应该面向所有人，不管富人还是穷人，只要他们表明有能力和才智，而不应该面向那些既无能力又无才智之人。对于我来说，与西方选举^[1]相比，这种方式本身就是理智的。因为，西方选举意味着什么呢？你会说，它意味着代表人民；但是难道你心里不明白它根本就不是、也不可能是这回事吗？它真正代表的是利益。而且，利益感兴趣的是什么呢？你的回答，我怀疑，是公共财产不被滥用！地主、啤酒酿造商、铁路公司^[2]——统治你们的，难道不正是这些人吗？既然你们的社会体系的构造是如此，难道还有其它可能性吗？我知道，有一个政党^[3]希望组织这些野蛮而具有压倒之势的大众力量来抵制这些人。但是，根据我的判断，这种补救措施，就算是可行的，也还是不足的——因为在你们的社会，大众本身就是一种利益。你们的社会机构的目的，似乎是将以自我为中心的、唯一关心各自利益的种种力量一同带进一个斗鸡场，以便通过纯粹的厮杀角斗找到一条代表所有人利益的方式。也许是因为存在于中国人内在的、根深蒂固的、对道德和理性的权威的尊敬，使我无法热情地、甚至是宽容地看待这种似乎在你们之中起着主导作用的方式。当非常重大的问题被移交给政府，而且必须由政府处理时，我无法不认为，在解决这些问题的时候，完全可以找到一些更好的方法来吸引全国最有才能的人。这一点能得到证实，因为我想到自己在你们的大学和其它地方遇到过一些人士，

---

[1] 为了有助于读者理解，译者在此加上"西方"两字，与中国科举制度相对照——译者注。

[2] "地主、啤酒酿造商、铁路公司"都向政府交纳大量的税（公共财产），所以他们关心的是公共财产不被滥用——译者注。

[3] 这里的政党指的是英国的工党或其它代表劳动大众的政党——译者注。

他们对你们立法机关需要决定的问题有过深刻的研究。他们具有清晰的思维、公正的判断、不偏不倚的、纯粹的热忱，但是他们从没有期望过将自己的才智付诸实施，因为他们的性情、他们所受的教育、他们的生活习惯，无法使他们适应公众选举的折磨。成为议会一员本身看上去像一个职业，而从事公共职业所必需的才智和道德的品质[1]与公共事业需要的品质似乎截然不同、甚至无法相容。

7. 以孔夫子的名义：信仰真诚地相爱与和平地劳动

儒教不仅是一套用于教育的教条，也是一种生活方式。中国人的生活与儒教的基本教义是一致的，他们实践着圣贤们的教导。有趣的是，即便面对现实中国义和团的暴力，狄更森依然相信儒教使中国成为世界历史上唯一真正憎恨暴力、崇敬理性和真理的国家。

民族性格以及生活方式的深刻的、根本的差异与宗教信仰之间的差异常常是相呼应的。因为宗教是——或者应该是——国家躯体的灵魂，是形成社会制度并维持其运行的理念。我意识到，这个词[2]并没有在这个意义上一直被人理解，因为宗教常常被等同于迷信。因此，我打算在此将两者区分开来，主要讨论我认为应被恰当地称为宗教的东西。但我在开始时指出，在中国的百姓之中，迷信传播之广与欧洲任何国家相差无几。对于我们来说，佛教和道教造成的种种做法和崇拜方式的令人遗憾的、荒谬的程度，与基督教在你们之中形成的做法和方式不相上下。我们的人们和你们的人们一样，企望通过仪式和祷告来改变自然的进程，或获得私人的物质利益。他们相信神灵鬼怪，就像罗马天主教徒相信圣徒一样。他们崇拜偶像，装神弄鬼，纵容神父的所作所为，为他们的虚张声势。但所有这些不过是真正宗教的枝节问题，我且

---

[1] 这里的"从事公共职业"—即成为议员—所需的"才智和道德的品质"是讽刺语，实指阿谀奉承、拉选票等方面的能力——译者注。

[2] 指"宗教"——译者注。

不与讨论。我认为这仅仅是人性软弱的一种表现，仅仅是个人的灵魂中邪恶倾向的发泄。确实，我们的文明建立在不同的教义和崇拜上，这正是被欧洲人如此误解的、也是我打算解释一下的地方。

人们有时说，儒教根本不是宗教。而假如宗教就是指与一个和我们完全不同的、超自然的世界打交道的一套教条，那么，毫无疑问，这种说法完全正确。事实上，孔子的目标之一是让人们放弃对超自然的执迷，而真正的门徒则在这个意义上尽力追随大师的足迹。"提防宗教"，一名中国官员说，他指的是"提防迷信。"在这个意义上、也只有在这个意义上，儒教才不是宗教。还有人说，儒教不过是一套道德体系，而这也是对的，因为其整个目标和宗旨是引导并激发人们采取正确的行为。但在另一方面——这也是我希望阐明的观点——它不仅是一种教导方式，也是一种生活。它倡导的原则实际上体现在我们社会结构之中，因此这些原则不仅通过笔传口授，而且通过日常生活的体验得以传授。家庭和国家的统一在对祖先的崇拜中体现出来，这种统一不仅仅是信仰的基础，也是中国人具体实践的基础。不管其信仰的是何种宗教——佛教、道教、基督教——这对于他来说才是真正重要的东西。对于他来说，过去的几代人和未来的几代人都与现在活着的人形成一个单一的整体。所有的人都永恒地生活着，只不过有些人碰巧在某个时候生活在地球上而已。因此，祖先崇拜是一种社会观念的象征，具有巨大的巩固和约束的力量。人们只有目睹了它对中国的影响，才可能相信这一点，但你们在你们更熟悉的文明之中，能进一步找到例子——当然，我指的就是罗马文明。

这就是我们民族宗教首要的、最显著的一面，但是，就其对社会生活的影响来说，还有一个几乎同等重要的方面。儒教倡导的理想是劳动。你们十八世纪的观察者们如此强调皇帝每年一度的耕种的仪式，与后来的那些不那么具有同情心的人士相比，他们更接近我们文明的核心。人们从事劳动的责任，首先在土地上劳动的责任，是我们宗教的基本原理。这就是对作为万物之源的土地母亲的崇拜的原因，这就是对给予阳光和雨水的天堂的崇拜的原因，也是将保证所有人都能拥有土地耕种作为目标的社会体系存在的原因。所有的人们像兄弟一般和平相处，心甘情愿地献身于领受天地祝福的劳动——这就是我们摆在我们人民面前的简单明了的理想，这就是我们体现在社会制度中的概念。如果除此之外，你们还寻求一个形而上学的体系，来为我们简朴的教义作辩护和解释，我们也已为我们的学者提供了这点。人性（humanity）——他们接受的观念是——是一种精神和永恒的存在，在世世代代的短暂生命中显示出来。这种存在是天与地之间、最终理想和存在现实之间的介体。通过劳动——从不间断的、虔诚的劳动——将地升华至天，将至今还仅仅存在于观念中的善化为现实——那就是人类生活的目标和终点。只有将这化为现实，我们才能达到并维持人与人之间的和谐统一，才能达到并维持所有人与天之间的和谐统一。毫无疑问，这就是人们应当称为宗教的信念。我并不是说，民众都清醒地拥有这种信念，因为没有哪个国家的民众是潜心思索的。但我为大家说明的是，我们百姓的生活是如此井然有序，与我们教义的基本原理是相当一致的，因此，尽管他们没有声称，他们仍然实践着我们圣贤们的信条。我们世俗制度的结构，以直接的、明白无误的方式使他们清醒地认识到每个社会赖以存在的两个基本观念——相亲相爱和劳动的尊严。

在一个受过教育的中国人眼里，用简短的言语归纳起来，这就是儒教的精华所在。虽然我在欧洲生活了许多年，但对于我来说，欣赏基督教的意义要难得多。但是，如果我努力记录下从你们的圣经、历史和当今的生活得到的实际印象，我也许能得到原谅。在我所作的这些观察之中，我见到的问题倒不在于你们宗教的真实性（这一点我没有能力判断），而在于其对你们社会制度的影响。在这一点上，我感到你们与我们文明之间差异比其它地方更大。我根本无法看出你们的社会建立在宗教的基础上，而如果我对基督教的特征理解不错的话，这也并不奇怪。因为，我似乎发现，你们的福音书奉为神圣的理想、你们神职人员所讨论的理想，都不是在土地上的劳动，而是对天堂的沉思冥想；不是人类的合一，而是圣人的交流。这是否是比我们的更高的理想，我且不作定论，但我不能不认为，它的实践性更差。尘世的生活不过是一出戏的片断，而情节的中心却在别处——在此概念上建立一个稳定的社会，人们不禁会想，即使不是不可能的，也一定是非常艰难的。对那些从一个更世俗的角度看来显得非常重要的问题变得冷漠，在永恒的白色光芒里现世短暂的差别变得混乱不清，对那些社会生活细节的组织安排变得杂乱无章——因为全神贯注于其中与宗教信仰是很难调和的——这些将是诚心诚意信仰基督教的自然而然的后果。而这，如果我理解正确的话，就是你们描绘为"信仰时代"[1]的文明特征。苦行主义、禁欲修道的许愿、神父的主宰、在天堂和地狱的笼罩下生与死的微不足道、行乞被视为正当的职业、财富被谴责、理智被阻挠、想象力膨胀、精神与世俗冲突、身体与灵魂争斗、处处是分裂、冲突、混乱、理智和道德的错乱——这就是西方历史中那不同寻常的、当人们试图将基督教观念化为现实的时代的特征。这是宏大浮夸的理想与物质和道德世界的所有现实状态之间的生与死的争斗。而在这场争斗中，理想被打败了，西方世界在战场的尘埃中以世俗的姿态出现，就像它进入战场之前的状态一样[2]——公开的世俗生活，毫无遮拦的好奇心，对研究和利用自然万物之力、对美、财富、知识、个性、权力抱着极大的热忱和激情。从那时起，尽管你们仍旧声称信仰基督教，你们再没有试图将你们的制度基督教化；相反，你们的目标是扫除旧秩序的每一点残余，将教堂从国家分离，将仪式和信仰与行为分离。你们公开将你们的社会置于经济和政治力量的控制之下，其结果是我在以前的一封信中试图总结的。

　　然而，尽管如此，一方面，你们的社会一直在一个纯粹的物质基础上发展；另一方面，宗教在你们之中仍旧得到承认。不过，脱离了社会制度的自然根基，其采取的形式，我只能认为，要么是毫无益处的，要么是危险的。那些声称信仰基督教的——很少有人声称不信的——要么仅仅在口头上声称信仰，一旦通过这种方式，满足了那些理想的要求（那是没有人能彻底与之断绝关系的要求）后，就转过头，心安理得、毫无道德约束地追求利己的目标；要么全身心地被基督的教诲所支配，发现自己几乎不可避免地被赶到革命者的地步——因为那些教诲，如果被完全接受、被正当诠释，一定与你们社会的

---

[1] 这里指的是中世纪时代——译者注。

[2] 这里作者指的是，在中世纪之前，西方社会本来就是一个世俗社会，经过基督教占据统治地位的中世纪之后，西方社会又回到了世俗社会的状态——译者注。

整个结构显得毫不相容。几个世纪以前，这些教诲由一个温和的、未受过教育的、从未游览异国他乡的、毫无经验的东方热心者（enthusiast[1]）所传授，它们显著的特征是对兄弟之爱的温柔而感人的呼吁，以及对其他人类杰出之处[2]的敌视或冷漠。这位奥古斯都（Augustus）[3]和提贝里斯（Tiberius）[4]的臣民[5]在一生中都不知道罗马帝国的历史和命运，这位维吉尔（Virgil）[6]和利维（Livy）[7]的同时代人却读不懂他们所写的语言。他出生是个乡下人，干的是机械工[8]，具有诗人和神秘主义者的气质，在短暂的生命中没有享受过几次时运，也没有显示任何兴趣去学习科学的基础知识，而科学的目的是国家的繁荣。财富的产生和分配、权力的支配、调整劳动、财产、贸易的法律——这些既是远离他的兴趣范围的，也是他无从理解的。没有人比他更善于激发教派的信仰，也没有人比他更不善于建立或领导一个联邦了。然而，正是这个人的朴素的自我克制的准则，被西方国家——这些掠夺、暴力和侵略的典型——接受为福音。一点也不奇怪，你们的历史长期以来一直是一个对抗、动荡、残杀、混乱的令人哀叹的传说！一点也不奇怪，精神和世俗的势力在公开的战争和休战中摆动，因为战争和休战对两者都是丢脸的事情！一点也不奇怪，直到今天，你们之中真正受到宗教精神激励的每一个人都还惊恐地从社会中退缩出去，因为你们的社会声称它已经将基督教宗旨采纳为自己的宗旨！理想主义教义并不能指导现实情形，这是它不可避免的命运。它只能将各种力量在外部聚集起来，与现成的秩序相对立，而这些力量本应从内部加以规范并对它加以控制。精神仍旧没有得到体现，而身体没有得到指导。这一直是如此，你们的政体也是如此。你们的政体声称代表一种超人的理想，实际上，它甚至并不代表任何一种人类的理想。它是非精神的、尘世的，而

---

[1] 指基督。凡是欧洲以东地区的人们，皆为“东方人”。

[2] 这里指的是基督教对人类的其它优秀之处——如，智慧、勇毅等等——不予理睬。

[3] 奥古斯都（公元前 63 – 公元 14 年），罗马帝国的第一位皇帝，基督出生时在位。

[4] 提贝里斯（公元前 42 – 公元 37 年），罗马帝国的第二位皇帝，基督受难时在位。

[5] 指基督。

[6] 古罗马诗人，公元前 70 年 – 公元前 19，著有《伊尼德》。

[7] 古罗马历史学家，公元前 59 年 – 公元前 17 年，著有《罗马历史》。

[8] 传说，基督在三十岁前是个木匠。

从天堂的高处传来缥缈的声音，那是拿撒勒人[1]的声音，就像它第一次从加利利[2]向罗马帝国维系世界的势力发起挑战时一样，纯洁、清晰、丝毫不起作用。

我意识到，我在此冒昧坦率提出的、就我个人看来的、有关你们社会与宗教之间的关系的观点，即使不使我的读者勃然大怒，也会使他们大吃一惊。那么，请容许我用一个例子来阐明并进一步证实这一点，这个例子是如此显而易见，我想，对于哪怕是那些最不愿面对真相的人士，它肯定也有些说服力。

如果基督的教诲有一种比较明显的特点，那就是他对任何形式暴力的谴责。他一再重申这一教义，如果不深刻意识到这一点，那么就没有人能带着公正的头脑来读福音书了。"无论谁打你的右脸，你应该把左脸也面向他。"这些是他说的话，而且是带着严肃和热切说的。这不是作为比喻说的，也不是作为一种道理上是如此、却无法付诸实施的劝告来说的。不！这些话是坚信和真理，由其作者的整个性格和实践支撑着。当然，它们体现的原则可能引起争论。人们也许认为——事实上，每个时代的大多数人一直这么认为——武力是维持社会的根本因素，没有武力，就没有安全、就没有秩序、就没有和平。但是抱着这种观点的人是不能成为基督徒、不能成为基督的真正追随者的。那么，如果西方国家在整个历史过程中普遍持有这种观点（这是毫无疑问的事实），不管他们如何称呼自己，他们不可能是真正的基督徒。然而，这种结果他们一直不愿接受。他们将创始人[3]的言语诠释为其反面的意思，并明显不顾他们所犯的任何语法错误，将他设想不仅为他们建立在监狱和绞刑架上的整个法律体系的保护者和强有力的拥护者，而且将他设想为他们所有战争——甚至是那些对于自然人性来说最蛮横的、最邪恶的战争——的保护者和强有力的拥护者。为了证实我所说的话——如果需要证实的话——我无需重新提起历史实例，只需提及自然而然浮现在我脑海的一个例子——近来西方列强侵犯中国的事实。我且不否认其中存在着严重的挑衅行为，虽然不是

---

[1] 指基督，传说基督出生在拿撒勒（Nazareth）。

[2] 迦利利（Galilee）湖，传说基督在此生活过。

[3] 指基督。

我们首先发起挑衅的。但是，使我非常吃惊、甚至——如果我必须坦率的话——感到恐怖的是，欧洲各国居然试图用基督福音书的观点来为他们的行为辩护，而且，他们之中居然有一名信仰基督的统治者，他将他的士兵派来复仇，居然以那位教我们将另一边脸给别人打的人的名义，不仅催促他们进攻、不仅催促他们杀人、并且催促他们毫不容情地杀人！你们声称信仰的宗教，且不管它对个人生活的影响，对公共政策的影响几乎不存在——这是我的总的观点，难道还需要进一步的证据来证明其真实性吗？你们的宗教也许不时鼓舞一些隐居的圣者，却从未鼓舞过那些操纵国家的人。那么，声称它在实质上比我们的宗教更高一等又有什么用呢？我不屑于在这样贫瘠的根基上争论。

"通过他们的言行，你将能了解他们。"你们自己的先知说，而我正是根据他们的言行得出这样的结论的。儒教也许像你们证实的那样，根本不是宗教，也可能是一种低人一等的道德准则，但它使中国成为世界历史上唯一真正憎恨暴力、崇敬理性和正义的国家。有关这一点，为了使你们不至于认为我怀有偏见，且让我引用你们的一位同胞的话来支持我的观点，他对我们有着极为亲密的、长久的了解，每一位爱国的中国人都永远不会忘记他对我们国家作出的贡献。且将你们特约记者无知的谩骂放在一边，暂且听一听罗伯特·哈特（RobertHart）爵士的声音：

"他们举止良好，"他谈论中国人时说，"遵纪守法，聪明、节俭而勤劳，什么东西他们都能学会，什么事情都能做。他们谨小慎微，礼貌周到，崇敬才华。他们如此坚信正义，以致不屑于去认为正义居然还需要强权的支持和巩固。他们非常欣赏文学，处处都有文学社和志同道合的社团，相互学习和讨论彼此诗文。他们拥有并推行着令人钦佩的道德体系。他们慷慨大方、乐善好施、喜爱优秀的作品。他们从不忘记别人给予的恩惠，任何好意他们都涌泉相报。尽管他们知道金钱能买到服务，但一个人必须拥有比财富更多的东西，才能赢得公众的尊敬。他们讲究实际，善于接受教导，在常识问题上非常聪慧。他们具有非凡的手艺，是可靠的工人。他们值得信赖，在商业交易中，人人都承认并敬佩这一点。古往今来，没有哪个国家如此虔诚地，或者如此充分地、毫不例外地遵循着'尊敬你的父母'这条戒律，而事实上，这是他们家庭的、社会的、行政的以及国家的基调——因为正是如此，'他们的生活在上帝给予他们的土地上才能长久。'"

这就是罗伯特·哈特爵士。我无需用更好的证据了。这里没有超人的品德，没有自我克制，没有对基本人性的狂热的否定。但这里是一种以我们理性理想为依据的生活，这里有对那种有效的、深刻的理想的如此信赖，以致这种理想完全取代了武力的运用。"他们信仰正义，"罗伯特·哈特爵士说（且让我再引用一次），"他们如此坚信正义，以致不屑于去认为正义居然还需要强权的支持和巩固。"是的，正是没有接受福音书的我们，推行的是和平的福音书；而声称接受了福音书的你们，却将福音书践踏在脚下。而且，正是信仰基督教的国家来到我们面前，用刀剑和战火教导我们——在这个世界上，正义是无能的，除非得到强权的支持！这简直是极大的讽刺！不要怀疑我们学不会这一课！而当我们掌握了这一课后，可怜的就是欧洲了！你们正在武装一个拥有四千万人口的国家！一个在你们到来之前一直不过愿与同胞、与世界各国和平生活的国家。你们以基督的名义吹响了战斗的号角！我们，以孔子的名义，将予以奉陪！

8. 你们侵略了世界上最自豪、最公正和最和平守法的民族

狄更森相信文明之间的平等交流，中西文化之间的深刻对立，并不能成为西方人将中国人看作是野蛮人的理由，就像那不能成为中国人将西方人看作是野蛮人的理由一样。

迄今为止，我还未具体讨论过我们自己和西方之间的任何政治和商业关系，也未讨论过那些导致令我们全都哀叹的局势的事件。相反，我在尽力谋取你们对我们文明的总的特征的理解，尽力指出它与你们文明之间的显著区别，并尽力将更根本的、永恒的形势凸现出来，这种形势使我们之间的理解变得如此艰难、如此不稳定。然而，甚至一位富有同情心的读者都很可能会要求我给予更多的解释，对此，我不能装作没看见。而如果要满足他的愿望，

就算有多么不情愿，我也一定要涉及一下目前冲突的局势了。因为他可能合情合理地问道，如果你们的人民真的具备你所描述的品质，如果他们真的如此公正、如此正直、如此反对暴力，那么，他们怎么会犯下文明世界的历史上对国际礼让最严重的破坏行径呢？他们怎么会犯下对于——照你所说——在文明程度和人道问题上比他们自己更低一等的社会道德感来说是非常令人震惊的、令人愤怒的行径呢？

作为回答，我将极力辩护，我从未宣称中国人是圣人。我说过，也仍旧保持这种观点，即如果他们不受侵犯，如果他们习惯的秩序没有被猛烈地扰乱，他们是世上最和平守法的民族。如果他们挣脱了古老的束缚，如果他们一旦露出了野兽的爪子，那么正是这种爆发出来的暴力，恰恰表明他们受到的挑衅是何等的强烈。而对于野兽的爪子，不论何种文明，不管是你们的，还是我们的，虽然可能使它缩回去，却永远无法消除它[1]。你们意识到那是怎样的挑衅吗？我怀疑！那么，且让我简要地记录一下事实。

你们第一批贸易者来到中国时，他们并没有受到我们的邀请，然而我们接纳了他们，尽管没有多少热情，至少带着容忍。只要他们愿意遵守我们的规矩，我们就同意他们来做买卖，但是总是以不得扰乱我们的社会和政治秩序为条件。对于这一条件，在初期阶段，你们的同胞同意遵循，而且在很长时期内，尽管有过偶尔的争执，他们与我们之间没有发生过严重的矛盾。矛盾出现在一个问题上，对于这个问题，你们几乎没有试图为自己的行为辩护。你们贸易相当大的一部分是鸦片生意。我们观察到，这种毒品正在摧毁我们民众的健康和道德，因此，我们禁止这种贸易。而你们的商人却不顾法律，走私鸦片，直到我们被迫采取行动，将所有储存的被禁毒品没收并摧毁。你们的政府以我们的行动为借口对我们宣战。你们侵入我们的国土，迫使我们加以赔偿，从我们手中抢走了香港。难道这是一个吉祥的开端吗？难道这是精心策划的、让不列颠民族给我们留下公正和公平的印象的做法吗？多年以后，一次有关一面国旗特权的无关紧要的争执——这次我们仍旧相信我们是

---

[1]　这里所指的野兽的爪子是比喻说法，意指人性中野蛮的本性——译者注。

正当的——将我们再次卷入与你们的冲突之中。你们以这次不幸的冲突为借口，提出了新的要求。你们偕同法国人，占领了我们的首都，将你们从来不敢向任何一个欧洲国家提出的条件强加在我们头上。我们投降了，因为我们别无他法，我们不是一个军事强国。但是，你们以为我们的正义感没有被严重地伤害吗？或者后来，当每一个欧洲强国以这样或那样的借口强夺并占据我们的国土的一部分时，我们无法抵抗，你们就以为我们就没有感觉了吗？对于一个回顾过去六十多年我们与你们的关系的中国人来说，难道你们不自然而然地看上去与强盗无异吗？确实，这样的观点过于尖锐，我自己也不完全同意。我研究过你们的官方文件，相信你们确实认为你们一方有一定的正当理由。我对所有人类问题的复杂性相当了解，并不否认你们的观点中也许有合理之处。不过，我想请你们将有关每一处细节的没完没了的争论摆在一边，来考虑一下整体的局势。我们之中，自始至终谁是侵略者？是我们——尽坏处着想，顽固地、坚决维护我们的社会、风俗、法律和政策，抵制外来文明的影响；还是你们——只顾商业利益，不惜任何代价，决心强行进入我们的国土，与你们的商品一道，将你们的那些引起变革的文化和思想引进来呢？就算在随后不可避免的冲突中，我们触犯了你们，至少我们还有自我保护的借口。我们的过失——如果它们是过失的话——不过是在本质上正当的行为的插曲，而你们的行为本质就是错误的。

请暂且考虑一下你们强加在一个自豪的、古老的帝国身上的条件吧！这是一个许多世纪以来一直相信自己是文明之首的帝国。你们强迫我们违背自己的意志，向你们的贸易开放港口；你们强迫我们同意进口一种毒药，而我们相信它正在摧垮着我们的民众；你们的臣民居住在我们之中，你们却让他们不受我们法律的制约；你们不仅霸占了我们的沿海交通，还要求拥有我们内陆水域的交通。我们每一次抵制你们要求的努力都导致你们更多的要求和进一步的侵略行为。然而，你们自始至终摆出一副文明人与野蛮人打交道的姿态。你们强迫我们接受你们的传教士，而当他们用无知的狂热，激起我们的民众的一致反抗时，这又成为你们进一步抢劫的借口。直到我们最终认识到，十字架是刀剑的先锋，而你们宗教的唯一用途就是将它作为战争的武器。请暂且想象一下处于类似待遇之下的英国人的感情吧！想象一下我们长期占领利物浦、布里斯托尔、普利茅斯[1]吧！以及我们将成千上万的民众迁至你们的领土之上，却不受你们法律的制约；以及我们的船只将你们的船只赶走，正沿着你们的海岸和适航的河流上航行；以及我们强迫你们接受免税的、对你们民众明显有害的烈酒；以及我们将人员派往你们所有的主要城镇，推行与你们宗教截然相反的信念，逐渐破坏你们社会稳定长期以来赖以存在的整个信仰结构——想象一下你们被迫屈服于所有这些时的情景吧！假如你们发现有一天中国大使馆被一群喧嚣的暴民们所包围、儒教传教士到处被追杀，你们会不会如此惊讶不已、你们会不会甚至果真义愤填膺呢？那么，对于发生在中国的、哪怕是最糟糕的事件，你们有什么权利惊讶不已、你们有什么权利感到义愤填膺呢？我们的行为有什么古怪和可怕的呢？你们说，根据国际法，大使馆是神圣不可侵犯的。是的，但是请记住，这正是在刀剑的威逼之下，你们才得以强迫我们接受我们一直当作民族屈辱象征的大使馆的。但是，我们的暴民野蛮而残忍[2]。哎呀，是的！而你们的军队呢？你们那些代表基督教国度的军队呢？请问一问从北京到沿海的肥沃的土地！请问一问被屠杀的男人们的尸首、被凌辱的妇女和孩子们！请问一问你们不分青红皂白与那些有罪之人一同杀害的无辜者们！请让基督——那位爱人的上帝、那位你们声称信仰的上帝——来评判我们和你们谁是罪人！我们在疯狂的绝望中奋起反抗来拯救自己的国家，而你们，以恶报恶，也不愿停下来想一想，其实你们所报复的，正是你们自己的罪恶所造成的！

不过，这些都过去了，终于暂时都过去了。我不愿意谈论过去的事情，然而过去的教训是我们未来政策的唯一向导。除非你们西方人了解到真相；除非你们了解到，原来震惊欧洲的，是长期的非正义和压迫造成的罪恶结果；除非你们了解到，你们与我们文明之间的深刻的对立，并不能成为你们应该将我们看作野蛮人的理由，就像那不能成为我们将你们看作野蛮人的理由一样；除非你们将我们当作文明国度来看待，并对我们的风俗习惯和法律表示

---

[1] 利物浦（Liverpool）、布里斯托尔（Bristol）、普利茅斯（Plymouth）皆为英国港口城市。
[2] 这里是转述英国人的评论。

尊敬；除非你们对待我们，就像对待任何一个欧洲国家一样，并不再强迫我们服从那些你们从来不会梦想会强加在一个欧洲国家身上的条件——除非你们做到这一切，否则我们之间毫无和平的希望可言。你们羞辱了世界上最自豪的民族，羞辱了世上最正直和公正的人们。如今，你们行为的后果已经相当明显了。如果无知曾经是你们的借口，那就让这不再是你们的借口。请学会理解我们，这样你们会更好地理解自己——为这一目标作出贡献，是我撰写这些信并将它们出版的唯一目的。如果我触犯了某人，我感到遗憾。但是如果是真相触犯了某人，我不会因此而道歉，也不应道歉。

(G. Lowes Dickinson,Letters from John Chinaman and Other Essays,London,George Allen & Unwin Lit,1946，周力译。)

Western
Images of China

西方的中国形象

（下）

王寅生 编订

团结出版社

第四编

停滞的帝国

导　论

一

从 17 世纪开始的"中国潮"，是西方美化中国的顶点。然而，在 18 世纪中叶，随着"中国潮"的退潮，西方的中国形象出现了大转折，持续五个世纪的追慕、美化中国形象的时代过去了，西方转而开始丑化憎恶中国。在 1750 年前后的转型过渡时期，西方的中国形象明暗优劣并存。矛盾的态度可以出现在一位作者身上，如狄德罗既称赞中国智慧高贵，又贬斥中国人邪恶堕落；也可以出现在同时代的不同作者身上，如伏尔泰与孟德斯鸠，伏尔泰在《风俗史》中称赞中国历史悠久、政教清明，孟德斯鸠则在《论法的精神》中认为："从各方面看，中国都是一个专制的国家，它的原则是恐怖"；还可以出现在同一时期欧洲不同的国家，如英国更倾向于丑化中国，而法国则倾向于美化中国。到 1750 年之后，西方的中国形象，却明显被丑化了。虽然其中也有些不愿随波逐流的人与意见，但绝大多数西方人，从英国、法国、德国到俄罗斯、美国，从传教士、哲学家到一般商人、水手、士兵，对中国的印象都很恶劣。让研究者吃惊的是，不出一个世纪，"西方关于中国文化的各个方面的印象都发生了激进的彻底的改变"[1]。西方丑化中国的形象类型从此开始，而且逐渐加强，一直到 21 世纪初，这一趋势或主流，都没有彻底的改变。

西方的中国形象这种突然之间的大转变吸引人们从各种角度去为之寻找一个解释。交通的改善；西方中国知识的增多；中国信息不再垄断在少数几个能深入中国的耶稣会传教士的手里，他们别有用心地塑造了优越的中国形象。如果我们就知识的积累角度看，18—19 世纪间西方社会有关中国的资料，并不比耶稣会时代多。直到 19 世纪中叶，许多人讨论中国的依据，依旧是 1735 年出版的杜赫德神父的《中华帝国通史》。

---

[1] Gregory Blue,*China and Western Social Thought in the Modern Period*,in T. Brook and G. Blue (eds),*China and Historical Capitalism Genealogies of Sinological Knowledge*,Cambridge University Press,1999,p70.

不可否认，改变西方的中国形象的因素，有知识的进步，但远不仅限于此。现实关系更能改变人们的观念。西方扩展史，如果从蒙元大旅行开始算起，可以分为两个阶段：1750 年之前与 1750 年之后。1750 年之前的主要成就是发现并奇迹般的征服了美洲。但他们在亚洲的扩张则就不那么顺利了，他们在偌大的美洲几乎没遇到什么抵抗，但此时的亚洲帝国依然强大，西方在卧莫尔帝国和中华帝国面前没有赢得绝对优势，在东方几个世纪的努力也只不过是在几个帝国的沿海边缘建立了一些贸易点，而且或多或少都是在东方帝国的默许之下存在的。1750 年前后，东西方实力关系开始发生转变。在西方，英国迅速崛起。建立海上霸权，通过英荷、英法战争，排挤继承了他们的殖民势力；在国内及时完成了光荣革命，避免了革命不必要的内耗，新兴资产阶级政权可以动员整个国家的力量为殖民战争服务。贸易上，瓷器、壁纸在欧洲已经可以大量生产，不必再大量地从遥远的中国高价进口，更重要的是，他们终于找到了中国人需要的东西：鸦片。利用鸦片贸易，英国扭转了对华贸易逆差，积累了大量财富。而东方的游牧王朝开始进入周期性的衰退，在西方飞速发展下，中国社会显得发展缓慢。欧洲旅行者在中国发现了普遍的贫困。中华帝国衰落、中西贸易摩擦不断、冲突即将爆发，西方已经不可能对中国有太多的好印象。试想一个贫困的、被掠夺的、即将被征服的国家，能够令人仰慕令人重视吗？人们可以追慕那些富裕先进的国家民族的习俗风格，但不会效仿落后堕落的国家的生活与艺术风格。

来往于加尔各答与广州之间的鸦片飞剪船

西方的中国形象从来就不只是对中国现实的客观反映，无所谓客观知识，本来就是西方文化投射的一种关于文化他者的幻象，表现的是西方文化潜意识的欲望与恐惧。西方的中国形象转变的根本原因也应该到西方文化自身结构及其蕴涵的知识、价值与权力的关系的变化中寻找。从文艺复兴到启蒙运动，地理大发现与文化大发现一度在西方造成一种开放的、外向崇拜与自我批判的思潮。古典文化复兴让西方人在时间维面上体验到今不如昔，地理大发现让西方人在空间维面上体验到西不如东。新兴现代资本主义精神借由古代和东方质疑拆解中世纪基督教文化与封建主义精神，为新兴资产阶级意识形态的形成开辟了广阔的空间。乌托邦化的中国形象为现代性的生成提供了灵感、参照，并成为现代性自我书写自我想象的方式。但随着现代性思想在启蒙运动中确立，西方确立了理性、自由、进步、民主的大叙事，这些大叙事代替基督教成了西方自我认同新的中心。此时的西方已不再需要一个自我否定自我超越的乌托邦，而需要自我肯定自我巩固的否定性的"他者"。西方中心主义不仅卷土重来而且变本加厉。东西方世界不仅是绝对差异的，而且差异秩序是不可逆转的等级性的。西方是优越的、理性而强大的、自由民主的、富于创造力与进步的；东方则是低劣的、感性而思维混乱的、奴役专制的、僵化停滞衰落甚至垂死的。西方是绝对的主体，东方是永恒不变的被否定的他者，成为西方现代文明的知识与权力征服的对象，为西方现代文明扩张提供了合法性依据。西方的中国形象正是在西方的这种文化结构里发成大转折，有关中国形象三种新的话语类型出现了——"停滞的帝国"、"专制的帝国"、"野蛮的帝国"，中国作为否定性的他者形象，巩固着西方现代性大叙事。进而成为一种权力话语，构成帝国主义、殖民主义的必要成分。艾田蒲对1750 年前后西方的中国形象的转变的原因分析得很彻底："……对中国的排斥就是这样起作用的，这是欧洲殖民主义的序曲。谁有胆量去把一个曾给予世界这么多东西的文明古国变成殖民地呢？那么，首先只有对它进行诋毁。然后由大炮来摧毁它。"[1]

---

[1]　（法）艾田蒲：《中国之欧洲》，许钧、钱林森译，郑州：河南人民出版社，1994 年版，第 387—388 页。

二

从文艺复兴启发了欧洲人的崇古情怀，古老的历史是民族的荣耀。中国悠久的历史成了西方仰慕的对象。门多萨（G. Mendoza）在《大中华帝国志》中，用了很大一部分篇幅来追溯了中国的朝代和历代帝王，他说："如上所述，这个国家的历史如此悠久，以致有一种观点认为第一批定居于此的人是诺亚的后代。但是，我们从中国的史书中发现了事实的真相。这个国家从黄帝——中国的第一位皇帝，是他使中国成为一个王国——开始就已存在，而且一直延续到现在的皇帝。此书将述及该国历代的君王。通过精确的计算，迄今为止，中国已产生了243位皇帝。"《大中华帝国志》不仅追述了中国朝代的历史，还指出中国悠久的历史中先进的文明：德国人说他们在1330年发明了大炮，可中国的黄帝早在2000多年前就已经在神的启示下发明了火炮；欧洲人自豪他们首先发明了印刷术，可中国人至少在德国人之前500年就开始印刷他们用玄妙的汉字写成的书籍。对这个在空间上广阔与时间上悠久的伟大帝国，门多萨充满景仰。

门多萨对中国历史的介绍有误解，但总体上还是客观的。他所提供的中国朝代纪年，至少上溯到公元前2550—2600年间。《利玛窦中国札记》（1615年）没有直接追述中国的历史，但也提到"在中华帝国的编年史上，我发现早在基督降生前2636年就提到织绸工业，看来这种工艺知识是从中华帝国传到亚洲其他各地、传到欧洲，甚至传到非洲的"[1]。曾德昭（Semedo）的《大中国志》（1643年）尽管对中国的朝代纪年有些怀疑，但还是相信迄止他写书的1640年，中国文字已有3700年历史，中国在1800年前发明了造纸，1600年前发明了印刷术，现在他们的纸质仍是世界上最好的，他们每年印刷的书籍也是世界上最多的。[2] 传教士们关于中国历史的介绍，直到卫匡国（F. Martini）神父的《中国历史十卷》（1658年）出版，才清晰化了。卫匡国根据中国的甲子

---

[1] （意）利玛窦、金尼阁：《利玛窦中国札记》，何高济等译，北京：中华书局，1983年版，第4页。

[2] （葡）曾德昭：《大中国志》，何高济译，上海：上海古籍出版社，1998年版，第39—43页。

纪年法，将中国的历史追溯到公元前 2952 年。[1]

西方始终是在自身的文化视野内利用中国。马可·波罗作为一个商人，他游记中的大部分篇幅描述中国的国土广大物产丰富。是门多萨这一代传教士们注意到中国历史的久远。传教士们小心而大胆地弥合中国的世俗历史与西方的《圣经》历史之间的裂痕。认为上古中国就是基督教国家，《旧约》的所有传说都可以在中国古籍中找到。借此证明基督教的普世性，以及他们的中国传教事业的合理性。但中国历史在神父们的考证中不断延伸，甚至超过了《圣经》的历史。曾德昭注意到了：按照中国的纪年，尧帝诞生的时间要比大洪水还早 12 年。卫匡国神父计算出的中国历史年代比大洪水还要早 600 年。曾德昭神父站在基督教立场上判定是中国历史错了，柏应理（Couplet）神父则考证伏羲之前是中国历史的神话时代，伏羲之后才是真实的历史时代。但不是所有人都站在基督教立场上说话。到了启蒙时代，基督教的思想压制已经越来越不得人心，启蒙哲学家们开始利用中国悠久的世俗历史质疑、否定基督教神学、《圣经》历史。《圣经》不是世界历史，而只不过是希伯来的民族历史。基督教并不是文明的保证，相反，没有基督教，人类可能更加文明，就像异教徒中国人那样。中国人在耶稣降生前两千年，已经过上了优雅的文明生活，政治清明、道德高尚。

伏尔泰在《风俗论》中坚信中国历史的真实："不容置疑，中华帝国是 4000 多年前建立的。……如果说有些历史具有确实可靠性，那就是中国人的历史。……中国的历史，就其总的方面来说是无可争议的，是唯一建立在天象观察的基础之上的。根据最确凿的年表，远在公元前 2155 年，中国就已有观测日蚀的记载。……早在上述日蚀的日期之前 230 年，他们就已经不间断地以真实的资料把编年史一直记载到帝尧。……在帝尧之前，还有 6 个帝王……在这些帝王中，第一个名为伏羲氏。"伏尔泰赞叹中国有一整套建立在天文学上的历史，不仅如此，中国还有广阔的国土、众多的人口、丰富的物产、开明的政治和淳朴的道德，中国在很多方面"得天独厚"，他们还发明了印

---

[1] 许明龙主编：《中西文化交流先驱》，北京：东方出版社，1993 年版，第 143 页。

刷术、火炮、指南针……[1]

但在启蒙主义的视野下，中国悠久历史的意义已经变得含混，即便是在伏尔泰这个中国的热情歌颂者笔下。"这个国家（指中国——引者注）已有4000多年光辉灿烂的历史，其法律、风尚、语言乃至服饰都一直没有明显的变化"，[2] 伏尔泰的赞美中流露出令人怀疑的信息。中国历史悠久，但历史悠久的另一面很可能是历史停滞。在中国你可以看到中国的历史，也可以看到历史中的中国。4000年前中国就有了先进的文明，而4000年后，中国的文明却并不先进。如果说他们的道德、政治尚优越，在科学技术方面，至少已经落后于400年前还几乎都是文盲的西方民族。在中国，你总有一种感觉像是生活在过去，历史已经变成现实。

当历史悠久同时意味着历史停滞时，荣耀也就变成了耻辱。塑造文艺复兴时代中国形象的著作《大中华帝国志》对中国满是赞誉，这个帝国古老，早在黄帝时代就已经启蒙了。塑造启蒙运动时代西方的中国形象的著作《中华帝国通志》，首先历数了中国4000多年历史朝代的更迭，在赞叹这个神秘帝国的广大与悠久的同时，也指出隐含在这可敬慕的古老中可怕的单一与停滞。

> "……4000多年间，它（中国）自己的君主统治着自己的国民，从未间断。其居民的服装、道德、风俗与习惯始终不变，毫不偏离其古代立法者们创立的智慧的制度。
>
> 由于中国的居民们发现，一切令生活舒适与娱悦的东西，他们应有尽有，他们的土地足够供给他们所需，所以他们一直反对与其他民族的贸易。他们对遥远国家的漠然无知，使他们产生一种荒诞的想法：他们是全世界的主人，他们的国土占据世界绝大部分土地；他们的四邻全是野蛮人。由于杜绝对外贸易，封闭稳定，这个民族的习俗亘古如一，毫无变化与进步。"[3]

---

[1] （法）伏尔泰：《风俗论》，北京：商务印书馆，1995年版，上册，第74、207—215页。

[2] 《风俗论》，第207页。

[3] J.B. Du Halde, *The General History of China*, Trans, by John. Watts, London, 1738, VoI 1. P237, Antiquity and Extent of the Chinese Monarchy.

启蒙哲学家基本上都在承认中国历史悠久的同时承认中国文明停滞。狄德罗在为《百科全书》撰写的"中国"条目中一边说"毕竟不能否认，中华帝国出现的年代与大洪水的年代是非常近的"；一边又说"虽然中国人的历史最悠久，可我们却远远走在了他们的前面"。只是当时"进步"的历史观还没有最终确定下来，在"孔教乌托邦"的大语境下，"停滞"的阴暗色彩还处于潜伏状态。中国在开明君主专制和道德层面依旧有值得西方敬仰之处。那么，随着人们对开明君主的幻想破产，进步意识深入人心。"停滞的中国"越来越坠入无可拯救黑暗的深渊。中国历史千年不变成了一种最可怕的景象。不到一个世纪，中国从一个具有悠久历史和众多发明的文明古国，变成一个停滞衰落的垂暮帝国。

德国哲学家赫尔德（Herder）在《关于人类历史哲学的思想》（1787年）中回顾了这一过程："中国人这种优越的国家政体主要经传教士介绍，在欧洲家喻户晓、人尽皆知。不仅那些喜爱思辨的哲学家、甚至就连政治家们也都几乎称赞它为安邦治国的最高典范。由于人们在立场、观点上存有分歧，终于有人对中国那高度发达的文化产生怀疑，有人甚至不相信它的那些令人惊叹的特点。欧洲人的某些异议有幸在中国本身得到了印证，尽管这种印证几乎都是中国人自己的作为。[1] 我们手上有他们治国立法、道德规范的大部分经典著作，有详尽描述他们帝国历史的史书以及一些确实不带任何偏颇的报道文章。[2] 然而，糟糕的是人们最终还是无法寻得一条既不美化又不丑化中国的中间途径，无法找到一条真正真实的大道。对中华帝国的古代历史产生疑问，这完全合乎情理，因为地球上所有帝国的起源问题仍然蒙着一层黑幕。既然如此，那么不管中国这个奇特的民族形成历史有几千年呢，还是有更多或更少一些年代，这对于人类历史学家来说是无关紧要的；只要这种历史的形成过程确实存在，并且我们在其缓慢的历史进程中，感觉到了阻碍它不能继续

---

[1]　《在北京的传教士关于中国人的历史、科学、艺术以及风俗习惯的回忆录》（巴黎，1776）第二卷，第365页。——原注。

[2]　除了卫方济、柏应理神甫早年译介中国人的经典著作的几部作品之外。德金的译著、冯秉正神甫翻译的《通鉴纲目》以及上述那部其中也包括一些中国人著作的译文的十卷本《回忆录》都为人们提供了正确认识中华民族的足够资料。在众多的传教士报告中，李明神甫的《中国现状新志》（1697）以其对中国人的公允评价而尤为值得称道。——原注。

向前发展的因素，那也就足够了。"[1]

赫尔德从种族、地理环境、文化教育、政治制度、道德思想等方面仔细分析了中国文明的全面停滞，最后那个形象化的结论令人吃惊、但却可以代表西方文化的集体想象："这个帝国是一具木乃伊，它周身涂有防腐香料、描画有象形文字，并且以丝绸包裹起来；它体内血液循环已经停止，就如冬眠的动物一般。"[2]

物质财富是衡量进步的标准之一。在马可·波罗笔下，中国是财富之地，富庶丰饶。从门多萨到利玛窦再到"重农主义者"，都认为中国是世界上最富庶的国家之一，中国物产之丰富，产量之大，价格之便宜，几乎让人难以置信。但也有不少传教士、旅行家报道中国的贫困。法国外方传教团的马若瑟（J. Premare）神父一到中国就写信回去报道他所发现的一个惊人的事实：中国的赤贫。"我且不说几年来别人在信中经常提到的这个国家的辽阔富饶，它所出产的丝绸、瓷器等等。我只谈一件事，而且这又是千真万确的事实。这个世界上最繁荣富饶的国家，在某种程度上又是最贫穷最悲惨的国家。尽管它有广阔肥沃的土地，但却养不活它的老百姓。还需要四倍于它的土地才能养活这些人口。仅广州一座城市，就有一百万个生灵，这个数字毫不夸张。离广州仅三、四法里的一个大镇的人口甚至比广州还多。谁也弄不清这个省到底有多少人口。中国共有十五个地域宽广的省，每个省的人数都差不多。试想全中国共有多少人口？三分之一的中国老百姓只要能吃饱肚子就心满意足了。"[3]

安森上将在《环球航行记》描述过同样的景象，他说中国百姓赤贫，连他们船上扔下来的臭肉剩饭、死猫死狗都抢去吃了。亚当·斯密在他的经济学体系中解释这两种相互矛盾的观点。他认为，中国的富庶与贫困都是事实，只不过富庶是自然资源的富庶，而贫困则是劳动生产率低下造成的，所谓人创造的财富的贫困。社会劳动需求严重不足，劳动者工资低，无法维持生活，

---

[1] （德）夏瑞春：《德国思想家论中国》，陈爱政等译，南京：江苏人民出版社，1995年版，第84—85页。

[2] （德）夏瑞春：《德国思想家论中国》，陈爱政等译，南京：江苏人民出版社，1995年版，第89页。

[3] 朱静编译：《洋教士看中国朝廷》，上海：上海人民出版社，1995年版，第25—26页。

始终处于饥饿状态。而贫困是社会停滞与衰落的最明显的表现。亚当·斯密通过对世界不同地区与国家的劳动需求和人口生产的关系进行分析，总结出三种社会：进步的社会、衰退的社会、停滞的社会。欧美属于进步的社会，那里人口增长，但劳动需求增长更快，工资不断增高，国民财富不断增大，繁荣与富裕已经出现；衰退的社会典型见于英属殖民地，那里人口减少，劳动需求的减少更甚于人口减少，工资低，社会失业普遍；中国属于停滞的社会，人口生产与劳动需求维持在最低的平衡状态，千年不变，没有人失业，也没有人能够摆脱贫困。劳动生产率在极低的水平下维持着，"中国下层人民的贫困程度，远远超过欧洲最贫乏国民的贫困程度。"中国的贫困与停滞循环互证，在西方经过产业革命后的高速发展背景下，中国的贫困停滞已成为"史实"。1800 年，一般受过教育的欧洲人都知道，中国没有科学，经济落后，中国是一个停滞腐败的半野蛮国家。

但中国的停滞，究竟是客观的"史实"，还是不断被叙述出来的"史识"？是来自中国的现实，还是来自欧洲自身的文化视野？李约瑟在研究中国科技史时说："由西方误解所引起的有关停滞的陈词滥调，从来就不真正适用于中国；中国的缓慢而稳步的进展被在文艺复兴以后近代科学的按指数的发展及其一切成果所超越"。[1] 西方人在"永久大变动"的近代文明背景下讨论中国"相对稳定状态"中的进展，很难摆脱简单化与偏见。准确地说，中国历史也从未停滞过，只是发展变化的快慢速度与激缓程度不同。弗兰克（A. G. Frank）在批判欧洲中心主义史学观时分析这一时期中国社会经济扩张，指出马戛尔尼访华前一个世纪里，中国的农业、商业和工业都有大规模的发展、不仅国内市场扩大，而且已进入世界经济体系中，形成以中国为中心的世界经济网络。[2]1750 年前后，当西方启蒙主义者开始讨论中国停滞的时候，中国社会正在帝制历史上最后一个盛世。马戛尔尼在东亚看到一个"停滞的帝国"，实际上，他的西方中心主义与乾隆皇帝的华夏中心主义一样偏狭无知。

[1]（英）李约瑟：《科学与中国对世界的影响》，见潘吉星编：《李约瑟文集》，沈阳：辽宁科学技术出版社，1986 年版，第 266 页。

[2] 参见安德烈·贡德·弗兰克：《白银资本——重视经济全球化中的东方》，刘北成译，北京：中央编译出版社，2000 年版，第 2 章。

乾隆治下的中华帝国，仍具有当时世界上规模最大的自由内贸市场，国民生产总值仍为世界第一，人均收入也与欧洲国家平均水平差不多。如果说发展缓慢可以成立，停滞则是不确切的。

李约瑟博士

18、19世纪，西方国家资产阶级政权为资本主义的发展扫清了道路，西方进入突飞猛进的发展阶段，相对于中国表现出某种进步优势。启蒙主义提倡的进步成为普遍的社会信念，对进步的肯定同时就意味着要否定停滞。西方在飞速发展中获得自信与优越感，认定自身代表着进步，同时，需要设定一个停滞的所指，作为肯定进步信念、认同自身的他者。"停滞的帝国"就是西方在进步的信念下，根据自身文化—心理模式重组，渗透着自身情感和观念的创造物。讲述中国最终是为了表述自身。

三

西方人在自己的进步中看到中国停滞，并在确立进步的历史观念的同时确立停滞的中国形象。进步体现在物质财富的积累、科学的昌明、政治的民主、个性的自由。所有这些观念，既是启蒙主义的理想，又是他们逐步建立的资本主义现代文明的意识形态。

杜阁（J. Turgot）是最早系统地深思进步史观的启蒙主义者，在杜阁的思想中，人类历史的进步观念有了较为明确的理论形式，并且含有某种辩证意义。首先，杜阁将人类历史与自然史的规律对立起来，其最终的目标是知识和教育的推进普及和理性的胜利。1750 年他在索邦神学院发表的题为《人类精神持续进步的哲学概述》的三次演讲，标志着启蒙主义进步史观的确立。杜阁认为，人类历史与自然史规律不同，自然界生生息息，一切都处于产生与灭亡的"始终如一的变革"中。自然界在变革中循环，人类却在历史中朝向完美和幸福发展。进步是人类历史的法则，其意义就是增进人类幸福，它体现在各个方面，从科学技术、文学艺术、商业贸易到政治制度。杜阁的进步史观不仅建立在人与自然法则的对立上，还建立在人类世界自身西方与东方的对立上，西方是进步，东方停滞不前。古希腊时代的西方被山峦、海洋分为一个个小城邦，各个城邦之间贸易、战争不断，没有一个大一统帝国，不同地区的思想相互碰撞、激励，培养出人们的自由精神，这种"野蛮的自由"在历史进步过程中是必不可少的。相反，中国由于在庞大的专制帝国下，过早建立了秩序与和平，知识定于一尊，趋向保守，神秘化权威化的教条慢慢取代了自由的探索精神，民族的创造力衰退，科学也停滞了，社会很快陷入僵化死寂。

孔多塞（Condorcet）作为最后一位启蒙哲学家坚信历史的进步。即便在法国大革命中被追捕逃亡，依旧乐观。他在逃亡途中写作的《人类精神进步史表纲要》中，将人类历史分为十个时代：

一、人类结合成部落。

二、游牧民族——由这种状态过渡到农业民族的状态。

三、农业民族的进步——下迄拼音书写的发明。

四、人类精神在希腊的进步——下迄亚历山大世纪各种科学分类的时期。

五、科学的进步——从它们的分类到它们的衰落。

六、知识的衰落——下迄十字军时期知识的复兴。

七、科学在西方的复兴——从科学最初的进步下迄印刷术的发明。

八、从印刷术的发明——下迄科学与哲学挣脱了权威的束缚的时期。

九、从笛卡尔——下迄法兰西共和国的形成。

十、人类精神未来的进步。

这十个时代，是人类历史不断走向自由与幸福的进步历程。其中知识与科学、自由与民主的发展，是决定性因素。人类的进步具有普世意义，然而历史的进程在空间上并不平衡，进步的历史无疑是以欧洲为中心的。这十个时代尽管也包括世界其他地区与人类其他民族，但其中七个时代属于欧洲。欧洲在碰撞斗争中不断发展，世界其他地方仍在专制与愚昧的黑暗中，自由精神在权威的教条中窒息，科学成为权力的附庸点缀，文明的进步在历史中早已停滞。

在孔多塞为人类历史规划的十个时代中，中国被冻结在第三个时代：农业民族的进步——下迄拼音书写的发明。孔多塞想到那曾经被上几代人吹得神乎其神的中华帝国。一个具有如此悠久历史的民族，在同样悠久的可怕的暴政与愚昧中，丧失了任何进步的能力："……如果我们想知道这类体制——即使是不乞灵于迷信的恐怖——能够把它们那摧残人类的能力推向什么地步，那么我们就必须暂时把目光转到中国，转到那个民族，他们在科学、艺术方面曾经领先于其他民族，然而又眼看着自己最终被别的民族一一超过；火炮的发明未能避免这个民族被蛮族征服，在那里，科学在众多学校中向所有公民开放，仅靠学校传授的科学就可以使人登上所有的显位要职；然而，由于种种荒诞的偏见，科学已永远沦为权力的卑微的奴仆；在那里，甚至连印刷术的发明，也全然无助于人类精神的进步。"[1]

进步使人从野蛮进入文明，而停滞则使人从文明退化到野蛮。当孔多塞创作《人类精神进步史表纲要》时，马戛尔尼勋爵已带着英国国王的诏书出使中国。访华归来后，他证实了孔多塞的理论：中国文明已经腐朽僵化，陷

---

[1] （法）孔多塞：《人类精神进步史表纲要》，何兆武、何冰译，北京：三联书店，1998 年版，第 36 - 37 页。引用译文时根据原文有所改动。

入停滞，"一个民族不进则退，最终它将重新堕落到野蛮和贫困的状态。"世界历史中各民族的地位是变动不居的，曾经先进的可能因为停滞而落后，而晚进的民族，也可能在科学与自由的文化中变得先进。中国不仅已容不下半点创新，还在不断遗忘祖先的智慧。西方人在中国的停滞中，可以观照到教训与自己的危险，批判中国停滞可以鞭策西方不断进步。

四

没有人比康德更深刻全面地理解启蒙精神了。他坚信人类历史具有一个合乎理性的目标，是不断向更高的阶段、朝着幸福完满进步的过程。哲学家应该写出一部以人类进步为线索的世界历史。这部历史不仅可以整理出人类过去历史中合目的发展的线索，还能为人类物种"展示出一幅令人欣慰的未来的远景"。遗憾的是，康德当时已经老了，他自己没有完成这样一部"哲学的历史"，完成这一任务的是黑格尔。黑格尔的历史哲学是启蒙主义历史观最系统的发展与总结。

黑格尔将世界历史看做是自由精神不断演进的过程。自由精神在历史时间中扩展的活动与在世界空间中推移的活动是同一的。世界历史的历时性发展阶级可以共时地展开在世界不同的文明区域或国家中。于是，时间的秩序也是空间的秩序了。世界历史有三种主要的形态，一是亚细亚式的，二是伊斯兰式的，三是欧洲基督教式的。这三种形态在历史时间中表现出从低级向高级的进步阶段，伊斯兰式较亚细亚式高级，因为亚细亚式精神仍处于未展开的原始状态，而伊斯兰式抽象的精神已经存在，只是放纵的自恣仍与其对立，只有到基督教式，精神才实现自身、达到顶峰。在空间中，这三种主要文明形态表现为从东到西的地理推移过程，远东、近东到欧洲。所以，历史在线性时间中从过去到现在的发展过程，也是世界在空间中从东方到西方的推展过程。世界历史的空间与时间就这样统一／同一起来。另一种说法是四种形态：东方帝国、希腊王国、罗马帝国、日耳曼王国。历史进步的性质应该将时间与空间包括在自身之内[1]。

将历史的过程当作从某个起点朝向某种目标（Telos）运动的进程，自身就包含着价值判断。世界空间中的东方也就是历史时间中的过去。否定东方就是否定过去，肯定西方就是肯定进步。历史的发展过程就在于不断否定过去，从低级阶段向高级阶段进发。空间中的东方处于时间中的过去，自身就已注定成为被否定的东西。黑格尔在他的世界历史格局中讨论中国，对中国始终持否定的态度。黑格尔的世界历史之所以从中国开始，不是因为中国已进入了历史，而是因为世界历史需要一个起点。这个起点，就像他在《逻辑学》中表述的"开始的东西，既是已经有，但同样是还没有"[2]。恰恰是中国文明那种永久性停滞的特征，可以成为历史的起点。黑格尔自信地总结中国的民族性特征："……凡是属于精神的一切——绝对没有束缚的伦常、道德、情绪、内在的'宗教'、'科学'和真正的'艺术'———一概都离他们很远。"[3]

历史是自由精神的进步，中国文明根本没有意识到自由精神，所以它永远滞留在历史的门口。黑格尔说中国是一个只属于空间的帝国，中国处于历史之外，也就处在时间之外，没有时间中的进步，甚至无所谓衰退。"大家长的原则把整个民族统治在未成年的状态中"，一切都在封闭中静止、固定，几千年来从未有过任何发展，所以中国既是最古老的国家，又是最新的国家。它的大一统的抽象的单一性取消了客观存在与主观运动间的对立因素，所以几千年来没有任何发展，"一种终古如此的固定的东西代替了一种真正历史的东西"。中华帝国是纯粹空间的帝国，无尽的废墟在原野上伸展。

当然，没有发展变化，并不意味着没有动荡。在这个"毫无诗意的帝国"里，战争、杀戮、掠夺、篡位从未停息，主人与奴隶相互间的地位可以变化，但国家体制本身、生存原则都一成不变，自由尚未展开，个人灵魂仍在蒙昧中，所有的"变化"不过是"重复那终古相同的庄严的毁灭"。黑格尔的论述尖

---

[1] （德）黑格尔：《哲学史讲演录》，贺麟、王太庆译，北京：商务印书馆，1982年版，第1卷，第132页。

[2] （德）黑格尔：《逻辑学》，北京：商务印书馆，1982年版，上卷，第59页。

[3] （德）黑格尔：《历史哲学》，王造时译，上海：上海书店出版社，1999年版，第143页。下文中出自《历史哲学》第一部"东方世界"的引文，恕不另注。

锐到冷酷，在他看来，中国文明不仅陷入一种恒久的、抽象机械的单一性中，停滞不前，而且，即使改朝换代、蛮族入侵之类大变故，实际上也是以另一种形式重复过去。没有变化发展是可怕的，将单一性的僵化停滞寓于不断的剧烈"变革"中，不变在万变中，就更可怕。一个半世纪以后，中国经历了"百年动荡"，从改良到革命、从帝制到共和，研究马戛尔尼使团访华的法国学者佩雷菲特（A. Peyrefitte）在毛泽东时代几次访问中国，他的感觉是"这个社会同马戛尔尼的伙伴们描写的社会十分相似。简直可以说每个中国人的基因里都带有乾隆帝国时的全部遗传信息。中国以十足的中国方式在造自己的反。要同过去决裂，它却从中寻找可以依靠的因素来证明自己的不变性"。一方面是激烈的"文化大革命"，一方面却是重复的同一性，毛泽东创造的奇迹是让中国人感到"他们在废除其遗产的同时仍然忠于它"，佩雷菲特十分吃惊："中国就这样翻来覆去地从过去的杀戮又恢复到过去的状态。"如果佩雷菲特看到的是真的，那么我们惊叹的不仅是黑格尔的批判中的洞察力，还有洞察力中的预见性。"……它只是重复着那终古相同的庄严的毁灭。那个新生的东西，凭藉勇敢、力量、宽大，取得了先前的专制威仪所占的地位，随后却又走上了衰退的老圈子。这里所谓衰退，并不是真正的衰退，因为在这一切不息的变化中，还没有任何的进展。"[1]

黑格尔讨论的中国是黑格尔体系中的中国，是西方启蒙主义进步神话中的中国，是西方文化为了认同自身所构筑的"他者"，其中有真实，也有虚构。虚构的方面让人看到，他那精美宏大的历史哲学，尽管具有某种摄人的雄辩力，但本质上不是科学，而是神话，西方文化自恋的神话；真实的方面让人发现，黑格尔对中国的漫画式批判尽管充满偏见，但同时也多有"不幸言中"之处，就像艾蒂安·巴拉兹（E. Balza）所说的："要批驳黑格尔关于中国处于停滞不变状态的观点很容易……然而，黑格尔是对的。"

在启蒙运动时代，历史进步的主体是普遍的人类，而到浪漫主义与帝国主义时代，则变成民族与种族。如果造成中国停滞的原因是制度、文化，那

---

[1] 《停滞的帝国》，参见"前言：一次探索的冒险"。

还是可以改变的。世界各民族的地位是变动不居的，晚近的民族在自由、科学精神下变得先进。但如果进步的主体是民族种族，造成中国停滞的原因也是种族，中国的停滞就是本质的、不可改变的。进步信仰发展到19世纪，一个最重要的变化就是引入了种族和进化观念。社会进化论成为一时显学。

启蒙运动已经假设历史的进步可能通过恶的途径来完成，但启蒙哲学家们在终极价值层面肯定和平，批判殖民、战争。孟德斯鸠认为自由贸易可以让人性情变得平和，促进不同民族之间的了解和交流，使风俗高尚。狄德罗认为，宗教狂热、征服战争只能加深人与人之间的隔阂，贸易却能促进合作与理解，建立信誉与道德。狄德罗一边赞美自由贸易作为"道德世界的最新武器"，将在世界上建立普遍的人道与幸福秩序；一边也批判殖民的野蛮掠夺与迫害。后者是西方文明的耻辱与罪恶，希望理性与良知能够消除它。但当西方从自由贸易进入帝国主义阶段，启蒙思想已经无法支持帝国殖民事业，需要更激进的思想哲学赋予野蛮的征服以合法性。

进化概念取代进步概念，使历史过程变得更"客观"、更残酷、更具革命性也更有虚无主义色彩。物种进化从低级到高级、有进化也有退化，高级的物种必然消灭低级的简单的物种，天经地义；适者生存，不适者就不生存，在进化的普遍法则下，邪恶与暴力、残酷与痛苦，必然而必要。进化的过程是一个生存竞争的残酷过程，这就解决了启蒙主义进步观念中的人道主义道德同情的障碍。激进的、极端的历史主义，终于在社会达尔文主义中完成。在这种强烈革命性的、虚无主义的历史框架中，停滞在历史过去的中华帝国，无法拯救自身，将被无情地淘汰出世界历史的进程。

社会达尔文主义将生物科学中的"适者生存"的观念植入社会科学解释历史的发展，"进步"变成了"进化"。表面上看，它更科学了，实质上，在科学的面具下，知识已偷渡成意识形态。历史进步也从一种人文话语转变成政治话语，成为为帝国主义殖民活动提供合法性的意识形态。停滞的中华帝国形象，也似乎出现了新的角度与新的意义，它是西方帝国主义殖民事业的一部分。中国的停滞是宿命的，不可改变，只有在西方的炮火下毁灭，才是它能为世界文明发展所作的贡献。

THE GREAT BARBARIAN DRAGON THAT WILL EAT UP "THE BROTHER OF THE MOON," &c. &c. &c.

英国《笨拙》报上的漫画，表现中国抵抗西方进步文明。

五

　　西方哲学精英的学说为西方旅行者提供了看待中国的潜在视野。从铁甲舰上走下来的西方人，不论是鸦片烟贩、海军军官还是基督教传教士，都感觉自己是文明使者。他们的文明优越感与文明自信心是因为他们的启蒙思想，进步的永远优于落后的，西方也就永远优于东方。他们在暴力侵略中感觉不到邪恶与负罪感，也是因为进步史观为所有这些野蛮卑劣的行径提供了正义的理论根据。

　　在他们看来，中国是这个世界上的"另类"，当其他民族都在历史中进步时，中国则不论经历多么剧烈的变化，都没有什么进步。中国人拥有几千年的文明，但依旧无法摆脱贫困的追逐。他们有许多发明，却无法用这些发明促进文明的发展。火药用来造爆竹，罗盘用在看墓下的风水，造纸术印刷术不是解放了思想，而是禁锢了思想，他们大量传播一种幼稚、僵化、愚昧的观念，使人的心智停滞甚至衰退。他们在地理、心理上，都处于一种与世隔绝的封闭状态。他们的政治不管如何变动，征服与被征服、改朝换代，但专制体制始终如一。他们崇古，千百年来恪守祖先的风俗、法律，他们的观念原始，孔夫子的思想被奉为圣训，在社会上流传几千年，一成不变，只能适应封闭状态下简陋的生存环境，根本无法应对世界进步的冲击。[1] 他们的语言僵化艰涩，千百年来没有语法方面的进步，不会分辩词性、数、格、时态、语态，对原始的语言技巧自鸣得意。[2] 他们是农业民族，曾有过先进的耕作技术，但很久已经没有改进，他们创造了传统，又让传统束缚自身。

> 只要看看中国人对古代流传下来的所有风俗习惯和耕作方式的恪守不渝，我们就不敢奢望目前农业生产的总体指导思想会与古代有什么不同。对子女孝道的严厉苛求……也使得哪怕是一点小小的进步都很困难。大宗消费品的消费方式和喂养方式亦与几千年前别无二致；生产工具没有变化，在中国人看来，这些都是完美无缺的。如果向中国农民提出即便是简单易行的一些改进，他们会立即用古代的习惯做法来揣度……这就是全部不同意见的结局。传统习惯极大地束缚了中国人的思想，是其进步的巨大障碍，特别在农业生产上。[3]

最令人吃惊的就是中国人的保守，这是他们文明停滞的根本原因，也是他们民族性格中最根深蒂固的东西：

> 保守原则深深地刻印在中国人的心灵上，对他们来说，变化是令人厌恶、反感的。他们认为，要比几千年前的祖先更聪明是不可能的，因而，一个中国人的首要任务是学习并崇拜圣人的箴言，遵循祖先留下的习惯，结果，中国人的心灵便处于停滞状态。人们评价埃及的话也适用于评价中国——人成了石头。这个帝国早就处于停滞状态，其条件，社会的和

---

[1] Legge, *The Chinese Classics*, London, 1894, Vol: I. P108.

[2] Medhurst: *China: Its State and Prospects*, London, 1838, P167-168.

[3] 《中国农业》，*Chinese Peposiory*, 3.1834。转引 (英) 约·罗伯茨编著：《十九世纪西方人眼中的中国》北京：时事出版社，1999 年版，第 119－120 页。

智力的，已经停止若干个世纪了……天才和创造性被认为是异自己的和不能相容的因素……在这种状态下，进步是不可能的。他们目前的地位，就知识和文明程度而言，不仅远远落后于西方世界，而且事实上并不比一千多年前进步多少……[1]

DE QUINCEY FAMILY GROUP.
(1855.)
From chalk drawing by James Archer, R.S.A.
In the possession of M⁅ᵣ⁆ F. Baird Smith.

德昆西一家（1855）

启蒙思想塑造的停滞的帝国的中国形象，在鸦片战争前后进入中国的传教士与汉学家那里得到充分的证实。停滞是历史事实、而保守与专制是造成这种"事实"的心态与制度基础。斯当东（Staundon）感到困惑的是，"在

---

[1] W.Gillespie, *The Land of Sinim*, 1854。转引（英）约·罗伯茨编著：《十九世纪西方人眼中的中国》，北京：时事出版社，1999年版，第97页。

这个国家，人们认为一切都是最好的，并认为任何改进的打算都是多余的，甚至是有罪的。"古伯察（E. RegisHuc）观察到中华帝国社会体制中，没有任何鼓励个性与创造的因素，这就必然造成历史的停滞，因为"任何一个有才华的人一想到自己的努力得到的不是报酬而是惩罚，那他就必然会无所作为的。"对这个帝国了解越深，可能也就越令人悲观，停滞扼杀了历史中的任何希望。

西方人带着启蒙主义的进步神话构筑的文化视野进入中国，在中国看到的，也正是他们这一视野内注定看到过也希望看到的——西方式进步的对立面：东方式停滞。这是一个奇妙的循环。进步神话确定了他们的视野，他们的观察与发现又反过来证明并加强了这一视野。从欧洲到中国，大洋两头是两个完全不同的世界，西方科技进步，财富增长，国力强大，中国，用麦都思（Medhurst）的话说："语言与习俗千年不变，人民的才能与精神，还跟父亲家长制时代差不多。"德·昆西（De Quincy）（1785－1859）更尖刻，他说："哪怕是现代青年，看上去也跟大洪水前的出土文物差不多。"[1]

---

[1] *The Legacy of China*，"Preface" Edited by Raymond Dawson, Oxford University Press. 1964.

粮食比命贵：中国的人口

[英] 麦都思著　汪晓云译

1. 人口膨胀导致生活极度贫困

麦都思是伦敦传教会派来中国的传教士，英国早期著名的汉学家。他的代表作《中国：现状与前景》出版于1838年，被认为是鸦片战争前后西方最有价值的有关中国的著作之一。此处只选译了其中一小段，讨论中国的贫困与人口膨胀的问题。

有关中国的问题引起了诸多争论，同时引起诸多兴趣，如人口的统计。哲学家、政治家、商人和基督教徒几乎都很想知道，在这个庞大的王国，有多少人聚集在这里，居民增长的速度是多少。在那些探讨国家贫富的人中，中国的人口成为无数个假设的基本问题，不同作家在涉及人类家庭增长或快或慢的问题时为确立不同的观点，就假定或否定中国的人口异常稠密；此外，也由于他们对人口增长可能引起生活和生产大范围内难以维持的饥荒的担忧程度不同，马尔萨斯人口论的信徒（Malthusite）寻清了事实的本质是，中国的人口已超过了正常人口数，人口还在增长，且以每二十五年增加一倍的速度增长。加之中国人目前已是贫穷悲惨的生存处境，使他们对未来十分焦虑，他们不主张结婚而鼓励战争，以免整个世界会像中国一样人口过剩，并使整个人类的家庭陷于共同的匮乏、倒退与被吞食的危险。相反，反马尔萨斯人口论的信徒们呈现出一幅更令人震惊的图景，他们接纳了一些作家抛出的论调，认为中国的人口被大大夸张了，不同的作者找到不同的途径以使中国人口恢复到本原状态，他们争论的结果是这一问题可以值得怀疑而未确定，于是他们作了一次由他们大胆提出的最低限度的人口普查，宣布中国是全球人口最为稀少的国家之一，其土地并非十分之一被耕种，她的农民和技术工人过着平静而富足的生活，根本没有任何匮乏或贫困的表现。他们与世界上其他地方的人不同，也不为他们所知。这些完全不同的观点皆以无可辩驳的争论表现出来，这使得询问者迷惑不解。但我们应该记住，持相反观点的支持者和反对者总是为维护其代表性观点走向两个极端，而真实的情形常介于两者之间，只能由冷静的研究和客观公正的思考获得，正确的观点由得出的结论决定，不依赖于过去存在的任何观点。

政治家对中国人口问题的兴趣绝不亚于哲学家，因为这个王国有着数亿人是事实，她是如何管理这些人将成为一个重要的问题，此外还有诸如要采取何种必要的预防措施去阻止她那些有进取心（尽管并非好战）的人民不以其数量众多而给相邻人口稠密、土地富饶的国家增添负担等问题。倘若人数如此之多，且还要成倍增长，那么，不仅仅对他们的限制性政策将阻止居民迁移出境；而且，如果不是邻国的和平受到这些数量上升的精明而饥饿的入侵者的干扰，福利就会被中止。如果人不能通过诚实的劳动和正当的竞争谋得生存，他们一开始会靠小偷小摸谋生，然后变成无恶不作的抢劫者，对所在国的殖民者构成危险，而且有时这样恼人的情况只能在他们离开他们所选择的居所时才能查出来。

东部的列岛已有两个殖民地，一个是荷兰殖民者统治，另一个由英国殖民者统治，那儿每年中国的被殖民者（不管是对还是错）都会出现大混乱和大惊慌的情形。特别是在一个地区，中国人的叛乱或者说是想象中的叛乱以彻底消灭了可疑的一帮而告终，当时在婆罗洲（Borneo）[1]，中国人已在内部驻扎下来——在反对欧洲势力方面取得进展——使战争持续了相当长的时间，并通过完全保留了一个富裕省份的所有权以体面的和平结束了战争——这个省富有珍贵的金属，而且是一条河口的停靠码头，为对外贸易提供了可观的出路。因此东方的欧洲殖民者已经开始禁止介绍中国人迁移到外国，他们对所有新来者收取较重的利息，相当于实际上的禁令，这样，其他人就将货物发走，努力寻找另一个家。

对批发零售商和制造商来说，他们对这一问题也不乏兴趣，尤其是在技

---

[1] 东南亚加里曼丹岛的旧称——译者注。

术创新、商品制造足以供应给所有国内和欧洲乃至美国人两倍多的一段时间内，甚至在我们东印度公司的艺术制品存货很多时，以及我们产品的新市场成为那些已超过邻国需求的人和那些不得不关注新的和未尝试的商业领域的购买者这一严重的问题时。但如果中国真有这么多的人口以至于像是被指定的一样，在每年都需要暖和衣服的冬季，对资本家的投资和从事生产的人来说，这会是一个多么大的领域！年复一年，它们都不会因此而全部消耗。如果不是这样，中国人穷，买不起我们的物品，但他们却花了四百万英镑的白银买只会损害和毁坏他们的我们的鸦片，而这就是他买不起有用和必需的商品的原因。如同价格左右我们的兴趣一样，商品的损耗性越大，他们的兴趣越强。他们的体制是排外的，与他们交易必须在无数的限制下进行，这是事实。然而，如果如此多的人众存在而且必须穿衣，如果我们的商人和产品能给他们配备比他们自己所提供的更物美价廉的必需品，贸易一定会拓展，我们的产品就赢得认同。

但基督教慈善家对这个重要的问题还是更感兴趣。如果每个个体都拥有一个不死的灵魂，而且每个有罪的人都暴露出无止境的恼怒，卷入这一灾害的人越多，罪恶就越深重，它给那些好沉思的基督徒带来更多苦思冥想。正如这一问题将得到更全面的认识，但目前对中国人口问题的讨论和探询真实情形的努力已经很充分了，那就把推断留到最后。

2. 在中国，对温饱的需求远远超过了对舒适娱乐的向往

能耕种的每一块土地都用来生产粮食，没有大型牧场，公园和娱乐场所也较少。中国出于孝道重视丧葬，但生活的压力使得活人不能为死者提供更多的空间，墓地大部分选在了不能耕种的地方。

要弄清这一重要问题，首先要看着中国可容纳的假定人口的可能性，然后是弄清事实上有多少人。

首先，中国有数字最多的一次人口调查所调查出的那么多人，这种情况是可能的，所有关注这一问题的人很少否认这一点，尽管没有那些竭力断言中国土地不能供养如此多人口的人想要的那么多。然而，将那片土地与其他国家的相比较，算一算土地的所有者的人数及其领地的面积，我们发现事实上不存在这样一个有优先权的推论，我们也没有资格这样认为。人们说"真的中国"有 1297999 平方公里，或 830719360 英亩，就算我们认为其土地只有十分之一能耕种。[1] 这样，通过毫不夸张的计算，我们发现，中国人口数字最多的一次人口调查所确定的人口数绝不是不可能的。

我们再比较一下中国与地球上其他国家，计算一下每平方公里的人口，我们就发现，那个国家的人口并不比某些其他国家稀少。而如果其他地区能承受其人口数，中国也能如此。例如，在荷兰，每平方公里有 210 个居民；在英国，包括陆军和海军，有 244 个；爱尔兰 256 个；比利时 333 个。而在中国，如果我们把 1812 年数字最高的一次人口调查数当作其人口数，也就是 361279897，我们就会发现，它每平方公里的人口数是 278 个，比爱尔兰的人口数高一点，但没有比利时多。正如爱尔兰人能生存，比利时人也能供养得起一个独立的、奢侈的政府，并养了大量的步兵，——如此看来，中国有那么多人口且能承受之的推测并非妄言。

上海街头汹涌的黄包车流

---

[1] 尽管有人认为一亩可养活五个人，那么中国的耕地就足够养活 415000000 个人。——原注

我们再来探讨一下这一假设的可能性。在探讨这一问题时我们发现，中国这么多的人来自肥沃的土地与广袤的耕地似乎不太可能；它对农业实行鼓励政策，老百姓的工业机器技术与我们观察到的经济形成对比；尽管许多省老百姓非常贫困，生活悲惨，很多死于饥饿，每年有数千人迁移到外国，从国外购得不稳定的生活来源。

事实上，中国一些地方是山，另一些地方是沼泽。野人和野兽占领了地势较高的地区，较低的地方是芦苇和灌木。在这样的情形下我们当然不指望看见肥沃的土地，尽管高山和平原没有受限制，它们不用说是富饶肥沃的，而且在一些自然条件较好的地方，其富饶肥沃的程度令人吃惊。巴罗（Barrow）说："中国南方一亩地若辅之以恰当的栽培，收获的大米一年足以供应给十个人；北方一亩地可供五个人食用，一个人每天差不多两磅。"[1] 这或许有点高估，但据熟悉内部耕作的本国人的调查记录看，在中国，一亩精耕细作的土地一年两季可出产 3600 磅大米，这相当于五个人每天两磅。但中国农民一般不能有每天两磅，甚至很少一磅，而被迫种甜土豆、豆子或其他任何能填报肚子的东西以弥补大米的不足。那些来访过这个国家的旅行者评论的目的是想证实大峡谷的边界线以及黄河和扬子江尤其肥沃丰饶，每年产两季庄稼，不必休耕一季。江苏和甘肃、山东和山西、浙江和河南向皇帝呈送的收成最多，因此对老百姓来说是最多产的省份。波浪似的庄稼根基茁壮，在这些地方充分证实了外国游人和本国材料对它们的描述，如同大地的谷仓。

说到土地的肥沃，我们或许还会想到它得到极为广泛的耕种。过去有人评估，说中国有830719360英亩。如果我们设想其面积的三分之一是土地、河流、沼泽和废弃的土地，就会有553812906英亩是用来耕种的。在证明这一点时，但我们不认为这是假设，因为1745年曾有一则呈送给乾隆皇帝的报告说到耕地的数量，根据其数字显示可以算出，属于个体的土地，包括鞑靼领地、军队、基督徒和所有的耕地在那时是 595，598，221 英亩。此后，又有新的数学估计是 640，597，381 英亩，这是中国所有被占有的土地的总数。这样看来，

---

[1]　《巴罗在中国的旅行》，PP.577、578.

中国地表的四分之三都为人所拥有并被耕种，根据数字最多的这次人口调查看，几乎每个人有一亩三分。这一面积的最大部分专门用于耕种，只生产粮食。在中国，本国人从不用黄油或奶酪，也很少饮用牛奶；主要的动物性食物是猪肉，几乎都是家养的；几乎不用马旅行，而用来举行典礼；他们只留一种牛用于耕种。因此，没有放牧的农场，没有草地，牧场极小。能耕种的每一亩地都用铲或犁翻过，以生产很多人的粮食。背负东西或拉东西的牲口极少，或是用绳子拴在路边，或是赶到山上去放牧，结束了一天的劳作后，它们在夜间吃一点点稻草或豆茎，这也是整个冬天它们的主食。在中国东半部分，土地极不常见，公园和娱乐场所相应也较少，是因为温饱的要求远远超过对娱乐的向往。

有轮的车很珍贵，尤其在南方，路少而窄，一般是田间小道或山上的羊肠小道。巴罗所说的皇家大道，据说"它们有八十英寸宽，或约八十英寸宽"，这与一般的说法并不冲突，也就是说中国的路很窄。正如我们刚引用的两个作家的话，他们说是首都附近的公共道路和从北京到中国鞑靼地区皇宫的皇家路线。宽阔的道路是文明程度较高的体现，但在老百姓还没有习惯于奢侈享乐和自我放纵的地方，他们就会满足于狭窄的道路，尤其是在每一小块可改善的土地都要用来耕种以使老百姓存活的时候。想想我们英国却花了那么多土地来放任居民爱运动的特性，并使他们自由自在地从一个地方到另一个地方。这种浪费土地的能量去喂养成百万匹马和花费肥沃土地建造几千里路的做法，在中国是完全没有必要的，人们满足于步行，或互相背负着行动，只要有足够的衣食。

有人反对中国一大部分土地都用来耕种的说法，认为中国人的墓地数量极多而且分布甚广，许多土地都贡献给死者作为葬身之所，因而留给活人的应该是很少的一部分。想到中国人从不允许旧坟墓被破坏，而总是说，为每个人都挖个新坑，这使得反对中国一大部分土地都用于耕种的说法更有力。但如果对事情的情况较为熟悉，就会排除假定的困难，因为中国人很少选择能耕种的土地作为埋葬死者之所，而把他们死去的朋友埋葬在山边或悬崖峭壁之下，这些地方的土地几乎都不能派上其他用场。笔者曾深入内陆作过几次旅行，令他感到尤为吃惊的是，在三四个沿海省份的海滨，几乎很少有坟墓。在山东省一个地方，隐退的峡谷里发现了一个墓；路边到处都露着一个个白色的碑，但所见之处极少比得上活人的数量的。在人口稠密的上海市附近，田边地角都摆放着棺材，等到死尸彻底腐烂只剩下骨头，才收敛起装入坛子，搁置在小屋的门边，那口棺材再为其他死者享用。在面积很大的舟山岛，我们看见悬崖下有许多棺材，混乱地散在各处，有新有旧，所有棺材都因没有土地埋葬而裸露在那里。在北京附近，墓地可能比较大，因为那儿人口多，而首都附近的土地相对比较贫瘠。但总的说来，这个国家所有地方，尤其是在那些更平整更肥沃的省份，活人不能为死者提供更多空间，因此墓地较小而且数量不多。

3. 中国人被迫每天与贫穷匮乏抗争，他们从不间歇地劳作，在任何可能的地方耕作，将最没用的东西都拿来用。他们为了保持土壤肥沃而施肥，人粪和猪粪被仔细地收集贮存起来，价格不菲，腐烂的动物或植物和人的头发也被收集起来当做肥料。

对农业的鼓励政策也是人口稠密的证明。中国人有一句古老的格言，意思是百姓饥饿，则没有必要对公正和财产发号施令，而只有在人们的温饱得到解决时，才能有条不紊地统治他们。因此从古代最早时期开始，皇帝就为他的人民树立起勤勉的榜样，每年一次私下或公开耕地，同样地，皇后则每年织一次布。在管理不同阶层老百姓时，中国人把文人放在地位最高的一级，因为知识是使他们成就名誉的基石。但在知识渊博的文人后，庄稼汉们立即成为优越于其他人的人，因为参与了提升生活品质的根本要素，他就比只改变物体形状的工人重要得多。而商人，除了为赢利买卖交换商品外，也不能有任何创造。这一施加于农业从业者的荣誉是人为设计的最终结果，它表明，这个国家由于人口过多，需要将耕地和耕种扩大到最高程度，以维持老百姓的生存。

中国人尽可能努力生产许多生活必需品的勤劳和智慧也是人口稠密的证

明，他们被迫为每天的面包与贫穷和匮乏抗争。在热带地区，土地肥沃，人口稀少，当地人发现，经过几个月的劳作，他们能生产出足够一年消耗的粮食，因此就不愿做更多。但在中国，老百姓总是在劳作，而且每个人都不得不忙于为共同的幸福贡献自己的定额粮食。每个人，至少是熟悉了中国人的生活方式的人都知道，中国人为维持他们自身和家庭的生存是从不间歇地劳作的。在农业领域，他们尤为积极，每年从地上收获两季庄稼，在任何可能的地方耕作，将最没用的东西都拿来用，以保证没有一点浪费。想到他们有限的长处，他们这种使无用的东西变得有用的技能不可小视。他们完全清楚改变庄稼的重要性，熟知季节和土壤适合哪些农作物成长，他们对为保持土壤肥沃而施肥的重要性了如指掌。一个第一次踏上中国土地的陌生人一定会为此感到震惊：他在田间和路上遇到的每一个人都提着篮子或拿着锄头；每天晚上，屋里的人都要带回一些东西加到草柴堆上，草柴是每一户最重要的附属物；因为牛和羊极少，他们不得不使用人和猪的粪，他们把人粪和猪粪仔细地收集贮存起来，若论斤卖出，价格不菲，这时就可看见城市里一窝窝苍蝇闹哄哄地涌进乡村，第二天早上，苍蝇们获得了怨恨似的满足，就极少注意那些它们兴趣渐淡的行人的嗅神经。为应不时之需，其他任何可能为这一结果作证的事物我都急于搜索，也很有兴趣，诸如腐烂的动物或植物、打扫街道、沟渠里的泥土、烧过的骨灰；而且无独有偶，从几百万人头上割下的头发每十天就被费力地收集起来，当作肥料卖掉，整个国家都是这样。在中国，对肥料的重视程度我们可以从《列王记》（Ⅱ．Kings）中见到，当时在撒马利亚（Samaria）发生了一次大饥荒，"四分之一马车的鸽子粪卖了五块银子"。

中国农夫的技术也表现在安排与灌溉稻田上。在中国中部和南部，水稻是主要的农产品，众所周知，水稻不用水灌溉就不会茁壮成长。几乎从准备播种到收割，稻田里都必须储满水。为了有足够的水，每块田都弄得很平，田边有高一些的垄或埂，水不断地流进田里，防止水分因蒸发而减少，并把剩下的水输入周围和下面的田里。这样就需要用人工的方法将水从较低的位置抬高到较高的地方，比如水管、水杠、水车等等，或是从某个较高处熟练、小心地将水沿着山边，穿过山谷，引到目的地；水若被引到地势较高的一些田里，就会慢慢流入地势较低的平地，直到消失于河流或海洋。中国人向来表现出他们在抽水方面的有创造性的方法，并显示出他们的灵巧，以及导致他们创造性的结果、增加土地产量的必然性。水引入田里，与水一起流下来的泥沙从附近的高处运到田里，使田变得肥沃，这样土壤就会湿润肥沃。中国人被认为是梯田耕种方面的好手，尽管在巴罗看来，在他所经之处这样的情形并不多见。从中国人所搜集到的信息看，事实正好相反，尽管在那些水源不能从较高处流下的地方，中国人不能在山上开发梯田，但在每一处有利的地方，他们都会耕种一种与南方水稻同样重要的农作物。所有旅行者都同意中国人在小块手工耕种方面比一般欧洲人好的观点，马戛尔尼勋爵（Lord Macartney）称他们为世界上最好的农夫。中国农夫的活跃与敏捷显示出，过多的人口须投入如此多体力与脑力于耕作中。

4. 匮乏使中国人习惯于极端节约，几乎每一种动物从皮到内脏，每一种植物从叶到根，都可以用来维持生存。一个正在寻求食物的饥民在饥不择食时会急切地吞食病死并早已腐烂的动物。

同样引人注目，也同样值得我们讨论的，是中国人在使用生活必需品方面遵循的节约原则。这在他们衣、食、住方面都很明显，他们在所有方面都避免浪费，并限制自己在尽可能小的地方生存繁衍。这并不意味着中国人能获得质优量多的食物却不喜欢；实际上，如果有好的东西落入他们手里，他们是既嗜美味又贪吃的。填饱肚子的渴求使他们尽力寻得一点少而粗的食物，哎！这种情形真是常常发生。中国人的日常饮食一般是一点米饭和咸鱼，或是咸菜，他们常用来做咸菜的是一种芸苔植物，完全用盐浸没，无味的米饭因此而变得可口，使他们不至于食不下咽。这种食物有时会因加了豆子或小米有所变化，若有几盎司猪肉以一比五的比例与蔬菜一起炖，那就尤为珍贵。然而，穷人一般的食物是甜土豆或山芋，偶尔加少量的米用水煮熟，或许一个月有一次猪肉，或者是在盛大的节日有一点点家禽。他们对吃牛肉有强烈的偏见，倒不是由于宗教禁忌，而是因为牛要用于耕耘，而且他们认为，一只可怜的动物辛苦劳作了一生，最终却被千刀万剐，还要吃了它的肉，并用它的皮做鞋，这真是太让人惭愧了。因此在他们有时发表的劝世文中，他们描画出一头牛的形象，所用的词句或字眼全是对牛们的赞扬，赞扬它们辛劳的一生，以及它们临死时更为艰辛的命运。它们被从地狱的最底层转到屠户的手中，屠户们为获利残忍地将它们杀死，这样，牛结束了自己的一生。由于没有圈起的牧场，中国人不能养绵羊或山羊，如果庄稼地或菜园里都是羊，他们就会得不偿失。只有在山地或贫瘠的地方才允许这些动物自由自在地走动，而且不能走出放牧者的视野，因此在土地较肥沃人口较稠密的地方，几乎不可能或很少能吃到羊肉。然而，中国人不吃牛肉和羊肉，却会吃狗和猫，狗和猫的肉与猪肉价格相近。没有这些动物，他们就会吃老鼠和蛇的肉，为饥饿所迫的人会以蟑螂和其他爬行动物为食物或药物。一个正在寻求食物的饥民在饥不择食时会急切地吞食病死并早已腐烂的动物。总的说来，中国人有可以想象的最不挑剔的胃，几乎每一种动物从皮到内脏，每一种植物从叶到根，都可以用来维持生存，甚至无机物的某些部分也能为填饱肚子这一重要目的所需。[1]

在穿着上，中国人也表现出他们非常想节约土地的愿望。巴罗说："一亩棉花可供两三百个人做衣服。"而且由于棉花能在水稻间种植，并因此而生产出不同的产品，还能疏松土壤，中国人更喜欢以最少的土地和最少的劳力自己生产的布。要是几亿中国人都穿用毛制成的衣服，那就需要大片大片的牧场，这样就会极大地减少种粮食的土地面积，并大大超出中国人的负担。同样，在住的方面，他们也很节省空间：大家住在一间很小的屋里，嘈杂地涌进附近的城市，似乎他们的所在地是很重要的地方。20平方英尺的空间就足够十多人吃、喝、工作、社交、做生意并睡觉。他们镇上或市里的街道是如此狭窄，以至于经过时伸出手就能碰到路的两边。如果我们现在把这种节俭与欧洲国家在住房方面的铺张浪费相比较，我们很容易发现，一个英国人住的地方足够三或四个中国人住。在一个如此自私而世俗的民族中，如果不

---

[1] 中国人用大量的石膏，与豆子掺和在一起，做成他们很爱吃的胶状物豆腐。——原注

是因为这么严苛的生活需求他们不会如此节俭；还有什么比以有限的土地养活超限度的人口更为紧迫的需求呢？

尽管他们有勤勉与尽职的优点，大多省份的人却都存在购买生活必需品的困难，许多人死于切实的生活需求，更多人不得不迁徙到为缓解贫困者的困难采取一切鼓励措施进口粮食的地方。政府诱惑大多数穷人表现出他们对食物数量和质量的减少并不感到不满，他们中的许多人几乎不能寻觅到足够的食物，并且每年都有一些人完全因饥饿而死。要是有洪涝灾害，或者是蝗虫入侵沿海地区，那些幸免于难的收成就不得不受皇帝的命令分给灾民，否则，那些人就会濒临绝境。因此，除了运到北京的粮食以外，各省每年还要留出相当多的收成以备不时之需。一份报告说，这个国家各地储存的谷子有26000000蒲式耳，大米12000000蒲式耳，这些存粮在灾荒时以较低的价格卖给穷人，这么大的量足以表明老百姓的需求，也足以表明老百姓在需要供给时受到的救济。即便是这样，皇帝的慷慨有时也不能解救苦难中的人们，更有甚者，下级官员在发放救济的过程中会把农民的急需品占为己有，使农民在供应品到来之前就已饿死。熟悉南方地区的人都很清楚那里老百姓的贫困程度。冬天，几乎所有的农民家庭都极端缺乏粮食和燃料，他们可怜的情景足以深深打动每个有同情心的人。工人一天只有四分钱，一个校长从每个学生那儿得到的报酬一年只有十先令，而政府提供给他的待遇有时和欧洲校长一般高。

5. 极端的贫困使中国人的感情变得麻木，他人的不幸和遭遇极少获得同情。杀婴也是中国人情感麻木的表现，杀婴的普遍性与老百姓总体的贫困程度成正比。但这一行为并不能使国家受益，对中国人口总数也几乎没有影响。

说到中国人的极端贫困，还包括他们感情的极端贫困，因为在那些政府提供的钱和物品很少的地方，人们的心灵未受到神的净化，很快就会对不幸司空见惯，苦难的穷人在路边行将饿死，却没有人伸出援助之手来解救。人们对有血缘或亲属关系的人偶尔会慷慨施舍，但没有人施舍给那些毫无公共救济与私人慈善救济的陌生人。广州到处都是通过胡搅蛮缠获得少量救助的乞丐，在其他地方，穷人们则向那些最麻木不仁的观众诉说着自己凄凉悲惨的痛苦故事。

处于被淹死或被烧死的危险之中的人很少获救，而且一些人会死于大庭广众之下，免去了他们生病需要照看的麻烦，以及打扫他们死时所在房屋的费用。这种对他人需求与苦痛的漠视，有一部分原因是自我需要的压力，因为绝大多数人都需要救助。

在相当大的程度上，移民也是影响中国人口问题的要素之一。中国政府一直限制性并排斥性推行禁止国民迁移到外国和外地人迁入本地的原则。然而在他们需要外国供应且不能为他们自己的臣民提供生活必需品时，他们只好首先答应在广州开放一种有限制性的通商口岸，最后便对本国国民迁移到外国领土睁一只眼闭一只眼。他们把那些出国的人仍看成是背叛自己的国家而被剥夺了公民权利的人。若干年前，在中国移民和荷兰在巴达维亚（Batavia）的政府之间发生了一场误会，接着便出现一场对中国人的屠杀，殖民政府担心，中国皇帝对这样的处理感到不满，就派了一个大使去中国解释这件事，并把罪过推给移民海外的中国人自己。出人意料的是，皇帝冷漠地回答道，由于这些中国人选择了一个不受其荫蔽的管辖区，他们便不再有权受他的保护，因此，不管他们发生了什么事，他都不会干涉。那些积累了大量财产后回国的人，如果没有亲戚朋友的保护，就很容易被指控为与野蛮人勾结，一旦他们的罪过加深，就会按照其财产的多少不断地受到敲诈勒索，直至所有的财产全部被剥夺。然而，尽管有移民的最初限制，由移民导致的公民权的丧失，回来后被榨取财产的命运，这些都是中国人移民面对的困难，但即便这样，他们仍选择远离家乡，告别亲人和朋友，不畏艰难险阻，宁可作为一个叛国的罪人处于贫困状态，也不愿待在家乡，在一切都无法满足的痛苦状态下煎熬度日。因此，他们不仅会从中国人口稠密的地区迁移到人口稀少的地区，还跨过长城、沙漠和海洋，成群地涌向东西南北——占领鞑靼人荒芜的土地，聚居于西藏、缅甸、柬埔寨、锡兰，并在欧洲政府和马来亚群岛的阳光下取暖。更有力地证明中国有比实际能存活的人多得多的人口的证据是：不顾种种限制与不利条件，移民仍然在继续，从一个由知识与文明统治以及能发现他们所有最可贵的兴趣与成见的国家，移到一个相对由无知与野蛮占上风、由炎热的雨林或寒冷的冰冻构成的气候反复无常的国家。如果再加上一点，也就是，没有一个女性可以冒险出门，这样就使得所有温和的感情、心与心的联系纽带断裂分离，或许永远也不会再相连。在这样的情况下，除非迫于严峻的生活困境，以及不断增加的子孙后代使成年人喘不过气来，逼着他们在地球上某个人口稀少的地方寻求一种稳定的生活来源，否则，中国哪里会盛行移民的风气呢？

打破中国政策另一个不可改变的限制也表明它存在人口过多的情况。过去，中国一直遵循不鼓励与外国交往的政策，只允许在广东进行有限的、负担繁重的贸易往来。所有外国船只航行到广东都必须按量交税，征税标准是每八百吨货两千元，此外还要加上差不多同等数目的进出口费。但1825年，皇帝规定，如果所有的船上装的都是大米，就可以免除过去规定的两种收费，以鼓励外国供应这一他们急需的商品。此规定为外国商人利用，大米大量进口到中国，满足了贫困的人们的需求。只有需求才会使中国政府突然改变通常的规定，并对外国人作出免税的承诺——他们这样做暗示他们严重缺乏大

鸦片战争前的广州街景

米。而一个像中国这样肥沃的地方需要大米，很明显是由于中国人口过多。

除了以上提到的几点，一些人还把杀婴在中国的普遍性作为证明它人口过多的一个证据。但我们没有讨论过，为使人口减少，这一可怕的行为是否仍在继续，或者对人口的减少有无重要影响。我们仍然认为，中国的杀婴更多是贫穷使然，而不是偏见，因此，这一问题应从经济上解决，而不是从宗教信仰上：首先，我们必须看到，中国杀婴完全限于女婴，他们认为男孩能自给自足，也能报答父母为他们付出的劳动、抚养和费用，并为家族的姓氏和财产添砖加瓦；恰恰相反，女孩在这些方面都没有多大价值。因此，每一家对儿子的出生都是欢呼雀跃，如果生了孩子的人家只有惋惜声，那一定是生了一个可怜的女孩。因此，儿子得到父母的重视与疼爱，女儿则受到歧视与冷落。这种感情发展到极端，就导致许多极度贫困的家庭犯下杀婴的罪行，他们一方面使自己的女儿致死，另一方面又忍受巨大的悲痛。这一残忍习俗所暗示的，同样不是中国盛行的任何一种宗教教义或规定——不管是儒教、道教还是佛教；也不是为了像过去那些残忍的摩洛神信徒（Moloch）所做的那样敬奉神灵[1]；中国人也不想通过"为他们的神圣的灵魂奉上肉体的果实"而获得任何精神利益；他们犯下这一穷凶极恶的罪行只是出于吝啬，以免去抚养一个只会给他们带来麻烦的女孩，因为要出嫁，父母在她身上花费的心思和费用远远多于她能带来的利益。因此，杀婴的普遍性与老百姓总体的贫困程度成正比。而且，根据杀婴在某地盛行的情形，可以判断当地居民的人口密度和贫困程度。因此，我们发现，南方各省杀婴的情况较为多见，那些地方土地能生产的生活来源不能满足当地人口的需求；还有就是拥挤的首都，无数人找不到居住或呼吸的场所。在南方各地，我们疑心当地人急于掩饰事实。有大量证据证明杀婴的存在，而且杀婴的比例达到惊人的程度。他们对杀婴的态度表明，杀婴行为过去在很大程度上盛行过，以至于他们对这一问题感到麻木迟钝，而把溺女婴的罪行看成比将一张照片踩在脚下更可原谅。在首都，杀婴的多少由每天夜间丢弃的婴儿数目统计出来，这些被丢弃的婴儿第二天

---

[1]　摩洛神，古代腓尼基等地所崇奉的神灵，信徒以焚化儿童向其献祭——译者注。

早上由警察收集起来，埋在城外一个普通的坑里。一位记者告诉我们，在北京，每天早晨能拣到十个或十二个婴儿，因此，那个城市每年约有几千个杀婴者。

一些作家和旅行家对杀婴在中国的盛行提出质疑。因为他们从未和中国人打过交道，也从没有看见杀婴的情况。埃利斯（Ellis）写道："沿着中国交叉纵横的河流上行 1600 公里，他们并没有遇见杀婴的证据。"德金（De Guignes）也支持这一观点，他说："他游遍整个中国，经水路所过之处，从未看见一个婴儿被淹死。在陆路，也没看到一个婴儿暴尸野外，尽管他早晨很早就在城市和乡村旅行，且一直在途中。"但布里奇曼（Messrs. Bridgman）和古兹拉夫（Gutzlaff）先生都曾碰到过埃利斯与德金没有跟踪或发现的情形，他们用直接的证据反驳了对杀婴持否定态度的结论。

孤儿院在中国比在其他地方更容易塞满的事实更证实了女性不怎么受重视的事实。越是心地慈善的父母，越不愿意对其子女严加看管，宁愿将他们抛弃。一旦他们发现没有一个人能接受需要看管的孩子，就把他们送到某个寺庙，或修道院，在那些地方，他们的孩子至少有被发现并被收养的机会。中国的佛教徒以占有尼姑庵并使自己从收养弃儿中获益；中国的基督徒则通过救助弃儿增加其追随者，并把他们抚养成本国皈依者的妻子。另一些人为根本动机驱使，拣起弃婴，把她们养大，从中获取肮脏的利益，他们把她们卖去做家奴，或把她们训练成满足自己淫欲的侍妾，或是残忍地挖出她们的眼睛，命令她们沿街乞讨，使她们成为被别人施舍的对象。

这并不意味着我们说过中国人抛弃或卖掉他们幼小的女儿是为了控制这个国家的人口，或者认为这一行为的普遍性会对人口的多少产生重要影响。不管其动机是什么，杀婴总的来说是个人性的，而非爱国行为，它只是为了免去他们的辛苦和金钱，而不是通过减少消费者的数量使国家受益。不管达到何种程度，这一行为的盛行也不会影响人口总数。因为如果我们假定中国一里地的地方只有一个女婴被扼杀，这远远低于人口稠密的省份和城市的密度，可其总数显得相当可怕，但对每年以百分之三的速度增长的几亿人口来说，影响仍然很小。我们讨论这一问题的目的在于，这些小孩与其说是牺牲给玛门（Mammon），不如说是奉献给摩洛神，这一习俗的盛行反映出中国极端的贫困和超负荷的人口数量，即：食物的供给与消费者人数的比例不平衡；人的生命比粮食还便宜；总的说来，中国土地肥沃，人口非常稠密。

……

中国的人口真是到了无法承受的程度，因此在基督教慈善家的眼中，这一情形令人感到无比沮丧：三亿六千万人挤在一个国家里，处于一个专政的统治之下，受同样虚妄的哲学的影响，向同样荒谬的迷信顶礼膜拜；中国人是人类的三分之一，是异教徒的一半，由一种关系凝聚，只受一种吸引力的束缚；他们中每月有数以百计的人进入永恒状态，没有受过教育，没有受过洗礼，而且就我们所知——没有得到救赎。一个实体可以束缚如此多不朽者的灵魂，并阻止传播福音的自由，这似乎有点不可思议。想到这个国家许多年以来一直处于目前道德沦丧、世风日下的状态，老百姓暗无天日，这都是缘于无神论和多神论，偶尔基督教会以令他们怀疑的方式给他们投来一丝微弱模糊的光芒，想想这种情景会多么令人悲伤。如果我们能肯定这种状态将一直持续，或者我们的福音不是想要征服并改变中国，我们或许会对这种没有进步也无法进步的世界感到厌倦。看到一个灵魂处于黑暗的地狱之中令人痛苦，但看到这种状态蔓延于整个国家，而这个国家却构成了人类的三分之一，这无疑令人难过，而且这极可能诱使一个人大声喊道："噢，我们的头脑已经充满泪水，我们的眼睛是泪水的源泉，我为人民的儿女之死日夜哭泣。"

（W. H. Medhurst, China：Its State and Prospects, London, John Snow 26 Paternoster Row, 1838, P22—47, 71—79. 汪晓云译）

中国，民族与风俗

[美] G·W·诺克斯　　何颖译

1. 从历史的黎明时期开始，中国就已经是独立、自由、自给自足的。虽然外国人不断征服它，但他们无力影响这个民族的生活，有时就连他们自己也臣服于这种比最有力的武器还强大的生活方式中。

　　本文及下面的"中国，精神与问题"，均译自诺克斯出版于1906年的《东方之精神》。该书系一般介绍性读物，可以代表当时人们的观点，并无多少新见。西方19世纪的中国形象，基本上形成于两次鸦片战争期间，一直到20世纪初都没有什么变化。旧观念旧话题在不断重复加强，它的意义已不单是构成一种认识，还有确认一种价值。

　　想想美国密西西比州（Mississippi）以东、德克萨斯州（Texas）、密苏里州（Missouri）、阿肯色州（Arkansas）再加上爱荷华州（Iowa）的大片土地，三百万以上的居民，我们就得到了一幅中国的图像。这片疆域被分为18个省，主要的自然特征是三条大河，还有变幻无尽的平原、高山和丘陵，蕴藏着数不清的资源。此外，东北部的满洲里（Manchuria），北部的蒙古（Mongolia），西部和西北部的西藏（Tibet）、伊犁（Ili）和库库诺尔（Kokonor），全在她的控制之中。这个伟大的以人口和忍耐力而闻名的独立王国，占据了亚洲的三分之一和地球可居住面积的十分之一。它的主要特征是与世隔绝。群山、沙漠、人迹罕至的荒原和辽阔的大海将它团团包围。从历史的黎明时期开始（实际上，这一保守的提法指的是"远古"），这个帝国就已经是独立、自由、自给自足的。中国与印度不同，从来没有一次入侵改变过她的风俗和观念。虽然外国人不断征服它，但他们无力影响这个民族的生活，有时就连他们自己也臣服于这种比最有力的武器还强大的生活方式中。

　　这个帝国不仅保持着传统和一致性，还保持着不断增强的自豪感。想象一下，如果密西西比流域数千年来都与世隔绝，与其他文明种族毫无接触，边界外又都是原始的印第安部落和半开化民族；就可以理解一个骄傲的民族是如何培养起来的。她会把世界上的其他民族看成是野蛮人，把本土文明看成是开启心智的那把钥匙。事实上，中国就是这样的。它所保有的文明是这样古老，以至致于其起源已隐入历史。这个民族总能从自己的思考中得到启迪。没有伟大的先知从他方而来，也没有探险者爬山过海带回异域的珍宝。只有他们当中那些勇敢的取经者穿越印度，带回佛教。中国人的一切成就无疑都要感谢他们自己。于是这个帝国成为了"中间王国"，屹立在地球的中央、启蒙的中心。而四周都是野蛮人，外面的世界一片黑暗。我们必须考虑到这个特征，并加以强调；因为这是关键所在，有利于解释这个民族的风俗与性情，以及他们在现代治国方略、科学、仁爱和使命方面所碰到的问题。

我们应该看到中国人并非生就与众不同。希腊人也没来由地轻视所有民族，把他们看做野蛮人，并认为无保留地憎恶异域生灵是一种美德。所以这里的居民自认为是上天选择了他们。这种情况相当普遍，类似的许多例子为我们所熟知，就连我们当中那些比较有机会去了解其他地方的美国人也怀有这种偏见。在中国，由于国家的位置与地球上其他可爱的地方相隔太远，国人的乡土观念往往被塑造成种族主义。

十世纪以前，中国无疑是世界上文明最发达的地方。在三千年前，只有埃及或许印度才能与之相媲美。但当其他国家以各种方式发生变化时，中国仍保持着原貌。不过，想想她的成就吧！长城是人工修建的最伟大的建筑物，它有 1500 英里长，穿过峡谷，越过高山悬崖，护卫着帝国的北部边境。长城始建于公元前 204 年。那时的罗马，帝国尚未形成，还是一个共和国。与此同时，基督也还没降生。我还可以举出一个现代的例子。几乎是在 700 年前，当启蒙了的欧洲人民还在参加十字军时，火药和印刷术还没发明出来，中国就已经修建了大运河。

我们忽略了许多这样的数字。中国的千年历史没能给我们留下任何印象，因为他们没介入任何重大事件，他们的性情与文学中也没有任何突出的东西引起我们的注意。但是对于学者来说就不是这样了。他试图用历史事件填满这些世纪，至少他们在深入的研究中已经发现了一些模糊的思想。他们开始理解中国社会不是一成不变的，这里有过明智与愚蠢的统治者、成功与委顿的王朝，有过数世纪精品辈出、蓬勃发展的文学与艺术，还有过数世纪令人恐惧的遍地荒芜的战争。他们开始理解在中国有着伟大的统治者、伟大的小说家、伟大的散文家、伟大的历史学家和伟大的艺术家。任何人都无力穷尽那里所有的文化成就，即使最勤奋的学生也只能做到大致完整地掌握某个朝代的事件，或是追溯科学或艺术发展的某条线索。中国的百科全书有上百卷，历史似乎无穷无尽，辞典大得让人望而生畏；各种著作的摘要和缩写本不计其数，看上去对于最勤奋的学生来说也是够长的。

抛开这点，让我们来关注一下这个国家，看看她的一些性格特征。首先要提到的是她的文明类型。这儿的人发展了一种类似园艺的农业形式，以精细、彻底地利用每一个地方和空间。因此，在这里给人印象深刻的不是田野、草场和牧场，而是精耕细作的一小块地。这块地就如同布置在窗户旁的花盆那么精致。这儿没有羊群与牛群，也没有马车与小农舍。乡村倒是有无数。村落之间都保持着一定的距离，相互好奇又相互隔离。这儿的街道很窄，鲜有超过10英尺宽的；房屋又矮小又简陋，看上去又脏又乱，当然更谈不上优雅。这儿没有公园，没有游乐场，也没有令人向往的郊野。乡村的起始很突然，其空间就像城市一样局促。这儿没有树也没有葡萄藤（甭想太远了），屋里屋外都让人不适。乡村外是花园一样的田野，道路从四面八方向一个又一个村庄伸展。这儿有大道，还有一些是铺砌过的，但都窄得像小路。所有的道路都修得很糟糕。城市里的街道也是这样。北京就以马路宽阔但路况糟糕闻名。据说一场雨后就会有行人在马路上丧命，因为路上的坑非常深，污泥也显得深不可测。而到了干燥的季节，满天的尘土也非常恐怖。

来中国的游人常被这种景象吓了回去，觉得这里的居留条件还不如印度。他们发现"亚洲的"这个形容词对两国都适用，其中不无诋毁的意思。当他们想起这些民族在与外国列强进行接触时的无能，这个观念又加深了。印度不断被征服，而数千人的军队即可证明中国没有自卫能力。无论在战争时还是平时，两国都是那么混乱无序、没有章法且沉溺于陈旧的习俗。于是，我们的这些观光客就用这种简单的观点判定中国是怪诞的，让人无法忍受的。而且要想超越这些表面的看法并不容易。事实上，印度的社会等级和错综复杂的种族与宗教问题，使整个社会处于混乱状态。中国社会则具有明显的一致性。这里的居民在种族世系上确实有所不同，然而就像美国的那些来自不同国家的移民，经过一代两代后就分辨不出来了。在中国，语言的差异却是巨大的。这里方言繁多，往往一个地区的人听不懂另一个地区的话。但类同还是大过差异，因为书面语言在所有的地方都是一样的。于是，所有的中国人都遵循同样的方法学习同样的课本，用同样的词汇打造同样风格的文学。从总体上来看，他们还持有相同的文学、哲学与宗教理想。进一步来说，由于没有世袭的等级差异，这种类同性还会增加。在这儿，数世纪以来，贵族之家和其他家庭确实有各种各样的区别，但这种区别没有使他们与平民隔绝，也没有赋予他们任何特权。从理论上说，中国是最民主的帝国，是个人人平等的所在。同样从理论上说，最穷的农民的儿子在各个方面与最富有者的儿子是平等的。实际上，中国许多伟大的人物都出身贫贱。这样，就没有了那种在印度造成隔离的自然与人为的屏障。

这就构成了两国之间最大的不同：印度本质上是贵族政治，而中国的政治理论和实践都是民主的。那么为什么外国人不能断然抛开表面印象，更多地向这个民族学习呢？这有很多原因：一个是外国人经常太傲慢，不愿在这方面多下功夫，认为已概括出的观点够多了，他只需遵循就行了。另一个原因是一种真正的认识需要巨大的毅力与恒心，不仅必须学习语言（这是一项严格的功课，常常难倒人），还必须学习一套繁琐的礼仪系统和浩如烟海的文学与历史。只有那些有着不寻常天赋的外国人才能扫清这些障碍，通过并不简单的术语进行一场真正的交流。因此真正能提出有价值意见的外国人很少。我们还必须记住中国人轻视我们，认为我们是野蛮人。想想欧洲人和美国人对她的藐视，她难闻的街道，她可怕的道路，她不舒适的住房，还有她的许多古怪的习俗，她轻视我们似乎愈显得荒唐可笑了。这无疑是一种误解，但并不荒谬。

2. 在中国，与学问有关的一切都被推崇到至高无上的地位，孔子、孟子是至圣先师，老师受到尊敬，每一页印刷纸都被认为是应该受到尊重的。在西方人看来，中国的教育方式缓慢、低效，考试的竞争也过于残酷，造成了很多浪费。

让我们从语言和礼节两方面试着来理解，为什么在中国人眼里外国人是野蛮人。首先是语言，这是受过教育的人终生要学习的科目。一个男孩小小年纪就开始了无止境的功课。他被教导要对他的老师怀着深深的敬意，被告知伟大的圣贤孔子（Confucius）和孟子（Mencius）是先师，进学校时要在他们的碑前鞠躬。老师的酬金很少，但是很受尊敬。他可以随意惩罚那些愚蠢的学生，虽然他们的父母连想都没想过要鞭挞他们。从很早开始，这种对老师的尊重就与对书本的尊重连结在一起，所以每一页印刷纸甚或是一个印刷的残篇都会受到尊重。这样，从一开始，文学就被赋予了无上的地位，而不仅仅是华而不实的东西。

男孩上学后会发现人们争相给在校或毕业了的学生让座，而出现一个有文凭的人会使整个村子出名。富商花大价钱想获得拥有文凭的荣耀，虽然他们知道买来的文凭没什么价值。学生不仅在社会上受优待，还享有法律赦免权。谁通过了国家考试，谁就在法律面前享有比其他人更多的权利。不止这些，他还是政府里唯一有资格出任一切职位的人。既非等级也非财富，而是学识给予人们众人渴望的权利、优待和特权。这就使得每个村庄都有学校，且鲜有例外；富人纷纷为他们的孩子请私人教师，到处都是学习优先。

事实上，从我们的观点来看，中国的教育也有不尽如人意之处。其教育方式缓慢、低效且造成了很多浪费。只有最聪明的学生才能胜出，多数学生苦学一场，没有任何收获。例如，学生被要求背诵大量的文学作品，在这项功课上花费数年，却得不到一字的解释。就像我们的小学生要能背诵古典文学作品，说出荷马史诗（Homer）和维吉尔（Virgil），而从头到尾没有任何翻译或难点的解释。数年以后，当这项功课终于结束时，我们的学生开始背诵解释和评论。他们要背诵所有的希腊和拉丁（Latin）诗人，还有持这些语言的古典散文作家，外加典范评论家详尽的评论。然后就得准备考试了。考试时，他们被要求从任一要点开始，写下课文和所要求的评论，然后加上一首古典风格的诗，一篇完全遵循古人形式与题材的散文。他们的功课简直与落在中国学生肩上的功课一样繁重。结果，一些学生在最初的功课上落了下来，他们不能继续待在学校里背诵他们的作家了。其他的人则是"一知半解"，也就是说，他们记住了那些作家作品，但是一点儿也没有理解其中的意义。最重要的是，他们没能掌握其中的各种技巧。那些中途退出的学生，没有获得任何真正有价值的东西，白费了时间与精力。但是中国人认为所有这些都很正常。因为在考试中适者胜出，不适者出局不是很自然的吗？另外，有能力的学生多的是，我们无需为此担忧。

不是所有成功的学生都能获益，因为在学习的漫长过程中要坚持绝对服从权威。社会给予教师的荣誉与给家长的不相上下，印刷的书页也被赋予了殊荣。所以在评定更高一级的文凭时，古典著作仍为众人所遵从。在中国人的"圣书"面前，基督徒对圣经（the Bible）的遵从还不算太过分。在美国，成千上万的人对圣经不够重视，而在中国简直没有人不尊敬孔子的书。于是，在这些书上便凝聚了一种宗教情绪，认定它们包含了宇宙自身的基本真理和统治人类的律法。人们还相信：遵从的人将得到快乐，违犯的人则可鄙可恨。帝国的幸福有赖于教义的遵守，即便是自然、天空、土地和大海也会因人们遵守或违背这些教义而变色。所有的文学——散文、诗和历史——都充满了对这些圣书的暗示。除非我们熟悉其中的来龙去脉，否则连那些受过教育的中国人的日常闲谈也听不懂。

3. 马戛尔尼使团从中国归来后，小斯当东就感慨，中国人迄今在欧洲没有得到厄泼赖精神（即公平）的对待。许多来中国的西方人从未深入理解中国，只是根据他浮在表面的观察，就开始评价中国。这种评价常常不是很有价值。

现在我们能明白为什么一个普通的外国人看起来像野蛮人了。他对上面谈到的这些事一无所知。即使他"懂得语言"，也只是一些口头方言；即使他能了解中国人的性格，也不能理解其文学的精妙。他们只知道一种标准，只以一种标准来评判中国人，因此只能是一败涂地。中国人一点儿也不认为我们的才艺有价值。他对希腊语、拉丁语（Latin）和希伯来语（Hebrew）毫无了解，也不懂得现代语言和现代科学。同样，如果一个外国人既不了解中国的文学，也不知道他们的圣书；他很可能对这儿的一切十分惊奇，却毫无印象。

让我们再重复一遍，上面提到的这种学问在中国是绅士的象征，它构成了贵族政治。但一个外国人很难理解这一点。那么，他为什么要承认中国是个绅士社会呢？既然他们不关心他的传统，他也不关心他们的传统，双方依然互不相干。难道就没有人来打破这个障碍吗？有一些人对此进行着深入的探讨。迄今为止已有一些杰出的外国人掌握了这项工作。他们在中国是受欢迎的客人和学者，能平等的会见身居高位的中国文人。但是这种事例是相当少的。因此外国人对中国的评判常常不是很有价值。如若有一个人来美国旅行，发现我们的食物不可口，我们的行为让人不悦。于是，他仅凭这种浮面的观察就傲慢地来描写我们，我们会怎么想？或者，他不懂我们的语言，没读过圣经、莎士比亚或其他作家的任何作品，也没有会见我们的任何公民领袖；只因为我们的城市不可否认的糟糕，我们的火车在冬天过热，我们在公共场所吐口水的习惯让人厌恶，就可以谴责我们和我们所有的习俗吗？我们对中国人的评判与此如出一辙。我们蔑视这个庞大的民族，人类种族中如此巨大的一部分，只因为他们没有遵循我们的标准，没有达到我们的现代化要求。

如果说中国人全部的文学训练影响了他与外国人的友情，那么他们的礼节也是这样。或许在决定喜好的因素中，礼节比道德更有影响力。礼节浮在表层，所以每个人不得不受它影响。如果谁违反了规矩，受过礼节训练的我们就会认为他是一个举止粗鲁的人。中国人同时接受着礼节和文学的训练。孔子将礼作为首要的美德。确实，在恰当的时间说恰当的话做恰当的事，是一种道德成就。但伴随着中国人的细致、耐心和对传统的尊重而生的，是一个无人能及的复杂的礼仪体系。中国孩子从婴儿时期起就接受其训练，普通的礼仪规矩渐渐成了他们的第二天性。因此哪怕是最卑微的人也不会破坏这些规矩，学者则同时精通礼节和文学。一个外国人怎能成为他们的朋友呢？他不知道怎么进入房间，也不知道该如何离开；他不知道怎么喝茶，也不知道他来拜访时主人上茶的意义；当他被粗俗地侮辱时他全然不知，他用优雅的方式冒犯了他的主人，也是不经意的。就像我们请某位客人来赴一场为他精心准备的晚宴，他却把泥足放在餐桌上，戴着帽子穿着大衣就坐下了。那么我们绝不会再邀请他了。当一个中国人发现他的外国客人缺乏最基本的礼节时，他也会有同样的感受。如此这般，再来评判中国人，我们就能认识到他对待我们和我们在相同环境下的行为并无本质的区别。

要展示中国人行为规范的精细程度与涵盖面是困难的。有一个非常有名的例子，讲的是：很久以前，在中国人已开始重视礼节的日子里，一个美国人受聘于日本大学。之后不久，他应邀会见一个中国官方的代表团。代表团中有人拐弯抹角地问他，他们做的什么事伤害了他的感情。他说没有，但是他们只当他是客气，还是追问不休。他非常困惑，最后只得问他们，他做的什么事显示出他生气了。这才真相大白，原来他几次在会谈室中都未绑紧鞋带（其实他是一个有点心不在焉、对衣着不太在意的人），中方官员认为这是感情受伤害的无声的表示。这里还有一个完全不同的例子：一个美国传教士常年居留中国，和一群中国学生住在一起，很快就学会了语言和当地风俗。又过了许多年，他在中国政府的某个机构里任职，还当上了官。当我认识他时，他住在日本。他告诉我在中国住了那么长时间，遇到的人都很谦恭，因为他们已经习以为常了。于是，他就会在适当的时候报以谦恭。当新的中国公使来到东京时，这个美国人马上前去拜访。在使馆外面的大门口，他送上普通的美国拜访卡。得到的回话是，"阁下不在家"。于是，美国人进到里面的门前，呈上一张精致的中国拜访卡。回话还是，"不在家"。然后，他进到居室的门口，呈上印有他头衔的庄重的官方拜访卡。这回，发现公使在家，且对他的到来深表荣幸。如果这个美国人一开始就呈上官方卡，会显得太傲慢。他必须以私人身份和谦恭的态度对待公使。但是对于公使来说，以这种方式接待他是一种失礼。他一连串的反应无疑是一系列不断提升的指令，我的朋友就按自己的头衔和职位来接受这些指令。自然，没几个外国人有时间，有耐心或适应能力去学习这么琐碎的礼法，也很少有人能适应异乡生活的所有偶然状况。由此可见，中国礼节的详尽繁琐一点儿也不亚于印度的宗教仪式。

我们还可以证明人为的礼节束缚着这两个国家，人们的生活因传统而沉重不堪。然而，在某一时期里，这样的礼法变成了人的第二天性，它的缺憾是让人感觉好像失去了某些本真的东西。

因此我们又一次发现第一印象是有欺骗性的。对我们来说，中国又脏又乱、不够优雅且令人厌恶。但同时，我们已对这个民族产生了一定的敬意。他们使学问至高无上、把文学置于等级和财富之上，这是一个很大的成就。而且这不仅限于一群学生，简直就是整个民族的认识；从商人、官员直至苦力都是如此，一点也不亚于学生和作家。同样，他们建立的一套广为认可的礼仪规范也是一个伟大的成就。它使每个人都懂得在恰当的时候做恰当的事说恰当的话。这样的民族当然不应被轻视，相反有理由认为他们拥有高度发达的文明。我们完全不用惊异于西方的文明看上去对他们毫无吸引力。印度人认为在他们寻求宗教的快乐的时候，西方人被赐予了舒适的物质文明。同样，中国人认为我们把财富和权力放在首位，而他们则以文学和道德，包括道德中的礼仪为荣。

他对道德的尊崇也不仅仅是外在的。远在耶稣纪元开始之前，一个中国皇帝就曾宣称，"帝国一片祥和！"总的来说，他是对的。和平是中国人的理想，战争则被认为是阻断自然进程的令人憎恶的因素，像台风或地震。我们必须有军人，就像我们必须有警察，但是他们没有得到明显的尊重。一个将军还比不上一个下级公务员，后者无论在哪儿总是受到优待。如果被置于军事机构里，即使连升几级，对于公务员来说都是降级与惩罚。战争是一种罪恶，而且有军人就有罪恶，这是中国人的原理。这一原理确实更接近于基督教的训诫，而不是实践。

4. 中国人爱好和平，然而一旦卷入战争，他立刻像野蛮人一样残忍且极端怯懦。作为个体的中国人常常缺乏英雄主义的勇气。据说当法国1884年在福州袭击中国舰队时，中方的将领想起他收到了一场岸上晚餐的邀请，就弃船赴宴去了。

在中国，战争是恐怖的。因为大多数战争，或者是蛮夷惨无人性的侵袭，或者是滥杀无辜导致的民众暴乱。在这两种情形下，战争都像是一种疯狂的行为，而且也确是如此。中国人爱好和平，然而一旦卷入战争，他立刻像野蛮人一样残忍且极端怯懦。一个中国官员掌管的乡镇若是有群众滋事，其行为更是极端恐怖。然而作为一个个体，或者当需要英雄主义的时候，他却明显缺乏勇气。而这至少部分是由他一贯的训练使然。据说当法国 1884 年在福州袭击中国舰队时，中方的将领想起他收到了一场岸上晚餐的邀请，就弃船赴宴去了。另外，戈登（Gordon）将军（著名的"中国的戈登"），这位有"常胜军"之称的将领，说中国人只需一个好的领导者，就能成为最好的士兵。这一见解得到了许多有见识的观察家们的证实。可也许，这个我们所钦佩的、三千年来一直以和平为荣的帝国，给予战争的真实位置是：将它像一个异己的元素那样逐出人们理智的思想和生活。

中法战争期间，孤拔率领法军炮艇轰击停在马尾港的中国水师战船。

我们再一次重申不赞成用初始的观点来看待中国。它使我们看不到这个民族的另一个值得钦佩的品质，那就是他们坚持不懈的勤奋。我们时常听说国家的发展分为诸如出生、青年、成年和老年时期等不同的时期。但是有一个民族从历史开始以前就出生了，现在仍然很强健。正如我们所见到的，他们在两千年前修建了伟大的长城，现在仍坚持不懈地在努力，致力于伟大的事业。许多的领域里，他们都做了实实在在的尝试。整个中国都充满了耐心的勤勉。像其他国家一样，中国也有乞丐，但游手好闲并不是一件光荣的事。在印度，苦行者的美德被提升到了神圣的地步。而中国则不然，人们有更实际的理想，那就是不断埋头苦干。事实上，这两个国家都存在误区。像在印度，保守主义阻滞了发展，为谋生的工作添上了沉重的负担。几乎每件事都完成得非常艰苦，因为人们除自身的力量外一无所有，可使用的牲畜不多，也没掌握蒸汽和电能。一个人辛苦劳作，只求能换来最简单的生活。他爱他的家庭、他的子女、他的邻居，愿为此奉献一切。中国人和印度人一样，都把宇宙看作是一个宏大复杂的有机体，他只是其中极微小的一部分。他必须顺潮流而动，待在哪儿就要在哪儿忍耐。

那么，我们对中国的判断还是没有任何改变吗？这片不整洁、不优雅、不舒适的土地毕竟不那么吸引人，除非我们确实是野蛮人，把物质满足作为从头至尾仅有的要素。但这里的人民以文学和道德为荣，生活在精细的礼法之中；以和平为荣，鄙薄战争；在勤勉中流露喜悦，并获得许多满足。这样的人民应该得到比异域人的轻视和嘲笑更好的评价。"为什么"，一个美国学生的杰出教授曾经问道，"为什么上帝造出这么多的中国人和这么少的德国人？"我不知道该怎么回答，但是事实无疑是因为上帝需要他们。他们在地球上有自己的位置，既不属于德国人也不属于美国人；有自己值得尊重、钦佩与敬仰的主张。他们也靠近我们的天父，也是他的子民，也沐浴在他的爱与恩泽中。

(George Williams Knox, The Spirit of the Orient, New York：Thomas Y Crowell & Co.，1906，PP 147—177，何颖译、李丽校)

中国，精神与问题

[美] G. W. 诺克斯 何颖译

1. 家族是中国人最主要的人际系统

家庭是中国人成长、活动、繁衍的主要场所，它是一个整体，存在其中的个人从来都不能成为自己的主人，因为他降生在一个一生都无法摆脱的亲戚网中，即便是成了家庭的领导者，仍要被风俗、传统和公共舆论所约束。中国人无法也不愿割裂与家庭的联系，即便贫穷驱使成千上万的人流亡海外，不过情况一旦好转，他们就会毫不犹豫地回归故里。

中国社会有机体此刻已成为文明国家里最原始也最为民主的一个。然而它的民主并非依照我们的类型而来。我们的体系建立在个人价值的基础上，而中国的基本单位是家庭。这就彻底改变了整个结构。就我们而言，当一个人成年后，如果他愿意，便可以建立自己的家庭，或者选择继续独身。在中国则两种选择都不行，因为婚姻不是他自己的事，而是被别人安排好了的。他很可能在婴儿时期或还是小孩子时就已经订了婚。虽然中国不存在印度式的早婚系统，但在男孩子还很小的时候，他就可以有一个妻子。实际上，他从来都没能成为自己的主人，因为他降生在一个一生都无法摆脱的亲戚网中。他结婚后就把妻子带回家，或者说她只是被带到他父亲的房子里，成为他母亲的一个仆人。新娘与她婆婆的关系远比与她丈夫的关系重要。在婆婆有生之年她要一直顺从着；只有当她的儿子带一个女孩回家时，她才会获得一个比较重要的地位。一段时期以后，家庭逐渐构成家族，进而发展成村庄。因此，中国才会有那么多同姓聚居的村子。当直接的家庭联系越来越宽泛时，血缘感就消失了。但这些村子仍记得它的起源，且在一定程度上保持着自治状态。

做父亲的在家庭中有很大的权力，也负有很大的责任。因为家庭是一个整体，一个成员受苦，所有的人都得跟着受苦。如果一个人犯了罪，整个家庭都可能被株连。即使元凶跑了，他的父母也将替他受过；而如果他被捕了（依照过失的严重程度），他们也可能和他一起受罚。我们所熟知的《旧约》约书亚故事中也有同样的描述。家庭中的所有成员一起受过，同时也共享繁荣。没有人可以独享富贵，例如：一个做儿子的获得了渴望已久的学位，一群亲戚就会来跟随他、依附他。他必须为他们中的所有人提供方便，因而建立裙带关系是理所当然的事。他从不曾确确实实地成为自己的主人。即便是成了家庭的领导者，仍要被风俗、传统和公共舆论所约束。这些约束构成了一股力量，只有那些最勇敢、意志最坚强的人才敢于向它挑战。其中最核心的要求是儿子必须要使他的父母感到光荣。这在不计其数的孝顺儿子的故事中不断被强调。有的故事还比较含蓄，但由于中国人没有幽默感，许多故事都太过头了。有一个例子讲的是：一个好男孩，当他已是个成年人时，还穿着小孩的衣服。有人问他原因，他说他不想穿得像一个成人，以免使他的父母感觉年事已高而伤心。在许多地方，官方设立纪念堂纪念那些模范的"非常孝顺"的儿子或女儿。

　　除了对父母的责任之外，最重要的是对兄弟的责任，其次是对妻子的，最后才是对朋友的。不过，妻子在这种礼法制度中处于从属地位，她真正的位置只是作为孩子的母亲使家族世系沿袭下去。家庭绝后被认为是最大的灾难，因为家庭是中国人成长、活动、繁衍的主要场所。与家庭断了联系的人漂浮不定、无所归依。他无法进入新的圈子。因为所有的家庭都一样，从不向陌生客和外国人敞开大门，只会留住不常造访的客人。对于没有家的人来说，经济地位是非常重要的，因为他要找一块可以遮风避雨的地方很困难。中国人真是善于处理人际关系，相比之下我们的工会显得很不完善。一个中国人只要随着他们的人际系统活动，一切都很好；然而一旦他走出来，就会陷入困境。

　　另外，在中国，所有对生命的崇敬都集中在家庭上。家庭被看成是一个联合体，不仅属于生者，而且属于死者。两者的联系如此之紧密，以至于生者的痛苦与幸福会波及到死者。如果谁将家庭的枝蔓割断，所有的祖先都会陷入悲痛。中国人对祖先的敬拜远胜于所有其他宗教对其神灵的崇拜，所以与家庭断绝关系的人不但失去了他在世的亲戚，也失去了他的神灵。

　　一个年轻人曾经怀着巨大的悲痛，来到我在东京的家里。他到纽约几年后，获得了事业上的成功。于是，他回到在广东附近的家中。一进家门，他妈妈就把他带到祖先的碑前，让他给祖先磕头。由于他已成了基督徒，便不肯磕头。他妈妈一气之下将他赶出了家门。那时天色已晚，但村里没有一个人愿意收留他，或是给他一口饭吃。他被迫走了许多里路，到一个完全陌生的村子，才找到一个落脚点。当我看到他时，他已返回美国，因为住在中国对他来说已是不可能的了。由此可见，中国人不是天生的移民。有太多的纽带和情感使他留在出生的土地上。他不知道也不关心外面的世界。他不期望周游全国，也不大想去外国。只有严峻的贫困才驱使成千上万的人流落国外，但也仅是一段时间。当情况好转，他们就毫不犹豫地回归故里。

穿冬装的中国一般家庭

村子里一般是长者掌权。他们可能真的是老人，也可能是充满活力与事业心的年轻人。有时他们由选举产生，有时直接就上台了。大量的事务等着他们去处理，因为村社也是一个大家庭，要自行解决一应事务。只有当邻村之间的世仇爆发，或是村务变得不可控制时，执法官员才会被叫来。但只要没有骚乱，赋税也及时合理地付清，政府官员就待在办公室内无事可做了。因此政府被视为最后的求助对象，而且是有原因的。当一件事情要诉诸法庭时，说明它已陷入了僵局。而上诉人也已经准备破釜沉舟，因为无论当事双方有何种权利，最终都将被榨干财产或受到惩罚。

2. 中国皇帝不设立法机关或最高法院这些权力中心，但他也不是一个独裁者。因为他必须根据先人的，首先是孔子名下开始传承的古代律法来进行统治。

中国人的不满大多发泄到了具体的官员，对于国家权力机构设置，却很少有人不满，也没有人想过要改革或革命。

接下来，应该谈谈中国人无可比拟的忠诚。一次又一次，入侵的军队都讶异于这个民族已做好了为他们服务的准备。如果酬劳给得又多又快，这个民族就表现出一种奇怪的公正。他们对中国没有爱国心，对皇帝没有感情。在他们看来，他只是遥远的北京城里的一个神，难以企及且无法想象。在最近的战争中，使团传递消息的报告中说中国农民对打仗完全缺乏兴趣，不关心谁打仗或谁赢，只关心战乱离他们的田地有多远。

在中国，假如我们住在首都或者受过教育、通过了考试，就能得到政府的高度重视。皇帝不设立法机关或最高法院这些权力中心，但他也不是一个独裁者。因为他必须根据先人的，首先是孔子名下开始传承的古代律法来进行统治。其原理是皇帝用美德来治国，在上天面前代表人民，并对上天负责。他也不会无视旁人的指责。当他行为偏执时，会有特定的官员负责来告诫他。尽管履行这一职责非常困难，但那些正直且热爱真理的人总能忠于职守。我从《中国》里引来一段故事，讲的是："那位奉命陪同马戛尔尼勋爵（Lord

Macartney）的著名的宋大人，曾经上书规劝嘉庆皇帝（the Emperor Kia-king），不要与演员接触过多，饮酒别太过量。他还说这会降低皇帝在人民心中的形象，使之不能很好地履行职责。皇帝大怒，把他叫到跟前。在他承认自己是请愿书的执笔者以后，问他应受哪种惩罚。他答说'五马分尸'。被告知另选择一种时，他说'斩首'。第三次，他选择绞刑。之后，他奉命退下。第三天皇帝就任命他为伊犁的官员，这就等于是肯定了他正直坦率的行为，虽然皇帝无法忍受他的责难。"这个故事印证了一句古老的中国谚语，"监察官的处境比战争中冲在最前面的投矛手还要危险"。根据孔子的话"万方有罪，罪在朕躬"（出处不详），皇帝有时会公开承担统治中出现的罪责。

　　皇帝下面是国家的重要部门，有：内阁、吏部、户部、礼部、兵部、刑部、工部，还有翰林院等等。一群规模庞大的官员掌管这些各种各样的部门，通过它们控制着整个帝国。但是统治必须依照一套伟大的法则来进行。这套法规被认为是囊括了一切可能发生的事情。它包括通则、财政、礼仪、军事、刑罚和公共工程等六个部分，被描述为："尽管不是高度发展的社会的象征，但总的来说是合乎情理和常识的"。它适合这个民族的情况，因此很少有人对它不满，也没人想过改革或革命。这个体系就像是一部自然法，人们通常不会抱怨它。仅有的不满也是针对官员和他们强制执法的风气的。

3. 中国人是最讲究实际、实用的，他们个性迟缓。但一旦爆发，他们显得疯狂、不负责任、残忍、危险。

　　在中国人看来他们有成千上万诚实的官员，但以我们的标准来看则不竟然。因为"贪污受贿"是他们的社会体系的一部分，它存在于生活的各个方面。一个刚到此地的美国人可能会与之对抗。他不会屈服于一个乱收小费且人人都要收取"回扣"的社会体系。他无法忍受每买一样东西都要被仆人拿走一些。但是逐渐地，他意识到自己无力回天。即使他亲自去购物，当所买的东西被送到家门口时，也会被仆人们截留一些；即使他自己捎回家，他们也会千方百计找到他买东西的地方，向店主收取佣金。随着这一体系渗透到生活的方方面面，官方们便使之成为"可以容忍的事情"。这种变化一点也不美妙。有一位省长，他的薪水少得离谱，也许还不如他付给厨师的多。然而几年以后，他富裕地退休了。除此之外，他的一大群亲戚也富了。这些现象在一定程度上被视为是理所当然的。只有当贪污者多得异乎寻常、人民不堪其扰时，才会捅出娄子。普通民众的忍耐力是很强的，但也有限度。就个人而言，总会有忍无可忍、想毁灭自己毁灭对手的一天；同样，一般来说，民众也会有抛开所有的耐心和谨慎、聚合成暴民来反抗暴政的一天。那样的话，政府就要小心了！中国人是最讲究实际、实用的，他们个性迟缓。但一旦爆发，他们显得疯狂、不负责任、残忍、危险，随时准备不顾一切地与敌人同归于尽。事实上，考虑到这个民族的性格，要求政府官员维持秩序是非常正确的。如果出现混乱，官员就应当受到责罚。孔子曾教导人们，统治者若是正直的，人民将乐于归顺。根据这一教导，统治者必须为人民的反叛负责。不过，出乎我预料的是，在中国漫长的历史过程中诸多事实违背这种教导。

实际上，中国与欧洲在社会道德方面大致相同，不同的是他们的家庭观念。比方说假如一个中国男人的妻子不会生孩子，而他必须得有，那他在妻子之外还可以有姨太太。如果我们谴责他们的这种行为，认为是不道德的；那么我们也必须谴责亚伯拉罕、以撒（Isaac）和雅各，更不用说大卫和所罗门了。这是另一个社会有机体，因其合理性被承认而被接受并得以保持。的确，就像我们所看到的，中国人的拘泥礼节无人能及。他们认为我们不道德，因为男女自由会面，甚至被人看见在大街上待在一起。而中国的礼仪则严禁长到一定年龄的兄弟与姐妹握手以及类似的事。

4. 在中国，生活单调、贫穷，极端艰苦的环境麻木了中国人对生活的感受。

中国人生活最突出的特点，除了勤奋，还有单调与空虚。数年前，我在从香港（Hong-Kong）到槟榔屿（Penang）的船上遇到了一个很有钱的中国人。他是槟榔屿的领事，已在那里安了家。他直言不讳地告诉我他的官是买来的。这次是回广东去探望父母。听说他每年都要回广东，我便问他为什么不搬回广东定居。他说："我不能这样做"。带着一种惊讶的表情，他继续说道："那里的官员都知道我有钱。如果我回去，就要拿出大笔的钱敷衍他们。否则，他们会巧立名目把我抓起来，不满足他们的要求，就不放过我。你知道中国人管监狱叫'地狱'，那真是名副其实。另外，回广东也无事可做。在槟榔，我有马车，每天可以驾着到处走。我还有自己的俱乐部，想怎么玩就怎么玩。在广东没有任何吸引我东西。"他的故事说明了中国人的为官之道和他们沉闷的生活。如果连他都找不到事情做，就更不用说普通人有什么娱乐了。

　　中国人劳碌的生活太缺少乐趣了。能给他们带来点乐趣的至多不过就是那几样，即剧院、故事讲堂、幽默与滑稽表演、婚礼、葬礼、盛宴、新年里两个礼拜的假期。除了过年之外，其余的都难得享受一回。一到新年，整个

官家太太、孩子与女仆

帝国就进入了假期。因此十二月初，所有的债都必须偿清。如果没法支付，只有躲到来年再说（也有一个债主讲过一个故事，说他在新年那天的白天打着灯笼找他的债务人，以此表示昨天晚上还没有过去。就像我们的国会议员把时钟的指针往回拨，以延长一天原有的长度）。在新年那一天，人们自由自在地寻欢作乐，流连于筵席和赌博中。后者被认为是危害国家的罪恶，但是在节日期间，即使是最贤良的妇女也乐此不疲。但大多规模都很小，因为人们太穷了。拥有财产不足五美元的家庭成千上万，还有更多的不知道下一顿饭从哪儿来。在绝望中，人们已顾不上哪些东西是自己的、哪些是别人的了。有财产的人不得不照看好他们的庄稼、他们的水果、他们橱中的饭食。他们得守着自己的一切。

生活的主人被单调与贫穷束缚着，生活就没有什么价值了。得承认中国人可能是由特别强健、沉稳的组织构成的。村子与家庭里所有的不如意没有使他们烦恼，他们也没有任何寻求改善的野心。外国医师给他们做手术不用麻醉剂，这种痛苦没有任何西方人能忍受。一个教会朋友的经历证实了中国人对不适的奇怪的麻木。一次，他独自一人拖着病体从中国内陆远足归来，投宿在一个乡村小旅店里。小店的院子四周是一间间小屋。他刚一住下，就有一个人牵着一头驴，正好停在他门口。不久又来了第二个、第三个、第四个。这些人带着他们的牲口，全都又疲惫、又兴奋、又嘈杂，但是没有一个中国人抗议或是真正在意。直到午夜，喧哗声才渐渐散去。然而不久，还远未到黎明，有人带了一群猪来，在它们身上逐一烙上印记！仍然没有中国人抗议，只有一个神经很紧张的外国人才会对这样的休息环境发出抗议。

甚至连日本人也惊讶于中国人的镇定。一个中国间谍在战争初期被捕，判他斩首。他听到判决之后不动声色，只是在执行的路上要了一些吃的。人家给了他一个用叶子包着的饭团，他狼吞虎咽地吃着，最后还煞费苦心地拣出粘在叶子上的饭粒儿。随后他扔掉叶子，把头伸到了执行者的刀下。还有另外一个例子。在一场台风中，一艘轮船上的中国炉火工停下了手中的工作。他们躺在地板上，咒骂、踢打都不能让他们复工。最后，主管的官员来了。他拔出手枪，威胁他们说要是不回去接着干就开枪。他们不听。于是他打死了其中的一个人，威胁他们他还要开枪。他们仍旧不听。他又开了一枪，但是他们怎么也不肯复工。于是他插回手枪，意识到要叫他们起来已是不可能的了。他们一心希望轮船沉没，为什么他们要把生命的最后时刻花在工作上，与船同沉或者被打死又有什么要紧？最后还是船上的乘客为炉子添煤，保住了船。尽管中国人无视生命，为了几美元或报一己私仇便可以付出生命。但没有一个民族像他们那样留心死后的遗体，对身后的情形了然于心。他们为远去的灵魂配备了精致的家具和衣裳，甚至财产契据和一应文书。然后一把火烧掉，供死者在天国使用。遗体经过一番精心的装扮后被埋葬，从此受人崇敬。

5. 中国真正的宗教是孔夫子的学说，它被当作行为举止的社会道德准则来保持，对统治者同样具有教导作用，是中国持续的平和、繁荣与道德的一个主要原因。

中国人注重实际，也笃信宗教。或许像詹姆士王（the King James）曲解圣·保罗时所说的那样，他们是"迷信的"。这儿有三大宗教。一个中国人可能信奉其中的一种或是全部，最有可能的是三者的混合体。其中两种宗教是本土的，一种是外来的，即佛教（Buddhism）。它于耶稣纪元的第一个世纪成为他们的国教，一千年来深刻地影响着这个帝国。有皇帝退位去当和尚；有权贵建起寺院，成为住持；有贵妃进了尼姑庵。他们的文学和哲学也在来自印度的训诫中成型。但是一千年以后，受过教育的人抛弃了这一宗教。他们转而学习孔子的教导，把佛教留给了底层的人和无知的人。如今它仍继续着这种悲惨的命运，和各种各样的本土迷信混杂在一起，无法产生更大的影响。僧侣们无知且不受尊敬，真正的信徒少之又少。权贵们对它的态度从数年前一个高官在佛教寺院的致辞演说中就可以看出来。他告诉人们，他来这儿是因为他渴望被邀请做重要的演说。他不相信任何佛教之事，但毫无疑问佛教对社会底层的人们是有吸引力的。最后，他认为它的教义中可能会有那么一些真理。在场的人对这么奇怪的演说辞没有表现出丝毫的惊诧，因为他道出了众所周知的事实。

除了佛教之外还有道教。它起初带着神秘主义的色彩，但现在只是一大堆混杂的迷信。道士的行为像巫师和驱鬼者。他们为婴儿算命，为事业选择吉日，确定房屋的位置与运气的关系。在决定人命运的因素中最有影响力的是空气和土地（中国人称之为"风水"）。人们不断向那些巫师询问自己的风水，以招来好运、避开厄运。一个普通的中国人极少关心各种宗教之间的区别，对它们的教义知之甚少。他只遵从风俗和传统。当他给女儿裹脚时，他会向别人那样造访村里的寺庙，雇用几个和尚。他的衣着也与时尚相一致。虽然没有国立教堂，但政府控制宗教事务如同控制其他事务一样，驾轻就熟。官员们不仅是僧侣的而且也是神的上级。在北京的"政府公报"中可以看到，当地的神灵也像人间官员那样得到提升或惩罚。

官方的宗教是孔子的学说，这才是中国真正的宗教。宗教是一个民族的摹本，在印度是这样，在中国也是这样。它以最强烈的光照亮了这个帝国的灵魂。孔子的学说被描绘成是为政治家的政府设计的政体。实际上其首要意图是为他自己提出一个理念作为指南。它是崇高的，理性的，可以企及的，并如事实的发展的所证明的那样，是有效的。他将正直列为统治者最基本的品质。如果一个人不够正直，他就不能成为统治者。如果一个国王逾越法律的权限，他就应当退位。正直是第一位的，对统治者来说如此，对其他人来说亦如此。这种学说有助于塑造真正的人性。在别的地方，只有犹太预言家才会如此颂扬使人行为端正的法则，将正直提升到至高无上的位置。在这个帝国里，在社区、家庭和个人的灵魂里，正直统领一切。或者倒过来，个人首先以正直统领自己，然后是家庭，接下来是社会，最后是帝国。正直不仅是人类的法则，也是宇宙自然的法则。万事万物都按照法则运行，都在一个伟大的系统当中。每一事物在其中都有自己的位置，在其位置上都可以找到它存在的原因。就皇帝而言，他担任这一职务不是为了享受财富、愉快和权力而是为了人民的利益。正如文字记载的那样："帝国是帝国的帝国，它不是一个人的帝国"。对父亲们来说也是这样，他们做父亲不是为了自得其乐，而是为了家庭。做儿子的同样也不是为自己活着，而是为了父母。这些关系不是人的创造，它们是自然生成的，是上天永恒法则的表现。上天在正直和真理中显现，因为它不只是我们头上蓝色的穹顶，而且是注视着我们走向正直的永恒不变的力量。如此说来，孔子学说的起点是我们生活中的具体关系，而终点是从永恒到永恒的无形的宗教认同的力量。但是这样一个体系对普通人来说太精妙了，不如那些神灵来得具体。孔子自己就说过："天道无情，求诸神灵。"（出处不详）

　　印度和中国的差别在他们的宗教中表现得最为明显。在印度，最神圣的事莫过于超越物质世界的一切，这在苦行者和隐士身上就可以看到。而在中国，这种对生活职责的放弃是疯子的行为，因为人只有在生命活动和对家庭、朋友与政府的忠诚中才能找到自己真正的位置。因而在中国，一些人以不符合更高的道德要求的名义否定佛教，或者只把它当作一种典礼和仪式系统来接受。而孔子学说则被当作行为举止的社会道德准则来保持。想到孔子的学说，就会想到它醇厚的古风、切合实际的判断力和对一大群人的深远的影响，想到它摆脱了迷信、放纵、残忍的自由和它给正直予高度评价的智慧。想到这些，我们不得不将它当作真理与正直之神的启示，并作为解释这个杰出的民族缔造持续的和平、繁荣与道德的一个主要原因。

6. 中国独特的性格是由她历史悠久的隔绝所造成的。历史上曾有过繁荣，但这已成为中国继续向前发展完善的一个根深蒂固的阻碍。孔子几千年前制定的法则到现在一成不变，在 20 世纪中国人依然好像生活在公元前 12 世纪。

　　现在，在匆匆发表了一些不够充分的评论之后，如果我们扪心自问中国面临的最大问题是什么，那么我们将会发现自己面对着一个前所未有的难题。首当其冲的是中国人的物质生活状况。对一个贫困如此普遍的国家应采取哪些措施呢？我们应不应当开发这个国家的资源、介绍农业科学技术、建立工厂和铁路、从整体上对工业进行改造呢？与此同时，无数人将会失业，被铁路、工厂和机器取代，那该怎么办？我们的政治经济学教导说，进步总是以牺牲大多数为代价，收益总要伴随着不可避免的损失。但是在中国，这种不可避免的代价是如此巨大，以至于拥有权力的人总是犹豫不决下不了命令。未来将得到稳定，还是上演悲剧？他有权使现在的一代人为后来者受苦吗？然而问题不是单方面的，也不是理论上的。正如我们所看到的，这个民族现在正在遭受苦难。人口给资源施加了巨大的压力，成百万的人处于可怕的贫困中，饥荒和瘟疫时常发生。然而不到在命运面前无能为力的时候，我们不应该认为人力已被取代、一切都无济于事了。看起来，新世纪的到来对中国来说似乎太迟了。但我们仍确信只有当人利用了自然力，学会了自然法则并运用它们，才能避免不幸。这一点对无论对中国还是美国来说都是真理。

生活的各个方面都体现出相同的道理。中国人非常崇尚自然，遵从自然规律。但他们混淆了圣书内容与自然规律的界限。人不能扰乱大自然的必然性，因而中国人必须用实实在在的知识取代无用的学问以及诗歌和文学技巧。这个帝国在本质上是有缺陷的。她所崇敬的东西、她的礼节、她冷静的性格，都牵制并束缚着她。而且她还缺乏精神的自由，所以被学问紧紧捆绑住了。我比任何人都推崇孔子。但是他在远古时期制订的法则应该怎样面对人类眼下的发展变化，或者说作为一个不变的法则怎样才不会束缚人类的发展呢？我想在剔除少量的糟粕之后，中国人应当多吸收各个领域的新科学，准备着不只生活在公元前 12 世纪，还要生活在公元 20 世纪。政府的改革应紧随其后。这并不意味着要有一场革命，或是推翻现存的机构。只要能有效地执政，保留当前的政府也未尝不可。关键在于如何取得进步？如何用现代知识取代迂腐的学问？用诚实取代腐化？用洞察力取代阻碍发展的保守主义？简言之，就是如何带领中国走进 20 世纪，参与世界的发展？

让我们重复一下，"好永远是最好的敌人"。因为中国"好"得太久了，便为她在成为"最好"的路上树立了一个根深蒂固的敌人。无论在哪里，偏见越强，恶习就越牢固。与外国的接触没有推倒中国人心中那堵误解与反感的墙。友好的商业会谈、针锋相对的战争、给西方带来财富与繁荣的学问和在北京出现的西方军队的幽灵，都没能使中国警醒。现在，义和团惹出的麻烦，沙俄的入侵和日本人令人吃惊的成功，终于唤醒了这个巨人。没人知道接下来将会发生什么。在我们的时代还不能完全看到中国的变化，而且谁试图去"催促"中国谁就是个傻瓜。中国的变革无需操之过急，也不用诉诸武力。

它的发展太古老、太缓慢，它的人民太多、太知足，它的机构太适合人民的需要，它的古训太好地表达了人们的思想，以至于任何太过突然的改革尝试或革命都无法成功。最好的选择是，慢慢地不革命不冒进也不间断地改革，慢慢地教给人们新的理念以及对自然和上帝的新观念。这样在旧基础上培育出的新种，可能比旧的更好，而且还不会失去原有的长处。

中国独特的性格是由她历史悠久的隔绝所造成的。长城是她的智慧、经济和社会壁垒的象征。今后这种孤立是不可能的，而且她也不愿意再这样下去了。不过，千年传统不是通过任何"野蛮人"的突然闯入就能推翻的，而是要靠缓慢的和平接触的进程来改变。我们希望电、蒸汽以及我们这个时代无数推动了国际交流的力量最终能影响中国，把她带进国际间的互助合作当中，从而给予她西方已经学到的最好的东西。

(George Williams Knox,*The Spirit of the Orient*,New York：Thomas Y Crowell & Co. 1906,PP 181−214，何颖译，李丽校)

现代中国

[美] 欧文和艾伦诺·拉铁莫尔著　李丽译

1. 西方文化冲击着中国每一个角落，然而，在现代外表下的仍然是旧式的中国，新与旧、中与西之间的冲突是当今中国的特性。

中国受战争破坏的程度比其他任何国家，甚至比俄罗斯更严重。我们思考其他国家战后的种种问题时，多半都涉及重建家园的课题。中国则不得不更多地考虑创建一种新体制而不是复原旧制度。日本人入侵时，中国人民正致力于加速对整个生活的改革，他们所做的一切因此被打断。现在日本人被赶出去了，他们渴望一段和平稳定的时期，使他们能够建设一个繁荣昌盛的现代中国。

1937 年前的十年里，中国的每一个角落都在一定程度上受到西方文化的冲击，从而开始了工业革命的进程。在偏远的农村，变化或许只是煤油灯代替了加在菜油里的灯芯，或者是农民们做裤子时用上了城市工厂纺的棉布。一位富裕农民的妻子在溪畔用力擦洗衣服时，或许会用上从小店买来的外国肥皂，这种小店也出售蜡烛、土耳其小毛巾和香烟。

新的交通手段给许多村庄带来现代的小玩意。而新观念也通过到城市工作的儿女们，或接受过少量现代教育的乡村教师以及最初的用白话文代替古文写成的课本等各种途径逐渐传入村里。

为了改变农村的落后面貌，政府和一些私人机构也筹划组织，作出了多方面的努力，例如：农村重建运动和大众教育运动，试图通过扫除文盲，改进农业、手工业技术，使农村走上现代化的道路。战争之初，这些努力还处于实验求证阶段，现在其中一部分正在恢复之中并将得到进一步的发展。然而，农村中根深蒂固的社会结构和风俗习惯仍未改变，尽管后面我们将会看到，机械工业的兴起和随之而来的旧式农村工业的破产以及多年来战争的损伤，已经对农村经济产生了深远的影响。

在一些较大的城镇，人们可以看到的西方影响比在小村庄里更多，但除了少数几辆公共汽车和小轿车、较多的自行车和电灯、少量散布各处的外国式房屋以及小店里待售的西洋货，这里的面貌和氛围仍然是传统的。人力车、马车和咯吱作响的独轮车以及挨家挨户兜售货物的小商贩仍旧随处可见；沿街的高墙后露出中式房屋雕花的屋顶，通过朱漆大门可以瞥见阳光充足的庭院；人们穿着传统服装，间或配以外国的鞋帽。在省会和县城，比较现代派的官员和学生穿中山装，这种服装除了短外套的那种纽扣一直扣到脖子、衣领高高立起的样式外，可以说是种西式服装。这些城市的建筑也记载着历史的变迁：在城市中四处看看会发现一些古老的寺庙被改成了校舍和工厂；从城墙上往下望则可以看到外国式的建筑群赫然耸立于单层的房屋、店铺和工厂之上，它们属于天主教和清教的传教机构，而在有些地方，公立或私立大学的校舍成功的集中西、传统与现代的因素于一身。

　　当然，大城市特别是海港城市现代气息尤为浓厚。在这些城市的中心，宽阔、平坦的街道旁排列着店铺、银行、旅店和电影院，街道上来来往往的有轨电车、汽车和公共车喧嚣不绝；在城郊，邻近西式房屋的区域有乡村俱乐部和跑马场。女人们穿着迷人的现代服装和男人一起在鸡尾酒吧集会，在豪华的旅馆里跳舞、进餐，或者成群结队地去看电影、到马场赌博。学生们在现代化的教室里讨论达尔文（Darwin）和爱因斯坦（Einstein）；机器在工厂和电站中轰隆作响地转动。

上海的租界区

然而，大体上，在现代外表下的仍然是旧式的中国。即便在上海这个最摩登的城市里，黄包车比汽车还多，许多街道旁仍排列着旧式的店铺和小手工业作坊。中式服装仍然盛行不衰，中式的戏园和餐馆也比西式的多。

　　可以说，新与旧、中与西之间的冲突是当今中国的特性，而上海则集中体现着这种冲突。在上海，外来事物产生的影响极其强烈，甚至超出于吸收借鉴的范围，成了刻意模仿。中国的每座城市和每项制度在不同程度上都存在着这种冲突。

2. 由于现代西方观念的冲击，传统家庭婚姻方式受到许多批评，旧有的价值习俗遭到质疑。但在现实生活中，传统依然以其持久的生命力延续并支配着中国人的生活，婚姻依旧大多由父母包办。

　　从中国的家庭生活中可以更清楚地看出文化冲突无处不在。距孔子生活的时代很久之前，家庭就已经是构成中国社会结构的基础。旧式家庭一般都主张绝对服从权力，因而孝顺被认为是最重要的品质。人们刻板地遵从于长辈，尤其是年长的男子。女人则处于从属地位，至少在理论上是如此。婚姻由父母一手安排，一夫多妻的婚姻形式得到社会的承认。无论经济条件是否允许，他们都向往着整个家族的几代人和各个支族能住在一起，并由年事最高的男子统一管理家庭成员的收入。

　　如今，旧的生活方式受到许多坦率的批评。现代作家意识到旧的家庭形式必然导致许多争执和冲突，不利于个性的发展，还会造成长辈对年轻人的压制，使有能力的人不能享受他们的劳动成果。然而，最近在批判旧式家庭的同时，一些人对是否采取西方的家庭形式提出了质疑。奥尔加·兰 (Miss Olga Lang) 小姐在一篇优秀的论文《中国的家庭和社会》（Chinese Family and Society）中指出："不少中国人怀疑西式的婚姻家庭对他们的国家来说是否理想。"旧式家庭逐渐被抛弃的同时，"年老的双亲被子女遗弃的现象使改革者们不安"，而且中国典型的家庭群体中至少都有一位老人。

在西方文化的冲击下，中国理论界就新、旧生活方式展开了讨论，那么现实生活中又是怎样一番变化呢！在受过现代教育的上流人士中，许多年轻人为自己喜欢的人而与他们的父母发生冲突。1931年公布的新民事法典解除了家长替孩子选择配偶的权力。然而，人们仍然置新法典于不顾，根据兰小姐的调查，"只有占全国人口极少数的人娶（嫁）了他们自己选择的对象。不经过一番抗争，父母们决不会放弃传统赋予的权力，但只有为数不多的孩子坚持自己的权利。在农村，年轻人要选择自己的配偶是绝对不可能的"。1937年的一次通过调查表进行的调查表明：194位已婚的男生中有85人婚前从未见过他们新娘，只有40人自己选择结婚对象。在170名受访的农村居民中，只有3名妇女承认曾听说过"现代婚姻"。至于老一辈人，几乎各个阶层，都是在媒人撮合下缔结婚约的。

据兰小姐的研究，"没有任何迹象表明现代化会影响中国正常的人口出生率。相反，现代化家庭的孩子平均起来比同一社会阶层的非现代化家庭要多（这明显是由于这一阶层的经济情况和卫生条件普遍较好，以及他们对小女孩也比较好）。"她认为孩子们已不像过去那么顺从了，但是与西方的孩子相比还是驯服得多。

在中国的家庭生活中有一种可喜的趋势，就是裙带关系逐渐弱化，这似乎已成为人们的共识。家庭关系是旧式家庭所有约束力中最强的一种，因此裙带之风不可避免，雇用亲戚可以不管其能力如何，而拒绝聘用或提升亲戚则会遭到舆论的谴责。而如今，如果某个中国人仍然一心想照顾自己的穷亲戚，那么他就会因这种行为损害了整个社会的利益而遭到批评。这种变化一部分得益于现代工商业对高效率的要求，另一部分则是由于爱国主义思想和社会责任感的增强。

"经过不适应和转折时期的种种困难，一种新型的家庭生活已开始出现，而且理所当然比旧的形式更加生机勃勃。"

3. 在二十世纪的中国，妇女的生活发生了翻天覆地的变化，但直到日本入侵时大部分中国妇女仍过着旧式的家庭生活。战争迫使许多旧式家庭解体，进一步将女性推向独立，社会大部分行业已经向女性开放。

在二十世纪的中国，任何变革都比不上社会各阶层妇女的生活所发生的翻天覆地的变化。中国妇女一直都有某种影响力。不过，她们当中，正如欧洲中世纪的妇女一样，作为斗士、学者和诗人，扮演领导角色的人在历史上极其少见；她们中的大多数人都是利用自己在家中所掌握的权力间接地干预公共生活。只是在最近几年，妇女才开始直接参与公共生活和国家事务，不是作为妻子或情妇而是凭本身的力量掌握大权。

公立学校近年来已经开始向女性开放，她们中的一些人开始进入大学就读。随着越来越多的女性离家上学，读西式书籍、看美国电影，以往那种刻板的旧式生活已近于崩溃的边缘，特别是在常与西方接触的口岸城市。许多早期的女大学生毕业后成为教师、医疗工作者或参与政治运动。1927年前，已有大量的革命妇女涌入工会、农协和各个政党，1927年国民党与共产党决裂，在随后对共产党的暴力镇压中上千名妇女被杀害。1931年的民事法典公布后，妇女的财产权得到承认，她们开始进入商界，开起了商店、餐馆和美容院。妇女开办的商业银行和储蓄银行在上海、北京设有分行，而且都由妇女经营管理。虽然有以上种种变化，但直到日本入侵时大部分中国妇女仍过着旧式的家庭生活。

抗日战争加速了业已开始的与西方接触的进程，极大地影响了中国妇女的生活。首先，战争促使旧式的家庭生活解体。据估计战争中有五千万难民逃往内地，逃难的时候一家人要厮守在一起几乎不可能。即便那些没被战火赶出居所的家庭也无法按照以往的方式生活下去了。其次，由于男人为打仗而离开家，劳动力不足使得许多以前从未工作过的妇女出去工作养家，而上流社会的妇女则从事战时的义务工作。蒋介石夫人组织了一个妇女咨询会，进行一些战时工作，诸如：照顾孤儿和难民，组织互助合作，教授缝纫和其它手艺。她的姐姐，孙逸仙夫人则是赈济工作，特别是医疗救助工作的带头人。

她还领导经济救助，组织合作社，由于她坚持救助工作不受党派界线的限制，从而赢得全国上下的尊敬。

现在，那些将妇女藏在深闺以及男女授受不亲的习俗和那些女儿的一切由父母包办的习俗，正在迅速地瓦解。这类变化必然导致女儿与父母之间的冲突，特别是在困难当头的时候。抗日战争期间在女儿们中间就像在儿子们中间那样，有许多反抗保守的父母进而离家出走参加共产党之类的现象。她们当中的一些人不顾父母的反对投身于民主同盟中的自由派，另一些已加入国民党的人则投向国民党内部的自由抵抗组织反对党内的右翼组织。此外，自由度的增加也使得婚姻中，与旧标准所鼓励的模式相对，出现了包含着伙伴关系和同志关系的新模式。而且现在各阶层的妇女都可以出入公共场合，几乎所有的工作领域都在向她敞开。

4. 中国文化教育事业的发展受到多重阻碍，但条件的艰苦也阻挡不了中国学者、学生的钻研、求学的热情。

真是不可思议，在抗日战争初期的几年里中国的现代教育事实上呈现出加速前进的势头。但仔细想想，出现这种情况也不奇怪。尽管文盲总是占人口的多数，中国人一向极其尊重学识、信仰教育。加之，战争爆发后政府还出台了一项鼓励成人教育的政策，使得文盲明显减少。1940年教育部长声称在过去的两年中已有超过46,000,000的人学会了阅读。就在战争期间，学童们被动员起来去教他们的父母认字，年龄较大的孩子则在乡亲邻里办起了学习班，同时一项广泛的教师培训计划也组织就绪，准备开始实施。

导致中国文盲遍地原因有二：其一是中国文字过于复杂，很难掌握，只有少数有闲阶级才有时间去学习；其二，书籍和报刊都由深奥难懂的古文写成，一般人很难理解。因而，要教民众阅读首先必须有用大众口语式的文体写成的书籍和报刊；其次要研究出简便的方法教他们阅读这些通俗易懂的作品。1920年发起的两个运动使得这一任务更加简单了。一个是所谓的"新文学运动"，在胡适（Hu Shih）（后来的驻美大使）的领导下，发展白话文和语体文，使一般人有可能通过学习将过去用几年才能读完的文字在几个月内完成。另一个运动就是常被人提起的"千字运动"（the "Thousand Charac-ter Movement"），是 James. Y. C. Yen 的文化复兴计划的一部分。它提倡一种学习日常用语中最常用的一千个字的学习方法，使民众能用白话文阅读简单的书报。

抗日战争开始后，数以千计的高中生和大学生从敌占区迁往内地。教授和学生们带着从被炸毁的校园中尽力抢救出来的一点设备，步行数千里来到国统区，在泥屋、废弃的寺庙和山洞里重新开学。尽管条件艰苦也阻挡不住中国人求学的热望。据官方统计，大学的入学人数不断增加，由 1936 年的 32，000 人一跃而为 1941 年的 45，000 人；尽管通货膨胀带给学者和教师的艰难超过其他任何群体，但他们仍继续勤奋地钻研。高中的入学人数也有增无减，从 1936 年的 583，000 增加到 1940 年的 622，000 人。然而，由于战争一再拖延，使他们无法与外界接触，教学缺乏设备，再加上课本也告罄，严重损害了教学质量。此外，国民党内独裁主义倾向不断增强，表现为压制言论、出版、集会自由和对自由主义者的迫害，从而导致教学和研究中对自由质疑的压制和对根除社会底层的文盲缺乏热忱。

5. 蒋介石受洗唤起了西方一个久远的梦想：通过传教士教化中国统治者，进而使中国变成一个基督教国家。

在中国的城市和乡村，新教和天主教经过百多年的传教史后，可以说已经"归化"于当地了。早年，中国人皈依基督教通常要与其出身的社会决裂，结果使得传教团在此期间常常要为皈依者提供经济和社会庇护，由这种关系引出了"大米基督徒"（Rice Christian）一词，意为人们为得到照顾而信教。

1911 年辛亥革命后，中国的基督教界对自己的能力更有信心了，他们有信心在中国社会极其错综复杂的环境中生存并处理好一切事务。1926 年国民党政府建立后，这方面的发展又加快了许多，现在，中国基督教界完全独立于外国教会的控制 [除了中国天主教与罗马教廷的关系，他们像其他天主支教会（Catholics）一样心向罗马〕；另一方面中国政府成功地确立了对外国传教活动的监督权和管理权。政府管理权最主要的一个方面是对教会学校的规范，其中规定教会学校不得强行教授宗教知识。尽管政府在这些方面坚持其权力，但对传教活动很友好。因此，传教活动得以进一步发展，并在中国社会中产生了极大的影响。传教活动的重大影响表现在高级政府官员中基督徒的比例高于教徒占人口总数的百分比。此外，不仅在国民党内而且在共产党和一些小党派中，许多人虽不是基督徒但在教会学校受过教育。

基督教活动还在中国现代医学教育和公共健康机构的发展中扮演着重要的角色。在中国，私人医生的数量远远低于国民的需求，但在公共健康领域，中国建立及运作现代机构的能力比在任何领域都强，这在很大的程度上得益于基督教会，在他们的参与下公共健康事业得到了极大的发展。例如：传染病预防工作已成绩卓著，值得赞扬。但公共健康组织还未能在足够大的范围内起到作用。

6. 中国社会普遍的停滞，创新精神受到抑制，这成了几乎每个论述中国的西方人都要重申的套话。中国在艺术领域，也是模仿之作居多，那种有独创性的原创作品较少见。

中国现代文学，正如我们预期的那样，反映了文化的借鉴和影响。虽然有一大部分作品一味抄袭，专注于模仿那些最时髦的东西而不是想创造更高的批评标准。但另一方面，在中国现代文学当中也有令人赞叹的作品，这些作品借鉴西方文学的形式和结构，同时以大手笔和丰富的素材展现了现代中国生活中的悲喜剧，或悲伤哀愁，或幽默讽刺，或表现出大无畏的勇气。老舍（Lau Shaw）的《骆驼祥子》（*Ricksha Boy*）、萧军（Tien Chun）的《八月的乡村》（*Village in August*）就是其中的两例，它们是中国现代文学中两部极有价值的作品，曾被翻译并在国外拥有许多读者。此外，C．C．Wang 的译著《阿Q及其它》（*Ah Q and Others*）、《当代中国小说》（*Contemporary Chinese Stories*）收录了一些优秀作家的优秀作品，其中前五部译著的原作者鲁迅(Lu Hsun)一向被认为是中国最伟大的短篇小说家。

在绘画、音乐和雕塑方面，也以模仿之作居多，那种有独创性的原创作品较少见。不过，中国现代的艺术家们用传统的木版画艺术创作出了许多好的作品，特别是那些描绘普通民众生活的伤口和表现战争中英雄行为的作品。

7. 辛亥革命后，政府并未解决农民经济问题，这个问题由于战争而变得更加尖锐。这阻碍了中国向现代国家的转变。

中国要实现成为现代国家的转变，必须先解决最根本的经济问题。当今的中国，不仅存在着由一场漫长而激烈的战争带来的所有问题，而且还有一些问题由于战争而变得更加尖锐，这些问题就是中国革命尚未完成的任务。

在中国历史上，1911年辛亥革命前的衰退时期在几方面都不同于以往伴随着其他王朝的覆灭而带来的衰败。同样是因为农民深受贫困和压迫、统治堕落、新统治阶层兴起，但不同的是这次衰败还由于西方势力对中国支离破碎的旧制度的猛烈冲击。不同之处还有：在中华帝国的历史上，正如我们所看到的那样，伴随新王朝的来临都会出现那么一个时期，其特征是农民的状况有所改善以及惠及大多数人的大繁荣；然而，中国现在的新政权并没有提高占人口90%的农民的生活水平却能一直掌握着政权。出现这种例外的一部分原因在于这一政权接受了西方文化的影响，向人民承诺要进行土地改革并在政府中增设工农代表，这种主张赢得了农民和工人的支持。

因此，要理解当今的中国首先必须理解农民问题，了解过时的土地制度给农民带来的无法忍受的负担、农村旧式手工业的破产和现代工业的兴起以及其他影响着农民生活的因素。费孝通(Fei Hsiao-tung)，燕京—云南(the Yen Ching——Yun Nan)社会科学考察站的负责人，在《中国农民的生活》(*Peasant Life in China*)中非常扼要地表达了一种后来为许多专家所赞同的观点："在中国真正值得讨论的问题是人民的饥饿。"

8. 中国在向现代社会的转型中，原本朝不保夕的农民更加贫困，而国民党一贯只维护地主的利益，置农民的利益于不顾，土地改革异常艰难。

如果将中国的耕地平均分配给庞大的农业人口，每户只能分到两亩半。而现在，在国民党统治的地区土地分配不当的情况令人忧虑，大多数农业家庭只有一亩地甚至更少，因此，农民的贫困和破产是不可避免的。从未到过中国的西方人很难想象中国的农民有多穷，他们经常生活在饥饿的边缘，实际上，只要遇上灾难、洪水或庄稼歉收，他们中大批的人就要挨饿。由于没有土地，中国的农民约有一半人沦为佃农，他们常常要将60 - 70%的收成交给地主当租金。即便是那些自己有土地的农民，为了交纳各种苛捐杂税也背上了债务，他们向高利贷者借钱往往还要支付100%的利息。因此，他们中的有些人在年景不好的时候被迫卖掉土地，对于一个中国人来说最大的悲剧莫过于此，因为他们对土地怀着难以割舍的感情。

除了沉重的地租、捐税和利息之外，还有一些其他的因素使中国农民过着朝不保夕的生活。费孝通博士和张子毅（Chang Chin-i）博士在名为《乡土中国》（*Earthbound China*）的调查报告中，描绘了农村手工业的发展状况。他们通过对三个典型的云南村庄的实地考察发现这些村庄中70%的家庭由于耕种不足以糊口而不得不采取其他的谋生手段。同样的情形在中国的其他地区也很普遍。按照传统，中国的农民同时也是手工业者，许多村庄都有利用当地农产品为原材料的手工业。费博士和张博士在云南农村考察了编筐工业，造纸和丝绸制造的情况以及以这些特产著称的村庄。根据他们的调查，农业劳动力季节性从事这种业余的乡村工业是可行的。

然而，随着现代交通手段的发展，传统的乡村工业遭到了致命的打击。传统乡村工业是依靠当地原材料发展起来的，而在现代交通工具普及的地方，原材料可以从外地运来，因此新的工业和商业形式便开始出现。一些中间商开始出现，他们自己没有工厂，只是将原材料分配给加工者，然后再回收制成品。同时，农民们不再到当地的市集上出售自己的产品而是通过掮客以这种方式分光了其中的利润。另一方面，商业的发展为外国货的涌入打开了方便之门，造成外国货与国产货间的竞争。这些都进一步加深了农民的贫困。此外，机械工业的大规模引入已开始摧毁乡村工业，当务之急是必须找出其他的办法来增加农民的收入。

当然，更加公平地分配土地可提高日渐贫困的农民们的物质生活水平。可是这项改革实行起来必然异常艰难，因为国民党一贯维护地主的利益而常常置农民的利益于不顾。抗日战争中，在共产党控制下的游击区，曾通过没收逃亡地主和汉奸的土地进行重新分配。虽然这种分配所引起的冲突相对较小，但共产党仍然非常小心谨慎地推进他们的土地政策，他们不愿使整个地主阶级与他们为敌。然而，随着战争的结束，农民的赤贫和由此引起的不满情绪成为一种越来越重要的政治因素。农民们迫使共产党答应进一步扩大土地改革。因为国民党自称是地主阶级的政党，相应地，共产党为维护自身的利益，争取农民的支持和拥护，就必须承诺更积极地推行土地改革政策。

贫富不均的中国

目前有许多先进的农业技术和多样的农业经营方式都可以增加土地的产出。据估计，尽可能采用一切科学手段能使产量增加 20%。但即便是中国的农民们能召担得起这笔费用，单靠技术改革仍不足以养活庞大的农业人口。因而其他形式的收入仍然是必要的，而在现今的机械时代，唯一的选择就是发展机械工业，使农业人口分享其中的利益，从而将他们的收入提高到一定水平，使之成为制成品的消费者。

9. 拉铁莫尔认为中国或许可以避免西方工业化模式的弊端，采用一种新的更健康的工业化模式。

当今的中国人有许多雄心勃勃的计划，想使他们的国家实现工业化。可是，工业化并不必然导致普通百姓更加富裕。只有把握得恰到好处才能做到这一点。中国的经济学家们意识到要取得工业化的成功，除了借鉴其他国家的成功经验之外，还必须避免他们的失误。日本从制成品出口中获得丰厚的利润并建起了它庞大的战争机器，然而日本农民却依然穷得买不起本国制造的产品。在西方，以往工业大范围集中在拥挤、肮脏的工业城市，随之而来的是低工资和恶劣的工作条件，这一切都是使用蒸气动力的必然结果。今天，因为电力的发展，这种情况得以改变。抗日战争前，早期西方工业模式在上海被重复，不过现在中国将有机会采用一种新的模式。

对于中国来说，西方那种密集型模式只会加剧农民的贫困，因为它将使家庭工业从乡村里消失。如果农民的收入因此而减少，他们就消费不起制成品，反过来整个工业的成长也会因此被延迟。所以必须将一些地方的工业疏散到乡村中，以提高农民的购买力。但这并不意味着要保留手工业方式而不作任何改变。在西方，电力的发展已经造成一种工业由集中而分散的趋势，中国可以以此作为一个好的榜样。而且，在中国交通工具不充足是另一个支持分散型企业的论据，这种企业可以利用当地的原材料制成产品再供应当地饥荒的市场。

许多中国经济学家相信，对于中国来说解决问题的最好办法就是：一面使必不可少的重工业电厂国有化；另一方面将制造业分散到乡镇去。而且越来越多的经济学家还坚信消费业最好组织成遍布全国的合作社，这样既靠近原材料和劳动力又靠近市场；但要建立这样的合作社必需有许多同等的组织联合销售货物，要有国营电厂供应廉价电力和国有银行提供的资金。

抗日战争期间的工业合作化运动为中国的合作化运动积累了许多有益的经验。虽然在一些地区，合作化运动由于政府的阻挠、通货膨胀和其他困难而以失败告终，但在另外一些地区特别是西北地区则获得了成功。在一些进步中国经济学家、工程师和一些外国人的倡导下，合作化运动努力向农村推广适用的现代技术，努力为参与合作化的成员提供科学技术、普通教育以及其他的救济性服务。其中，一个有志于为中国人提供技术训练的传教机构创办了一系列名为 (BaiLie) 的学校，专门对 12 岁到 18 岁的男孩进行技术训练，教他们一些合作化的原理和方法，使他们能够充当合作化运动的骨干。如今，在共产党领导的地区合作化运动已有很多成功的例子，在那儿合作化得到政府的鼓励，经济状况比较稳定。

10. 在先进的工业化国家，官僚机构从金融、工业、交通和其他专业化的活动中吸收成员，以适应现代经济的需要。而中国的官僚在这方面有很大的局限性，其成员多出身于地主家庭，这些家庭按照惯例不断将儿孙们送去担任文职官员。

因此，中国的官僚在思想上总是倾向于地主阶级一成不变的传统观念，而无法接受充满生气的个人主义思想，这种思想是现代经济活动典型的产物。中国官僚的局限性导致国民党政府在经济方面的失误，社会普遍对他们丧失信心。

抗日战争即将取得最后的胜利；而国民党政府的经济政策却越来越不符合中国工业发展的新形势。为此，政府制定了一些新的经济政策。1944 年 11 月 28 日国家国防最高委员会发决议，规定专营权将只限于邮政服务以及电信、兵工厂、造币厂、主要的铁路干线和大规模的水力发电厂。私人企业如果符合总的经济重建计划，将得到鼓励和帮助。此外，1945 年在国民党第六次全

合总的经济重建计划，将得到鼓励和帮助。此外，1945 年在国民党第六次全国代表大会上经投票通过的一项议案表示也将给予手工业和合作化运动一些帮助。

然而实际上，这些政策并没起到预期的效果，政府或者更确切地说是官僚垄断经济的现象仍然非常严重。在中国，政府的经济计划有两个方面，这两个方面我们都必须加以考虑才能正确把握实际操纵着中国经济的力量。一方面是"蓝图经济"（blue-print economics），其内涵就是政府从理论上说只能对那些所需资本超出私人投资者支付能力的重型企业以及国防方面必不可少的企业进行统筹安排。这就在理论上肯定了私人资本可以"从事国家专营企业之外的任何事业"。另一方面是官僚主义的倾向，在中国这种倾向一直很严重。抗日战争期间，由于国民党的独裁，权力集中在中央政府的官僚手中从而进一步加增了这种倾向。官僚集团将工业分成几类，并将每一类置于一种专营权之下由官僚们管理。官僚们为了自己的利益置国家的目标和蓝图于不顾，这种情况在战争结束时已很明显了，上海整个纺织工业包括私人工厂突然为政府所垄断。

抗日战争中，中国的官僚们表现不佳，因而在战后重建家园之际，无论百姓还是工商人士对他们都没有信心。官僚对于现代国家来说是非常重要的，他们是现代政府必不可少的部分。在美国和俄国政府中，官僚都发挥着极其重要的作用。当然各国的官僚不尽相同。在先进的工业化国家，官僚机构从金融、工业、交通和其他专业化的活动中吸收成员，以适应现代经济的需要。而中国的官僚在这方面有很大的局限性，其成员多出身于地主家庭，这些家庭按照惯例不断将儿孙们送去担任文职官员。因此，中国的官僚在思想上总是倾向于地主阶级一成不变的传统观念，而无法接受充满生气的个人主义思想，这种思想是现代经济活动典型的产物。

中国官僚的局限性导致国民党政府在经济方面的失误。抗日战争期间，中国政府以土地税为基础的财政过于笨重以致周转不灵。官僚集团又不愿动员民众自愿组织起来应付战争危机，他们害怕新的组织会威胁到他们的政治霸权。因此，政府采取措施一方面征用人力物力；另一方面不顾通货膨胀继续印制钞票。这些措施加剧了战争造成的经济困难，征用物资和人力使穷人特别是农民承受了远比富人尤其是地主更多的负担；而通货膨胀导致物价飞涨，使得投机买卖比生产更有利可图。在投机买卖最活跃的时候，许多工厂甚至停产，成为贮存投机商贮存货物的仓库。垄断之风愈演愈烈，几乎到了不受任何限制的地步。例如：桐油非常值钱，常常空运出口，于是政府中的垄断集团控制了这项生意，然后将收购价格压得非常低，以致许多农民接受不了这种不公平的价格，愤而砍掉了自家的桐油树。

然而，官僚集团对这种经济状况和人民的需求视而不见，他们洋洋自得地在黑市上谋取暴利，放任这种不正常的经济现象不断发展而不加任何限制。直到战争结束后，通货膨胀、投机买卖和由此造成的工业瘫痪仍在继续发展。

在共产党控制的地区，情况则正好相反，通货膨胀没那么严重，因为共产党敢于走捷径抓住个人谋利的动机调动人们的积极性。他们意识到单靠国有企业无法控制局面，因此他们严惩投机活动，鼓励个体企业及合作社进行生产以供应市场，同时鼓励个人从生产中谋利，只要他们确实能生产出商品。结果，在他们控制的地区，市场上有了更多的商品，货币也很稳定。

11. 工人运动在中国的国家生活中扮演了极为重要的角色，早期的工人运动领袖绝大部分不是工人，而是学生和知识分子。

二十世纪二十年代在上海和其他一些大城市，工人运动茁壮成长，这是迅速发展的机器工业带来的后果之一。此后的几年内，工人运动在国家生活中扮演了极为重要的角色。早期的工人运动领袖绝大部分不是工人而是学生和知识分子，其中有些是共产党员。他们的努力得到工人的热烈响应，尤其是在上海，这儿的工厂比中国其他城市工厂的总和还要多。据调查截至 1927 年为止中国已有 3,000,000 工会会员。这一快得惊人的成长速度主要是由于中国工业普遍存在着工作条件变坏的现象，大多数企业的工作条件比西方工业革命初期的工业企业还要恶劣得多。工会活动在工人当中引起强烈反响的另一个原因是爱国主义情绪的增长，因为那时中国较重要的工业企业都是外国人创办的，且主要是日本、英国和美国企业。因为，工人们组织起来不但要保护自己不受资本家的剥削，而且还要反抗外国帝国主义的奴役。这种政治动机不断发展并积蓄着力量，终于在1927年的革命中达到了高潮。

1927年国民党和共产党分裂之后，工人运动很快被国民党镇压下去，可是一些地下组织仍在继续活动。直到1937年日本人入侵，这些组织还不时在上海组织罢工。国民党开始承认这一不容忽视的政治力量。1938年国民党政府发起组织了中国工人联合会，1943年新的全国工会法颁布，这一法令直到战后仍被作为政府管理工会的依据。

今后，工人的政治重要性或许还会不断增加，因为飞速发展的工业化有助于技术型工人和知识型工人群体的成长，他们自然会要求组织工会的权力并且还会要求提高生活水平作为他们推进工业化进程应得的回报。

抗战结束后，中国工人联合会与解放区的工会合并，会员总数达到1,600,000人。而近期工人联合会主席的立场也证明工会的实力在不断增强。最近，由于不满政府一味加紧对工人的管制却不关心工人的福利，工会主席公开支持组成联合政府的主张，支持给予包括工人在内的少数派政治活动的自由，虽然他长期以来代表着中国工人运动中的极左派。

12. "民主"在中国除了是一个描述某种政治结构的术语，还是一个表达感情的词语。许多人用"民主"来描述他们喜欢或习以为常的事物，而以"不民主"描述他们不喜欢或不熟悉的事物。

中国战时经济与社会的混乱使得要求民主改革的呼声不断增强，但这一要求的提出不仅仅是由于战争。而且，民主观念是一百年来中国与现代世界接触，现代观念不断渗入、不断影响的必然结果。1911年，中国几千年的帝制被推翻，而一个共和国被建立起来。从那以后，不断有人要求创立代议制，将民主改革推向全国，使政府的共和制形式更加完善、更具效力。

抗日战争期间，国民党政府曾许诺随着胜利与和平而来的将是国民党一党领导的终结（自1927年开始的这种一党领导，随着时间的流逝已被越来越多的指责为腐败和压迫的根源）和民主选举产生的代议制政府的建立。国民党政府、共产党和其他小党派的宣传都一再强调这一主题，他们指出中国站在民主这一边，正在为民主而战，并且胜利后将走向民主。因此，在中国人民心中对民主的渴望同结束成年累月的恐慌与痛苦紧密联系在一起。这种渴望，在国民党政府辖区由于长期以来中国社会内部的问题仍未得到解决而显得更加尖锐、突出；在共产党辖区，则因为共产党的大胆改革非常成功，使得人们要求进行更多的民主改革。

民主对于中国人来说是如此重要，因而我们应该对"民主"一词的用法做一番精确的定义。"民主"是社会学家用来描述某种政治结构的术语；同时，它也是一个表达感情的词语。许多人用"民主"来描述他们喜欢或习以为常的事物，而以"不民主"描述他们不喜欢或不熟悉的事物。

在中国，大多数人用"民主"一词所表达的意思是：他们期望有这样一种政府，完全由他们自己选出的，代表他们政治利益的人组成，而不是中国传统的那种"达官贵人"式的政府，一般百姓不得不任由高高在上的政府指定的人来支配他们的事务，而他们却没有任何发言权。然而，不管表面上发生了多少变化，在中国的大部分地区占优势的仍然是那种达官贵人政府。因此许多中国人对那种他们认为应当废除的官僚政府了解得非常透彻，而对于他们所支持的民主改革则不甚了了。绝大多数中国人还不能理解或分析，更不会要求或努力建设一种美国式或俄罗斯式的民主政府。不过，虽然中国人不能从理论上把握他们自己的问题，但是越来越多的人已经能够联系实际来分析问题，他们发现由政府任命官员是民主自治的障碍，而选举产生的官员则会帮助他们解决问题，因而这就是民主。这种为越来越多的中国人所期望的笨拙的民主的标准，还必须根据诸多实际的需要加以调整。

中国人首先必须考虑的问题是中央政府（相当于我们的联邦政府）与地方政府（相当于我们的州政府）之间的平衡。这并不是什么新课题。在1927年国民党政府建立时，许多省份虽然承认了这个政府但仍设法继续控制自己的税收和军队。甚至在抗日战争期间，在要求将权力集中于中央的呼声不断的情况下，一些省份还能避免完全受制于中央的命运。共产党的"边区政府"

便是一个人所共知的例子；但也有一些老牌省份实际上而不是理论上，保留着一定的"州"的权力。战争结束后，无论在沦陷区还是非沦陷区都有许多省份，乘中央政府还无力控制他们之前，成功地巩固了自己的地方政权。这时，中央政府也已回到南京，并且已控制住上海这个最大的港口，从而垄断了国外援助的钱和武器装备。但在南部，西部和西北连同共产党领导下的北方，许多省份以最快的速度重建起独立于中央的税收和军队。

控制南京政府的国民党右翼认为如果权力集中于中央政府，就能获得最大的效率从而在最短的时间而有所作为，而且中央政府应该为经济现代化和政治改革勾画蓝图，并掌握着实现这些目标的时间表。按照这种观点，国家每个不发达地区都应该静静等待中央政府的临幸，而后所有的问题将逐一得以解决。持这种观点的人倚仗着国外源源不断的支援，一旦他们认为有必要就将自己的观点强加给任何反对者。

国民党中的温和主义者、走中间路线的民主联盟还有共产党则支持与此相反的观点。他们认为中国幅员辽阔，不但面积相当于美国而且也像美国那样分成若干或多或少能自给自足的经济区。在这些区域之间，虽然没有多少先进的交通工具，但足以进行必要的食物和日用品的交流。美国的情况则有所不同，在那几乎遍及全国的交通网络将所有自然形成的经济区连成一个大的国家市场。在中国，国家市场在很长一段时间内还无法形成。因此，根据这种观点中国政府应该让现存的省份在体现"州"的权力的政纲之下加强他们自己的政治力量，而不用受制于中央委派的行政及军事官员。当每个地区的政治效率得以改善，经济发展有所盈余时，便能与其他地区一起合成更加稳固的政治结构和相互作用更加密切的经济体系。在这一过程中，这些地区相对于代表全体的国家来说代表着有限的、局部的力量。而当整个国家联合得更加紧密时，中央政府的功能也就相应地有所增加。

不幸的是，这两种观点间的冲突不仅仅关系到对未来的设计，而且还与过去遗留下来的观念纠缠在一起。纵观中国长达几个世纪的历史，当一个王朝衰落崩溃而另一个王朝取而代之时，新王朝的"统一"往往带着许多征服的色彩。一般新王朝都会将其权威强加于各个组织松散、自给自足的地区，强迫它们交税并接受上面任命的官员。实际上，1927年到1937年间国民党的统一重演了这种征服模式。在此期间，国民党利用内战这把双刃剑来对付共产党，一方面遏制共产党，另一方面削弱地方势力。在一场反共战役中，战场上总会有不设防的地区，因此共产党有可能向那些相对不受控制的省份撤退。然后，对共产党的恐惧将迫使这些省份的领导人允许中央政府的军队进入，随即政府的银行、税务官和行政官员也会纷纷到来。其结果自然是这些省份的人民屈服于更加沉重的税收和次数不断增多的征兵征粮，而得不到任何的代表权和个人自由。如今，中国人都已充分意识到这种内战的特点和后果，并且对此深感忧虑。为了阻止内战，也为了使国民党政府（相当于联邦政府）的权力不越出常轨，建立一种广泛的政治联合体已渐渐成为一种不可逆转的趋势，这一联合体将由包括共产党在内的各种政治成分组成，其中也包含着各个老牌省份的利益。而且这个联合体不是以共产主义思想为基础，因为它不具备广泛的号召力，而是以更有号召力的观念和愿望，诸如地区的权益、个人自由等为基础。至于国民党政府，在全国人民看来，道德上有一个最大的弱点，那就是它求助于外国的军队和援助来压制人民，从而失去了人民的同情和支持。

13. 在抗日战争中，中产阶级的转向改变了国共两党的性质。拉铁莫尔认为中国要想在国际中提升自己的重要性、建立威望，就应该避免内部分裂战争，忍耐克制。温和的中产阶级理应发挥更大的作用。

在中国过去遗留下来的社会、经济问题当中，最难处理的就是地主土地所有制。这是以往地主阶级占统治地位的那种政治制度的必然产物。在封建王朝时期，能否担任政府官员的关键在于是否掌握了深奥难懂的文言文。而地主阶级是当时唯一有钱教育孩子做官的有闲阶级，于是"乡绅"或地主出身的人在政治上、在政府与军队的高层掌握大权逐渐成为一种传统。孙逸仙领导的国民党率先打破了这种传统，这个代表着商人阶层和现代中国成长中的工业和银行资本家的利益以及工人利益的政党夺取政权，改变了地主阶级大权独揽的局面，并在政治上同地主阶级保持力量均衡的态势。到了抗日战争期间，国民党政府被赶到遥远的内地而汪精卫领导的那一部分国民党则丧失了大部分他们赖以获得力量和政治影响的工厂、批发商店和存款，与此同时地主阶级的地位和影响则有所回升。

在国统区这种不利于国民党的趋势只是稍有发展，但在共产党领导的解放区以及沦陷区的大部分，形势则向着完全相反的方向发展。共产党虽然一向代表农民的利益，但为防止地主们投靠日本人而被迫放弃了"阶级斗争"。在沦陷区，一部分地主为了保住财产而与日本人勾结。另一部分则逃往非沦陷区等待战争结束。因此，沦陷区的抵抗运动以农民为主要力量，他们热烈拥护共产党；此外，抵抗运动还从城镇中产阶级那里汲取力量，他们是国民党的支持者中最先进的一个阶层，但在战争的压力下他们逐渐开始倾向于与共产党结盟。

这种战时化学反应的结果是：国民党在某种程度上由当初调和各个阶层及其特殊利益的政党，逐渐变成地主和军官们的右翼党派。同时，共产党在一定程度上不再只是个支持土地改革的极左党派，而是从战争出发致力于广泛调解、联合包括私营企业主在内的各类人士。

战时中国政党的第三个变化表现为代表中产阶级利益的政党快速成长。1941 年在江苏省前省长的领导下，一些温和的小党派组成民主同盟。这些党派都是代表中产阶级利益的政党、它们人数很少，但这并不影响其发展，实际上战后它们发展迅速。这一群体人数偏少的唯一原因是手中没有军队。因为其成员多出身中产阶级，他们坚决反对政府垄断和官僚专制，反对国民党的集权和独裁倾向。另一方面，他们与私营业主的密切关系也不允许他们同国民党合作，因为他们虽不相信共产党与私营业主合作的诚意，但他们至少相信共产党的行动比国民党关于民主的口头承诺更加真实。尽管民主同盟是少数派，但它是中国任何切实可行的政治联合体中必不可少的成分。有经验的观察家认为，民主同盟的纲领代表着中国广大无党派人士的观点，他们既不想要右的专政，也不想要左的专政；民主同盟的活动还表明无党派人士确信右的专政比左的专政更危险。

有时中国的基本问题被比作那些在美国社会中酝酿了几十年并最终导致内战的问题——以武力求统一的问题。因为这"不团结的集体站不起来"。这种对历史的比较是拙劣的。美国内战时已经一连几代统一于一个联邦政府之下，这种形式在中国历史上是闻所未闻的。而且美国内战后的统一是在立宪会议上经过各州之间的自由协商而达成的，并非出于强迫。

真正可以作一番比较的是现在的中国和革命及立宪会议时期的美国。中国已经经历了同美国一样的革命战争。中国的问题通过谈判协商也将会取得与美国的立宪会议相同的进展，届时一部宪法将作为州的权力和联邦政府权威之间的和解契约而得到双方的承认。此外，还有一个极其重要的因素必须考虑。美国内战前后，许多人拥有武器，而在欧洲就没有这种现象。由于这一极具说服力的理由，美国国内需要一份和解契约，因为任何单方面的决定都不能强加给全副武装的人民。在中国这个因素也具有决定性的意义。那些反对独裁主义和政府的家长式作风的政治力量，就是因为手中有武器才有反抗的能力。

在中国，内战的危险某种程度上与外国的干涉有关系，这一点可以用美国的历史来说明。当年康华利在约克镇投降时，如果亚德米拉·德·格拉塞敦促乔治·华盛顿坚持个人权威并且召回法国人，那么内战就不可避免地发生了。正如我们所知，当时有些美国人会欢迎那种独裁主义的国家，但没有一位伟大的政治家支持这种观点，他们给我们时间和回旋的余地来解决我们自己的问题。中国在未来的几年内也需要同样的忍耐与克制。

14. 拉铁摩尔认为，中国应尽快解决内部分歧，发展成稳定富强的国家，代替战败的日本成为世界强国，这将有利于世界的安全。

中国是个不可小看的国家。虽然中国在十九世纪遭世界列强瓜分，命途多舛，但是它在世界均势中仍占有很大的分量。如果中国成为一个既独立又统一的国家，其地位将会更加重要，而且其重要性还将与时俱增。因此，中国人将会发现他们解决好国内的问题，会对其他国家产生持续不断的影响。

重庆谈判间毛泽东与蒋介石

中国在世界安全结构中的地位至关重要，对于防止第三次世界大战将起到极其重要的作用。战前，日本晋身于世界强国之列，因此日本的战败在国际关系当中留下了一道需要填补的缺口。从长远来看，中国应该能发展成为安定团结的国家从而填补这一缺口。这首先将有利于美国和苏联，其次是英国。中国与苏联之间的边界比美国和加拿大间的分界线还要长而且对于世界的稳定也更为重要。这条边界线对世界来说不但至关重要，而且极其危险。假如苏联佯装对中国领土的某部分行使保护权，那么美国也会针锋相对地在中国的其他地区行使保护权。事实上，在亚洲大陆这座大剧院上演强权政治，对谁都没有好处。如果中国走向稳定的速度过于缓慢，无法尽快成为世界机器中的一个零件，那么可以预计，最直接的后果将是美国增加对日本的支持，并将之重建为这一世界强国在亚洲的前哨。

在贸易方面，那些工业产量不断在增长的国家一直以来都梦想着中国市场，但这个梦想仍然只是梦想。而对于中国来说，为了将中国市场的潜在需求转换为实际需求，必须通过提高国民生产总值和人均收入来增加对外资和工业产品的吸引力。但是如果不从根本上对经济，社会和政治进行改革，就不可能使这种吸引力普遍增长，也就是说改革才是中国当代政治中最具争议性的主题。因此，中国市场不可能突然出现戏剧性的发展，而更可能经过一个渐进的过程，随着国内的稳定和国外的信任度的增长而加速前进。

中国与亚洲殖民地的关系对于中国在国际生活中的地位而言，其重要性不下于中国同世界三大强国的关系。中国作为强国与三大强国并驾齐驱还需要很长时期，但在不远的将来中国将更有机会在亚洲殖民地建立起威望和领导地位。十九世纪在资本主义凯歌高奏的时期，中国可以说是亚洲最重要的国家，它既不像印度那样在帝国主义的统治下崩溃，也没有变成日本那样侵略成性的帝国主义强国。第二次世界大战期间，中国重新获得过去为不平等条约剥夺的主权，自此中国作为亚洲国家的先驱而倍受瞩目，而亚洲其他像印度这样的国家和殖民地则还在通往自由的道路上勤苦奋斗。从某种程度上说，中国的独立证明了亚洲人民爱好民主，渴望发展，并且在亚洲的其他地区争取自由的要求还将有增无减。

(Owen and Eleanor Lattimore, China：A Short History, W. W. NORTON & COMPANY, INC. NEW YORK, 1944, P175—214, 李丽译)

第五编

专制的帝国

导　论

一

对西方的中国形象的理解，要在西方现代性思想体系内，在西方自我确认与自我怀疑、自我合法化与自我批判的动态结构中理解，西方的中国形象存在一定的对中国现实的表述，但它本质上是一个文化构成物，是西方自身欲望与恐惧的投射。

启蒙运动后，西方现代性确立，中国成为西方现代性自我肯定的他者。自由是西方文化中一个历久常新的观念，涉及西方文化价值观念的核心。它根植于两希传统，确立于启蒙思想。在西方现代性观念中担当着核心价值。启蒙主义的一个普遍信念是，人类的历史是不断向高级阶段进步的历程。科学的发展、理性的普及、财富的增长、民主的健全等都可以构成进步的要素，但进步的根本意义，还是实现人的自由。自由是进步的尺度，既是历史进步的动力，又是历史进步的成果。任何一种肯定，同时也就意味着一种否定，肯定自由也就意味着要否定专制。

以自由与专制区别西方与东方，是西方的文化传统。在古希腊时期，专制帝国的典型是波斯。庞大的波斯帝国，领土几乎覆盖了希腊人所知的整个亚洲或东方，那里有各种财宝与奇迹，有无数奴隶般的臣民和一个家长式的暴虐的皇帝……在古希腊人的观念中，波斯、亚洲、东方与蛮族、极权、奴役这两组印象已经联系在一起。希罗多德、柏拉图、色诺芬等人已先后表述了相关的地理文化与政体概念，而直到亚里士多德在《政治学》中论述蛮族王制，以波斯帝国为代表的东方专制，东方或极权帝国的形象才确定下来。其核心概念即"东方专制主义"。古希腊的世界观是二元对立的，一、在历史上是希腊城邦与波斯帝国的对立；二、在政治上是自由人的民主与奴隶的专制的对立；三、在地理上是西方与东方、欧洲与亚洲的对立。专制是东方或亚洲的政体特征，也是"东方性"的某种本质。阿拉伯帝国、奥斯曼土耳其继承了波斯成为欧洲人眼中东方专制主义的典型。

地理大发现延伸了西方人观念中东方地平线，旅行家们不断从世界各地回到欧洲，他们的报道证明印度的莫卧儿帝国，波斯的萨菲帝国、大俄罗斯的沙皇统治、鞑靼地区，都是专制政体。新发现的世界被一点一点地纳入东西二元对立的世界观念中。只有中国一时还无法归并。当时旅行家的中国见闻中，已经可以看出中国有许多特征符合东方专制帝国的"套语"，广阔的帝国，皇帝具有绝对权威，掌握着所有臣民的生杀大权，没有私有财产，到处都是奴隶。但西方依旧在乌托邦的形象上利用中国，认为中国是世界上管理得最好的国家，政治严明、道德纯朴、人民幸福。西方对中国的基本印象还是：中国是个文明的帝国，甚至在制度与器物的很多方面都优于欧洲。而专制是"野蛮人的王制"，一时还不可能联系在一起。中国形象在东方专制主义话语之外，还不仅如此，中华帝国的开明君主专制，甚至可能克服绝对主义政体可能滋生的东方专制主义倾向。"他们的帝国组织的确是世界上最好的"，君主制在中国意味着平等，而不是暴政；开明的皇帝具有绝对的权威，但又受到自身道德教育与官僚体制内谏议制度的制约；而最重要的可能是通过公正严格的考试制度建立起来的帝国文官政治，具有平民色彩，体现着启蒙哲学甚至法国大革命的政治理想。

东方专制主义话语在启蒙运动时期开始"收编"中国。文艺复兴和地理大发现时期，新的知识冲击着原来东西二元对立的价值体系，异教的东方可能是文明的乌托邦。启蒙运动时期，地理大发现已经结束，理性、自由取代基督教成为西方自我认同的中心，启蒙思想家试图用在理性、自由的中心下，整合新发现，重新赋予世界以秩序，将新知识与传统连接起来，为人文世界立法，提供一种可把握的理解世界的观念。这是西方一个重新符码化的过程，途径是通过二元对立式的分类：文明与野蛮，西方与东方。中国处于东方的尽头，必然分享着一切东方的劣根性：专制、落后、愚昧、淫荡。孟德斯鸠断定，"从各方面看，中国都是一个专制的国家，它的原则是恐怖。"

孟德斯鸠像

二

孟德斯鸠将世界上的政体非为三类："共和政体、君主政体、专制政体"，"共和政体是全体人民或仅仅一部分人民握有最高权力的政体；君主政体是由单独一个人执政，不过遵照固定的和确立了的法律，专制政体是既无法律又无规章，由单独一个人按照一己的意志和反复无常的性情领导一切。"[1]共和政体下的民主政治，最高原则是品德，君主政体的贵族政治的最高原则是荣誉；而专制政体既无品德，也无荣誉，只有恐惧。

但孟德斯鸠从来华传教士那里获得的关于中国政治的信息却含混矛盾，这不符合孟德斯鸠依照理性给世界政治划定的秩序。"我们的传教士们告诉我们，那个幅员广阔的中华帝国的政体是可称赞的，它的政体原则是畏惧、荣誉和品德兼而有之。那么，我所建立的三种政体的原则的区别便毫无意义了。"[2]孟德斯鸠已为世界划分了秩序，理性的光芒下不容许中国有任何含混不清的地方。中国必须在启蒙哲学家为世界划分的秩序中找寻自己的位置。尽管大多数传教士描述的中国政体状况并不符合专制主义，孟德斯鸠还是将中华帝国定位为专制帝国。"从各方面看，中国都是一个专制的国家，它的原则是恐怖"，那里没有法律，只有君主的意志，"一个国家只有使用棍棒才能让人民做些事情，还能有什么荣誉可说呢？"

尽管孟德斯鸠论断中国是一个棍棒统治下不折不扣的专制帝国，他又发现关于中国的种种事实、消息，又使他的论断大打折扣。中国形象是一个令人尴尬的问题，经常造成孟德斯鸠理论体系的盲点。因此他的推论每展开一步，他都必须做一些修补性说明，似乎中国情况的"例外"太多了，令他的原则

---

[1]　（法）孟德斯鸠：《论法的精神》，张雁深译，北京：商务印书馆，1994年版，上卷，第二章，第一节。

[2]　（法）孟德斯鸠：《论法的精神》，张雁深译，北京：商务印书馆，1994年版，上卷，第127页。

为难。中国实行专制暴政，没有法律，只有喜怒无常、刚愎自用的皇帝的意志专断……但同时，孟德斯鸠也承认，中国不但有法律，而且法律制度还不错，"虽然由于中国的气候，人们自然地倾向于奴隶性的服从，虽然由于帝国幅员辽阔而会发生各种恐怖，但是中国最初的立法者们不能不制定极良好的法律，而政府往往不能不遵守这些法律"。中国有法律，尽管可能成为专制的工具，但还有合理的监察与弹劾制度。专制君主滥用权力、贪欲无度，所以专制国家的奢侈与腐败是必然的，但他又指出，中国皇帝总是提倡节俭，尤其在每个朝代开始的三、四任君主，施政明智、克勤克俭，他们如果不这样做，统治就要被推翻。中国生活条件艰难，人口又多，"在中国，腐败的统治很快便受到惩罚"。而且，中国还有一个良好的风俗：即皇帝亲耕。中国的政体、按孟德斯鸠掌握的实际情况来看，的确有许多模棱两可的地方。在《论法的精神》中的一份附录《〈论法的精神〉之资料》中，孟德斯鸠不得不承认："中国的政体是一种混杂政体，其中专制的成分较多，因为中国君王的权力强大无比；也有少许共和制的成分，因为中国存在弹劾制度和某种建立在情爱和孝道基础之上的道德；当然还有君主制的成分，因中国拥有固定的法律以及以威严、清晰著称、由荣誉支配的法庭机构。这三种温情的因素加之相适宜的自然条件使得中国的政体延续至今；因而，如果说帝国的强盛使其成为一个专制主义的政体，那么这也许是所有专制制度中最好的了。"[1] 读过《论法的精神》的法籍入华传教士韩国英 (Dierre Martial Cibot) 神父说："那位《论法的精神》的著名作者也许是想把中国的法典纳入他的理论体系，抑或并未进行深入探讨，只是泛泛而论，总之，凡涉及到中国这个大帝国的方方面面，他几乎都是用小说的方式加以表现。与法兰西和西班牙国王相比，中国帝王并不更专制……"[2]

在孟德斯鸠之后，尼古拉·布朗杰 (N. Bulanger) 认为，应该进一步确定中国的东方专制主义形象。他开始收集资料、准备写作《东方专制制度的起源》。《东方专制制度的起源》出版于1763年，他在其中指出中国在其

---

[1] （法）艾田蒲：《中国之欧洲》，许钧、钱林森译，郑州：河南人民出版社，1994年版，下，第26页。
[2] 转引自（法）艾田蒲：《中国之欧洲》，许钧、钱林森译，郑州：河南人民出版社，1994年版，下，第24页。

漫长的历史上，自始至终都是专制主义的。中国的国土广阔，高山、沙漠与海洋又将它与世界其他地方隔离开来，环境决定它的专制统治不仅极端化，而且具有原始的神权政治色彩，因为与世隔绝的自然环境使中国人的精神停滞在原始蒙昧状态，不可能产生理性的法律精神，中国的皇帝既是人权的统治者，又是神权的统治者，拥有绝对的权威并将此权威神秘化。变幻无常的君权像驱赶奴隶一样地驱赶愚昧的百姓完成各种荒唐的"工程"。布朗杰对中国专制主义的否定态度更甚于孟德斯鸠，他甚至预言中国的专制政体必然灭亡："中国如今所具有的古老制度的残余必将不复存在，它们将被未来的革命洪流所吞噬。等到她不再拥有任何新生的东西时，中国就将永远处于失败者的地位。"[1]

《东方专制制度的起源》出版 4 年后，魁奈（Quesnay）出版《中国君主专制论》，以"开明君主专制"为中国形象辩护。魁奈论证中国的法律建立在伦理道德原则上，完全符合自然法则。中国的君主贤明勤政，大臣忠诚尽职，"帝国的所有的法律都是以维护统治形式为唯一目的的，没有任何权力高于法律"。但时代已经改变了，没有人再相信开明君主专制的神话了，专制就不可能开明，所有的专制都是邪恶的。指望专制君主开明，完全就是发疯。霍尔巴赫认为温和的君主专制危害性更大，因为它麻痹人民的自由意识与主权意志。狄德罗说得更明确，"开明君主的专制统治总是坏的。它的优点是最危险、最有害的诱惑。""公正、温和、开明然而专制的统治者连续几朝的统治，对人民来说也许是最大的不幸，因为巧妙的统治会使人民完全忘记自己的特权，陷于彻底被奴役的境地。"[2]

东方专制主义的概念越来越明晰、确定，但中国形象的专制主义内涵，还远未明确下来。当时西方社会还广泛流行着"孔夫子的中国"的乌托邦形象，在一般社会想象中，中国仍然是道德高尚、政治清明的文明古国。但随着启蒙运动的推进，现代性的最终确立，西方文化结构开始转型，价值取向从离心、

---

[1] 转引自（美）史景迁：《文化类同与文化利用》，廖世奇 彭小樵译，北京：北京大学出版社，1990 年版，第 61 页。

[2] 转引自（俄）维·彼·沃尔金著，《十八世纪法国社会思想的发展》，北京：商务印书馆，1983 年版，第 124 页。

开放重新回到向心、封闭。在新的期待视野下，中国形象完成了从开明到专制的转变。赫尔德在《人类历史哲学概述》中指出，当西方有人开始怀疑那个被他们吹捧得完美无缺的中华帝国时，他们就相继发现了很多有关中国的材料可以印证他们的观点。中国的皇帝不过是个东方暴君；西方人一度佩服得五体投地的中国道德，不过是培养奴才的哲学；至于那些所谓的哲学家，不过是软弱、虚伪、顺从的工具："中华帝国的道德学说与其现实的历史是矛盾的。在这个帝国中儿子们多少次篡夺了父亲的王位！父亲又多少次地对儿子大发雷霆！那些贪官污吏使得千百万人饥寒交迫，可他们的劣迹一旦被父亲般的上司觉察，便要受到棍杖的毒打，像个无力反抗的孩子。所以说，现实生活中，没有什么男子汉的气概与尊严可言，它们仅存在于对英雄豪杰的描绘之中。尊严成了孩子的义务；气概变成躲避笞刑的才干。因此，根本不存在气宇轩昂的骏马，而只有温顺听话的蠢驴，它在履行公职时从早到晚扮演着狐狸的角色。"[1]孔多塞则说，如果我们想知道专制体制，即使是不乞灵于迷信的恐怖，能够把它们那摧残人类的能力推向什么地步，我们只需看看中国。[2]

三

黑格尔没有论证中国是否是专制主义，对他来说这已是一个不争的事实。他关注的是中国在东方式的专制主义中，究竟有什么特色。孟德斯鸠为中国的专制主义形象定位时，还觉得有些牵强，中国的有些特征不符合专制主义，甚至说中国政体是专制政体中最好的。但到黑格尔这里，中国政体已成为东方专制政体中最坏的！它是"十足的、奇特的东方式国家"。十足意味着它是东方专制国家的极端形式，奇特意味着中国的专制政体，自有其特色，就是家长式专制，大家长的原则把整个民族统治在未成年的状态。

---

[1]　（德）夏瑞春：《德国思想家论中国》，陈爱政等译，南京：江苏人民出版社，1995年版，第88页。

[2]　（德）黑格尔：《历史哲学纲要》，王灵皋译，神州国光社民国三十五年版，第53页。引用时核对英译本对译文有所改动。

中国没有宪法，只有家庭式的行政。中国在政治制度上的特点是家长制。国家就像一个大家庭，皇帝以管理家庭的方式管理国家。就像家长制原则赋予父亲以绝对的权威一样，家长式的皇帝也代表着普遍的意志，以绝对的权威主宰臣民的一切，从肉体到心灵，从财产到生命。皇帝可以随意惩罚他的臣民，也可以随时恩宠他的臣民。皇帝决断一切，也对一切负责，所以整个国家的命运，就交付给皇帝那难以把握的个性了。皇帝是中华帝国社会生活的中心，那种以家庭制度为基础的帝国行政，处处保护皇帝的绝对的权威。黑格尔认为在中国，只有一个人的自由，中国人也只知道一个人的自由。除了皇帝之外其他人，"其自体是自由的，却意识不到自身的自由"。[1]中国人把自己看做是属于家庭的，同时又是国家的儿女。在家长制的家庭里，个人没有独立人格。在国家里，也一样缺乏独立人格。他们在皇帝面前，就像是严父面前未成年的孩子，只能奴隶般的服从。"在中国，那个'普遍的意志'直接命令个人应该做什么。个人敬谨服从，相应地放弃了他的反省和独立。假如他不服从，假如他这样等于和他的实际生命相分离，那么，在这番分离之后，他既然不反求他自己的人格，他所受的刑罚也就不至于影响他的内在性，而只影响他外在的生存。"所以中国的百姓既没有自由意志也没有自由责任，他们始终处于一种奴隶的愚昧中，放弃了理性思考的能力。他们在苟且中感到可怜的幸福的时候，只知道奴才般地感恩，他们在无尽的压迫中感到痛苦的时候，也只知道诅咒那些决定他们命运的人。他们从来也没有理性与勇气在自身的恐惧与胆怯中寻找灾难的原因，因为他们从未在主观的自由里观照到他自己。在十足的专制帝国里，没有正义与同情可言，因为皇帝的暴虐与百姓的奴性是相辅相成的，他们共同为历史负责。在全体臣民都是奴隶的国家，皇帝的自由也是虚假的。由于没有理性的规约，意志活动是有限的，这种自由表现出来的是残暴、放纵与愚昧，"所以这一个人只是一个专制君主，不是一个自由人，一个人类。"[2]

---

[1] （德）黑格尔：《历史哲学纲要》，王灵皋译，神州国光社民国三十五年版，第53页。引用时核对英译本对译文有所改动。

[2] （德）黑格尔：《历史哲学纲要》，王灵皋译，神州国光社民国三十五年版，第53页。引用时核对英译本对译文有所改动。

中国一直被认为是一个道德淳朴的国家。但黑格尔认为，中国有的只是一些道德教条。因为专制消灭个人的荣誉感，培养自卑意识，如果一个人不尊重自己，就不可能有自发自律的道德律令。而且在家长制中，法律处处保护皇帝的绝对权威，没有体现自由精神的法律。臣民就像奴隶，可以随意惩罚、甚至出卖。残暴的统治、绝对的奴役，随时可能降临的灾难与缺乏安全感，使这个民族即使充满了道德教条，还是欺诈成风，道德败坏。另外，道德的堕落也跟中国缺乏内在的宗教精神有关。黑格尔所理想的宗教是自由的具有内省精神的完美体现个性与权威关系的基督教新教，而在中国，宗教的意义不过是些"简单的德性和行善"，中国人根本意识不到自身精神与"最高实在"的关系。因为"中国人在大家长的专制政体下，并不需要和'最高的存在'有这样的联系，因为这样的联系已经包罗在教育、道德和礼制的法律以及皇帝的命令和行政当中了。天子是一国的元首，也是宗教的教主。结果，宗教在中国简直是'国教'。……中国的宗教，不是我们所谓的宗教。因为我们所谓宗教，是指'精神'退回到了自身之内，专事想象，想象它自己的主要的特性，它自己的最内在的'存在'。在这种场合，人便从他和国家的关系中抽身而出，终究能够在这种退隐中，使得他自己从世俗政府的权力下解放出来。但是在中国就不是如此，宗教并没有发达到这种程度，因为真正的信仰，只有潜退自修的个人，能够独立生存而不依赖任何外界的强迫权力的个人，才能具有。在中国，个人并没有这一种独立性，所以在宗教方面，他也是依赖的……因为在中国，那唯一的、孤立的自我意识便是那个实体的东西，就是皇帝本人，也就是'威权'"。

在黑格尔笔下，曾经开明的中华帝国形象黑暗到极点。中国是最持久地体现东方的专制奴役精神的代表，"一个自由的、理想的精神王国在这里无立足之地……凡是属于精神的东西，自由的伦理、道德、情感、内在的宗教、科学和真正的艺术，都离它很远。皇帝对人民讲话，始终带着威严和父亲般的仁慈以及温柔，而人民本身却只有微不足道的自尊心，认为生下来就是为了给皇帝的政权拉车的。沉重的担子在他们看来是必然的命运。卖身为奴，吞咽奴隶的酸馒头，它也不觉得可怕。自杀当作复仇的工具。遗弃婴儿，则是普遍而常见的事。这一切都表现了对己、对人极其缺乏尊重。如果不存在出生的差别，每个人都能得到最高荣耀，那么这种平等就不是内在的个人通过斗争而获得的含义，而是低级的，还没有形成差别的自尊心。"[1]

四

在西方的中国形象总体结构中，我们发现三个相互影响的层次：精英哲学的中国形象、旅行家见闻的中国形象、大众传说的中国形象。精英哲学中的中国形象大多是特定的、明确的有关世界观念与价值秩序的学说中被"规划"出的形象，被思想修剪得很"整洁"，被抽象化普遍化的同时，也被极端化了。大众传说的中国形象不那么清晰确定，充满夸张与想象，经常存在于社会无意识中，但并非没有意义，它也是特定世界观念秩序的隐喻，只是表现得朦胧。精英哲学与大众传说层次上的中国形象，往往趋于类型化，只是精英哲学将其原则化，大众传说将其套语化。精英哲学与大众传说层次上的中国形象，构成旅行者的见闻的期待视野。对于鸦片战争之后进入中国的旅行者来说，东方专制帝国的中国形象已经成为他们"眼后"的既定观念，他们前往中国不是去"发现"什么，而是去"证实"什么，他们将看到他们所希望看到的。他们甚至在离开英国前，已经"预见"到他们在中国将"遇见"什么。孟德斯鸠说中国是用棍棒统治的专制帝国，他们就收集了大量关于中国严刑酷法的资料。

> ……根据中国法律，任何人除非承认自己有罪，否则不得处死。……当然，事关生死，犯人会尽力拒绝招供。但如果不招，法庭便用残酷的方法迫使他们招认，这二位亦不例外。折磨的方式如下：大厅里两个圆柱。这两个人都跪在地上，两只脚缚在一起，动弹不得。先把他们的背部靠到一根柱子上，用小绳扎紧脚大拇指和手大拇指，然后用力拉向后面的

---

[1] 此段引文采用贺艳玲的译文，见（德）夏瑞春：《德国思想家论中国》，南京：江苏人民出版社1995年版，第131、134页。贺译比王造时先生的译文在此一段更清楚。

柱子，绑在上面。这立刻让他们痛苦万分，胸部高高突起，前额上青筋暴跳，真是痛不欲生……

在这些可怜的人痛苦的扭曲时，我转而看看法官面对此种痛苦情状的表情。他端坐桌旁，一点也不为之所动；但他不像个残酷的家伙，倒像一位很有教养的人，像我们在英国或美国长椅上见到的那种。他似乎觉得这只是小事一桩，没什么值得大惊小怪的，是制服罪犯所必须采用的手段。他既不威吓，也不嘲弄或侮辱罪犯。但受刑者的喊叫并不能打动他。——他悠然地端坐在桌旁，摇着扇子，托着烟袋，似乎在说他愿意奉陪到底。……

但这二位仍没招供，我怀着敬佩与恐惧的心情看看人类的忍耐力究竟有多大。那悲惨情状让我无法再看一眼，遂转身跑开。……[1]

刽子手们砍完那33个人的头后，接着用单刃刀对钉在十字架上的那个人用刑：他只穿了条肥大的长裤，被拉到屁股上。他身体很健壮，中等偏高的个子，约有40多岁。当局抓住了他的父母及妻子，逼他就范。为使他们免受皮肉之苦，也为了省下七万多元的赎金，他投降了……由于这个人距我们25码远，侧身对着我们，尽管我们看见了他头上划的两道切口，乳房被割掉，还有大腿上下的肌肉也被割掉，我们仍是无法窥见这恐怖景象的全貌。从割第一刀开始到尸体从十字架下卸下来然后砍去头，整个过程用了四到五分钟。我们本不应该被禁止到跟前观看，但可以想象，即便是意志再坚强的好奇者都不太敢跳过那些死尸，涉过血污亲耳聆听这位不幸的人胸腔里发出的呻吟，目睹其四肢抽搐不已。我们站的地方听不到任何喊叫，我还敢说那33个被砍头的人，在刽子手走向他们时没有一个挣扎，也没有一人喊什么口号。[2]

黑格尔说："因为复仇而作的自杀以及弃婴，乃是普遍的、甚至每天的常

---

[1] 菲尔德：《从埃及到日本》，见（英）约·罗伯茨编：《十九世纪西方人眼中的中国》，蒋重跃、刘林海译，北京：时事出版社，1999年版，第44页。

[2] 麦多士：《中国人及其叛乱》，见《十九世纪西方人眼中的中国》第47页。

中国公堂上的斩首。法国 18 世纪《酷刑》画册中的中国画

事，这就表示中国人把个人自己和人类一般都看得是怎样轻微。"于是那些有关中国的一般性介绍著作或游记，总是喋喋不休地描述中国的弃婴，古伯察说中国杀婴是屡见不鲜的，并且无疑比世界上任何其他地方都普遍，其主要根源是贫穷。费时本（Fishbourne）作证"在厦门的池塘里，或是在流经上海城的小河里，每天都能看到被溺死的婴儿的尸体"。[1]

同时，我们也应该注意到，三个层次也经常会出现隔阂与矛盾的现象。旅行者带着那些"背景书籍"到中国，旅行、传教、贸易或进行殖民管理，他们在中国的"眼前"实地见闻，经常会与他们"眼后"的背景书籍相矛盾。精英哲学的表述大多是类型化、抽象化、极端化了的。而旅行者面对实在的中国，必须调节"眼后"的知识背景与"眼前"的异域现实，所以他们可能发现中华帝国不符合东方专制主义类型的"个性"特征，相对强调中华帝国政体的"特殊性"。

当年法国传教士古伯察就怀疑中华帝国是否应该划归到东方专制主义行

[1] 《十九世纪西方人眼中的中国》第 110 页。

列中去。德庇时也想说明，中华帝国并非像大家说的那样专制奴役停滞腐败。值得注意的是，持这种"修正"观点的人，还不仅他们两人，麦妥士也表示过异议。而且，这种异议持续出现，见于翟理思、科曲宏、李希托芬等汉学家的著作中。翟理思在《中国与中国人》中指出，中华帝国的大小官员，实际上都有儒家的民本思想，"理论上讲中国是个专制国家，但是……天子统治下即使是最低贱的臣民，也享有大量的个人自由"，真正统治中华帝国的，不是专制权威，"而是道德力量及其相应的科举制度"。不同社会阶层的人都有平等的晋身机会，而"国家的赋税很轻"，管理又较为松弛，"即使是小老百姓……也可以抗拒政府摊派的超出他们承受能力的赋税"。[1]在翟理思看来，中国政治制度是个奇妙的现象，甚至可以说就是一个难解的谜。"表面上看，中华帝国的家长式政府是专制独裁的，实际上却是民主的。正因为这样，中国与中国人民才有 22 个世纪连续不断的帝制传统，而且，还有可能从中焕发出新朝代……"[2]翟理思在满清末代说这番话，他认为东方专制主义在中华帝国只是一个名义，建立在家长式伦理与科举制度上的中国传统政治，本质上是民主的，西方那些高谈阔论的哲学家，事实上根本不了解中国。在他看来，中华帝制不仅不坏，适应中国，而且还可以继续发扬。

持这种观点的不仅翟理思一人。美国《时代》杂志特派远东的记者科曲宏认为，按照西方政治的标准，根本无法理解中国政府。"如果我们把它当作专制政体，我们随时会发现许许多多非常民主的政治形态特征，如果我们将这个帝国当作独立省的联邦国家，我们又发现皇权的绝对权威。"独特的中国政体，实际上是"集权专制与民主自治两种政体的合成体"。他也像古伯察当年一样发现中国的地方自治问题，并且认为地方自治的观念"已经融入中国人的血液中"。[3]中华帝国这种既专制又民主的混合政体，即使中国帝制历久常新，又使它劫难不断。历久长新的基础在于其儒家道德基础与宽松政治，劫难不断是因为儒家伦理政治取法高尚，但也很容易滥用，滋生腐败，

---

[1] 参见 H. A. Giles, *China and the Chinese*, Columbia University Press, New York, 1912, p.72−97. 引文见 p.75, 79, 87, 88, 92.

[2] H. A. Giles, *The Civilization of China*, Williams and Norgate, London, 1911, p.244.

[3] 参见 A. Colquhuon, *China in Transformation*, Harper, London, 1898, 引文见 p. 170, 286, 284.

而地方自治又使因腐败而要求推翻政权的暴动，随时爆发并可能成功。中国政治的问题可能是如何维持专制权威与地方自治之间的平衡的问题。治世维护地方自治，乱世加强国家权威。满清灭亡，受袁世凯之聘来华任宪法顾问的古德诺博士，认为中国宽容的君主独裁政治并不应该被否定，而且完全适应于中国的现实，尤其是在满清皇朝灭亡之后的乱世。因为"中国最大的问题是改善并发展自己的经济，而对于有 2000 多年帝制传统的中国来说，保障经济发展的最好方式是为它那些只懂得皇帝的人民提供一个'父系家长式的稳定政府'"。[1]

但这些旅行者的"见闻"或"看法"，在历史上却很少能够"修正"那些精英哲学中的中华帝国的东方专制主义形象。这些旅行见闻层次上的相关表述，提出可能性的差异素材，反驳并在一定程度上动摇精英哲学建构出来的中国形象类型，但并不会威胁到西方有关中华帝国的东方专制主义形象本身。西方话语有一种包容对立面的特性，旅行者见闻对"专制的帝国"形象类型的反驳和修正，在包容对立面的话语结构中，不但不会破坏其话语霸权，反而赋予其丰富性与活力，它正好制造出这种话语的似是而非的"科学性"与"民主性"表象，并保持话语本身由差异构成的活力，进一步巩固其知识霸权。

李奇在论述话语内部差异竞争、妥协构成的机制时指出，话语不仅创造话题或主题，规定该主题的表述方式，遮蔽并排斥异议，而且以适当的"宽容"容纳包括适当的"差异性"，通过有限度的反驳与论证，保持话语体制本身的丰富性与活力平衡。话语始终是一个动态发展的过程，一定的知识霸权范围内的表述论证或竞争，不但不会破坏话语的内聚力，反而会增强其活力与再生力，差异表述产生出新意义，通过竞争与妥协，达到新的平衡。[2]

那些旅行家的表面上反驳话语确定类型的"异端邪说"或"真知灼见"，表面上试图否定中华帝国的东方专制主义形象，实际上不过是在证明中华帝

---

[1] （美）古德诺：《解析中国》蔡向阳、李茂增译，北京：国际文化出版公司，1998 年版，第 80 页。

[2] 参见 H. Lidchi,*The Poetics and the Politics of Exhibiting Other Culture*. In S. Hall (Ed.), *Representation：Cultural Representations and Signifying Practice*,London：The Open University，1997，第 190−192 页。

国的东方专制主义是一种独特的东方专制主义，不仅与西方截然相反，而且让西方不可理喻，是彻头彻尾的另类他者，你可以在东方专制主义的话语视野内理解诠释它的特性，但绝不可以在西方政体观念中理解它。表面上看旅行者的见闻是对精英哲学与大众套话的分离与分解，实际上却是在整体话语体制内对中华帝国的东方专制主义形象的归属与强化，因为从来没有人动摇过东方主义话语中东方专制主义这一前提性公设。

五

1792 年 9 月 26 日，英国政府任命马戛尔尼为正使，乔治·斯当东为副使，以贺乾隆帝 80 大寿为名出使中国，马戛尔尼使团的访华没有改变中西现实关系，但在中国形象的转型上起到了决定性的作用。使团的许多成员，从副使一直到使团的随团科学家、列兵、大使的仆人，回国后都发表了自己的见闻著作。[1] 其中最著名的除了老斯当东的《英王陛下遣使觐见中国皇帝纪实，主要摘自马戛尔尼勋爵的文件》（*An Authentic Account of an Embassy from the King of Great Britain to the Emperor of China*, 2Vols, 1797，中译本《英使晋见乾隆纪实》，叶笃义译，上海书店出版社，1997 年版）外，还有根据使团士官安德逊的日记整理的《英使访华录》（*A Narrative of the British Embassy to Chinain the Years 1792, 1793, and1794*，中译本《英国人眼中的大清王朝》，费振东译，群言出版社 2002 年版）和使团总管约翰·巴罗的《中国旅行记》（*Travels in China*，1804）。

约翰·巴罗的《中国旅行记》影响最大。他的游记不仅文笔优美，而且言辞激烈，符合当时西方社会的潮流。《爱丁堡评论》赞扬这部"理智"、

---

[1] 使团留下了大量文字与图画资料。马戛尔尼有公文报告、书信与日记，副使乔治·斯当东和约翰·巴罗，甚至一位仆从和一位列兵，都出版了他们的出使纪实著作，随团的画家托马斯·希基和制图员威廉·亚历山大带回了大量的风物画与素描。连 13 岁的小斯当东（乔治·斯当东的儿子，随团出使）也在日记中记载了中国观感。详见：Annotated List of Writings Which Contain First-Hand Material Relating to the Macartney Embassy, "An Embassy to China: Lord Macartney's Journal 1793–1794" Edited by J.L.Cranmer Byne, Longman's 1962, P342–352, Appendix D。

Left: George, 1st Earl Macartney (1757–1806). Leader of the British embassy to the Emperor of China in 1792–3

Sir George Staunton (1757–1801). Secretary to the British embassy

出使中国的英国使团的正副使：马戛尔尼（左上）与斯当东（右下）像

"直率"的著作，使中国这个"半野蛮的"帝国"声誉扫地"。[1] 该书除了纪行之外，专门讨论了中国的道德宗教、风俗习惯、政治法律、文学艺术，尤其关注中国的政治经济体制。[2] 在那个天朝帝国中，人民生活"在最为卑鄙的暴政之下，生活在怕挨竹板的恐惧之中"。暴政不仅扭曲了人们的心灵，甚至扭曲了中国人的体型。他们终日弓着腰，驼着背，一副奴颜媚骨，"他们天生就胆小怕事、温顺被动，加上严刑酷法的摧残，就更加冷漠、麻木甚至残忍"。[3] 中国是东方专制主义暴政的典型，最奇妙的是中国式的东方暴政竟建立在某种充满幼稚的谎言的伦理道德基础上，孝道是中国统治的核心。孝

[1] （法）阿兰·佩雷菲特：《停滞的帝国——两个世界的撞击》，王国卿等译，北京：三联出版社，1995年版，第565页。

[2] 参见 J. Barrow, *Travels in China*, T. Cadell and W. Davies, London, 1806, 第4–8章。

[3] J. Barrow, *Travels in China*, *Travels in China*, T. Cadell and W. Davies, London, 1806, p160.

与其说是一种道德情感，不如说是强制责任，道德说教通过那些卷帙浩繁的"经典"将孝道灌输到小民的头脑中，为暴政提供了"合法性"基础，皇帝管束臣民就像父亲管束儿子一样自然而然并拥有绝对的权威。那是一个充满压迫与虐待的社会，皇帝欺压百姓、父亲压制儿子、男性迫害女性，如裹脚、纳妾等恶习。"中国人一方面讲究严格的道德与礼节，另一方面又处处是腐败邪恶，文人的智慧美德变成了无知与丑恶，他们空谈中国土地肥沃农业发达，但在中国却饥荒遍野；他们吹嘘自己在艺术与科学方面曾经多么先进，但事实上没有外国人指教他们连大炮都打不响，连日食都算不出来。……在世界历史上，他们的确曾是少数几个最先达到文明的国家，但是，由于政体的原因……他们此后一直处于停滞状态：他们两千年前就达到今天这种文明水平，那时候欧洲还荒蛮未开，但此后他们在各个方面停滞不前，甚至还有许多退化。如今，与欧洲相比较，他们的伟大只表现在一些无足轻重的小事上，而在一切伟大的事业中，他们又表现得无足轻重。"[1]

只有马戛尔尼勋爵出言非常谨慎，一则是因为这次出使令英国政府感到尴尬，二则是因为马戛尔尼感觉到客观地评说中国，只靠西方的观念与走马观花式的旅行，是不足为证的。在政治经济事务中处理与东方帝国的关系，远比在哲学历史理论中麻烦得多。孔多塞轻易地将中华帝国划归到腐朽衰败的东方专制主义行列，认为专制不仅是东方帝国衰老腐败的结果，更是其没落的原因。专制扼杀了人的自由与创造精神，也就扼杀了科学与艺术的发展，使整个民族都处于野蛮愚昧的状态中。在他的哲学思想中，世界秩序是确定的，中华帝国的专制主义形象也是确定的。但是，对于马戛尔尼勋爵来说，事情要复杂得多，他在1794年1月15日的日记中说，"没有什么比用欧洲的标准判断中国会犯更大的错误"[2]。在他发表的有限的有关中国的文字中，他尽量保持客观。但不管怎样，他还是一再表达了对中国的专制主义的否定性看法。

马戛尔尼注意到东方帝国统治者的政治观念与西方完全不同，几乎是西方人无法理喻也无法想象的。对于"那些东方君主来说，国家政治不是土地

---

[1] J. Barrow, *Travels in China*, T. Cadell and W. Davies, London, 1806, pp51、355.
[2] *An Embassy to China: Lord Macartney's Journal 1793-1794*. p218.

与国民的问题，而是个人与家族的问题"。中国尽管曾有过辉煌的文明，如今却已衰退腐败，濒临灭亡了。而且，更重要的是，马戛尔尼观察到，如此腐败的中国，已经经不起变革。在中国，"从奴役到自由、从依附到独立的变革，如果不以牺牲成千上万人的生命为代价，是不可能完成的。因此，中国的变革必须循序渐进地完成。"[1] "中华帝国只是一艘破败、疯狂的战船。如果说已在过去的150年间依旧能够航行，以一种貌似强大的外表威慑邻国，那是因为侥幸出了几位能干的船长。一旦碰到一个无能之辈掌舵，一切将分崩离析，朝不保夕。即使不会马上沉没，也是像残骸一样随流东西，最终在海岸上撞得粉碎，而且永远不可能在旧船体上修复"。[2]

与旅行家根据自己亲身经历撰写的旅行见闻相比，小说家凭空虚构的小说虽然没有提供多少关于中国的新知识，只是重复有关中国的各种套话，但其更能反映社会一般想象层面中的中国形象。

1796年，德国思想家利希滕贝格尔[3]发表了一篇讽刺文章，名叫《关于中国人的军事禁食学校及其他一些奇闻》，文中虚构一位随马戛尔尼使团出访的管家夏普，他介绍自己在中国的奇遇：中国人的军事禁食学校。或许，一个以道德教育为政治基础的东方帝国，本身就像是一个学校。

夏普先生出场之前，作者先以嘲讽的、形象的手法描绘了他和他那个时代的人所想象的中华帝国：

> ……人们无论在国家正式场合，还是在自己家中，无论在教堂，还是在厨房，都对他们那神奇美妙的政体产生了疑虑。的确如此，人们除了谈论织袜机和英国纺纱机这类举世公认的最精湛的艺术杰作之外，还愿意谈一谈怀表！在中国，成千上万的人像操练的士兵那样模仿他们的标兵，而标兵们却又仿效更高一级的标兵，如此不断下去，直到所有标兵，乃至所有的百姓都模仿最终的那个标兵。假使某个火炮的引火盘中倒入

---

[1] 参见 J. Barrow, *Travels in China*, T. Cadell and W. Davies, London, 1806, p415-417.

[2] *An Embassy to China: Lord Macartney's Journal 1793-1794.* p212.

[3] 1742-1799，德国思想家，哥廷根大学物理学教授，也从事艺术批评和讽刺文学创作。

了火药，那么，顷刻之间，全国所有的火炮引火盘也都有火药倒入（在汉语中，中国就是这么个意思）。假如在一个仅可容纳 80 个人的大厅内，却有 100 个仆人在服侍一张餐桌，也不会产生拥挤和嘈杂，也不会发生酒瓶相撞、烤肉相碰之类的事情。稀溜溜的调味汁被人们端来送去，但却不会泼洒到人们身穿的绸缎衣服上面，仿佛已经凝固在盘子里了。——那里，一切东西都各行其道，而不相互摩擦碰撞，这种艺术的杰作，像是送子的仙鹤带给他们的。他们的脑袋，表里如一，脑壳与思想像是经过加工而装配在一起的，到处是这种相互雷同的脑袋瓜儿。我们这些鹰钩鼻子们反复琢磨不定的思想观点，到了他们那里，像是抹了润滑油似的，一下子就滑入了他们那迟钝木讷的肥头胖脑中去了。假使上级命令说，5 加 5 等于 13，那么，从长城到广东，人人都认定 5 加 5 等于 13。[1]

不过，作者也承认（不要忘记这是一篇讽刺文章）："我们对丝绸大国最杰出的东西兴许还一无所闻。"下面就是夏普先生出场介绍所谓的"军事禁食学校"或"军事饥饿学校"。一到中国，夏普先生就注意到一种样式奇特的建筑，像寺庙，又不是。但也没有什么值得惊奇的。中国的建筑像中国的人一样，没有个性，男子学校盖的像女子学校，游艺室与疯人院从外观上看也没什么差别。沿途见了六、七座这样庙宇式的建筑后，夏普问中国译员王欧唐（Wang-o-Tang），后者说这是"军事饥饿学院或军事饥饿学校"！

所谓"军事饥饿学校"就是专制帝国的象征。它包含专制政体中所有最主要的罪恶、暴政、愚民、邪恶的统治者与奴隶般的人民……那位陪同使团的中国官员骄傲地说：

> ……我知道你们也有类似这样的学校，我了解它们。它们是为'主动战争'而培养真正的斗士。军事学校我们也有，只是我们的要比你们的好得不知多少"，他谦逊地说道，"我们是中国人，考虑问题更加深

[1]　（德）夏瑞春：《德国思想家论中国》，陈爱政等译，南京：江苏人民出版社，1995 年版，第 62 页。

远一些。你们在这里见到的这些学校与你们那里的不是一码事。这里，传授的是'被动战争'，即如何顽强地忍受战争的本领，而不是教授如何熟练作战技术。"我不可否认，他的这样想法使得我大为震惊。我的大拇指也开始转动了。他愣住了一会儿，停止了自己拇指的转动。片刻之后，他接着说，"像你们这样聪明的一个民族怎么可能会尽想着教士兵如何熟练地去作战，而不为那些真正受战争之苦的人们着想。我们也用你们的那些方法来教士兵，他们也必须像你们的士兵那样反复不断地练习，如此训练下来，战争对他们来说算不上一码事。世界上的任何事情都在于练习。现在，敌人无论从哪里入侵，处处都将遇到一支虽受到侮辱，但善于忍耐的队伍。我敢向你们担保，在这些学校，我们已经把学员培养成为遭到敌人抢劫、鞭打和折磨而不哭泣不喊叫，仅仅回忆学校生活的那么一种人。你们那里也有的是人，可你们却不懂得应当将他们培养成什么样的人。你们假如要造一只船，那你们得先把橡树的树枝砍掉，尔后锯开、破条、刨平、再用力将木板弯曲，最后四周用钉子钉牢，不是吗？你们想要建立一个国家政体，一艘世界上最典型的人造船只，并且希望能在风暴中驾着它乘风破浪，可你们却又不加工处理那些造船的树木，既不去掉叶子，又不砍掉树杈，这样能行吗？……[1]

统治国家就是统治人，而精神奴役是统治的基础。必须训练你自己的臣民，把他们变成特别能忍耐的奴隶。那位名叫"布丁"的中国官员洋洋得意，他教训这个英国管家："别在我面前谈论你们政治的构造艺术！这东西你们不懂。"政治应该教人民忍耐，而不是教人民思考。理性是欧洲人的忽发奇想，而中国哲学家早在 3000 年前就一劳永逸地运用理性制定好了，以后就不需要人再有理性了。

……你们知道，中国人仅只学习那些有朝一日在世界上用得着的东

---

[1] （德）夏瑞春：《德国思想家论中国》，陈爱政等译，南京：江苏人民出版社，1995 年版，第 72－73 页。

西，而且对这些东西的学习掌握达到了完美无缺的程度。中国人若想继续进步的话，那还必须运用这些所学的东西。因此，你们将会发现，中国人所做的都是分内的事，仿佛是命运给他们派定的。我们不让我们的人民有任何思想，就仿佛伟大的造物主不让蜜蜂、海狸和蜘蛛有任何思想一样。当然，世界确实有理性存在，但是，当理性不再为必不可少的东西的时候，想要使本能的人继续怀有理性，那简直是欧洲人的狂想。我敢以一百对一来跟你打赌，假使你们的怀表具有了你们那种理性的话，那么没有一只怀表会与其他的怀表走时一样。据说，理性是由你们臆造出来的。的确，假使不是你们欧洲人突发奇想是不会有人想到它的。我们的哲学所经历的正是这么一个过程。它五万年前就已经完全形成。现在，人们从事哲学研究，就像是按照配方涂油漆一样。或者说正如我们只有音乐演奏家而不再有音乐家一样，我们也只有奢谈哲学和物理学的人而不再有哲学家和物理学家。五万年前的制宪大会便是由那些音乐家、哲学家和物理学家组成的。倘若现在有人想重新赋予我们的人造动物种类以理性，那么，人们将割掉他的耳朵，灼烫他的额头，把他禁闭起来。如果他还在那里大嚷大叫的话，那就给他一刀。[1]

痛苦在中国是一种荣誉，而这个专制帝国本身，就是一所军事饥饿学校，他们将有个性、有理性的人训练成像士兵一样毫无差别的奴隶和像蜜蜂、蜘蛛一样毫无思想的动物。让他们承认他的痛苦是命中注定的，就像另一些人的幸福是命中注定的一样。他们逆来顺受，心安理得，他们才是帝国专制最后的支柱！在军事饥饿学校里，他们的主修课程是禁食和吃劣质的食物。他们有时一连五日见不到一点食物。当他们因饥饿而昏倒的时候，我们就烧鹅毛将他们熏醒。假使这办法仍然行不通的话，那就发给他们有限的一点马肉或其他被人扔弃了的动物肉。总之，他们始终在一个与世隔绝的环境中生存。不过，他们生活得很快乐，因为他们以为整个世界都是如此。对，我向你保证，

---

[1]　（德）夏瑞春：《德国思想家论中国》，陈爱政等译，南京：江苏人民出版社，1995年版，第76－77页。

我们用这种方法已经使五十多万人从本性上得到了重新改造。现在，他们都能出色地耕田种地，除了吃我们扔掉的那些根本不愿吃也不能吃的东西之外，他们简直不愿吃也不能吃任何其他的东西。由此你们可以看出，一个明智的政府，如果懂得了如何使理性与本能融合在一起的技艺的话，它能造就出什么样的人。人是一种对于自己实际上什么也不是的动物，但它却有可能成为任何一种东西。[1]

　　利希滕贝格尔的刻薄令人惊警。西方的东方主义传统中东方专制主义的基本特征，在这所军事饥饿学校中都可以找到：残暴的统治者，愚昧的、驯服的、毫无理性与个性的奴隶般的臣民，迷信与教条充斥的停滞腐败的社会。18 世纪末欧洲人头脑中的中国形象已与古希腊人的波斯帝国形象没有什么区别。没有人再为中国政体的开明辩护，也没有人怀疑中国的专制暴政，似乎这一切都是自然而然并理所当然的。中国地处亚洲的最东方，与世隔绝的广阔的疆土，与其所属的蒙古人种，都注定了它原始野蛮的暴政。赫尔德在《关于人类历史哲学的思想》一书中论述完中国的专制与迷信后总结道："中国人的立法与道德乃是中国这块土地上人类理智幼稚的尝试，不可能在地球的其他某个地方如此根深蒂固地存在。它只能在中国这块土壤中沿存下去，而不会有朝一日在欧洲大陆上产生出一个与众不同的、对自己专制君主百般依顺的中国。"[2]

---

[1]　（德）夏瑞春：《德国思想家论中国》，陈爱政等译，南京：江苏人民出版社，1995 年版，第 78 页。

[2]　（德）夏瑞春：《德国思想家论中国》，陈爱政等译，南京：江苏人民出版社，1995 年版，第 92 页。

马戛尔尼中国见闻

马戛尔尼著　方晓辉译

1. 1792-1794 年间，马戛尔尼率领英国使团访华。出使在政治经济上没有实际效果，但在文化上影响很大。使团成员归国后纷纷写出游记或见闻录，大多批判或诋毁中国，改变了欧洲人五个世纪以来形成的对中国的看法。

　　如果要我就中国人的风俗和特征说些什么的话，我得首先承认我还远不是一个合格的评论者。虽然有诚实能干的翻译的协助，虽然因为个人身份的缘故使我有机会接触中国的上层社会并遍游中国，但我仍然感觉到无法避免在评论上犯错误。我不懂他们的语言，有时会误解人们的动作，有时曲解了人们的神情。因此，在这个舌头和耳朵的功用不得不由手和眼来替代的地方，我可能形成了一些错误的判断并为自己所蒙蔽。我这样说并不意味着读者也应该蒙蔽，我只是指出我的缺陷，提请读者注意他们可能期望从文中获得的信息的性质。文中所述尽管不够详尽，但主要来自我的亲耳所闻，亲眼所见，而不是我在欧洲所读到或听到的中国。

　　中国是由汉人和鞑靼人（Tartar）两个完全不同的民族（他们常被欧洲人混为一谈）组成的，这一点不容忽视。他们在本质上显然不同（尽管外表上几乎一致）；各自所处的社会环境也决定了他们不同的心态。虽然他们为同一个君主专制政府所统治，不过对汉人来说是外族统治，而对鞑靼人来说则是本族统治。鞑靼人把自己看作是本族统治汉人的某种程度上的参与者，这一想法能够缓解他们自身被统治的压力。就像里沃尼亚（Livonia）地主宅中的仆从和黑奴，或牙买加（Jamaica）的庄园农奴，虽然自己也是奴隶，却把在地里干活的农奴和黑奴视为更低贱。

　　早期的旅游者和后来的传教士的意见基础上形成的对中国及中国人的看法，既不充分也不公正。虽然这些著述者并不打算虚构故事，但他们没有尽述事实，这几乎就和错误的表述一样导致错误的理解。

13世纪，威尼斯人（Venetian）马可·波罗访问中国，正值成吉思汗（Genghis Khan）的孙子忽必烈（Kublai Khan）率领西部鞑靼人和蒙古人征服中国。当时汉人几欲达到他们文明的顶峰，与征服者鞑靼人及同时代的欧洲人相比，汉人无疑要开化得多。不过，自从被北方或满洲鞑靼征服以来，至少在过去的150年里，中国没有改善，没有前进，或者更确切地说反而倒退了；当我们每天都在艺术和科学领域前进时，他们实际上正在变成半野蛮人。他们具有与一知半解相随的虚荣、自负和做作。并且，尽管在和使团的交往过程中发现了我们的许多的优势，他们看来只是吃惊而不觉屈辱，甚至有时故意装出浑然不觉的样子。在对陌生人讲话时他们不会感到忸怩拘谨，任何场合下他们都表现出轻松自信的态度，自以认高人一等，行为举止无可挑剔。

礼仪性的动作，包括身体动作，如磕头，下跪，双手并拢然后分开，以及此外上百种其它的动作，被看作是表现最完美的教养的举止。那些不谙此道的民族则被他们视为野蛮人。不过，在极力卖弄这些礼节的把戏之后，他们也乐于找回轻松随便的氛围，醉心于和所信任的人无所顾忌地交谈。因为毕竟他们生性活泼，健谈且富于幽默感，他们一定惊于我们的温和友善和快乐。

中国宫廷显示出一种由繁文缛节的殷勤和根深蒂固的猜疑混合而成的独特特征。流于繁琐的礼节不能掩饰其粗鲁，不怀好意地讨好实际上隐藏着邪恶。在所有与宫廷打交道的部门中，除了个别官员能坚守个人的品性，宫廷习气都大行其道。鉴于东方人对待女人的方式，那些让我们的举止称得上真正意义上的礼貌的东西，却不能指望在他们身上看到。

在中国人之间，社交主要是由一成不变的礼节和客套、平静漠然的举止、虚伪的殷勤和夸张的表白构成的。

由于没有女人参加社交活动，所有高雅的品位、温柔的举止、优雅的交谈、热情的表演、雅致的爱情友谊自然都不存在了。这里的人们沉湎于狎昵、粗俗玩笑和漫无边际的幻想，他们缺乏类似情形下我们所具有的忠诚和坦荡。道德是他们广泛讨论的话题，却不过是一种虚饰罢了。科学被看作是用物质做些荒唐实验的异端妖术。不管国家如何禁止，赌博始终盛行，甚至在最底层的中国人中间也是如此。我确切地得知，定居于威尔士亲王的新殖民地的中国人，每年向政府支付不下 10 万银元的税，以得到开赌场和出售鸦片的许可。

2. 在中国，父权是家庭中的唯一权威，儿子则不管多大，都处于对父亲的依赖状态，任何冒犯父亲权威的言行都被视为大逆不道。政府以父亲管理家庭的方式管理国家。马戛尔尼认为，依附使人堕落，中国人缺乏道义上的责任感。

马戛尔尼还在中国看到了普遍的、习以为常的肮脏：中国人随地吐痰、用手擦鼻涕，公共厕所的粪便不时溢出，恶臭四散，一个身居高位的鞑靼人居然还叫他的仆人去捉他脖子上的一个令他难受的虱子。

每个渴望升迁的汉人都依附于某个鞑靼显贵，并表现出无比的忠诚。然而汉人对他们的鞑靼恩主的反感之强烈并不因获得利益而消除，获利也难以使汉人对恩主心存感激。依附使人堕落，由此就不难断言中国人并不讲原则。他们缺乏道义上的责任感，轻易许诺他人却从不打算兑现，毫无顾忌地食言。我无从理解他们这样做的动机，唯一的解释是他们认为可以在许诺的那一刻取悦对方。在被人发现和指责其不守信时，他们显得若无其事，既不吃惊也不以为羞耻。不过，显然，在和我们的交往中，他们注意到我们的守时和专注于真理，因而对我们十分尊敬。

虽然中国社会等级森严，比其他任何国家都严重，但我常看到官员们对待下人们屈尊纡贵，讲起话来亲密友善。不过这样做的目的只是换取永久的忠心和服从。

中国人的家庭在从属关系和经济上与政府中的管理方式相类似。父权虽然至高无上，但也常伴随着慈爱和恩宠并用。在中国，确实有儿童被贩卖和弃婴的事情，不过只发生在实在无法自己养活孩子的父母身上。那些悲痛的父母无法彻底隔断与弃婴之间的亲情，无可排遣的思念与日俱增。

在中国人的性格中，再没有比这种最可尊敬的家族亲情更显著的了。父慈子孝紧密地联系在一起，不可分离。作为儿子，他能无时无刻地体会到父亲与日俱增的爱；作为父亲，他能清楚地认识到儿子对他的依赖，并且他并不希望这种依赖有所减弱。作父亲的无须以剥夺继承权或许以遗产来诱哄子女，子女也无须强求父亲更改无可挽回的决定。在中国人看来，父权是家庭中唯一的权威，其余任何念头都是大逆不道的。在儿子直到结婚后还是住在父亲家中，家里所有家务由父母统一安排管理。父母去世后，权力由长子继承，长子和年幼的弟弟一起将家族延续下去。

较为上层的人们住着华丽庄严的房子，屋中饰物也品味高雅，不过，至少在我们看来，他们的居室并不舒适便利。有一些实用的家具，像用纱布和纸糊的灯笼，上面有凝脂和灯须，五颜六色地排放着。他们的桌子、躺椅和凳子，蒙着一层绒布，带金银或丝绸的锦边。但是他们没有写字台、衣柜、灯架和镜子。他们没有床单，褥子看来也不十分合用，他们睡觉时并不像我们那样脱去衣物，只是睡在一张覆有席子和薄垫的木板上，上面有枕头和靠垫。依我们实用和和谐的标准来看，他们的居室设计与建造得不好，缺少可以锁住或关紧的门，作为替代的是屏风和门帘，可以依需要随时拆卸安装。由于房中没有炉子、壁炉或火门，冬天他们取暖靠的是地板下的暖气流，不过有时也会加一只添炭的火盆。

中国人，即便是注重穿着，每天通常更换好几次衣服的上层的人们，也很不注意个人卫生。他们外穿饰有五彩丝绣花纹的服装（皇帝的皇袍上绣着金龙），料子是纯丝或上好的绒面呢。但他们的内裤和内衣（数量由季节而定，通常不只一件）却不常换。他们不穿毛线或细布织的长筒袜，而用粗棉布裹着脚，并穿一种有约一英寸厚的底的无跟黑缎靴。夏天，每人都带着把扇子，不停地扇着。

他们几乎不穿亚麻和白布，衣料极为粗糙，因为从未用过肥皂，衣服洗得并不干净。他们从不随身携带手帕，而是不留情地随意吐痰，用手指擤鼻涕并擦在袖子上或手边随便什么东西上。这种现象随处可见。更有甚者，有一次我居然看到一个身居高位的鞑靼人叫他的仆人去捉他脖子上的一个令他难受的虱子。

他们吃饭时不用手巾、餐巾、桌布，没有盘子、玻璃杯、刀和叉，用的是手，或用木制或象牙制的筷子，约六英寸长，圆而光滑，却不太干净。肉是切好了放在小碗内的，每个客人都用自己的碗。同桌吃饭很少多于两人，从不超过四人。他们全都嗜好大蒜和辛辣的蔬菜，并常常共用一只杯子，杯子是从来不曾洗干净过的。他们也很少用醋，不用橄榄油，不喝苹果酒、淡啤酒、啤酒或葡萄酒。他们主要喝茶，或是大米或蔬菜酿成的酒，酒精含量不同。其中有些度数还算高，有点像烈性的马德拉白葡萄酒。

他们几乎都抽烟，而且把向别人喷一口烟当作一种致敬的礼节。他们也吸鼻烟，烟草大多来自巴西，中国人的烟瘾并不大，不像在英国人们吸得那么凶，甚至不如我们的一些淑女。

他们没有洗手间或其他适合方便的地方，仅有公共厕所是露天的。粪便不时溢出，恶臭四散，远近可闻。

他们没有合适的马车，最好的车有四只笨重的车轮，由五匹马或骡子拉着，前面三匹，边上两匹。车上没有减震弹簧，因此坐起来很不舒服。马鞍、马勒和马饰既不美观又不实用，而且过重，对牲口和御者来说都不方便。虽然他们是那么偏执地喜爱自己的风俗和习惯，但在和我们接触了一段时间以后，他们还是不得不承认我们的交通工具在许多方面胜过他们。我去热河（Jehol）所乘的那辆马车轻便、宽敞、干净，他们大为欣赏。但是我的车夫所表现出的无畏、敏捷的车技，尽管有惊无险，还是让他们惊魂不定。还有，我的马鞍和马具的优雅和齐备给鞑靼人留下了深刻的印象，我想一部分鞑靼人可能会试着效仿。

我们带来的刀、叉、匙及其他上千种私人用品受到了不可思议的欢迎，而且可能很快会被大量需要。尽管政府反感新奇事物，不提倡外国的奢侈品的风气，但人们对奢华的追求压倒了禁令，从国外购入这些在国内无法买到的东西成了有钱人的特权。这次使团的一个显著的成绩就是它有机会向中国人展示英吉利民族文明生活的艺术和技能已经达到的完美程度；展示英国社会交往和自由贸易的进步所带来的风气时尚；让中国人看到英国尽管强盛，却依然慷慨仁慈，并不像俄国人那样粗暴鲁莽；使中国人尽可能地了解欧洲民族，尊重并喜爱他们。我们在他们心目中的良好印象由于我们的努力和谨

热河行宫乾隆皇帝仪仗

慎而得到巩固和加强。我们在广东的海员们遵纪守法，我们采取的其他一些
措施，也在强化这种印象。

3. 在中国，任何人都没有安全感。平民生活在专横的压迫和侮辱下。最尊贵的
官员大臣也会因为皇帝旨意的反复无常受到抄家甚至死亡的刑罚，过失者不仅
自身受罚，他的整个家庭都会受到株连。政府为了自己的利益安全，支持并培
养民众不健康的性格。马戛尔尼预言，专制制度下民众的顺从只是表面的，这
种残酷的制度终将会被推翻。

普通的中国人民能吃苦耐劳，他们坚韧、勤劳，富于生意头脑，擅于谋生。
在严酷的劳作条件下，他们依旧快乐健谈，并没有感到压抑。他们共同为某
件事努力工作时，他们不时大喊大叫，气愤地互相指责，似乎预备为此打上
一架，但实际上他们极少走上这个极端。严厉的法律约束着他们，杀人者通
常偿命，哪怕是并非蓄意的行为。

他们生性盲从和多疑，在刚开始接触我们时表现得羞怯惊恐。对我们这

些在数以千计的荒诞不经的传说中被渲染为狡猾残忍的陌生人，他们抱有很深的偏见。另外，这种偏见可能还为政府所支持，政府致力于使它的臣民相信，他们自身完美无缺，不须向任何外族学习。这是目光短浅的。一个不愿向前发展的民族必将衰退，最终倒退至野蛮和贫困的境地。

一个被派来服侍乔治·斯当东（George Staunton）的中国小男孩，很长一段时间内不愿和我们的欧洲侍从睡在同一个房间，他说怕被我们的人吃掉。不过我们在各个海港接触的中国人，倒没有上述愚蠢的想法。而且我很高兴使团在以后所经过的省份里，用行动彻底消除这些无稽之谈。

中国的下层百姓大都打心眼里痛恨官僚和有权有势的人，他们残暴的刑罚、专横的压迫和侮辱使民众害怕。民众忍受着地方官不公的待遇，满足着他们的贪欲。地方官们本身也处于宰相和总理大臣之类上级的威势之下，随时可能遭到抄家甚至处死的刑罚。处罚往往不光因为自己所犯的过失，还有可能因同僚犯下过错而连坐。他们必须为权力管辖范围内发生的任何事情负责，意外事故往往被视作蓄意而为，不慎犯错则被视为居心叵测。更有甚者，过失者不仅自身受罚，他的整个家庭都会受株连。同样，宰相及总理大臣也会因为皇帝旨意的反复无常受到惩处。打竹棍是一种广泛应用的惩罚，就算高官显爵也无从幸免。皇亲国戚，甚至皇子都同样得接受这一惩罚，现在活着的皇子中，就有两位曾饱受竹笞之苦。不过，民众的顺从只是表面的，也许有朝一日，这种残酷的制度会被推翻。

尽管作为万民之主的皇帝摆出一副不偏不倚的态度，表示他公平地看待汉人和满人，但不论汉人或满人，都未被这种假象所欺骗。满语被悉心推广于所有中国境内的鞑靼人，语言的不同在满汉之间划出了一条明确的分界线。在这个国度里居住过一段不长的时间后，我就可以毫不费力地区分鞑靼人和汉人，虽然他们的衣着和举止几乎一模一样。总有些东西（我不知该怎么形容它才好）能迅速表明他们之间的区别。

在试图对一个民族的风俗和特征作总体描述时，如果心存公正并尊重亲身经历，自然会发现一些与己格格不入的人与事，但愿基督教的仁爱将关照他们。在所有的国家里，人类都是由一些相同的因素构成的，只是不同民族的性格倾向不同而已。一个民族必定有一种基本性格特质渗透并影响到全体人民，正如一个显著的面部器官主导着整副面容特征。如果说我正在描述的中国人的大多数不像人们希望中的那么完美，那么其原因也不难推想。鞑靼人可能认为其政府从这个国家的血液中汲取了活力，但是，在这血液中，也不乏有害成分。一个健康机体源于不同气质恰当的融合激荡。中国民众的性格中，包含着一定的堕落因素，政府却故意纵容。政府就像一个有私心的医生，希望作为病人的国家人民尽可能久地掌握在他手中，所以他并不急于治愈在他看来长时期不会致命地发作的疾病。所以，过错不在这个国家的人民，而在统治者身上。

假使我们能从所熟悉的另一些人身上发现一些较为高尚的品性，那么我们会通过他们所拥有的优点和品质将他们辨认出来，而这些高尚的品性完全来源于他们自身，与所受教育或典范的影响无涉。尽管中国的道德书籍中充斥着对自身的溢美之辞，但中国的道德基本上是质地脆弱且不可理喻的。它形胜于质，犹如追求色调压倒了内容，追求画框的精美而忽略了画作本身，过分炫示其功能反而几乎失尽了功能。

与我们接触最为频密的四个人，总理大臣松筠（the Grand Secretary Sung-yun）、直隶总督长麟（the Viceroy Chang-lin）及负责伴随我们的王大人和乔大人，分别为两个鞑靼人和两个汉人，都是拥有较高品性的人。虽然他们各自所属民族的差异没有逃过我们的眼睛，但他们似乎携手完美地向我们展现了其友善和正直，也使我们为没能多认识几个像他们一样的中国人而深为抱憾。

4. 西方人对中国人缠足的习俗大为不解，马戛尔尼试着解释：我们从缺陷中发现美，必要时我们自己制造缺陷。

我对中国的女性世界知之甚少，因此对她们的生活几乎无话可说。不过我想我还是就我所知有多少说多少。中国底层的妇女多饱经风霜，相貌平平。过早和过多的生育、繁重的劳作和粗劣的食物使她们的青春的美貌很快枯萎

接待马戛尔尼使团的王大人与乔大人

了。不过他们依然拥有俊俏的神态，从她们盘在头顶的头发及上面的鲜花和其他饰物上，可以看出她们美的天性。在北京附近我遇到一些稍微尊贵些的女士乘轿而过，她们皮肤白皙，相貌也美，和有些下层妇女一样，她们都上了妆。

朝廷虽然并没有明令禁止满汉通婚，但满汉间成婚者甚少。满人大多与蒙古人通婚，而极少与其他的鞑靼部族通婚。满人嫁女的陪嫁甚丰，汉人则正相反，往往能从女婿那里得到可观的聘礼。

鞑靼妇女到现在还是腿脚灵便，她们不用像汉族女人那样缠脚，尽管据说她们中有些人的丈夫很希望她们也缠脚。我就缠足这个奇异的风俗向人请教过很多次，始终未得到满意的答复。乔大人承认没有什么特别的理由可供完满地解释，他只能说自古以来便是如此，而中国人的特征之一便是崇古、不问究竟。不过他又说这大概是源自一种东方式的猜忌，当初设计缠足纯是为了确保男人们拥有他们的女人，缠过足的女人行动不便，只好老老实实地待在家里。这种将人体的某部分器官损坏致残与彻底将其毁去基本无二。不过，我们对相当多的民族所施的割礼也不觉厌恶和惊讶，而且意大利歌剧院早已使我们容忍了龌龊的阉割术。（因此对中国的缠足也就见怪不怪了。）

整个人类，从欧洲最开化的民族到南大洋岛上最野蛮的部落，似乎都对自己天然生就的样子心有不甘，这种不甘心何以产生，令人不可思议。打耳孔，擦胭指，在头发里敷香粉和油脂，这些同样流行于伦敦和奥塔赫特（Otaheite）；这类有害于肌体的恶行并不为我们所禁止，相反还被我们延用在动物身上。我所认识的一位爱尔兰贵族设法将百眼巨人的所有眼珠都挖出来，拔掉孔雀全身亮丽的羽毛并繁殖出白色、灰色和米色羽毛的孔雀作为替代。多尔京（Dorking）那可爱的妻子给她那窝刚孵出的小鸡分别装上一只多余的爪子；还有我们使团的骑师们，将马尾巴设计成去毛尾、齐毛尾、扇形尾、短尾或根本没有尾巴，使他们的马与造物主造出的样子难以想象地不同。我们从缺陷中发现美，必要时我们自己制造缺陷。

我决无丝毫为中国妇女缠足辩护的意思，将女人的脚挤进婴儿的鞋里在我看来是一种地狱般的折磨。许多人乐于因时尚而自残，以至于每个稍有教养的中国人都认为缠足是女性不可或缺的经历。其实不然，北京的一位可敬的传教士使我确信恋爱中瞟一眼女子那双玲珑的小脚对中国男人来说有极强的挑逗作用。也许是我们自己对类似的蠢事无法释然。我们对缠足的习俗大惑不解，觉得女人们不缠足才更迷人。当然，世界上还有许多类似缠足的行径我们尚未谈到，诸如挤脚的鞋，硕大的鞋跟，笨拙的纽扣等等，谁也无法说出类似压抑妇女人性的行径何时才能绝迹。仅在数年前，英国还风行束胸、铁制内衣和紧身腰带，女士们从胸至臀纤细异常，仿佛稍一碰撞便有可能从中折断一般。腰围在18英寸以上的女人在英国普遍被人瞧不起。现在风气变了。妇女们不再追求纤巧秀丽，而是想方设法使自己丰满起来。中国妇女和其他亚洲人一样，从来不曾改变她们的穿着打扮，我猜她们现在所穿的外衣与她们在诺亚方舟上的她们所穿的大概没有分别。不过尽管风俗依旧，她们在选择饰物时多少变得有些卖弄风情了。

她们穿丝织的衬衫，内衣和裤子通常也是丝绸的，冬天则加上外衣。外衣是锦缎的袍子，很宽松，用一根腰带轻轻束着。各人品味和喜爱的不同主要通过对颜色的选择来体现。她们用发带、鲜花、发卡和珍珠修饰头，但不用香粉或润发油，也不戴钻石或羽饰。她们从未听说过欧洲女人所用的梳妆台，实际上她们有自己相应的设备，并把大量的时间花在打扮自己上面。她们尚未掌握西方妇女展示自身魅力的那些技巧，如搔首弄姿、虚情假意，及使用垫臀、细布胸衣和肚兜来衬托出身体曲线等。她们清楚地认识到虽然大腹便便在男人可能是一种福相，但对女性来说无疑不美观。因此她们悉心保持苗条的体形，并善于毫不费力地做到这一点。

在中国，男人只有一个妻子作为家庭的主妇，不过可以娶妾，数目随他的财产多少及心情而定。中国男人与欧洲男人一样好美色，但家庭制度却大相径庭。中国实行一夫多妻，丈夫所娶的妾与正房相对和睦地在一起生活，不过仍处于正房的权威之下。发妻（即正房）负责抚养和教育子女，所有的子女都同等地享有继承权。

在介绍有关中国人的风俗和特征这个问题上我毫无保留，因为我希望能表达一种公正对待中国的观点，以扭转中国因我们的自负和偏见而留给我们的荒谬可笑、难以置信的印象。另外，我不赞成借这个评论中国的机会大肆表达我们对中国的鄙视和讥讽，仅仅因为他们在风俗或服饰上与我们有所不同。要知道，我们自身的愚蠢和荒唐与他们几乎不相上下。

5. 马戛尔尼注意到，中国存在普遍的信仰自由。但西方来的神父们虔诚的宗教热情使他们忘记了谨慎，甚至迫不及待地以上帝的名义迫使中国的异教徒皈依。这种不谨慎的做法使得中国政府对基督教开始警觉，并采取措施加以约束。马戛尔尼同样看到了基督教在中国传播的困难：基督教并不会给信徒带来任何现世的利益，而中国人更易于为眼前一时的好处所吸引，而不愿期待一种持久的有价值的长远利益。

中国的政客们从未重视过教会与政府之间的联系。可能专制主义对宗教所提供的支持不屑一顾，或者英明的朝廷认为迷信力量的帮助毫无必要。初到中国的欧洲人吃惊地发现这里的宗教崇拜和传播中普遍存在的信仰自由，喇嘛、和尚、印度袄教徒和穆斯林和睦相处，信仰互不干涉。这样一个社会在现代欧洲也不多见，出现在亚洲则让人无法想象。因此即便我们的传教士没有蜂拥而至，基督徒们也同样可以享受到信仰自由的恩宠。只是神父们虔诚的宗教热情使他们忘记了谨慎，甚至迫不及待地以我主的名义迫使异教徒皈依。中国政府自然警觉起来，采取措施压制这种若不加约束可能日趋危险的新事物。不过一旦朝廷发现基督教无害，也就允许其存在了。如今，尽管有过数次因传教活动而引起的骚乱及对中国境内的基督徒进行的所谓迫害，传教士们在北京的宗教活动却丝毫未遭禁止或限制。在北京，你可以同时看到基督教的尖顶教堂和异教的高塔。教士与教徒享有充分的个人信仰自由，甚至可以在政府中任职。朝廷对基督徒的唯一要求是，传教活动不能扰乱了平静的社会秩序。这种要求使现今的传教士们比他们的前任更加小心翼翼，不过我相信他们没有忘记自己的使命。他们不声不响但却不停地接纳教堂的新成员，增加着教民的数量。新入教者有少量成人，不过大多数是他们收养的弃婴或从生活贫困的父母那里买来的孩子。为使这些孩子们更加虔诚，他们选送一部分最有前途的年轻人到那不勒斯的"中国学院"进修，结业后委派他们回到中国的一些边远省份从事传教活动。据我所知，这些人思维敏捷，态度温和，无比虔诚并热心于传教。令人遗憾的是，他们的传教的影响力并不大。

虽然当前中国的基督徒据可靠数字表明有约 15 万人之多，但比起一两个世纪前仍然少了许多。不过我很怀疑许多所谓的基督徒是否名副其实。最先到中国来的福音派教会夸大了他们的功绩和传教活动的进展。他们不加区别地给每一个受洗者冠以基督徒的称号，把这些人的一些行为当作发自内心的信服。而且我相信，在东方的其它地区的传教活动中也存在着类似的情形，在"书简集"及其他耶稣会的出版物中便能看到这种被夸大了的统计数字。看来的确存在阻碍基督教在中国迅速发展的不利条件。基督教并不会给信徒带来任何现世的利益，而中国人更易于为眼前一时的好处所吸引，而不愿期待一种持久的有价值的长远利益。基督教对感官享受的限制约束，在这样一个绝无仅有的专制国家也很难受欢迎。忏悔与这个民族封闭多疑的性格不相符，苦行只会加剧生来贫穷困苦的人们的惨遇。另外，中国社会不允许妇女参与思想生活的现状也是一大不利条件[1]。像某些宗教那样靠暴力恐怖来推行，迫使生性执拗顽固的人接受新信仰，基督教做不到。基督教温和的内质决定了只能通过温和的、劝说的、和风细雨的方式传教。这种和平的传教手段，尤其适用于女传教士，他们的口才往往会使信仰和真理变得更加迷人和有魅力。中国最初的基督教会未能得到女性的丝毫帮助，是一大遗憾，而且直到今天仍是这样，我们仍然未能得惠于妇女的虔诚和参与。

6. 马戛尔尼注意到，中国的排外并非是种族主义的，欧洲人只要接受中国文化，在习俗和穿着上中国化了，那么他们加入中国籍、被政府接纳、享受与中国人同等的待遇都不是什么难事。

在北京的传教士除了一两个年纪轻的新来者外，都非常习惯周围的环境，似乎任何其它地方都不如这里惬意愉快。在他们当中，意大利人和法国人分别以其博学和慷慨著称，而葡萄牙人至今仍保留着一份由来已久的偏执和积怨。这些传教士一身中国人的打扮，精通中国话，外表上看几乎和当地居民

---

[1] 基督教要求妇女定期单独与神甫交流思想和行为，作丈夫的对此一定异常反感。结婚前他和妻子不能相见，而结婚后他几乎不许妻子与异性相见，哪怕是近亲。

没什么两样。

现在我来谈谈当前中国的异教派。就我所知，没有哪个教派在其信徒的努力下取得广泛的影响。尽管在教义上各自不同，各个教派在精神实质上并无多大分别，具体行动上给社会带来的效果也是相差无几。中国的情况与其他地方一样，人们的美德并不一定只从神学观念中生成，我相信中国各个教派中的败德者都不在少数。

中国没有国教，没有哪个教派拥有独一无二的特权，也没有哪种教派有权禁止其他教派信徒进入政府或军队。国家各级公职对持任何一种信仰的人开放。在那些奉命陪同我使团的人中，特使信奉喇嘛教，王大人是佛教徒，而乔大人是儒家学说的信奉者，信仰不同并不妨碍他们在一起共事。

大多数鞑靼人信奉宫廷教派，即崇拜由大达赖喇嘛（Dalai Lama）为首的佛爷。达赖喇嘛是西藏拉萨的教主，在欧洲流传着许多有关他的传说。据可靠的记载表明，他是摄政的教会统治者，其实际统治疆域相当广，但是其精神统治的区域更为广阔，东至堪察加半岛，西至黑海沿岸，南至不丹山地，北至北冰洋，范围之广不亚于伊斯兰教或基督教，其强盛迄今也不亚于上述两者。皇帝乾隆不但深信喇嘛教，而且由于他那史无前例的50年成功统治，坚持认为他的祖先的神灵附在他身上，此刻正赋予他的帝国勃勃的生机。

从人类历史中我们可以发现，繁荣兴旺极易使人误入歧途，人性总不满足于现世的幸福，他们总希望在另一个世界里找到幸福的根据与幸福的归宿。亚历山大大帝自认为是宙天神的儿子、许多罗马皇帝强取圣坛和祭品、伊丽莎白女王治下的一位英国贵族深信自己是天鹅的后代并因其天鹅血统而受人尊敬，和他们相比，乾隆（Chien-long）大帝的昏愦还不是那么不可原谅。乾隆是这样一位帝王，他统治时间的长久，治下国家的强盛，不可胜数的子民对他无限崇拜，他本人也身体健康，富于活力。他这种优越的地位，使他不可能注意到触目可见的世间的悲苦。他信奉喇嘛教，恪守喇嘛教的教规。他建于热河的寺院庙宇，庄严巍峨，富丽堂皇，也是他信仰的热情和真诚的无可争辩的例证。中国民众是十足的偶像崇拜者，他们都崇拜被称为佛或佛爷的神灵。老百姓的佛爷有别于满清宫廷中所崇拜的佛爷。相传佛西来传教，在早于基督教产生前的遥远年代里，已在这里宣讲神的启示了。寺庙遍布全国。佛教团体数量庞大，中国的下层民众极为迷信。他们十分讲究日子的凶吉祸福，许多人还相信手相、占卜及占星术。在我的旅行过程中，我偶然发现中国人拜神的法器与罗马教、天主教器物有极其相似的地方。中国的一些寺庙中，供奉着一座用幕帘遮住的壁龛，拉开幕帘可见一位头顶桂冠、上有光圈的女神像，还有两个男孩坐在她的脚边，整个造型仿佛是对罗马天主教圣母像的拙劣摹仿，还有年轻的福音使徒圣约翰。这座女神被称为王母娘娘（或是观音），从她的两肩伸出许多只手。每只手上拿着一件有象征意味的物品，如剑、矛、镰刀或稻草等等。在中国信徒那里关于这位女神及她的子女，有无数的传说。她生于遥远的上古时代，大概同时期于希腊的自然女神和埃及司生殖的埃西斯女神。不过，在所有这些荒唐和矛盾之中，中国人和印度人一样持一神论的观念，她们都宣称虽然佛爷和婆罗门被认为化身为种种不同的神性，诸如海神、山神、欢乐女神及丰裕女神等等，但他们不过是至高无上的上帝的各个组成部分而已，上帝将自己分解成诸多不同的功能以期更好地救赎尘世。

在上层及受过良好教育的中国人之中，有一些相当于在中国被尊称为自由思想者及哲学家的人，其余则基本上是孔子的追随者。孔子的信徒分为两派。一派认为孔子是一个大智大仁之人，天生拥有远高于他生活的时代的智能与品行。他们在节宴上敬奉孔子的名字，为他唱颂歌并饮酒纪念。如同爱尔兰的辉格党人向光荣的威廉王致敬时所做的那样。而另一派则使这种正当的崇敬方式堕落为腐朽的迷信，他们以祭酒代替祝酒，把原本对逝者美德的赞颂变为圣典和欢宴，混乱不堪。其堕落还不止于此。祭品不断增加，成群的牛羊被宰杀来祭奠孔子。这样的典礼定期举行，每个提供祭品的人由祭师长统一指挥。这一派中的祭师长类似于我们中那些把持着教士职位的贵格会徒。

以上仅提到在中国最为风行的教派，不容忽略，中国还有一些犹太教徒和穆斯林。他们数量极少，而且有被同化的可能。据我所知，阿拉伯人或穆斯林早在九世纪就进入中国。犹太教徒出现得更早，据说他们是逃犯的后代。我叙述这些事实，是为了表明：中国人并不排斥任何宗教，他们不觉得这些宗教有什么危险；这也反驳了在欧洲广为人知的中国不允许外国人定居的说法。中国排教的说法源自耶稣会会士，并为葡萄牙人广为散播，然而这完全是无稽之谈。政府的谨小慎微，以及对欧洲人进取精神不无根据的提防，自然使中国有所警惕，使他们不像其他国家那样倾向于鼓励外族人进入。中国庞大的人口使它的确不再欢迎新成员的加入，不过我并未发现中国政府在这方面的政策有什么过分严厉之处。

那些在习俗与穿着上中国化了的世俗的欧洲人，与欧洲的传教士们一样，只要想在北京为朝廷效劳，他们入中国籍和被政府接纳都不是什么难事。他们可以像犹太教徒和穆斯林一样在中国定居繁衍，可以随心所欲地施洗、行割礼，而不会受到地方官员的任何干涉或邻里的任何议论。我发现在广州，任何穿中国衣讲中国话的英国人如果选择成为中国人将不会受到丝毫阻碍，如果有钱和地，他甚至可以加入行会经商。但是，未经特许，外国人不得随意离开中国返回故乡。不过也有一些传教士设法得到许可，现在已回欧洲定居了。别为从中国离境的困难大惊小怪，别忘了在此刻的俄国，没有大使馆特批的正式护照无论什么人都无法离境，试图非法离境将被判认重罪，课以重罚；所有外国人，哪怕是圣彼得堡（St. Petersburg）最可尊敬的英国商人，都与俄国最卑下的农奴一样必须遵守这一规定。

在北京任职的传教士与他们的同等职位的中国同僚得到平等的待遇，也许在某些方面还享有一些优惠。他们中的部分人得到皇帝恩宠，如果他们有人突破教会独身的禁忌，在中国成婚，也许他们的子孙会有机会位居更高的职位。而且仍保留着原来的宗教信仰。以前，部分传教机构与那些不热衷于教会事务或完全与传教团无关的欧洲人尽可能地保持距离，现存的葡萄牙耶稣会会士仍遵循这一准则。但是自从耶稣会被解散，耶稣会

身穿汉装的柏应理神父

士们的看法和政策发生了很大变化，相信现在他们大都认为放宽欧洲人到中国来的限制只会对他们有利而不会有害于他们的宗教信仰。

不能不提的是，各个教团除了教堂和会所之外，还在北京城内拥有一些商号和房产，他们将之出租给中国人并收取可观的租金。他们在乡下还拥有花园和葡萄园，这是他们休养身体或静心作礼拜的地方。以前法国耶稣会拥有一片庞大的地产，不过随着其会团的解散现在已所剩无几，掌握在圣拉扎鲁斯神甫手中。两所葡萄牙人开办的神学院每年收入达一万二千两白银，合四千英镑。罗马天主教传道会在这里的收入则十分有限，传教经费不足，需由罗马教廷方面补充。法国的外方传教团等在中国的传教组织，一直由他们在巴黎的总会提供经费，直到前不久的颠覆事件爆发[1]，他们才陷入困境。

有关中国的宗教，道教不可不提，这是中国最古老的教派，据说比佛教的出现要早数千年。但是道教信徒现在数量不多，因此不必对其进行专门描述。基于相同的原因，我也未去注意那些不时出没于新地区和人群中的各种影响微弱的教派，诸如卫理公会（Methodirte）、苏格兰长老派（Seceders）、瑞典自由教派（Swedenburghers）、摩拉维来派（Morravians）及英国的马格尔顿派（Muggletonians）。

7. 马戛尔尼看到了中国强盛的上层建筑之下的巨大空洞，表面的稳定是维持在满族政府恐怖残暴的专制统治下，必然会引起人们绝望的反抗。

马戛尔尼认为，人们对这个国家所进行的任何变革都应该是温和渐进的，否则不仅有害于他们的敌人，也有害于他们自己。如果没有做好准备，骤然从奴役到自由，只会导致自身的毁灭，迅速再次堕入奴役，最终将证明不配享受自由的快乐。

中国古代的政府结构与现在有本质的区别。在古代中国，皇帝表面上是

---

[1] 指 1789 年法国大革命。

专制的，且被赋予各种东方式的夸张的头衔称号，但国家统治权归中央内阁或大法庭所有，朝廷的阴谋或行政命令的变化都不能干扰或违背其职能。这是一个由法律保障其权力的政府，每每当其君王试图迫使政府放弃权力的时候，便会爆发叛乱乃至君王被逐。根据历史记载，这时会发生朝代的更替，新的皇权诞生并恢复原有的政府权力结构。中国现在的朝代是统治中国的第二十二个王朝。当今的政府是少数鞑靼人对三亿多汉人的统治。

迄今为止的清朝四任皇帝，都拥有杰出的才能，旺盛的精力。君主英明果敢，他们的治下国泰民安，不仅皇权稳固，而且其统治的疆域，也已扩大了许多。

现今统治的盛世景象，是由复杂多变的政治斗争造成的。一个半世纪之前，鞑靼人进入中国的时候，中国统治乏力，奄奄一息，饱受内战与叛乱之苦，王权处于几股势力争夺之下。鞑靼人充分利用了当时的局势，最初他们辅助其中的一股势力，但很快他们便显露峥嵘，最后依靠勇敢和不懈的努力扫清了所有通向统一帝国的障碍。此时汉人早已不堪战乱之苦，他们无力抵御鞑靼人的入侵，不得已臣服于这样一个外族的篡位政权。虽然征服者们鲁莽残暴，但他们的首领却果敢坚定且智慧冷静，他用极大的节俭和仁政，补偿了他所采用的专制体制的不足，使刚从暴政中摆脱出来的人民易于接受其统治。一段时间以后，骚乱暴动和敌意仇视为平静稳定的统治秩序所取代。尽管政府专制独裁，但毕竟还算天下太平。人民仅受到威胁而不会遭到实际的伤害；隐患虽然可能是巨大的，但却不易觉察。

年轻的鞑靼皇子们受教于学识品德最负盛名的汉人老师，从他们中将产生未来帝国的统治者。汉语是国家的通用语言，中国古代的制度律例被推崇备至。汉人旧有的职官制度和统治方式承继下来，被征服者的风雅也为胜利者所摹仿。满族统治者最初这些汉化政策，都是为了赢得汉人的好感，使他们能够接受新的政权。许多人因此极端错误地误认为鞑靼人笼统而真诚地沿袭了汉人所有的准则和习俗，这两个民族已完美地融合为一体了。其实不然。在生活习惯和发型的选择上，他们当然已经一致了，但却不是鞑靼人适应了汉人，而是汉人被迫效仿鞑靼人，他们各自的天性和特征并无变化，而不同的地位和内在的思想感情的差异，远不会为一些表面形式所掩盖。鞑靼人自觉高人一等，汉人倍受压抑。我们大部分书本将他们混为一谈，似乎他们只是中国这个国度里的同一个民族。但不论在外表上如何相似，这个国家的统治者都不会忘记满汉本质的区别。皇帝虽然极力摆出公正的态度，对两个民族的待遇不偏不倚，但他从未有一刻忘却自己出身的那个民族。东方世界的政府管理艺术与西方世界大相径庭。在欧洲，当一个王国的统治权经过暴力的或和平的方式确定下来，被统治民族将沉着有序地恢复王国原有的状态。那不勒斯或西班牙的王位由波旁家族或奥地利人占据都没什么要紧，因为统治者，不管他是谁，都会迅速转变为一个那不勒斯人或西班牙人，他的子孙则更是如此。乔治一世和乔治二世在掌握英国君权的那一刻起就不再是外国人了。他们和阿尔弗雷德大帝或埃德加大帝一样是英国人，依靠英国法律而非条顿法律来统治人民。在亚洲情况恰恰相反。那里的君王认为其出生地无关紧要。如果其出生地好，他认为那将福泽他所在的土地并可能通过迁移而赋予新地方人新的活力。所在地并不重要，重要的是他的血脉和家族。他从那里汲取血液而不是空气。家乡家族，血脉血亲，是他们生活与思想的主体，而不是环境际遇。200 年来 8 到 10 世纪帝王的统治历史，没能使莫卧儿皇帝成为一个印度人，鞑靼人一个世纪的统治历史也没能使乾隆成为一个汉人。此时的乾隆从各个标准来看都仍和他的祖先一样是个不折不扣的鞑靼人。

各省总督、军队统帅、内阁大臣基本上都是鞑靼人。商业机构和办事部门，主要由汉人运作，他们比鞑靼人受过更系统的教育，更加博学和有耐心。鞑靼人大多宁可担任军职而不愿就任文职。在所有的法院、金融机构或军事管理机构，鞑靼人的数量必须与汉人保持对等，以使前者能监督

大英博物馆藏乾隆皇帝像

和控制后者。在各级权力机构中汉人可以作为名义上的负责人，发表自己的意见，但鞑靼人实际控制和操纵着汉人。这种种针对汉人的规定和戒备充分暴露了统治者对其帝国的种族归属的真实观点，揭示了乾隆并不依赖于汉人的热爱与忠诚的事实。现今中国政府的组织形式不妨比作古罗马的圆形竞技场，骑师驾驭着一群马，这些马戴着上好的嚼子且装饰华美，骑师可以轻松地让它们前进或止步。但同时他也深知驾驭不当或疏忽大意的后果，若不能恰如其分地对待这些马，及时梳毛和喂养，适时地抚拍和鞭打，那么有些马将会跳出跑道，弄得人仰车翻。统治一个庞大的帝国，必须万分谨慎。如果你考虑到以下情形就不难理解这一点。所继承的统治权的先天不足，暴力征服引发的持续的焦虑、外族统治所引起的公愤、民众被诡计欺骗、被阴谋出卖或被叛乱激起而不可避免地产生的对统治者的怨愤与反抗、因滥刑和姑息造成的奖励与惩罚的不当不明，以及难以计数的人口、无边的统治疆域，战争中军人的英勇与和平下官吏的才能，我的意思是，考虑到所有这些情形，那么管理这样一个帝国无疑是一项需要难以想象的警惕与辛劳的艰巨任务。然而，迄今为止，满族政府以惊人的才能完成了这项任务，取了无与伦比的成功。如果不能将这个国家的基本情况牢记在心，那便无法设想这种独一无二的统治技巧150多年来能够代代相传。在中国所有权力与尊严都来自皇帝，不仅在皇帝活着的时候由他分配，而且在他身后也依然有效。有绝对权力任命他的继任者。他是作为一国之父来从他的家庭中选出最适合代替自己的继任者，而不考虑长子继承权，不掺进作为父亲的溺爱和作为朋友的偏爱。迄今为止的皇位继任者的挑选，都很准确。康熙和他父亲一样是一位伟大的国君，雍正也不逊色于他们，而乾隆则胜过了他的三位前任。乾隆将挑选谁在他死后挑起帝国的重担现在还不可知，但无论帝位属谁，大智大仁的佛爷将保佑他，使他能维持帝国现有的平衡。朝廷虽然祥和宁静、歌舞升平，但无法掩盖国家还远未达到国泰民安的事实。边远省份不断暴乱，暴露出人民的真实思想和怨怒。鞑靼人的特权及皇帝对他们的偏向，是汉人私下会面时普遍议论的问题，也是他们交谈时不变的主题。每一省都有一些不忠于朝廷的秘密社会组织，虽然政府勉强防备着他们，这些组织仍能设法躲过政府的耳目经常举行秘密集会，在集会中他们唤醒对前朝光荣和自由的回忆，诉说他们在新朝所受的伤害，并策划报复行动。

虽然我们的视线为旅途所局限，我们仍拥有别人难以得到的观察机会。我们不放过任何机会。这里居民们真正的性格，以及政府为限制和引导他们而要求的优雅仪态礼节所造成的影响，自然成为我们特别关注和好奇的对象。在我的观察中我经常注意到这个国家强盛的上层建筑之下的空洞，我还发现在堂皇的外表下迅速溃烂的种种征兆。表面的稳定与繁荣，无法掩盖其内在的危机。汉人现在正从突然的打击中慢慢恢复元气，正在从鞑靼人的压制所造成的政治麻木状态中苏醒过来开始感觉到自身民族活力的重生。燧石经轻微的碰撞便可点燃，火苗将在中国燃成燎原烈焰。实际上，虽然帝国仍然强大，但帝国的躯体已变得过于臃肿笨重，难以一手掌握了。尽管当今皇帝以智慧和勇气将这台庞大的机器尽可能久地稳定前行于其原有的轨道上是可能的，但我不会惊于在我的有生之年看到帝国的突然倾覆或解体。不论那一天何时到来，都势必将伴随着鞑靼人统治特有的恐怖残暴的镇压。然而眼前痛苦的压力使人们易于忘却前代的苦难；我们又怎能寄望那些为苦役所折磨，为专制所激怒、为绝望所疯狂的人们继续忍耐下去呢？那时的情况会比现在更糟。就像刚刚挣脱锁链又为猛狮所吞噬的奴隶一般，他们为摆脱压迫和毁灭所付出的所有努力，都将导致压迫和毁灭他们自身的结局，他们将成为自己导演的悲剧的主人公，他们将被埋葬于为别人掘就的墓穴中。经过从被奴役到自由，从依附到权力的骤然转变，没有人能够保持温和与谨慎。人们对这个国家所进行的任何变革都应该是温和渐进的，否则不仅有害于他们的敌人，也有害于他们自己。适当的准备对自由来说有如大花疫苗对健康的身体一样必不可少。缺少了它，自由只能导致毁灭。因此现在的汉人们如果不是逐步地获得解放，而是激进爆发式地挣脱束缚的话，他们将可能陷入极大的灾难中去，为各种狂烈的病痛所折磨，像法国人和黑人那样，最终证明不配享受自由的快乐。

8. 中国人对送礼习俗的偏爱，使他们看不到这将有碍于司法公正，经习俗和权力认可的送礼行为将被最邪恶的用心所利用并最终泛滥成灾。

史料中所记载的中国古代司法部门受到极高的赞颂，赏功罚罪严格公正，法律面前人人平等，以至于不容我们怀疑这里是不是阿斯特拉埃[1]（Astraea）最后驻留的地方。时光飞逝，历史的印记所剩无几，并一天天变得模糊。中国古代政府发生了变化，特别是后来的改朝换代，使司法体制自然发生了变化。人们不再期望司法公正能够在征服者与被征服者之间实现。然而许多人仍然宣称古今司法制度并无差别，法律体制程序被大体沿用下来，起诉的惯常手续仍被遵守，判决的严肃性仍和从前一样。不过金玉其外并不能掩饰败絮其中。

我的朋友乔大人（他是一座城市中最高级别的文官，在极大的范围内拥有司法裁判权）尽力使我相信他所主持的审判法庭的公平有序。我只准备转述其中一个颇有吸引力的观点，我敢说除此之外他的其他观点同样都表述不清或缺乏理性。在交谈中他透露到起诉人往往需向法官送厚礼。就这个问题我竭力向他解释了我们的法理学及司法机构所遵循的原则，我们给予司法人员较高的薪俸以抵御贿赂，接受贿赂不仅违法，而且没有必要。对此他的回答是：在中国，送礼的含义不应被误解，送礼受礼是社会交往的一种方式，礼尚往来是久已确立的惯例，不必担心会带来任何危害。看起来他对他国家里风行的此种习俗极为偏爱，而意识不到这样做必然导致的后果。他还进一步告诉我，这种情况下礼品的多少全取决赠送方的富裕程度及接受方地位的高低。当我提出质疑，指出一个礼品微薄的穷人比一个礼品丰厚的富人在诉讼案中胜诉的机会小得多，他使我确信这种额外所得（就像它们被认为的那样）并不会对案件的判决产生多少影响。也许他无意骗我，因为有些观点常能致使人们自欺。不过虽然他试图使我相信他所作的无懈可击的解释，我仍然怀疑整个诉讼过程会完全是另一种样子，而经习俗和权力认可送礼的行为将被最邪恶的用心所利用并最终泛滥成灾。一位传教士在此之前似乎还为中国人

---

[1] 阿斯特拉埃是古罗马福音中正义女神。

辩解，说他们收受礼品仅是风俗习惯使然，并非出于奸邪的动机，他们并未意识到这会滋生腐败。这就是说，在体面庄重的外表下，司法具有两副面孔，既追求裁决的公正又允许贿赂的发生。另一个深知个中究竟的人无所顾忌地对我说，在他们唯钱是理的法庭里，众所周知财礼能大大地左右最后的裁决。预先送礼的风气在司法以外的其他部门同样流行。缺少了这一环，引荐无法被接受，生意也谈不成。拒收礼品将被认为是明确的敌意的表现。这种臭名昭著的规矩被东方人广泛接受，我想这也是他们逐步走向衰败和覆灭的主要原因。我们所熟知的几个其他东方大帝国已经逐个因此而覆灭了，厄运可能有一天也会落在中国的头上。中国在刑罚上应判死刑的罪种不像我们那么多。罚款、坐牢、鞭挞和流放是较为常用的刑罚，唯有凶杀是不容赦免或罚金代偿的死罪。

以下是六种死刑的行刑方式。

1、凌迟处死。

2、大卸八块。

3、斩首。

4、绞刑，罪行最轻的死刑刑罚，但也极野蛮，犯人被抛落九次，颈上绳索张弛九次，直至最后窒息而死。

5、烙刑。

6、乱棍打死。

司法长官手中的案件据说通常数目庞大，不过只有一所统一的监狱每年一次收监或释放犯人，除非特别情况需长期收押罪犯。

我被告知被判杖击者有时允许雇人代受以逃脱刑罚，但实际上并非如此。我也没发现有儿子代父

拉着辫子斩首

受罚的事情发生，虽然从前可能有过这样的事。

监狱中的管理秩序据说非常好，因无力还债而入狱的犯人与重罪犯被隔离开，不得互相接触。这是个出色的规定，将各种犯罪轻率地联系在一起以及将邪恶与不幸不加区分地收押在一处是既不明智也不道德的。根据中国律例对欠债的人采取的措施极为严厉。如果欠债人即便倾家荡产也不能偿还债务，而他的亲戚朋友也未能帮他偿清，那么他将被戴上枷锁游街示众。如果其破产是因赌博而起，他还会被处以体罚。

某些情况下可以自卖其身，如为了偿还拖欠政府的债款，或为了支付过世的父亲的丧葬费用，人都可以卖身服劳役。如果在服役期间表现良好，20年期满后他可获自由，除非他为了生计甘愿继续服役；卖身时若将子女也包括在内，其子女的待遇也相同。破产者若是有意欺诈皇帝的财产按律绞死；若是意外灾祸所致，则其妻儿财产全部变卖充公，本人发配边疆。在民事或刑事案件审理过程中无需起誓，如果有人自愿起誓反倒会被怀疑作假。奇怪的是，刑讯经常被用来逼供词。

判处死刑的命令一般由皇帝签发，但也并非一成不变。最近便有几个案件由总督当即处决了犯下诸如叛国、暴乱及恶性杀人罪的犯人。这类案件行刑后再奏请皇上批准通常都能获准。

9. 在中国，私有财产没有得到有效保障。皇帝被认为是所有财富的当然拥有者，皇帝可以随时剥夺任何人的私人财产。这成了证明中国是专制的帝国的主要论据之一。

在中国，皇帝被认为是所有财富的当然拥有者，皇帝可以随时剥夺任何人的私人财产。一旦犯下过失，财产便要抄查充公。

在没有法定财产继承人的情况下，一个人可以按照他所愿意采用的方式来处理他的财产，包括动产和不动产。按照法律他可以将财产遗赠给寺庙或其他宗教组织，不过近来少有这样的遗赠，因为国家虽然有明确地保护任何古老权利的政策，却并未得到认真的执行，而是通过向受赠的寺庙或教堂派遣官员、巡查官、信使等来尽量无害地滥用职权，使遗赠者的遗愿无法实现，其财产最终用于发展国家的其他行业。

立遗嘱者一般将其遗产留给他的妻子，特别是在其子女尚未成年的情况下。如果没留下遗嘱，那么他的土地和财产将平均分配给他的儿子们，同时遗妇将得到自己的一份，其多寡由她所居住的省份的不同而不同。女儿们什么也得不到，在婚前由其兄弟供养，如果没有兄弟则由成为遗产继承人的亲戚供养。

许多中国人拥有极庞大的地产，有些年收入甚至高达10万英镑，这些地产是通过不同的途径积累而成的，有的是祖上传下来的；有的是通过秘密交易，即下等代理商与那些不能直接经商的有钱的达官显贵之间的交易；有的是通过放高利贷；有的是通过盘剥雇工；还有的是通过受贿。天津的一位有钱人的遗孀继承了亡夫的财产没多久（他的四个儿子尚未成年）就捐给皇上一百万两银子（合333333英镑）作为西藏战事的军费。

法定的贷款利息是百分之十二，但实际通常高达百分之十八甚至三十六。放高利贷为法律所不允许，但就像在多数其他国家里那样，很少受到惩罚。放高利贷就像赌博一样是不光彩的敛财方式，不过依据借贷双方所立契约，告发高利贷者即便在那些受害者看来也是不十分光彩的。

在农场（根据合同订为三年、五年或七年期，期满后地方可以收回土地而佃户则失去土地）收成由土地的拥有者和耕种者分享，后者分得一半完全归自己，前者分得另一半，不过得从中缴交赋税，税额不论年成好坏一律不变。不过，如果年成实在太坏，也可以适当减免一些。据称皇帝应得收成的百分之五，不过由于粮价（由御派官员随意而定）通常被定得远远高出市价，每年地主向朝廷缴纳的税款并非实际收成的百分之五，而是高达百分之八或十。虽然法定的利率为百分之十二，但北京近郊的土地仍以相当于二十年租金的价格出售。

目前唯一流通于中国的货币是一种含少量黄铜的铜币，与先令大小相仿，中间钻有方孔以方便用绳串起。一千大钱，我们称之为sapecas，合一两银子，相当于十打兰英币或0.68英镑。

大米或其他农作物的计量单位是磅或斤，十斤折合一石。中国的计量完全是十进制的。

以下列出了北京一些商品的市价，它们来源于我所收集到的最可靠的资料。

	银（两）	Sapecas
普通马（每匹）	20 至 25	
公牛（每头）	15 至 20	
母牛（每头）	10 至 15	
一磅牛肉		40
一磅羊肉		50
一磅小牛肉		45
一磅猪肉		50
一磅火腿		80
鸡（每只）		100
鸭（每只）		150
鹅（每只）		500
鸡蛋（每个）		3
一磅大米		24
一磅面粉		20
农民全身服装	2	或约 2500
中级官员全身服装	20	
低等官员全身服装	8	
高官典仪用制服	100	
高官典仪用奢华制服	1000	
一套马饰	16 至 25	
一双黑布靴	2.5	
一双皮靴	2	
一顶帽	2 至 4	
茶		／
盐（每磅）		35

一个中国农民每天可以挣到五十文。在我们所经过的省份中为我们开船的船夫每天则可挣到约八十文，每航行一里挣一文钱，一里相当于360军步的距离。

一个普通的织布工人、细木工人或其他手工艺者的收入只能维持起码的生计，除非他在所从事的行业中表现出高人一等的技能和天赋，因此获得较高的收入。情况表明，对劳动力的需求并不总是很充分的，劳动力的数量远远超过社会所能提供的支付能力。因此大批有工作能力和愿望的人被迫依靠私人慈善救济过活，或者寻求公共慈善收养院的资助。尽管如此，每年还是有大批人因缺衣少食而死。夏天是如此炎热，普通老百姓几乎全裸，而冬天的严寒使大量的人因衣不蔽体而死去。在帝国的各个省份里经常出现程度不一的饥荒，如果引起了严重的后果，当地的地方官将依例被惩罚，因为他没能预见灾祸的发生，未能预先充实库存以补救饥荒。基于数量庞大的民众陷入如此的惨境（通常在各方面状况都极度恶劣），不难理解他们将为了生存而抛弃一切，他们会割裂其他所有感情的纽带，毫不犹豫地将自己的子女卖给人贩子，或是将之遗弃。初到中国的人们通常会对此大加指责，但这样做未免过于鲁莽和严厉了，因为我相信，只要父母还有一线养活子女的可能，中国人对子女的钟爱之情是任何其他国家都无法企及的。与此相应的是，在中国，子女对父母的尊重和感激也是其他国家无法企及的。

10. 中国的国土面积与俄罗斯大致相当，人口密度相当于法国的两倍。

欧洲人一直认为中国的人口密度远大于其他任何国家。关于中国人口的各种公布数字出入很大。我的朋友阿米奥特神父的数据来源于格罗谢对中国的描述，可能会把引用摘录这些数的人们弄糊涂。他在书中一处说1743年不包括福建省中国人口将近二亿，而在另一处又说当年中国人口超过二亿八千万。我试图解决这一难题，但当我到北京时，可尊敬的神父已生命垂危，不能再复核他的记述了，我期盼由此得到准确数据的希望落了空。格罗谢另有一组中国1761年的人口数据，数据中国人口总量为一亿九千八百万以上，他说这一数据来源于可靠的权威。帕乌先生（Monsieur Pauw）等一干著者以他们对中国的推测来取悦读者，他们倾向于低估中国所拥有的一切，尤其对中国的人口稠密程度表示怀疑。与之相反，我收到一组被认为绝对精确的数据，标明中国的总人口高达三亿三千三百万。

一个外国人，因为对中国的语言不甚精通，因为误会或曲解，因为缺乏和政府机构的接触，或因为个人资料的不足和不够准确，经常容易导致无知和错误，有时对一错误的东西认为是理所当然，而有时则不肯接受那些真正准确的东西。因此，我关于这个话题的任何言论，都只是忠实引用他人的研究结论，而不加入自己的判断。

不包括鞑靼人疆土，中国领土面积总计约达 831,000,000 英亩，或约 1,298,000 平方英里。而法国领土面积约 103,000,000 英亩，或约 162000 平方英里。就其八倍于法国的领土面积而言，其三亿三千三百万的人口并不像这个数字本身看上去那么庞大。默赫奥（Moheau）先生和内克尔（Necker）先生估计法国人口为两千六百万，普莱斯（Price）博士则认为超过两千八百万。取其折中值两千七百万，若中国的人口密度与法国保持一致，则中国的人口数应为两亿一千六百万。但是，我曾经到过法国的大部分地区，在大革命之前最繁荣兴盛的那个时期还在法国居住过不短的日子，最近我又从南到北地走遍了中国，因此我可以毫不犹豫地说中国的人口的密度相当于法国的两倍。三亿三千三百万和两亿一千六百万的差距似乎说明中法人口密度比仅为 $1\frac{13}{24}$ ：1，中法人口数量比也仅为 37：3。但实际上，在我所经过的每个市镇乡村，每处河岸海滨，中国所拥有的巨大人口数量远远超出了我的想象，特别是，出现的几乎都是男性（极少例外，大概总计不超过 500 个女性）。中国人口的分布情况表由乔大人交给了我。乔大人是一位高等地方官，天津的最高行政长官，从我们一到北直隶起就被选派陪同使团。他见多识广，在交往和频繁的谈话中他获得了我的友谊和喜爱。不过他仍具有中国人所有的一切虚荣自大，在和我们的交往中，他不可避免地感受到欧洲人明显的优越性，愈是为之所触动，他愈是有意夸张他的国家的伟大，它的人口的众多以及它一些可以引以为荣的东西。

长城以内的中国各省人口面积表

省份	人口数	平方英里	英亩
北直隶	38,000,000	58,949	37,727,360
江南 [1]	32,000,000	42,961	59,495,040
江西	19,000,000	72,176	46,192,640
浙江	21,000,000	39,150	25,056,000
福建	15,000,000	53,480	34,227,200
湖北	14,000,000	144,770	92,652,800
湖南	13,000,000		
河南	25,000,000	65,104	41,666,560
山东	24,000,000	65,104	41,666,560
山西	27,000,000	55,268	35,371,520
陕西	18,000,000	154,008	98,565,120
甘肃	12,000,000		
四川	27,000,000	166,800	106,752,000
广东	21,000,000	79,456	50,851,840
广西	10,000,000	78,250	50,080,000
云南	8,000,000	107,969	69,100,160
贵州	9,000,000	64,554	41,314,560
总计	333,000,000	1,297,999	830,719,360

　　以上我给出了由乔大人处所得的人口面积表。它精确到何种程度我毫无
把握，不过乔大人让我尽可相信它。当我表达我的怀疑的时候，他付之一笑，
似乎认为提出如此不堪的问题荒谬可笑。他补充道，这张表来自两百年前的
一次可信的普查登记，当时五千七百多万二十到五十岁之间的男子被按人头

---

[1] 含江苏、安徽两省。

征税，这是那时的摊税方式，后来的税收则改为全部从土地上征收。而自清朝当政以来从鞑靼地区流入的人口必然使关内人口大为增加。

上表中的面积数据推算自耶稣会会士的中国地图，该地图是康熙特令耶稣会会士制作完成的。

至于中国关外的人口，则不可能获得任何了解，中国人自己也几乎和我们一样对此一无所知，除了奉命戍守的官员和遭流放的罪犯，甚至很少有汉人到过关外。中国人谈起关外的鞑靼地区似乎觉得它有半个世界那么大，但是对其具体的疆界的概念则模糊混乱。中国人自命拥有的疆域和实际统治的疆域之间有巨大的差别。

我在圣彼得堡任英王大使时俄国朝中上下流行着这样的说法，即认为俄国统治的土地占全球陆地的十二分之一，自那以后他们又大大地扩张了。由此我认为中俄两个帝国的面积应该大致相当，它们的领土面积之和约占全球陆地面积的六分之一，也就是整个地球表面积的二十三分之一。

11. 中国皇帝实行专制统治，税收及其他贡品被看做是皇帝的私有财产，他可以像处理其他事务一样任意妄为。

王国每年的总收入据说将近两亿两银子，合 66,666,666 英镑，也就是四倍于大不列颠，三倍于大革命前的法国。税收由以下几个部分组成：

1、地产税

2、盐税

3、关税及其他。

全国所有民用和军用支出及其余附带支出都由这些税收而来，各省先支付所需的费用，再将税收的剩余部分缴入北京的国库。1792 年存入国库的数目是 36,614,328 两，合 12,204,776 英镑。下表是乔大人向我提供的统计数字。

各省缴入北京国库税收统计表

省份	银两	各省合计	农产（份）	人口
北直隶	地税 252,000 盐税 437,000 关税等 79,000	3,036,000	无	38,000,000
江南	地税 5,200,000 盐税 2,100,000 关税等 910,000	8,210,000	1,440,000	32,000,000
江西	地税 1,900,000 关税等 220,000	2,120,000	795,000	19,000,000
浙江	地税 3,100,000 盐税 520,000 关税等 910,000	3,810,000	780,000	21,000,000
福建	地税 1,110,000 盐税 870,000 关税等 80,000	1,277,000	无	15,000,000
两湖 湖北	地税 1,300,000 关税等 10,000	1,310,000	100,000	1400000
两湖 湖南	地税 1,310,000 关税等 35,000	1,345,000	100,000	1300000
河南	地税 3,200,000 关税等 13,000	3,213,000	230,000	25,000,000
山东	地税 3,440,000 盐税 130,000 关税等 30,000	3,600,000	3,600,000	24,000,000
山西	地税 3,100,000 盐税 510,000 关税等 112,000	3,722,000	无	27,000,000
陕西	地税 1,660,000 关税等 40,000	1,700,000	无	18,000,000
甘肃	地税 300,000 关税等 40,000	340,000	220,000	12,000,000
四川	地税 640,000 关税等 30,000	670,000	无	27,000,000

广东	地税 1,280,000 盐税 50,000 关税等 10,000	1340,000	无	21,000,000
广西	地税 420,000 盐税 50,000 关税等 30,000	500,000	无	10000000
云南	地税 210,000	210,000	220,000	8,000,000
贵州	地税 120,000 盐税 10,000 关税等 15,000	145,000	无	9,000,000
总计		36,548,000	4,245,000	333,000,000

根据上表，在扣除了所有公共花费以后，1792 年北京国库的总收入可表示如下：

地税、盐税及关税等	36,548,000 两	合 12,182,666 英镑
4245000 份农产抽税	66,328 两	合 22,109 英镑
共计	36,614,328 两	合 12,204,775 英镑

据我计算 1792 年常规费为 74,974,450 两银（24,991,483 英镑），民用支出为 2,960,000 两（986,666 英镑），若算上特别支出则将两倍于此，并允许有 7,500,000 两（2,500,000 英镑）的意外支出；所有以上这些支出加上缴给皇帝的 36,614,328 两（12,204,775 英镑）即为这一年中国的总岁入：199,983,228 两（66,661,076 英镑）。

北京有两个银库，一个叫作国库，上面所提到的 36,614,328 两（12,204,776 英镑）就是缴入这里，这一银库存放专供皇室使用的银两，用于皇帝修建宫殿、庙宇或其他建筑物，为皇帝的马厩、花园，皇帝的嫔妃、皇子皇孙及整个皇室成员提供花销。另一个叫作私库，存放被征用财产，各种礼物，属国的进贡等等，私库与国库一起被看作是皇帝的私有财产。这是皇帝既定的权利，但由于现存政府的彻底专制，皇帝可以像处理其他事务一样任意而为。不过据说他还没有干预过政府的财政运转。人们认为皇帝的财富是无尽的，国库和私库的固定收入远远超过他的各项支出。更多的财富存放于满都沈阳，因为我怀疑鞑靼人是否至今还认为自己在北京并不安全，考虑到满汉之间存在的巨大的不平等以及互相存有的猜忌和反感。几乎每年边远省份都会发生暴乱，实际上在四川省目前就有很严重的动乱，朝廷新近任命了前广州总督福康安（Fu-k'ang-an）（在我的日记里时常被提及）去平息动乱，他此前还被任命镇守西藏与尼泊尔的边防。

上面所说的 36,614,328 两是扣除了所有费用之后皇帝从总税收中所得的部分，似乎这一数目会有所变化，某些年份多些而某些年份少些。不过我有理由想象这一数目极少有降低的年头，因为陪我从北京到杭州府的 Sung-yun 告诉我，如果因战争或其他突发事件而必须增加额外的支出，他们会在事发当地的邻近省份增收税款；此外皇帝还可以指望对广州的对外贸易增收关税，这让我们的商人们抱怨不已。他说，这些增收的关税用于发生在广州毗邻的 Tongking，战争一结束，关税就重新降低。

管理数额如此巨大的税收，尤其在那些边远省份，那些被委以重任的官员们无疑有许多中饱私囊的机会，而他们不会总是忽视他们在征收给皇帝的巨大财产过程中的重要职责。实际上在大多数政府部门里腐败和压迫被证实广泛存在。就极大的范围而言——我不知道究竟具体在何种程度内可以这样说，中国的税收比任何其他国家要轻得多，因为若按人头计算，每人每年只需缴纳不足五先令。依照类似的估算，爱尔兰人每年是八先令，而法国（大革命前）人每年是十六先令，英国人则达到每年三十四先令。

至于皇帝每年从鞑靼地区取得的税收，我无法获得任何信息以确定其数额。皇帝可从其在鞑靼地区的领地取得收入；各鞑靼部族首领及其封臣也进贡一些，这种进贡与日俱增，原因是与以前相比，这些部族更有能力支付，或更愿意支付了。

鞑靼地区的产品，或经由鞑靼地区进口中国的外国商品，如毛皮、羽制品、毛织物等，进入中国只需交极少的关税，而所有中国商品出口鞑靼地区都是免税的。

在本章的开头，我把税收分为三部分，地税、盐税及其他税收。地税依照规定从土地的农产中收取；盐税的收取权是垄断的或专有的，由皇帝指定专人收取，他们根据所在省当地的情况向朝廷缴纳固定的一部分，有些省份是三分之一，有些省份是四分之一，不一而足，税收的第三部分从货物经过桥梁、运河、官道或进入市镇中收取，也从买卖牛或其他小额商品中收取。从所有这些税收情况中我看出，下层官员有十足的油水可捞，因为中国和其他一些国家一样，不经过这些官员之手生意便无望做成。

进出口关税一般应对货品按价收取，但税官经常独断专行，依自己的喜好判断货品的价值。例如，我听说广州的税官有时对粗布收取和特级布一样的关税；在海关过秤生丝时税官按每担 120 磅收取。因此这些税收，虽然它们本身可能并不算过分，仍然易于导致滥用职权，引起广泛的不满，外国商人在他们学会这个国家的语言并能听懂及理解之前只能深受其害。不过一个中国官员就算再贪婪，他在激越沸腾的抱怨面前也易于退缩，因为他深知即便其继任者仍可能沿袭其作风，他自己失职的恶迹暴露了将很难逍遥法外。

12. 官员的品级可以从帽珠看出，当有官员犯错遭贬级时，将清楚地反映在他的帽珠上。受贬者经过一段时间的悔过和察看后通常会官复原职，所以这种惩罚谈不上严厉，更像是皇帝对臣子的一种父亲对待犯错的孩子式的纠正。

中国没有真正的世袭贵族。皇室子孙及皇室旁系亲属在某种程度上因他们在宫中的受宠而受到尊敬。但他们的这种特权随着皇族旁根支系的不断延伸而逐渐减弱，渐渐地他们混同于普通百姓，除了因皇室血统而有权佩带黄色或红色腰带之外，几乎很难将他们从普通百姓中辨认出。皇族长子的后代佩黄色腰带，次子幼子的后代则佩红色腰带。

可以确信现在仍健在的孔子的后代享有自孔子以来相袭的尊崇地位，但我没能确切地知道他们的特征及他们享有何种特权。

中国的官职一般被认为是对功勋政绩的奖赏，事实也经常如此，不过在官职的任命中存在着极严重的不公平。汉人至死也极少能出任最高的职位，而我所见到的出任最高职位的一些满人不过二十五六岁。

以前官员的身份主要通过他们在仪典中的制服来识别，不过鉴于官员们日常里并不着制服，当朝皇帝乾隆规定用镶在顶戴上的帽珠的不同来方便快速准确地识别官员的职位。乾隆为文武官员统一设立了八个等级如下：

一品	光滑红珊瑚帽珠
二品	镂花红珊瑚帽珠
三品	蓝色透明帽珠
四品	暗蓝色帽珠
五品	亮白水晶帽珠
六品	乳白不透明帽珠
七品	光滑镀金黄铜帽珠
八品	镂花镀金黄铜帽珠

此外还有一种最高级别的帽珠，呈红玉色或紫晶色，尺寸也较别的帽珠略大，只有鞑靼亲王及皇帝的姻亲才有权佩戴这种帽珠。

在正式场合及文献中地方官的排列顺序严格按照其顶戴的帽珠，如果一个官员因失职而遭贬级，他不得不成为自己所受耻辱的宣告者和公布者，事都明白地写在他的帽珠上：他从前是某一级别，现在则被贬为另一级别。这种惩罚谈不上严厉，更像是皇帝对臣子的一种父亲对待犯错的孩子式的纠正，受贬者经过一段时间的悔改和察看后通常会官复原职。

在这样一个庞大的帝国里，各级文武官员的数量必然是惊人的。不过此处我只能给出一个主要官员职位表，除此之外还有数千名地方官，他们头顶镀金帽珠，由总督、军队首领和司法官

盛装的四品官

们任命。这样的任命只要是确实需要的便可获准，但若被发现滥用职权便会遭到责罚。

主要文官职位表

数量	官衔	年收入（两）	总计（两）
11	总督[1]（一省或几省）	20,000	220,000
15	巡抚[2]（掌管一省）	16,000	240,000
19	布政使（税收长官）[3]	9,000	171,000
18	按察使（管一省司法）[4]	6,000	108,000
86	道员（掌管数个州县）[5]	3,000	258,000
184	知府[6]	2,000	3687,000
149	同知[7]	1,000	149,000
1305	通判[8]	800	1,044,000
17	提学使[9]	3,000	402,000
117	知州[10]	3,000	402,000
共计			2,960,000

这些官员的俸银时增时减，随其所在省份或州府的情况而定，每年都要如期汇报给钦差检查官知晓。官员们在任上如果遇到特别的花费或麻烦，也会有额外的津贴，比如遇到贵客路过，大使来访等，他们将代表各自的地方向客人表示尊敬，妥为接待。

关于中国的武官的情况我主要是从王大人那里得知的，他是军队中职位

---

[1]　一省或几省的最高行政官员。

[2]　与总督同为封疆大臣。

[3]　掌一省之政。

[4]　掌一省刑名按劾之事。

[5]　州县行政官员。

[6]　一府之行政官，仅次于道员一级。

[7]　与通判分掌清车、巡捕、管粮、治农、水利等事，在公文上称臣，尊称司马。

[8]　与同知分掌清车、巡捕、管粮、治农、水利等事，在公文中称臣，尊称司马。

[9]　汉人武职中最高一级，原则上每省一人。

[10]　州之长官。

很高的官员，他和乔大人（在"人口"和"税收"两章中我经常提及的一位地方官）受皇帝委派陪同使团，从我来到中国起直到从广州离开为止他们一直陪伴着我。王大人身体强健且见识过人。作为一个优秀的军人，他从一个不起眼的角色升任至武显将军(Fu-chiang)，是武阶中的第三等级，官居二品，顶戴镂花红珊瑚帽珠。由于在军旅生涯中曾身负三处伤，他还被皇帝授予一根孔雀翎，垂在顶戴的后沿，这是只有武官才能得到的特殊荣誉。

和平时期在长城以内有 180 万军队，其中包括 100 万步军和 80 万骑兵；但是在战时军队数量会有很大的增补。

鞑靼军队大多数驻扎在长城以外的鞑靼地区，通常称作旗兵，与 180 万汉军的编制不同，归各旗首领指挥。不过，汉军中也有大量的满人，他们所得的饷银比同级的汉人高出许多；而且，军队中掌握实权的职位也都由鞑靼人担任。

士兵全部是自愿参军，只有那些武艺精熟身强体健、样貌貌周正的人才能获准入伍。除了正常的饷银，皇帝还会在一些特别的时候赠送一些礼品给他们，如结婚、育得男婴、父母去世时等。士兵一旦身亡，其家庭可以得到一笔抚恤金。也就是说，在中国一个士兵的境况是颇让人羡慕的，一个人只要参了军，在多数人看来其生计就有了保障。

士兵津贴如下：

汉骑兵每人每月饷银三两三钱[1]，米十五斗。

关内鞑靼骑兵人每月饷银七两，米二十斗。

汉步兵（包括炮兵、工兵等所有不配马的士兵）每人每月饷银一两七钱，米十斗。

关内鞑靼步兵每人每月饷银二两六钱，米十斗。

皇帝为士兵提供各项装备，步兵一般着深蓝棉布外套，上面镶有红色缎边，此衣粗糙笨重，不利于快速行动。骑兵和刀斧手的服饰不同，有的着一身黄，有的着一身白，具体原因我不得而知，不过想来也是无关紧要的。

---

[1] 这里作者称每两（ounce）0.8 英镑，每十钱（drachm）为一两（ounce）。——译者注

每支队伍中都有一定数量的火绳枪手、弓箭手、刀斧手和骑兵。每二百人配有一面旗，但阅兵时每十人便配有一面狭长三角旗，颜色为红、蓝、绿或黄不等，我猜是随队伍的首领的爱好而定。

　　据称各省的弹药库中都储有五百支火枪。其他的武器包括火绳伧、弓箭、刀剑和盾牌。

　　不久前出征西藏的八万中国士兵中，只有三万人配有火器，而且都是火绳枪。

　　每杆火枪价值银 1.5 两。

　　每把军刀价值银 0.5 两。

　　每张弓价值银三两六钱。

　　每捆箭价值银三两六钱。

　　每套军服价值银四两。

　　每座城都有与城市大小相匹配的守军，用以保护税粮安全，看守官粮及关押在监牢里的犯人，包括负债者及刑事罪犯。有人说每个城中的驻军都拥有大量的火器，但我甚至在北京也从未见过城墙上架设着什么火器。城墙通常很高，由好几层组成，上面有一些用门封闭着的炮眼。城门朝外的一面绘着大炮，远远看去有些像我们游戏中的虚拟军港。就算真有大炮安装在城墙上也不会有多大用处，因为大炮所处位置太低，其排出的浓烟将使操纵者无法容身。

　　主要官职表：

数量	官衔	年收入（两）	总计（两）
18	都统	4,000	72,000
62	总兵	2,400	148,800
121	副将	1,300	157,300
165	参将	800	132,000
373	游击	600	223,800
425	都司	400	170,000

825	守备	320	264,000
1680	千总	160	268,000
3622	把总	130	470,870
44		320	14,080
330		160	52,800
总计			1,974,450

中国军队编制配给概略

1,000,000 步兵按每人每月二两	年总计	24,000,000 两
800,000 骑兵按每人每月四两	年总计	38,400,000 两
800,000 匹马按每匹 20 两计，年消耗按 10% 计则	年总计	1,600,000 两
1,800,000 人军服按每年四两	总计	7,200,000 两
军火配给等按每人每年一两	总计	1,800,000 两
	合计	73,000,000 两
	加官俸总计	74,974,450 两

13. 马戛尔尼注意到，来自印度的鸦片在中国的需求量不断扩大，英国通过印度与中国的贸易顺差已经非常大，并且呈不断上升趋势。

在过去的将近四十年中，我们对中国商贸的认识仅限于广州。欧洲人频繁地出入那里的港口，在那里主要从事纯粹的买卖交易，追求休闲，满足好奇心，以浓厚的兴趣来探询地球另一端的情况；而中国的商人，不知是出于无知还是老谋深算，却很少给欧洲人以正确的讯息，然而，可以确定的是，在中国和日本、菲律宾、交趾支那以及朝鲜之间仍然维持着巨大的贸易交往，虽然也许比以前有所减少了。从广州到北直隶海湾入口登州，蜿蜒伸展着近两千英里的海岸线，错落散布着无数的港口，其中许多港口能够停靠欧洲最大型的船只，而对中国自己的船来说，所有的港口都具有足够的港深，十足安全。每个港口或避风塘湾处都有一个小城镇，那里的居民多得难以置信，都是一副擅长做生意的模样，许多人都靠捕鱼为生，他们对海洋和船上生活习以为常。但是根据帝国现行的法规，在这些港湾严禁与欧洲人进行任何商贸交易，除了广州是唯一的例外。因此下面我将主要谈论广州的商贸活动，以及其他一些与大不列颠及其印度属国相关的商贸情况。

几年前英国官方出口中国的商品每年极少超过总价十万英镑，民间贸易额基本也是如此。双方用白银作结算货币。但是，自从代偿运动（Commutation Act）开展以来，英国对中国的出口额逐增加，而且我相信，仍有潜力继续增加。1793 年度，英国官方出口中国广州十六船次总值 2,911,000 两白银（合约970,333 英镑）的铅。锡及毛织品，民间贸易以毛皮等为主要出口物．对毛织品的需求量比往年增加了 250,000 英镑，仅此一项的出口额就增加到 700,000至 8000,000 英镑，而且可能还会逐年增加。而英国出口中国的商品总额至少达到 1,200,000 英镑，六倍于十二年前的数字。

1793 年度由中国出口至英国的十八船次货物总价值达 4,582,326 两白银，合 10,527,775 英镑，这些货物的售价将达 3,000,000 英镑以上。

以上数字都是根据我十分保守的估计，仅限于英国官方船只的贸易活动，还没有算上那些来自热那亚、普鲁士等地的受雇于英国商人的私船所进行的交易，这类交易占了所有英国对中国出口贸易相当大的比例。不过即使完全不考虑这些我也毫不怀疑在未来几年英中的进口额将趋于平衡。

目前英国出口中国的货物主要是毛织品、锡和铅（不包括民间贸易，那个领域我所知不多）。下面我将给出一张各项货品明细表，据我的观察，在广州的商会组织的合理安排下，各项货品都可大致满足北京方面的需求。

青铜塑像。

玛瑙、血石和琥珀，体积大的需求量很大。

绿色蛇纹岩，需求量也很大。

德比郡晶石，用于腰带扣上，也可切割成不同的形状，如制成直径 0.5英寸到 1 英寸的小珠，嵌在官员朝服的衣领上。

吉尔剑，剑身笔直且装饰漂亮。

配有玛瑙打火石的猎枪。

粗亚麻布。

书写纸。

中国式马鞍。

针织羊毛背心和长袜。

弹性吊袜带。

小滑轮吊车。

刀、叉、匙，各自置于小套子中。

多刀片铅笔刀。

刷子、梳子、剪刀、锉刀及其它各种工具。

镀金品；笔记本。

项链及耳环。

望远镜、显微镜和眼镜，书籍和图画。

各种规格尺寸的钉子。

平板玻璃，镜子，凸面镜及凹面镜。

上述商品中的一部分，我敢说已纳入民间贸易的经营范围了，不过在没有获得确切证据的情况下，我想最好还是把能在北中国买得到的商品尽可能全面地列一个表。北中国在很大程度上仍是等待广州商人们开垦的处女地。

我推想伯明翰（Bermingham）能够比中国更廉价地制造任何铁制品。因此我建议制造商们尝试制作中国式样的货物。在广州一把裁缝剪刀的造价是十便士，而在英国我想只需一半的价钱。事实上，如果我们能保持现有的贸易领域，在谨慎的管理之下，我们的贸易将逐步发展到一个极大的范围。对我们的锡的需求量（中国人已充分了解到它的优质，他们以前钟情于选择产自曼谷的锡。现在这种偏见已逐渐消失），很有可能会增加目前锡的销售额达每年100,000英镑，同时，有价值不少于两万到三万英镑的铅已基本在广州找到了销路。另外，还有另一种出口中国的商品，虽然我知道近年来几乎中断，但也许很快就会恢复，并且，如果我的推想正确的话将在英中贸易中占据重要的地位——我指的是铜。关于这个问题上我努力获得了最确切的资料，这里我将加进我的调查研究结果。

中国白铜或生锌似乎由黄铜、锌和少量的铁混合而成。下面这些实验证明了这一点。

实验一，将一块铜矿石分为两部分。将其中一部分充分加热并冷却，最后的结果是普通的黄铜，这说明铜矿石的主要成分是黄铜。

实验二，将第二部分也充分加热并冷却，再经煅烧熔化……[1] 部分的锌和少量硫酸铁。最后所得是一块白铜，或是与白铜极难区分的某种物质。

这些实验证明白铜可能是由铜矿石加入适量的锌和结晶硫酸铁制得。生锌被认为是最纯粹的和最好的一种锌，但事实并非如此，因为锌是一种半金属物质，虽然不易被砸破，但也不能无限地延展，而生锌则有完全不同的性质，它在砸击之下可以轻易地展平。在中国生锌的用途很广泛。广州的生锌价格很少低于每担（相当于$133\frac{1}{3}$磅）一百英镑，或大约每磅四先令。1792 年 7 月伦敦黄铜锭的售价（依时价）为每磅一先令。那么向中国出口黄铜不是要好得多吗（白铜价格在英国约为 2－2.6 先令每磅）？黄铜被人们视为毫无用处，不可能指望赢利。中国政府勒令广州商会以固定价格出售黄铜，商人们声称在与我们的交易中他们每购买一担便损失百分之五十。在中国黄铜的主要用途是铸币，所铸铜钱一千枚相当于一两白银，合 6.8 先令。中国的房屋都覆盖瓦片，廉价且实用，我们的黄铜不可能取而代之。其他方面我也认为黄铜派不上什么用场。中国人的小炊具多为陶器，大件炊具则为铸铁。大量的生锌从中国出口至印度，我们的商船有时一年便运载 100,000 英镑的生锌，因此如果我们能把这一项争取过来，我们的出口便会增加一种可赢利的商品。

我还未提及广州的毛皮贸易，虽然我作这样的设想：如果毛皮贸易全部掌握在英国官方手中的话，这项贸易可以产生巨大的利润。现在的情况是，广州的中国人不仅从我们这购买毛皮，也从其他出入广州港的国家那里购买，其总额每年在 200,000 英镑以上。

---

[1] 原文即为空白。

至于玩具、珠宝之类，以及金钟表（sing-songs）、油画、染料等，还是尽量留给私人交易者去经营，他们精于此道，在这些项目上拥有比官方强得多的活动能力。

在给出英中之间直接贸易的大致面貌之后，下面该说到英国的属国印度与中国的商贸情况了，这和我们的利益密切相关，值得我们特别关注和采取特殊的管理。1792 年官方贸易中，出口广州二十船货物总计金额为 1,608,544 两银，加上从孟买运去的价值 473,000 两白银的棉花总额为 2,081,544 两白银，合 693,848 英镑。非法走私鸦片两千五百箱，按每箱一百英镑计总价值 250,000 英镑，那么，孟加拉和孟买出口广州的货物总额为 943,848 英镑，接近百万英镑。而从中国进口方面，官方二十船货物价值 968,632 两白银，合 322,877 英镑。可以看到印中贸易有 620,971 英镑的顺差，而且呈不断上升趋势，因为来自孟买的棉花和来自孟加拉湾的鸦片在中国需求量日增，鸦片已成为南方各省普遍走俏之物，而棉花则因为其价格便宜触感优良而取代丝绸成为人们的首选衣料。

印度鸦片制作场景

广州商会的商人们通过与外国人的交易所获取的利润想必非常巨大，否则他们无法承受向广州的主管此类交易的官员们赠送昂贵礼品的开销，而官员们也会将这些礼品的一部分献给皇帝及其大臣和亲信。在参观过热河及圆明园，加上听到一些有关大批我见所未见的财富的传闻（尤其是那些贵妇人的内室，以及修砌装潢一如欧洲式样的宫殿）之后，我开始相信皇帝确实拥有价值两百万英镑的各种古玩、珠宝、玻璃制品、音乐盒以及各式器械如显微镜、座钟、手表等等伦敦制造的物品。

广州的贸易管理系统极其腐败专断已是众说纷纭的了，有确切消息表明有几个司库官员回到北京后还遭到了严格的清算。有的财产被大量查封，有的受到严厉的处罚。但京城对广州鞭长莫及，诱惑如此强烈，事后逃脱制裁的机会又是如此之大，官员们要忠诚公正地行使其权力便需要更多的正直。因此时常有侵吞公款、敲诈索贿的事遭人控诉，我相信相当一部分控诉都事出有因。我被特许可以公开这样一件事。我们的麦金托什船长（Captain Mackintosh）随船携带了一批礼物送给皇帝，因此他被允诺货物到港时可豁免关税。由于货物没能如预期抵达舟山，船长只得将货从印度斯坦直接运往广州，其中有一部分货是打算带回英国的。然而广州的财务官员没能如我们理解的那样遵守豁免关税的诺言，在广州商会支付了三万两白银的关税后，仅仅偿还了一万四千两给布罗内先生，对其余部分未作出任何解释说明。然而这件事使我们对关税的实质预先有所了解，也许对我们此后避免受到有可能发生的更严重的敲诈勒索提供了帮助。

荷兰、法国、美国、丹麦和瑞典等国与中国的贸易极不平衡，几年后也许会趋于消亡，所以我没有必要作过多的描述。丹麦人和瑞典人已基本放弃了与中国的贸易，我相信他们每年只会派零星的一两艘船来广州。法国要恢复从前与中国的贸易规模需要许多年。以美国人的创造力和勤奋程度来看，我确信他们难以在与中国的贸易中取得优势。至于荷兰人，他们的荷属东印度公司现在处境悲惨，使人无法不寄予同情，也无法不在与之接触时慎之又慎。他们是提供给我们的一个惨痛的教训。

1792 年度上述几个国家对中国的出口总额为 200,000 英镑，进口总额在

600,000 至 700,000 英镑之间，贸易逆差达近五十万英镑，这其中很重要的一个原因是他们运往中国的商品绝少本国特产。

中国与俄罗斯之间的贸易在长期中断后，现在又重新开始了。考克斯先生几年前曾经说中俄贸易殊为可观，这远远超乎我的想象。我手头并无他的原书可资引证，但是据我的记忆，他估计每年中国输往俄罗斯的丝绸、本色布、茶叶及瓷器价值几十万英镑。1767 年，也就是我离开圣彼得堡的那一年，中国对俄罗斯的出口额远远低于考克斯先生的估计，而且我实在不认为俄罗斯人有将这样的出口规模维持至今的需要和才干。俄罗斯向中国输出的主要是毛皮、羽制品和羊毛纺布料，其中羊毛纺布料大都来自德国，小部分来自英国。在去热河的途中，我遇到几支运送羊毛纺布料的骆驼队，许多对此一无所知的中国人竟认为那是产自鞑靼地区的。正如有人认为我带去北京的一些英国货产自广州一样。

我有些奇怪拥有丰富想象力的俄罗斯女皇竟从未派过一艘船去广州。促成俄国与中国相距遥远的南北两端同时进行交往，并使女皇意识到中国不仅通过陆路可以到达，从海上也一样可以，这样的宏伟构想应该会正中女皇的下怀，并自然而然地激起她的野心和冒险精神来。

在"技术与科学"一章里我提到中国人擅长布料染色技术，不过说到中国的本色布，虽然因其价格低廉、穿着舒适和颜色上佳而在英国大受欢迎，却并非如普通想象那样染色而成，而是由一种主要产于江南和浙江的褐色棉绒线直接制成。行家告诉我这种棉花也生于吕宋的马尼拉一带。

每年广州从印度进口五万到六万包棉花，每包四百磅重，价格为每担十到十二两白银，而中国本地产棉花每担要贵上三到五两，由此我相信，如果我们在孟买和苏拉特（Surat）的先生们从马尼拉弄到褐棉而种植于印度，应该可以因此而赢利。孟买的棉花多被中国人用来制作一种白本色布，这种布并非纯白，而是略带乳白色。

这里我们来考虑一下在印度种植褐棉然后运回英国所可能产生的效果吧。东印度的白棉花在伦敦售价十便士一磅（1794 年时价），但如果售价降到每磅一先令，比西印度产棉平均价格便宜约 1/3，加上节省下来的机器损耗的价值及染料的成本，曼彻斯特的居民们可以轻松购买这种布料并很快用它取代目前进口的中国货。

中国人用以细染棉绒线的方法比我们接触过的任何都先进。据说他们使用一些具有强烈收敛性的蔬菜来染色，不过具体采自何种植物我们完全不得而知。这种染色方法的最主要的优点归功于他们不知疲倦地对颜料进行清洗、提纯和压磨，须知这些颜料有些并非产自中国，而是从欧洲进口的。

在结束本章之前，作为并非完全外行的我不能不再补充几句。如果中国与荷兰、法国、丹麦、瑞典和美国等国之间至今仍保持可观顺差的贸易趋于互相平衡，而我们对中国的贸易能保持现有的上升势头，就是说英中贸易趋于收支相当，而印中贸易则继续维持顺差，那么中国会不会因支付大量白银以平衡收支而有所警惕呢？我们的官方货船不再享有从前的对中国贸易的关税豁免权时又会对中国的白银有些什么影响呢？我被告知最近有一些白银也不过是一种货物，并未对此表示不快。不过我敢说，我的所有这些疑问都是光荣的东印度公司及其在广州的职员早已预见到并能应付裕如的。

14. 中国人在许多领域内拥有高超的技术，但在科学上远远落后于欧洲。中国的大商人对西方的知识技能欣赏不已，但北京的官员对此没有任何兴趣。中国的满清政府所奉行的一个准则就是不鼓励新鲜的事物的出现，并尽可能阻止任何认为外国人的器物比中国人的高明的观点。

中国人在许多领域内拥有高超的技术，尤其在制造丝绸和一些棉布上。他们掌握着最先进的调色和上色的技术机密，也通晓如何磨制调配绘画颜料，如何调漆上漆，他们的细木工技术也很精湛。不过他们被认为最擅长的还是制陶，这是一种将泥土塑成任意可能的样子，经塑形、上釉、染色并最后硬化的技术。他们所制的瓷器不仅漂亮而且种类繁多，所制瓦片光滑亮泽，砖块清洁耐用。关于中国的砖，先不提著名的长城，我首先必须承认我们在圆明园中所见的一些砖制结构建筑，不论在材料上还是做工上，都要胜过号称英国最完美建筑的汉诺威广场西南角上的提科内（Tyrconnel）大厦。中国人不论做什么活儿总能表现出从容和灵巧。我们的人从英国带来两座灯架挂在圆明园的正殿内，这一天碰巧必须移往别处，这可是一项需付出大把的时间、汗水和才智的工作，然而两个普通中国人花了不到半个小时便在未得到我们丝毫协助和指点的情况下将灯架一片一片拆了下来。一个中国人可以用他的粗陋工具从天象仪的圆顶上的一块玻璃边缘轻易地割下一个薄片，而我们的技师过后用钻石也无法效仿。更令人称奇的是中国人对使用玻璃还不大熟悉，他们的餐具大多为瓷器，镜子是金属制的，窗户上贴的是牡蛎壳或纸张。他们制作的各种刺绣都精美绝伦，令人神往，他们所穿的外衣式样臃肿笨重，但在缝制做工上都出奇的精巧。

中国人在科学上远远落后于欧洲。有些关于中国的书籍也许会使人误以为他们通晓数学和天文学，但实际上在这两个领域他们仅掌握了极有限的知识。他们的大部分天文学只是无聊的占星术，主要用来确定某些仪式举行的合适时间。他们在天文学或占星术（在他们的语言里只是同一个词）上的装模作样，使他们在很早以前就成立了一个科学的天文学学府或机构，来为国家制定一个统一的历法，就像我们的"穷罗宾历书"那样，列出一年中所有幸运日和不幸运日，预测天气以指引播种和收割，等等。中国挑选了最有学问的一批人，一群医生，来负责这项工作，不过对于真正意义的天文学（包括日月食计算、月相研究、行星会合问题等）目前是由三位来自葡萄牙的传教士来主持，他们分别是北京的主教戈维阿（Gouvea）及其助手和帕德雷·安东尼奥（Padre Artonio），不过他们在这一学科里都不算特别有资格。中国人自己所算出的天文历法不值得信任，因为它们向来不很精确，甚至可以说大多数时候是错误的。不过中国人对地球是圆的倒还认同，对一些天体的循环运动及其他一些普通天文现象也还有所认识，但他们对物理天文学完全陌生。欧洲人的天文学首次介绍到中国时，中国人对天文学的认识据说是处在一种完全蒙昧无知的状态。

中国人完全依靠月相运行来计算时间，这必然带来错误，因为他们在月相运行的不规则性和阶段性方面知识十分欠缺。这种时间计算上的误差日积月累，造成了季节上明显的推移，使他们的年历不得不在一定的时候增减一个月以纠正这种误差。在这种累积误差还未大到使人明显感觉得到的时候，一个来自欧洲的传教士在 1670 年指出了中国历法缺陷。他指出，应该把不恰当地插入的那个闰月砍掉，保持一年固定十二个月，这才是修正中国的恰当方法。那时中国人还不能作精确的计算，而欧洲人已经能够毫无困难地保持历法精密了。中国人在一个十九年的周期内——希腊人和罗马人称之为月亮周期——通过在第二年、第五年、第八年、第十年、第十三年、第十六年和第十八年设立闰月，很好地解决了这一问题。由于这件事，传教士们大受益处，并在朝廷中赢得一定的尊重。他们的这一成果在多大程度上推动了科学的进步我不大清楚，不过我们有理由相信，他们今天的继任者不会超出中国人很多了。就像他们对巴罗（Barrow）先生所承认的那样，中国人计算日月食已经毫无困难了，甚至也知道关于北京的太阳子午线，只是对太阳的周年视差毫不知情。在几何学方面，中国人知悉了少数几条常用的定理，但我不能肯定他们是不是从欧洲的传教士那里学来的。他们也略懂平面三角函数，但对球面几何一无所知。中国人已经刊印了对数表，但我相信那是耶稣会教士传授的。中国人也不大知道代数学。现住北京的主教葡萄牙人钱德明(J. M. Amiot) 神父说，迄今为止中国还不可能理解代数的原理和算法，因为他们没有字母可用。不过他自己也似乎对代数学并不精通，因为代数中的未知数可以用欧洲字母来表示，同样也可以用任何其它字符或记号来表示。真实的情况是，目前传教士们对代数学所知甚少，对其他学科更不通晓。八十年前康熙皇帝所豢养的一些传教士知识颇为丰富，而且诲人不倦。他们试图将经验主义哲学介绍给中国，根据他们所提供的朝廷的喜好的情况，以及各种传授所引起的兴趣热望的情况，我们大使团带来了一些最新发明的各种珍贵仪器。但我们几乎没机会让这些仪器付诸使用，因为似乎耶稣会教士所传授的有关知识早被中国人忘得一干二净，或是被认为毫无用处。乾隆本人及其臣民对这些东西显得毫无好奇心。此外，现在中国政府所奉行的一个准则就是不鼓励新鲜的事物的出现，并尽可能阻止任何认为外国人的器物比中国人的高明的观点。在广州，丁维迪（Dinwiddie）博士给英国工厂上课和演示实验，不断有中国的大商人来参加并对其讲授的内容欣赏不已，他们还强烈渴望得到进一步的指点。如果丁维迪留在广州继续他的课程，我敢说仅从那些中国学生那儿他就将很快收取一大笔钱。但是，北京的官员与广州的商人截然相反，对这类知识技能没有丝毫兴趣。对于流体压力、光学原理、透视画法、电学他们都一无所知，虽然他们之中也有人曾见过气泵、电子仪器、小望远镜、棱镜、航标灯等物。不过大多数达官显贵对陈列在圆明园中的地球仪、天象仪、温度计、摆钟表现得漫不经心，似乎这些东西对他们来说再普通熟悉不过，并且完全知道如何使用它们。然而在他们看到乌尔里来亚米钟（Vuniamy' clocks）的装饰花瓶时，却无法不为产自德比（Derby）的瓷器的美观优雅所动容。皇十一子的三个儿子经常到圆明园来观看我们带来的物品，并对地球仪、座钟、太阳系仪的做工和美观啧啧称奇，然而无疑他们并不理解这些仪器的用途。皇十一子本人执掌算术学院，但学院里所教授的知识估计他没能掌握分毫，就像他的儿子一样对此一窍不通，他们所受的教育仅限于满汉两种语言，学习各种礼仪，以及伦理道德及帝国的历史。

中国的桥梁大多数造型优美，但是我推想恐怕建筑得不很牢固，因为大部分桥梁都不允许马车通过。中国人和古希腊人和古罗马人一样不知椭圆为何物。在拱桥顶部他们没有像我们那样使用短楔形的拱顶石，取而代之的是一块凿自巨石的整石，由此可以看出他们在桥梁建筑中的几何学技巧并不高明。

有时会有这样的情形出现：在最先进的理论证明不可行的情况下，未受任何教育的人们仅凭先天的能力找到了完成伟大工程的方法。但这种情形在欧洲以外的国家几乎不可能出现，只有在像欧洲这样的地方，野蛮人在耳濡目染之下对先进的机械工具的使用方法都大致了解，这种奇迹才有可能出现。就像任何一个普通欧洲人面对滑轮、杠杆和齿轮时，尽管他对这些工具的具体原理不甚了解，但由于曾上千次目睹其动作，还是能够凭借经验成功地使用它们。但是在中国这样的国家里，科学所带来的人造工具尚未为人所知，必须依靠人们普遍的努力才能克服这许多困难。也许我们不该变本加厉地认为中国人生来忽视应用科学成果，或许中国政府不鼓励使用机械工具，至少不到万不得已时绝不使用的政策倒是高明之举，因为中国数以百万计的人民基本上还是从事体力劳作。中国人自己发明了许多东西，但其应用限于目前需要的用途上，而从不考虑对其加以改进。中国人知道利用简单的滑轮和杠杆来弥补人力的不足。这一点在我们的货物于塔库（Taku）从海船移到江船上时我们就见识了，他们使用了三四个单滑轮及相应数目的绳子来搬运重物。滑轮被安装在两船之间的一根水平的缆绳上，每四人或五人牵引一条轮绳。他们对此种装置的利用实在有限，因为，这个国家人口如此众多，再大量的劳力也是应有尽有。他们的原则是省时比省力要紧，不然的话，既已起用了单滑轮，何不索性使用双滑轮呢？他们用来给远洋大帆船起锚的机器，或可称为起锚机，装有几副杠杆，制动不用制转杆，而是用插入滚轴与甲板间的楔子。船上垂直放置着一部类似的装置，据说是用来将船从较低的水面吊送至较高的水面。我不知道该如何评价中国宁肯采用这样单纯的解决办法而没有在内陆航行中使用船闸，这种事在我们英国是决然没有的，在中国却经常碰得到。中国再没有比纵横于其国土上的不计其数的运河更有效用的工程了，虽然没有一条能让我们这些外国人发出多少赞叹。我们从北京到杭州行程的大部分是通过所谓京杭大运河，对其我可以略加描述。这项巨大的工程是为便利帝国南北省份间的交通而修建的。与其说它是一条人造运河，不如说它是一条改道的河流更合适，因为根据我们总体的观察，运河从北到南处处有落差，而且水流颇急。虽然工程的督造者显然对水平测量的原理所知甚少，但他们还是充分利用了运河沿途经过的地势的帮助。比如位于淮河与黄河之间的运河长度约在两河间距的中部。中国人无法准确测量其高度，但一条河的流况为中国人提供了启示，这条河位于两河之间，从上党开始向东流，介在两河正中央地带转向西流，并分为两路，北一路汇入淮河，南一路汇入黄河。北路支流似乎已根据其每个迂回绘出了平面图，其河床随地势降低而渐宽，其航行状况也因散布于河上每隔三五英里一处的水闸延缓了水势而大为改观。这些所谓水闸不过是立在石堤拱石上的松散的厚木板。在北路支流汇入淮河之前几英里，它不再继续之前迂回的路线，而是以四十英尺的深度通至淮河。事情这就简单了，因为附近的土壤是细沙和黏土的混合物，毫无岩石之类成分在内。而南路支流则要棘手得多，它沿途经过大片温润的土地及湖泊，且愈接近黄河地势愈高。为解决这一难题，他们被迫耗费大量劳力财力将河道凿得极深，以使水流获得足够的速度冲上筑于淹没的土地之上的高悬的河岸之间。运河横穿过一座大湖，湖面远低于河首，此处支流带来巨大的大理石块，并夹带着铁块。为使河岸免于被这样的水流破坏，他们隔一段距离放置一个水闸，使多余的水量从高于两岸上的深沟和空洞中滤去。这样排入沟中或洞中的水的水位高度介于运河水位与湖泊水位之间，水压减少了一半，也就消除了决堤的任何危险。之后运河进入一片渐高的土地，此处运河深三四十英尺，然后就以每小时两到三英里的流速汇入黄河。

综上所述可以看出，中国人建造运河，在平地基本上走原有天然河流的路线，即便这样的方法颇费劳力财力也在所不惜，而当他们遇到其他方法不足以克服的困难时，他们求助于设置缓冲区，使船只得以通过两段水位不同的运河。

中国人掌握了一种绝佳的负重方法，这种方法把重量平均分摊到负重者身上。具体说来就是将重物吊在两根平行的杆上，再在两杆的两端绑上另两根平行的杆。这样所负重量就被平均分推到八个负重者身上了。如果是四根杆加绑四根杆，就需要十六个负重者一起搬运，以此类推。不过我不记得曾见过超过三十二人一起搬运一件重物。关于这种负重的方法在我 1793 年 8 月 17 日的日记中略加记载过。

15. 中国或许早于欧洲发明了印刷术，但欧洲金属铸模的形式更先进。17、18世纪"中国潮"时期，中国园林风格在英国意味着一种审美趣味的革命，它打破古典主义的对称和谐的美学理想，倡导一种变幻错综的美。但此时"中国潮"已退潮，中国园林在马戛尔尼眼里不再具有借鉴意义。

印刷术被认为在中国古已有之，这里我必须加以解释。中国人的印刷，在我看来不过是将木板或木片制成木刻浮雕，用油墨浸润后，压上纸张，将木刻字模倒印在纸上罢了。由于这种印法要求纸张尺寸较大，要求操作的绝对精确性和操作者的不厌其烦，因此印刷物的更新不会很快，知识的传播速度也慢，不像在英国依靠报纸、杂志和各种随笔文学刊物，知识可以得到快速的传播。

杜赫德和格罗谢尔（Grosier）告诉我们中国人使用木制活字模，而不是我们所用的金属铸模，不过他们只在修正和改变北京朝廷的御发文字或官员名册时才使用，一般每三个月更新一次。关于这一点，我认为他们没有全副活字模，而只是把需替换的字词的或字割下，再把新的字模胶粘上去。我想，帝国各大城市刊发的每周一期的政府公告也是用刻版印刷法印刷的。

我不敢断定我们现有的印刷术是不是欧洲人的发明，也不敢断定最初的印刷技艺是否来自中国，但可以肯定的是，直到马可·波罗从中国回到欧洲后一百五十年欧洲人才开始接触印刷术。马可·波罗并没有向欧洲人传授印刷术，我能肯定他本人不通晓印刷术，他在中国时恐怕将一些印刷品误认为手写品了，对一个外行来说这种错误确实容易发生。

汉语文字据说有八万个之多，每一字都是不可拆分，具有特有的含义，这使中文印刷不可能使用活字印模。中文没有字母，因此他们必须打造所有八万字的单字字模（不像我们只需配备二十四个字母的铸模就足够了，这在现实中根本不可行）。

中国人在医药化学上的技术非常有限，尽管他们有不少精通此类技术的作者写过一些此方面书籍，这些书我们都拜读过。吉兰（Gillan）医师应我的要求对这个方面进行了深入的调查研究。因此我将另行引用他的精彩文字。

早些时候中国丝绸的优秀质地及用丝绸制成的服装的华美曾震惊全世界。中国所有的布料比别国的同类布料较为优良，但我相信里昂和斯比特菲尔德（Spitalfields）的织布有时比本色布更好。对此我没资格妄下判断，不过中国能做出世界上最好的丝绸不假，但中国出产着世界上最差的布料也是实情，因为他们不能忍受任何浪费。蚕茧外的绪丝、精梳落棉和废布料等都被他们仔细保存下来，用以制成渔网、窗帘、纱布和腰带等物。我所知道的所有有关丝绸、蚕和桑树的知识都包含在我对大东印度公司的询问的回复中。我担心他们对我的回复不会十分满意，因为我发现我不可能获得所有我需要的资料。

中国人是世界上最出色的农民，关于中国的农业，有关见闻记录我在旅行途中已多有记述，散布于我的日记中，这里无须再重复了。

我参观过皇帝在热河的御花园后曾对其进行了全面的记述，这里只略加补充中国的园林、假山及他们极为自负的其他一些为他们提供虚荣的东西。不管我们的园林艺术是习自中国还是源于自身，我在此探讨这一问题都毫无意义。一项由卓越的直觉和想象而生的创举可以同样出现于两个互不交流的相距遥远的民族。中英园林确实有许多相似之处，但区别似乎在于，我们在充分利用自然上更胜一筹，而中国人擅长将自然加以改造。中国人不在乎建在何处，繁华闹市或荒郊野外一概不论。如果是在荒野上，他们会想办法使其面目一新。中国人的原则是改变一切，毁去造化所赋予的形态，处处引进新鲜事物。他们在荒地上种上树，将干地改造为溪流或灌成湖泊。遇到平地，他们就要千方百计加以变化，将地面弄得起落高低，拔起一座小山，整出一些沟谷，缀以一些岩石。他们会植起一片树林以缓和气候的恶劣。我未发现任何人造的废墟、山洞或荒僻住处。即便你身处最幽静的所在，你也将不知不觉中被引向喧闹，任何出人意表的异峰突起都不会让人吃惊。因为在中国人的规划中，欢快是所有园景的主旨。为使氛围更加欢快，他们求助于建筑。所有的建筑物都恰如其类，不论简单别致或装饰华丽的楼宇，其排列都错落有致，意蕴深远。适当位置建起的宏大的楼宇式样是他们一向引以为傲的。亭台、宝塔各得其所，处在醒目的位置，不过不免破坏了其他建筑的景致。我所无法接受的只是那些巨大的陶制狮、虎和龙的雕像，以及殿堂楼阁前刻意设置的粗笨的台阶和石雕。对此我非常吃惊，与中国人在园艺中别处的高雅品味相比，它们不但花钱费力，而且极不谐调。这是富豪者的通病，喜欢把一切弄得装腔作势、奢侈浪费，实际上品味极其低下。我在其他一些国家也见过一些夸张的别墅，过分追求炫耀其财富而坏了其美丽，有时还显得喜怒无常和患有自疑病。即便在英国，也可以找出一些地方，其园林风格上也存在类似缺陷。更不用说在一些著名的建筑中，那些旋转楼梯、玻璃屋顶和画蛇添足的烟囱带给我们的仅仅是病态的狂想和梦幻，而毫无庄严、高贵、从容得体之感。

中国的建筑自成一派，和其他国家全然不同，和我们更是格格不入。它拥有一些固定不变的宗旨，虽然按照我们的思路，中国的建筑与我们久已形

法国设计师画的中式园林

成的各种建筑理念大有冲突，但总的来说它营造了一种令人愉快的效果。正如我们有时会遇到一个脸上各个器官都不出色的人，一样也可以拥有一副可爱的面容。

16. 中国人的航行技术受到了马戛尔尼这位海洋帝国的绅士的称赞。他认为，中国人一直未能学习欧洲人在修建船只方面的智慧，是因为鞑靼政府一直向其子民灌输一种自足的观念，尽一切可能贬低外族先进发明，这些警惕防范明显暴露出政府对新奇事物的恐惧和猜疑。

在 1793 年 8 月 2 日的日记中我曾对中国人所使用的帆船作了一些描述，那时我倍感惊讶于中国人的固执落后，250 年来他们对欧洲船只所提供的榜样视而不见，竟一直未学习欧洲人在修建船只方面的机智灵巧。但现在我必须收回我的指责，因为自那以后我在中国的江河运河上航行过几次，几次航行的所见所闻使我承认，中国人所使用的客货船只及中国水手的航行技能一点也不差，甚至可能比我们不知天高地厚地建议他们学习的榜样还要强许多。

据我所知，在广州的中国人日日与我们远航巴达维亚、马尼拉、日本和交趾支那的船只打交道，决不会对这些船只的长处熟视无睹。不久前广州当地的一名巨商还请人依英国船模样打造了一艘大船，但官府知道此事后，不但令其毁去新船，还重重的罚了他一笔，理由是他不依古法造船，而去学英国造法，依官府之见，从欧洲来中国进行贸易的那些野蛮民族的造船之法比之中国原有的造船法定是大大的不如。就像我前面曾提到的，中国的鞑靼政府一直向其子民灌输一种自足的观念，尽一切可能贬低外族先进发明。但是所有的这些警惕防范明显暴露出政府对新奇事物的恐惧和猜疑，唯恐他们的子民为追求舒适、方便和奢华弃本国老旧的器物不用而代之以欧洲优质品。对于欧洲先进器物的制作方法，中国人也渴望学习，但政府认为这是危险的。然而任何防范都无法阻挡需求的力量，只要是他们想从我们这得到的他们就一定会得到，这种欲望日甚一日，驱使他们不惜排除一切障碍。棉花、鸦片、手表、绒面昵和锡已成为他们生活中不可或缺的东西，我深信不久以后我们供给他们的货物种类会成倍增加。

还是言归正传，继续谈中国的航运问题。虽然中国人对航运看来颇缺乏必备的知识，既没有航海地图，也没有测量仪和象限仪等工具来测量日照高度，但令人称奇的是他们早就有了指南针来指导航行，他们甚至自称远在孔子生活的年代之前就发明了指南针。而在欧洲，大家都知道直到十三世纪末蒙古人征服中国之时才知道罗盘的用法；至于是马可·波罗还是其他冒险家传回欧洲的就不得而知了。从欧洲人所用罗盘的平面图可以看到，圆面被均分为32个扇形部分，大概经过欧洲人的改进，最初传到欧洲的罗盘可能不是这样的。中国的罗盘只被均分为 24 个扇形部分，虽然欧洲罗盘判断方向更为精确，但同样存在一个缺陷，那就是不如中国罗盘计算起来简便，每一部分代表 15 度角而不必计算到若干分。

将罗盘设计成现有的 32 等分式样的人一定不通晓科学，因为在磁针被发现之前很久各民族的智者就一致同意将圆分为 360 度，每度 60 分，每分 60 秒。这种单位制之所以被一直沿用，我想是因为 60 和 360 能被许多数整除。而欧洲罗盘的每一等分，用 32 去除 360 得一又四分之一度，恰恰不能被整除，因此除了东南西北四个基本方位及基本方位间的四个方位外，其余等分线所代表的角度都不是整数。虽然对于手握角度换算表的水手们来说计算上不成问题，但毕竟存在极大的不便。那么不懂科学的中国人在罗盘等分问题是否和精通科学的欧洲人一样不妥当呢？恰恰相反，他们在和我们一样确定出四个基本方位后，将每一方位等分为六部分，总计二十四等分，每一部分的角度大小为 24 除 360 得 15 度。

也许最为先进的等分方法是 36 等分罗盘。这样每一部分为 10 度，一半就是 5 度。

17. 使团中，12 岁的小斯当东学会了让欧洲人大呼困难的中文。在觐见乾隆帝时，小斯当东受到乾隆的赞叹，乾隆将身上的荷包送给了小斯当东。

中国的语言对我来说生疏得很，我无法评判它的优劣，只能粗浅地谈一些感受。我认为这个世界上存在着一些各民族通用的符号，比方说，日本人、交趾支那人和普罗孔得人（Pulo condore）人虽然听不懂我们使团翻译的话，但完全明白他们写在纸上的东西，同样，欧洲各国——包括意大利、德国、英格兰等等——的音乐家对音乐符号和乐谱也都一样看得懂，再比如，阿拉伯数字和用在天文学、数学和化学中的各种符号在欧洲各民族也是通用的。就这个意义来说，中国语言文字由一些极古怪的字符构成，鲜有陌生人能全部掌握，这无疑是一个极大的缺陷。但是想想看，我们自己语言（英语）里的那些专门词汇又有几个人能够真正掌握、毫无遗漏呢？普通英国人会经常遇到不知其义的词汇，就像中国人在汉语里常遇到的那样。

随着近二百年来科学的发展，我估计目前英语的词汇量比伊丽莎白女王时代增加了近四分之一。而且知识愈是扩充，用以表述这些知识的词汇也将随之扩充。我相信能够弄懂每个英语单词含义的人绝无仅有。每个英文单词只是有限字母的不同组合，同样每个汉字也只是有限的笔划的不同组合。我猜想现在欧洲（尤其在德国）可以找到几个通晓希腊文、拉丁文、英文、法文、意大利文、西班牙文、葡萄牙文和德文这八种语言的人。可能八种语言所有词汇的总和才及得上汉字的数目，汉字数目太多，太过复杂，这是相当普遍的评价。如果威廉琼斯——孟加拉的一位现任法官，他所懂得的语言不胜枚举——生在中国，且像一个中国人那样只学汉语，他应该能够轻松掌握每一个汉字。中国人学习自己的母语并不困难，每个中国人都或多或少学过一些。我们经常指责汉语太难学，我倒觉得这有些夸大其辞，因为我从没听到中国人自己有所抱怨，而且我发现每个中国人，即便是最卑贱的中国人，书写中文的水平都足以应付做生意和日常生活的需要。

斯当东先生的儿子今年十二岁，在我们到中国的旅途中，通过自学和一些断断续续的课程学习中文，抵达中国后，他不但已能说会听，而且还能以极其简洁的汉字为我们抄写所有递交中国政府的外交公文，这使中国人惊叹不已。这件事证明了中文确实不难学，这位年轻的绅士现在已经掌握了英文、拉丁文、希腊文、法文和中文五种文字，以他如此幼小的年龄实属难能可贵。

不过汉语言文字似乎存在着一个重大的缺陷。那就是汉语容易引发歧义，在很大程度上必须依靠说话人的语气和音调来判断确切意义，因为我注意到中国人在交谈时经常误会对方的意思，需要不断地补充解释。同样一个字轻读和重读时字义会有所不同。

18. 后记

在随使团来中国之前，我仔细翻阅了用我能懂的文字写成的每一本有关中国的书。我和每一个有望从其身上获得有关资料的人联系，若无法亲见，我就写信联系。在我把所有能得到的资料熟记于心后我停止了查阅书本，等船一到达黄海，我又开始了另一种形式的学习。我不再阅读他人的第二手材料，而是开始了解中国本身，我尽量不放过任何机会去观察和思考中国。

外国人与中国的交往受到诸多限制，获得准确的有关中国的资料异常困难，因此以前种种关于中国的描述很难像我的这份记载和思考那样郑重客观，虽然我的某些观点也不免有误。但我相信它和从前那些旅行者的记述有很大区别。但我还不敢说我犯的错误比他们更少。我并未比他们看得更多更仔细，但我做到了完全忠实地记载我所看到和从权威机构得知的一切。一幅画看起

英使觐见乾隆皇帝

来潦草、缺乏生机或色彩紊乱并不要紧，重要的是画者把他从所画之物那里看到的原原本本地画出来，不掺杂任何自己的想象。无须修饰，无须歪曲，只求尽量逼真。

（An Embassy to China, Being the Journal Kept by Lord Macartney During His Embassy to the Emperor Chien-Lung, 1793-1794, Edited with a Introduction and Notes by J. L. CRANMER-BYNG, Longmans, 1962, PP 221-278, 方晓辉译）

政府与法制

德庇时著　孙睿超译

选译自德庇时爵士的《中国人：中华帝国及其百姓总论》中"政府与法制"一章。该书出版于 1836 年，内容包括对中国的历史、地理、经济、政治制度、生活习俗、宗教信仰、民族性格等方面的介绍，既有作者自己对中国的观察与见解，又有对其他相关著作的编辑引用。该书出版后很快成为英美关于中国的权威著作，广为引用。

　　家长制乃是中国法制之本——广州出现滥用职权，某种程度上是大清历律的判例——公众意识左右专制——教育动机——尊敬长辈——财富可以发号施令，却鲜为人敬——高官显爵并不世袭——君主——乃大祭司长——大臣——政府机器——地方监督——文优武劣——拙劣的战争艺术——传教士铸炮——中国刑法——优与劣——设立——惩罚——特权与赦免——犯罪——法律特点——礼仪邦交注重实际效果——中国人敬法高于圣旨

1. "大清法律是为家长制服务的"

　　在中国，政府以管理家庭的方式统治偌大的帝国。家国同构的模式，促使政府特别注重孝道，"孝"与其说是一种自然亲情，不如说是一种行为规范，违反孝道不仅会受到舆论谴责，更会受到政府的制裁。家长制赋予皇权自然合法性，皇帝对帝国的子民拥有绝对的权力，就像父亲在家庭内部拥有绝对的权威。中国人从小就在家庭中学习绝对的顺从，这种习以为常的顺从使政府不必在社会管制方面投入很多力量，也能维持社会的稳定。中国社会朝代更迭，治乱兴替，家长制依然岿然不动，从来没有人想过要改变它。

　　孟德斯鸠有言——"愿历史上历经灾难的民族好运"，如果这是中国历

史的特征，如果混乱与专制对中国发展的干扰少于其他国家，那么我们只有调查中国政府的公文与管理箴言，才能找出原因。众所周知，家长制是中国政治制度的典范或模式——中国人自童蒙时代起就开始服从这种约定俗成的制度。考虑到童蒙时代形成的意识影响深远，立法者认为，要保证社会结构的稳定，最好是将家长制建立在一种深信不疑的理论基础之上，一种人们自咿呀学语起就熟悉并认为是天经地义的理论之上。

家长制在中国长盛不衰，不管是否出于以上原因，有一点值得肯定，即中国家长制内容简单但效果非凡，这使得它在诸多人类社会形态中翘居首位。北美洲原始部落称统治者为"父亲"，他们制定出缜密计划来促进弱小部落或弱小民族之间的联合与和平，而中国，从某种程度上证明：在一个大国要实现君主专制必须依靠，可以说几乎完全依靠派遣使者来完成。为了避免皇权沦为虚设，朝廷进行周密计划来巩固加强专制制度，试图使它经久不衰；除此之外，仍保留少许家长作风，中国政府的政策就是给予父亲一种绝对权力，让他作为"家族统治者"（patria potestas）管教子女，把他作为自己权力的榜样，认同权力。

在中国的礼仪和刑法上最惹人注目的莫过于子民在处理与父母、与君王之间的关系上所刻意保持的相似性。如果有人侵害这两种权力，就会遭受相同的惩罚；父亲去世，君王驾崩，子民均在同一时刻哀悼，举行同样的祭拜仪式，因为上述两者对其握有近乎相同的权力。因此，他学会服从，并长大成人，"tenero abungui"，至少不放过任何机会来证明自己是孝子忠臣。在这样的制度下，当然毫无自由可言，但是若要子民甘心情愿地听命于朝廷，官员就必须掌握基本的人性常识并能灵活地运用它，贯彻它。

《论语》是古代典籍中集大成者，其说教对象是中国百姓，通常在新月、满月之日由朝廷重臣当众朗读。书中包括十六篇文章，每章开头都是教育子女孝顺父母、少年尊敬长者以及（合乎情理的）百姓服从政府。《论语》的阐释有如下的意思——"举止无度是为不孝，事君不忠是为不孝，为官不明是为不孝，交友不信是为不孝，作战不勇是为不孝。"因此长辈的权力得到加强——孝顺父母和尊敬长者在某些意义上是相通的。因为"入则孝，出则悌"……若循此规定，以言行示德，以古人为表率，尽人子之义务，尧舜之明智皆出于此。孟子曰："人皆尊老爱幼，则天下太平也。"

可是政府并不止于说教，地方叛乱也视作欺君之罪论处，即轻度叛国罪。清朝皇帝的诏书比法律更严厉，据说当时在中原地区某一省出现夫妻肆虐殴打男方母亲的现象，巡抚遂将此报至京城，皇帝决定杀一儆百来加强国家法治。案发之地受到朝廷的斥责和唾弃，案犯随后被处死，亲家母因管教其女无方而身陷囹圄，后遭流放，且取消当地秀才三年之内的乡试和晋升资格，地方官员被撤职查办，案犯的房屋被揭得片瓦不留。圣旨曰："特令巡抚告知天下，若有任何逆子欺压、殴打或侮辱父母，当按此论处。若汝等已阅此令，慑于寡人之威，则毋视此为一纸空文。今唐成一案，若再发生，朕将严惩不贷，汝等慎之。各省官员要告诫家长与村里长辈，每月之翌日及月圆之翌日必须诵读圣人之书，此举休戚相关，子女不得违抗父母——举国上下一片孝心。"据估计，约有三亿人阅览此文。

"大清法律"，乔治·斯当东先生说，"是为家长制服务的，不管是赐予家长权力还是赐予其代表权力，均美其名曰'孝'。"与其说这是特别的亲情表现倒不如说是一种行为规范更为恰当。中国早期的著作里面对此所作的论述比比皆是，更有甚者，古代哲学家和立法者也不遗余力地反复阐述。家长制历经数朝更迭与社会革命，但是在法律与公众意识的作用之下，迄今它依然存在并将继续下去，并不断被强化。

"家国同构模式使政府直接服从自然法则，并且因此占据稳固的优势，这是任何个人凭借卓越才华取得政权并以世袭制延续所可望而不可及的。"显然，一说起家长制与特权，人们就肃然起敬。朝廷以亲情作为筹码，妄想流芳百世。借助宗法，中国自诞生之日起就令人刮目相看，繁衍生息的中国作为一个民族迄今仍然处于大一统，统一的中央集权，统一的语言文字和习俗礼仪。历史上出现多少次内忧外患与风云变幻，可是家长制依然岿然不动。

孔子的《四书》里第一部反复论证修身、齐家、治国、平天下。君主称为"一国之尊"，一省之长称为总督，一市之长称为知府，一家之长是整个家族的绝对统治者。（朝廷认为）社会秩序实属必要，要坚持不懈，家长制之所以行之有效，是因为世代流传下来的"服从"教诲：子尊父始，幼尊长，学尊师，至民尊君终。

中国国泰民安的国情与精忠报国的思想证明：如果政府维护黎民百姓的权利，他们会自觉履行义务。我们虽然十分钦佩中国的政治制度，但是如有可能，我们仍然愿意探讨其负面效应及其成因。弊端在所难免，考虑到整体因素及实际效果，这架机器运作良好，最好的证据就是中国是亚洲最勤劳、热情和富强的礼仪之邦。笔者总是提到中国人民性格开朗、勤劳能干，其实这是最好的证据来证明他们能够享受自己的劳动果实，不是为了讨好主人而卖力工作。

仅据调查在广州从事对外贸易，尤其是从事洋行业务的商人情况，就断定在中国私人财产不安全，未免过于草率。洋行商人不过是清朝政府的工具。鉴于政府不愿与外商打交道，于是允许这些商人从事对外贸易，只是必须按时定期地交纳税金，准确一点说，这是在"挤"海绵。

中国朝廷视外国商人为最佳猎物；不但百般刁难他们，而且积极筹谋向国民揭示他们的卑劣之处，瓦解中国国民对他们的同情。

在广州，每年一到商季，朝廷贴出通告或传出口谕，控诉外商之恶行，要求国民与他们少接触。由此可知，大清律法善于做表面文章，将黎民百姓当作牲畜来统治。随着法律的日臻完善和实施，外商被剥夺了一切权利与保护，偶尔的过失伤人竟然被处以死刑，往往还是先斩后奏。这是外商对中国的不满之处。可是，无论在什么时候，如山的案宗终将证明反抗胜过服从，就商业规律而言，就是讨价还价也要有一个公正严明的基础。再说广州的洋行商人，善嫉好妒的大清政府在处理一切外交事务上自有一套法规，商人没有执照，则表明暗藏"叛逆之心"——正是该词成为勒索敲诈的导索，因为执照和不时颁布的特别规定都打着法律的招牌，就为徇私枉法开创一片广阔天地。

这是唯一的解决办法。在广州，乃至全国，纵然三令五申反对压迫和勒索，严厉揭发滥用职权现象，但是迄今为止，这些腐败行为仍然比比皆是。最终还是由外商承担费用，洋行商人好似真正的奶牛，"真正的奶牛产奶"，对外贸易就是他们活动的牧场。政府从商人队伍中选出领袖，赐其特权征收自由对外贸易的税金来弥充官员之欲壑。商人利用余资偿还外商贷款。负债还清，而官方的收税永无休止；就因为如此滥用职权，广州的贸易比以前更加有利可图，若长此以往，这种必然趋于消亡。

眼中只有本国人的社会制度决不仅表现在此一处，否则整个中国将呈现另一番景象。财富外露容易招致危险，"feriumtque summos fulmina montes"，或者如中国人所言，"匹夫无罪，怀璧其罪"。可是转而又曰，"乐在其中"。可以肯定，大多数中国人还是比较安逸地享受他们辛勤的果实，否则中国不会如此繁荣昌盛。

在封建制国家中有时也存在一些令人意想不到的现象。百姓偶尔通过张贴通告举行集会与地方官员进行交涉与对话。这种沟通渠道使他们既能反映心声又不会受到惩罚。对于赃官，百姓书写文章和漫画加以嘲讽；对于廉吏，百姓放炮送匾，若其离任，百姓还会自发地举行隆重的告别仪式。这些行为都不在政府的政策之列。休姆曾将此现象比作英国海员之远离自由，只不过中国人民远离的是专制。再言之，中国没有建立传媒监督机构，也不颁布维持社会治安的法令，如果危险将至，政府迅速垮台，其速度比代理将军浏览一份密件还快。

2. 中国的教育巩固了它的稳定与繁荣

中国的教育很普及，几乎人人都会识文写字。但中国人接受教育不是为了追求真理，而是基于中国百姓的恐惧与希望心理，在于功名利禄带给他们的强大刺激。中国人重视教育儿子，一是担心有朝一日其子犯法自己难脱干系，二是望子成龙光宗耀祖。

值得重视的是，通过在下层阶级中传播知识，通过教育，中国的稳定与繁荣得到大大加强。在此泱泱大国，几乎人人会识文写字，维持生计不成问题。提出学习要求的人数所占比重大幅度地下降。在定时向百姓宣读的十六篇教诲中，第八篇强调认知刑法的必要性。朝廷还特意印刷成册，大量地散发。

他们认为不知者不为过也，若是及时懂法，死罪方可避免。这似乎是预防法律制裁的一个必要步骤。从道理上，从人道主义上，从健全的法制上，从任何角度上分析，这完全胜过现实制裁。

教育普及的根源在于中国百姓的恐惧与希望心理，在于功名利禄带给他们的强大刺激。中国人之所以重视教育儿子，一是担心有朝一日其子犯法自己难脱干系，二是望子成龙光宗耀祖。孟德斯鸠猛烈抨击法律制裁平民，似乎不知或者不以为然，这其实有几分算是君主制度信任家长的结果。家长据其所为受到惩罚或者奖励。作为教育的动力如何实施此制度是显而易见的，唯一的问题是，牺牲的个人自由与享受的公共利益是否持平。官方对教育的重要性非常敏感，甚至连相关的语言都充斥着家箴国训："没有规矩，不成方圆"、"求忠臣于孝子之门"等等。城镇一律设有教坛，商贾人家则聘请家庭教师。

中国以安居乐业而闻名遐迩，孟德斯鸠在其著作中对此所做的阐述包含了许多真理，即，政府对百姓宣读法则时完全清楚一个目标："以适宜之道鼓励发展国民温顺之性格，保持社会安定和平，杜绝性格暴戾之隐患。"统观之，中华民族当属世界上最为幽默和最爱和平的民族，这是由他们的政治与社会制度所赐。在定期传授的十六篇教诲中，第二篇是"论家族团结"，接下来是"论邻里和睦"，第九篇是"论自制"，第十六篇是"论化解仇恨"，由此可发现他们性格怯懦、好寻朋结党的根源：他们生性尔虞我诈。

在习惯与教育下享受和平的中国人更加害怕社会政治动荡不安。有民谚说"宁做太平狗，不为乱世人"。他们说，有一个普遍道理：恶人好乱，因为借此能够飞黄腾达，若是时局稳定，万物发展有章可循，恶人则一无所获。总之，中华民族是有些冥顽不化。只要审视亚洲的君主专制历史足矣——（人民的忍耐力）——显示着他们的正面影响。明太祖有言，船头受千钧之力则断，人受百般侮辱则反。另有明君对其嗣曰："汝当铭记于心，夫君者舟也，人者水也，水可载舟，亦可覆舟"。纵观中国之革命，有一点甚为突出，即没有一次是为了推翻以家长制为基础的君主制而革命的。历史往往是在推翻一个暴君或者当国家四分五裂时，周边弱族之首领乘虚而入取而代之。

3. 畏长者畏大人

中国很少有源远流长的世家大族，地位和荣耀都要通过门槛很高的科举考试来谋求。这就避免了世家大族发展自己的势力挑战皇权，保卫了国家安宁，也装饰了民主的场面，为专制统治点缀了一些合法的装饰。

中国人敬畏值得尊敬的与法律维护的东西，因为敬畏中自有利益。罗格斯先生在一首诗注中的阐述颇有几分道理："年龄与权力同步，我们看到几乎长者都享有名誉，只是多寡之别，因为人人皆有几分优点。"在我国，在只凭出身与财富取得地位与权利的国家，纨绔青年非但不尊敬反而凌驾于长者之上；在其他国度，情况截然相反，他们的人民乐而从之。"如果青年与长者能相互包容，一些绝对服从的风俗将不复存在，取而代之的必是另一种风气：青年自然而然地尊重长者，而长者也会自重自爱。"——（孟德斯鸠语）前面提到中国人恪守旧习，但是他们尊重智者胜过尊重长者。有曰："万般皆下品，唯有读书高"。在中国，若论荣誉与思想当首推举止文雅的知识分子，因此，无论学习的性质如何，与以财富、服饰或出生身份来装典自己的人相比，至少他们受到更加合法有益的尊重。

尽管在中国人的生活中，金钱不可或缺，但是中国人不像其他国家那么崇拜金钱。一切荣誉和地位都以才能而非金钱来衡量。中国是根据才华高低来挑选官员的，这方面基本没有什么例外；官员组成国家的统治阶层，所以说国家得到最优秀的管理。达官显贵满足于稳固的头衔和权力，并不张扬炫耀。反之，朝廷却为专制的外衣添加装饰，颁布控制官员费用的法令来迎合平民百姓的生活习惯。我们不得不承认，有些罪恶是避免不了的；贪官污吏沉溺于声色犬马而无法自拔。

可是，豪富在中国并不多见。常常是子孙瓜分家产，或者共同靠之度日，但长子有权接管整个家产。囤积财富的诱惑并非如在我国那样难以抗拒，机会也不频繁出现，一般的商业渠道不增不减；这里必须重申，广州的"瘾君子"们和洋行商人不足以代表整个中国，只有当地人的省份另当别论。贵族头衔是靠官位而定，并非采取世袭制。没有任何家族可以靠一种制度源远流长，何况法律也不准许有人通过分赠家财的形式来转移财富。

休谟有言："爵位不采取世袭制，使任何党争叛乱找不到旗帜，从而保证了国家安宁。"我们认为，正因为如此，中国政府才推崇家族的荣耀可与日月争辉[1]。也存在一些世袭头衔，可是它们每传五代则衔降一级，子孙有权披带红黄相间的腰带以显示皇家身份。尽管他们属于特权阶层，但若与真正的国家贵族比较起来，还是相差甚远。如果没有过人的才华，他们几乎得不到尊敬[2]。中国人有诗曰："旧时王谢堂前燕，飞入寻常百姓家。"

一切官衔地位都是通过才华而定，才华高低的评判是通过考试进行。穷人子弟有权利参加考试，佣人、戏子与刽子手等家子弟除外。朝廷认为社会稳定最好是由人中龙凤来保障，即使他们不是人品上佳，至少也是可忠可信之人。

为了提高军事效率，为了提高军队的作战能力，清朝皇帝设立武试，官员的才能通过比武测试分级裁定。

4. 从皇帝到百官的国家机器

启蒙时代的思想家，大多相信中国皇帝遵从孔夫子的教诲，实行开明君主专制。但德庇时发现，儒家学说尽管在中国一统天下，但皇帝本人却从来都不是儒教的信徒。

论及真正的国家机器，须从一国之尊皇帝开始。皇帝被称为"天子"、"万岁"。所有国民都向他顶礼膜拜。下面是一则庆祝京城皇帝诞辰的实录，当时中国的几个主要城市同时举行盛大庆祝仪式。"当日向圣上献上庄严神圣乃至无比虔诚的参拜。皇家子裔、臣服国之国君、外驻大使和文武百官都集中在大雄宝殿等待传唤，有专人引入一个与寺庙布置相似的内厅。厅内摆

---

[1] 刑法上有一条规定，荐举官员加封者死，被荐举者死。

[2] 杜赫德认为，"他们一没土地，二无抚恤金，所以一部分人生活在极端贫困里。"

设主要是乐器：一套编钟，吊成一排的木枰做得巧夺天工，伴有三角形的金属片，从大到小逐次排列。接着宦官唱礼，仿佛是远处传来渺茫的乐器之和声。高亢洪亮的喇叭引着歌声婉转流畅，令人如痴如醉。场面蔚然壮观。最后宦官传令九次，在场之人倒地叩首九次，外驻大使携随从虽不叩首，亦鞠躬致敬。受拜者皇帝俨然一副天神状。这种丑陋的个人崇拜仪式令人不快，就是翌日举行的庆祝活动也难以消除此种不快。”

君拜天，民拜君。可是，君主总是喜欢自称“寡人”，这与大多数东方国家君王的自吹自擂形成鲜明的对比。而皇家的一切设施世代沿袭又让人赫然生畏。来者何人均不得乘车驾马过皇城前门。皇位或皇袍，当如“陛下”亲临。圣旨下到省里，官员必须面北朝南焚香叩拜来接旨。皇帝外出，有专设“御道”通向主殿。与此同时，皇帝还在上朝时衣着显赫以示天子之威，不像其他国家的君主打扮得比随从还随便。马戛尔尼勋爵出访中曾经见到过随从官员锦绣华服，而一国之君身穿普通的棕丝上衣，头戴镶着明珠的黑丝绒帽。黄色，在百色中独受中国皇家专宠，现在看来其用途是区别皇家之物或是与皇家相关之物，并非制作皇衣所需，当然，重大场合下另当别论。

在继承皇位问题上，中国皇帝握有绝对权力，他可以随意指定继承人。这种制度追溯到原始社会时期，族长尧、舜都是禅让制的典型代表。皇帝下达的圣旨上盖有玉玺，印章是方形，约数英寸长，由白中带绿的玉石刻成，通称“中国玉玺”。皇帝使用红色的毛笔批文，称“朱笔”。皇帝的诏书题在帛上，在军机处宣读后再在《北京公报》上颁布。《北京公报》只登载与朝廷相关的新闻消息，即奏折或圣旨。伪造圣旨者死罪难逃。但是有一点，在紧急关头，圣旨有权力加重或减轻处罚，而对于死刑，在历史上则没有先例[1]。这项规定比古罗马的法律还要棋高一着，在具体操作上，法律永具效力——确切地说“从具体归纳到一般”。

作为大祭司长或一国之教宗，“天子”率领百官在宗祠里焚香祭祀，进行斋戒和沐浴，这和历史上的祭祀仪式非常相似。国家并不拨出专款维护等

[1] 刑法，Sect. 415。

级制度，儒教又称"国教"，也不设立牧师，因为皇帝和百官替代履行职责。佛教和道教只是得到朝廷的准许而非提倡，它们的发展完全来自募捐和自愿的私人赞助。

这种论述只适用于中国。元朝皇帝发现，只要对佛教喇嘛稍施恩惠便获利甚丰，因为佛教在中原地区的百姓中间传播甚广。可是，让人不解的是，在中国，儒家学说一统天下，但皇帝从来不是儒教信徒。

皇帝的主要大臣组成内阁，或称"内议会"，主要会员有四名：两名满族人，两名汉族人，前者担任正职。据耶苏·库劳（Jesuits Colao）所载，他们都被称为"章京"[1]和"阁老"[2]。成员一般是选自皇家学院，称"翰林院"。如果确实有称得上国家宗教等级制的话（上文说过政府不只是保持一种特殊的形式），那就是翰林。在《拿破仑传》中，波里尼提到他有个习惯：皇帝总是把《圣经》放在政治书本之下。无独有偶，中国朝廷把宗教当作工具，或者说，把宗教变成政治的一部分，皇帝是大主教，官员是各级教职人员。翰林院有点像索邦神学院，专门负责研究和诠释孔圣人的著作。除了内阁，清朝又设军机大臣，即枢密顾问官，因为皇帝有时需要秘密处理一些事务，如秘密处死官员等。安林斯特访问团里名为火爵的使者当属此中一员。

六部，是处理政府具体事务的六个部门：1、吏部[3]，督察文武百官履行职责2、户部[4]，监管国家财务3、礼部[5]4、兵部[6]5、刑部[7]6、工部[8]。各部下设司，例如，天文司隶属礼部，仪式是根据皇历来安排。

---

[1] 清代军职多称章京，系满语音译。
[2] 内阁阁臣，明代又称大学士及翰林学士入阁办事者为阁老。
[3] 六部之首，职掌内外官吏选授、诰封、考课之政令。
[4] 六部之第二位，为国家财务行政的最高机构。又户部通称农部。
[5] 六部之第三位，掌管国家典礼仪制之机构。
[6] 六部之第四位，为全国军事行政之总汇。
[7] 六部之第五位，国家最高法律机构。
[8] 六部之第六位，掌管建筑工程。

5. 中国政府不信任自己的官员

政府专门设立都察院向各地派遣间谍对官员进行监视、监督。中国政府还将宗教当做工具，宗教成了政治的一部分。

理蕃院[1]即外事办，名副其实，主管国家对外关系，曾经在1816年接待过英国访问团。院长由满人或蒙古人出任，汉人与之无缘。中国政府的一个显著特征是设立督察院即监督机构，其成员一般被称为"御使"。院长职位设两名，满族汉族人各一，其下成员约四、五十名，有的被选出派往全国各地担任朝廷监督特派员，准确地说，就是间谍。按照传统的说法，他们享有特权在向皇帝陈谏时免除死罪。但是当谏词惹得龙颜大怒，即使死罪可免，但活罪难逃，他们仍然会因此受到惩罚或者降职。东方翻译委员会出版的《幸运的联合》一书中开头几章的记载，证实确有此事发生。马戛尔尼勋爵使团的有关记载中谈到在中国有因为肆无忌惮地发言而被称为"为老不尊"的现象。

上面讲的是北京政府的主要部门。在其统治下的省份，有的设立巡抚，有的两省合并设立总督，即省长，其下各省再设府院。广州和广西，由总督管理，通称两广提督[2]。每个地方政府都有一个刑事官员和一个库员，库员通常负责民事案件，但是他的专门职务是管理地方财税。

盐部相当重要，由盐运使特别负责，在广州又称"盐大人"。像其他国家一样，中国政府垄断了这一行业。各省辖区下设府、州、县三级，选派官员独立管理，称为太守、知府、县令。清朝官员大约有14000人。与欧洲的贸易来往使广州出现了一个新部门——海关，并设立海关关长，欧洲人称为"富部"，以讽刺京城户部的腐败。皇帝派其满族亲信担任户部主管，表面上是管理对外贸易，管理洋行商人，实则给他机会大肆敛财迅速致富。

中国政府每季印刷一次封皮是红色的六卷书，里面囊括所有官员的姓名、籍贯和社会关系。官员一律不得在家乡供职，为了防止与下属官员拉帮结派，

---

[1] 六部以外的部级机构，掌蒙藏等族疆域、爵秩、黜陟、征发之政令。

[2] 汉人武职中最高一级，原则上每省一人。

朝廷定期换任官员。任何官员的子兄近亲均不准在其手下当差。每隔三年，总督向吏部送交一份手下官员的名册，上面附上有对他们的工作评价——这和英属印度政府执政后期采用的方式非常相似。这本名册决定官员的升迁与降职，不管升降几级，官员必须向朝廷叩谢"皇恩"。高级官员犯了法必须由皇帝特派御使审理。若是发生动荡叛乱，当地的地方官员甚至总督都难辞其咎。1832年，广州西北部发生山贼叛乱，结果广州知府被撤职查办，可惜他还差一年就可以告老还乡，本可以衣锦荣归。

文武百官的级别一般表现在官戴花翎的颜色上。红色、浅蓝、深蓝、水晶、石白和金黄，经过加工用来区别"九品"官级。花翎不同，勋章亦不同。所谓勋章就是绣在官服前后两襟上的丝绸缎子，约一英尺见方，上面绘着鸟儿或其他图案，此外，官员还要佩带一串朝珠，从颈上一直拖到腰部。

可是，服饰不是官衔的永恒标志，因为官服可以花钱买到。穿上官服的唯一好处就是一旦触犯大清律法，不会立刻被执法，必须先脱下官服，其实这道程序用不了多长时间。在广州，洋行商人如果购买绿翎官服，会受到县衙传讯。尽管县令的官翎是黄色的。犯了法，脱下官服，仍然会受到与平民百姓一样的鞭笞。

中国社会进步的一个证明就是文职官员的权力高过武官，公文高过兵器，尽管清朝是满人在马上打下的江山。从此意义上讲，中原征服了它的统治者。大将军步行是一件很平常的事，但是对于中等文官，步行会被视为失尊，除非乘坐四抬大轿，随从不准坐轿但是可以骑马。为了发展军事，清政府设立武试又称军事练习（骑马射箭），选手可以像文人那样分三级晋升，当然文人对此望而却步。清政府非常重视将领的体格和技巧，通过拉弓射箭来评定职位足以说明中国的军事艺术仍然处于摇篮时期。

6. 西方人进入到中国时，就注意到中国军事力量薄弱，士兵徒有其表，其实比稻草人强不了多少，完全没有战斗力。

清朝军队受京城兵部管辖，户部提供钱，工部供给物品，他们密切监督军队的权力行使。军队分成八旗，即正黄、正白、正红、正蓝，每一色皆由其他颜色镶边。绿旗代表汉人兵团。据说，每一旗满人士兵约有万人，号称八万旗兵。此外，地方民兵遍布全国。但是据材料说，民兵衣衫褴褛作战无能，比警察强不到哪里。

包括民兵在内享受俸禄的官兵大约占到七万，多半留在地方上开垦种田和承揽其他农活。连生计都难以解决，要产生勇兵武士更难以预料。亚当·斯密在《国富论》第三卷中举例，尚武之国重视军事胜过和平之邦的理由，解释了这一问题，满族人只出动一个陆军中队就征服了整个中国，就是最佳证明。

运河畔监视马戛尔尼使团的清兵

传教士虽然知晓清朝官兵作战不力，但他们总是喜欢夸大而非诋毁中国人的优点，杜赫德引述之后说道，"在勇敢和军纪上他们无法与我们欧洲的军队相比，要战胜他们可谓轻而易举。汉人天生缺少男子气概，满人几乎是完全汉化。他们对和平沉醉不已，从而丧失了战斗的能力。"中国繁荣昌盛，人口稠密，可是下面几项国情阻碍了她的军事发展。第一，夜郎自大。这是包括战争在内的一切艺术进步的栅栏。第二，嫉妒汉族人丁兴旺，这妨碍了清政府发展兵力。第三，边疆小国落后，他们对清进贡，使清政府夜郎自大，大民族主义思想盛行，不但妨碍征兵备战，而且耽误了训练优等士兵的必要操练和演习。

中国内陆山区的苗族人长期与朝廷对峙，现在他们获得了自治，这足以证明中国军事力量的薄弱。官兵主要是用来镇压饥饿地区的叛乱，可以说他们常常与"虚影"打交道。1832年，广州边陲的一伙山贼把官兵打得落花流水，说明了清朝士兵长期服食鸦片，缺乏操练和纪律，完全失去了战斗力。陆军尚且如此，海军更是不可收拾。有例为证，在广州沿海，流寇海盗长期活动猖獗，政府毫无办法，最后只能通过招安首领才加以平息。

将领贪污手下士兵的粮饷是家常便饭，可以说他们比稻草人强不了多少。就像"能干的"约翰·福尔斯塔夫先生那样挥霍军款，当然两者方式各异。1816年，我国访问团在中国有幸目睹了一幕荒唐剧，这得拜赐于大清制度。皇帝下令官兵一律要服装整齐得体，于是我国使者团在中国的市郊或车站看到士兵在河边洗澡，岸上扔的到处是刚刚参加演武仪式穿的盔甲和武器装备，这说明中国军队徒有其表，暴露了他们濒临贫困的境地。

我国使者没见到中国骑兵，据说，骑兵几乎全是满族人。满兵与汉兵在军饷上差别很大。一个满族步兵，可分得月粮两担或者一天五文铜钱，另有大米补助；汉兵只有一担六，并且没有大米。原因如下——第一，旗兵属于正规军队，远离家乡完全依靠军饷生存；汉兵通常是民兵，只是在农闲时节被抓来当差。第二，朝廷徇私设立补助，通过这种渠道笼络人心。

中国的军服一般是蓝衫镶着红边或者是蓝色长裙镶着红边。军帽呈圆锥形，上面绘着条形图案，设计得正好可以闪开敌人的拳击。有的军帽是用缎料做成，与文官官帽相似，可是帽顶上没有装饰球或装饰扣。还有一种被多数官兵淘汰的军服，非常笨重，上下布满铁扣一直拖到裙摆，看上去既不能打仗又不便逃跑。头盔是铁的，像个倒置的漏斗，盔顶有个尖儿上面绑着一束丝，不然就是一束马鬃。

骑兵的常用武器是弓和箭，弓是由一根弹性木条和角做成，用一根丝牢牢地缠紧。弓的力一般通过拉力来计算，八十磅到一百磅不等。射的时候，取一石子或玛瑙用右手拇指扣在丝带上，拇指关节前曲压在食指中关节上。

7. 南怀仁的悲剧

南怀仁神父的传教事业让人惋惜，南怀仁神父为了获得中国皇帝的允许，在中国发展基督教事业，为康熙大帝铸造了几百门大炮，但这却成了教廷指控他背叛罗马基督教的证据。

中国的矛制作粗糙，就是火枪从外形和制造上看也比不上弓箭。矛往往与盾配合使用，盾上面绘的图案是藤条围着一个中心绕成一个圆圈。

至于大炮，杜赫德认为，"中国的火药历史源远流长，而大炮是新生产物。"直到1621年，大炮才被用于军事，朝廷命令澳门向北京运送三门大炮和炮手来抵御满人入侵。同样在这个汉人统治的末代朝代，大约是1636年，面临满人的威胁，明朝皇帝要求住在京城的基督教徒指导铸造大炮。最成功的大炮专家是南怀仁神父。17世纪末，他为康熙大帝铸造了几百门大炮，谁知这件事竟然成为指控他违背罗马基督教的证据。他们辩解自己为中国政府做事，纯粹是为了发展基督教事业。可以说，三个世纪以来，任何时期的传教事业都不如他们成功。而此时，在中国大陆，三亿人中甚至不满十二个欧洲的传教士。

中国最高的军事官衔是将军，又称满洲大将军，其中之一专门统领广东省的正规军队。汉人无权觊觎将军职位，最多只能升到副职。将军手下军官云集，都是从士兵级别晋升而来，晋升标准是个人体能、弓箭技艺以及在镇压暴乱起义上所表现出来的热情。还有一点不容忽视：军队采用体罚的惩罚方式，往往使用枷锁或可以移动的木枷。木枷是用一块厚木板做成，重量可达上百斤，上面挖出两个洞，分别套在脖子和手腕上。军官触犯纪律会被鞭答和游街示众。总之，如此整顿军风军纪的做法实在荒谬。

匹夫之勇向来不是中国军队所重。他们有句箴言，"骄兵必败"，这其中有一定道理。他们的战术是谨慎从事和擅长技巧，这是其优势，正所谓狡兔三窟，但是造成不要相信一个中国将领会履行诺言，否则会铸成大错。

8．中国法律干预和强迫国民履行义务，必然给美德的实施带来负面影响。

为了照顾官员的权威，法律规定的模棱两可，在很大程度上等于是空白无物，案件的审理都要依靠官员当时的决断。

下面谈谈中国朝廷控制国民的行之有效的机器：刑法。要正确把握中国人的性格，只有透彻了解他们的刑法。任何完善的法律制度均与其社会风俗习惯密切相关，否则就是无的放矢。如果忽略这一点，只要简单地凭中国刑法明显的缺点，就足以诋毁它，而这一点是违背我们本意的。

下面这一段精辟的评论，摘自乔治·斯当东先生的论文集。他说："中国法律的可贵之处在于公正、严明、清晰明白和表里如一，各项条款简洁明了，使用语言简约中肯。不但砍去了其他民族语言一般拥有的赘言繁语和无稽之谈，而且抛弃了它们的阿谀奉承和重迭修饰。其用词简洁、判断英明，不亚于欧洲的法律。从整体上看，它至少比其他国家的法律更加接近于权宜之计，当然也不能完全这么看。"

称赞之后是批评。中国刑法的缺点，从某种程度上说也是它的社会形态的缺点。首先，法律干预和强迫国民履行义务，而这些义务本应是在其他制裁实施后自愿履行的。如同美德，在很大程度上是不应受任何强制的。法律的强制必然给美德的实施带来负面影响，同样，强迫行善让人唾弃（尽管唾弃它的理由并不充分），可是在我国的《贫困法》里也仍然存在此种情况。中国国民的小心谨慎甚至过了头，一个人若忘记祭拜宗祠，他必然受罚。第二，诸位或许注意到，中国刑法对日常琐事不予理睬，但它过分重视案例之间可能发生的差异程度，这与欧洲的"demini-lex"警言针锋相对，它不像印度的曼纽宪法那样为偶然性留有余地。例如，儿子有权利继承全部遗产，女儿只能继承一半，而在法律上，则规定子女各一半或四分之三等，这足以显出其睿智和远见。第三，政府的嫉妒与恐惧：官员们担心法制过分健全，自己有可能在审案中受到铁铮之言的妨碍干扰，而让犯人受到保护。因此，模棱两可的法律条文在很大程度上等于是空白无物。有例如下——若有与宗法精神相悖的行为不端者，尽管在法律上没有明文规定，至少也会被打四十大板，情节严重者八十大板。中国人常说"法网恢恢，疏而不漏"，其实，他们的法网密得连世界上最小的苍蝇都钻不出来。

刑法与政府的性质不可分割，一个特点就是在对待叛逆之罪上，一切法律条文都丧失了公正和善良。也许没有什么比中国与英国对叛国罪的不同审判处理上，更能显示专制与民主的差别。

在中国，死囚的一切权利均被剥夺，而英国截然相反。众所周知，英国法律规定提前十天为受审犯人整理一份口供，找齐证人和陪审团，或者任他从所给名单上挑选陪审团人员。他有权质疑或者反对的陪审员可达 35 人次；他若对两位合法证人不满，则法庭无权判刑；他有权雇用律师为自己辩护。在中国，所有这一切权利在整个刑法章文中无一提及，最多附言及："严重叛逆罪除外。"在任何专制国家法律都对叛逆罪严惩不贷，甚至犯人的家人也受株连 [1]。1803 年，有一刺客企图谋杀皇帝，被处以凌迟，而其子女"尚在幼年"，也被绞死。

中国刑法的设立依据取自于《论语》，书中强调独生子与犯法的父亲同罪，孔子有言：不与凶手之子同檐度日。这项不成文的规定推及社会，结果国人视之当然已是情理之中了。

法律的头条包括概论和诠释，主体部分包括六项条文，这是针对京城六部而制定，阐述了各部的责任和作用。下面简短地介绍一下。

内务府等于是最高审判所，其职衔是"吏部"。共两册书：1、朝廷制度，2、官员行为。

---

[1] 据波斯人与马其顿人的法律，犯人携其亲属朋友一律处死。据苏拉法，马略派的子孙均被剥夺入仕做官的资格。——《约克对财产没收法的思考》。

第二编是财政与统计法，由户部负责。共七册书：1、人口，2、土地与地租，3、婚姻（以其关系统计为依据），4、公共财产，5、义务与关税，6、私有财产，7、销售与市场。

第三编是礼法，由礼部执行。共两册：1、皇家仪式，2 其他礼仪。

军事法隶属兵部，共五册：1、皇宫的保护，2、军事法规，3、边防的保护，4、军用马匹与粮草，5、货运与公共工事。

下一编是刑法，隶属刑部。这是大清法律的精髓，共十一册书：叛逆、抢劫、偷窃、谋杀和其他杀人、违章乱纪、掘墓、打架斗殴以及挑唆罪。

最后一编是公共工程，隶属工部，共两册：1、公共建筑，2、公共道路。

法律规定了对犯人的处罚方式，其残酷程度通常被人们想象得五花八门，这一点值得思考。广州市场上出现一些涂鸦之作，上面描画了佛教地狱的惨状，然而被荒唐地冠之以"中国的惩罚"，混淆了是非。法律的头条严格注明审判犯人要合法，严刑逼供必须有限制。不可否认，在历史上，既出现过古代皇帝使用的酷刑利具，同时也有条理清晰的成文法律，几乎任何国家都是如此。

中国法律规定惩罚的常用刑具是竹板，规格统一。打击次数视犯罪情节而定，其实也允许以罚金代免受罚。官员的桌前摆着一只小型笔筒，里面插满标有条纹的木签，根据犯罪情节的严惩程度，官员抽出一支掷在地上。衙役拾起，先打上五大扳再说，实际只有四大扳，等候命令依次再加。若要减轻惩罚必须皇帝恩准，称"皇恩"。这正如中国人常说，"立法从严，执法从宽"，英国却是相反——至少在理论上如此。

下一种是"枷"或"枷具"，又称木领。犯人在发配时可以戴着移动，枷上写着所犯何罪。一般规定戴枷三十天。因为犯人的手伸不到嘴边，进食只得依靠他人帮助。犯人被遣送到距离其家不超过五十里远的监狱；然后被流放到边境，或暂时或终身。满族人犯了法同样会挨打带枷，但是他们是被鞭打而非杖打，并且不会流放。

中国有三种死刑：1、绞死，2、情节严重者斩首，3、叛逆者、弑君者、亵渎者等凌迟，"凌迟"是一种耻辱的慢性死刑，欧洲人不太确切地称作"碎尸万段"。犯人头颅斩下来放入笼子中示众。

中国的监狱黑暗，因为没有公文调查令，犯人经常无端地被延长监禁。只是设想一下在地狱般的中国监狱里服刑的情景，就足以令人望"犯法"而却步，更何况还有隔离囚禁来加强打击力度。女犯一般免受牢役之苦，只要有亲戚监护就能逃脱这一人间地狱。

9. 中国的法律对统治者的关心和保护远远胜过了对贫民。

在不涉及到皇帝与政府的安全时，法律则摆出一副温和仁慈的嘴脸，一旦行为会威胁到统治者，对其惩罚的残酷程度就令人发指。中国法律漏洞百出，为了公众利益而牺牲个人利益，急于阻止混乱而丧失公正，但某些方面确实行之有效的

用刑取证一般是使用拴成三角形状的三支竹筷夹于男犯的脚踝和女犯的手指。审判过程中不得发誓，因为誓言并不得到认可。因此，严刑逼供往往造成冤假错案。

中国女囚

法律的概述部分列举了十个特权阶级，若是没有皇帝批准，他们有权不受传讯和惩罚。恃靠（在叛乱罪上无效）是"他们是皇亲国戚，要么是德高望重或者权位显赫"。非死罪的案例中，凡不足十五岁少年或高于七十岁长者，允许以罚金代替受罚。对盗窃和抢劫案，官府必须出示确凿证据找到遗失物品。事实上，从犯举报主犯不但得到宽恕还会受到奖励，这只局限于第一种法律。

在多数案件中，法律对主犯从犯区别对待，对主犯严惩，对从犯从宽处理；而在英国，证据面前一视同仁。经过证明的从犯只作为窝藏罪处理。可是，在叛国罪上中国法律对主犯从犯均严惩不贷，甚至不惜株连其家族，残酷程度令人发指。在不涉及到皇帝与政府的安全时，法律则摆出一副温和仁慈的嘴脸。例如，为了增强家族血缘关系，法律规定，同居一檐之下的家佣与亲戚在一般案件中知情不报，甚至帮助犯人逃跑的不算犯罪。这或许应了孔子的思想：父为子隐，子为父隐，直在其中矣。（《论语》，第十三章）

中国政府要求国民熟知大清律法，结果导致一些"仙人术士"得益匪浅。它规定，凡能够解释自然现象或理解法律之目的者，在过失罪上（非有预谋）允许获得宽恕，若是初犯且不牵连任何叛逆之嫌的话，其责任往往被算到其他犯人身上。六部条文中有相当一部分是关于如何提高政府执法的公正性和维护国民生命安全的，若是官员不能主持正义，非法拘禁或严刑逼供，将会被朝廷治罪。如犯人患病，法律允许其以罚金代替服刑，或者出狱治疗，但必须保证准时回来。对于超过七十岁的老者、不满十五岁的少年和长期患病之人不得用刑。女子不得入狱受刑，除非犯有死罪和通奸罪。孕妇在入狱百日内不得受刑或处死，笔者认为，这种做法是出于对其腹中胎儿的考虑。

中国的奴隶制度常以剥夺国民的权利而著称。法律对统治者的关心和保护远远胜过他们。对罪犯的惩罚程度根据他是奴隶还是自由人而有所侧重。如果奴隶杀死主人，罪如叛逆，当凌迟处死；反之，主人杀死奴隶不一定被判死刑。在早期的欧洲，奴隶与自由人享受的人权不同，这一现象也曾出现。要是一人犯法，整个家族都要受罚去做苦役，正如刑法中 CXL. 部分之规定。政府时常征集个人去做苦役，因为他们贫穷，无法纳税，只得出卖劳动力。尽管朝廷三令五申不许官员贪赃枉法，但这种现象屡有发生，真是一大恶疾。

连我国大使都感到愧疚：他们懵懂地参与压迫中国穷人，因为官府压迫穷人为他们乘坐的船只拉纤。

使用凶器抢劫者当处以死刑，不过很少发生。若是物主杀死窃贼，则视作正当防卫。澳门地方父母官收到一封函文，说英国人已经通晓这一法律条文，准备加以实施以阻止猖狂的夜间抢劫。窃贼一般按照一定比例处以竹刑与放逐。但是，无论所窃物品价值高低，都不得处以死刑。而偷窃家族之物者处罚更轻。乔治·斯当东先生解释道："窃贼的确侵犯了别人的权利，但是这种权利并不完全独立，根据中国的家族制度，既然窃贼是所偷之物的部分拥有者，他只侵犯了每个成员拥有家庭财产权的限定利益。"据此我们得出：如果亲戚关系疏远了，窃贼被判得重些，因为他享有的财产权利更少，侵犯了别人更加独立的权利。此法律规定并不适用于佣人偷窃主人这一行为。在中国，佣人所受的处罚比一般的偷窃罪要重得多，而英国迥然不同。显然的理由是：佣人除了侵犯主人财产外，还犯了不忠不义之罪。

鉴于居住广州的英国人自知言行不逊，惹人生厌，所以在与当地政府建立关系上格外关注中国的刑法。中国朝廷极重社会有序，害怕叛乱，所以刑法对滋扰公共安全罪判刑较重。扰乱治安者、无辜杀人者，若无任何正当目的，均被判处绞刑。过失杀人者，若不是滋扰治安，一无兵器二无预谋，只需向死者家属付上几锞金锭就可作抵偿。

聚众闹事者，若不是故意伤人，所负责任有限。以手或杖伤人须负责二十日；受伤人如果逾期死亡，与其无关。若以利器、火或开水伤人，须负责三十日。若射伤，四十日。伤筋动骨者，五十日。《流离》的译者言其曾经籍此法律，把友人的家仆从海员弑杀平民的棘手案件中解救出来。这一案件在后面章节中再作论述。

父亲对子女握有生杀大权。即使父亲故意取子女性命，也只是遭受杖笞和流放一年而已；无辜殴打子女更是家常便饭，无需受罚。相反，殴打辱骂父母者一律死罪，这与希伯来法律一样（Exod. xxi）。法律赐予父亲至高无上的权力容易导致犯罪，但是整个社会倾向是家庭稳定而不是暴力滥施。

中国法律坚决维护秩序，为了预防争执引起伤亡，规定用竹板打手心或打腿以示警诫。当然，一般情况下不会实施这种惩罚，除非两方叫嚣，斥责对方但未以武力相向。这似乎起到保证社会公德安全的阀门的作用，当然含有敌意并不代表一定伤人，只是时间过长会惹得邻里不睦。遇到这种局面，一村或一区（常常分为十户、百户）之长要出面调解平息。法律对言出不逊者进行惩罚，因为这种行为有"倾向产生争吵和闹事"，就像英国法律制裁诽谤罪因为它涉嫌妨碍治安。

财产法、土地法和继承法，这里暂且不作论述，下面探讨一下债务问题。法律规定，债务人在期满后不履行责任会受到竹笞之刑；债权人有权携其家眷强行住在债务人家中，如果不卷入任何暴力和骚乱，政府无权干涉。一位破产的洪姓商人就是这样接待他的部分债权人，一直到他由于向欧洲国家政府抗议陈词，被流放于满清之地，后来他曾将资金贷给外商这一事件败露，引起公愤。而真实原因是中国朝廷急于阻止混乱，毫无公正可言。

接上文引述之评论说，"当我们从《阿维斯陀古经》或《往世书》的狂言谵语转到这部充满智慧与实证的中国法典上来，就如同从黑暗步入光明——从老耄之胡言乱语转到相互理解之美文。（法律）条文在具体细节上丰富细致，连欧洲的法律也缺少这种连贯流畅的语言，可以说几乎免于复杂虚构失之偏颇。尽管在与政治自由个人独立有关的事项上糟糕透顶，但是从镇压暴乱和对人民的怀柔政策上看是行之有效的。"一切专制国家的弱点都是世代沿袭，可是他们的官员并不像民主国家的官员那样被随着新法颁布出现的问题搞得焦头烂额，而是牺牲最少的个人自由换取最大的公众利益。在自由胜过说教，或者国民熟悉权利胜过义务的国家中，这项政府工作的开展比较困难。

乔治·斯当东先生颇有见地地提出通过结果评价中国法制，"以果实验树，就会发现（据其所述）有些结果与糟糕的政府或恶劣的社会状态毫不相干。"引用最后一届英国出访团中一位团员的话说，"对波斯和印度无所不知使得他敏于观察精于判断。他指出，无论在统治艺术上还是社会的方方面面上，中国强过亚洲其他国家，"他接着补充说，"法律在中国比较普及和廉明，可是论及血腥镇压与野蛮惩罚，中国也属亚洲之最，连匆匆过客都会注意到。法律要求中产阶级承担的义务最多，对下层人民较为宽容一些。"

"这些论述，"乔治说，"出自一贯对中国政府与国民印象不善的作家之手，分量不轻。当然，我应该给出自己的观点。提及在中国的旅行，我所能记起的（广州港除外）只是一两个地方有穷人靠乞讨艰难度日，或是高权显贵奢侈糜烂，剩下的是几乎中国各地都留给我同一个清楚的印象——勤劳、强健和知足常乐的大汉民族。"

尽管中国法律漏洞百出，与日本的法律相比还是比较完善，正如康弗（Koempfer）所言，"挂在路边上的寥寥数语报告皇帝龙颜大悦的册子实在令我费解。这样的规定毫无道理，又无立法人的意图在内，违反了也不受惩罚。可是单单违反法律就定死罪，毫不考虑犯罪情节是否严重或是部分案情有利于犯人。"这样的对比，不禁使人想起一位叫唐可欣的傲慢的中国人的文章——"生在中国，实属一幸也。我常想若是生于海外一僻远之地，该如何是好？冰封地冻，烈日炎炎，树皮当衣，啮食草木，以天为幕，以地为席，远离三皇五帝的箴言教诲，远离亲朋的殷殷关爱。如此活着与野兽无异。但是，生在中国是何等幸福？我有房子家具吃穿一应俱全。真是皇恩浩荡，三生有幸！"

总之，中国朝廷的统治还过得去，其国民这样评价。不可忽视的是中国人常说"王子犯法与庶民同罪"，这等于宣告，法律在中国，在人民心中高于君主的意志。孔孟之道中对此也有论述，其理论是 Saluspoulisupremalex，正如我们将来重新审视它时所看到的那样。这种理论在清政府的统治下曾经遭到践踏，但是最终还是受到赏识和采纳并且多多少少地影响着它的统治[1]。

("THE CHINESE: A GENERAL DESCRIPTION
OF THE EMPIRE OF CHINA AND ITS INHABITANTS"
By JOHN FRANCIS DAVIS, ESQ., FRS

---

[1] 《中国拾穗者》，Vol. 1. P190。

IN TWO VOLUMES,VOL. I

SR Scholarly Resources Inc. Wilmington Deleware

SCHOLARLY RESOURSES,INC. 1508 Pennsylvania Avenue

Wilmington,Delaware 19806

Reprint edition published in 1972

First published in 1836 by Harper and Brothers,New York)

第六编

野蛮的帝国

导 论

一

伴随着西方启蒙思想的确立，进步、自由、文明三种大叙事也开始出现。进步大叙事构筑的停滞的帝国形象，将出现在人类历史起点上的中华帝国锁定在时间性他者的位置上，确认西方现代的进步主体；自由大叙事构筑的专制的帝国形象，将远在东方尽头的中华帝国锁定在空间性他者的位置上，确认西方现代的自由主体。野蛮的中华帝国形象，出现在 18 世纪末 19 世纪初，它不仅包含了前两种形象的内容，而且比前两种形象类型更宽泛、更灵活、更随意也更武断。中国形象的野蛮化是一种最彻底的丑化。与笼统的文明概念相对的"野蛮"，不是某一方面的特征，而是社会与人性普遍的特征，可以同时包含着历史停滞、经济落后、政治专制、习俗败陋、精神奴役等多方面的内容，只有在野蛮的概念下，中国形象才全面陷入黑暗：愚昧、堕落、残酷、诱惑与恐惧，永无变化的停滞与单一性，不可改变的野蛮。这类描述重复出现在传教士的社会历史著作中，出现在文学家的自传性的忏悔录中，也出现在哲学家严肃的思考中。

在西方，野蛮话语最早可以追溯到希腊时期，它用来描述希腊之外的地区。"野蛮"的概念从一开始就有地缘政治意义，甚至与"东方"概念重合，其中包含着对异邦强烈的排斥、轻蔑、恐惧与仇恨情绪与自我肯定性认同感。到了中世纪，西方以基督教信仰来排斥野蛮，异教徒是野蛮人，尽管当时95%以上的基督徒连自己的我字都不会写，他们却把通晓亚里士多德、欧几里德、托勒密的穆斯林，当作掠劫"圣地"的野蛮人。

文明的概念最早指区别于下层民众的贵族阶级特有的教养、礼仪、行为模式，后来逐渐与启蒙哲学家的社会改革与经济繁荣的思想关联在一起，具有了普遍的社会意义，成为人类社会发展的一种进程，包含着进步的意义。文明不仅指教养与礼貌等道德风尚方面的内容，还包含着人类理性、公众幸福、知识进步、经济繁荣、法律健全、道德高尚等方面的内容，几乎是启蒙理想的全面体现。

西方中世纪建立在基督教信仰基础上的世界观念秩序，曾经将世界严格划分为西方基督教世界与东方异教世界，这种以信仰划分的二元对立的世界秩序，不仅赋予基督教西方一种明确的文化身份，也确立了西方中心与差异对立的他者，使西方在明确他者威胁的同时体验到安全。基督教信念在中世纪后不断受到挑战，如果基督教不再为西方的文化身份提供认同的基础，那么什么概念能够为西方现代提供文化身份呢？科学进步？政治民主？思想自由？富裕与繁荣？所有这些概念都只能说明某一方面或层面的特征，什么才是整体意义上的西方现代的文化身份呢？"文明"概念的出现，使西方现代性最终全面完成了文化自我认同。"文明"不仅为西方现代性提供了文化身份，也为认同这种身份设置了"他者"。

文明为西方现代性文化提供了身份，同时缩小欧洲不同民族国家之间的差异；它强调西方文化的共同性同时也确立西方与世界上其他地区或非西方的区别。这种区别就是文明与野蛮、西方与东方的区别：西方是文明的，东方甚至整个非西方是野蛮的。在这个"本质性"世界秩序的差异结构中，西方国家之间可能存在着矛盾与冲突，但却必须联合成一个文明的统一体，对广阔的非西方世界行使霸权。

西方现代性世界想象将中国形象纳入野蛮与文明的二元对立秩序中，不仅是一个知识问题，更重要的是权力，是在文明征服野蛮的旗号下进行帝国主义殖民主义扩张的权力。文明与野蛮的话语在19世纪西方广泛流传，恰好对应着西方帝国主义殖民主义扩张的高潮。扩张决不能只有赤裸裸的暴力，它必须以理想的名义，建构一整套意识形态话语。欧洲曾经以基督教信仰武装了伊比利亚扩张。到了启蒙时代，文明的使者取代了福音传教士，从炮舰商船上下来的西方人，自信怀着"文明的使命"。战争、屠杀、破坏都是传播文明必须的手段。文明人的暴力是历史的，野蛮人的暴力才是本质的。对野蛮人发动战争是文明的特权，这是为了文明的目的所使用的不得已的暴力，只有暴力才能让野蛮人开化。

鸦片战争即将结束，在南京静海寺签署《南京条约》的时候，伦敦海德公园的圣乔治厅正在举办"中国文物展"。展览负责人朗顿先生在为展览写的长篇介绍中说："当前，西方社会比以往任何一个时期都更加关注中国的状况。无论是中国的历史，还是中国在当今世界中的地位，西方人开始从各个角度全面关注这个文明古国的发展。"当然，他们关注的不是战争在形势上的胜败与道义上的臧否，因为这些问题都已是确定的了。英国战胜，战争是正义的，因为它打开了一个封闭停滞的帝国，为其带去了进步与文明。他们关注的是不太确定的事，中国是否会进步，接受西方的物质文明与基督教信仰。"在一些重大的历史事件（指鸦片战争——引者注）发生之前，就有不少有识之士曾预言：它们（这些事件）将对中国社会产生深远的影响。历史后来的发展也印证了这些观点的正确性。日益推广的科学知识在很大程度上加速了现代化进程；伴随着社会的不断进步，社会文明程度亦不断提高；基督教日益普及，它所倡导的博爱精神使普通百姓感受到了更多的关怀，因而也深入人心。……中国有4000年的历史，停滞是其社会最主要的特征。人们一定感到非常奇怪，像中国这样一个人口众多、幅员辽阔的国家，经历了如此多的兴衰转换、连绵不断的战乱、朝代的更迭，而其演变的过程却十分缓慢。岁月变迁，光阴荏苒；回眸漫长的历史岁月，人们很难发现这个国家在哪个特定历史时期有非常鲜明的时代特征。……生活在这个文明古国的广大人民，在新观念和信仰的影响下，肯定会摆脱传统观念和意识的束缚，告别愚昧落后的状态……新知识的启迪，基督教文化的影响，和世界其他地区之间不断增多的、友善的沟通和交流，这些都会对它前进的历程产生新的、深远的影响，使这个文明古国的命运发生深刻的变化，伴随它迎来一个崭新的时代。"[1]

我们看到中英两国之间因鸦片走私引起的战争，如何在特定意识形态下变成进步的"事件"，只有美好的憧憬与善意的认识，没有残酷的屠杀与劫掠。这是启蒙主义进步神话对残酷的现实最巧妙的改造或遮蔽。文明征服野蛮，是体现着历史不可阻挡的意志的正义。战争双方，败者与胜者的损益关

---

[1] W.M.B.Langdon,*A Descriptive Catalogue of the Chinese Collection*,London,1842,the Introduction.

1842 年伦敦海德公园中国展览厅（见《伦敦新闻画刊》）

系也在不知不觉地倒过来，英国代表的文明之光用炮火照亮黑暗的中华帝国，
受惠的反倒是被征服者，因为在历史中停滞的中国因为"文明的"打击而开始
"进步"。

两次鸦片战争直到八国联军占领北京，西方扩张的进程在西方现代文明
想象中，变成了自由消灭专制、进步取代停滞、文明征服野蛮的过程。八国
联军的观念中不乏把自己想象成自由与博爱的使者。在他们眼里，中华帝国
是一个衰老、残败、垂死的帝国，等待西方现代文明的拯救。美国传教士、
同文馆馆长、后来的京师大学堂总教习丁韪良写过一部书，名叫《中国之觉
醒》，该书用一半的篇幅叙述中国广阔的地域与漫长单调的历史。然后集中
到鸦片战争到八国联军这一段。在他看来，这是中国漫长的沉睡的历史最后
觉醒的时刻。但"中国之觉醒"，并不是自身的苏醒，而是被强大的西方"唤
醒"，"唤醒"的方式是战争，是从两次鸦片战争到中法战争、中日战争、
八国联军对中国的一次次"征服"。丁韪良说，这段历史就像是一出五幕剧，
主题是文明征服野蛮，冲突的双方是西方与中国，而每一幕都是一场战争，

最后的高潮在八国联军攻占北京时刻的到来，"文明世界的联军占领北京"，上帝最终体现了他的意志，"中国觉醒了"。[1]

从鸦片战争到八国联军这一时段西方构筑野蛮的中华帝国形象，恰好说明"文明"话语中想象与权力合谋的方式。文明与野蛮的二元对立模式，是西方帝国主义殖民主义意识形态的核心，进而也成为帝国主义时代西方现代性的核心。在帝国主义殖民主义意识形态中，文明与野蛮二元对立的知识与想象模式，顺利转化为文明征服野蛮的二元对立的权力或霸权模式。

二

格列佛医生周游世界，小人国、大人国，所见所闻，怪诞离奇，事事都与英国相反，用他自己的话说，就是"那里的一切都是截然相反的。"这是一种独特的旅行经验，在异域寻找差异。鸦片战争前夕，一位英国旅行者到中国，一上岸就被种种与他习惯的事物完全相反的景象惊呆了。比如判断风向，西方人根据风吹去的方向，中国人根据风吹来的方向，这样，中国的西北风在西方人看来就是东南风。诸如此类截然相反的事例还有很多，他发现，西方的罗盘针指北，而中国的罗盘针指南；西方的书从左向右读，中国的书则从右向左读；西方人写日期，从日到月到年，中国人正相反，从年到月到日；西方人会面与人握手，中国人见面，不握朋友的手而握自己的手……差异不仅令人惊异而且可笑。他看到中国军官的刀鞘里不仅插着刀，还插着筷子，让人弄不清楚他是去出操，还是去赴宴；老人遛鸟放风筝，像孩子一样玩耍，而孩子们却在一旁呆呆地看；一队人哭泣而过，本以为是出殡，原来是嫁女……实在是莫名其妙！[2] 虚构的旅行与现实的旅行，表述的是同一种经验模式：异域是一个差异倒反的世界，不仅离奇，而且怪诞。

我们关注的不是那位英国旅行者所见所记的中国事物如何离奇怪诞，而

---

[1] 参见 W.A.P.Martin,*The Awakening of China*,New York：Doubleday,Page & Company,1910,P149–178.

[2] （美）M.G.马森：该文见《西方的中华帝国观》，杨德山等译，北京：时事出版社，1999 年版，第219–222 页。

是他"发现"上述怪异现象的经验模式，一种西方文化根深蒂固的二元对立的经验模式。这种二元对立的经验模式，将世界两极化，在同一与差异结构上构筑想象的世界秩序，西方成为一个自我认同的同一性整体，而所有的非西方世界，都被并入东方，成为不可思议的异类或他者。

首先，这种经验模式建立在差异与对立基础上。旅行寻找新异，总是期待着发现并体验差异与对立，否则旅行就没有意义了。其次，这种差异与对立建立在二元结构上，家乡与异乡、自我与他者。旅行有双重意义，一是发现异乡与他者，种种差异以至对立；二是发现家乡，重新认同自我。旅行的经验模式建立在"家"与"陌生的土地"之间强烈的二元对比与对立结构上。旅行者发现异在世界与事物的意义，同时也发现家乡与自我的意义，后者才是根本。因为真正的问题是，相对于何处，中国才成为另一面，一切都截然相反？那就是欧洲，旅行者出发的家乡，只有在欧洲地理与文化经验立场上，才有所谓中国的差异与相反。旅行的意义落实在体会并加强家乡——自我认同上。发现中国的最终意义是发现欧洲。西方是中心是家乡，中国在遥远的世界的另一面，中国的一切事物都截然相反。这位英国旅行者最后的总结是，"中国人除了地理上跟我们相对外，其他许多事情也跟我们倒着来……让我回家吧！这片非常陌生的土地上的一切真让我头晕目眩。"

西方与中国在观念中的差异与对立逐渐被绝对化，这是 19 世纪西方想象中国的一个重要特征。中世纪晚期中国形象出现在西方，起初对西方文化秩序带来了一定的困惑与恐慌。它威胁或扰乱了西方人既定的世界秩序，西方与非西方，基督教与异教，道德与堕落，白种与有色人种等一系列二元对立原则受到干扰。中国人是非西方人，但可能也是白种人；中国人是异教徒，但可能道德高尚；中国文明不同于西方，却可能高于西方。曾经模棱两可的中国形象，超越了世界观念秩序的二元对立原则，一度令西方文化不安。他们严肃沉重甚至痛苦地思考中国人的自然与道德品质，也曾试图证明中国人是西方人的后裔或者与西方人有共同的祖先。超越二元对立的异域形象会使现有的世界秩序观念陷入某种恐慌，它动摇着西方文化观念中的世界秩序，也动摇着西方自身的文化认同。启蒙运动之后，这种恐慌消除了，西方现代性文化将中国形象彻底"他者"化，中国人是最彻底的东方人，在种族上低劣、在道德上败落、在能力上软弱，所有的东方人都一样，中国人不仅不例外，而且将东方人的性格表现得最彻底。这篇描述中国人的东方与另类特征的文本，生产与消费的语境都是轻松自然的。西方文化已在固有的二元对立秩序中消化了中国人的形象，一个彻底的"他者"，那里的一切不仅是截然相反的，而且是荒诞不经的。

西方地缘想象中二元对立模式的文化功能，在于确认西方现代文化自我的意义。中国形象被表述成事事颠倒的另类，成为西方文化的彻底的"他者"，一切都荒唐可笑又不可思议。二元对立是文化组织现实的方式而不是现实本身。二元对立的思维机制是典型的意识形态机制，因为意识形态确定什么是可接受的，什么是必须拒绝的，确定自我与他人、真实与虚假、意义与荒谬、理智与疯狂、中心与边缘、表面与深层等一系列二元对立的秩序，其中隐潜着特定历史语境中的权力关系。确定中国人的"另类角色"，不仅为西方文明排斥与征服中国文明或东方文明提供了社会意识根据，也从中认同了西方文明的优越性。

二元对立原则的意义在于一方从另一方获得意义同时又排斥另一方，二元对立的双方并不是平等的，有优劣之分。二元对立本是文化范畴，但人们经常用自然范畴证明文化范畴，使文化的显得像是自然的一样，中国人天生似乎就与西方人截然相反。似乎西方人从左边上马、左起读书是天经地义的，中国人从右边上马、右起读书就荒诞不经。本来是文化差异造成的习惯不同，各有各的道理，但在这段叙述中，西方人的习惯似乎是自然的，中国人的习惯不仅不自然，而且显得有些非人性。意识形态的意义就在于使文化显得像自然一样。

在二元对立的观念模式下，中国的一切都与西方截然相反。中国形象本身没有意义，唯一的意义是为西方提供自我认同的他者形象。在"野蛮的帝国"的话语中，西方可以将中国漫画化，在幽默中感受到优越；也可以将中国恐怖化，让西方人在自虐的恐惧中团结起来，排斥中国，对中国实施霸权。

三

耶稣会书简有关中国的报道，其叙事态度往往是严肃而郑重的，中国是个远比欧洲文明的政治清明之地。后启蒙运动时代，西方中心主义重组、强化，西方文明成了唯一的文明。有关中国形象的文本叙事态度明显变得轻松，如今他们终于可以轻松幽默、带有明显优越感地谈论中国人了。

鸦片战争爆发那一年，德国人卡尔·奥古斯特·麦尔在《那不勒斯与那不勒斯人》一书中描述他在那不勒斯参观神父办的培养中国传教士的"中国学院"。那里有6位中国学生：

> 我们被领入另一个房间，那里出现几个中国人，穿着教士长袍……他们非常热情地接待我们，为我们介绍他们的学习与生活，花了很长时间跟我们交谈。他们的脸是黄色的，但并不很黄，头发亮而黑，直直地盖住前额，额头很窄，奇怪的小眼睛，半睁半闭，但很灵活……他们的脸形椭圆扁平，鼻子扁而短，侧面看上去面孔没有任何棱角。他们总是像孩子那样不停地笑，笑时龇出满嘴的牙齿，他们的动作僵硬而沉重，正好与他们短小浑圆的身材相符……你甚至可以把这几个中国小人儿放在地上，卷成一个圆桶提走。他们拿出一张天朝的地图给我们看……还有一个有趣的小瓷塔，据说是南京的一个塔的模型。他们兴高采烈地给我们讲解……其中一个还给我们读了几段译成汉语的《旧约全书》，语音奇怪极了……另一个把嘴张到极大，用最野蛮的声调，给我们唱了一首中国歌。[1]

在这位德国参观者眼里，中国人的形象在自然与文化标准上，都有些怪诞可笑。将中国人确定为异类，是西方文化排斥他者、认同自我的策略。鸦片战争后，大批的西方人，主要是商人、传教士、士兵，进入中国，对于这

---

[1] Nigel Cameron, *Barbarians and Mandarins: Thirteen Centuries of Western Travelers in China*, New York: John Weatherhill, Inc., 1970, pp.263–264.

个失败的国家与民族，他们中绝大多数人既无新鲜感又无亲切感。他们是带着政治与经济知识和道德上的优越感来的，这种优越感使他们很容易高傲冷漠，自信到轻率，甚至心胸狭窄。他们以发现中国人的特性的方式发明一个中国人的异类原型，而这种发明最有效的办法是漫画化与丑化。因为这样不仅可以排斥异类，而且可以消除异类可能形成的危险。

异类化的方式表现为漫画化与丑化。中国人的"异类特征"是明显的，男人留着辫子，女人裹着小脚，全民都穿着可笑的蓝布袍，拖沓、肮脏。那些挤满昏暗的东方大地的蚁民呆滞愚钝，残暴冷酷。他们的皇帝是个病态的暴君，他们的官吏与士兵、士绅与乞丐、和尚或商人，都是些丑类的典型。两广总督叶铭琛在第二次鸦片战争中被俘押到印度，中国官吏的形象在战胜者的眼里，变成某种丑陋的怪物：

> 叶体格非常健壮，个头很高，约五英尺十一英寸，长着稀疏的中国式胡须，醒目的扁脑门，一个满是愚忠思想的脑袋，圆滚粗胖的脖子，普普通通的后脑勺。头发几乎留到了头顶上，稀稀疏疏。我们这位大人真是头骨学研究的绝好标本。他的辫子灰白，又短又细。中国最小的猪的尾巴都比这位高官的辫子长。

> 他脸庞厚重：下巴要比一般中国人粗壮得多，下颌和腮结实，是意志坚定、顽固不化的标志。鼻子又长又扁，鼻孔呈钝角冲天。从侧面看，他的鼻子尤为醒目丑陋，从前面看，这个全身最困难的部位倒是有所缓和。那双蒙古细眼——是坐在我对面的最富表情的部位，像我现在描写的那样怀疑地盯着我。一般状态下，这双眼睛是他脸上唯一运动的部位，透出机敏与狡诈；但是我见过他在性命攸关时刻的表情：眼珠瞪得像铜铃，充满恐惧与愤怒。他的嘴部外突，厚嘴唇，黑牙齿。因为他说："他家没有用牙刷的习惯"，不过，这也是某些中国家庭的普遍习俗。[1]

---

[1] 《十九世纪西方人眼中的中国》，第31－32页。

1858 年 1 月 5 日两广总督叶铭琛被英军俘获

中国人的形象是可笑的、丑陋的。这种中国人的形象可以让西方人感到轻松与优胜。官吏士绅是民族"精华"，士兵则是帝国的支柱。马戛尔尼使团到中国时就发现，中国士兵手里拿的不是刀剑，而是扇子！一位《中国丛报》的作者说，最令他吃惊的是清朝军官，他们穿着绣花衬裙，挂着项链，手里拿着扇子，刀鞘里插着一把刀，还有一双筷子。旅行者弄不清楚这位装束可笑的天朝军官，究竟是去吃饭还是去操练。社会的精英，官吏、士绅、军人都是这样，更不必说那些农民、乞丐。卢公明（Doolittle）牧师在福州城里看到成群的乞丐，"各个年龄段的，男男女女，瞎的、瘸的、缺胳膊少腿的、患麻风病的，什么样的都有。"他们穿街走巷，聚在商店仓库前，景象实在可怕。[1]

丑化与漫画化几乎是同时进行的。19 世纪中叶，如果你在欧洲大众间进行中国人的形象的调查，绝大多数人描述出的他们心目中的中国人一定是留

---

[1] Rev.J. Doolittle Social Life of the Chinese, by Doolittle, Rev.J., New York, 1865, vok(I), P259-260.

着猪尾巴一样的长辫子、裹着小脚，打着伞、拿着扇子，男不男，女不女，细眼睛似笑非笑，诡计多端，说话怪声怪气，从早到晚抽鸦片，吃猫、狗、蛇、老鼠之类的动物，溺死女婴、以残忍的行为消遣，愚昧无知，信奉一些乱七八糟的鬼神，他们软弱可欺又忘恩负义……1858年4月10日英国的"Punch"杂志上登出一首名叫"广东歌谣"的打油诗：

> 约翰·中国佬，天生是流氓，
> 真理与法律，全部都抛光；
> 约翰·中国佬，纯粹是混蛋，
> 败坏了世界，大家全完蛋。
> 哎呀，我那残酷的中国佬，
> 哎哟，我那顽固的中国佬，
> ……
> 长着小猪眼，拖着长猪尾，
> 三餐鼠、狗、蜗牛与蛇类，
> 炒锅里翻云覆雨大杂烩，
> 哎呀，肮脏的厨子中国佬，
> 哎呀，狡诈的骗子中国佬……

　　塑造一个遥远的、颠倒的、另类的、可笑的中国想象，是西方集体想象中将中国形象他者化，完成西方现代文化自我认同的最典型的方式。差异与对立的中国形象是可笑滑稽的，也是不合理的。在西方的中国形象中，中国似乎成为永远不可能被认识的另类。在"西方／中国"二元对立的思维模式下，中国形象被彻底"他者"化，中国不仅成为差异对立的另一极，而且是荒诞可笑的另一极。在此幽默滑稽的经验与表述具有排斥、压制的作用。差异与对立可能造成恐惧也可能造成滑稽。差异与对立作为异己力量，可能威胁到家乡与自我的价值与意义，这是令人恐惧的。差异与对立作为异己力量，也可能确认家乡与自我的价值与意义，在充分自信与优势想象中，异己力量在滑稽可笑的叙事中被轻松地排斥了。确定中国可笑的"另类角色",不仅确认了西方文化中"西方／中国"的二元对立的是观念模式,而且不知不觉地确认了西方文明的正当性与优越性。

四

中西二元对立观念下,中西之间被极端化本质化的差异与对立也可能造成恐惧。将中国形象恐怖化集中表现在"黄祸"中,"黄祸"是西方将中国丑化、恐怖化的一种极端意识形态化的话语。1895 年,德国皇帝威廉二世开始在公开场合提出"黄祸"(Die Gelbe Gefahr)说法,并命令宫廷画家赫尔曼·奈克法斯(Herman Knackfuss)根据他想象中的黄祸景象画一幅画,制版印刷后送给他的亲友大臣和欧洲其他主要国家的统治者们。画名就叫"黄祸",画中七位天使一样的人物分别代表德、英、法、意、奥、俄、美[1]七个西方国家,她们拿着长矛与盾牌站在一处悬崖上,头顶是一个大十字架的背景,大天使米歇尔(Archangel Michael)站在崖边,面对大家,表情严肃而神圣地说:"欧洲国家联合起来!保卫你们的信仰与你们的家园!"在悬崖深涧、隐约的山河城廓的那一边,半空中悬着一团奇形怪状的乌云,乌云中心闪现着一团火焰中佛陀的坐像,骑在一条中国式的恶龙身上。威廉二世耸人听闻的"黄祸"幻景,虽然没有多少人认真,甚至有人提出异议。但毕竟流传很广,它表达了西方文化无意识身处的某种东方噩梦。"黄祸"很快随着画家的画从欧洲传到美洲,1898 年,美国也将《黄祸》印成宣传画发行。

在一般人的头脑中,"黄祸"带来一种模糊的惊恐,只要一想到中国庞大的人口,而且已有上百万涌到其他国家,人们就会不寒而栗。这种恐慌可能根本没有什么现实或可能的威胁,只是它那令人厌恶的、异己的存在,就让西方人感到紧张、痛苦。西德莫尔(Eliza R. Scidmore)毫不掩饰自己的种族主义偏见。他在《万岁帝国》开篇道:

---

[1] 由于《黄祸》的文字说明"欧洲国家联合起来",有人认为第七个国家不应指美国,而可能是西班牙。

德国宫廷画家赫尔曼·奈克法斯受威廉二世之命画的《黄祸》图画中七位天使
分别代表德、英、法、意、奥、俄等国。

　　他们（中国人——引者注）巨大的数量和相似性令人震惊，任何一
个单独的个体与他的三万万同胞的相象是让人感到可怕的。在这个巨大
的帝国的任何一个地方，每个人都发现他们拥有相同不变的生理和心理
模式——相同的黄色皮肤、坚毅的性格和刺耳、机械的语言；相同的住房、
坟墓和服装；相同的偏见、迷信和风俗；相同的自私的守旧性和对于
过去、古老事物的盲目崇拜；这种单调乏味、前后一致和人物、事件都
不断重复的生活，令人讨厌，几乎使人感到怨恨。在他们占据的土地上，
从西伯利亚到交趾支那，无论在哪里，他们都留着卑贱的辫子、穿着毫
无感觉的棉鞋；无论在哪里，这人类最低劣的种族都堕落到肮脏、混乱
之中。他们颓废、没落、麻木不仁，甚至对财富的丧失也无动于衷；他
们自负、自私、颓丧、懦弱和迷信，没有想象力、感情、骑士精神或幽
默感；他们不会热心于任何斗争，包括那些能改善生活条件的斗争，甚
至对于谁将统治他们或谁将篡夺君权也漠不关心。[1]

---

[1]　Eliza R. Scidmore, *China: the Long-Lived Empire*, Century Co., 1900, P1. 引文系姚冰所译。

克尔南强调中国庞大的人口对西方造成的心理压力。实际上"黄祸"恐慌的原因，可能更为多面更为复杂，有历史的也有心理的，有经济军事的还有文化、政治的。西方文化充满排斥性与侵略性，异域想象赋予异域的特征，也经常带有想当然的排斥性与侵略性，对异域文化的想象经常是"以己度人"的。罗伯特·杜鲁斯（R. Druce）分析"黄祸"的意义时指出："不管怎样，某种有关'黄祸'的观念不断侵扰着欧洲人的想象。'黄祸'是一系列的恐慌，似真似假，若有若无。它对西方本土经济的威胁在于源源不断的廉价劳工的涌入；对西方哲学与基督教会的威胁在于佛教的传播；而更大范围中对西方势力的直接威胁，则体现在中国正在与其他国家一道，争取政治上经济上的自由，当然，最不堪设想的恐慌，还在于一种噩梦，黄种人像洪水一样在全球泛滥，最终统治世界。"[1]

　　"黄祸"是一场噩梦，是西方文化集体无意识深处关于异域东方的恐惧，本质上是心理的，是一种关于恐怖的想象的原型，历史事件与地理方位，不过是将其唤醒并表现出来的方式。"黄祸"恐慌在西方有多种理由多种表现，但直到1900年义和团事件前，即使在西方文化中，它还只是一种没有多少人当真的梦魇。义和团运动爆发，大批的团民涌入北京，围攻教堂使馆等。西方人的恐慌似乎终于应验了。有关义和团事件的各类报道出现在西方，在人们想象中勾画出可怕的"黄祸"景象：无数丑陋凶残的黄种人，头上腰上缠着血腥的红布带，挥舞着长矛大刀，野兽般嚎叫着，蝗虫般漫山遍野地涌来，所到之处，火光冲天，过后便是废墟一片。这是多么可怕的、地狱般的、世界末日般的场景。西方几乎所有有关义和团报道都在重复同一个故事，同一种恐怖的场景。在西方人的想象中，所有描述义和团事件的书信、小说、政府或教会报告，都在证明"黄祸"并非无中生有，而是历史必然的劫难。传教士的报告描述了他们的同伴与妻小在山西被砍头或以其他野蛮方式折磨至死的血淋淋的场景，教士、使节、士兵、商人以各种形式介绍他们被困在北京教堂与领馆的那个死亡夏天的日日夜夜。这些著作报道在义和团事件及随

[1]　R.Druce, *Oriental Prospects*, P133, 详见 Robert Druce 文 "The 'Heathen Chinee' and the 'Yellow Peril'"

后的几年中，充斥着整个西方社会，以至 1906 年，亲身经历义和团事件的英国人普南·威尔（B. L. Putnam Weale）要发表自己的见闻书信时，他的朋友告诉他，仅他自己的藏书中，就有 43 种有关义和团事件的著作，这还仅限于英语，不算西方其他语言写成的有关著作。[1]

"黄祸"终于成为现实。在西方人的想象中，"黄祸"与义和团事件具有某种"互证"关系。义和团事件使"黄祸"的预言应验；西方人关于义和团的想象，又来自许许多多所谓亲身经历者的"故事"，而所有这些"故事"，听上去又是同一个恐怖的故事，即"黄祸"的故事。普南·威尔希望以自己的亲身经历"以正视听"，而他描述的"事实"依旧是"老故事"，只是加入了一些个人想象。他的《北京随笔》（*Indiscreet Letters From Peking*）一开始就描述了一个处在戈壁边缘、野蛮世界边缘的黄尘漫天的城市——北京。这个城市在历史上不断被野蛮游牧部落入侵，洗劫、杀戮、夷为平地，已成为上帝在这个世界上选中的、反复展演世界末日景象的舞台。又一次劫难到来了。义和团像过去来自草原上的那些游牧部落一样，涌入这个黄尘弥漫的死亡之城。他们粗野尖厉地嚎叫着，像地狱里的恶狗（Hell Hounds），他们放火焚烧房屋，火光与浓烟吞噬城市。这是普南·威尔描述的义和团进城的那个晚上：

> ……依旧忠于职守的帝国卫兵刚刚关上鞑靼城门，就听到一阵嚎叫，以前我从未听到过这么尖厉可怕的声音也从未想象到世间能有这般恐怖的叫声。义和团来了。义和团第一次向我们扑来，他们穿过哈德门，从东面向使馆区逼近。他们已经肆无忌惮地烧杀抢掠了三天，几乎没有遇到任何阻力，除了我们这里的百十杆枪。义和团加上北京城里的那些流浪无赖，发现在汉人城里已经没有什么值得施暴的，大概又听说他们可以随意处置那些基督徒和欧洲人，所以他们就蜂拥向内城。他们发疯地嚎叫着，一阵一阵地，所有的人同时重复着两个字：杀、烧，而且声音

---

[1]　参见 B. L. Putnam Weale,*Indiscreet Letters From Peking*,Shanghai：Kelly and Walsh,Limited,1922,P. 3. Foreword.

一波比一波大。我曾听到一大群沙皇士兵向沙皇致敬时的吼叫如何响彻云霄，那种声音奇特极了，但是，还远不如现在义和团嚎叫得可怕。这种叫声听起来让人血液都凝固了，它凄厉、空旷，一声一声地重复，几个小时从未间断，叫声中包含疯狂与邪恶。……我们中的妇女已经吓呆了，水手们嘀咕着，这不是战争，比战争更可怕，是但丁描写的地狱。你直觉中已经预感到，如果这些人冲进来，他们会将我们的肉一片一片地从骨架上撕下来，夜漆黑，宝塔与城墙上箭楼的影子，看上去狰狞可怖，义和团可能随时都会冲进来，使我们粉身碎骨。[1]

最恐怖的不是某种经历，而是关于某种经历的想象。普南·威尔与许多义和团事件的见证叙事者一样，他们更多在指述自己关于恐怖的想象。这种声色俱全的想象是最可怕的，义和团野兽般的嚎叫、血腥的红色腰带……一位小时候读过有关义和团事件的书籍的美国传教士，听说自己将被派到中国传教时，做了一夜噩梦[2]。义和团围攻使馆教堂，既是一次历史事件，又是西方人想象中"黄祸"恐慌的证明，后者在想象中比前者在现实中的经验更加恐怖。后者的恐怖具有历史与宗教文化心理的深远背景。普南·威尔说：只有在北京这座城市，才能够想象义和团的恐怖，因为这是个在历史上反复被野蛮部落杀戮涂炭的地方；从金到元，从元到清，草原游牧部落经常从黄尘四起的戈壁中涌来，烧杀抢劫之后，尸体血污成泥，房屋宫殿成尘。如今又是一个尘沙蔽日的夏天，野蛮人再一次涌来。普南·威尔和他那些同伴在事变及其随后的回忆中，总禁不住将义和团与野蛮的草原游牧部落的入侵联系起来，同一种野蛮势力，同一种野蛮方式甚至同一批野蛮人。历史的噩梦突然复活在眼前，纪元四世纪阿提拉手下的匈奴人血洗罗马城市、纪元13世纪拔哥率领的蒙古大军横扫多瑙河畔，进逼布达佩斯，如今这些义和团，在西方人的想象记忆中，就是阿提拉与成吉思汗的后代。这是历史记忆在西

---

[1] *Indiscreet Letters From Peking*，P79 - 80。

[2] 参见（美）哈罗德·伊萨克斯：《美国的中国形象》，于殿利、陆日宇译，北京：时事出版社，1999年版，第141页。

方人的想象中对义和团形象的塑造。还有宗教记忆，当年蒙古大军进逼奥地利，惊恐万分的基督徒最直接的感觉就是世界末日到了，《圣经·启示录》中描述的世界末日的景象全部应验：锁在无底深坑里的龙，或古蛇，也就是魔鬼，将"迷惑地上四方的列国"，"聚集起哥革与玛各的部族，他们的人数多如海沙……围住圣徒的营与蒙爱的城"（《启示录》第20章）。中世纪欧洲人第一次见到中国的龙的形象，就确认魔鬼就是中国的龙。"鞑靼人"（Tartar）在拉丁语中的意思是"来自地狱里的人"（tartarus），而蒙古人（Mongolian）则直接令人想起《启示录》中所说的魔鬼的部族哥革与玛各（Gog和Magog）。描述义和团的西方人，既在描绘他们"目前"的义和团，又在描绘他们"目后"集体无意识深处的世界末日与地狱幻象。

在西方人的义和团想象中，我们既可以发现他们的历史记忆，又可以发现他们的宗教记忆。义和团形象在某种程度上，是他们关于世界末日的幻想原型的表现。魔鬼部落来自东方，他们可能是匈奴人、蒙古人、义和团，他们以海沙般的人数围攻基督徒的蒙爱之城，世间已没有什么比末日更可怕的了，而东方魔鬼部落的降临，就是末日。义和团不仅印证了他们的"黄祸"预感，也印证了他们内心深处的千禧末日的预感。这是同一种原型，东方、中国、蒙古人或义和团，都不过是想象地图上想象的角色。

威廉二世的"黄祸"想象在众多的义和团事件的报道中，变成了"真实"。更让人信服的是，画中那七个国家[1]加上一个日本，组成了八国联军，迅速占领了北京，并四出追杀逃散的义和团民。这是一个恐怖的故事，但有一个"光明的"结局。早在义和拳刚刚在山东、山西出现，几位传教士遇难的时候，西方人就已表现出复仇的急切。义和团进京，围攻教堂使馆，美国《时代》杂志刊文称："中国，不管是中国政府还是中国人民，已经对我们发动了战争，北京的屠杀已经开始而且还将进行下去。所有的西方文明国家必须武装起来复仇。必须像对待食人生番那样对待中国人，将北京夷为平地"。越来越多的恐怖故事从中国传来，"白人妇女们正在遭受难以名状的野蛮折磨，据我

---

[1] 有人认为七位天使代表七个国家分别为德、英、法、意、奥、俄、美，由于文字说明"欧洲国家联合起来"，似乎不应包括美国，那么第七个国家就可能是西班牙。

们所知，有些受难者竟连续几天忍受可怕的酷刑折磨，痛苦难以细说，印度雇佣军起义的暴行也没有这般残酷。""孩子们被当着父母的面杀害，妇女被强暴奴役，父母的折磨、残杀……毋庸置疑，文明世界不可能忍受这种残暴的屠杀，我们必须复仇……"[1] 在西方叙事中，义和团事件已不是中国与西方之间、义和团驱逐杀害洋教洋人的冲突，而是野蛮对抗文明，中国对抗世界的冲突。他们在将中国等同于野蛮的同时，也将西方等同于文明。这样，八国联军入侵中国，就不是民族与国家之间，宗教之间的简单偏狭的仇杀，而是文明征服野蛮，体现着历史进步必然规律的正义行动。

所谓"中国对抗世界"的故事，终于以"世界"征服中国结束。美国传教士丁韪良写作《北京之困：中国对抗世界》（*The Siege In Peking: China Against the World*）一书时，笔调是轻松的，就像他在写给读者的那段"前言"中开的那个玩笑，那是大洋彼岸的一场狩猎。英国士兵尼格尔·奥利芬特（Nigel Oliphant）出版于同时期的《北京使馆之困日记》[2]，也以同样的结构叙述义和团恐怖残酷的"围困"与八国联军的"解放"，同样是个光明的故事。他们的著作代表着当时绝大多数义和团著作的态度。这是一个以恐怖与邪恶开始，最终英雄战胜恐怖与邪恶的老套传奇。义和团事件证实的"黄祸"恐慌，最终也只是虚惊一场。它的结局并没有威胁到西方国家，反而导致了那个"天朝帝国"的灭亡。

义和团事件过去了，但黄祸的恐慌在西方并没有消失。义和团事件是发生在遥远中国的恐怖的传说，对西方人来说，更让他们恐怖的是那些接连不断移民到西方的中国佬。这些移居西方的中国佬在西方人看来一样的丑陋、阴险、狡猾、肮脏、冷漠、麻木而又残忍，但他们深入西方中心，与白人比邻而居，直接威胁到西方世界的安全。不时发生的唐人街黑社会事件，唤起西方人的噩梦，让他们不寒而栗。

20世纪初，英国通俗小说作家萨克斯·洛莫尔（Sax Rohmer）创作有关"傅

---

[1] 引文转引自 *Oriental Prospects*，P136—139。亦可详见该部分论述。

[2] Nigel Oliphant，*A Diary of the Siege of The Legislation in Peking*，Longmans，Green；and Co. 1901.

阴险的傅满洲博士的扮相

满洲博士"的系列小说。傅满洲的形象，一个阴险狡诈的中国人，成为 20 世纪西方想象中近在西方的"黄祸"的化身。他瘦高、秃头、倒竖着长眉，面目阴险狰狞，走路没有声音，举手投足都暗示着阴谋与危险。在《阴险的傅满洲博士》一书中，洛莫尔这样描述他："你可以想象一个人，瘦高，耸肩，像猫一样地不声不响，行踪诡秘，长着莎士比亚式的眉毛，撒旦的面孔，秃脑壳，细长眼，闪着绿光。他集所有东方人的阴谋诡计于一身，并且将它们运用发挥得炉火纯青。他可以调动一个富有的政府可以调动

的一切资源，而又做得神不知鬼不觉。想象这样一个邪恶的家伙，你的头脑里就会出现傅满洲博士的形象，这个形象是体现在一个人身上的'黄祸'的形象。"[1]

洛莫尔在 1913 到 1959 年间，一共写过以傅满洲博士为主要反面人物的 13 部长篇小说，3 部短篇小说和一部中篇小说。在所有这些小说中，傅满洲的主要活动便是施行谋杀与酷刑。他发明了各种稀奇古怪的谋杀方式，诸如利用毒蛇、蝎子、狒狒等动物或利用高科技手法配制的毒药，而所有这些谋杀手法，又都带有明显的所谓的"东方的野蛮色彩"，就像德昆西的鸦片梦幻中东方也充满着阴毒的蛇蝎、狒狒、鳄鱼一样。傅满洲小说都出自一个套路，这个套路在最初的三部小说《阴险的傅满洲博士》，《傅满洲博士归来》、《傅满洲博士之手》中已经奠定了。以后的作品情节基本相似。傅满洲总是在策

---

[1] Sax Rohmer, *The Insidious Doctor Fu-Marchu*, London, Methuen 1913, P17.

划各种可怕的谋杀，利用各种难以预料的手段。傅满洲的对手也总是那个名叫内兰德·史密斯（D. Nayland Smith）的白人警察。故事发生的场景，可以从伦敦到加勒比海，从纽约到缅甸、印度，而不管故事发生在哪里，都有一个背景中国，那里似乎是所有罪恶的来源。

洛莫尔说他的"傅满洲"小说不是要描写一个世界范围内的黑暗王国。他们拥有强大的政治、宗教、经济与犯罪势力，他们在西方世界活动，一起伦敦的谋杀案，可能根源在纽约，他们与东方中国有着密切的联系，那里可能是他们的老窝。他们不仅仅进行社会犯罪，他们的最终目的是构成一个"超社会"（supersociety），"掌握颠覆政府甚至改变文明进程的力量……"。[1]洛莫尔的《傅满洲博士之谜》（1913）出版，使他和他的人物都一举成名。小说销售了上百万册，被翻译成10多种语言。[2]1929年，好莱坞也开始拍摄

傅满洲博士的恐怖电影，传播面更加广泛。好莱坞一共拍摄了14部傅满洲题材的电影，最后一部《傅满洲的阴谋》问世，已经是1980年。在这一系列的小说、电影中，傅满洲的计划不断被白人警察挫败，而他又总能生出更奇特、更险毒的计谋。傅满洲本人也可能在一部作品的最后造成假象，大家误认为他已经死了，而到下一部作品中，他又活灵活现地出现在观众与读者面前。在西方人的想象中，傅满洲代表的"黄祸"，似乎是一种永远也不可能彻底消灭的让人无可奈何的罪恶。

傅满洲电影招贴

[1] *Master of Villainy*，P.76—77. P.74. Pvii："Foreword".
[2] *Master of Villainy*，P.76—77. P.74. Pvii："Foreword".

在西方的中国形象中，"黄祸"可以体现在关于一个历史事件的想象上，也可以体现在一个虚构的文学人物想象上，可以以中国本土的中国人为基础，也可以以海外的中国移民为基础。不管怎样，现实是想象的素材，而想象，以各种隐喻的方式，表现着现实中西方对中国体验到的种种欲望、焦虑与恐惧。"黄祸"恐慌在很多时候都是西方文化自虐的想象。这种想象可以出现在严肃的政治、宗教报告中，也可能出现在通俗文艺作品中，它们表达的方式不同，但原型却是相同的。

中国人的性格和文明的总体评价

[美] J. L. 尼沃斯著　何颖译

1. 在西方一般社会想象中，"中国人"几乎成了愚蠢的同义词。在二元对立的思维框架内想象中国，是为了确认西方现代文化的自我意义。中国形象被表述成事事颠倒的另类，成为西方文化的彻底的"他者"，一切都荒唐可笑又不可思议。

　　J. L. 尼沃斯的《中国与中国人》出版（1869）时，正值蒲安臣率领中国使团访美。该书在美国影响较大。尼沃斯根据自己在中国 10 多年的传教经验，除一般介绍中国自然与人文状况外，着重描述了中国人的宗教信仰、性格特征等方面，并对西方在中国的传教政策进行了检讨。

　　我现在意识到，我将被迫走到被普遍接受的观点的反面。在我们眼中，"中国人"几乎成了愚蠢的同义词。他们的习惯和特性为幽默与嘲讽提供了充足的理由。这个印象如此根深蒂固又如此广为人知，那些希望炮制具有可读性与趣味性的关于中国和中国人文章的报纸记者和编辑们，乐于提取和夸张任何显得滑稽可笑的事情。在谈及这个民族时，他们的辫子、刮过的头顶、厚底的鞋、假想的尊贵与优越、和对我们所熟知的许多话题的极其无知，成了报纸撰稿人取之不尽的素材。甚至一些宗教报纸也以同样的笔调追随。其中一篇相对温和的文章数周以来也把中国人描写成是"生活在地球上的最大、最古怪、最荒唐的社会组织"。

　　说中国人看我们的观点与我们看他们的观点有着惊人的相似，应者寥寥。他们在嘲讽我们时也幽默迭出，在他们看来我们身上有种种不合常规、荒唐可笑之处，如：我们可笑的短头发，不优雅且看上去不舒服的紧身衣服，绅士们细底的皮靴、高耸的帽子、夏令时节的手套，女士们黄蜂似的外表、小腰和大耳环、不够优雅的举止、引人注目的对常规礼节的无视，以及在公共场合男女挽臂走在一起的奇怪习惯！我们可以嘲笑他们过于重视小节，但是他们有根有据地认为：在智力方面、教养方面、文明方面，尤其是在道德方面，我们也是低劣的。显然，不是他们错了，就是我们错了。而且一种合情合理的解释是，这种错误是由于人类天性中"自视过高"的倾向所致。我们不应该站在其中任何一方的立场上看待这件事情，也不应该只抓住某些细枝末节；而应从基本的有广泛影响的事实出发，公正宽容地来理解这些事实。我们还应该预先想一想为什么那些流传甚广的关于中国人的性格和文明的观点，出自那些不熟悉中国语言的人和中国的外国社区，从而在接受的同时有所怀疑。

在开放口岸出现了很多外国商会，聚集了大量来自内地的中国人。他们中的许多人是冒险者，脱离家庭与家族社会的束缚，来到这些地方谋求财富。由于外国人对此司空见惯，他们对待当地的仆人和雇员不仅骄横、苛刻，还让他们干重活。那些独立自尊的中国人普遍倾向于为自己人工作，然而在开放口岸这样的人为数不多。在这些外国人聚集的社区，外国观念和风俗非常普遍。本地人无论是不是原住民，或多或少都逐渐变得非民族化了，成为其民族中变化了的类型。外国人和本地人几乎无一例外地讲着贫乏而又不纯正的洋泾浜英语（the "Pigeon English"），它不但不能表达令人景仰的思想，而且还会制造出可笑的不文雅的气氛。这些中国人每天都要接触喝醉的水手、骂骂咧咧的船长、无耻的西方商人，在欺骗与不道德的学校中不断地学习新课程。他们总结出，外国人来到他们的国家是为了和他们做生意换取财富，因而他们从外国人手中尽可能多地赚钱也是公平合理的。这样，与外国社会的联系导致了腐化和道德堕落等不良影响。这个阶层不能算是地地道道的中国人，他们也只能通过洋泾浜英语与外国人交流。因此，那些只与他们接触过的外国人，凭个人经验对中国人的民族性格、品德和观念所下的结论，是极不全面的。我对此曾做过长时间地思考，因为我们对中国人的印象多来自周围的商人、船长和短期旅行者。他们观察的视野极其有限，他们直接或间接获取的信息，常常是通过上述那种极不严密的方式得来的。

和欧洲人相比，中国人是一个性情迟钝、不思进取、不够主动且缺乏精力的种族。孩子们不喜欢剧烈的体育活动，他们喜欢玩玻璃弹珠、放风筝、抽陀螺和一些温和的球类运动。人们喜欢散步休闲，但从不为运动而快步走，也很少显得匆忙或兴奋。他们的性格是胆怯而温顺的。一、两万的欧洲军队极有可能从帝国的一端行军到另一端而不会受到顽强的抵抗。双方实力如此悬殊主要是由于我们具有现代军事科学知识，拥有更好的武器装备。若是中国人好好操练，领导人自信且相互信任，用现代武器来装备军队，他们就不会战战兢兢地抗击一个在数量上很占劣势的部队。不过，我并不怀疑，如果有同样的训练与装备，他们极有可能仍比不上欧洲士兵。

中国人虽然缺乏积极的勇气与胆量，但他们不会消极抵抗。他们对痛苦和死亡相当淡漠，身体的耐力极强，很能坚持又很倔强。平均来讲，每天一个中国水手待在他的工作台上，或一个文学家读书笔耕的时间，比我们的工作时间要长。其身体发育、力量与寿命在不同地方有所不同。在广东及其附近地区，我们获得了不少关于中国南部的印象。这儿的人个子小，但是在北部的山东省，身高从 5 尺 8 寸到 6 尺的人非常普遍。其中有些人相当高，身材如同巨人一般。在中国的这一地区，我得知许多 70 岁以上的人每天都工作，而人们活到 90 岁或以上是常有的事。至于其他身体与精神上的特性，就无需再特别注意了。

2. 中国曾有过骄傲的文明，达到过令人惊异的繁荣与富裕。但他们由此变得无比傲慢而且过于自我陶醉，他们宁愿保持无知也不愿意为获得知识而承他人之情。

中国人的智慧是显而易见的，有许多明显而有分量的事实为证。不过，奇怪的是一些智力与知识都很寻常的人竟然对此颇多疑问。在这一点上，事实胜于个人见解。我们眼前就有一套政府体系和法律规范堪与欧洲国家的相媲美，而且我们最杰出、最可信赖的作家们对它有诸多溢美之辞。建立这套系统的务实的智慧和远见已经由事实表现出来：它经受住了时间的考验，比世界历史上任何其他的系统存在的时间都要长；它用一个普遍的规则约束举世无双的人口，并使国家达到了令人惊异的繁荣与富裕。尽管反叛与政治侵略，在这个民族的历史和性情中烙下了印记；但在他们所接受的那种万物生生不息的观念中，这些灾难只是帝国成长中暂时的阻碍。这种大智大慧的思想带给中国一种引人注目的辉煌，不仅在东方而且也在基督世界当中。她还可以骄傲于自己三千多年的历史；骄傲于文学的繁荣、出现了许多具有永恒价值的文学作品；骄傲于语言的精致，具有感人至深的表现力；骄傲于众多的学者和纯美精湛的文学。如果这些都不成其为智慧的证据，那么就很难说在哪儿有证据或在什么基础上，我们能够证明自己的智慧优于他们。

在往昔的光辉岁月里，中国曾经无比傲慢而且过于自我陶醉。或许就是为了这个原因，我们一直不愿公正的评价她，给予她应有的地位。直到最近，西方国家（Westernnation）对中国仍很无知。不过，中国同样也不了解自己，她只把自己与周边的国家相提并论。事实表明，中国自认为她所认识的国家都尊重她，这或许就是她自信又自欺的部分原因。几个世纪以来，她在东亚（Eastern Asia）都是光明与文明的中心。她把文学和宗教传授给了三千万到四千万人的日本人（Japanese）及朝鲜人（Corea）和满洲人（Manchuria），并被这些国家和其他一些小国尊为老师。当我国的许多人认为日本人比中国人优秀时，他们没有考虑到这一点。日本的导师和圣人没有一个比得上中国的。他们的文学成就也难与中国人匹敌，最明显的证据就是他们的学校用中国的古典作品做课本，就像我们用希腊（Greek）和罗马（Rome）的作品当课本一样。日本文学中成就突出的作品不是以日本的而是以中国的语言和风格写成的，其作者往往精通中文。日本在一些机械技术上优于中国，但这并不代表着他们在智力或道德上略胜一筹。或许两个民族主要的不同在于：很久以来日本人习惯于向中国人和荷兰人学习，自然把自己放在学生的位置上，故此在向西方国家学习现代艺术和科学知识方面超过了中国。中国人因为太骄傲而不愿意学习，认为在"中间王国"之外没有什么值得一学的；否则就是对祖先和圣人智慧的侮辱与损害，因此他们宁愿保持无知也不愿意为获取知识而承他人之情。

或许有人会问，"中国人做过些什么？他们知道些什么？他们对科学做过什么贡献吗？他们不是对现代艺术和科学全然不知吗？"确实，中国人几乎不知道任何现代艺术和科学，他们的语言中也找不到相关的词汇。但是，我们的祖先在两千年前对化学、地质学、哲学、解剖学及其他科学有多少了解？我们在五十年前对蒸汽船、铁路和电报又有多少了解？我们能把多年前祖先在这些方面的无知当作种族智力低劣的证据吗？如果我们回到数百年前，或许一些人已经开始证明中国人有权成为优等种族了。印刷术，在文明世界的各种技艺中是至关重要的，起源于中国，数百年前西方对它还一无所知时就已经广为使用了。在指南针、火药、丝绸、瓷器的制造和使用上他们也是领先的。

3. 中国的教育几乎无法促进推理能力，它系统有效地扼制了思想的自由与创新，专制的国家只需要人们的服从，教育只需要开发人们的记忆力。但中国的教育是道德教育重于物质教育的，基本道德教育在社会底层也得到普及。

西方曾在孔教乌托邦的视野下，认为中国是一个道德高尚的国家。后启蒙时代，中国却被屡屡说成"小偷和骗子的民族"。尼沃斯认为这是基于表面观察所形成的偏见，无论个人还是国家，西方人与中国人相比，都没能达到一个更高的道德标准。

知识的力量表现为多个方面，但一个人的能力再出色都会有瑕疵。因为身体与精神的某项才能常常是以牺牲其他的才能为代价被开发、培养出来的。中国的教育几乎无法促进推理能力，因此中国的学者在逻辑能力方面是有缺陷的。印度人（the Hindoos）也如此，但在发展与保存记忆力方面他们都没有对手。尽管他们所受的训练系统有效地扼制了思想的自由与创新，然而却补偿性地造成了他们对条理与秩序的热爱和对权威的习惯性的服从，使他们在性格与思想上形成了显著的一致性。或许他们意识到要将这么一大群生灵融合成同一类型的实体，除此外别无他法。我相信中国人不是天生在创造力与创新上面有缺陷，一旦这些品质被激发出来，这个民族将显示出发达的头脑。对此，我们一直都没有充分的认识。

中国人还在另外一种极为严重的不利因素下艰难前行，即几乎与其他种族隔绝及随之产生的对这些种族及其观念的无知。而我们已经拥有了数世纪以来欧洲和西亚不同国家的所有知识储备。要不是从这些知识，尤其是基督教中获得动力与教益，我们就不可能有今天的成就。我们很少有机会把中国知识分子的能力与我们的做个比较。除了一些例外，到我国的海岸观光的中国人，不能代表中国的中层劳动者。这支蒙古种族中只有少数人在我们的学院里受过教育，但是他们能把持住自己，信誉和名声都不错。几年前，一个中国人在耶鲁大学他的班级中，获得英语作文头奖。他的一些同学告诉我，这个奖不是出于偏爱授予的，而是刻苦的功劳。无论在哪儿，一旦有机会和我们在同一水平线上、在同等的条件下竞争，他们就会显示出与我们不相上下的智力。如果他们与我们相差甚远的话，我们就不用对此多费口舌了。

中国人的道德品质是另一个争议颇多的话题。他们屡屡被说成是一个"小偷和骗子的民族"，以至于谁要是不接受这种表述，就有无知或偏袒之嫌。不久前，一个值得尊敬的富于智慧的绅士问我：他发现非洲人有许多值得爱和钦佩的东西，我是否也发现中国人性格中有任何迹象确实能在某种程度上唤起尊重和爱戴的感情。由持这种观点的人提出的这样一个问题值得深思。那么他们又将用什么理论解释一个伟大、繁荣、稳定的政府却是由毫无价值的要素组成的。关于中国人道德品质的普遍观点，其成因有时候可以归于利益问题。他们一定都很熟悉这样一个事实：外国人不顾中国政府再三真诚的规谏，将鸦片输入中国。他们同中国发生的首场战争就是出于鸦片贸易的需要。当基督教国家英格兰的代表呼吁中国政府使这项贸易合法化，使之成为税收的来源。中国皇帝回答说，他不会把鸦片作为税收的渠道，那将给他的人民带来痛苦与不幸。

4. 西方对中国的印象既不客观也不全面，他们在中国看到了孔夫子的思想，于是认为皇帝也是哲学家；后来又在中国看到了奴隶般的百姓，于是认为皇帝心底也带着奴隶心态。

在中国，代表我们民族的人大部分是海员。他们中的许多人一上岸就处

烟馆里的中国烟民

于醉醺醺的状态，沉溺于各种邪恶和暴力行为之中。然而，他们却口口声声以上帝的名义发着最讨厌、最可恨的空头誓言。数年来，这个阶层的外国人号令着中国海岸上的许多海盗船，外国的贼和强盗成群出现在一些内陆运河中。在与这些来自西方的异域人做生意时，当地人发现他们也具有两面性，也会骗人。这些当地人还观察到在外国社区有许多本地妇女，大胆而厚颜无耻地出现在大街上。这在许多中国城市都被认为是极不体面、不能容忍的。大批的西洋镜被引进中国，其中有最无耻下流的画面，在人们眼前映照出我们种族的邪恶与罪孽。几年前在某个城市，一个中国人投资买了些西洋镜放在城中600米长的大街上。每天都有数百个当地人来观看，他因此赚了一大笔钱。得知此事，我的愤慨一发而不可收拾。这是不是很奇怪？我们竟用这样的东西来吸引他们的注意力。中国人应能从中得出一个结论，即作为一个民族，我们是有野心的、不够谨慎的、有侵犯性的、贪婪且放荡的。很遗憾，我的观点被看成是对在华的这一阶层外国人的道德控诉。这样的发展与我的意图有很大的出入。不用说，在城市和军事机构中，在商人、船长和水手中，也有不少具有高度的道德感和基督徒品格的人。他们的生活无可厚非。但也有一个令人悲哀的事实，许多人有着与此迥异的性格。而少许无原则与邪恶之人就足以使他们整个的国家和民族蒙羞。我和与我性格相近、出身相同的人所提到的一些事实，对于每一个曾在中国流连数月的人来说都不陌生。

应该说，我们对中国的看法虽然来自远离家园的极少数人且影响有限，但也是我们在中国的观察所得。那么让我们设想一下，一个中国人来到我们的国家，预先对我们没有好感，也没有从我们习以为常的道德与知识背景中有所收获。他一上岸，马车夫就向他索取对他来说极不合理的费用。当他被带到一家一流的宾馆看房间时，发现有一张印刷的告示提醒他："为了安全，有价值的东西必须锁在铁柜里；客人房间中的外衣自行保管；业主不为放在门外的靴子负责。"他拿起日报，发现抢劫犯、盗贼、杀人犯、投毒、自杀、伪造文件、挪用公款、离婚、私奔等等事情占据了报纸的一大部分。翻过每日新闻，再看广告版，他发现许多免费赠阅的时尚广告。在措辞考究、通俗易懂的广告中，人们正在推销一种新改进的杀婴方法。在政治版，他看见许多指控贪污、不忠、自私、独占和结党营私的文章。在美国的第一天，他就收集到了这么多足以说明美国人道德品质的证据啊！

这位东方旅行者怀着求知的渴望，几乎走遍了每条大街小巷，参观了大城市中随处可见的酒馆、赌博室。尽管他只字不提其他放纵的地方，但他对我们民族所怀有的道德或不道德的看法并没有往好的方向转变。我们也可以想象他在西方的海岸登陆，从已移民的同胞那儿得到一些初步的讯息。有人告诉他，自己刚来到加利福尼亚就遭到勒索和抢劫；有人则讲述了自己为工作许可证付费后，又被官员或假冒的官员抽取其他捏造的费用。如果他们中的某个人幸运地在矿上获得了一个职位，发了笔横财，他们很快就会被赶走。如果某个中国人被人知道积累了一些黄金，他就面临着巨大的危险。有人会抢劫他，如果这样的话能保住性命就是万幸了，因为这种众人皆知的凶手并不少见。怀着所有这些难言的苦楚，这个没有攻击性的、勤勉的、遭虐待的民族却无处自卫。我们不允许他们在法庭上出示证据，而且他们很难找到一个美国人愿意为他们做目击证人。这个满怀疑问的观光者不难得出了一个毋庸置疑的结论，即在这块以自由与法律自夸的土地上他们得不到公正和任何补偿。

这个中国的旅行者会发现，他在加利福尼亚的国人所陈述的事实已由个别美国人所证实，就像以下来自布鲁克林（Brooklyn）的一位知名的传教士所言："我们自称是受压迫者的避难所，地球上无知者的学校。然而对于勤勉无知的中国人，我们不准他们干任何比体力劳动更高级的工作、拥有充足的财产，即使是受到法律保护的人也不例外。这是一幅非常真实的图画。毋庸置疑，新来的中国大使的首要任务是为国家的无能、为加利福尼亚隐忍的蒙古人所受到的虐待，奔走呼告。他们在这儿的处境对于一个基督国家来说是可耻的，对于一个要求在法律面前自治与平等的基督徒或有原则的人来说，更是如此。去年冬天加利福尼亚立法机关提出一项议案，允许中国人在民事与刑事法庭上，在一些特定的案子中出示证据。但是，立法会议最终否决了这项议案。这就意味着暴徒和抢劫者若是白人，就可以自由地将此类暴行强加在他们选定的可怜的蒙古人（Mongolians）身上。总的来说，在加利福尼亚的五万中国人，若不是最有智慧、最有教养和最有财富的，也算得上是最耐心、最安静、最守法、最勤勉、最平和而且是和加利福尼亚人一样诚实的一群人。他们与其他群体相比，违法犯罪的人数少得令人吃惊，因为他们明显把自己当作好公民的一分子。国家要以各种方式保护他们，鼓励他们的勤奋和良好的性情，准备让他们在未来的某个时候完全成为社会一员。"

现在，这个中国人所收集到的证明欧洲和美国不道德与不公正的证据，能显示出什么呢？它们显示出，一系列有偏颇的事实多么容易形成一种先入之见。当我们谴责他人时，我们也并非没有错误。许多事实表明中国人并不像通常所说的那样惹人讨厌。外国人普遍认为中国的劳动者可以成为优秀的仆人。也有人对此持有异议，认为他们非常懒惰且极不可靠。我想这可能是因为这些雇主在选择和管理他们的仆人时不太走运。我们在中国居留的十年里，几乎没解雇过仆人。每一次，主仆之间都形成了一种牢固的情感。许多时候，我能在他们的服侍与关照中获得理智的要求所不能带来的愉悦；所有的一切都很令人满意，因为这是自发的、来自心底的馈赠。我所记得的唯一一件被偷的东西是一架旧钟。它被一个吸鸦片的人拿走了，但过了几天后又被找了回来。我们根本不用担心贼，门和抽屉经常不上锁，仆人和无数的来客常常自由出入于我们的每一个房间。我想其他人，无论传教士还是商人，可能都有另一种经验，即放在没上锁的门厅附近的外衣和伞特别容易被偷，尤其是在外国社会里，如在纽约（New York）或费城（Philadelphia）这样的城市。我在中国内地周游了数百里，在不同时间到过这个国家的不同地方。有时还是一个人，彻底在陌生人的掌握中，而且他们还知道我身上有钱和其他值钱的东西。但即便在这种情况下，我也总是感觉像在家一样，有一种巨大的安全感。虽然我常常恼火于过度的索取和无意义的扣留，但几乎不曾被粗暴无礼地对待过。我听到显要的商人们亲口证实中国人的种种优点。他们在中国和加利福尼亚（Californian）都与中国人有大笔的交易。他们认为中国商人在商务会议中，表现得非常利落而且可靠。事实上，他们也非常信任中国代理商。他们怀揣着大笔的钱，被派到内地去购买丝绸和茶叶。雇用他们的人则完全相信他们诚实可靠，不要求任何担保。我知道中国有真正的"不二价商店"，你可以用合理的价钱买到好东西。也有假的"不二价商店"，仅从标识就可以看出它们不可靠。进一步说来，就我所知，我在中国遇上了一些美好的关于爱、依恋与感激的实例。与许多中国人交往是我的荣幸，由于他们性情友善，正直可靠、严守基督教义和忠诚的原则，我对他们怀有非同一般的情感和尊重。

　　中国的道德品质，尤其是中国的道德训诫一向是受人关注的话题。在这方面，我有幸能引用两位杰出的英国作家的见解。他们曾作为英国政府官员，在中国待了很长一段时间，熟知这个民族及其文学。当然有资格充当见证人。接下来的段落经托马斯·泰勒（Thomas Taylor）、麦都思（Meadows）许可，引自《约翰·戴维斯先生》（*John Davis*）一书："他们（中国人）的道德体系中最值得称道的是基本道德教育在社会底层的普及。而且在这种体系中，道德教育重于物质教育。我们甚至可以明智地从中国书里抽出一片绿叶，为改造我们的这个太过物质化的时代所用。"麦都思先生在这个问题上的意见是这样的："从古至今，没有任何民族像中国人这样，拥有一种神圣不可侵犯的文学，剥除了淫秽的描写和各种令人讨厌的措辞。他们神圣的书及其注解中的全部内容，即使逐字翻译也可以在英国的任何家庭中大声诵读。"必须承认，不仅在的文学中而且在绘画和雕塑中，中国人确实都小心翼翼地避免着任何不体面、不道德的联想和暗示。我在前面的章节说过，中华帝国（the Chinese Empire）无数的雕像和画像中没有一件作品是裸体的。不难想象，中国使团（the Chinese Embassy）在参观美国时，看到艺术画廊中一些绘画与雕塑的代表作后会大吃一惊。我们从希腊、罗马等我们所崇敬的国家那里，借来了公开展示裸体形象的风俗，声称是对"人的神圣形体"之美的钦佩，这只不过是个可怜的借口。同时我们的服装在风格和式样上都极不自然，因此艺术家受到众人的唾弃是理所当然的。

在论及上述这些由中国特色的景观和风俗时，我自然不仅谈到了这个民族的私人生活与活动，还谈到他们的礼仪标准以及那种要求公开展示的东西，必须男女长幼都可观看欣赏的社会趣味。"他们甚至羞于提及私下里所做的事。"这句话不但适用于中国人而且也适用于其他国家的人。那么，结论是什么呢？简单地说，如果我们乐于观察的话，不难发现：中国和我国都存在种种罪恶与不道德的行为；另一方面，两个国家又有一些好的性格和道德准则。正如我们预期的那样，道德标准和道德实践的必要性，在中国比在基督世界中被强调得要少一些。奇怪的是，尽管我们条件优越，这种差别却微乎其微。这种差别真是太小了，不足以形成一种鲜明的对照，以促使我们在指出某一项或某一类罪行时，尤其是在对待中国人的特性时，保持谦虚谨慎的态度。我相信，就宗教和精神生活所获的殊荣和素养而言，我们更应受指责。因为，无论个人还是国家，我们与中国人相比，都没能达到一个更高的道德标准。

我也相信中国和其他国家在一种极为相似的认识的影响下，产生并加深了他们有着共同的起源和本质的印象。我们最先注意到的是外貌、服装和行为的外部特征。这些特征是表面的、偶然的且不重要的。逐渐地，我们便不再注意这些外部的分歧了，而更加注意本能与渴望、怀疑与恐惧、快乐与悲痛、美德与罪恶的种种迹象。我们看到了同样的迹象：尊贵而神圣的人性在恐怖的大灾难或厄运的影响下饱受煎熬，在互相矛盾的意图与冲动中摇摆，找不到一处宁静祥和的避难所。无论在东半球还是在西半球都是这样，"就像在水中面对面一样，人和人心连心。"

5. 中国人不论道德好坏，都需要来自上帝的启示，才能获得拯救。

尼沃斯虽然为中国人的道德辩护，但他认为中国人没有基督教信仰，对上帝无知，这不可避免地导致他们心灵的愚昧和贫乏。西方将中国野蛮化是一种意识形态话语，是为了在文明征服野蛮的旗号下进行帝国主义殖民主义扩张的权力。尼沃斯不认同中国道德败坏的套话，但他论说的最终目的还是为了基督教福音事业在中国的推进。

一些执著于信仰、对传教感兴趣的人很可能会注意到我的观点。确实有些可敬且虔诚的人劝诫我，说如果我证明从整体上来看中国人"非常幸运"，在许多方面他们是"一个非常优秀的民族"，那么基督教将不再愿意为他们做任何事。虽然世界历史的每一个时代都有类似的事实存在，但一个在智力、社会乃至道德上都高度发达的文化却与极其愚昧和贫乏心灵并存，还是让人难以理解。中国文化就是这样，中国人这么会思考、有智慧的种族对上帝却一无所知，真是有些奇怪。名列于基督教国土上的大多数人都得到了来自上帝的启示，而明显是偶像崇拜者的中国人却对这种启示全然无知。有许多实例证明一种道德体系可以作为使灵魂远离上帝的有效途径。对才智的自满和错误的哲学体系也有着同样的倾向。在中国，撒旦用上了所有这些手段，来使人们远离上帝。

一些人惯于把对上帝的无知和道德低下、不遵守法律联系在一起。他们期望在传教士的表述中听到的是野蛮的场景和恐怖的故事，无论它们来自异教世界的哪个部分。许多年前，一次演说给我留下了深刻的印象。一个从东

樊国梁神父，尽管与当年的耶稣会士
一样着汉装，但表情明显与他们不同。

方回国的传教士陈述了中国社会的特征、妇女尤其是在夫家的媳妇们的状况。
他讲到一个悲惨的故事："五姐妹在婚后的第五年，首次在她们的父亲家相遇。
她们各自讲述了婆婆和丈夫虐待她们的经历，对这种毫无价值的生活深恶痛
绝。她们再也无法忍受了，想通过自杀结束不幸。于是，她们手挽手来到附
近一个运河，最后葬身于水底。"这件事在我的记忆里保留了 30 多年。或许
在许多人的心目中，"悲惨的中国人"的性格和处境是很难改变的。此类事
件多得足以填满整个晚上的演讲，而且很容易产生动人的效果，或许还能制
造出深刻的印象。但造出的印象是有偏颇的，不完全的，在一定程度上还是
错误的。生活中总是有阴也有晴，我试图给出两方面的观点，以展示出中国

人真实的状况和性格。我自信对事实的陈述不会造成任何对宗教或科学的伤害。罗马和雅典（Athens）的居民在基督世纪开始时，是极有智慧且值得尊敬的民族。他们的生活状况并不那么令人同情。但现在看来，这些事实没有消减圣·保罗（St. Paul）的宗教热情，使他放弃向他们宣讲基督教义（the Gospel of Christ）的努力。这时的基督教还只是一个虚弱、苍白且启蒙方式还不完善的宗教，只能用苦行故事来唤起积极性。可是，这些根本打动不了大量对上帝和拯救之路一无所知的人。于是，信徒们开始向那些对耶稣（Jesus）庄严的命令无动于衷的国家传道；努力去扩大救世主的精神成就，在地球上确立主的王国和荣耀，除此外别无所求。

（*China and the Chinese*, Rev. John L. Nevius,

New York：Harper & Brothers, 1869, P275—292, 何颖译，李丽校）

中国人的社会生活

[美]卫三畏著　李丽译

1. 在 19 世纪西方众多的有关中国的著作中，《中国总论》堪称最有分量的。不仅因为它洋洋百万言，还因为它的资料系统、详尽、全面，显示出作者在中国事物上的"博学"。现代西方许多汉学家的研究还在参考这部书。从某种意义上说，它像《中华帝国通史》那样，成为 19 世纪西方的中国百科全书。

前一章部分展示了中国人在生活的舒适和考究上所达到的造诣。不过，舒适和考究作为检验文明的试金石有很大的相对性，以致很难给它们下定义。因为英国人、埃及人、中国人对家庭陈设的舒适与考究的看法，就像他们的语言那样，差异极大。如果以费希尔的《看中国》为指南，你不难相信中国人的生活非常舒适、考究，无须任何外来的东西。如果你听了某些在那儿住过的人的描述，又会认为中国人既没礼貌又邋遢，他们的家也布置得不舒服。对待一种关于中国人社会生活的传闻，不应该忽视各国人在趣味上的多样性，而且一开始你会发现他们社会生活中的某些单个特征让你讨厌，进一步的思考或许就会显示由它们所构成的整个系统都需要彻底的改革。

外国人对中国社会的观察可能会受到他自身的感情和当地人对他的态度的限制，而当地人的态度很可能体现不出他们是否具有良好的教养。当一个中国人对外国人有所顾忌或有所期待时，他会比在与此相反的情况下更客气。而在相同的情形下，他对外国人会比对自己的同胞更好，或者更坏。遗憾的是，中国人只不过是有样学样，他们的这种态度与许多到中国访问的外国人有关。这些自以为是的外国人凭着他们高人一等的文明胡作非为，对当地人傲慢无礼。一个明智的外国人不应该期待一群与我们同样自负、无知、自私、傲慢的人，会以礼相待；也不会对中国社会当中各种极端的交流与碰撞所表现出的残酷与怜悯、礼貌与轻蔑的奇怪的混合而惊讶。在中国，性别隔离限制了哪怕是最（符合）道德（标准）的娱乐，致使男人们将时间花在赌博或餐桌上。

当他们不需要为生意、学业或工作奔忙的时候，他们就在这些事上消磨时间。他们所能从事的社会活动和行业与现代西方国家的男性相比，要少得多。在西方，政治集会对男人们的行为影响极大。他们通过这种集会互相交往，团结在一起共同关注或反对政府的各项举措。在这些基督教国家里，存在着一种对信用行业的普遍需求。保险公司、信托银行之类的机构便应运而生，它们联合实体修建了许多铁路和工厂。如今这些国家，类似的集合资金和人力以完成一个项目的团体很多；而在中国乃至在古罗马和古代欧洲都没有这种行业。另外，像自发的慈善组织和文学社团之类的团体，也只有在当今的西方国家才找得到，它们是基督教社会独有的产物。因此我们在对某个国家做出评论时不能只看到既成事实，还必须追究其根源。

卫三畏《中国总论》扉页

2. 在中国，男性和女性被严格的隔离起来，借此根除诱发罪恶的一个重要因素。

中国的父母强制年轻人在最容易放纵自己、最不愿结婚的年纪，履行父母给他们定下的婚约，使得婚姻在中国比在其他国家更为普遍，从而为防止年轻人堕落设置了一种很好的安全措施。

性别隔离有很多不良后果，就连某些保守的人也已对此作了一些弥补。在当今的西方，女性的地位不断提高，这不仅表现在受尊敬的程度、自立的程度、从卑微的家务劳动中解放出来的程度以及受教育的程度上，而且还表现在她们纯洁、和谐和高尚的天性所发挥的作用。这些都应该归功于基督教教义。在耶稣的学说不起作用的地方，女性的权利或多或少地遭到了漠视。不过，即使她们变得像男人一样堕落，她们还能对家庭乃至社会施加一点好的影响。除非人性中好的部分占了优势，否则男女混杂的社会也不总是那么令人愉快的。如果给人性增添优雅、纯洁的女性得不到受教育的机会，显得粗俗、下流，那么这样的社会就是不合理的。中国的立法者和道德家鼓吹性别隔离，是将它作为一种防止普遍腐败的保护措施，试图防患于未然。在那种社会条件下，他们也算是尽了最大的努力了。中国的女性在家庭圈之内，按照习俗教给她们的为妻为女应有的品行和应承担的责任行事，或许也能得到不少乐趣。她们在社会上没有适当的地位只是因为没人教给她们与此相关的责任，而她们也从未行使过由此带来的权利。

在中国，家庭中的男性和女性通常被严格地隔离开来，不仅仆人而且当男孩子们开始上学时，便不能随意与他们的姐妹来往了。从这时起或者从更早一些的时候开始，做父母的就急切的为孩子们物色合适的伴侣。孩子们娶谁、嫁谁全凭父母做主，由媒人牵线搭桥。媒人被认为比较了解对方的性格和家庭条件。订亲的年龄一般是10岁、12岁或更大一些。不过，母亲们有时会给未出世的孩子缔结一种婚约，即约定如果双方怀的孩子恰好性别相异将来就结为夫妻。经验显示这种婚约往往伴随着许多意外，使孩子失去了快乐的童年。

中国的婚礼在细节上差别很大，但一般都包括以下的六个仪式：1、男方的父亲和兄弟派媒人去见女方的父亲和兄弟，询问姑娘的名字和生辰，因为要根据名字和生辰看看两人的命相、算算他们的结合会不会幸福。2、如果两人八字相合，男方的朋友就派媒人去求婚。3、如果求婚被接受了，女方要回复一封许婚的文书。4、男方根据双方的财力送礼给女方的父母。5、媒人请双方挑一个良辰吉日举行婚礼。6、婚礼从迎接新娘开始，新郎亲自或委托朋友前往，一路吹吹打打地去迎接新娘。媒人则要在新娘家出谋划策，设法使迎亲的队伍多来回几次，还要故意与他们谈判拖延时间，让他们几经周折才达到目的。

在福建，父母常常在他们的孩子还是婴儿的时候就互送信物，交换列有孩子的名字和生辰的帖子作为婚姻的凭证。经过这一程序后，除非其中一方成了残废或得了麻风病被众人抛弃，否则是不能取消婚约的。到了孩子们年纪稍长可以谈婚论嫁的时候，男孩偶尔会同媒人及随从一起带着礼物去拜访未来的岳母。做岳母的则会送他些瓜子、水果之类的小东西，让他分给周围的人。送给女孩的礼物有水果、钱、粉丝和一只火腿。她将火腿分成小块送给男孩的随从，并将剩下的猪脚回送给男方。男孩一行人收拾好回送的东西之后，在爆竹声的欢送下踏上归程。

从订婚到结婚的这段时间，这位年轻的女士必须过着最严格的与世隔绝的生活。有朋友来拜访她的父母时，她得避入内室；出外探访亲戚时，她必须坐封闭的轿子；在家中与兄弟、家人交往时必须非常谨慎。她几乎没有任何对学校生活的快乐回忆，也没有能力或机会与同龄的女孩通信。在中国，婚前的幽居生活以及裹脚的习俗无异于最严厉的反对女性抛头露面的法律，将她们囚禁在家中。随着时间的推移，她们的生活圈不但没有扩大，反而越来越小。在少女时代，她们认识的人很少。婚后，她们也交不到多少朋友。不过幽居生活并没有泯灭少女们的好奇心，她们千方百计地设法了解外面的世界。富人家的女儿常通过女仆、媒人、小贩、客人以及其他的途径来了解外界的情况。这些年轻的女士对自己未婚夫的性格和外表也很好奇，可是社会习俗却严禁年轻人私自谈情说爱。尽管他们不能如愿见到对方，但是父母在决定婚事时还是会考虑孩子们的意见。

在中国，做媒是非常体面的职业。从事这一职业的人，有男有女，专门替人商谈婚事。他们深孚众望，因为人们看重的就是他们处事稳妥、品行端正。所以他们在与这些人家交往时，都会尽量表现得体。女孩的父母雇佣媒人，按约定要付给他们一定数目的报酬，一般为 25 美元到 40 美元不等，根据新郎的情况还可以增加到 100 美元或更多。这笔钱在婚礼前就要付清。有时聘礼非常奢侈，包括丝绸、大米、衣服、水果等等；新娘一般不带嫁妆，但双方家长为了庆祝孩子们的婚礼，也为了顾及家庭的面子，往往过于铺张，所耗之资常常超出了他们的支付能力。

婚礼的主要仪式在中国各地都是一样的，但在那些不为人知的地方还是能看到一些奇特的婚俗。在福建，举行婚礼的那一天客人们欢聚在新郎家，轿子、乐队和轿夫也做好了准备在此候命。迎亲的队伍出发时，一个随从走在花轿前给轿夫们引路。为防止潜伏在路旁的恶鬼突然袭击，有人抬着一只烤猪或一大块猪肉走在最前面。当这些饥饿的鬼魂吞食猪肉时，队列就可以安全地通过了。这时，新娘正在用她最好的衣裳、最贵重的首饰装扮自己。她那少女的长发由已婚的女伴按通常的规矩挽成髻，然后再戴上一种类似头盔或冠冕的头饰。[1] 这种头饰极其繁复，由贵重材料制成，是新娘发型的一部分。装扮完毕的新娘身上裹着一件大斗篷，头上戴着一顶伞式的、一直垂到肩上的大帽子[2]。这帽子把她的面容全盖住了。然后，新娘坐进遮得严严实实的轿子中。这种四人抬的、红底烫金的婚轿就是所谓的花轿。新娘的母亲或其他亲戚将花轿锁上，把钥匙交给一个男傧相。到新郎家后，再由他交给新郎或伴郎。

　　迎亲的队伍从新娘家启程之前重新整装，增加了一些盛有衣物、厨房用具以及美味佳肴的盘碟和红箱子。这些东西是新娘居家过日子的必备之物。新娘一行快到新郎家时，那个引路的随从赶紧先去通报。顿时，乐声大作、鞭炮齐鸣，欢迎新娘到来。当新娘的轿子来到门口时，媒人带着一个小孩上前向她致意，而新郎则避入内室。这一礼节完毕之后，才将新郎请出来。他郑重其事地打开花轿牵出新娘，而她仍然戴帽子，披着斗篷。他们走到祖先牌位前三鞠躬，然后在放着两杯酒的桌旁坐下。媒人把酒端给他们。由于新娘的脸被帽子遮住了，她只能做一个喝酒的动作。喝过酒后，他们马上退入卧室。新郎要在那儿摘下妻子的帽子和斗篷。这也许是他生平第一次见到她。待新郎仔细打量过新娘之后，宾客和朋友纷纷涌入洞房。当被允许发表意见时，他们便开始盘问新娘，女人们的评论尤为尖刻。这或许是因为她们对自己结婚时曾经历过的不愉快场面仍然记忆犹新。经过这一番残酷的考验后，新娘被带到丈夫的父母跟前向他们行礼。以上这些是流传在福建人当中的一些婚

---

[1]　这里指凤冠霞帔。——译者注
[2]　指的是盖头．——译者注

俗。此外，卢公明（Doolittle）曾对福建人的其他一些婚俗作过详尽的描述，Archodeacon John H. Gray 谈到过中国其他地方的婚俗。

在婚礼之前新郎会得到一个新的名字或"称号"，并由他的父亲当着亲朋好友的面给他加冠[1]，正式将他带入成人社会。然后，他开始邀请客人，送给每个客人一份请帖和两个红色的糕饼。受邀的人则要在婚礼前的几天回送新郎一件礼物或一笔 10 到 15 美元的礼金。这些礼物的价值不大，大致相当于婚礼的花费。婚宴的请帖在婚礼后的第一天发出。这时新娘也要出面邀请那些参加了婚礼并送给她戒指等小礼物的女士们参加。来参加婚礼的男士们通常还会送给新郎一对灯笼，挂在他家的门口。有时在新婚之夜，当一对新人安歇之后，一些男客会设法进入新房取走一些物件。无论是什么东西新郎都必须按原价赎回。

穷人家通常为儿子买下一个小女孩，把她当女儿抚养直到完婚[2]。这样就大大缩减了婚礼的费用，而且家里还多了一个人做家务。出于同样的原因，订了婚的女孩子有时会被送到未婚夫家中，由他的父母抚养。在一些小村庄里，新婚夫妇婚后的第一次月圆之前，人们开始来拜访他们。小两口通常站在床畔接待他们。男人们首先进来向新娘致意。这时，她的丈夫要让客人们称赞她的小脚、玉手和其他可爱之处，让他们注意到她的魅力。然后他陪他们到客厅用茶点。男人们告辞之后，妇女们进来对新娘评头品足。新娘在这个过程中的表现决定着她今后的名声。如果她表现出一副好脾气，那么她就会有好名声。在这种情况下，精明的女人干脆一言不发，默默忍受考验，以免冒犯了众人。西方国家的女性对婚姻生活的最初的体验与此极为不同，她们在蜜月中会得到朋友们最真挚的祝贺，还会出去旅行。

婚礼游行是中国社会生活中特有的现象。各地的游行在风格、装饰品的种类以及整个外观上都有所不同，但在各个家庭财力所及的范围内都极尽华丽之能事。游行队伍中一般有：手执灯笼和官牌的随从、新郎新娘的亲戚朋友、载着新娘的一应物品的马车以及被这些人和物簇拥着的花轿。在北京，

---

[1] 指的是冠礼。——译者注
[2] 指的是童养媳。——译者注

游行的队列有时长达半英里，其中的轿夫多达 12 人以上。这些轿夫身着红衣，他们肩上的轿子由专门承办婚庆事宜的生意人提供。新郎的家人郑重地举着标有学衔的牌子、木龙头、标有头衔的灯笼以及其他能表明官员身份的标志，以显示主人高贵的出身。有些地方，游行的队伍由一个穿着考究的老者带领，他手里拿着一把巨大的伞，在新娘进出花轿时将她遮住。一些提着灯笼的人跟在他后面，其中一个灯笼上写着"鸾凤和鸣"的字样。接着是乐队、荣誉牌、标着头衔的旗帜、礼仪伞以及两个刽子手模样的壮汉。这两个汉子装束奇特，帽子上插着长长的羽毛。此外还有扈从、带枷的囚犯和其他象征着官员身份的人和物。随后出现的是一群穿着漂亮的少年，他们或敲锣、打鼓、吹笛，或手持灯笼、旗帜，在队伍中形成了一种令人愉快的变化。他们的后面是盛嫁妆的盘子、箱子，最后才是新娘的轿子。

在中国各地，夫家迎接新娘的仪式也各不相同。一些地方，新娘被从花轿中抬出来，越过放在院子里的一盆木炭，然后被送入洞房。另一些地方，新娘出了花轿后通过为她铺设的地毯走入洞房。新娘在房中稍事休息之后端着一盘槟榔回到客厅敬客，然后和丈夫一起向神灵献上她随身带来的一对鹅。这两只鹅象征着两人婚后的感情。之后，新郎随新娘一同回到房中，揭去她的面纱。两人用被丝线系在一起的酒杯饮酒盟誓。这时一个已为丈夫生育了几个孩子的妇人进来祝福他们，并为他们铺好婚床。然后宴会开始，众宾客入席。客人们不停地向新郎敬酒。不过出于习惯，中国人在这类场合中一般都会有所节制。新娘和她的婆婆通常在另一间房里招待女客。在穷人家的婚礼上，有时可以看到所有客人，无论男女，高高兴兴地围坐在桌旁的情景。

第二天早晨，一对新人要祭拜祖先牌位，还要拜见所有的家人。在穷人家，这一重要的仪式往往在新人喝过交杯酒之后就马上举行掉了。在中国，新郎新娘喝酒盟誓、拜祖先及天地是婚礼游行之后的一个极为重要的仪式。中国人的婚礼形式有时会让人钻空子，比如：上花轿时做手脚，调换新娘。有时则会出现差错，比如：男人弄错了意中人的名字。史密斯先生谈到一个跟他很熟的中国人在结婚时就出过洋相。这个人在大街上见到一位姑娘，被她迷住了。于是他派媒人去向姑娘的父母求亲，并得到了他们的许可。但是新娘过门后，竟然不是他所倾慕的人。原来他搞错了意中人的排行，他想娶的姑娘排行第十四而不是十五。

3. 中国实行一夫多妻制，但只有生活宽裕的人家才会不断纳妾，纳妾在普通劳工家庭是很少见的。

一夫多妻制恐怕也得到了女人们的大力支持。一些做妻子的试图让更多的女人进入家庭，让她们分担自己的家务，讨自己的欢心，从而提高自己的地位。

在中国原配夫人还活着的时候，做丈夫的习惯上不能再娶。但是他可以纳妾，而且不用经过正式的手续，只要同女方的父母立个契约就可以了。如果妻子给他生了儿子，那么他接纳另外的同床者是有损名誉的，除非他有钱购置房产让妻妾分开居住。做丈夫的通常是在妻子的许可下买个女仆做妾，尤其是因职业的需要常常离家在外的男人，更是要纳一个这样的妾做旅伴而将妻子留下来料理家中的事务。妾生的儿子依法属于正妻，这使得父母们总是早早的将女儿嫁出去，免得她们给人做妾，在夫家低人一等。法律将家中的支配权赋予正妻是为了维护家庭的和睦。如果正妻自己没有儿子，她会到亲戚中收养一个，因为不这样的话丈夫就会纳妾。由于从来没有进行过也很难进行统计，所以无法推测这种一夫多妻制的范围。在劳工阶层当中，一个男人有两个女人的现象极少。但商人、官员、地主以及那些生活宽裕的人常常会纳一到两个妾，这类家庭纳妾的比例大概为五分之一。有些男人不是不知道妻子多了会引起纷争，他们也不是不相信"十个女人九个妒"的老话。但为了炫耀，为了赶时髦，他们还是不断地纳妾。而且一夫多妻制恐怕也得到了女人们的大力支持。一些做妻子的试图让更多的女人进入家庭，让她们分担自己的家务，讨自己的欢心，从而提高自己的地位。中国人形象地将妻子比作月亮，将妾比作星星，她们在各自的轨道上围着太阳转。

如果关注一下中国人的文明和他们接受道德教化的机会，就会发现那些保护女性合法权利及处罚破坏家庭关系纯洁和谐的罪行的法律条款，值得立

1872 年北京一富商的家庭，妻妾子女在楼上，
身边站着的可能是他的长子。

法者们引以为豪。这些法律规定孩子必须履行父母为他们签订的婚约，而孩子未经父母许可私自定下的婚约一律无效。这些法律肯定习俗赋予妻子的地位，并对妻和妾的地位作了严格的规定。任何贬黜前者、抬高后者的行为都是不合法的，而在正妻之外再娶的妻子也得不到法律的承认。妻妾的关系类似于《圣经》中亚伯（Abraham）家的撒拉（Sarah）和夏甲（Hagar）[1] 以及雅各（Jacob）家的悉帕（Zilpah）、辟拉（Bilhah）[2] 与她们的女主人之间的关系，而不是我们所谓的第一任妻子与第二任妻子之间的关系，中国的语言中没有类似这种概念。被认为不合法的婚姻所涉及的范围很广，甚至连同姓结婚、兄弟娶姐妹也包括在内。法律禁止祖父、父亲、兄弟的寡妇或父亲的妹妹再婚，违者处以极刑。强抢自由民的妻子和女儿并与她们成亲，也会被处以极刑。

---

[1] 撒拉为亚伯拉罕之妻，夏甲是撒拉的使女、亚伯拉罕之妾。——译者注

[2] 悉帕为雅各妻利亚的使女，辟拉为雅各妻拉结的使女，二人又都是雅各的妾。——译者注

这些法规不仅给婚姻以极大的尊重，而且使得婚姻在中国比在其他国家更为普遍，从而杜绝了一系列的罪恶。应该看到人有一种放纵自己、不顾一切地去满足不良欲望的倾向，而事实证明针对这个问题所制定的法规除非得到了人们的常识的认可，否则都不能奏效。中国人通过在社会上实行普遍的性别隔离，根除了诱发罪恶的一个重要的因素。他们强制年轻人在最容易放纵自己、最不愿结婚的年纪，履行父母给他们定下的婚约，从而为防止年轻人堕落设置了一种很好的安全措施。他们还通过一个家庭只有一个正妻的规定，明确了继承权的归属。除此之外，男人们享有极大的自由，这也是其他亚洲国家古已有之的习俗。他们不遗余力的处理那些棘手的事情，总的来说他们在这方面做得比大多数不信基督教的国家要好。如果有人认为这些法律违背了《圣经》中的第七条戒律（中国人对此一无所知），那么他便有失公允了。这就如同有些人因为中国人是异教徒就断定他们的两性之间不存在正派、纯洁的感情一样。

如果一位姑娘"spill the tea"也就是死了未婚夫，又拒绝再次订婚，那么她就会得到众人的尊敬。这些失去未婚夫的女子有时会像寡妇那样离开她们的父母，住到未婚夫的家里去。寡妇再婚是丢脸的事，根据书中那些倍受称赞的节烈女子的故事就可以推断现实生活中再婚的情况是非常少见的。寡妇有时会被她的公公卖给他人为妾。在这种情况下，她们会因降低了身份而感到耻辱和悲伤，更令她们痛苦的是她们将永远失去自己的孩子。不过，这种事情不常发生，因为母性的冲动是异常强烈的，人们不得不重视这一点。当孩子们都还太小的时候，寡妇通常得依靠朋友的帮助和自己的努力来维持生活。在完成这项值得称赞的职责的过程中，她们也会得到亲戚的支持。如果做儿子的不孝敬寡母，那么坏名声将伴随他的一生。鳏夫再婚不受法律的限制，他可以将他的某个妾扶正，也可以另娶一个。而且在为亡妻服丧期间，他随时都可以再娶。

中国的法律规定丈夫出于以下七种原因可以同妻子离婚，即：妻子不育、淫荡、嫉妒、多嘴、偷窃、不顺从公婆以及患有麻风病。不过，法律还规定不得抛弃父母已死、无处容身的女子。当二者相抵触时，前者无效。夫妻双方互不适合可以离婚。丈夫留下犯通奸罪的妻子会受到惩罚。如果妻子只是逃跑，做丈夫的可以把她卖掉。如果她不但逃跑还另嫁他人则会被绞死。如果丈夫外出三年不归，妻子必须先向地方官说明原委才能改嫁。

德金（De Guignes）对中国女性的生活状况有一段恰如其分的评论："尽管她们的命运与其欧洲姐妹相比更不幸，但她们对此却浑然不觉。这使她们更能安于现状，更能忍受未来的一切。幸福不完全在于享乐，还取决于我们对它的理解。"一个中国女性对于她的伴侣剥夺了她作决定的权利，不会感到丝毫的不平。她的愿望和见识都不会超出家庭的圈子，她在娘家学习了作为女人的各种职责和技能，到了夫家后她的生活也没有什么大的变化。

不过，事情并不总是如此。丈夫在使用法律赋予他的对妻子和家庭的权利时，常常会过于专横。年轻的妻子在她的新家里几乎找不到基督教国家的女性所获得的爱和同情。她的婆婆是使她不幸的最大的根源，常常要求她像孩子一样服从，像奴隶那样劳作。她往往拒不服从，并还之以谩骂。可如果她的丈夫横加干涉的话，她一般不能违抗。尽管在生活困顿时，做丈夫的怕失去妻子的帮助会克制自己残酷的本性；但只要境遇有所改变，他便会对妻子漠不关心而去追求别的女人。如果做妻子的表现良好，那么到她自己做母亲、当婆婆的时候，处境便会发生翻天覆地的变化。她会一下子从仆人变成女神。Luh Chau，一位研究女性文化的作者，在文章中提到一个媳妇以间接的方式责备婆婆的故事："Loh Yang 游学在外七年，他的妻子在家中勤勉地劳作，侍奉婆婆并供儿子读书。一天，邻居养的鸡跑进了她家的花园，被她的婆婆抓住了。老人偷偷地把鸡杀了，准备做菜吃。吃饭的时候，做媳妇的看到这碗来历不明的鸡肉一句话也没说，只是不停地流泪。她的婆婆非常吃惊，连忙问她为何流泪。她回答说：'我很难过。我太穷了，很多东西想买给你们却买不起。都是因为我穷，你才会吃属于别人的东西。'她的公婆听了这番话，非常感动，立即倒掉了那盘菜。"

过早订婚常常会造成痛苦和不幸，因此许多父母迟迟不给女儿订亲，直到她们长大成人不得不出嫁或是替她们物色到了志趣相投的丈夫。在订婚到结婚的这段时间双方的家庭状况会发生变化，男孩子长大后也可能会变成一个放荡、无用、残酷的男人；而双方又不得不履行婚约。在这种情况下，境遇比较不好的一方会感到不安，而不幸的新娘往往通过自杀的方式来逃避当前的痛苦和将来的悲惨命运。1833 年在广州发生了这样一件事：一位年轻的妻子婚后不久回家看望父母时，声泪俱下地向妹妹和朋友描述了她那残酷的丈夫使她遭受的种种痛苦。之后她和三个听者手拉手一起投水而死，她是为了逃避悲惨的现实，而她们是为了避免将来可能降临到她们身上的可怕的命运。另一位年轻女士听说自己的未婚夫生性顽劣，便在结婚那天随身带了一袋子钱。婚礼结束一对新人入洞房后，这女子对丈夫说："别碰我！我决心抛开尘世生活去做尼姑，今天晚上就要剪掉头发。这是我的积蓄，一共200美元，全给你。你可以用其中的一半买个妾，用剩下的一半做做生意。从今往后你不要再好吃懒做、挥霍无度了。另外，别忘了我。"说罢，她开始剪自己的头发。她丈夫及其家人怕她自杀，只好答应了她的要求，将她送回了娘家[1]。类似的事情非常普遍，年轻的女士们常常恳求父母用这种或那种办法，将她们从等待着她们的悲惨命运中拯救出来。凡此种种都显示出家庭生活中阴暗的一面。一些多才多艺的姑娘会向丈夫介绍自己，希望能得到他们的赏识。如果她们发现自己的丈夫是个冷酷无情、道德败坏的暴君，她们会比别人更失望。1840 年在广州（Canton）就出现过一件类似的令人惋惜的事情。这件事以一位年轻的妻子的自杀而告终。这女子的哥哥获得过美国传教士提供的奖学金。他对妹妹在刺绣和写作上的造诣称赞有加，曾非常自豪地向别人展示妹妹精美的刺绣。由此可见其兄妹情深，可怜可叹。有时会出现于此相反的情况，一些做丈夫的发现自己不得不娶的女人根本不能也无法分享自己的追求。不过，他们有办法减缓甚至避免这种不相称的结合带来的痛苦，而女人们却做不到。总而言之，得承认中国女性的地位还是相当高的。如果说丈夫的无情、婆婆的专横以及家中田间繁重的劳动使她们饱尝艰辛，应该加以谴责。那么她们自身的缺点，如：懒散、惰怠、无聊和坏脾气等等，同样也应该受到责备。格雷（Gary）在其研究丈夫的暴力行径的文章中，以实例说

---

[1]　《中国宝库》，第一卷，293 页

明了男人对软弱的女人发泄怒气会达到何种程度。这些例子说出了一些男人们不肯承认的事实[1]。如果在保持中国社会普遍的纯洁性的基础上，像美国犹他州（Utah）的摩门教徒（Mormons）那样使一夫多妻制合法化，是否能改善中国妇女的艰难处境呢？对此，我表示怀疑。

4. 中国人一生会有好几个名字，在不同阶段、不同场合所用的名字不同，这常常让西方人大惑不解。

在对中国的社会生活进行简要的描述时，不能不注意到中国的父母对其子女的管理权。这一权力很大但不是没有任何限制的。立法者之所以扩大父母的权力是因为他们认为，父母对孩子本能的爱、他们延续家族荣耀的愿望以及正派的教育对孩子的影响，比任何法律都更能有效地防止父亲虐待和忽视孩子。通常某户人家的儿子出生满一个月，做父亲的要给他取乳名，还要在选定的日子举行一个仪式。举行仪式那天，做母亲的要祭拜慈悲女神，向她表示感谢。她的孩子则在穿戴整齐、剃过头之后被带到亲朋好友中间，由做父亲的当场给他取名。然后，做父母的设宴庆祝这一时刻。男孩子的乳名一直要保持到进学堂，这时大人会给他取一个书名或"学名"。我在前面提到过这种习俗。书名是根据各个孩子的现状、前途、学习以及其他与此相关的事物来取的，一般由两个字构成。有时一些男孩子的乳名会被继续保留下来，因为他的家人已经习惯这么称呼他了。常见的学名有墨生、誓学、开榄、进德、晋升等等。男孩子常常还会有昵称和一些别出心裁的称呼，如：狗、猪、小狗、跳蚤等等。做父母的认为这些贬低孩子的称呼能挡住害人的毒眼。女孩子只有乳名和婚后的名字，前者常见的有花、妹、玉等等；后者则有赛月、兰花、茉莉、雅芳等等。广州的男孩子在取书名以前通常只以排行的数字相称，如：阿一、阿三、阿六[2]。

中国人名字的写法与我们相反，先是姓后是名，如：梁万泰先生，梁是姓，

---

[1] 《中国》，第七章。

[2] 卢公明的《指南》第三卷，660 页，列出了一些福州人的名字，这些名字也见于其他省份。

万泰是名，先生是对男子的尊称或者是指老师。有些姓由两个字组成，就是复姓，如：司马迁，司马是姓，迁是官衔。广州人有一种怪念头，认为外国人没有姓，因而都是些未开化的人。这种想法或许是从满洲人只写姓不写名的习惯得出的推论，如：恺慎、恺瑛、海浦等等。当我们在翻译的过程中或在其他地方写到中国人的名字时，应该注意以上这些细节。中文的人名或地名在印刷时与英语的人名地名相类似，都以单个词的形式出现，如：Wialliam henry harrison，Rich-Ard-Ox-Ford，or Phila Del-phia-city。用另一种语言翻译中文人名时，如果排列上出现错误就会使人无法把握其特点。

在广州及其邻近地区，人们的名字在对话中往往被省略为一个字，前面再加一个"阿"字，如：进德，简称为阿德或阿进。在厦门（Amoy）"阿"字被放在后面，如：秦阿。在北方省份则没有类似的用法。一些家庭仿效皇室的惯例，选定一个字作为家庭成员的"名"的首字，以区别于同一宗族的其他成员，如：一个家庭的几个兄弟的名字分别为林塘沛、林塘舫、林塘湃，其中的"塘"字将他们与林氏的其他族人区分开来。一般说来并不是哪一个字特别适合取名字或特别适合男孩或女孩，如：Gorge、Agnes，等等。它们都是根据意义从语言中挑选出来做名字的。所以我们有时会感觉某个名字不合时宜，如：在人们迎接拿俄米（Naomi）[1]返回伯利恒（Bethlehem）的时候，她的名字与其境遇的改变不协调，从而暗示了玛拉（Mara）[2]的变化。名字和绰号的读音与现实情境常常会在意义上形成一种对照或玩笑，从而出现一词双关的情况。人们在翻译外国人名的时候，也会开类似的玩笑。不过，他们是根据意义而不是读音来选字，使它们搭配起来产生出一种荒谬可笑的意义。

中国男人结婚时获得第三个名字，一般称为"字"或"称号"。此后，终其一生他便以这个名字为人所知。这个名字可以是全新的，也可以根据以前的名字来取。姑娘结婚后改姓夫姓，她的姓变成名，名则废弃不用了。因而，如果沃萨拉嫁给魏三维，她的名字将去掉萨拉，而改为魏沃氏，也就是

---

[1] 拿俄米是路得的婆婆[路得记1]。——译者注
[2] 玛拉[出埃及记15：23]。——译者注

魏沃夫人。不过,她的丈夫和近亲还会以原名称呼她。通常男人还以另一种称呼,即"别字"或"表字"为人所知,但众人不能擅自以别字称呼他。当一个年轻人成功地获得了某一学衔或当上了官,他将得到一个头衔即官名,也就是官方承认的名称,并以此闻名于政界。获准开业的商号的合伙人和老板一般都有官方承认的名称,并要写在营业执照上。这种名称来自外国人所谓的"执照名"。在广东,经正式批准、可以同外国人做生意的商行的老板一般都有这种官方承认的名称。除了以上各种名称之外,五十岁的老人、店主以及其他的一些人还会取"号"。商人通常将"号"写在招牌上作为店名,不过这种"号"往往会成为对他们个人的称呼。同外国人做生意的商人也有类似的名称,如:Cutshing、Chanlung、Linchong,等等。它们都不是这些商人的本名而是其商号的名称。在广东,外国人常常走进一家小店随口问道:"Wanglik 先生在吗?",就跟我们在纽约询问 Alhambra 先生或 Atlantic-honse 先生在不在家一样,而且中国人听见了也不会觉得有什么不妥。店主们取的名字通常都会涉及生意及对未来的展望,如:同发、顺益、广和、兴德、大全等等。他们的合伙人的此类名称则不用做商号的名称。"号"除了上述的用法之外,还用作货物的标签,如:一些茶叶、丝绸或其他货物的包装袋上常常标有和源、庆兴、源记等等名称,其作用相当于放置在酒、面粉和猪肉前的标签。这类号叫做"字号"或"标签号",外国人将它们及它们所代表的货物叫做品牌。

中国男人死后将在纪念先人的祠堂中得到另一个也是最后一个名字,不过这个名字并不是每个人都必须有的。皇帝和皇后被授予诸如:慈善、谨慎、孝顺之类的称号,并以此接收祭拜或见诸史册。这种称号很可能会长久地流传下去。

5. 礼节在中国发挥着重要的作用,中国人温和的天性和他们从小所受的关于礼貌的教诲,都使他们时时处处表现出文雅的举止和亲切的态度。但外国人常常漠视这些繁琐的礼节,这使他们在中国人的印象里粗鲁、恶劣。

中国人在日常交往中并不比有良好教养的欧洲人多礼。只是在具有特殊意义或比较正式的场合中，他们才显示出人所共知的严守礼节的一面。在中国，正确的行为方式被反复地灌输给各个阶层的年轻人。这项工作的细致程度与西方国家的相比有过之而无不及。习惯使中国的年轻人很容易接受社会习俗的要求。在中国，人们不会将朝见皇帝的正式的、毕恭毕敬的礼节和适用于节日的礼节带入日常的社交活动中，对此类正式场合要遵守的礼节做出规定是为了使各级官员（其职位的高低从官服上大致可以看出来）懂得适当的服从。我们知道真正的教养，即那种从尊重他人的真挚的态度中表现出来的教养，不是靠惯例和规定的约束养成的。不过，中国人温和的天性和他们从小所受的关于礼貌的教诲，都使他们时时处处表现出文雅的举止和亲切的态度。在任何人群聚集的地方，无论是城市里拥挤的街道、乡村中喧闹的公共草地，还是繁忙的渡口、人头攒动的游行队伍，他们都是那么心平气和、彬彬有礼。他们之间的争吵很少造成伤亡惨重的后果，尽管他们在盛怒之下发出的叫喊让人担心其中的一方会有性命之忧。

中国人对礼节的要求根据个人的地位和年龄有所不同，但他们通常都会在赞扬别人的时候贬低自己。他们的皇帝认为自己是神授权力的代表，他要求臣民要像对天神一样顺从于他。因此，御前的仪式都带有宗教性质，不仅仅是一种单纯的礼仪形式。这种御前仪式根据场合的不同还有所不同。他们行礼，根据表达敬意的深浅可分为八种形式："第一种形式是两手在胸前相抱表示恭敬，这叫拱手，所表达的敬意是最浅的。第二种是两手高拱、身子弯曲向人行礼，这叫作揖。第三种是打千，行礼时膝盖稍弯，似要下跪。第四是跪，这才真的是要屈膝下跪。第五种是磕头，跪下并以头触地。第六种是连磕三个头，叫三叩。第七种是六叩，即三叩，起身，再三叩。最后一种也是最隆重的礼节是三拜九叩，即跪三次，磕九个头。他们敬拜诸神或三叩或六叩，只有拜皇帝和老天时才行三拜九叩之礼。当今的皇室将三拜九叩之礼视为国与国之间表达谦恭和敬意的最隆重的礼节。"[1] 皇帝要求臣下绝对服从于他，上行下效，各级官员也纷纷模仿。因此遵守以上八种礼节被认为是

---

[1] 《马里逊博士回忆录》，第二卷，142页。

非常重要的事情，拒不执行就等于是蔑视权威。

在中国，官方事务往来的时间和形式由礼部制定成详细的章程并公之于众。学习和实践这些规定就成了各级官员不可推卸的责任。在朝之堂上，主管礼仪的官员站在一个显眼的位置上高声发号施令，指挥众臣跪下起立、行进立定，就像年长的中士指挥新兵训练一样。官员们互相来往同样也注重礼节，因为一个上级官员无论多么想去除这些繁文缛节，他的下属都不会不守礼节的。官员们出入社交场合时的礼节尤其值得注意。不过，当他们彼此熟悉了之后或一起饮酒作乐时，这些客套便完全被弃之不顾了。他们在交往中有时很自然，有时会耍些手腕；有时刚刚还在开玩笑，没多久又互相鞠躬下跪。这种场面常使外国人觉得可笑。由于不了解中国的习俗，外国人常常漠视这些礼节，给当地人留下了恶劣的印象。他们会认为外国人之所以如此粗鲁是看不起人，是想摆架子。

官方的种种繁文缛节这里就不再一一列举了。下面我将详细描绘中国上流社会的一些礼节。中国人去拜访别人，一般来说军人是骑马前往，平民和其他身份的人则乘车或坐轿，很少有人是走路去的。拜贴由朱红色的纸制成，约有八英寸长、三英寸宽。有的是一张纸片，有的折成四折、六折、八折或更多折，这要视来访者的地位而定。如果来访者新近服丧，要用白纸做的拜贴而且要以蓝墨署名。不过，经过一定的期限之后，服丧者就不必使用特殊的拜贴了，只要在一般的拜贴上用文字稍作暗示即可。来访者的名字可以属在拜贴的右上角，也可以属在右下角。不过，如果属在右下角的话还要加上一些谦词，如："贱仆（或愚弟）皮池晚叩首"。到主人家门口的时候，来访者的仆人将拜贴递给门房。如果主人不接受他的拜访，就把拜贴留下，然后叫人对他说："先生请回"，而不是用"不在家"之类的话来打发他。反之，如果主人表示愿意接待，来访者的轿子便通过大门进到庭院里。主人就在那里迎候客人。当后者下轿之后，两人远远的就开始互相鞠躬致意，直到他们在前厅落座才作罢。客人坐在主人的左边，如果他有同伴的话，他们也坐在同一侧的椅子上。坐定之后，主人和客人互相寒暄，用带褒嘉的口吻问候对方亲友的情况。单从字面上看，他们说的话很让人感动，但对他们来说这只不过是些极为寻常的客套话。事实上，他们的友好也许并不那么真诚。

主人一般都会给客人敬烟、倒茶，还会端上槟榔和蜜饯。如果客人拒绝的话，主人会觉得有些意外，不过还不算失礼。中国人不会像特克斯人(Turks)那样把这种举动看成是对主人的不恭。如果客人要询问主人家里人的健康状况，应该从年纪最大的开始。接着，应该问问主人有几个儿子。如果客人与主人的交情不深，最好不要提起涉及女主人的话题，这不是有教养的人应有的举动。如果主人的儿子正好在家，会立刻被叫到他父亲的朋友面前，向他们磕头行礼。每个孩子的动作都非常迅速，生怕怠慢了客人。当客人微微颔首请他们起来时，这些孩子便恭敬的面向客人而立，并礼貌地保持一定的距离。这时客人应该开口说话了，如果这些孩子中有人在上学，他会说："这孩子一定能取得功名，光宗耀祖"（意为：这孩子一定能继承你们书香门第的传统）。做父亲的回答说："我们不是豪门望族（意为：我们只是略有几亩薄田而已），我对他没抱太大的希望，只要他能养活自己就行了。"受了一番赞扬之后，孩子们对客人说"少陪"（从字面上说就是"不能多伺候您"），即请求客人原谅的意思，然后退下。女孩子们很少被带到客人面前，而年轻的女士更是避不见客。

中国人常采用一些迂回说法以避免提及一些人的名字，从而表示对他们的敬意。例如："贵大人可安好？"意思是"你父亲好吗？"，"尊翁贵庚多少？"是询问别人父亲的年纪的一种说法（中国人和埃及人一样，他们并不认为向不同身份、性别的人询问年龄是不礼貌的事）。客人们常用"你家老爷子"、"贵大人"、"尊君"等词来称呼主人的父亲；孩子们则用"家严"、"我家老爷子"、"家君"、"尊父"等词来称呼父亲，用"先君"和"长眠地下的尊母"等特殊的字眼来称呼死去的父母，以区别于父母在世时的称呼。中国的绅士从来不会要求会见别人的母亲，他只会对人家说："代我问候你母亲"，含有"代我祝你母亲长寿"之意，表示这位女士还健在。当谈到客人的亲人时，注意不要涉及他有没有儿子的话题。因为很可能会出现以下的问答：

主人："你有几个棒小伙（儿子）？"

客人："我不幸只有一个男孩？"照字面就是说："我的命不好，只有一个小男孩。"这种自谦的态度贯穿于他们的切斯特菲尔德式的道德标准当中。男人通常称其妻为贱内，即"内室中无足轻重的人"、"家里愚笨的人"；而别人则称她为"贵夫人"、"尊夫人"。

在所有的东方语言中，关于礼节的表述有着共通之处。对于外国人来说要理解和运用这些术语并不是件容易的事。在中国是这样，在其他的东方国家也是这样。不过，中国人行礼的方式与阿拉伯人的不太一样。阿拉伯人以亲吻、鞠躬、碰触前额、捋胡子等方式来互致敬意。中国人通过重复一些表示敬意的动作来达到这种效果。不过，他们很少拥抱，也很少互相触摸，除非在极其欢乐的时刻或在家人和朋友之间。在中国，当访问结束客人站起来准备离开时，他会说："改日再来请教。"主人则会回答说："你的到来为寒舍增光！明天依然恭候你的光临。"两个地位相当的中国人向对方行礼通常是两手在胸前相握、身体微曲，口中说："请！请！"意即"欢迎！欢迎！"。在分别或相遇的时候，双方同时重复这个动作来表示敬意[1]。即将离去的客人一般要根据主人的礼节还礼，但如果双方地位相当或近似的话，主人要目送客人出门上轿直至离开。

中国的官员们一般都互相回避，尤其是在公开场合。他们只是出于礼节的需要才打个照面。职位较低的官员遇见上司时，坐轿的要下轿，骑马的要下马，还得站在路边向他行礼。对方则无需起身，只要客气的接受并还礼就行了。如果遇到的是同级的官员，他们会立即起身还礼，努力做出非常恭敬的样子。平民百姓不能当街向任何一个官员行礼，也不能仔细打量他们。在官员面前，他们只能跪着说话。不过，老人和德高望重的人常常被恩准站起来说话，上年纪的犯人也能得到这样的尊重。官员不允许其下属在他面前就坐，他们也这样对待过外国人。当时，就连那些最卑微的官员都认为自己远远凌驾于这些外来者中最高贵的人之上。不过现在，这种炫耀地位的做法已经不时兴了。中国人的这种不能给人们带来尊重和体面的社交方式，在某一阶层的外国人当中也很流行。

---

[1]　《汉语文选》，第五章，第十二节，182 页。这是中国人的一句常用语，"chinchin"一词即来源于此。

中国的孩子们从小就开始学习对不同阶层的人表现出相应的礼数。弟弟对兄长的义务是中国人在利益方面的一种特有的规定。家中头生的男孩在祭祀祖先、分配财产、父亲死后掌管家务等方面拥有与生俱来的权利。《礼记》中所规定的家庭礼仪的等级虽经反复灌输，仍然没有完全为人们所遵循。或许是由于会影响家庭成员之间的感情，社会习俗也无法轻而易举地推行这些规定。中国人送礼时习惯上会附一张清单，如果受礼的人认为最好要婉言谢绝其中的一些东西，他就会在清单上注明收下的东西，而将其余礼品退回去。负责传送礼物的人一般都要收点小费，因而常常有穷人假借替某个大人物传送小礼物的名义，从那个有幸得到这些礼物的人那里获取价值更高的赏金。德·基格纳斯讲过一件事，说的是一个中国人要给别人送礼先把清单送了过去，等到清单被退回来之后才出去买单子上作了记号的东西，然后再将买好的礼物送给他的朋友。

6. 西方旅行者经常描写中国人的宴会。卫三畏说中国人是一个好交际而又耽于声色的民族，宴饮之乐是他们所喜好的诸多乐事中极为重要的一项。

旅行者经常描写中国人的宴会。在外国人眼中，这几乎成了中华民族的特性之一了。在中国，许多正式的宴会是以皇帝的名义举行的，其标准远非普通的私人宴会所能企及的。中国人是一个好交际而又耽于声色的民族。宴饮之乐是他们所喜好的诸多乐事中极为重要的一项。他们对这种消遣并没有很多精神上的要求；纵使有所要求，其趣味也与我们的完全不同。中国上流社会的私人宴会和公共宴会对我们来说过于冗长而且很乏味，因为女士们不能参加。在我们看来女士们的光临令人振奋，而在中国无论男人还是女人都认为在宴会上彼此互不打扰更自在。

宴会的请柬由一张红纸制成，在宴会前的几天内发出。请柬上一般写着："×日将设便宴，请赏光。曹三维敬上"。宴会的当天还要发一次请柬，或者直接派仆人上门去请。主人要穿上官服带上帽子等候客人的到来。客人到齐后，他要请他们像自己一样脱去礼服。中国人宴客一般是在厅堂两侧各摆一列不加装饰的小桌子供客人就座。这样的安排便于上菜和撤去碗碟，而且这样也使客人能顺畅地观看歌舞表演。在阳光明媚的南中国，有时请客只摆上一张雅致的长桌或圆桌，上面放上成堆的糕饼、水果以及一碟碟蜜饯。这些水果、点心上或多或少都饰有鲜花，使得大半个餐桌都为花球和绿叶所掩盖。在盛大的宴会上，因为主人入座前客人都不肯就座，所以主人反复敦请客人去坐上位，而客人则一再推辞。这个过程一般要持续十多分钟，且非常乏味。

杭州富宅

　　酒宴开始时，主人先端着酒杯站起来向大家敬酒并为自己准备的只是粗茶淡饭道歉。当然实际情况并非如此，他只是想向客人表示敬意。当宴会进行到一定的时候，客人们一起举杯祝愿主人身体健康，以此回敬他的好意。西方人祝酒在习惯上比较注重情趣。而中国人的礼仪则要求他们一饮而尽并把小酒杯翻过来，使杯口朝下，表示已经干了。尽管玻璃盘越来越便宜，在中等人家当中也越来越普及；但是中国人最主要的餐具还是品质形状各异的瓷杯瓷碗、形似小孩玩的纸船的瓷汤匙以及两只一副的羽毛管粗细的小棍。

这种小棍就是广为人知的"chop-stick"，由竹、象牙或木头等材料制成。中国人称之为"筷子"，即"灵巧的家伙"。筷子一般被握在食指的两侧。吃饭的时候，人们先用它夹起一口鱼、肉或蔬菜送入口中。然后将盛米饭的碗端到嘴边，用筷子迅速地将饭扒入口中，大口大口地吃起来。筷子用起来既快又灵活，真是名副其实。虽然筷子没有刀叉方便，但却大大地提高了手的灵敏度。我想凡见过印度人用筷子将一团团咖喱送入口中的人都会同意这种观点。

上菜的次序不是一定的，什么时候上汤、上炖菜、上水果或蜜饯要随那些有钱有闲的吃客们的兴致来定。不过，宴会结束时一般都会上一碗白米饭和一杯茶。通常在席间客人们要稍事休息，站起来走一走，聊聊天，振作一下精神；因为即便只是把所有的菜尝一遍也要花三四个小时。休息之后，水果马上被端上桌供客人享用。客人对席上的美味佳肴赞不绝口或者声称自己吃得很饱不会被看成是不礼貌的举动，宴会还没结束就退席也不算失礼。在冗长的宴会上，客人们常常用一种叫"猜谜"的游戏来调剂气氛，具体的玩法是：两个人同时伸手比划出某个数字，如果甲出四，那么乙要马上出六。如果乙出的数字加上甲的不足十，那他就会被罚酒一杯。这种宴会游戏在各个阶层当中都很流行。下午时分走在街上，常常可以听见一群工人或一帮朋友坐在一起吃饭、玩这种游戏发出的喧闹声。中国人一天通常吃两顿饭，即上午九点左右的早饭和下午四点左右的晚饭。

中国人相对来说是一个温和的民族。这主要是由于他们有在吃饭时喝茶的习惯，还由于他们那种节制或讨厌饮酒的观念，而不是由于他们没有烈酒。一点点白酒就会使他们满脸通红，而且不管有没有喝醉他们马上就会有意识地掩饰醉态，如果他们喝醉了就会待在家里。今天，在东南亚各地，这种饮料有不同的名称，如：toddy、arrack、saki、jiu 等等。它是用蒸馏法从酵母液中提取出米的。酵母液是由煮熟的大米在一定的压力下经过几天的时间发酵而成的。一般的酒只需经过一次蒸馏，如果要使酒更烈一些得经过两到三次蒸馏。因此，烈性酒被恰当地称为"三熟"，也就是蒸煮三次的意思。中国的道德家们一贯对酒精的使用大加抨击，以发明这种有害的饮料而闻名的仪狄在基督诞生前的两千多年当中一直背负着骂名,他本人也因他的发明而被大禹放逐。

《书经》里有一篇周公(Duke of Chau)论饮酒的文章。这是公元前1120年周公对其弟Fung做的演说,是有史以来最古老的禁酒演说,比《圣经·箴言》中所罗门的名言还要早。"你可敬的父亲文王(King Wan)在西方建立我们的王国时,曾公告天下,并日夜告诫各诸侯及他们的官员、幕僚和管家说:'只能在祭祀时饮酒。如果只在大祭时饮酒,上天就会降下恩惠,使我们的基业稳固。但如果我们无限制地滥用酒精,上天就会降下灾祸,天下将大乱,人民也会丧失德性。再进一步则各诸侯国无论大小,都将因此而毁灭。'文王告诫那些身为官员、掌管着公共事务的年轻人不要养成饮酒的习惯。他命令各诸侯国在祭祀时要限制饮酒,规定即使在这种时候也不能喝醉,否则便有违于道德准则。"[1]

7. 中国人热爱生活的天性同样反映在他们的节日庆典中,卫三畏记叙了中国春节、灯节、端午节的热闹场面,这些节日是宗教愿望与吃喝玩乐的混合。

中国本土的节日很多,主要的有:新年头三天、四月半前后一两天扫墓的日子、二至日以及赛龙舟的端午节等等。这些节日都是休闲娱乐的日子,不过只有在新年的头三天里商人们才会暂时关掉店铺,放下生意。有人对中国的劳动者能成年累月不停地劳作而没被累垮,感到非常惊讶。人们常说每周休息一两天是必要的,有助于保持充沛的体力和脑力。缺乏适当的休息常常会导致身体衰弱、精神失常。在承认安息日为一种义务的国家,这种论调得到了实际的支持。在这些国家里,每到安息日大多数人都停止了劳作,而少数人想继续工作是很困难的。即便是自愿的也不行,因为他们的工作在许多方面都牵涉到其他人。在中国,显然人们也一直在最大限度地舒展自己的身心,以求健康地活到老。许多这类的事实使人们认识到主设计安息日是为

---

[1] 《中国宝库》,第十五卷,433页。

了使人在平日一成不变的作息和脑力及体力劳动当中有空履行最重要的宗教职责；而不仅仅把它当成人的一生中必不可少的休息和娱乐的日子。中国人根本不知道每周的第七天是休息日，也不知道宗教上对休息日的尊重为何物。他们之所以能够成年操劳而不会出现灾难性的后果，是因为他们作为一个民族不像西方人那样具有强烈的自我意识，也不会让思想活动过于剧烈。无论是谁，只要亲眼目睹了那些不守安息日的国家萎靡不振的社会状况，就会更加明了遵守《圣经》第四条戒律带来的数不清的好处，就会热切希望普及这一信条。

在中国信仰基督教的人都会接受要严守安息日的教导，因而他们很快就会学会将它作为一项重要的特权。当地的罗马教徒（Roman Catholics）则忽视了这项义务，因此他们看起来和异教徒没有明显的区别。中国过去的一位宰相曾经说过，在外国人带到中国的少数有价值的东西当中，安息日是最让人向往的，他本人就常常渴望过上一天清闲的日子。[1]

新年来临之际是中国人尽情狂欢的时刻，他们脱下旧衣换上新装，他们大声呼喊仿佛这样才能将旧的一年抛在脑后。往往在这个重要的节日前的几周里，就开始透露出节日的气息。市镇中主要的街道两旁，一排排的摊子上堆满了服装、家什等物件。许多精美的小物品被以最诱人的方式摆设在那里。人们照例要对家中的物什做一番清理，将其中的一些多余的东西清除出去。那些长期搁置在家中的各种稀奇古怪的小摆设也被以低廉的价格处理掉。通常在这个时候，上司要送一件礼物给下属和雇员，店家也要推出一些优惠措施来酬答顾客。在下层人当中最常见的礼物是一双新鞋。沿街的许多小摊上都摆着一种尺寸不一的红纸条，上面写着风格各异、切合时令的句子。人们买回去贴在居室和商店的门楣及边框上，或挂在室内的墙上。[2]街上的店铺在红纸和点缀其间的"金花"的装扮下显得十分富丽堂皇。金花是用铜箔和金属丝扎成的、有叶有花的小枝状饰物，是为在家中供奉先人和一年一度的拜

---

[1] 尼维尔斯，《中国和中国人》，399—408 页。
[2] 希伯来人有类似的风俗，犹太人至今仍保存着在家门口挂门柱圣卷的习俗。

神活动设计的，中国南方各城市都有生产。拜神用的其它东西也随处可见，如：烫金的红纸片（有的上面还写着"福"字）、大大小小的朱砂色蜡烛、鲜艳的彩画等等。这些色彩鲜艳的物品和熙来攘往的人群使街道焕发出别样的生机。节日来临的另一个明显的迹象是人们开始用水清洗门窗及商店和住家的一些其他的木制构件，还有桌椅和各种衣服、器皿。仿佛将人和住宅清洗干净才像是在庆祝节日，才会有一个愉快的心情。穿行在南方河流上的小船、驳船和货船，此时也被拖到岸上从里到外地擦洗一番。

随这个节令而来的一种值得赞赏的风俗是结清账目、偿还债务。每到这个时候，店家忙着接待顾客，债主们也催促债务人赶快处理债务。欠的帐必须尽可能在新年之前结清，后者至少要有一个令人满意的安排。即使资不抵债也得设法将相关的事宜处理妥当，将手边的所有财物尽数交到债主手中。由于相当大一部分钱要用来偿付债务，许多人不得不到当铺去典当，许多货物被低价抛售，致使商品价格普遍下降。这种习俗有很多好处，比如它有助于将那些不诚实不成功的商人和投机商从诚实经营的商人队伍中剔除出去。因为大家都很清楚通过诉讼追讨债务既麻烦又昂贵，所以他们宁可求助于风俗。

德金提到中国人逼迫别人还债的一种权宜之计，就是拆走其店铺和住宅的大门，使他本人和他的屋子毫无遮拦地暴露在那些四处游荡、饥肠辘辘、心怀恶意的厉鬼面前。这些恶鬼一旦进入屋内，幸运之神将不再光顾他的住所。因此为了免遭这一劫难，他不得不处理好自己的债务。在新年前的几天里，虔诚的人一般都要请神，因此这个时候寺庙里挤满了人，男的女的、穷的富的都有。除夕夜，街上到处是来去匆匆的行人，还有许多事情等着他们去处理。在广东，人们忙着在自家的门楣上贴上五张红纸条，以表达他们的愿望。他们最喜欢表达的是五种祝福，即：长寿、富贵、健康、仁爱和无疾而终。这五种祝福几乎包括了人类所有的至福。因而这些红纸条上通常写着"五福临门"、"天降福旨"、"贵客临门"的字样。门框也被贴上了红纸条或大红撒金的纸条，使整个门口显得分外生动。在大厅里，人们挂上较为值钱的、写有对句的卷轴。例如，读书人会挂上这样一副押韵的对句：

> 胸藏三万卷，
> 穷通六千年。

店家则会在门框上贴一副与生意有关的对句：

> 利如朝日出云，
> 财似早潮带雨。
> 致富靠诚实，
> 经商讲仁义。

    这些题词以及街上、店铺里和住宅中随处可见的类似的语句，其影响是无法估量的。总的来说，它们是用来祈福的，是表达祈求和祝福的一种重要的方式。它们中的很大一部分显示了这个民族的道德观。

    福建（Fuhkien）和广东的船夫特别舍得花钱买这些用来祈福的红纸条。他们大批地买进，将其贴在船桨上、挂在船尾。满船的红纸条迎风飘扬，煞是华丽。农夫们将这种红纸条贴在谷仓、树木、篱笆和竹篮上，仿佛一切事物都能得到上天的赐福。除夕这天，各家各户都要尽可能地收拾得干净整洁，还要举行宗教仪式、放鞭炮驱除邪祟。由于必要的准备就占去了大半个晚上，所以直到黎明时分街道上还非常热闹。除了这段时间特有的、由生意和宗教习惯所引起的忙碌之外，持续不断地鞭炮声和吵吵闹闹的锣鼓声，也增加了节日的喧闹气氛。一串串烟火在辞旧迎新的时刻来临之前被点燃，在门边噼啪作响，将受惊的邪神从家中赶出去。整个节日期间要消耗掉大量的烟火，往往在街道上留下一层厚厚的碎屑。节后一周，农民们到广州城扫起成百蒲式耳的碎屑，运回乡下做肥料。

    希伯来人（Hebrews）将新年的第一天视为所有人的生日，每个人的年龄都从这一天开始计算。按照这种算法，新年前一周刚出生的婴儿，到新年的第一天就两岁了。在中国，人们也是这样计算年龄的。不过，这种做法还是没法代替人们纪念自己真正的生日的习惯。做父母的常常极其隆重地为自己的孩子庆祝生日。一个传教士这样描述一对宁波（Ningpo）夫妇为他们六岁的儿子做寿的情景："有人给小家伙穿上了最好的衣服。他的父亲端来一沓沓烫金的纸和印好的祷文、大碗大碗的肉、米饭、蔬菜、酒和核桃等祭品，摆在神像面前。仪式在'Tao Mu'或'Bushel Mother'的家里举行，她专门掌管孩子出生前后的一应事宜。仪式由身着红袍的老神汉主持，他的头发上系着一尊金蛇像。他的两个助手，一个身穿紫袍，一个身着灰袍。主持仪式的神汉要念一篇长长的祷文，其间似乎有许多重复，而且他时不时还发出几声吟唱。这时众人便与之唱和，钟鼓铙钹和木板也被敲响，发出震耳欲聋的声音，更增加了唱颂的力度。同时，众人拜倒，行礼数次。"[1]

中国各地过新年的方式差异很大。在厦门，有除夕"围炉"的风俗，就是一家人在大年三十晚上欢聚一堂，共进丰盛的晚餐。饭前，他们在桌子底下放上一盆木炭来模拟炉火。饭后，他们拿出一个木制的灯台放在路边，上面放着一堆金纸和银纸。他们先放一通鞭炮将恶鬼赶出去，然后开始烧这些纸。烧完之后，他们将灰烬分成12堆。他们扑灭余火的时候非常小心，因为这将预示着新的一年里天气的好坏。

在中国，大年初一早晨同基督教国家的安息日一样，街道上一片寂静，贴着鲜红对联的店铺都关着门。这种景象与往日的繁忙和拥挤形成了奇妙的对比。有些人家门口的对联点缀着蓝纸，说明这家去年有人去世。贴蓝纸是对过路人的一种无声的暗示，告诉他们某个去年他们还见过的人已经离开了人世。除了蓝色之外，有些地方还用白色、黄色或肉色的纸来区分死者与生者的关系。按照礼节，服丧的人大年里不能出门。除了他们之外，通常这时人们都要出门去给别人拜年。在拜年的高峰期，街上挤满了穿戴一新的人，他们或坐轿或步行前去拜亲访友。那些无力购买新装的人为此往往要租一套像样的衣服。他们穿上盛装之后焕然一新，连他们的家人都认不出他们来了。在拜年的路上遇见朋友得以礼相待，客气一番，还要极力做出谦恭的样子。初一这天，孩子要给父母磕头，学生要给老师行礼，下级要去拜见上级。各

---

[1] 《长老派传教史》，1846年。

家各户、各所寺庙和虔诚的信徒要给历代祖先和各路神仙上供。还有许多人通过寄贺卡给人拜年。贺年卡上往往印着一些有象征意义的图案，一般来说代表着三种美好的愿望——生子、升官和长寿。如果要给远方的熟人和顾客拜年，寄一张普通的贺卡就行了。美国人和荷兰人也有在新年那天拜访熟人或与朋友重修旧好的习俗，这到底是不是从中国人那里学来的，很值得做一番推究。不过，西方人向东方人学习，在很多方面都能青出于蓝而胜于蓝。在拜年这件事上也是如此，他们给这一习俗增加了一项内容，就是在新年这一天去拜访女士们。新年期间，中国人见面时一边向对方敬礼，一边要说："恭喜！恭喜！"这句话的意思是："我恭敬的希望你快乐！"。或者说："新禧！新禧！"，意思是："愿你新年快乐！"他们在这个时节说这两句话就如同西方人说："新年快乐！"一样。

到了大年初一的晚上，一开始人们忙着祭拜先人，各家各户的门内不断传出欢声笑语，说明他们的兴致正好着呢。当陆陆续续有不少人奔向赌场的时候，就表明人们对这种例行公事的仪式有点烦了，需要一些激动人心的活动了。接下来的各种表演包罗万象，简直难以描述。那些变戏法的、走江湖的、做戏的为了取悦观众以便赚两个钱，都演得格外卖力。不过总的来说，新年的三天假期不会出什么乱子。最终一切又回到了正轨，人们又开始了一年的生意和劳作。

在中国，每年第五个月的第五天是端午节。凡有河流可行船的地方人们都要举行庆祝活动，而且各地的活动还很不一样。在广东，端午节这一天要举行划船比赛。在起伏的河面上，成双成对、又长又窄的船争先恐后的向前划去。每只船上有六十个，甚至更多的桨手。他们边划边大声地呼喊，仿佛是在搜寻落水的人。这个节日是为了纪念政治家屈原（Kuh Yuen）（他生活在公元前450年前后）而设立的。这位忠臣在遭本国的一个卑劣的王公构陷之后，投汨罗江（the river Mih-lo）[洞庭湖（Tungting Lake）的支流]自尽。爱戴这位仁人君子的国民划着船到处寻找他的尸首，但都无功而返。于是他们制作了一种叫做"粽"的具有特殊意义的食品。然后划上船，举着旗子敲着锣，竞相来到悲剧发生的地方，用这种米做的食品来祭奠屈原。从此，纪念屈原的这种形式流传了下来，成了一年一度的节日。参加节庆活动的船只，船头一般都被刻画成龙头状。船上有人敲锣打鼓、摇旗呐喊，以激励桨手们再接再厉。激动人心的龙舟赛使节庆活动往往要持续两到三天，在此期间人们总的来说还比较有节制。不过，由于他们求胜心切，也时常会发生船毁人亡的惨剧。为此，有时一些地方官会禁止举行此类比赛。[1]

每年第一次月圆的时候是灯节。与新年和端午节相比，灯节比较单调，也不那么隆重。这个节日的起源不详，最早出现于公元 700 年前后。灯节的一项庆祝活动是各家各户将形态各异、质料不一的灯笼悬挂在自家的门口。这些灯笼把厅堂照得亮堂堂的，不过它们的光辉与月光相比还是略显昏暗。在北京如果天气好的话，灯节之夜在兵部展出的透明画和其他种类的画作会吸引大批男女游客。

说到制作灯笼，中国人确实要比其他民族略胜一筹。他们制作的灯笼形制多样、雕刻雅致、镀金和着色也各不相同。再加上，这些灯笼的构造别具匠心、极为精巧且品味也不同凡响，使它们成为中国人点缀居室的最漂亮的装饰品。制作灯笼的材料有纸、丝绸、布、玻璃、竹子、角和编织物，制成的灯笼其形状和上面的装饰千变万化，且大小不一。小的约合二到三美分一个，可以拿在手上；大的有华丽的枝形吊灯或者直径达十五英寸、由几个灯组成的极为复杂的灯笼，这种灯笼一个就值三、四百美元。而且它们的用途一点也不比花在其结构上的技巧和心血少。"走马灯"是其中的一种珍品。这种灯包含一两个或多个用铁丝扎成的骨架，它们一个套一个，在火焰燃烧时产生的气流推动下不停地旋转，其原理跟转炙叉装置是一样的。走马灯的骨架上一般要糊一层纸。纸上有姿态各异的人物、动物图案并配有适当的场景，正如马加仑斯（Magaillans）描绘的那样："你可以看到许多马在跑，有的拉车，有的耕田；各种船只来来往往，成列的国王和王子进进出出，以及一大群骑马和步行的人。此外，还有正在行进的士兵，喜剧场面，舞蹈场面以及其他形形色色的人和事。"

---

[1] 参照《莫里斯辞典》对"粽"的解释；卢公明，《社会生活》，第二卷，55–60 页；《关于中国和日本的随笔和质疑》，第二卷，157 页。

春秋二季，中国东部沿海地区的渔民为平息水神的怒气会举行一些节庆活动。在这些活动中展示的龙灯是最漂亮的一种彩灯。这种灯呈龙形，长达五十多英尺。不过，它的骨架是用竹子做的，因此并不重。人们在它水桶似的骨架外面裹上一条条彩色的棉布或丝绸，再于两端分别装上龇牙咧嘴的龙头和微微摆动的龙尾，一个龙灯就做成了。这个庞然大物象征着深水中的统治者。人们握住连在他的头和各个关节上的木棒，举着它在街上游行。每走一步，人们都要使它的身体做出蜿蜒起伏的样子。在行进的过程中，人们将龙灯前巨大的鱼模型点燃，同时奏响音乐，点燃鞭炮。他们用持续不断的乐声和鞭炮声警告潜伏在路边的恶鬼不要挡道。当游行的队伍从黑暗的街道上穿过时，构成了一道耀人眼目的风景。在中国，这些娱乐和游行使得偶像崇拜大行其道。像其他异教国家一样，尽管政府既没要求也不支持这些活动，但凡是与宗教仪式和宗教愿望相联系或者与吃喝玩乐有关的场面和游戏都深受人们的欢迎。

　　到了六月十五，人们在屋顶上的杆子顶端挂上灯笼。每家每户只要挂上一只小小的灯笼，就能汇成一片美妙的景象，尤其是在夜深人静的晚上。最为美妙的是河上那些挂着玻璃彩灯的游船，每一艘船上的彩灯都挂得那么别致。当我们从很高的地方眺望广州的万家灯火时，来往船只的彩灯给这座城市的夜景增添了许多光彩。在广州的某个节日期间，一次月全食使全城的居民倾巢出动。每个人的手里都拿着一件可以敲响的物件，什么茶壶啦、平锅啦，还有筷子、锣、鼓、枪和爆竹。他们试图制造噪音来吓唬天狗，阻止它吞吃月亮。随着阴影逐渐增大，街上的灯笼越聚越多、越来越耀眼，喧闹声也一阵高过一阵。当天全暗下来时，吵闹声达到了高潮。直到阴影退去，一轮圆月出现在天幕，夜才又恢复了宁静。

　　中国人喜欢游行，如果将婚礼和葬礼都包括在内的话，他们举行游行的次数要比其他民族多得多。在中国，从城市到乡镇都有车马行，婚礼、葬礼和各种宗教节日所需的一应物什都由它们安排。它们不仅提供轿子、乐队、棺材、经过装饰用来抬神像的架子、神龛、供品和盛着新娘嫁妆的红箱子等物件，还提供旗子、桌子、台子、古玩和各式各样的制服。抬东西的男人和在仪式上进行各种表演的童子也都是雇来的，他们身上体面的制服掩盖了他们自己的破衣烂衫和肮脏的四肢。各行会往往花费大量的金钱来纪念他们的守护神，其中一个活动是会员们穿上节日盛装抬着神像在街上游行。在中国，游行之多，参与者之众，体现了他们奇特的品位。游行队伍中最惹眼的往往是那些光亮的、有华丽刺绣的旗子，它们有的被扛在肩上，有的被举到空中，有的被高高地挂在一棵人造树的下面，与那些花枝招展、装扮艳丽的姑娘们交相辉映。此外，还可以看到乐队，点缀着鲜花的、上供用的肉和水果以及陈列在红色亭子外面的神位、神像和各种奇珍异宝；还有一些穿着华丽的官袍、骑着小马或者装成小马被套在一种有篷的木框前的童子，他们和他们的马都显得有些不真实，以至于旁观者会误以为他们骑的是小人国里的那种和狗一般大小的马。有时，游行中会出现这样的景象：一个小孩肩扛树枝站在一辆车上，另一个小孩单脚站在这树枝的一个分枝上或是一个女孩手持一碟糕点站在分枝上，还有一个女孩则踮着脚尖站在树枝的顶端。车、树枝和这些小孩都由脚夫们抬着。这种表演丰富了游行的内容，显示出参与者高超的技巧。在这种场合里偶尔还会有一小队志愿者，他们身穿各种各样的军服，手持矛、盾和戟，显得威风凛凛，为游行增添了些气势。在广州，木匠们为纪念他们的英雄——鲁班（Lu Pan），而举行盛大的游行。这项活动非常有名，其他的工匠也会来参加。鲁班是一个半人半神的人物。他被认为是工匠们的保护人，是中国人传说中的土八该隐（Tubal-Cain）。他生活在比孔子（Confucius）还要早一些的时代。除了上面谈到的节日和游行，中国人还有许多更为严格的宗教节日，例如：佛教徒的年会、农民为祈求丰年而举行的祭祀和其他重要或不重要的节日。这些节日使中国人多了许多娱乐休闲的时日。

8. 在中国乡村，演戏是一件大事。每次演出都要持续三天，而且是除吃饭睡觉之外一刻也不停地连演三天。这时候人们就像着了魔似的，除了看戏什么都不关心。

在中国，戏剧演出作为一种娱乐形式与宗教庆典关系密切。通常当神的节日来临时，神职人员都要筹划在神庙前举行庆典。他们派新信徒去募捐，并根据募集来的资金的多寡，请来或大或小，或好或坏的剧团。由于剧团仍保持着早期那种四处流浪的习惯，所以他们没有固定的剧院。只要有人召唤，他们收拾好摊子，马上就能赶到。为演戏搭的棚子一般由几个部分的木匠活组成。在南方城市，一个可容纳两千名观众的大棚一天就能建成。每次搭戏棚的时候，为了将席子绑在柱子上都要耗费大量的白藤。大的戏棚一般都有一个戏台，戏台的前面由三个较小的台子围住，这三个台子里设有简陋的椅子可供买了票的观众就座。每到神的节日，为庆典捐款的人的姓名和所捐钱数都要张榜公布，并被贴在神庙的墙上。还划出一片空地给人摆摊卖点心、设赌局，甚至做更不道德的生意。神职人员用这些办法，吸引人们信仰神灵。[1]

雇一班戏子或杂技演员花不了多少钱，因此那些富贵人家在节日期间常常会请一班戏子来给不能出门的女眷助兴。这些演员都有各自的团体，这些团体都有各自的名称，如："福乐班"、"耀来班"等。

在戏班极少光顾的乡村里，每次演出都要持续三天，而且是除吃饭睡觉之外一刻也不停地连演三天。这时候人们就像着了魔似的，除了看戏什么都不关心。戏里的女角一律都由青年男子扮演，他们不仅装扮像女人，而且还将脚趾挤进女人穿的"金莲"中，在舞台上装模作样地模仿女人们扭扭捏捏的步态。他们能将女人的嗓音、声调和动作模仿得惟妙惟肖，但为了达到这种境界他们要付出许多的艰辛。在台上，他们常常得不失时机地坐下来歇歇脚。下场后，他们赶快退入演员休息室，将双脚从束缚中解放出来。演员们的表演以动作、手势为主，从这种表演中可以看出他们训练有素。由于各地方言的差异，再加上戏里的说白多用尖尖的假声和吟诵的调子来念，而且每说几句话就要插入一段喧闹的乐声，只有不到四分之一的观众勉强能听懂几句说白。因此观众对演员的动作更感兴趣，这就大大地激发了演员的模仿才能的发挥。

整出戏的布景非常简单，只有一些布置在舞台后面和两侧的带有图画的席子、几张桌椅和床。这些桌椅和床要派很多用场，不断地被从更衣室里搬出来再搬进去。伴奏的乐手坐在舞台的一侧，他们不但要在剧情的每个间歇

---

[1] 格雷的《中国》（第二卷，273 页）一书里有一幅中国画，画的就是这种用席子围成的剧场。这幅画也见于卢公明的《社会生活》，第三卷，292—299 页。

处演奏，而且为了强调或者为了加强对抗双方冲突的力度，他们还要制造出一种猛烈的撞击声。一出戏在幕与幕之间以及场景与场景之间都不落幕，就这样马不停蹄地演到剧终。戏服用华丽的丝绸制成，极好的再现了中国古代历朝历代的服饰。由于舞台布景过分简陋，就给观众留下了很大的想象空间。尽管每个演员上场之后都要说明自己扮演的是什么角色、这个角色不在场时在做什么，但观众还是得尽量发挥自己的想象力。如果一个演员扮演信差，要送快信到遥远的城市去。他先在台上迈开大步或者拿起一条鞭子、抬起一只腿做出骑马赶路的样子。然后，当走到舞台的另一端时，他便高声宣布送信的地方到了。如果要表演过桥或过河，演员就把腿抬起来再放下或者模仿船在航行时起伏的样子。要表现城墙，就由几个演员一个叠一个的躺在一起来表示，当士兵发起猛烈的冲锋推倒了这堵人墙后，就表示攻击开始了。鬼和超自然生物则是由舞台地板上的一个宽阔的活动门登场的。如果扮演者认为有必要的话，他会从舞台底下大声通告上面的人他已经准备好了，或者要求上面的人协助他从地板上的洞中钻出来。

雷先生（Mr. Lay）在中国看过一出大杂烩式的戏，天上人间各种人物同时出现在戏中："第一场戏试图表现天上诸神的欢乐与显赫，太阳、月亮和诸星球被赋予了人形，在他们的周围嬉戏。扮演太阳的男人手里捧着圆圆的太阳塑像，扮演月亮的女人则托着一轮新月。演员们小心翼翼地模仿这些天体围绕各自轨道运行，忽而重合忽而背离的样子。雷公挥舞着巨斧，又跳又跑，翻着各种各样的筋斗。他翻了几圈之后，一位国王登场了。他深孚众望却郁郁寡欢，因为他不能与自己所爱的一位居住在山中的仙女在一起。他感到再幸运的人也是脆弱的，也逃不脱厄运的拨弄。接着上场的是个身披虎皮的奸臣。他伪装成老虎冲入后宫，乘着女人们被吓晕过去的当儿，把将来要继承王位的小王子丢进了壕沟。小王子的姐姐们醒过来之后匆忙赶到国王面前，跪着报告了王子被老虎叼走的消息。他们的对话透露出小王子是前面提到的那位仙女所生。丧子之痛使国王看破了红尘，他开始考虑将王位传给别人。在一个诡计多端的女人怂恿下，他选择了一个蠢得只知道自己是个傻瓜的年轻人。忧郁的国王一把传位的事安排好就去世了。不久，傻瓜登上了王位。这个笨拙的人不但没有借此良机大显身手，反而怨自己的命不好，惹上了天大的麻烦。他呼天抢地到：'天哪！我该怎么办呀？'他的这种可怜巴巴而又滑稽可笑的举动，让观众哭笑不得。那个杀害了王子并使其父王郁郁而终的朝臣发现他可以轻而易举地利用新国王来实现自己的险恶目的。从此，这个国家陷入了内忧外患之中。"

"在接下来的一场戏中，这个国家试图以交出某个可憎的人为条件来与其他几个国家的国王讲和。已故国王的女婿担负起了信使的责任，要将一封与这一计划有关的重要信件送往国外。为了隐瞒身份，他回到家中乔装改扮。当他到达其中一个国王的宫廷上之后，却发现那封信在换衣服时掉了。他没法证明自己的身份，差点被当成了奸细。他匆忙赶回家，叫人取来衣服。怀着极度自责的心情，他仔细地将所有的衣服都抖了一遍。可是，没有那封信的踪影。他坐了下来，带着一种无法形容的、极其痛苦和绝望的表情，重重地坐在椅子上。当观众的眼睛都集中在他身上的时候，他突然叫来一个女仆，问她有没有看到那封信。女仆回答说似曾听到女主人念过一封信，内容如何如何。这时女主人正坐在距他们较远的椅子上给孩子喂奶。得知信在她手中，做丈夫的面带微笑地向她望去，眼里闪烁着光芒，最后他发出一声长长的叹息来表达爱慕之情。中国人不习惯用拍手、跺脚的方式来表示赞许，他们通常突然发出一种介于叹息和呻吟的声音来表达这种感情。因为做丈夫的接下来要花言巧语地向妻子讨那封信，所以他脸上的微笑和充满爱意的表情只是一个前奏。不一会儿，他搬了把椅子在她身旁坐下，将一只手温柔地放在她的肩上，另一只手则抚弄着她怀里的孩子。他的动作极为优雅、自然，而且纯然是英国式的。这个场景说明世上所有男人的心灵天生就是一样的。可是他说出来的话却是那么苍白无力，他说她的父亲不会白死。"[1]

就那些表现感情的片断而言，中国人的舞台道德胜于他们的表演。尽管他们也会迎合观众的低级趣味，但舞者从不会进行暴露自己身体的下流的表演。观众站在舞台前方或坐在周围的棚子里，来看戏的妇女们通常在戏棚的

---

[1]　《因为他们是中国人》，114 页。

楼上就座。剧场附近有警察维持秩序,不过观众即便是处在令人烦恼的情况下,比如他们有时会遭烈日暴晒,也能心平气和。因此,在这种场合很少有事故发生。不过,如果有东西砸下来或者舞台着火惊了观众,就会发生死伤严重的惨剧。1845年广州发生了一起致命的事故,在一次演出当中舞台突然起火,熊熊大火和惊慌失措的观众造成两千人死亡。事后,据一位幸存者回忆,多年以前在这个地方曾发生过一起类似的事故,死了五十人。事故的原因是演出当中剧场里的一堵墙倒塌,造成了混乱。[1]

在中国的南部,适合于男人的游戏不多,那里既看不到棒球赛和帆船赛,也没有保龄球场和"五指"手球戏球场。年轻的男士们要么热衷于举一种类似杠铃的、两头穿着沉甸甸的石块的杠子,要么通过一种抛接游戏来放松心情。他们的户外活动就是放放风筝,带上栖在木棍上的鸟到田间闲逛并不时将一些种子抛向空中让鸟去啄,或者懒洋洋地泛舟湖上。此外还有一些游戏,像掷铜钱、斗蟋蟀鹌鹑、同时抛接几个球、互相把一个铅灰色的大球踢来踢去、抢木棍、猜一个橘子有几颗籽等等,这些都是男孩子玩的。

中国人的游戏——斗鹌鹑

---

[1] 《中国宝库》,第十四卷,335 页。

9. 在中国，人们的娱乐形式都很温和，意在放松心情，没有其他国家流行的那种狂暴的、人与野兽搏斗的运动。反映了中国人爱好和平的性格。如果两个中国人因某事闹翻了，他们通常会向对方做各种侮辱性的手势，还会大骂脏话。如此这般的发泄完怒气之后，他们碰都不会碰对方一下就离开了。

在南中国，赌博是一种非常流行的娱乐。街边的小贩只要有一只杯子一个碟子就可以赌了，街上到处回荡着他们掷骰子时发出的咔嗒声。有两个零花钱的男孩子宁可冒着血本无归的危险，也不愿为了买一块糕点而错过这样的机会。赌场开得到处都是，但别指望地方官会毫不留情地加以查处；因为他们一般都得了赌场主人的贿赂，而且他们从小耳濡目染，每天都要借此自娱。女人们在闺房里靠玩纸牌、骨牌打发时间，脚夫在等客人的时候也以此自娱，官员身边的侍从们经常一见主人进了屋就坐下来打牌、掷骰子。在广东，最流行的一种碰运气的游戏叫"番摊"，或叫"钱数一致"。摊主通常备有一堆光亮的大钱，开始玩时他先抓出两把，将其余的放在桌上用碗盖住。然后，他再从桌上的钱堆里取出四份钱，让站在围栏外的赌客猜碗底下还剩几个钱。赌客无论猜一、二、三、还是零，他们的答案和赌注都要在谜底揭晓前由一个伙计记下来。记完之后，摊主在赌客的密切注视下开始数四个碗底下的钱币。这种游戏比较不可能作假，而且参与的人数可多可少，两个人能玩，二十个人也行。中国人玩的牌比我们的小而且一副牌的牌数比我们的要多的多，他们玩的骨牌跟我们的是一样的。

斗蟋蟀是缺少广阔原野的中国南部地区最常见的一种娱乐形式。人们将两只经过精心挑选的蟋蟀放进一只盆里，用草拨弄它们，直激得它们怒气冲天地冲向对方。它们边进攻边发出吱喳的叫声，不到缺了胳膊丢了命就不罢休。鹌鹑也被训练来进行这种殊死的搏斗。两只鹌鹑被放在一张有围栏的桌子上，桌上撒满了粟米。当一只鹌鹑啄食粟米时，另一只马上张牙舞爪地飞扑过来与之缠斗。搏斗一直会持续到其中一只落败跳回它失望的主人手中。

在玩斗蟋蟀和斗鹌鹑时，人们偶尔会花上成百美元来赌输赢。这两种游戏就场面而言比不上基督教国家的拳击和斗牛，而且也不那么野蛮。不过，

掷骰子的中国人

它们与后两者一样，也显示了爱好致命游戏的残忍的心理。

放风筝是另一种受人欢迎的娱乐活动。人们用纸和丝绸模仿鸟、蝴蝶、蜥蜴、某种景象、鱼以及人等事物制成各种各样的风筝。其构造之精巧，令人赞叹。不过，更值得注意的是放风筝的技巧。九月九日是重阳节，每到这一天中国各地的人们都要放风筝。卢公明对中国人在重阳节放风筝的情景做了生动的描述，他说：他们有时放的是一种形似大鸟的风筝或者是蛇形的长达三十英尺的风筝；有时放的是一群围着同一个中心翱翔的雄鹰，这些鹰形风筝由一根牢固的绳索连在一起，其中的每一只又由不同的绳索来操纵。据他估计，重阳节这一天如果天气适宜的话大概有三千人聚集在福州（Fuhchau）周围的小山上放风筝。许多风筝被放飞，因为人们相信随风飘去的风筝会带走一切灾难。

中国的象棋非常古老，据说它的发明者是周武王（Wu Wang）（约公元前 1120 年前后）。中国象棋的游戏规则与印度象棋不同，这说明它的起源是独立的。其中最明显的一个不同之处是中国象棋的棋盘上有一道横贯中央的界河。中国象棋的棋盘由七十二个方格组成，中间八格为一体，共同构成界河，界河的两边各剩三十二个方格。对弈双方各持十六个棋子，这些棋子被放在横线与纵线的交叉点上，棋盘上共有九十个这样的位置供它们驰骋。

中国象棋的棋子分为七类，它们的外形都是一样的，类似西洋象棋的棋子。每颗棋子的上、下两面刻有其名称，字的颜色有黑红两种，以区别对弈双方的棋子。靠近棋盘边缘的四个方格是将或"将军"的大本营，将和它的两个士或"秘书"只能在这四个方格之内移动。大本营的两边有两个象、两个马和两个车，它们类似于我们西洋象棋中的象、骑士和车，但威力不及后者。其中车是最厉害的。马的前面是两个炮，它们像我们的骑士那样吃掉对手的棋子，像我们的车那样移动。还有五个兵或卒守卫在界河的两岸，它们追击敌人一旦过了河就不能回头。当它们冲到对方的最后一道防线时便具有了至高无上的价值。除了炮之外，每个棋子在吃掉对方的同一个棋子之后就占据了它的位置。由于不能吃掉对方的将，对弈者除了通过将军阻止对方的将之外，别无它法。在下中国象棋时，由于棋子的移动受到种种限制而且还缺了皇后，组合变化比西洋象棋要少。不过，中国象棋有自己的技术要点。在中国，受教育的男士和女士们比较喜欢下象棋，他们下棋时通常还会赌点钱。在这个帝国里还有另一种棋类游戏，尽管它不如象棋那么普及，但却是最古老的一种。这种游戏叫围棋，也可称为"封锁棋"，盛行于诸子时代，其历史可能比象棋的还要久远。围棋的棋盘上共有三百二十四个方格，无论横向还是纵向，每一行都是十八格。对弈双方一共有三百只棋子，不过一般下满一局所用的棋子和所占的位置都不超过这个数。棋子分黑白两种，下棋时放在横线与纵线的交点上，整个棋盘上有三百六十一个这样的交点。棋手的目标是包围对方的棋子，占据这些棋子所占的交点，或消除这些棋子对周围棋子的影响力。棋手可以在棋盘的任何一个交点上落子，他们不停地变换落子的位置，攻取对手所占据的位置，直到所有的交点都被占据，一局棋就下完了。

以上对中国人在社交活动和公共娱乐中的风俗和娱乐形式的描述，肯定不够详尽，但也足以窥其民族性格之一斑。约翰逊博士（Dr. Johnson）有一个精彩的论断，就是他认为人在娱乐中最能表现出其真性情。在中国，没有其他国家流行的那种狂暴的、人与野兽搏斗的运动。中国人判决疑难问题不喜欢采用严刑逼供或决斗的方式，他们遇事普遍不习惯诉诸武力；在敌寡我众的情况下，他们常常怀着恻隐之心，不能果断出击；他们相对来说不重视军事上的成就。这些都表现了中国人爱好和平的性格。在中国，几乎没人决斗，也很少有人行刺，赌马业刚刚兴起，马来人（Malay）式的疯狂的杀人事件更是闻所未闻。如果两个中国人因某事闹翻了，他们通常会向对方做各种侮辱性的手势，还会大骂脏话。如此这般的发泄完怒气之后，他们碰都不会碰对方一下就离开了。旅行者常常会注意到中国人的观念和风俗与他们的实际行动之间有不少自相矛盾之处，以下的描述将提到其中的几个方面。

10. 在中国，不仅地理位置与西方相反，事事都与西方相反。

judg判断风向，西方人根据风吹去的方向，中国人根据风吹来的方向；西方的罗盘针指北，而中国的罗盘针指南；西方的书从左向右读，中国的书则从右向左读；西方人写日期，从日到月到年，中国人正相反，从年到月到日；西方人会面与人握手，中国人见面，不握朋友的手而握自己的手……差异不仅令人惊异而且可笑。他看到中国军官的刀鞘里不仅插着刀，还插着筷子，让人弄不清楚他是去出操，还是去赴宴；老人遛鸟放风筝，像孩子一样玩耍，而孩子们却在一旁呆呆地看；一队人哭泣而过，本以为是出殡，原来是嫁女。发现异域最终是为了发现故乡，作者最后对朋友说，"来吧，我们还是回家去吧。在这个奇怪的国家，我快忘了自己是谁、究竟身在何处了。"

我问船家港口在哪个方向，他说在西北边；我又问风向如何，他回答说是西南风，还拿出罗盘让我看指针指的是南方。他对我们即将进行的旅行感到迷惑不解。这罗盘的指针在枢轴上不停地抖动，它无论在形状、重量和长度上都与真的针无异，大约只有一英寸半，指向南方的那一端被涂成红色。

船家的这只船在许多方面与我们西方的船不一样，比如：饭要在船尾做，乘客只有弓身才能进入船舱；当水手们在甲板上睡觉的时候，他们的工具暂时收在船体中央的小柜里。

一上岸，我就被一位身穿绣花裙子的武官吸引住了。只见他脖子上挂着一串小珠子，手上拿着一把扇子，头上戴着一顶圆锥形的帽子。他的肩上没有肩章，胸前也没有星形饰物。不过，从他帽子上下垂而不是上翘的孔雀毛以及帽子顶端的球形突起，可以看出他的官衔。他似乎有些慌张，我看见他从右侧上了马。他的腰上挂着几只剑鞘似的套子，我想当然地认为里面装着的不是剑就是匕首。但放胆靠近一看，才发现自己搞错了。我看见其中一只套子露出一双筷子和一把刀的刀柄。接着，看到他收起扇子放进另一只套子里。四周都是当地人，他们的头发从头顶开始剃去了前半部分，后半部分则留得长长的；许多人没有刮脸，其中有一些人得空就频频用手捋他们嘴上乱蓬蓬的毛发。我想我们梳妆打扮的方式和他们不太一样；不过，看得出他们的筷子挺好用的，它使这些绅士能顺当地将食物送入他们那无拘无束生长着的胡子下面的嘴里。看到一群饥饿的人围在走街串巷的小吃摊子前狼吞虎咽，我进一步体会到筷子或者说这种"灵巧的家伙"的好处（我后来学了这种食具的中文名称，发现它非常贴切）。他们一只手将碗端到嘴边，一只手不停地将食物扒进口中，直到嘴里塞得满满的。我嘴上说："我们的小吃摊向来都把碗摆在桌上，在屋子里烹煮食物、等候客人，从不挑着担子跟在客人后面"；可心里却想筷子将刀、叉和汤匙合而为一，确实很方便。

在去旅馆的路上，我看到一群老人，大多是老头子。其中有几个人用笼子和木棍带着自己养的鸟，他们有的啧啧地咂嘴或者发出吱喳的叫声逗鸟玩，有的忙着捕昆虫掏蟋蟀来喂鸟。其余的人则兴高采烈地放着奇形怪状的风筝。一群小男孩在一旁极其严肃而又愉快地看着他们的长辈玩这些幼稚的游戏。几个最活泼的孩子也只是用力地将一个羽毛球踢来踢去。在这种情况下，要是换了我们的男孩子，他们早就拿起球棒和球开始打圆场棒球了。

我在这儿住了一段时间之后，想找一个老师学习中文。令我高兴的是竟然找到一个懂英语的。他来给我上课的时候，一到门口就礼貌地向我行礼。

不过，他不是伸出手径直向我走来同我握手，而是站在那儿两手相握举到胸前，一边点头一边摇手。我认为他这种行礼方式比我们西方人的好，尤其是你要握的那双手显得有些可疑的时候。行过礼后，我请他坐下。事先，我知道自己要学的是一种没有字母的语言，但没想到的是老师竟然从我认为是结尾的地方翻开他带来的书。"五年，十月，一日"，他这样念书的出版日期。"我们排列日期的方式不一样"，我告诉他，要求他从头到尾、从右到左各念一遍。他照我的话做了。"你带来了一本奇怪的书"，我边说边拿起它，问道："这本书要多少钱？"他回答说："一又三分之八美元"。我数出三又三分之二美元，然后接着打量这本书。我发现书里每一张纸都只有一面印了字，页首的标题被放在页边而不是页首。一条粗粗的黑线横贯书页的中央，将每一页都分为上下两部分。书的正文被排在下半部，页码就标在正文下面靠近页底的地方；页边注则被放在上半部。上半部的空白处足有下半部的两倍宽。这种版式类似法国某些报纸的版式，而不像我们通常的那样将注释排在正文的后面。书脊没被包上，装订线露在外面，书名整洁地写在封底上。"你给我的钱太多了"，他边说边递给我一又三分之一美元。然后，他给我解释三分之八的意思是八除以三，原来他要说的是八分之三。他还带来一本中文小字典，里面的字是按照其读音的尾音来归类的，尾音相同的归为一类，如："名、姓、京"列在一起。每一类的第一个字又被列出来，让人容易查找。"啊！我的朋友"，我说："我只会英语，这本书上的字我一个也不认识。请你留个地址给我吧！"他随即拿出一张红色的卡片，有一张纸那么大，上面用大字写着他的名字"英三原"。他把写在卡片另一侧的他的住址指点给我看。"我想你姓英，应该称你为英先生。可你为什么把本来应该写在最后的姓写在最前面呢？""是你错了"，他回答说："看看你的年度地址录，上面是把尊贵的姓氏放在前面的。"

对此，我只能说是"习惯不同"。我把书递还他，要求他讲讲中国的礼节。他说："当你接待一位名声显赫的客人时，一定要请他坐在你的左边，因为这是尊位。注意不要摸别人的头顶，因为这是一种不得体的、冒昧的举动。"这与我从小养成的看法不太一样。他打开那本书念道："最博学的人相信人理解问题的部位是腹部"。"最好说人们用脚思考",我嚷道。然后合上书,请他改天再来。连所罗门王都不能让我放弃那些使我形成了正确的人生观的原则,可他的话却使我深受震动。

到国外以后,我不止一次发现外国人在判断一件事情恰当与否的时候,往往与我原先的观念相去甚远。因此,我非常赞同一位朋友的看法,他认为中国不仅仅在地理位置上,而且在许多方面都与我们正好相反。"千真万确",我说:"他们确实如此,我看就差有人用头走路了。瞧!那边那个女人穿着裤子,她周围的一大群男人却穿着裙子;她在抽烟,他们却在一旁摇着扇子。"当我们从他们身旁经过的时候,看见那些男人腿上束着裹得紧紧的绑腿。不一会,我们遇上了旅馆的招待员。他身上穿着一件白衣服。我问他是不是又有人邀他去饮酒作乐。他面带忧色地告诉我他刚从父亲的葬礼上回来。他脚上穿着白鞋,头上没戴黑色绉纱,一副衣冠不整、疏于修饰的样子。我的同伴告诉我,在中国北方有钱人的葬礼上,拉灵车的骡子要用白色的马具,灵车要用粗棉布盖住。主要的送葬人就跟在灵柩后面,他们放声大哭并且斜靠在同伴的身上,显得非常痛苦。参加葬礼的朋友骑着马跟在他们后面,乐队走在灵柩前面。他们的穿着跟我们在葬礼上的穿着不同,没人戴黑色的羽饰和绉纱。

我们继续往前走,在经过一条幽静的街道时,听见有人坐在轿子里哭。我问一个男人这是怎么回事,是不是有人病了或者死了。他忍俊不禁地回答说:"这是个快要出嫁的姑娘正在和亲戚朋友抱头痛哭呢,因为她就要告别父亲的家和家中的拉瑞斯和帕那忒斯(Penates and lares)了。[1] 她应该好好的哭一场,尽管她就要到婆婆家去了。"

碰了这么多钉子之后,我决意不再提问,只用眼睛看。我看见在一家商店里有个男人正在为一位外国太太缝软帽的花边;可我们到码头一看,只见划渡船的都是女人,还有一群女人正从航船的船头上岸。我说:"接下来我们要去哪儿?"话音还没落就看见一个木匠从长袜里拿出一把一英尺长的尺子来测量几段木材。他的徒弟正扶着锯子上的木框,以便从比较正的角度锯

---

[1] 拉瑞斯和帕那忒斯是古罗马的家庭守护神。——译者注

开这些木材。门前坐着一个人，正忙着把一双布鞋薄薄的鞋底擦白。"我想这是个白鞋匠"，我说："跟纽约街头那些成天喊着'擦鞋喽！擦鞋喽！'的黑鞋匠差不多。""正是"，我的朋友说："瞧！那边有个可怜的囚徒。他的脖子上套着的不是项套而是一块板或者说是木枷，手腕上戴的不是手铐而是类似手铐的东西。在这个国家的监狱里，囚犯不能剪头发，不像在我们那儿囚犯的头发一律被剪成平头。"

在那些被称为"街"的小巷中，极少有十英尺宽的。它们的标志被竖在巷口或挂在屋檐下。商店的前门打开，柜台紧挨在街边。我看见门底下有许多洞，那是插垂直的木条用的，这样商店在夜间会比较安全。街上人们做的事和卖的东西混乱得有些奇怪。苦力们把猪放在食篮里扛在肩上，他们一点都不介意这些篮子既装猪又装食物；小猪崽被装在提篮里挂在吊索上，从一个地方运到另一个地方；活蹦乱跳的鱼则被放在浅浅的桶里，挨家挨户的兜售。

我们被从一道敞开的门里传出的吵嚷声吸引住了，禁不住靠过去看个究竟。只见一个童子背向老师而不是当着他的面背诵一篇孔夫子的文章，另一个童子用薄纸蒙在范本上临摹，而不像我们的孩子那样看着范本临摹。

接着，我们从一位正在下轿的时髦女士旁边经过。她头上戴着花而不是圆帽，没戴手套，脖子上也没有任何饰物。她的脚塞在一双不足四英寸长的红色丝绸绣鞋里，她那带着席文刺绣的裙子几乎被外套遮住了，只露出一英尺长。这种装束也遮住了她的腰身。当她要走进一处院落时，有一个仆人让她靠着，这样她才能更好的用绑得紧紧的脚走路。我的朋友说："你想知道什么是活拐杖的话，这就是一个很好的例子。"

过了不久，我的朋友碰上一个熟人。他看到他的身边有一只雕刻得非常精美的棺材，就问是不是有人死了。"没有人洗（死）"，那个天朝子民回答说："这一格（个）棺材是我刚刚买给我老巴（爸）的。他非常习（喜）欢，系（希）望我第一格（个）买棺材给他；他想他又（有）一天会洗（死），可以永（用）"。"这样式还挺时兴的，嗯？"我的朋友回应他说："多小（少）欠（钱）可以卖（买）一个万（完）全一样的？""我像（想）一前（千）美元可以买一个万（完）全一样时髦的；瞧！它真是一流地漂亮。""你说的话真是莫名其妙，到底是英语还是汉语？"我问，因为他使用的语言听起来很奇怪。而且那种给还在世的父亲买棺材的习俗更奇怪，跟我原先对为人子女的职责的理解大相径庭。"这可是最纯正的洋泾浜英语"，他回答说："你一定要像广州的杰克·唐宁（Jack Downing）那样使它名垂千古。"我对我的朋友说："来吧，我们还是回家去吧。在这个奇怪的国家，我快忘了自己是谁、究竟身在何处了。"[1]

11. 中国人的性格是一种独一无二的混合体：如果说他们身上有一些品质值得赞扬的话，应该责备的地方则更多：他们腐化、堕落、卑鄙、虚伪。

卫三畏说，中国人有这么多的劣性，就联想到灾难有一天会降临到这个民族身上，也无法激起你对他们的热情。只有基督教福音才能提高他们的道德感。

要概括中国人性格中的道德特性——这是一项远比列举一些怪事困难得多的工作，我们必须将这些特性与前面所提供的理想的标准相对照。从表面现象看来，中国人很有教养。然而只要对他们的品行稍作了解就会发现与此相反的事实，就是中国人的天性中也有腐化、堕落的特征。他们的一些好的性格特征被发挥到了令人惊讶的程度。他们循规蹈矩、爱好和平的性格极好地保障了他们生命、财产的安全。大多数用汉语写的伦理著作所传播的道德教化以及国人对法定财产权的普遍的尊重形成了一种明显的、共同的性格特征，将中国社会各阶层联系在一起。他们通过公平竞争选取官员，从根本上消除了用暴力夺取权力和地位的动机。他们勤奋地劳作以获取食物、服装和千篇一律的住宅。假如有人想知道他们的这种性格特征是如何形成的，我们首先要归功于这个国家的统治者的恩赐。从古至今，中国的君主都是唯我独尊的。对家庭契约的尊重和对尊长的恭顺是构成中国社会的坚实基础。移民和文明程度较高的征服者的涌入从未使之动摇过。上帝因他们虔诚的孝行而

---

[1] 《中国宝库》，第十卷，106 页；《纽约基督教周刊》，1878 年。

赐福给他们，并为他们履行了为第一条戒律而许下的诺言，使他们在他所赐的土地上长治久安。大卫（David）在解释中国人在以上诸方面的长处时，过于强调地理位置和气候的因素，而忽略了其他方面的因素。当然，中国在地理上的隔绝无疑大大的增进了这个国家的安定和发展。

上面提到的那些性格特征还不够全面，中国人身上还有许多恶的东西，这是不容置辩的。他们目无法纪，说的比做的好。他们给人一种正派的感觉，事实上却卑污到了极点。他们满口污言秽语，做尽了肮脏的勾当。设在家庭圈周围的藩篱使他们有所收敛，通奸和诱骗良家妇女的事情相对来说比较少，而且他们也不怎么说脏话。但妓院和妓女到处都是，水上、陆上都有。单身外出的女子常常会有被拐骗落入妓院的危险。男人们通过图画、歌声和春药来激发自己好色的本性。总之，正如使徒所说："他们应为自己的过失接受惩罚。"

中国人身上比肉欲之罪更难去除的劣根性是虚伪以及与之形影相随的另一种卑下的罪孽——忘恩负义。他们的这种不尊重事实的缺点比其他过失更为严重，大大降低了他们的人格。他们既不会因为谎言被拆穿而感到羞愧（尽管他们撒谎时往往不动声色，让人难以察觉），也不害怕因此而受到神灵的惩罚。另一方面，他们平常在与他人交往时，迫于现实的需要也不得不尊重某些事实。他们心里最清楚的事实是自己能从中捞到多少钱。他们人人都是如此，没有例外。如果你想了解中国人的性格，以大使或商人的身份出现不是最佳的选择。因为，一方面北京的那些侍臣们会认为自己面对的只是一个带假面具的大使；再者广州的那些商行和大商人处事虽然公平、正直，但他们的商业信誉在中国人中是数一数二的。中国人虚伪几乎不需要什么理由，他们常常挖空心思地去欺骗顾客———面信誓旦旦、甜言蜜语，一面在商品和工程上弄虚作假。由于他们不尊重事实，当你在他们中间生活的时候，没有什么东西能使你为之努力；就联想到灾难有一天会降临到如此虚假的民族身上，也无法激起你对他们的热情。对他们的怀疑一直盘桓在你的心头，冷却了为他们造福的热情，使你搁下了许多将使他们受益匪浅的计划。由于这种隔膜，中国人身上那些好的性格特征在你眼中变得越来越少了。而每天与不诚实这一万恶之源的亲近与摩擦终于使你失去了所有的耐心。阿比尔先生（Mr. Abeel）曾提到一次受骗的经历，或许可以给大家做个例子。

我们到达鼓浪屿（Kulang su）后不久，就有一个男人找上门来，他自称是房东的亲戚和这所房子的守护人。他引见了一个小男孩，说这孩子及其寡母拥有这所房子的部分产权。根据房子的外观和其他人的证明，我们很容易就相信了他的故事。据他说，这孩子的家庭在英国人打到这里的时候不但失去了这所房子而且上千美元的财产被当地的土匪洗劫一空，从此便没落了。因此，我们答应付给他一点租金，并把钱给了那男人。他把这些钱当场交给了那男孩。一个月后，那男人又出现了。不过，我们的仆人（我们认为他特别忠实于我们这些外族人）建议我们还是先问清楚应该得到租金的人是否真的收到了这笔钱。他很快就回来了，告诉我们那位母亲根本不知道这回事，上次那个男人不是她家的人。她派了一个男孩来替她收钱，我们的仆人也向我们保证他们才是应该拿这笔钱的人。过了一两天，我们的厨子悄悄地告诉我，那位忠心的仆人从揭穿骗子的那件事当中得到了不少的好处。他以自己无私地阻止了那笔钱落入骗子之手为由，让孩子把钱分了一半给他。经过进一步的查问，我们发现这个正直的厨子本身也因为答应保持沉默而分到了一杯羹。

在中国，偷窃的现象非常普遍；而且正如许多人指出的那样，统治者不合法的敲诈勒索给百姓造成了沉重的负担。国家通过对违法者施以重刑来阻止这些罪恶的发生，虽然未能触及根源，但也起到了一点约束作用。导致中国人行为放荡的部分原因在于他们既对理性的快乐缺乏了解，又要求女性作为一个群体必须保持贞洁。此外，还因为他们对官员一味屈从和畏惧，以及为获得足够的食物不得不行窃。殷勤好客不是中国人的性格特征。看看遍地的乞丐那种催人泪下的处境，就知道中国人的心肠有多硬。无论于公于私，他们对这些可怜的人都没有丝毫的仁慈之心。然而，当我们想到他们为了在这个人满为患的国家里养活自己的家人要付出多少的努力时，那种对他们缺乏同情心的指控又显得过于笼统、过于严厉了。他们对金钱的热爱近乎于贪婪。不过，由这种贪欲所导致的勤俭是使他们在许多方面优于其邻国的主要原因。他们的礼貌很少出于好意，通常卸去了这层伪装之后，他们无礼、残忍和粗俗的本质就显露了出来。不过，他们之间的这种表面上的礼貌常常会起到平息纷争的作用。当他们争吵时，双方都会留意自己的行为，而且他们深知对方不会有出格的举动。

总之，中国人的性格是一种独一无二的混合体：如果说他们身上有一些品质值得赞扬的话，应该责备的地方则更多；如果说他们的劣行令人触目惊心，他们又有比其他异教徒更多的美德。在他们身上，卖弄的仁慈与天生的多疑、讲究形式的礼貌与真正的粗鲁、偏爱发明与奴性十足的上行下效、勤俭与浪费、谄媚与自立混合在一起，阴暗的和明朗的性格特征交织在一起。法律的约束和教育的传播无疑会使他们了解正确的行为方式，但要想通过这两种方法来纠正他们性格上的缺陷却是徒劳无益的。只有福音降临才能帮助这个国家的君主和臣民，提高他们的道德感。在中国的一些地方，妇女们公开承认自己的杀婴行为，这种不顾廉耻、不怕报应的人到处都是；使徒保罗降于古代异教世界的所有罪恶在这里大肆流行；吸食鸦片的现象泛滥到了惊人的程度（这也是拜别人所赐，是大英帝国软硬兼施从印度输入的），耗尽了这个民族的财力和物力；说谎和骗人的勾当随处可见；老人和少年都淫荡到了恬不知耻的地步；官员对囚犯严厉到了残酷的地步，还有主人对仆人的专横和暴虐——这一切汇成了一股奔腾恣肆、无拘无束的邪恶本性的激流，证明了道德堕落的存在及其所能达到的程度。然而，却没有多少人对此作过说明，也没有多少人对这个问题有足够的认识。

(S. Wells Williams, *The Middle Kingdom： Suruey of the Geography，Gouernment，Literature，Sociallife，Arts，and History of the Chiese Empire and Its Inhabitants*, LL. D., New York： Charles Scribner's sons, 1883, Vol. 1： PP 782-808，李丽译)

变革中的中国人

[美] E. A. 罗斯著　姚冰译

1. 中国人强大的生命力是从后期文明社会痛苦地获得的。恶劣的生存环境使中国婴儿大批死亡，活下来的中国人就必须有更强的体格，并把他们旺盛的生命力中的某些因素遗传给他们的后代，这种物竞天择、适者生存的法则培养了他们恢复健康、抗感染和忍受恶劣生活环境的能力。下层百姓面对痛苦神经麻木迟缓，他们可以不用麻醉剂就能忍受手术带来的剧痛。

在我们出生的十个小孩中，一般有三个难以长大成人，而在中国，这三个最柔弱的孩子则会很快死去，而且或许会有五个乃至更多难以成活。其不同之处在于中国人在其婴幼儿时期的艰苦生活环境。但如果出生时白种婴儿与黄种婴儿体力相当，两个活下来的中国人就必须有比七个活下来的白种人更强大的生命力，因为在这七人中有五个本来一定会在这样的生活条件下夭折，他们体质可能比那两个已经习惯这样的条件的人更弱，这两个幸存的中国人就会将他们异常旺盛的生命力中的某些因素遗传给他们的后代，这样其后代的后代也会这样遗传，因此，十分之二的幸存者会传给他们的孩子更强大的生命力。正是东西方这样的婴儿死亡率使我们得以探讨两个种族间体格的差异。现在，如果我们白人由于宽敞的住房、丰足的物品、科学的医疗卫生知识使得一些体质弱的孩子存活下来，而在中国，那些孩子则会被淘汰，很有可能中国人将显示出比白种人更强大的生命力。

为了弄清在刚过去的一两个世纪我们与生活抗争的能力显著降低以及我们维持生存更为强大的技能是否对我们的体格产生明显影响，我详细询问了在中国不同地区教会医院工作的三十三位白人医生。

在这些医生中，只有一位在青岛工作的技术高超的德国医生注意到他们的中国病人没有任何超乎寻常之处。他认为，比起以前他曾治疗过的朴实又能吃苦的德国图林根农民，中国人抵抗伤病的能力更差，更不配合治疗，也更不能忍受疼痛。另三个曾在中国工作过二十五年或更长时间的医生观察的结果是，两个种族在体质上没有任何不同。我认为他们对自己在家中短暂的工作体验已随时间而忘却，而那时他们还没有有意识地将中国人和西方人加以比较的概念。而且，他们中有两个承认中国人确实有极好的耐高烧能力，并且他们能很快从血毒症中恢复，而西方人一遇到血毒症则必死无疑。

剩下的二十九位医生则一致认为，比起他们的家乡人，中国人的体格显示出这方面或那方面的优越性，至于外科手术情况，大家一致赞同一个英国外科医生的说法："他们恢复得轻松极了！"据他们观察，在外科手术中中国人很少有休克现象，在这些狭小简陋、只是部分灭菌的中国教会医院，中国病人从严重的手术中恢复的情况与他们家乡设备优良、灭菌条件好的医院一样好。福州的肯耐尔医生最近刚从法国家中休假归来，他发现，用简单的设备和中国本地的助手，他治疗手上炎症的结果不亚于著名的冯·鲍曼在柏林良好的条件下为柏林的市民治疗的结果。

许多人为中国人从可怕的伤痛中恢复过来的情形惊叹不已。有人告诉我有一个苦力在一次事故中胸部被撕裂开来，他用手托着肠，由两个人搀扶着送往医院，他的胸部可能已被感染，医生将细菌连同肠子一起缝合起来，他很快竟恢复了！病人对于治疗的反应同样令人吃惊：一个男孩的手指被切掉，就被匆忙黏合并用脏布裹起来，当他来到医院已是一个星期以后，那时他的手已肿得很可怕，并明显显示出破伤风的症状，医生们将他的手洗净，把他送回家等死，三天后，他居然没有破伤风的迹象了！不久前，一个手指被二轮运货马车压碎的人来到医院，他的整只手臂和腋下都染上血毒，经过简单的治疗后，危险消除。一个在受伤几天后发着高烧、伤口长满蛆的病人被送进医院，将他的伤彻底清洁后，高烧很快就减退。一个刚做过严重的乳腺癌手术的女人受了感染，烧至106度，她的丈夫喂她吃坚硬的栗子，她竟然活过来了。

几乎所有的人都震惊于中国人对血毒的抵御力，我的笔记本上记录的是这样一些看法，如"血毒极少见；中国人对败血病的抵抗能力比我们强"，"对于产脓病菌有较强的免疫力"；"对于坏疽的抵御能力比我们强，在我们国家会造成严重的坏疽，在这里不会"；"特别抗感染"；"坏疽特别严重时极少发烧且很快痊愈"；"经过一周高烧后恢复，而这样的败血症可使白人致死"。因此，许多外国医生中间流行着这样一种说法并不以为奇，即："除非中国人已死去，不然都不能放弃救治"。

南方不盛行裹脚，所以女人很容易生孩子，她们几乎都不喊叫，一两天就能恢复体力。在广州工作的斯文博士说，他曾不止一次到舢板上请女船主渡他过河，回答是让他等一刻钟或半小时，一刻钟或半小时后，船上的女主人就生了一个孩子，她把婴儿放在一个角落的破布上就准备渡他过河！妇女生小孩时在一个脏兮兮的茅屋里，由一个又脏又老的接生婆接生，但在白种人看来，这样的环境能使白人妇女出现使她们致死的分娩热。如果出现难产，就会在两天后请来白人医生，从产妇体内挪去死婴，产妇发一阵烧但很快就会痊愈。

生活在这样一块人口稠密、令人窒息的土地上，一点都不注意卫生条件，老百姓已形成对有毒细菌的免疫力，而这样的免疫力令外国人感到吃惊和羡慕。一个初来乍到的外国人被蚊子咬了一口会肿起一个大包，但他们却不受任何影响；他们饮用被污染的河水却不会引发痢疾；很少有伤寒，过去，病人身上出现类似伤寒的症状时，医生往往误诊为伤寒病，因此，判断一个病人是否得了伤寒，得通过一系列的检验后，才能得出结论。所有医生都一致认为，在中国人中，天花是小病，有人把它比作腮腺炎，由风湿热产生的器质性心脏病在中国也很少见到。

大家普遍认为，中国人使用起麻醉作用的氯仿时很少像白种人一样会经历一段激动迷狂的阶段，而是很安静地睡去。开始感到恶心后，他们几乎都很放松自然。一个在中国工作了二十五年的医生从未碰到过由氯仿导致的死亡，尽管他有五六次没有用乙醚。事情的本质在于他们能忍受手术的剧痛，而我们则一定要用麻醉剂。他们常不用麻醉剂就摘去肿瘤，而且拔牙也从不用麻醉剂，有时一些大面积的切割手术如摘除已深入肋骨末端的瘤，他们也默默忍受而不退缩。只有三个被采访的医生没有提到其病人对疼痛的麻木反应，或许这就是为什么世界上没有任何民族像中国人这样经常使用拷打折磨的原因。然而，这种神经迟钝现象似乎并不普遍：那些常忽视体力劳动与紧张的脑力劳动相平衡的学者并不坚强；那些吃肉喝酒的贵族阶层比吃素食不饮酒的劳动阶层更缺乏坚忍的意志力；那些避开一切物质或精神活动沉溺于声色享受的绅士对疼痛十分敏感而且很惧怕。因此，有人指出，人们经常说的神经迟钝不是一个民族的特征，而是普通中国人不自觉的纯朴与节俭的生活使然。

一个医生说到，在他的家乡，一个紧张沮丧的人听到给篮球之类的东西充气时所发出的刺耳声音感到不舒服是很常见的，而在他的中国病人中这种

街头牙医拔牙

情况却很少出现。另一个医生说到神经衰弱和由紧张导致的消化不良在中国极为少见。一名负责军队医务工作的首长说，在秋季军事行动中，士兵们睡在潮湿的地上，下面只有一点稻草却没有生病。我曾看到过苦力背负着重担小跑前行两小时后狼吞虎咽地吞下热饭，然后又继续工作两小时，要是一个白人这样一定会消化不良而在地上打滚。中国人似乎在任何地方都能入睡，我曾看见他们睡在一堆砖或石头或木柱上，用一块砖块作枕头，而且任由炎热的太阳照射着脸部。他们能在一个狭窄的空间长时间从事单调的劳作，从不休息也从未有任何动作上的改变。

但也有另外一面，中国人很少得肺炎，但他们抵抗肺炎的能力不比我们强。有些医生说，他们抵抗肺炎的能力不比白人好，他们常因疟疾发烧，而且情况很糟糕。在香港，他们比外国人似乎更易因瘟疫致死，孩子们常患麻疹和猩红热大量死去，在抵御肺结核方面他们没有我们有优势。他们虽然很容易从高烧中恢复，但他们不能忍受长时间发烧。有些医生认为这是由于他们不卫生的生活环境而导致生命力降低。他们对新鲜空气心存恐惧，即使是在炎热的夜晚，也要把卧室紧紧关上。在教会学校，如果教师坚持宿舍开窗，学生们也会用被子捂住自己，以免鬼魂在夜间飞进来靠近他们。中国人承认对这些柔弱的外国人来说卫生固然很好，但对他们自己却无此必要，因此，中国学校的女生赶不上美国女生的学习进度，她们常觉得体力和精力不足，或是要休息很长时间，在英国教会学校，由于课程较慢，女生学得也比较好。

只有个别的医生将其病人特别的抵抗能力和复原能力完全归结为他们的饮食和生活方式，而否认其种族在生命力上的优越性。另外一些为中国城市市民看病的医生则认为，中国人的精力为其糟糕的生活条件破坏，但在同样的环境下，黄种人比白种人有更坚定的生命意志。

通过以上陈述我们可以得出比较可靠的结论，那就是，我们所看到的中国人的坚韧至少有一部分原因在于其特殊的种族生命力，这是他们为消除比我们北欧祖先更少的生活必需品而更长期更艰苦的文明进程中获得的。这种物竞天择、适者生存的法则与其说增强了中国人的体力和精力，不如说培养了他们恢复健康、抗感染和忍受恶劣生活环境的能力。几千年以来，中国南方和中部地区的人们挤在他们的村庄或被围住城市里，用的是被污染的河道或灌溉稻田用的肮脏水，吃的是变质了的猪肉以及由污秽物刺激生长的蔬菜，住的是低矮的房屋、肮脏的地面、杂乱的小道，睡的是小得令人窒息的小屋和脏得发臭的小窝。无数的人因过度拥挤产生的毒素致死，而且只有几乎不到四分之一的人将对有毒物质的免疫力传给他们的子孙，那些幸存的最健康的人必须有能力抵抗肮脏的空气、恶臭的气味、令人疲倦的毒素、潮湿、腐食与毒菌。我敢肯定，要是同样多的美国人像中国人一样生活在厦门或苏州，不到半年就有四分之一人会死去，但中国人坚忍的生命力对发育和体格造成了伤害，中国的儿童普遍比其实际年龄应发育的瘦小，在出生时婴儿也没有我们的强壮，虚弱的婴儿更易死去，即使是那些幸存者也会因令其他人致死的艰难困苦而变得虚弱。

我不会把中国人巨大的生命力与你们在非洲贝督因人或东南亚达雅克人或美洲印第安人身上发现的原始生命力一视同仁，这些早期原始人所具有的资质由非同寻常的肌肉、发达的力量和承受力、正常的体能以及承受困苦的能力构成，他们没有对疾病的免疫力。野蛮人若是生活在文明人生活的条件下，会像苍蝇一样地死去。爱斯基摩人能在格陵兰发臭的冰屋里生存，却不能在纽约有空气的楼房中存活；欧洲殖民者传染给当地居民的疾病比他们的枪炮更快地将土著人清除出去；进入文明状态必须伴有普遍性的病菌传染和必需的免疫力的增加。现在，中国人所具有的奇特的免疫力有效地抵抗了其近邻互相传染的毒素，他们是独一无二的，这种能力似乎不是继自五六千年前的游放生活，而是从后期文明社会痛苦地获得的，它本来只会在拥挤的城市或是所有农作物都受污染、所有的溪流都变成开放的下水道、所有土地都是滋养蚊子的稻田的农村滋长。这种对病菌的忍受力或许此前从未如此发达，此后也一定不会有所进展。今天，随着科学技术的发展，人们已知道如何扫清其前进道路上这些看不见的敌人，并将不再以旧有的方式培养这种免疫力。

2. 研究中国人体质最终着眼点是要在可能爆发的战争中打败中国人，防止这些可以适应任何恶劣环境的劳工抢走高傲白种人的工作饭碗。在心理上依然是出于对"黄祸"的恐惧。

对西方来说，中国人坚强的生命力或许有其对于西方人不利的好战特性，西方人担心，在一场激烈的战斗中，中国军队能战胜人数同样多的条件较好的白人军队。但现在有少数战争是在帐篷和伙食团内展开肉搏战，若是战役拉长，同时还伴有不规则的饮食、不卫生的饮水、早起、不能睡觉、疲惫行军、风餐露宿、激动和焦虑，白人士兵就会比黄人士兵损耗得更厉害，在这种情况下，更坚强而较少战争精神的人在最紧张的格斗中会比那些缺乏韧劲的士兵打得好。

基于此，我认为，白种人和黄种人之间的竞争不是像一些人想象的是简单的人的价值的检验，但在恶劣条件下黄种人会做得比白人好，因为他们更能忍受粗糙的食物、破旧的衣服、肮脏的空气、吵闹、炎热、脏乱、不舒服与细菌。以白人瑞利和华人阿三为例，瑞利"优于"阿三，但阿三能"战胜"瑞利，阿三不能抢瑞利的饭碗成为一个更好的工人，但由于他能以瑞利根本不可能适应的工资生活并做一些他不能做的事情，所以三或四个阿三能抢走瑞利的饭碗。他们确实也会这么做，除非瑞利工作的地方将他们挡在门外，瑞利努力把阿三排除在他所在的劳动力市场外，这并非一个人害怕在同等条件下与另一个优于自己的人相斗，实际上，事件并不是那么简单、自私与狭隘。

"真实的情形乃是，能够胜任好的工作环境的人是生活中的强者，他拒绝把自己的位子让给一个能忍受较差环境的弱者。"

当然，随着西方卫生设备的引进，中国人坚韧顽强的毅力所赖以形成的残酷的适者生存过程将结束，这种坚韧的特性将从种族的体格中逐渐消失。但至少在我们目前这个时期仍是一个重要的存在的事实。它将使后来者直接受到排水、通风、医生、护士、食品检测、纯净水、开放的空间、户外运动的有益影响，从而消除黄种人已获得的特殊生命力的必要条件。在过渡时期，对西方劳动力市场上随意接受的苦力的主要影响在于，低收入、生活条件恶劣和日益增加的黄种人将为高收入、生活条件优越和白种人的增加代替。

3. 中国人的保守是中华民族历史发展的自然结果，中国人的文化发展进程早已停滞不前，社会氛围也变得压抑而且缺乏激励创新的空气，他们被某种毫不动摇的观念统治着，只有通过与外来文明的交流，才能把他们从这种僵硬麻木的精神中释放出来。

那些历史较短的新兴民族其思维也比较简单，他们对刺激物的反应也更迅速，通过他们的经验你可知道他们的内心并预测其发展趋势。他们不能抑制自己的冲动，直至这些冲动成为他们有意识的目标。但文明程度更高的民族就不会这样轻易付诸行动。他们能抑制并打消最初的动机，指导他们行动的答案是在思维和信念中寻找，而不是在印象中获得，其过程是由目的而不是动机说明。他们的才智源于复杂而不间断的刺激产生的持续意志力组成的合力，这种类型的人直到其作出决定才开始行动，并且要在他知道行动的两面结果后才开始作出决定。他的感情不像草叶那样易燃易灭，而是像能将铁熔化的熊熊火焰保持持续的温度。他服从的不是随兴而至的念头，而是深思熟虑的决定。他的意念不是犹疑不定转弯抹角，而是平稳有力持之以恒。社会组织如此复杂，以至于普通的行为都必须谨慎小心，文明如此科学，以至于深思熟虑是一切明智之举的根本，这种稳重而可靠的类型的人越来越为社会需要。

我们会认为盎格鲁萨克森人是这种稳重的类型，而且以为这一禀赋弥补了我们民族缺乏快速行动感知、社会变通与对美的敏锐感觉等不足，因为南欧人与我们相反。现在，中国人突然集体性地转向了这种类型，他们现在决不会热情如水或勇往直前的行动。他们对感情进行理智的思考并知晓如何隐藏以蓄势待发；他们不再今天热明天冷冲动鲁莽；尽管他们很难改变，但一旦付诸行动就不会松懈；他们不轻易作出承诺，而一旦应允就会"坚持到底"；他们思想顽固，若作出皈依之举必坚定无疑；他们说话的艺术不像英国十八世纪的政治家皮特和十九世纪的政治家布莱特，也不像十九世纪英国的宪章运动领袖奥康奈尔或法国的干必达；在中国若有为某一确定目标而安排的集体自杀，没有人会称自杀为"轻率之举"；中国的爱国者不是直接指出那身居高位的叛国者，而是向皇帝呈送一份关于叛徒的简明扼要的请愿书，然后自杀身亡以明其志；两年前我们曾与之谋面的一群人如今无论其感情多么强烈仍然保持沉默，他们变得如此克制与礼貌实在让人惊讶不已。

夏威夷一位对人身保险做过考察的先生为中国人处世审慎的性格提供了强有力的解释依据。他发现日本人易受影响而且容易说服，尤其是在他得知其他日本人正得到保险单时，告诉他他的朋友如何如何参加了保险，他马上就会预定一份更大的订单。但如果一个月后纽约总办的订单来了，他们的兴趣就会减弱，但按照保险公司的要求，他必须预先付出一定数额的订金，他才能领取保险单。而中国人既不会为甜言蜜语诱惑也不会为压制阻碍吓跑，他将保险单样本带回家彻夜研究，为第二天的决定作好准备，如果答案是肯定的，由于尚未获得任何利益，他会拒绝付出订金。第二天他准备就绪去付保险费。之所以介绍这一比较并非诋毁日本人，因为他们的才能举世公认，我的本意是用以说明中国人谨慎稳重不易受影响的性格。

中国人的保守不同于那些落后种族，它不只是情感态度的表现。它主要不是由对未知事物的害怕与对新鲜事物的恐惧或是由对已建立的给他们信心的思想体系的狂热爱慕激起，它是中华民族历史发展的自然结果。若中国人的思想观念改变，他们的行为也会相应改变。假如他们的头脑受制于令他们怀疑历史而有信心于未来的哲学，他们将会证明自己和今天的德国人一样是不断进步的。

教会使团的马丁博士在东方工作了六十多年之久，他相信现代中国人已或多或少失去了他们祖先在"中央王国"文明尚未成熟时那辉煌的旧时代所拥有的创造力和发明力，他推测这种可贵的禀赋是为无休止地使用繁杂的表意文字的语言消耗，或是被通过种种竞争性考试的填塞式教育体系而耗费。对我们这些怀疑其种族特质的萎缩衰退是因为废置不用，并怀疑是不是这些无效的教育体制（尽管一代代人服从之）压制了一个民族的创造力的人来说，其情形更像是现代中国人的智慧是由于社会思想状态受压制的结果。

的确，中国人的文化发展进程在后来的某些历史时期就已停滞不前。在绘画方面，他们从未掌握透视法；在音乐领域，他们从未用过和声；他们的语言没有关系代词和其他表明状态之间相互关联的词汇；他们的书写方式还停留在古巴比伦和古埃及的水平。然而，有许多世纪，他们的心理趋向不利于创造性思想，正如希望苹果树在十月开花一样，中国人希望天才在一个人身上体现，他们相信古代的智者是智慧的完美化身，在他还未完全得到公认之前，他占领导地位的保守主张就对新思想家加以打击和恐吓。总之，比起中国人发明火药、雕版印刷、钞票、陶瓷、指南针、船舱和出租马车的古代，社会气氛已变得压抑而且缺少激励创新的空气。

4. "中国是可以容纳一切外来事物的海洋"，中国文化具有强大的影响力，外来事物观念常常会被中国同化。

许多长期在中国工作的西方传教士和官员也慢慢开始以中国人的方式看待、处理问题，有人就抱怨罗伯特·赫德爵士简直是个中国佬。

中国集体思维的明显停滞不是由于民族的懈怠懒惰而是由于被某种观念统治，他们牢牢抓住这些观念，因为在他们实际生活和工作中它们是成功的。在它们的影响下，庞大的人口能保持稳定的秩序、安全与相当程度的幸福，更为重要的是，当这些观念向外延伸以扩大其影响时，他们从未遭遇任何能与之对抗的观念体系，直到最近。中国文化一直在向外传播，直至所有的东南亚国家都对它顶礼膜拜：聂斯托里基督教信徒一度在中国繁荣但很快消失得无影无踪，开封府的犹太人丧失了他们的语言和宗教，除了相貌与中国人不同外，他们已为中国人彻底同化，征服者满洲人已忘记了他们的语言和文字。有一句话说得好，"中国是可以容纳一切外来事物的海洋"。一种文化的守护者是如此具有征服性，若是把这看作其推进文化进程所作出的任何自以为是的努力，这将会得到较好的谅解。

几个世纪来，中国人发现自己是一个被层层包围的巨大物体中一个小小的自足文化圈，或许几千年后我们的后代会发现自己也是这样。当科学研究久已臣服于日益减少的回报法则；当除了小小的发现像一条潺潺小溪从巨大的实验室中流出外什么都没有；当人类的精华忘却今天我们为之激动不已且正在享用的硕果累累的新发现如电磁波、病菌、进化论、变异以及精神影响力时，或许不须减少其力量，我们人类的智慧会在健全而丰富的科学知识和思维体系中发展出这样毫不动摇的信念，以至于除了与火星人交流外，没有什么能把它从现成的麻木控制中释放出来并使它产生新的要求。

因此，把与西方交往期间我们看到的这个天朝王国的思维停滞看成是其民族缺陷的证据是鲁莽的。中国的文化正在经历一个解体的过程，这一过程将使强有力的个人从过去的历史和众多人中脱颖而出，并激发他们实现更高的个人目标。在马来国，中国人从他们自己土地上死气沉沉的空气和受束缚的社会组织中逃了出来，他们是那么机智聪明，以至于没有偏见的白人开始

四川一位背着 267 磅木碗的农民，1909 年。

把他们看成是我们智慧的同侪。国内工程师会告诉你，二十到四十年内，当这些聪明的中国青年完成与西方同等水平的技术培训后，在远东工程和技术领域就不会再有高薪的白人专家的位子。聪明的中国人已开始在上海学习玩这项游戏。据称，银行、航海、棉花贸易以及其他外国人赚钱的行业很快将落入中国人手中，实际上，有人认为，白人将无法在中国沿岸谋生，他们会像在日本那样被挤出，这只是时间长短的问题。

我曾问过四十三个了解中国人思维感觉的教师、传教士和外交使节："你发现黄种人的智力与白种人一样吗？"除了五个人外，所有人的回答都是"是。"一个曾从事过传教士、大学校长以及使馆咨询者等不同经历的汉学研究家的说法令我吃惊不已："我们中大多数在这儿呆过二十五年以上的人开始感到，黄种人是正常的人类类型，而白种人只不过是上帝开的一个'玩笑'"。他们普遍认为，要是中国人的头脑用西方的艺术和科学武装起来，他们的智力与我们并没有差别，尽管有人认为中国老百姓和知识阶层在能力上的差别比西方的要大得多。

有意思的是，在"中央王国"生活了较长时间的优越的白人在如何为其政府效劳这一点上常变得极像中国人。有人就抱怨罗伯特·赫德爵士简直是个中国佬。据说许多在中国服务的领事官员支持以中国人的方式看待问题而反对西方人。似乎东方文明正一点一点地进入、渗透、并占有他们。他们在那些较有修养的中国人身上发现了比他们白人更丰富的知识，他们有更宽广的胸怀，更富哲学意味的忍耐力，这似乎是对那些性急、鲁莽的西方人的嘲弄。

问题的本质主要在于：

由于美洲的发现，西欧白人占领了西印度、美洲、澳大利亚、非洲、海上群岛和南部亚洲，而他们的东欧兄弟则占领了亚洲西北部和东部。白人在扩张中遇到了几百种此前对他们来说一无所知的种族和民族，但在这么长的时间内他们从未碰到任何一个能成功地与其军事优势抗衡、文明程度比他们高，或政治与工业组织自行独立的民族。现在，三百年过去了，由于这样的经历，白人已习惯于把自己看成是这个星球上无须争论的统治者，他结识了亚洲东部这些或许与白人一样有才干而且会威胁他进入他已为自己规划好的版图的人。无论如何，未来文明的承受者和推动者将不再是白人，而是白人和黄人；对地球的控制权将不再是在一方手中，而是在两个种族手中。

实际上，所有能理解认同另一个民族的在中国的外国人都成了中国人的朋友。他们不是像对日本人那样，为其优雅的礼节、细腻的情感或优美的艺术所吸引，而是被他们稳定坚实的人格吸引。事实是，中国人很是可爱，与他们认识时间越长越喜欢他们。几乎所有蔑视他们的人都是粗鲁、狭隘或是有偏见而顽固不化者。

他们并不尖酸刻薄，成天板着脸，朝他们微笑他们会回你会心的眼神，使你立刻就感到相互间的理解。他们生动的幽默感是将他们与外国人联系的纽带。一个孤独的旅行者走在中国的街上，他在危险时刻抓住了聚众闹事者并将他的辫子系在木柱上，人群爆发出笑声和叫好声，旅行者悄悄地溜走。另一个身材高大的外国人发现自己只要伸出手臂放在离他最近的一个中国人头上他总能与人群和谐相处，旁观者看到这样的对比就会咧着嘴笑，他们以这样的方式表现出其善良的性格。

中国的暴徒制造了恐怖事件，但比起我们祖先在中世纪的暴徒犯下的罪行，他们要轻得多。实际上，在无知和迷信这点上，中国的老百姓与我们祖先在使用巫术、引诱犹太人、嗜好跳舞的宗教信仰时期处在同一水平。一想到他们很少上学，你不禁会为他们有那么多人讲究礼貌而无损于其谦卑的形象感到惊讶。虽然普通老百姓都是文盲，但他们对美的形式有很强的欣赏力，那些以他们能领会的方式走近他们的旅行者发现，他们很少有人会对他视而不见或是粗俗无礼。

对中国的家庭组织来说，没有什么比它组织下的有魅力的老人更令人赞赏了。确实，年老的妇女常常没有年老的男人那样轻松，裹脚带来的长年痛苦和她们作为女人不得不背负的沉重负担常会使她们变得坏脾气，而那些面相慈善的老奶奶的性格并不像她们和我们在一起时表现的那样平和。妇女必须从一而终，因此乡村里有许多寡妇。另一方面，我从未见过比中国老农民更尊贵、清朗、慈祥的老面孔，我常常能从他们的容貌看到其灵魂，似乎他们荡涤了所有私心杂念，只是为了全心全意为他人谋福利。父母的权利就如同每一个有着孙子的男人，他的每一个养老金都捐赠给孙子。因此，你会发现中国老农民比美国农民有更光滑的前额、更宁静的眼睛、更无私的面孔。

总的来说，比起中国以家庭为本位的观念，我认为西方的个人主义对个人和社会进步两方面都更有利。我为我们每个人能自由决定行动、奋斗而不受一大群亲友的干扰而感到欣幸，我很高兴我们只为自己的过错负法律上的责任而从来就不必替亲友的过错负责。而且，我相信我们已远离孩子对父母的服从关系。我们中的老年人常因被搁置和成为负担的压抑困扰，而中国的伦理道德赋予父母更多的权利而给独生子更多义务，对于处于上升阶段的生命来说，责任较易承担，而对处于下降阶段的生命来说，相应的权利乃是一种实实在在的安慰。总之，老年人能多一些快乐比之于其儿子的不便更为重要。让老年人更快乐更有信心面对生活并不是一件容易的事，中国人的成功应该令我们对我们的家庭伦理提出质疑。

5. 中国要想提高到与西方一样富足，就必须在各方面进行重新调整，尤其是要抑制人口的增长，否则未来他们将毫无成就。

黄种人的较高才能并不能保证他们命中注定在不远的将来扮演一个光彩照人的角色。由于对我们成功的真实原因的误解，他们那些曾到国外旅行或学习的天真的知识分子常幻想，只要全盘照搬西方方法和制度就会立即使中国人民提高到与西方大多数人一样富足、有力并普遍明智的水平。而现在的事实是，如果有一根指挥棒，所有的中国人都愿意引进一切先进的事物促成他们急切渴望的进步，每一个中国人都能实现富有成效、舒适以及西欧或美国式的社会和政治价值还需要很长时间。毫无疑问，我们前进的基础比我们所以为的更加坚实牢固，我们为社会带来的较大繁荣是由于我们的人口较少，而相应的经济发展机会较多。相反，我们把中国落后和贫困的主要原因归为其文明和制度的弱点，这只是由于太多人要在这有限的土地上生存。

如果情况是这样，就不能指望中国社会呈现出西方社会的总体面貌，除非其人口和就业状况出现根本性的重新调整。一方面，中国人要修建铁路、开采矿山、挖掘石油、利用水能、建立工厂、使用机器、植树造林、兴修水利灌溉措施、引进更好的动植物种并将科学应用到食物生产。然而，如果中国日益增长的人口不能立即减少，所有这些使之达到我们的发展水平的努力都不会令中国人的生活有所改善。因为，经济增长带来的社会财富被迅速增长的人口所消耗，其结果将是，除了有两倍多的中国人外将毫无成就而言，他们不会比以前更好、更聪明、更幸福。因此，对中国人来说同样重要的是，他们必须采取种种措施减少人口的增长，这就是：摒除祖先崇拜、废除家族制度、让女孩接受教育、提高妇女地位、推迟婚育年龄、普及义务教育、限制童工并使家庭成员从家庭中解放出来。所有这一切都需要时间，即使中国人可以幸运地经历一个平稳持续的社会发展阶段，而且这一阶段不致被任何历史的反动、外族统治及内乱等反作用所打断、破坏，至多需要两代人的时间，中国普通老百姓的生活水平就能赶上美国普通老百姓的生活水平。

(Edward Alsworth Ross,The changing chinese,New York：The Century Co. 1911,PP25—69，汪晓泽)

北京之困

[美] 丁韪良著　郑玉琦译

1. 从鸦片战争开始，西方与中国的冲突不断，但最引西方关注的，还是义和团事件。因为义和团围困了西方人，引起了所谓的"黄祸"恐慌。

义和团事件及随后的几年中，有关报道和著作充斥着整个西方社会。1906年，亲身经历义和团事件的英国人普南·威尔（B. L. Putnam Weale）要发表自己的见闻书信时，他的朋友告诉他，仅他自己的藏书中，就有43种有关义和团事件的著作，这还仅限于英语，不算西方其他语言写成的有关著作。在众多的"义和团读物"中，丁韪良的《北京之困》影响较大，不仅因为丁韪良是亲历者与见证者，还因为丁韪良是当时公认的"中国通"。

北京之围，无疑是历史上最著名的围困之一。其他围困持续的时间更长，大部分情况下被围困的人数很多，经受的苦难常常更严重，但这次围困却具有其独特性，是一个大国对整个文明世界的反抗。

在狭窄的英国使馆区内——占据最大的面积和拥有最多的建筑物——避难的有14个国籍的公民和11个国家的牧师，外国人的总人数不少于1,000，受他们保护的有大约

1900年10月23日出现在纽约码头的丁韪良的装扮，见《北京之困》扉页插图。

2,000 名基督教徒。城门外，城与海之间，八国联军正前往救援。全世界的眼睛带着强烈的兴趣注视着那场运动，即使是最动人的悲剧也没有引起过如此兴趣。

现代文明的所有通信工具都发挥了作用。我们遇到麻烦的新闻用电报形式通过海底电缆传送出去。世界各地的海军造船厂和营地都引起了骚动。公众所关心的已不是国家政治，而是是否能救出被困人员这个大问题。报纸每天都在报道解救部队的前进和后撤情况。希望和恐惧交替上升和下降。有时报道说，被困人员生活很舒服，受到保护，吃得很好；有时又说他们遭受了十分恐怖的屠杀。本章的目的是准确地叙述事件的各个阶段，而不再回头讨论一些初步问题。

2. 在清军的默许下，义和团决定消灭所有在华的外国人。他们疯狂地在北京城放火，大火不只烧掉了外国人的教堂、住宅，被烧的更多的是中国人的建筑，其中就有著名的翰林院，无数珍贵的图书、手稿在大火中化为灰烬。

围攻分为两个不同的阶段。第一阶段只有 10 天，义和团明显是我们的敌人，清政府和士兵则谨慎地位于幕后。第二阶段持续了 8 周时间，清政府和士兵出现在幕前，义和团则几乎消失了。

保护 8 家使馆的卫兵不超过 450 人，包括军民在内，但他们却挽救了整个局势。要是他们晚到 48 小时的话，北京的整个外国使团肯定已经消失了。据可靠消息，义和团已准备在 6 月初夏至期间进攻使馆区，消灭所有的外国侨民。要不是那些海军陆战队队员，防卫就没指望了。

据传（也是可靠的），西太后决定在这场争斗中不去干涉义和团的行动。如果他们成功，那就更好。如果失败，仍然有余地声称（中国外交手腕）力量不强，其良好的计划被无法抗拒的起义挫败了。

又传，清兵为义和团的行动清场，西太后已经同意完全摧毁外国使团所在的城区，即"东交民巷"（Legation Street），因众多使团位于或靠近此街而得名，以及两边很长一段距离的大量中国建筑物。

义和团民进攻使馆

6月9日，北京南部、属于中国区域的外国人的建筑和财产被烧毁。住在偏远地区的外国人，不管是传教士还是公民，都逃到各自的使馆避难。传教士们带来了小帮或大帮的皈依者，他们同样受到了敌人的仇视。

我们采取了所有可能的措施进行防卫。我们遭遇危险的消息被迂回地火速发往沿海地区。人们希望我们能坚持几天，直到计划中的援军到达。海军上将赛默麦卡拉船长率领一支强悍的海军陆战队乘火车从天津出发，打算修路，但又不知道路的破坏情况，希望能在两、三天内赶到我们身边。但希望成了泡影，在过去的一周又一周里，我们从有关他们进展情况的虚假报道中受到了鼓舞，但实际上他们被赶回了基地，铁路已被毁坏了。要是他们一开始就放弃铁路，继续走完剩下来的约40英里路程，他们也许已经成功地增援了我们的使馆卫队，使我们所在的地区得到安全，他们也许会避免后来的宣战。但我还是在期盼。

联合舰队海军上将正在河口组织一次更大规模的远征。6月19日，衙门的一纸公告告知外国牧师他们的海军上将已经要求清军要塞投降（他们没有说事实上已经猛攻了要塞），并声称，"这是战争行动。因此，我们的国家和你们的国家已处于战争状态。你们，连同你们的所有侨民，必须在 24 小时内撤出我们首都。"义和团走了，中国正规军来了。

从那时起,我们处于清政府可能派来对付我们的所有的军队的威胁之下。

美国大使馆秘书斯夸尔斯先生（Mr. Squiers）给我来了一封善意的警告信，邀请我去他家，我曾经在那儿避难。现在我一直独自一人住在 2 英里远的大学里。我们住在美国大使馆期间，没有受到枪炮的直接攻击，但时时刻刻有被火烧或遭受大刀突袭的危险。

我已经提到的大火一开始是在外城燃烧的，但并不是局限于教堂。有一处很大的地方堆放了最大量的外国商品、杂志，价值 500 万至 1000 万英镑，被愤怒的义和团付之一炬，不仅仅是为了摆脱工业竞争，而且也许是希望顺风能把大火吹过墙去，烧毁外国人居住区。

事实上，俯视鞑靼城中央大城门的高塔被焚毁了。燃烧的木头在城墙内大量掉落。我们全体出动准备和火魔搏斗，幸亏风向改变已经没有这个必要了。

几天之内，大火在内城被义和团自己扑灭了——传教士的小教堂、校舍、教堂和大教堂都被大火包围，连续一整个星期，大火把夜空照得通红。

3. 中国被想象成野蛮疯狂的国度，而使馆区成了沦陷在这黑暗的国度里唯一的文明据点，孤独坚强地抵抗着。

北边的新教堂矗立在一个开阔地带，被认为是无法进行防御的。法维尔主教决心冒着一切危险全力保护，因此保住了在里面避难的 3,000 皈依者的性命。在这件事上，他得到了 40 名自发的法国、意大利和奥地利海军陆战队员和遵守教规的本国基督徒的支持。保卫那座教堂成了围攻史上最灿烂的一页。

但是，直到解围之后，我们才知道为了牵制敌人，忠心的海军陆战队员进行了怎样的坚苦卓绝的斗争。虽然他们离我们直线距离只有 2 英里，但通讯完全被切断，就好像他们地处北极一样。

宣战和发布最后通牒以后，牧师们召开了一个会议，一致同意不可能按中国政府的要求去做。他们决定要求延长时间，或至少通过谈判条件来拖延时间，直到我们所期待的救援部队的到来。为了达到这一目的，他们同意分别去衙门抗议最后通牒中隐含的苛刻待遇。

18日，为了挑战，两名义和团团员登上一辆大车，在大街上炫耀而过，就像封建时代的报信官习惯所做的那样。当他们经过德国使馆时，牧师命令逮捕他们。一个逃脱了，另一个被逮住送往美国使馆。经商议，决定把他关进监狱。他被带走了，男爵用重棍把他狠狠地打了一顿。

20日早晨，凯特勒（Baron Ketteler）根据安排前往衙门。刚到一条大街，就被从背后击中，立即倒下身亡。他的秘书同时受伤，但成功地逃到了一座教会医院，在那儿止血后被送回使馆。

这条新闻在所有使馆中引起了恐慌。他们认为有预谋的屠杀已经开始。因为只有英国使馆有能力防卫，他们又和所有的侨民一起回到了那里。克劳德·麦克唐纳爵士（Sir Claude Macdonald）慷慨地把使馆所有的资源提供给他的同事使用。

如果敌人乘机扩大战果，涌入边远使馆的话（他们没有这样做），他们也许已经将其摧毁或追赶我们进入英国使馆，使我们陷入惊慌和恐惧中。令人欣慰的是，他们对外国人的勇敢持敬畏态度，小心翼翼，没有进入更近的区域。人们发现使馆没有被敌人侵入，各自的卫兵又夺回使馆，只有比利时、奥地利、荷兰和意大利使馆除外。这些使馆位于防线之外，很快就被大火烧毁了。

从重要意义上说，凯特勒的生命换来了很多人的生命，但那天献出生命的不只是他一人。下午，帝国大学詹姆斯教授（Professor James）从运河对岸的蒙古王府返回，过桥时中弹身亡。他也是为崇高事业而牺牲了生命。他以及伦敦《泰晤士报》莫里森博士（Dr. Morrison）是为了保护本国基督徒而去进行有关事宜安排的。

那天晚上，从那以后的每一天，我们都遭受着围攻者的射击。有暴风雨的时候射击则更为猛烈，中国人似乎把"天上的火炮"作为他们自己的武器的补充了。

但是，他们最危险的进攻是用燃烧的木头，我们外墙之外的多座建筑物相继着火，没有别的目的，就是想把我们烧出来，其中主要的有壮观的翰林院，藏有王朝最珍贵的图书文献。那些藏书仅仅是为破坏者燃起大火，五、六世纪前的无价手稿被焚毁或踩在脚下。几乎是由于超人的效应，火焰被压下去了，敌人被赶了出去。那座大楼从此成了敌对双方的血腥战场。有时双方靠得太近，敌人扔煤油袭击我们，而我们的人则报以矾油。

本阶段围攻的早期发生了一场战斗。这场不同寻常的战斗，成了我们命运的支点。这和城墙有关。城墙俯视使馆区一直由中国士兵把守。如果在那儿放置了重炮，防御是不可能的。美国和德国联合部队迫使中国人从一部分城墙处后撤。但中国士兵又大批返回，逐渐迫使我们的军队放弃了阵地。形势万分紧急。德国人人数不够。无力保卫自己的使馆。在美国海军陆战队马亚上校（Captain Myere）的领导下组织了一支美国、英国和俄国联合部队，约有 60 人。

在决定我们命运的攻击之前，马亚上校发表了著名的演讲。他指着英国使馆说："同胞们，那边是 400 名妇女儿童，他们的生命取决于我们的成功。如果我们失败，他们就灭亡了，我们也灭亡了。我说行动就开始行动。"美国人和英国人一定被这号召感动得说不出话来了。虽然俄国人没听懂一个词，但他们完全理解他的手势的意思。他们以及其他人愿意为实现这微乎其微的希望而献出生命。

中国人遭突袭后从街垒后撤，使馆前一大片开阔地带被我们的士兵占领。但胜利也使我们付出了惨重的代价，除了几个身亡和受伤的以外，应享受英雄称号的勇敢的指挥官也受伤倒地了。之后，他再也无法参加他渴望的保卫战了。

使馆内一片忙碌。海军陆战队员得到了 100 多个志愿者的增援，他们占领使馆围墙上的制高点，或在大门口出击，有时缴获试图破坏我们防御的枪支，有时驱散集结起来准备攻击的一股敌兵。就这样，一天又一天，一个星期又一个星期过去了，但不是没有损失。几位指挥官在这些成功的出击中倒下了，许多士兵受了伤。我们部分地用沙袋加强了工事。女士们不停地踩着缝纫机制造了数千条沙袋——当时缝纫机和我们的机关枪一样管用。

我们付出了大量的劳动挖战壕以对付敌人的行动。这一切大部分是在传教士们熟练的技巧指导下进行的。传教士的优点得到了外交官和将军的公开承认。这些活是基督徒们用体力干出来的。至于那些没有家、缺乏生计的不幸的避难者，没有他们的帮助，防卫也是不可能的，这一点得到了一致承认。

最后，中国基督徒的损失当然不能视而不见，我们必须采取预防措施确保他们将来的安全。

在长长的8个星期里，希望迟迟不来使我们感到沮丧。我们的防卫力量一天天被削弱，储存的食品也不多了。要是救援部队再迟来两周，我们一定会饿死。我们吃掉了几乎所有的马和驴，共80头。只剩下3、4头，只够吃2天了。我们的米桶也已到了底线，油也没有了。我们的衣服甚至破成了碎片（许多人没有衣服换），衬衣总是脏兮兮的。

这使我想起了一个著名的诗人41年前描写另一个城市的几行诗，我第一次访问北京时已经记在笔记本上。（它们是对当时城市的写照，现在的情况要差10倍）

> 走进这座城市
> 看上去似乎光彩夺目神圣辉煌，
> 沮丧之情溢于陌生人心间
> 如此之多不雅之景。
> 棚屋和宫殿肮脏无比；
> 居民在脏乱中生活；
> 高贵或贫贱的人们，
> 无人在意衬衣是否整洁。
>
> （切尔德·海罗得）（Childe Harold）

如果问我们是怎么消磨时间的，我回答，没有时间娱乐，没有轻闲。每人的心中都充满了恐惧和焦虑，但我们都注意不要把它们写在脸上。尤其是我们勇敢的妇女为了鼓舞士气竭力显得很轻松。在最激烈的进攻中，枪弹声伴随着炸弹声，只有 1 名妇女发出了尖叫（她不是美国人）；值得补充的是，作为抵销，1 名挪威男人精神完全失常了。

这个地方太拥挤了，空间是如此狭小，40—50 个罗马天主教布道区的人住在一个开放的亭子里，有些人被流弹击中受伤。43 名耶稣会传教士住在使馆小教堂里。不用说，教堂不像一个聚会所，倒更像一个旅馆。没有时间祈祷或吟唱。星期日像工作日一样忙于战斗，我也没有一次听说过祷告会。但是，从来没有比现在这段艰难时期的祈祷更为衷心。

在英国使馆内，我从斯夸尔斯太太的餐桌转移到了康格太太（Mrs. Conger）的餐桌，这两家只占用了使馆医生小屋的一部分。如果我是她的兄弟的话，我也不可能从她和牧师那里得到更友善的对待。康格太太镇静、坚定，怀有希望，正如教皇所说："天塌下来也是自己的主人"。虽然她带有贝克莱主教（Bishop Berkeley）的理想主义色彩，却是一个虔诚的基督徒。她是最令人钦佩的妇女之一，认识她是我的荣幸。许多次我希望能像她那样，把所有那些事件仅仅看作是一场可怕的由于精神紊乱而想象出来的噩梦。穿透我们墙壁的圆形弹孔却实实在在不是想象出来的。美国在北京没有比康格少校更好的代表了，他是参加过美国南北战争的战士，以极其显著的毅力和高度责任感对待这场斗争。他具有宽广的同情心，对中国人的生活和性格具有深刻的洞察力（尤其是经历这场围攻之后），主要委派他去谈判使争端得到最后解决是很恰当的。

4. 义和团运动一开始就带有表演性和虚幻色彩，义和团练神功，有神灵附体，刀枪不入。攻城打仗，亦如戏法。

西什库教堂久攻不下，礼部尚书献策端王、庄王，飞檄请来五台山老和尚、施法术攻城。但大和尚和大师兄马上就中弹身亡。围攻使馆区的过程中，外国国旗成了义和团攻击的主要目标，他们认为缴获或毁坏了敌人的国旗，也就在象征层面上获得了胜利。

围攻中发生的一些事情在这儿介绍一下。

首先是英国国旗的坠落，不是按时间顺序叙述，而是根据其在我们的脑子里形成的印象。我的任务是检查来来往往于使馆之间的中国人，我的岗位在大门口，国旗就在大门上方骄傲地飘扬（在整个围攻期间，我每天上午5：00至晚上8：00—9：00在那儿值班），而且从来没有像现在那样骄傲地飘扬过。带有丰富皱褶的国旗庇护了11个使馆的牧师和14个国家的公民。英国的杰出地位从来没有如此显著——在开放的中国维持历史，对中国的商业和政治施加最重要的影响。一天清晨，国旗掉了下来，旗杆已被击断。我们观察到，几天以来，它已成为敌人攻击的目标。在谈到保护国旗方面，中国人似乎把对我们来说只不过是诗意的东西看成了现实。对他们来说，伴随着国旗的是一种保护精神。这里，他们把国旗称为大英帝国的保护神。

作战之前，他们供奉过自己的国旗。如果他们能缴获或采取任何办法毁坏敌人的国旗，他们认为胜利已经过半。对我们来说，国旗的坠落是一种不祥之兆。几天之内没有换上新的旗帜，门楼上失去了骄傲的顶部肯定是令人沮丧的。新换上的国旗没有原来那么高——特地在一定程度上缩短了旗杆，以防不幸再次发生。

我最初在门房值班的那天，一名守卫在门口的海军陆战队员中弹即刻身亡。很难确定子弹是从哪个方向射来的，不远处四面都是树和高楼，狙击手很易隐藏。我们确实非常害怕看不见的死亡预兆，晚上我们很少开灯，夜幕降临前就吃完了晚饭。迫不得已需要开灯时，总是尽快关灯，这样就不会成为隐藏射手的目标，他们可能会在晚上占据白天对于他们太危险的有利位置。不要认为因为中国人军事技能落后，他们就缺乏精密武器或缺少使用它们的技能。我们的上校及其部下的命运就是回答。一位英国上校，哈立德（Captain Halliday），在一次出击中负了重伤。他的继任，斯特劳斯上校在过使馆门前的运河时中弹身亡。雷上校在试图缴获一杆枪时被击中头部，但没有死。法国海军陆战队上校被打死了。几周前，他曾抱怨在北京无事可做，调海军陆战队前来凭的是虚假警报。马亚上校负伤（以及怎样负伤的）已经叙述过了。这一系列的悲伤事件以美国海军赖利上校（Captain Riley）的遭遇而告终。

1900 年美国纽约《世界》杂志上的漫画，张牙舞
爪的龙象征着义和团暴动中的中国对世界的威胁。

他在值勤期间在皇宫门口摆弄大炮时成了狙击手的牺牲品。那些射手似乎和别的地方的一样，知道怎样从部队里挑出军官，但我们的人有那么多伤亡，这说明他们的注意力并不总是在军官身上。

由于步枪子弹被高墙挡住了，我们的主要危险来自大炮。敌人的大炮数量好像不足，但是渐渐地一门接一门的大炮向我们轰击，直至大炮和小枪从四面八方袭来。最危险的炮是我们已经提到过的那门，在离几码远的地方向我们的墙壁瞄准。试图缴获那门炮的行动没有成功，但中国士兵被勇敢的攻击吓坏了。他们认为应该把珍贵的大炮后撤到安全距离。从此，那门大炮的吼声就再也没有听到过。

大口径炮设在王府东北角，这在法国和德国使馆中引起了混乱。我们头顶上炸弹的爆炸声使我们几乎每天都无法入眠。轻一点的炮放在城墙的一角，靠近英国使馆。它们控制着运河两岸，像要摧毁为了保卫我们的大门而匆匆筑就的脆弱的堡垒。

迄今为止，我们用以回应的最大的武器就是机关枪。我们深深感到缺乏重武器。我们的一位海军陆战队员米歇尔在足智多谋的威尔士人托马斯（Thomas）的帮助下用铜泵制造大炮——把两片合在一起用钢丝捆扎，有点像米尔顿所描绘的魔鬼用空松木造大炮。但是，还没有造完，克劳德爵士就禁止使用。他说，用水泵对付可能发生的大火更为重要。

幸运的是，这项工作还在进行中时，根据一位中国人提供的消息，炮手们在我们控制范围内的一家旧古董店里发现了一门大铁炮。炮被运来了，完好无损，他们立即决定安装起来使用。虽然起先以为是英国制造的，检查后发现是中国造的。

这门炮安装在意大利炮架上，配上俄国炮弹，对我们很有用，而敌人则感到害怕。俄国人虽然带来了炮弹，却忘了他们的炮。我设想，意大利人发现他们的炮太重，只带来了空炮架。而安装和使用的则是美国和英国炮手，冠以"国际大炮"之名则是名副其实。许多出击由它开路，铲平路障，用可怕的炸雷声震慑敌人。但是，由于不是后膛炮，炮弹又不配，摆弄起来不太方便。

勇敢的炮手米歇尔爱大炮就像爱自己的情人一样，他在一次出击中一只手臂被炸烂了。

最初像雨点一样向我们袭来的炮弹，使我们担心遭受更猛烈的炮击，因此去构建保护伞。这些所谓的"防空洞"实际上是在每个使馆建筑物前地上挖的洞，勉强够妇女和儿童藏身，男人应该站在外面与敌人战斗。防空洞上覆有大木头，上面盖有一层泥土和沙袋，看上去比山坡上的洞更加令人沮丧或可怕。第一场雨（不是弹雨）就使里面注满了水。我们对女士们说，为了充分利用这些辛辛苦苦造起来的防空洞，她们应该穿上泳装。

5. 赫德长期担任大清海关总税务司，为清廷看重。此时，赫德也受到义和团的威胁，他所督建的已经使用了 40 年的海关总部和清朝邮政局已被夷为平地。

女士们并不胆怯，因此，没有匆匆忙忙去体验泥浴的功效。对她们中的一些人来说，炮弹的爆炸声和小型武器的爆裂声即使不是音乐，也不是没有一种刺激效果。患有神经衰弱的康格小姐第一次听到枪炮声就扑到她父亲的怀里剧烈地抽泣。下一轮攻击时，她已能十分镇静地经受磨难。随着围攻的延续，每天的射击好像成了镇定神经的必要的补剂。她一天天变得更为坚强。在围攻结束的时候，她已完全治愈了神经衰弱，达到了海上旅行没有实现的目的。

　　康格家有3位从芝加哥来的女士，她们的游览由于义和团叛乱而缩短了，在去火车站的时候发现道路已被毁坏，只好返回延长逗留时间。伍德沃德太太（Mrs. Woodward）背着照相机到处走动，甚至是最危险的地方，但她始终提供服务的岗位是在医院，我们受伤的孩子亲热地喊她"妈妈"。其他许多专业的和非专业的女士都努力护理那些勇敢的官兵，使他们恢复健康。如果伍德沃德太太的年轻而漂亮的女儿除了缝沙袋还做了些什么的活，那主要就是激励一些年轻人去英勇地战斗。母亲告诉我她希望为她的博物馆搞一支义和团的步枪，我对年轻的俾斯麦（Bismarck）耳语了几句。他在第二天就带来了她想要的武器，放在她的脚边说："这是我今天早晨打死一个敌人后得到的战利品。"

　　另一位女士，佩恩小姐（Miss Payen），是熟练的水彩画家，她那优雅的艺术虽然比照相机慢，但无疑为围攻留下了很多记忆。

　　这3位女士加上康格家的3位女士不仅吸引了年轻人，而且吸引一些老人经常来访，如罗伯特·赫德爵士（Sir Robert Hart）和西班牙牧师科罗根先生（Mr. Cologan），一个有着爱尔兰血统的西班牙贵族。

　　没有人比赫德爵士更加精神振奋，他总是很乐观。尽管由他督建的已经使用了40年的海关总部和清朝邮政局已被夷为平地，但他仍然充满了幽默。他一到领馆就对我说："马丁博士，除了身上穿的我已经没有别的衣服了。"

　　当我们互相正视对方的时候，想到我们一生的服务没有受到丝毫重视，不禁感到脸红。一个创了300万至3亿海关税的人却成了中国人攻击的目标。他们从我30年的国际法教学中学到的竟然是大使的生命不是神圣的！

　　和赫德爵士一起在此避难的还有总稽查长助理（Assistant Inspector General）布莱顿先生（Mr. Bredon）和所有的海关工作人员以及同文馆教授。陪同我的是帝国大学的7位教授——一位已经为事业而牺牲了。所有这些人都和牧师和其他人配合完成各项任务。即使是最卑下的工作在围攻期间也变得高尚了。

一些人花了多天挖沟壕，其他人则为了卫生检查厕所。我们的一位教授监督宰马和分发马肉，而一位海关专员则负责一家中国洗衣店的业务。

在食品供应方面，最好的服务是由一位名叫查莫特（Chamot）的瑞士人提供的。他只是一个旅店老板，但他的名字将会记录在名人册上。法国牧师建议授予他荣誉军团绶带。对于我们他就是先知以利亚的渡鸦，早晨和晚上给我们带来面包，但（可惜）没有肉。他新开了一个旅馆。他那勇敢妻子带着一杆枪，并能有效地使用。在她的协助下，他加强了对旅馆的防卫，还专门开了一个面包加工厂，以确保他的面包房高速生产面包（酸而粗），勉强够1,000人食用。他过桥的时候经常受到射击，他的面包车被许多子弹击中，一次他的旗被射掉了。

我想起了一次引人注目的远征，查莫特和他的年轻而聪明的妻子发挥了显著的作用。教堂被焚烧后，几组人被派出去把幸存的基督徒接回来。其中有一组由他们夫妇俩伴随——她履行了一个武装战士的全部职责。

去南边南堂大教堂的另一组由莫里森博士随行。他在用枪或用笔方面同样熟练，动起笔来一样勇敢。他的观点抵得上大炮的轰击。

这次他是应斯夸尔斯太太的请求而前往，詹姆斯教授作为翻译陪同。斯夸尔斯太太心胸宽广，财力雄厚，在寻找穷困人的住所时她的脚从来也不知道疲倦。

最后一组难民进来时，我在他们去王府前在大街上看到了他们。我从来没有见过这样的景象。200名我所见过的极度绝望的人从他们住宅的废墟上被救了出来。他们又饿又累，几乎站不起来了。他们中有老有少，有男有女，随时都会倒下。有一位妇女是我的学生，前法国牧师的母亲。她像其他人一样步行，同样一无所有。她家信奉基督教已经有很多代了。

最令人瞩目的是一位50岁的男人背着他的70多岁的白发苍苍的老母亲。

王府里住着近2,000名难民，其中400——500名是新教徒，这些人后来被移往别处。

我已经说过，王府有奥地利人、法国人、意大利人，尤其是日本人守卫，遭遇了最重型武器和最凶狠的敌人的攻击，流了很多血。王府的重要性在于它不仅掩盖了河那边西班牙、日本、德国和法国4个大使馆的入口，而且俯临英国大使馆前面的运河。我们的基督徒能成功地保护避难所应归功于（至少部分归功于）这座建筑物。

在这些交战中，以西八上校（Colonel Shiba）为首的一半以上的日本人被打死或受伤，还有许多其他国籍的人也是如此。每天都有一些人抬进大门，但却死在医院里。我经常在那些生机勃勃的年轻战士出去的时候向他们致意，但在几小时后却看到他们回来时已经死了，快要死了，或已终生残废。

我从来没有对人生具有如此强烈的印象。

哦，伟大的永恒，

我们短暂的生命只是一阵风，

吹弯你的树枝，

在尘土中寻找花朵。

在我脑子里死亡还从来没有这么令人不快——不是我怕死，但我憎恶男人、女人和孩子不分青红皂白地死去。我的感觉就像一个樵夫，他放倒一棵树，叹了一口气大声说："哦，死亡，你何时来到啊？"

死亡天使立刻出现在他面前，问道："你叫我，什么事？"

樵夫吓坏了，回答说："只是帮我分担苦难。"

因此，虽然我已70多岁，但相信同样的幻想，准备在更长一点的时间内承受苦难。

在我们墙内，很少几人被子弹或炮弹打死或打伤。被囚禁的人的身体都很好。因为他们必须节制饮食，可能身体比以前更好。唯一因病死亡的是小孩。他们没有牛奶，天又热，像鲜花一样枯萎了。在短短的几周里，又增添了6座婴儿坟墓。

北京的夏天通常热得难以忍受，每一个外国人都逃往山区或海边。这一次，

"上帝调和风力呵护剪过毛的羔羊。"

那一段天气并没有热得无法忍受，但荷马所称的"室内夏眠"，也远不是令人愉快的。

由于出汗和缺乏食品，我们都减轻了体重，有的减 10 磅，有的 20 磅，有的 50 磅。一位法国人比使用公制更清楚地证实了我的担忧，他拉开外套显示出他瘪下去的肚皮。

围攻开始后，很多健壮男人发烧，无疑是那段困难时期食品匮乏引起的。

我的岗位处在一个进行观察的有利地位，给我印象最深的是看到不同国籍的人进进出出，为了共同的幸福而进行合作。我们先尝试了联合的滋味，相信在新千年里将实现团结，而且不同的是，国家之间将不存在战争。教义和国籍的差别已经不存在了。俄罗斯东正教牧师可以和罗马天主教或新教传教士并肩装沙袋或挖壕沟。我经常和天主教传教士交谈，感觉自己不由自主地被他们的灵性和忠诚所吸引。

听说救援部队的正在接近，我们更加振奋。两位女士要我在《中国故事》（A Cycle of Cathay）一书上签名，我写下了"记忆将是令人愉快的"。

第二天，一位对形势始终持悲观态度的法国牧师来到大门口对我说："我们将得到解脱。"显然和我的题辞有关。

6. 中国内部对义和团也存在不同的意见。在清廷对外"宣战"之后，部分清朝地方官员抵制朝廷对外开战的决定，湖广总督张之洞、两江总督刘坤一与外国领事签订了《东南保护约款》和《保护上海城厢内外章程》，规定上海租界归各国共同保护，长江各省由各省督抚保护。

后来参与东南互保的清朝地方官员不断增多，实际实行东南互保的省份扩大到东南地区的十余个省份。这防止了战火的扩大，但也使八国联军可以不用顾忌中国东南地区，集中进军北京。

我们之所以能够坚持下来也许在一定程度上是由于我们的敌人内部意

见相左。我们从秘密带进来的报纸上非常悲伤地获知，朝廷里有4位尚书（Minister）已被西太后下令处决。我们哀悼他们是因为他们是我们的朋友，尽可能地施加了对我们有利的影响，这一点我很肯定，其中一位是学部尚书，他督导我们的新大学。其他两位是同文馆董事，我担任该馆总教习已经有很长时间了，我极其尊敬他们，有一位把他的3个儿子送进新大学接受我的教育。

亲王所施加的影响尽管是秘密的，但无疑是强有力的，对我们有利。他指挥一支50,000人组成的清朝守城部队。如果他让这些人同时向我们发起进攻的话，我们必定已被制服了。虽然他缺乏勇气劝谏专制的西太后，但他有权力和策略控制军人的愤怒。

我们最缺乏的物品之一是报纸。我们不仅不知道海外世界的任何消息，而且在大部分情况下连墙外发生的事也一无所知。我们常常试图通过这样或那样的方法弥补这种状态，夜里把通信兵放下去，如把保罗放在筐里从大马士革使馆的墙上放下去，或向敌人购买情报。

正是采用了最后一种方法，西八上校认为自己特别幸运，他找到的一个人每天向他提供有关救援部队动向的情报。一天，他们到达了廊坊（Lang Fang）。过一天，他们已到达常家湾。过了五、六站后，他们好像快要到北京了。那人又觉得有必要在情报中让他们回头，后退一、两段路程，以确保不断得到报酬。他由于提供了令人振奋的消息每天可获得约30美元。不用说，他在整个过程中运用了想象力。

我们最成功的一位通信兵只有16岁。他扮作一个盲人乞丐到了天津，带回了最鼓舞人心的信件。虽然他不是一个基督徒，但他仍然寻求基督教的庇护，并以自己无畏的行为加以回报。他把信缝在鞋底夹层里，3次检查都没被发现。

7. 每一个恐怖的故事最后，都应有一个光明的结局。丁韪良《北京之困》的最后，基督教文明世界的联军最终战胜了异教徒野蛮的帝国，对西方来说，"黄祸"的噩梦暂时过去了，但丁韪良呼吁西方为了自身的安全，不应该放松警惕，更不能放松对中国的控制。

8月14日午夜后，一位哨兵冲进我们卧室，大声喊道："他们来了！"

我和牧师立刻起床冲到了室外，根本不需要时间穿上衣服，因为我们睡觉时从来就不脱衣服。确实如此，我们听到了城外机关枪的声音。音乐绝不可能这么美妙！我们叫醒了女士们。她们也在听。消息从一座楼传到另一座楼，直到所有人都站在天空下倾听机关枪声，就像勒克瑙（Lucknow）妇女欣赏海夫洛克高地人（Havelock's Highlanders）的风笛演奏一样。一些易冲动的女士兴奋异常，互相搂住脖子大声哭泣。

第二天上午10点，使馆大门打开了，进来了一队锡克（Sihks）族骑兵，也许是我见过的最好的骑兵。他们举着长矛，裹着高高的头巾，是我所注视过的最英武的男子汉。也许，从当时的境况看，对我们来说，他们是救援部队的先锋。他们从水门进入。要不是城墙被我们的海军陆战队占领，否则是不可能进来的。

由不同国籍的军人组成的其他部队当天晚些时候从大前门入城，其城门钥匙被克洛德·麦克唐纳爵士的参谋长斯夸尔斯先生从溃逃的敌军手中缴获。他也是救援中的一位英雄。尽管其他许多人应永久记录在光荣册上，但我不可能在这儿一一提及。

我深深地意识到远征北京的困苦，并且了解了（尽管当时不知道）为了救我们而付出的生命代价，我没有足够的词语来表达我的钦佩和感激之情。让我以一个祝愿来作为结束吧：在没有获得最后的安全之前，那些部队千万不要撤离，以免再次发生类似的异教残酷行为。第二天，我们没有忘记感谢上帝。我们在露天集合，英国随军牧师朗诵了"赞美你，主啊"以后，明恩溥博士（Dr. Arthur Smith）发表了演讲。他列举了10条，说明是上帝救了我们。他也许可以扩展到100条。

（W. A. P. Martin, *The Siege in Peking, China ageunst*

义和团围困解除后英、美公使、随员及其家属集体照

the World, *By an Eye Witness*, New York, Fleming H. Reueu Compang, 1900, 郑玉琦译）

万岁君主逃离大内

[英] 莫里斯·科林斯著　李丽译

1. 清朝的灭亡意味着儒家"世界国家"理想的破产，也意味着作为这一理想源头的中华文明的破产，这标志中国在举世闻名数千年之后衰落了，只有吸收西方文明才有可能拯救自己。

莫里斯·科林斯的《万岁君主逃离大内》，描述了八国联军进京慈禧太后仓皇出逃的过程。该书写于辛亥革命之后，对中国的未来充满忧虑与希望。

明朝的没落是中国历史的一幕，而清朝的灭亡则是世界历史上的大事。前者是朝代更替，并没有从根本上影响到这个国家的结构、政治形态和文化；后者却彻底改变了以上三个方面。灭亡是因为政府的软弱和腐败、人民的反叛，还因为一个在其政治疆界之外但属于同一文化范畴的军事国家瞅准了机会侵入其领土。清朝的覆没也大致出于同样的原因，但一个重要的不同之处在于入侵的军事力量来自完全不同的文明。明朝的灭亡不过是无数次王朝更替中的一次，并没改变儒家将大内视为世界中心的观念。而清朝的灭亡则意味着儒家"世界国家"理想的破产，也意味着作为这一理想源头的中华文明的破产。因此，正是清朝的灭亡而不是明朝的衰落，标志中国在举世闻名数千年之后衰落了。

中国能否拯救她那古老的自我？本书将回答这个问题。既然中国的文明相对于当时充满活力的西方文明处于停滞落后的状态，那么她可以通过有条理地选择吸收那些西方文明中可使政治稳定、军事强盛的因素，在政治、军事上拯救自己。不过，这样做势必要逐步抛弃儒家学说，也就是说中国必须有意识地放弃那些造就其独特文明的理念，才能拯救自己。总而言之，在哲学上，西方注定要给予中国致命的一击，即中国为避免丧失主权的打击就必须放弃其政治哲学。但正如我们所看到的，中国拒绝放弃并因此既失去了哲学又失去了主权。

以上，本书用了不少篇幅描写关于"世界国家"的悲喜剧，讲述中国人怎样在这种观念业已成为老古董的时代仍坚守"世界国家"的理想，那么接下去追溯其形成过程或许能使读者身临其境，更加真实地理解这种观念。公元三世纪前的数百年中，后来被称为中国的广大地区正如今天的欧洲大陆，是一片包含着许多分裂的国家和政权的大陆；而且这些国家也像现在的西方国家一样，互相间进行着持续的毁灭性战争。在更遥远的过去，这里出现过包括整个大陆在内的神圣帝国，公元前221年这种历史传统又复活了：秦始皇（the King of Chin）经过一系列战争吞并了其他诸侯国，之后他引入官僚政治，以中央政府集权代替了分封制度，使中国统一于一个独立自主的政权之下。这次统一的功绩空前，因为原先那些四分五裂、互相敌对的诸侯国消失了。此后，无论战乱或厄运都与这些诸侯国之间由国家主义引起的战争无关，绝对的和平在某种意义上永驻于这块大陆内部。与此同时，中国还奉行和平的外交政策，尽力将和平的难以估量的益处扩展到所有邻近的国家和一切可知的国家。整个我们所说的远东地区因此获得了和平与稳定，从而能够先欧洲人数百年发展并保持了文明的生活方式。当欧洲人出现在中国沿岸时，这些从"未知的地方"来的人理所当然也得到了最大限度的和平的赐福，他们被邀请加入"世界国家"。然而，欧洲人处于"世界国家"之前的发展阶段，对于这种早在公元前二世纪以前中国人就已为之奋斗的理想世界一无所知。他们关心的主要是国家的利益，而不是为全人类造福。对他们来说追求一己私利比造福全世界更有说服力，于是他们随手毁掉了中国苦心经营的"世界国家"，使远东陷入一片混乱之中。

回顾历史之后，我们或许可以对前文所述的"世界国家"的悲喜剧作一番评判了。既然远东的混乱间接地由欧洲引起，那么现在就应该由欧洲来医治。说来真是不可思议，治疗的方法竟然是重建"世界国家"，而且这次是真正意义上的，包括整个世界在内的"世界国家"。如果我们赞同这种观点，那么可以说我们也成了孔子的信徒，因为儒家学说正是一种提倡"世界国家"。当然，这种理想并不是中国独有的，它一向是道德梦想的要素，但中国是现存的唯一试图实现这一理想的国家，也只是在中国这种梦想才真正被引入到政治结构当中。在欧洲，这种理想的大本营是教皇城，在此我们可以设想耶稣会会士与中国人的天子对话的情景。他们极有可能用彼此无法理解的术语谈论"世界国家"（the Civitas Dei）。如今，儒家学说及其对"世界国家"的崇拜随中国最后一个王朝的灭亡而消逝，但儒学古老的真理和理想依旧存在，而且我们已经看到神父和天子所用的那些其实是通用的语言，开始为人们接受并付诸实践。

如果中国与西方最终发现他们的政治目标是一致的，那么东西方的联合便有了实现的可能，而联合就意味着新的"上帝之城"的建立，这是政治领域的一剂万应灵药。要实现最终的联合，西方必须主动担负起疗救的责任、将中国从现在的悲惨处境中拯救出来，不如此，中国就不明白自己的目标所在，而这也就是我追问历史的意图所在。

2.19 世纪以来，在与欧美以及以欧美方式武装起来的日本的冲突斗争中，中国遭遇到一系列的失败，这深刻地动摇了中国人的信心。

意识到危机而且急于改变的光绪帝，在狂热情绪的驱动下，连续发布了 38 项改革敕令，似乎要在一夜之间将中国改头换面。这种政治不成熟不可避免地导致了改革的失败，敕令全都成了一纸空文，什么都没有改变。

如果要使本书的结构更加均衡、完美，还应该加上一段关于大清帝国末日的叙述，以便同第一部分中对明朝覆灭的叙述相照应。但这样一来，篇幅不允许，读者的耐心也无法保持得那么久，况且也没有迫切的需要，因为论述同一主题的书已经很多了。但这里显然需要一份简明扼要的备忘录，所以在余下的部分中我将简单地描述一下当时的情景，提及一些重要的日期，揭开幕布以便让读者诸君能更真切地看到天子蒙难时那种极其屈辱的处境。

1817 年 1 月，阿美士德（Lord Amherst）男爵离开广州。在过去的 60 年当中，英国政府没有采取进一步的措施来处理同中国的关系。1833 年东印度公司（the East India Company）的垄断地位被彻底打破，律劳卑爵士被派往广州担任对华贸易的首席负责人。他将作为英方的代表，向广州的权贵们要求平等的、直接贸易的权力，并打算以理服人而不采用武力来达到目的。然而，他彻底失败了。1834 年 8 月 21 日，他在给国内的信中说："阁下，如果您能意识到在与这样一个政权谈判的同时，采用一些强制手段的迫切性，我会感到非常满意。否则，同他们谈判将是白费时间"。

这封信表明英国政府的决策已倾向于使用武力，英国人的耐心终于耗尽了。1839－1840 年，英、中两国之间开始出现武力冲突。虽然这些战争牵涉到鸦片所引起的争执并因而被称为鸦片战争，但英国采取军事行动的真正目的是要强迫中国人以现代的方式进行贸易。在这次战争中，英国海军迫使中国人答应了马戛尔尼（Macartney）爵士四十七年前提出的如下要求：开放另外四个通商口岸；允许彼此通商；割让香港岛（Hongkong）作为商贸中心，取缔香港的零售商，公布统一的关税。这就是著名的《中英南京条约》。

这一条约大大损害了广州的官员和商人们的利益，此前，他们垄断着这一地区的贸易；因此他们尽可能找机会逃避条约的限制。皇帝对此也无能为力，因为太平天国起义就像明末的李自成起义一样，大大削弱了清政府的权威。这次起义于 1855 年[1]爆发，叛军很快攻占了清朝的第二大城市——南京（Nanking），并在那里建立了自己的王朝。在南方，清朝的政府机构极其软弱无力，以致葡萄牙人敢公然宣布澳门（Macao）为他们的财产并将那儿的中国权贵驱逐出境。

1857 年，广州人烧毁了英国人的工厂并对他们犯下一系列暴行，英国政府遂愤然决定攻占这座城市。1857 年 11 月 25 日，一支五千人的英国陆军在一艘战舰的配合下对广州发起了攻击。在这次攻城行动中，法国人也助了一臂之力。英方的指挥官埃尔金（Elgin）爵士受命敦促北京的外交代表接受马戛尔尼提出的其它条款。中方不顾广州的陷落，一口拒绝了英国人的要求，于是英国人的军队在法国舰队的协助下渡过白河（Peiho River），于 1860

---

[1]　1850 年末至 1851 年初，洪秀全在广西金田发动起义，后建立"太平天国"，1853 年攻下金陵（今南京），定都于此。此处 1855 年似应有误。

年攻入北京（Peking）。清朝第七代皇帝咸丰（Emperor Hsien Feng）在懿贵妃（Imperial Concubin Yi）也就是后来著名的慈禧太后（Empress Dowager Tzu His）陪伴下，逃往热河（Johol）。清军大败，北京成了不设防的城市。为了替那些被处死的英国人报仇，额尔金勋爵下令烧毁了圆明园（YuanMingYuan）的两百多处建筑，其中包括耶稣会士（Jesuits）建造的精美的巴洛克（Baroque）式厅堂，里面的藏品首次遭洗劫。接着，他们夺取了北京鞑靼城（Tartar City）的安定门（Anting Gate），并于10月24日闯进这个国家专门祭祀祖先的祭坛。之后旋即归还了广州。

归还广州结束了中英之间从1839－1840年间开始的冲突。英国人得到了他们想要的东西。中英之间的政治及贸易关系也已置于"现代"这一立足点上。但导致这种结果的武力冲突深刻地动摇了中国人对清政府的信心，更多的内忧外患已不可避免。

基于以上种种情况，一些观察家认为所谓中国的觉醒即将发生。然而，无论在大清朝廷内部还是官僚机构中，都还没有出现改革派。而中国的近邻日本却觉醒了。1868年自由运动扫清了封建幕藩制度，日本以积极、自主的姿态打开门接受西方文化知识。可以说，日本出乎意料地做了中国在此前两百年中的任何时候应该做但没有做的事情。听任日本人走在前面的后果是灾难性的，中国人为自己的错误付出了极其惨痛的代价。正如前面所说，英国人对中国的野心仅限于商业领域，法国和其他欧洲国家也是如此。而日本人对中国还怀有政治野心。他们从一开始就渴望统治整个亚洲大陆。经过欧洲的武装之后，它要实现自己的目标。对中国人来说，当欧洲人倚仗先进的文化来摆布他们时，西方文化是危险的；然而这种文化掌握在日本人手中则更是加倍的危险，因为他们不但处于良好的竞技状态，而且还把握着历史机遇。自1914年前后起，欧洲国家间战争不断，使日本人可以更加无所顾忌地做他们想做的事情。

1864年，在英国人的协助下太平天国运动（the TaiPings）被镇压下去，摇摇欲坠的清王朝得以维持。然而，清政府名存实亡。不仅英国和主要的西方国家，甚至连日本都在紫禁城（Imperial City）和天安门（Tien'an

Men）附近设立了公使馆。欧洲人还在中国沿岸拥有许多通商口岸，在那里中国的法令没有任何效力。事态还在不断恶化，可是直到 1894 年清政府还满足于维持现状，没有作出任何积极的反应。接着就发生了举世震惊的中日战争。日本人装备得像现代欧洲军队一样，他们深信中国已四分五裂，打算在亚洲主大陆插上一脚以便抢先一步分到战利品。他们侵占了辽东半岛（Liaotung peninsula）和清朝的发源地——满洲里（Manchuria）的一部分，并轻而易举地打败了攻击他们的中国军队，还击沉了一艘中国战舰。西方势力在这场战争中一直持观望态度，直到战争结束他们发现日军已驻扎在亚洲主大陆上时，才慌忙以武力胁迫日军退回辽东。

　　中国人竟然败在他们一向看不起的岛国侏儒手中，严酷的事实使他们猛然觉醒，意识到危机已迫在眉睫。在这多事之秋，清帝国在位的是第九代皇帝光绪，他也是清朝最后一个名副其实的皇帝。在他四岁那年，慈禧太后辅佐他登基，之后便作为实际的摄政者直到他成年。即便在这时，她也没有放松对他的管束。1898 年，光绪帝 27 岁，思想极不成熟，比傻瓜好不了多少。一些他所信任的人告诉他，中国一定要改革，否则就会灭亡。于是，从 1898 年 7 月 20 日至 9 月 16 日之间，他在狂热情绪的驱使下草率地发布了不少于 38 项的改革敕令。这些政令听起来合情合理，但数量多得惊人，以至于无法执行，而且没有求得行政机构乃至整个朝廷的支持，无论如何都是徒劳无益。此外，他还牵连到一桩反对慈禧太后的阴谋，这意味着他的自由统治已到了尽头。他那令人敬畏的姨母将他扣押起来，他的余生都将在准监禁的状态之中渡过。

3. 西方冲击在民间心理上造成的冲击似乎更严重。最终，在极端排外的情绪下，义和团运动爆发了，朴实的农民一下子变成了狂热的暴徒和骗子，陶醉于破坏和杀戮。

　　义和团终究很快就失败了，八国联军开进北京，原本期待借义和团赶走洋人的慈禧带着光绪帝仓皇出逃，几天居无定所，食不果腹，情形十分狼狈。原本高

高在上的王爷、阿哥现在也衣冠不整、褴褛不堪。

一般百姓的想法跟光绪皇帝一样，他们认为必须找出补救的办法，否则中国就会被外国人吞噬，因为中国已是他们口中的肥肉了。光绪变法失败后，他们采取了自己的补救方法。1900年一场狂热的暴动席卷了全国，那就是闻名遐迩的义和团起义（Boxer rebellion），这次暴动的目标很单纯，就是要消灭所有的外国人。慈禧太后性格中天真无知的一面使她不去制止反而怂恿义和团行动，她相信他们能把野蛮人赶回海上去，因此她听任义和团围攻公使馆。各国为了援救遭围困的侨民，从各个通商口岸调集起一支联军直取北京并且顺利地攻占了这座城市，大内的宫殿成了他们的囊中之物。1900年8月15日拂晓，联军攻入北京的同时，皇太后带着她的阶下囚——光绪皇帝逃往北方。

外国人想象的义和团团民

由于一个名叫吴永（Wu Yung）的官吏，我们才得以了解皇太后及其随从逃亡时的情况。他是北京以北七十里处的怀来（Huai lai）县的县令。他生动地汇述了慈禧一行人经过怀来县时的情景。他的书后来在英国出版，名为《皇后的逃亡》（*The Flight of an Empress*）。吴永是一位书生和文职官员，当义和拳开始抢掠时，他在怀来任上已经两年了。在他眼中，拳民是些稀奇古怪的流氓，他们中的一半人陶醉于抢劫和破坏，另一半人则是骗子。他们像洪水一般涌入怀来。夺走了这座小县城所有的财物。他们不能罢吴永的官，但他作为法律和秩序的保卫者成了他们的眼中钉，特别是太后对义和拳的赏识加剧了这种矛盾。虽然，事实上吴永能做的只是坐视这些歹徒把政府彻底颠覆。拳民们反复无常到了极点，以致吴永每天都准备着他们来烧他的官邸，砍他的头。由于邻近的村庄大多被毁，补给品难以获得，怀来周围的道路上常有大批强盗出没，还有一些从大城市来的逃兵到处杀人越货。不管时局多么糟糕，吴永都没有失去勇气，他尽力去做力所能及的事。因此而受到当地居民的爱戴。

战乱封锁了外界的消息，足有几个月吴永得不到官方的任何消息。直到8月16日晚也就是北京陷落后的第二天，他突然接到邻县延庆的县令在上京途中写来的一封信，信上说皇太后和皇上携同五位阿哥、两位王爷、好几个朝廷重臣，以及许多的卫士、侍从和太监，正在去往怀来的路上，需要尽快安排食宿，因为第二天皇室的流亡者们将到达距怀来八里外的一个叫做榆林（Yu-lin）的小驿站。

在怀来，朝廷即将来临的消息无疑是一件天大的事情，接下来的二十多个小时里人们都在谈论这件事。吴永的一些部下对此非常恐慌，他们建议他最好一走了之。在这种时候，在如此困难的条件下，怎么能为他们的陛下准备一次盛大的欢迎仪式呢？等待他们的只会是严厉的责罚。但吴永坚称作为一名皇家官员他有责任尽其所能。那天晚上，官府的休息室被布置得井井有条：墙壁贴上了纸，屋顶被修整了一番，门前挂上了灯笼和红色的装饰物，地板也清扫过了；为使房间显得美观一些，还摆上了几件艺术品。接着，他发了一封急信给管理榆林驿站的小官，要他准备好茶点。

8月17日拂晓，吴永穿戴好他的官袍，准备骑马到榆林去迎接皇帝的圣驾。在离城前，他与义和拳之间发生了很不愉快的一幕。吴永记载道：义和拳的大师兄问我为什么要离城。

"我要去迎接饱受忧患之苦的太后和皇上的圣驾。"我回答说。

"这是什么意思？"义和拳的大师兄大声叫喊道："他们已经逃走很久了，你怎么还叫他们太后、皇上？他们配吗？"

我回答说："你不能这样说皇上！皇上每三年要巡视全国一次，这是他的职责。再说，在他自己的国家里，他爱上哪儿就上哪儿，别人没有权力干涉。就像我作为一个地方官，如果擅自离开辖区，你可以说这是逃跑。但我现在是到怀来郊区执行公务，你能说我是逃跑吗？"

那个大师兄对同伙说："这是二毛子（Secondary Hairy One）的口气，杀了他算了。"

二毛子就是皈依基督教的中国人和同洋人做生意的中国人，拳民们杀了不少这样的人。吴永明白他很可能会被捕甚至被杀害，但他还是设法恐吓他们，结果他们丢下他走了。尽管这些拳民口气大得吓人，两宫（朝中对皇太后和皇上称呼）的到来仍使他们不禁为自己的命运担忧，因为抗击外国侵略者的失败已使他们丧失了皇宫赐予的特权。

吴永和他的侍卫出城后只走了三里路，天上就下起了倾盆大雨。幸好他带着一件紫色布外套可以披在官服上，还有丝罩子可以盖住缨帽。尽管寒风呼啸，暴雨肆虐，他们还是坚持策马疾驰向前。不一会，雨停了。他们看见一辆骡车迎面驶来，车前有两个骑马的向导。吴永断定这辆车是宫里的，便驱马闪到路旁，迅速脱下外套、摘掉帽子上的丝罩，然后毕恭毕敬地守候着。一个向导走上前来，他告诉吴永骡车里坐的是一个姓赵的御前大臣。接着赵从车里伸出头来，当得知他正在与地方官说话时，他询问膳宿安排得怎样了。吴向他保证在这种时局下能办到的他都尽可能地去办了。

"只要有一间房就谢天谢地了"，赵说："两宫已经过了两天两夜挨冻受饿的日子了，情形非常可怜啊！外国兵打进了紫禁城，他们是没办法才离开的……圣驾随后就到，你最好上前面去迎接，我就不跟你多说了。"

10点钟，吴永赶到榆林，但那儿没有任何圣上驾临的迹象。驿站周围所有的店铺都关着门，整个地方显得非常荒凉。在兵营里，找到了当班的人。据他说接到准备茶点的全副命令后，他马上吩咐客栈的老板们，并让其中三个人准备好吃的东西。他们立即做了布置，然而那天早上从战场上冲过来一大批逃兵，他们将准备好的食物差不多都吃光了，只剩下一大锅小米和大豆煮的浓汤。他还告诉吴永，那锅汤现在就放在最大的旅店里。那座房子还不错，桌椅、床铺以及门窗一应俱全，墙上还贴着一幅画。但是他补充说，旅店的老板和其他人都逃走了。

吴永连忙赶到那间旅店，只见是一座四合院式的建筑，四周是房间，中间有个院子。房里除了那锅汤外，果然是空荡荡的。接着，吴永在房外叫了一个卫兵。

刚刚布置完毕，就有一个叫櫥（Su）的阿哥骑马来到，他宣布说两宫已近在咫尺，皇太后（Empress-Dowager）坐一乘四人轿子，皇帝则乘一辆骡车紧跟其后。

吴永赶快到旅馆门口迎候。不久，一乘蓝色的四人大轿渐渐出现在他的视线之中。当轿子到门口时，他跪下用歌唱式的语调大声禀上名字、官衔和辖区，按惯例迎接皇太后。当皇帝所乘的骡车经过时，他又重复了同样礼节。然后，他起身坐在门旁，注视着一长列达官显贵依次到达，其中有年迈的皇后、太子、内廷的侍女和贵妃、首席太监李莲英（Li Lien-ying），诸位格格阿哥和王爷以及各位朝廷重臣。他们有的坐车、有的骑马，此时都衣冠不整，外表显得褴褛不堪。这是他们出逃的第三天，第一天他们赶了二十三里路，第二天走了三十里；这天早上又走了十五里路。在这几天当中，他们居无定所、食不果腹，而且衣衫单薄，饱受寒风侵袭，他们所受的旅途之苦远远超过了阿美士德从塘沽（Tung chao）到颐和园（Summer Palace）的旅行。他们乘坐摇摇晃晃的马车在这种路上每小时走不到两里路，赶三十里路就得经受二十个小时的颠簸，而且所到之处官府已被摧毁、百姓四散而逃，连找杯茶喝都十分困难。

4. 中国最有权势的实际统治者——慈禧，此时也好像一个流泪诉苦的贫困村妇，狼吞虎咽地喝着一锅粗劣的小米大豆粥，好像那是比宫里御膳还要美味的佳肴，接着又一口气吃了三个煮鸡蛋。

当能够进院的人都进去了之后，喧闹声也渐渐平息下来。这时从两宫下榻的北厢房里突然走出来一个太监，他以一种目中无人的语气大声说道："怀来县令是哪个？"他傲慢地瞪着眼睛，挺着胸脯。这人是太监副总管慈威（Ts'ui）。吴永听到叫自己的名字，便起身报上身份。

"跟我来，上头的要见"，那太监的语气十分粗暴，使吴永不禁担心太后他们会不会嫌他准备的东西太简陋。他还不明白此时两宫对任何形式的招待都会感激不尽。

"皇上他们的传令是不是凶多吉少？"他一边跟着那太监，一边小声问。

"我怎么知道？这要看你的命好不好。"那家伙说着粗鲁地抓住他的手臂拖他往前走。

宫里的太监照例对下面的官员都很粗暴，这是他们讨赏的方法。

吴永被直接带到皇太后面前。只见太后身着一套贫苦村妇常穿的蓝色棉衣坐在桌旁，她的头发在头顶随便换了个髻。吴永立刻跪下行磕头礼。他注意到太后陛下并没有生他的气。她很快地提了一些例行的问题，诸如他的名字、官衔、任职年限等等，然后才提到最要紧的事："我们要的东西你准备好了呢？"

吴永恭恭敬敬地回答说："臣奉旨已经准备好了。但臣昨天晚接到消息，而且时局又是这样，因此臣没法做充分的准备，恐怕准备的

《万岁帝国》扉页插图：慈禧太后。

东西不太够。"

皇太后听说他做了准备大大松了一口气，而且他的忠诚还使她感动得流下了眼泪。她说："皇上和我不停地赶了几百里路（七十里路对她来说似乎是极漫长的旅途）。不但没碰上任何百姓，而且连半个官吏的影子都没有。现在我们到了怀来，看见你穿戴着官服缨帽来接我们，你是忠臣啊。我曾想国事也许再不能恢复到从前那样了，但看到你还没有抛弃礼节，我觉得或许这国家、这朝廷还有些希望。"她说得那么动情，以至吴永也不禁潸然泪下。

过了一会儿，太后擦干眼泪接着说："我们一天天地逃啊，没吃没喝，又冷又饿。路上我们渴了，叫太监去找水；虽然到处都是井，可不是没打水的东西，就是井里漂满了尸首……昨天晚上，皇上和我就隔着条长登睡，可我们谁都睡不着，只好肩并肩地坐着看星星，一直到早晨……瞧我！现在就像个乡下老婆子，皇上累坏了，我们两天没吃东西，你给我们准备了吃的吗？"

吴永告诉她自己怎样尽力准备，又怎样只剩下了一锅大豆和小米煮的浓汤，还说这样的食物对于太后陛下来说太粗劣了。但那老妇人回答说："这种时候我还能说这个不好、那个不爱吗！"然后，就催他赶快上来。还吩咐他来之前要去拜见皇上。

太监总管李莲英把他带到另一间房，只见天子正站在椅子旁，他穿着一件破旧不堪的绸衣，皱巴巴的，既没有外套也没有腰带。他的头发该剃的地方足有一寸长，辫子也十分凌乱。他的脸上蒙着尘垢，隐约显出枯黄的皮肤。他异常沉默。

吴永磕完头便退了出来，没有耽搁就直接去取那锅汤，然后他从腰带里取出一双象牙筷用纸擦干净，同汤一起送过去。太后他们进餐时，吴永在门帘外听候吩咐，不一会儿，他描述道："我听见急促地吞咽食物的声音，他们喝汤时还发出唏嘘声，好像那些东西是美味佳肴。"

接着，太监总管李莲英走出来，我们知道这是个丑陋的、臭名昭著的大恶棍，但这会儿他那邪恶的脸上竟带着欢快的笑容。他向吴永竖起大拇指夸奖道："你真不错，全心为老佛爷（Old Buddha）效劳。老佛爷非常喜欢你，你走了运了。现在老佛爷很想吃鸡蛋，你能找些来吗？"

吴永回答说附近的村子已经废弃很久了，不过他马上过去找找看，或许能找到。果然，在村里一间空荡荡的店铺，他找遍了每个角落后从橱柜的抽屉里翻出了五个鸡蛋。回到旅店，他发现手下人都没空，只好亲自打水、生火、煮蛋。之后，他把蛋放进一只粗碗里，加上点盐送了过去。

不久，李莲英又一次出现。"老佛爷很喜欢那些蛋。你送来五个，她吃了三个，另外两个敬了老祖宗，其他人谁也没沾到光。"

过了一会，太后出现在走廊上，她看到吴永等候在院子里就叫他上前来。吴永不敢走进去，只好跪在她下方院子里的污泥中。太后正吸着烟斗，她说："我们离宫时走得太匆忙了，没多带衣服。只有这一身衣服，还不够暖和。你能给我找些衣服来吗？"

对此吴永一点也不吃惊，因为他刚刚才接近过这位皇太后，为她煮鸡蛋、陪她一起落泪。其中的苦涩滋味恐怕只有太后自己知道。她曾拥有许多衣服，并且据说每件衣服她都只穿过一次。就在同一天，科尔夫人（Mrs. Ker），英国公使馆的一位贵妇来到紫禁城，走进了慈禧太后的房间。一切还像她走时那样：床上放着一件黑缎外衣，地上是一双满洲鞋；数不清的樟木箱里装满了衣、裤，有的用金线绣成、有的缀着珍珠，还有成排的黑貂皮和白狐皮。这就是科尔夫人看到的一切，而这时它们的主人却在向吴永这个小县令索要御寒的衣物。

这位忠臣许诺到了怀来后，一定想办法。之后不久，两宫又一次启程上路，他们还有八里路要走。吴永送走了太后的蓝轿（这顶轿子是前天由延庆县令提供的，看来他也没能贡献更多的东西），超小路先到怀来做准备。他满意地发现官府的休息室已经收拾妥当，拳民也已闻风而逃。他吩咐下人们点上香，然后跪在门前迎候，他自己则连忙去找衣物。吴永的妻子刚去世没多久，她的衣服留在了北京。不过，他找了几件他母亲的细平布外套，还有他自己的一些衣服，心想或许皇上可以凑合着穿。他还给格格和阿哥们准备了些衣物，他们穿着丝制的罗衣逃出来，肯定很冷。然后，他将这些衣服和一套梳妆用具整理好，打成包裹，准备等两宫一到就送过去。当两宫传唤他时，他描述道："太后和皇上都穿上了我送去的衣服，他们的外表稍稍恢复了以往的尊严。两个公主也穿上了我的长袍……他们不再像丧家之犬了。"

5. 科林斯的《万岁君主逃离大内》写于辛亥革命后，在他看来，革命政府继承了之前帝国太多的弱点，中国的灾难还没有结束，还将十倍于此前。

故事就这样结束了。正如我们所知，大清帝国直到灭亡都没能幸免这种屈辱。外国势力虽然将军队撤出了北京，但朝廷仍受他们的控制。1904年日本人打破了欧洲国家独霸中国的局面，他们将俄国人赶出了满洲里，在亚洲大陆上站稳了脚跟，从而为以后一系列的侵华军事行动奠定了基础。虽然日本人创造的亚洲人击败欧洲人的奇观已使中国人相信西方知识的价值，但他们还没有充分认识到这件事的深层含义。当然，中国人之中也有少数先知先觉者，他们发起的革命党派正在慢慢形成并积蓄着力量。1908年慈禧太后和光绪帝先后去世，继位的是个三岁的孩子溥仪（Pu-Yi），年号宣统（Hsuan T'ung）（我曾在第一部分的最后一章中提到过他）。清朝的统治从此日益衰弱。四年后，孙逸仙领导的革命党结束了清朝的统治，创立共和政体。

1912年1月5日，孙逸仙发表《告友邦书》，痛斥满洲鞑子蓄意封锁世界知识，企图蒙蔽中国人民以达到永远奴役他们的目的，从而给这个一度受人敬仰的国度带来了耻辱。在这份宣言中，他还向世界各国发出了和平、友好的信息：

"我们将重建法律，修订民事、刑事、商业和矿产开采的法典；改革财政金融、消除商业和贸易壁垒；确保宗教信仰自由；在以往的基础上发展与外国政府和人民的友好关系。我们热切地希望长期以来一直同情我们的友邦继续保持同我们的密切联系；协助我们完成前人未尽的，影响深远、耗费巨大的改革事业。

我们期盼着和平友好的消息，怀着加入世界大家庭的希望；不仅要分享由此带来的权力和荣誉，而且还要与你们一起担负起重建世界文明的崇高、伟大的任务。"

慈禧太后回京

　　但是，唉！这出长剧并没有就此结束。如果说过去中国曾灾难深重，那么她注定还将遭受十倍于此的灾难。西方已经听见她要求平等竞赛的呼声，然而此时她的命运已不掌握在西方手中。日本这个亚洲强国已经牢牢地扎根于中国疆域内，它与西方各国一样强大，因为西方曾赋予它强国之道；它又比大多数西方国家更强大，因为它不像西方那样与中国远隔重洋。它的对外政策既不和平也不友好，更不想寻求重建世界文明的途径。早在西方殖民者出现之前，日本的政客已系统地阐述了新的侵略理论。虽然中国年轻的共和政府奋力拼搏，但它继承了太多的弱点，诸如腐败、无知，使得改革的步伐无法快到足以对抗日本的威胁。今非昔比，再没什么可以遏制日本人了。在短短三年内，共和政府的半壁江山落入日本人的铁蹄之下。而西方转眼之间也陷入互相毁灭的战争中，根本无暇东顾。

对于这个战乱频仍、灾难重重的世界，孙逸仙的主张不是幻想。重建世界文明的伟大而崇高的任务已迫近了，并将在中国的帮助下拉开序幕。

(Maurice Collis, *The Great Within*, Faber and Faber Limited, 24 Russell Square, London, Frist Publised in October, P325—342, "The Lord of Ten Thousand Years Flees MCMXLI" 李丽泽)

后 记

　　这套丛书是在周宁老师编著的《2000年中国看西方》、《2000年西方看中国》的基础上修订的，周宁老师谦虚地称其为"读本"，由此可以看出他一贯的学术理路。在给我们这些博士生上课的时候，周宁老师一再强调，做学术要力避空疏、浮泛，只有立足在大量具体的文本材料上，才不会空发议论。周宁老师从20世纪90年代开始致力于跨文化研究，他早期的研究都是文献整理与解释性的，理论研究是在扎实的文献基础做完之后才开始的。2013年底周老师吩咐我修订这套书，将他自己的学术经验与我分享，希望我借这个机会，再多熟悉一下中西文化交流史的材料，为今后的研究奠定更坚实的基础。

　　周宁老师在上课、交流时，常常以带有灵光的幽默话语一针见血地说明了原本晦涩难明的问题。让我们惊叹。他说学术不应该是与生活剥离的冷僻的知识，知识要融入生活才是智慧，学术和生活都应该追求"趣味"。本书选取了那些有代表性的，兼顾知识与趣味的文章，它不仅是一部饶有趣味，也是一部具有专业研究价值的资料汇编，其中可以发现中西交流中那些令人感动的理解与让人瞠目结舌的误解。回顾这段历史，我们也许感到好笑，但掩卷细一思考，又有些失落与担忧，我们今天仍在经历同样的误解，人类的智慧与同情究竟是如何成长的？

　　修订这套丛书对我来说是收获颇丰的学习过程，一点点做笔记、一条条编写题记的工作毕竟不同于原来的阅读，使我得以以新的视角重新审视这些材料。感谢周宁老师给我这样一个难得的机会，周宁老师也一直在关注本书修订的进程，并给出了很多宝贵意见。此次修订距上次出版已过去15年了，周宁老师的学术思想一直在发展，我努力在这次修订中跟进周宁老师的学术进程，尽可能呈现其不断闪耀新火花的思想。但由于本人学力不逮，修订会有不当之处，当由本人负全部责任，唯望读者批评指正。

王寅生

2014 年 5 月 16 日